MARCO CHIARELLO

SKETCHUP
IL 3D PER TUTTI

Guida completa al software 3D più diffuso al mondo, dalle prime linee alle tavole di progetto

Principi di disegno, modellazione 3D, LayOut e 20 esercizi per fare pratica

Seconda edizione
aggiornata e ampliata

MAGGIOLI
EDITORE

Maggioli Editore è un marchio di Maggioli S.p.A.
Azienda con sistema di gestione qualità certificato ISO 9001:2015
47822 Santarcangelo di Romagna (RN) • Via del Carpino, 8
Tel. 0541/628111 • Fax 0541/622595

www.maggiolieditore.it
e-mail: clienti.editore@maggioli.it

Finito di stampare nel mese di settembre 2023
nello stabilimento Maggioli S.p.A.
Santarcangelo di Romagna

Indice

1. Introduzione 9

1.1 Principali settori d'impiego di SketchUp 10

1.2 Le versioni di SketchUp 13

1.3 Le risorse online disponibili con SketchUp 15

1.4 Note sul libro 19

1.5 L'autore: note su di me 21

PARTE 1: SKETCHUP 25

2. Primi passi in SketchUp 27

2.1 Per iniziare: eseguire login e scegliere un Template 27

2.2 Interfaccia 28

2.3 Muoversi nello spazio 3D 30

2.4 Primi passi nel disegno 33

2.5 Disegno con misure precise 34

2.6 Unità di misura 35

2.7 Selezionare e cancellare 36

2.8 Le proprietà degli oggetti 39

2.9 Misura e guide di riferimento 40

3. I 3 Principi di disegno 43

4. Disegno di figure 2D 47

4.1 Linea 47

4.2 Mano libera 48

4.3 Rettangolo 48

4.4 Rettangolo ruotato 49

4.5 Cerchio 49

4.6 Poligono 50

4.7 Archi 51

4.8 Inferenze da tastiera 52

4.9 Assi 53

5. Strumenti di modifica 55

5.1 Sposta 55

5.2 Spingi/tira 58

5.3 Ruota 61

5.4 Seguimi 64

5.5 Scala 67

5.6 Inverti 70

5.7 Offset 72

5.8 Strumenti solidi 73

5.9 Interseca facce 78

6. Organizzare il modello con *gruppi*, *componenti* e *tag* 81

6.1 *Gruppi* e *componenti* 81

6.2 La finestra *Componenti* 88

6.3 3DWarehouse: la galleria online di oggetti 3D 91

6.4 Annidamento di *gruppi* e *componenti* 93

6.5 Finestra *Struttura* 96

6.6 *Componenti dinamici* 98

6.7 Live components 99

6.8 Tag: catalogare con livelli 101

7. File CAD, superfici Sabbiera e Posizione 109

7.1 Importare file CAD 109

7.2 Revit importer, IFC e altri formati 114

7.3 Sabbiera 115

7.4 Aggiungi posizione 121

8. Materiali, immagini e luce 125

8.1 Materiali 125

8.2 Importare immagini 135

8.3 Luce ed ombra 139

8.4 Nebbia 141

9. Stili, sezioni e scene 143
9.1 Stili 143
9.2 Sezioni 153
9.3 Scene 156
9.4 Telecamere avanzate 163
9.5 Style Builder 164
10. Quote, testi e testo 3D 167
10.1 Quote 167
10.2 Testi 171
10.3 Testo 3D 172
11. Stampa ed esportazione 173
11.1 Stampa 173
11.2 Esportazione immagini 175
11.3 Esportazione animazione video 176
11.4 Esportazione CAD 2D e 3D 179
12. Genera rapporto 185
12.1 Indicazioni preliminari 186
12.2 La finestra Genera rapporto 187
13. Abbina foto 191
13.1 Esempi 192
13.2 Indicazioni preliminari 195
13.3 Abbinare una foto 197
13.4 Modellazione dalla foto e applicazione della texture 200
13.5 Fotoinserimento 202
13.6 Conclusioni 203
13.7 Abbinare più foto 204
14. Oltre SketchUp: le estensioni 205
14.1 Introduzione alle *estensioni* 205
14.2 Estensioni consigliate 210
PARTE 2: LAYOUT 221
15. LayOut 223

15.1 Annotazioni: testi, etichette, quote, tabelle 230
15.2 Layer e *gruppi* 238
15.3 Strumenti di disegno 240
15.4 Strumenti di modifica 247
15.5 Importare file di immagini, CAD, SKP 251
15.6 Riferimenti esterni 253
15.7 Stampare, esportare immagini, PDF, DWG e presentazioni 254

PARTE 3: ESERCIZI ED ESEMPI 267

Esercizio 1. Piastra metallica 271
Esercizio 2. Componente front face 274
Esercizio 3. Le 4 combinazioni di annidamento 276
Esercizio 4. Rubinetto 282
Esercizio 5. Finestra ad un'anta 287
Esercizio 6. Scrittoio con modanature 291
Esercizio 7. Porta dinamica 297
Esercizio 8. Piccola abitazione 305
Esercizio 9. Scala interna 309
Esercizio 10. Tetto con abbaino 318
Esercizio 11. Carpenteria tetto 325
Esercizio 12. Superficie topografica e profili 333
Esercizio 13. Computi di dettaglio e generali 339
Esercizio 14. Fotoinserimento per ristrutturazione 348
Esercizio 15. Procedure per realizzare elaborati 358
Esercizio 16. Sedia stilizzata 366
Esercizio 17. Pompeiana in legno 367
Esercizio 18. Scrivania con pensili 368
Esercizio 19. Interno bagno 369
Esercizio 20. Stanza da arredare 370

Suggerimenti, trucchi ed errori comuni 371

Novità SketchUp anno per anno 379

Canale YouTube e Scuola 3D 385

Test e certificazione SketchUp Specialist **389**

Bibliografia **391**

Linkografia **393**

Indice analitico **395**

A mia moglie Eva e a nostro figlio Enea

1. Introduzione

SketchUp è uno dei software di disegno tridimensionale più diffusi al mondo: conta milioni di utenti di ogni età che quotidianamente lo usano con successo nei loro progetti.

Unisce l'efficacia e la velocità di uno schizzo a mano alla precisione e versatilità di un software di disegno vettoriale. L'intuitività che lo caratterizza rende possibile per chiunque dare forma alle proprie idee progettuali portando la modellazione tridimensionale alla portata di tutti. Oltre all'utilizzo da parte di makers, studenti e inventori è diventato uno strumento imprescindibile nel flusso di lavoro di moltissimi professionisti ed aziende. Viene utilizzato soprattutto in ambito architettonico, ma trova largo impiego anche in altri settori quali l'arredamento, l'artigianato, il product design e molti altri.

SketchUp è nato nel 2000 con Last Software; in seguito, nel 2006, è passato a Google che lo ha reso famoso nel mondo grazie all'integrazione dei modelli con Google Earth. Nel 2012 viene acquisito da Trimble entrando a far parte di un ecosistema di applicativi software (ad esempio *Trimble Connect*) e hardware (ad esempio i laser scanner). SketchUp in Italia ha visto una sempre maggiore diffusione anche grazie alle numerose attività del distributore italiano di SketchUp, Tecnobit, con cui l'autore del libro collabora dal 2015.

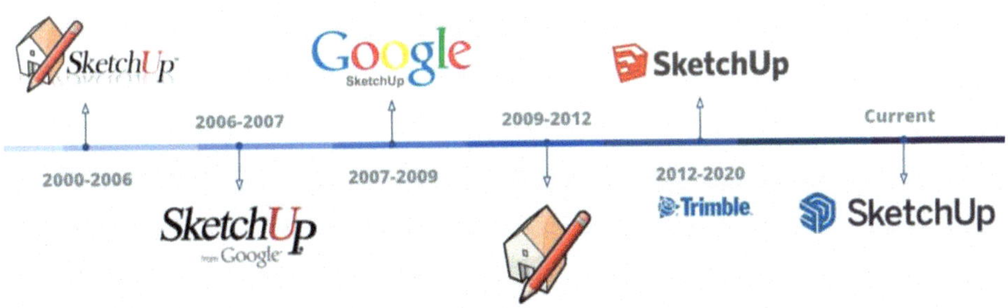

Figura 1.1 - I loghi di SketchUp dalla sua nascita (2000) ad oggi.

Esistono varie versioni del software, vari tipi di licenze adatte a tutte le esigenze comprese le scuole pubbliche oltre che i professionisti. Nelle prossime pagine viene riassunta una panoramica sui tipi di licenze, sulle applicazioni che l'universo di SketchUp offre, alcune note sull'autore e sul libro, giunto alla sua seconda edizione.

1.1 Principali settori d'impiego di SketchUp

A. Architettura, ingegneria strutturale, impiantistica

L'architettura, e in generale tutto il mondo delle costruzioni, è il settore in cui SketchUp viene impiegato maggiormente. La sua intuitività lo rende uno strumento trasversale che mette in contatto competenze e professionalità molto differenti fra loro.

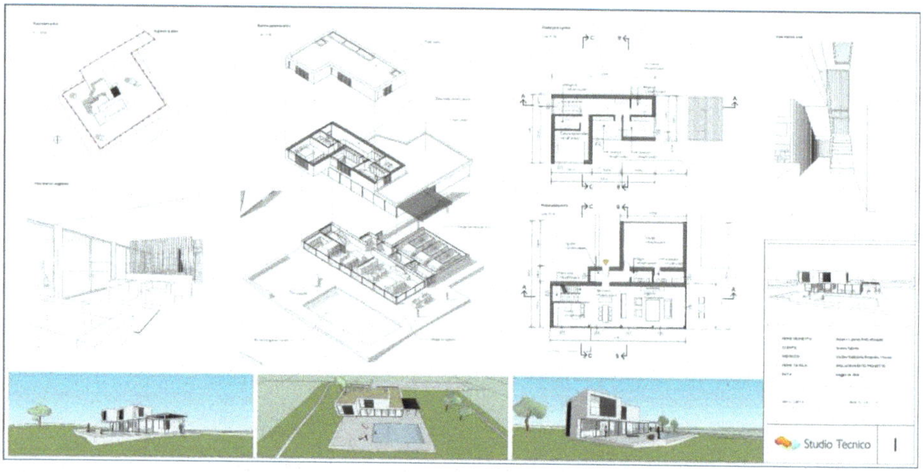

Figura 1.2 - Tavola di progetto di un'abitazione con viste ortogonali e prospettiche.

B. Arredamento di interni

La possibilità di attingere da una delle più grandi librerie di oggetti 3D, 3DWarehouse, è solo una delle motivazioni che rendono SketchUp molto apprezzato e diffuso nel settore dell'arredo.

Figura 1.3 - Progetto di un open space.

C. Artigiani, carpentieri, falegnami, rivestimenti, edilizia

Chi si occupa della posa di costruzioni, cantierazione, materiali o della creazione di elementi su misura sa quanto sia importante saper immaginare in 3D. SketchUp è il supporto perfetto per studiare volumi, individuare criticità e proporre soluzioni.

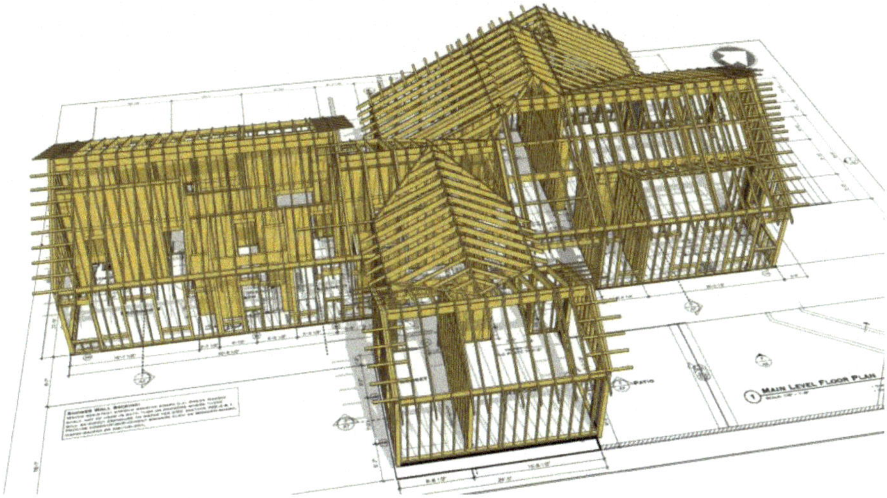

Figura 1.4 - Progetto di costruzione in legno.

D. Pianificazione territoriale, paesaggistica, topografia

I modelli di SketchUp stupiscono per la loro leggerezza e gestibilità anche quando sono ricchi di oggetti. Per questo viene utilizzato e apprezzato da molti professionisti e aziende che studiano e progettano spazi ampi e complessi.

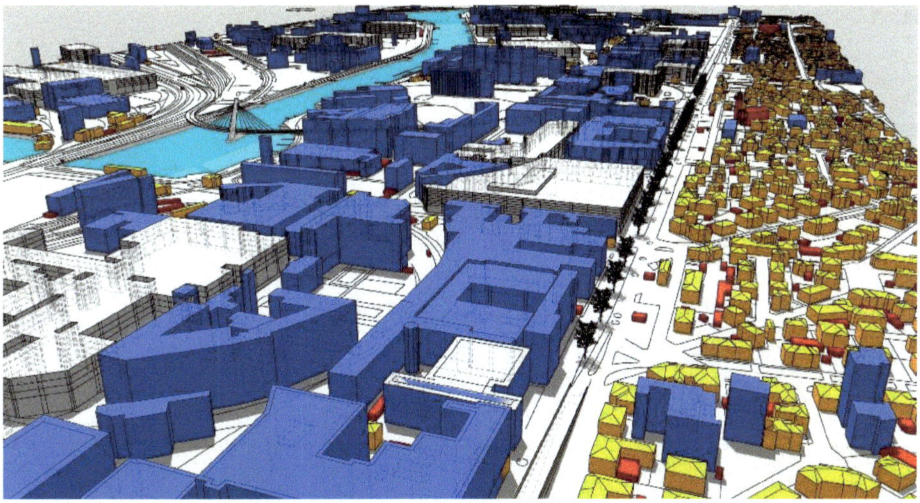

Figura 1.5 - Studio della distribuzione delle destinazioni d'uso del suolo in un contesto urbano.

E. Product design

Gli strumenti di disegno e modellazione di SketchUp hanno varie modalità d'impiego, tanto da poter progettare e studiare forme complesse, di supporto alla concezione e allo studio di prodotti di qualsiasi tipo.

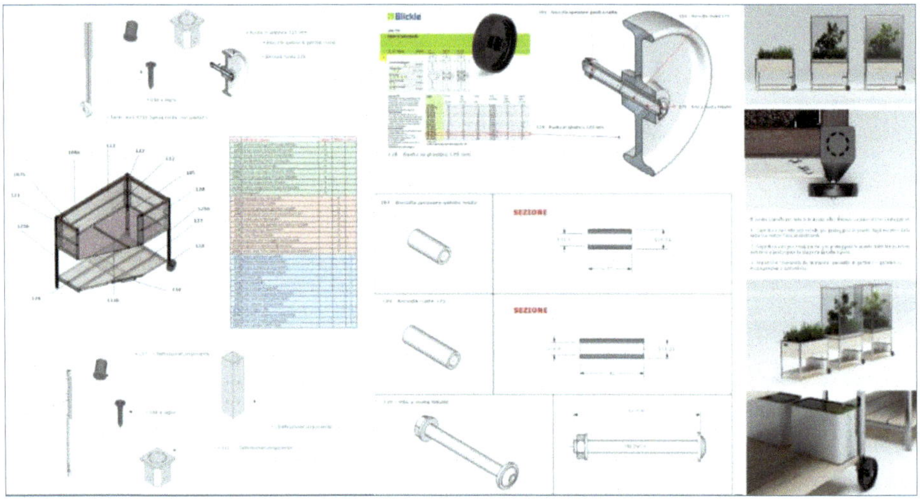

Figura 1.6 - Un progetto di "orto portatile", gentilmente concesso da Roberto Bolletta.

F. Media entertainment, cinema, teatro, monitoraggio, sicurezza

La visualizzazione è un punto forte di SketchUp: ci sono molti strumenti di gestione delle viste e per la produzione di animazioni che lo rendono lo strumento ideale per tutti gli ambiti che si occupano di riprese video e dello studio di inquadrature.

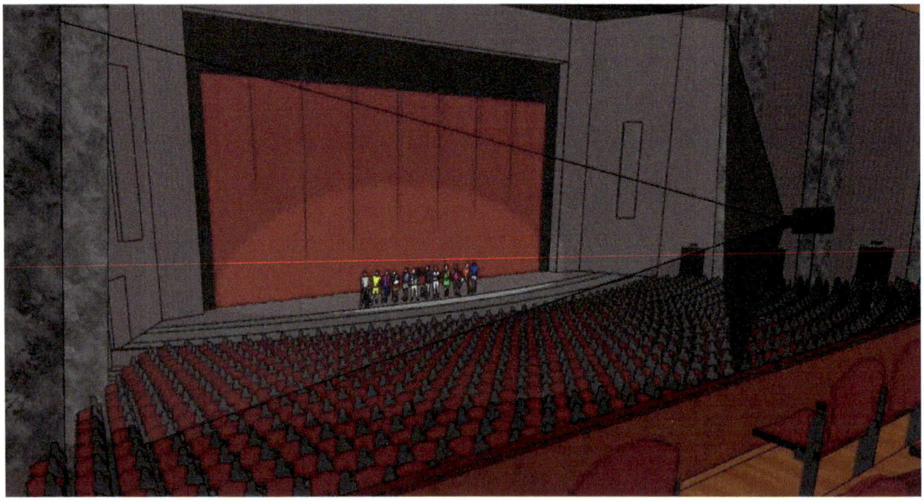

Figura 1.7 - Studio di inquadrature all'interno di un teatro.

1.2 Le versioni di SketchUp

SketchUp è disponibile principalmente in due versioni: SketchUp Free e SketchUp Pro. SketchUp Free è la versione gratuita che funziona online, adatta ad un uso amatoriale/hobbistico, mentre SketchUp Pro è la versione desktop completa di tutte le funzionalità, adatta ad un uso professionale. Il presente manuale tratta questa versione (ed in particolare la versione Windows, non ci sono grandi differenze nella versione Mac). Nella tabella seguente vengono riportate alcune differenze fra le due versioni.

SketchUp Free

Versione online gratuita

→ modellazione 3D
→ personalizzazione materiali
→ accesso alla libreria online 3DWarehouse
→ configurazione Live Components
→ importazione modelli del terreno

SketchUp Pro

Versione desktop a pagamento

oltre alle funzionalità della versione Free:

→ importazione file CAD
→ esportazione computo
→ *componenti dinamici*
→ fotoinserimento con Abbina foto
→ impaginazione in LayOut
→ installazione estensioni (ad es. rendering)

Sono disponibili anche altri tipi di licenze e pacchetti: vengono trattati ed approfonditi nei prossimi paragrafi, assieme alle versioni principali sopracitate.

SketchUp Pro

www.sketchup.com/plans-and-pricing/sketchup-pro (319 €/anno + IVA)

SketchUp Pro si compone di tre applicativi: SketchUp, LayOut e Style Builder. La sinergia fra SketchUp e LayOut permette di realizzare modelli 3d di progetto e procedere alla loro impaginazione in due software differenti, ma che conservano un link fra loro in modo che ogni modifica apportata al progetto vada in automatico ad aggiornare le viste di progetto nelle tavole.

SketchUp

Preparazione dei modelli 3D

→ costruzione del modello di progetto
→ organizzazione oggetti nel modello
→ gestione grafica con materiali e stili
→ preparazione *scene* (inquadrature)
→ rendering attraverso le estensioni

LayOut

Impaginazione tavole di progetto

→ Tavole con viste in scala
→ Sincronizzazione con il modello 3D
→ Annotazioni quali quote, testi, tabelle
→ Importazione report quantità dal modello
→ Importazione/esportazione file CAD

StyleBuilder Dedicato alla configurazione di stili grafici personalizzati.

SketchUp Free

www.sketchup.com/plans-and-pricing/sketchup-free (gratuita)

SketchUp Free è una versione semplificata di SketchUp, dedicata all'uso personale; non può essere usato con finalità commerciali. È utilizzabile gratuitamente online attraverso un account Trimble. I file vengono salvati online ma possono anche essere scaricati o stampati.

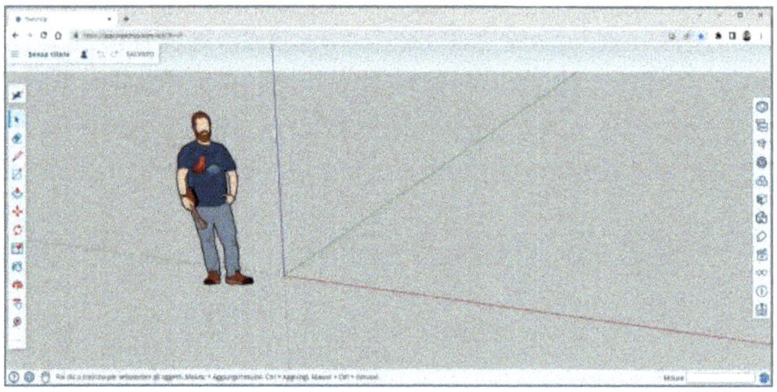

Figura 1.8 - L'interfaccia di SketchUp Free.

SketchUp Go

www.sketchup.com/plans-and-pricing/sketchup-go (109 €/anno + IVA)

SketchUp Go è la versione Free potenziata di alcune funzionalità come, ad esempio, l'importazione e l'esportazione dei file CAD e l'accesso all'app per iPad. È adatta a makers, hobbisti e appassionati che necessitano di alcune funzionalità in più, ma non vogliono investire nella versione SketchUp Pro.

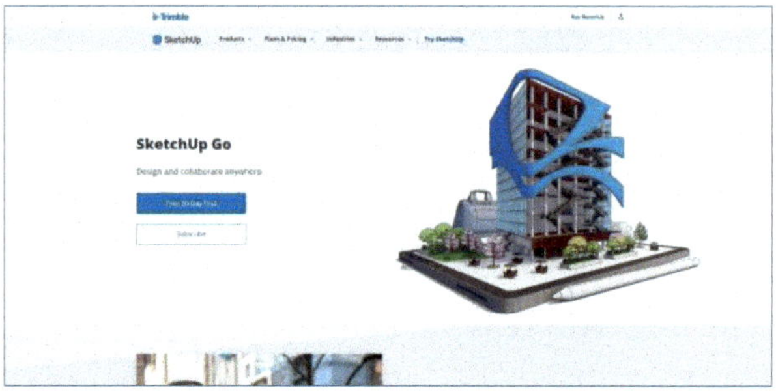

Figura 1.9 - La pagina dedicata a SketchUp Shop.

SketchUp Studio

www.sketchup.com/plans-and-pricing/sketchup-studio (689 €/anno + IVA)

SketchUp Studio è un pacchetto contenente SketchUp Pro, V-Ray (motore di rendering di alta qualità), Scan Essentials (estensione ufficiale Trimble per l'importazione delle nuvole di punti in SketchUp) e Revit Importer (importazione del formato RVT in SketchUp).

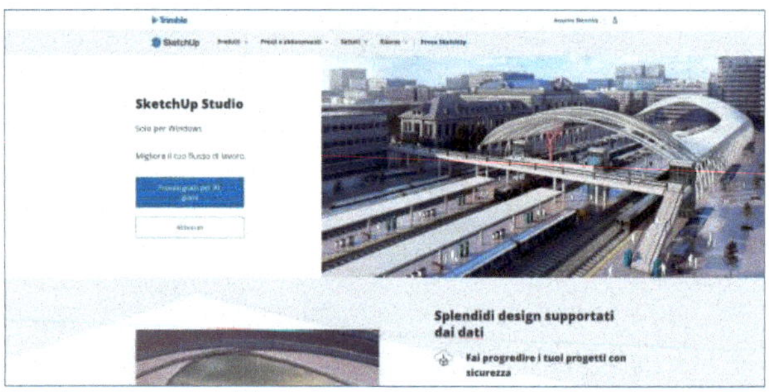

Figura 1.10 - La pagina dedicata a SketchUp Studio.

Licenze per studenti, insegnanti, scuole e università

www.sketchupitalia.it/educational

Sono disponibili vari tipi di licenze per le scuole e le università, che stanno trovando un sempre maggiore impiego in Italia anche dovuto al fatto che la versione online è accessibile gratuitamente agli studenti anche comodamente da casa. Segue una breve descrizione di queste licenze; per una trattazione completa si rimanda al sito di riferimento italiano.

SketchUp for Schools (gratis)

Licenza che va attivata da un direttore o responsabile dell'istituto e fornisce accesso diretto fra SketchUp Free e Google Workspace for Education di Google.

SketchUp Pro Edu Lab (28 €/anno a postazione)

Licenze per aule informatiche, vengono installate in una rete di laboratorio come licenze flottanti network. Danno accesso a SketchUp Pro.

SketchUp Studio per Università (46 €/anno a postazione)

Licenze che possono essere assegnate dal responsabile scolastico agli studenti per un periodo variabile. Gli studenti accedono con un account Trimble da qualsiasi pc e possono utilizzare le funzioni della versione SketchUp Studio e Sefaira.

SketchUp Studio studenti/insegnanti (51 €/anno a postazione)

Licenze nominali per studenti e insegnanti. Comprendono tutte le funzionalità di SketchUp Studio ed inoltre il software Sefaira, il software di analisi energetica.

> **Nota.** Le informazioni di installazione ed i requisiti di sistema sono disponibili nel sito ufficiale www.sketchup.com e nel sito del distributore italiano www.sketchupitalia.it Inoltre licenze e prezzi sono soggetti a costante revisione; si consiglia di verificare eventuali variazioni rispetto a quanto riportato nel testo.

1.3 Le risorse online disponibili con SketchUp

SketchUp dispone di risorse online che permettono di arricchire, velocizzare e condividere il proprio lavoro. Sono tutte accessibili, oltre che da browser, anche da SketchUp, consentendo di ampliare gli orizzonti del progetto direttamente dall'interno del software.

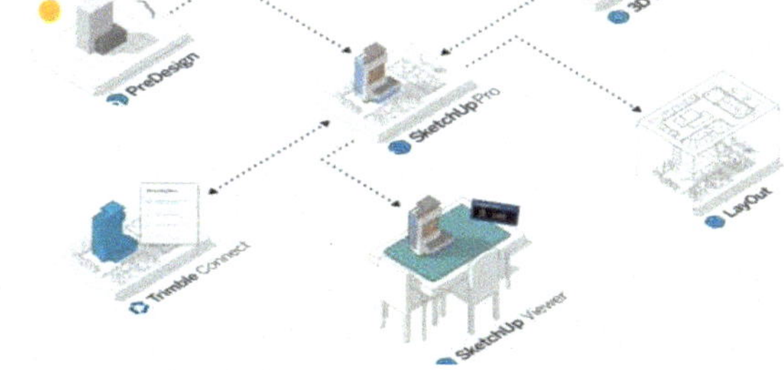

Figura 1.11 - Le risorse in cloud di SketchUp.

3D Warehouse

https://3dwarehouse.sketchup.com/

È tra le più grandi gallerie di modelli 3D, conta milioni di oggetti gratuiti in formato SKP, DAE e altri. Sono presenti sia modelli caricati da altri utenti che da aziende produttrici, le quali mettono i loro prodotti a disposizione dei professionisti. La galleria 3DWarehouse viene trattata nel *Capitolo 6.*

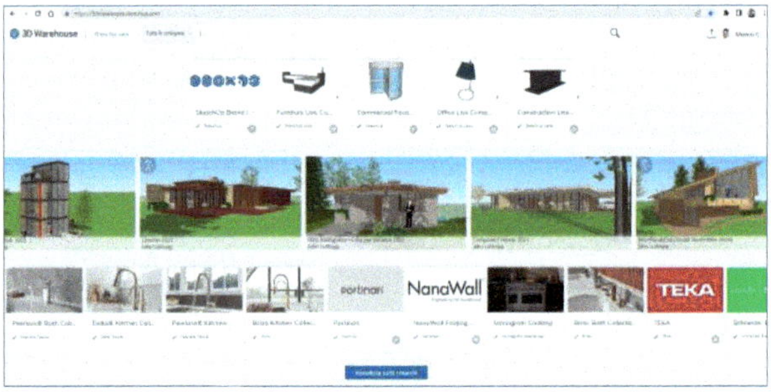

Figura 1.12 - La galleria 3DWarehouse.

Extension Warehouse

https://extensions.sketchup.com

Galleria di estensioni con i più disparati strumenti. Se si cercano nuove funzionalità si può ricorrere a questo magazzino per individuare l'estensione più vicina alle proprie esigenze: ce ne sono centinaia per le più disparate necessità. Questo tema viene trattato nel *Capitolo 14.*

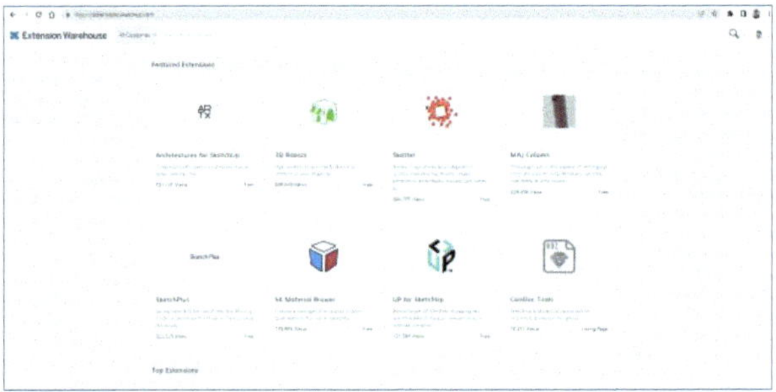

Figura 1.13 - L'home page della galleria Extension Warehouse.

Trimble Connect

https://connect.trimble.com

È la piattaforma di gestione dei progetti. Oltre ad essere uno spazio di archiviazione e condivisione dei file, ha funzionalità dedicate alla collaborazione fra i membri del team di progetto, al collegamento di modelli come riferimenti esterni e molto altro.

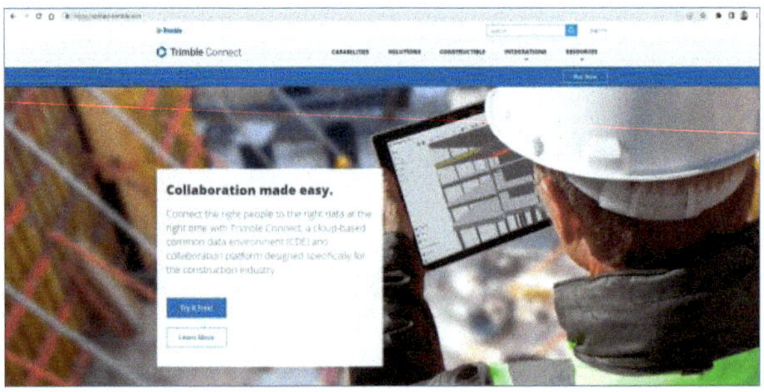

Figura 1.14 - L'home page della piattaforma Trimble Connect.

SketchUp Viewer XR

www.sketchup.com/products/sketchup-viewer

SketchUp Viewer XR è l'applicazione di visualizzazione dei modelli in realtà virtuale e mista. È disponibile in versione per Hololens e per i dispositivi di realtà virtuale, ad esempio, HTC Vive e Oculus. È utile per dare la possibilità a clienti o colleghi di navigare nel progetto.

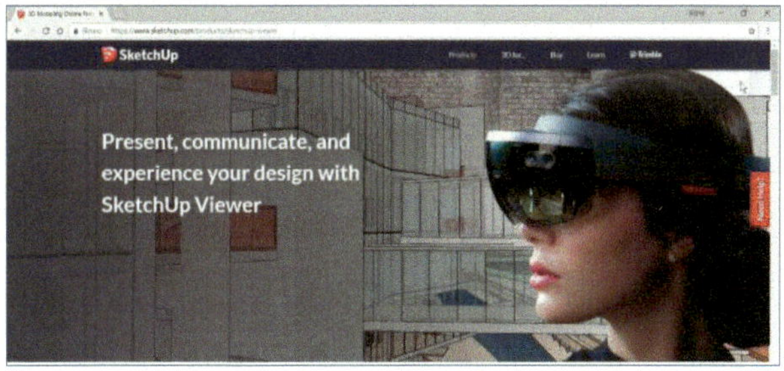

Figura 1.15 - La pagina dedicata a SketchUp Viewer.

App SketchUp Viewer per smartphone

https://play.google.com/store/apps/ > SketchUp Viewer

L'app di SketchUp per smartphone permette di visualizzare in 3D i propri modelli oppure quelli presenti nella galleria online 3DWarehouse. Inoltre, consente la visualizzazione in realtà aumentata degli oggetti nello spazio reale (in sovraimpressione tramite la fotocamera dello smartphone).

Figura 1.16 - La visualizzazione in AR di uno sgabello.

SketchUp App per iPad

https://apps.apple.com/us/app/sketchup-mobile-viewer/

L'app di SketchUp per iPad unisce le potenzialità di modellazione della versione online di SketchUp e quelle dell'app per smartphone: modellare in 3D in realtà aumentata è ora realtà! Inoltre, è presente *Autoshape*: la creazione automatica di forme da schizzo.

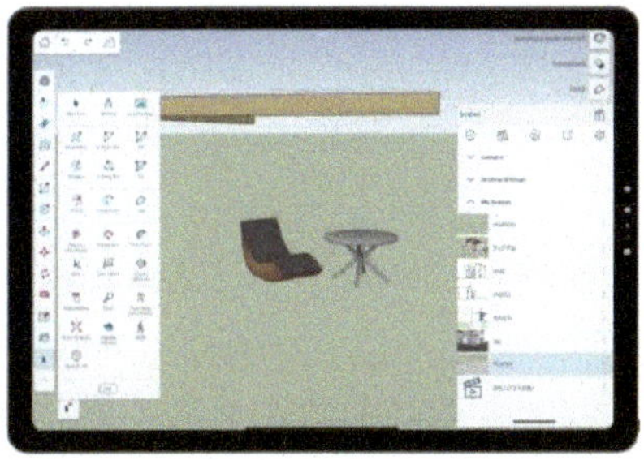

Figura 1.17 - L'interfaccia dell'app SketchUp for iPad.

PreDesign

www.sketchup.com/products/predesign

PreDesign è una piattaforma che fornisce dati climatici di un dato luogo di progetto. È raggiungibile da browser all'indirizzo indicato in alto, oppure direttamente dall'interno di SketchUp. I dati forniti possono essere usati come guida nella progettazione climatica dell'edificio.

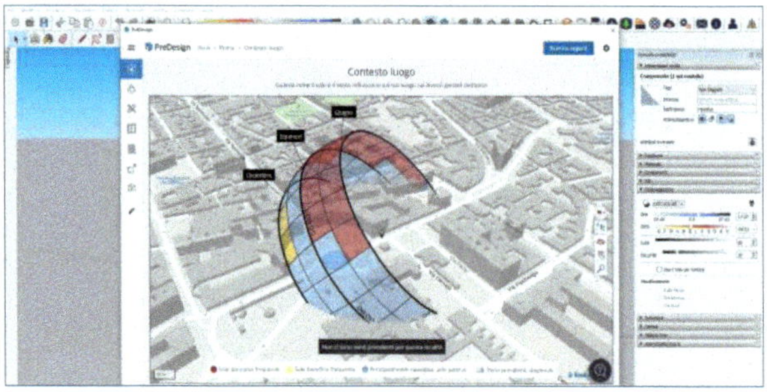

Figura 1.18 - La sezione "Contesto del luogo" di Predesign.

Riassumendo: flusso di lavoro di SketchUp

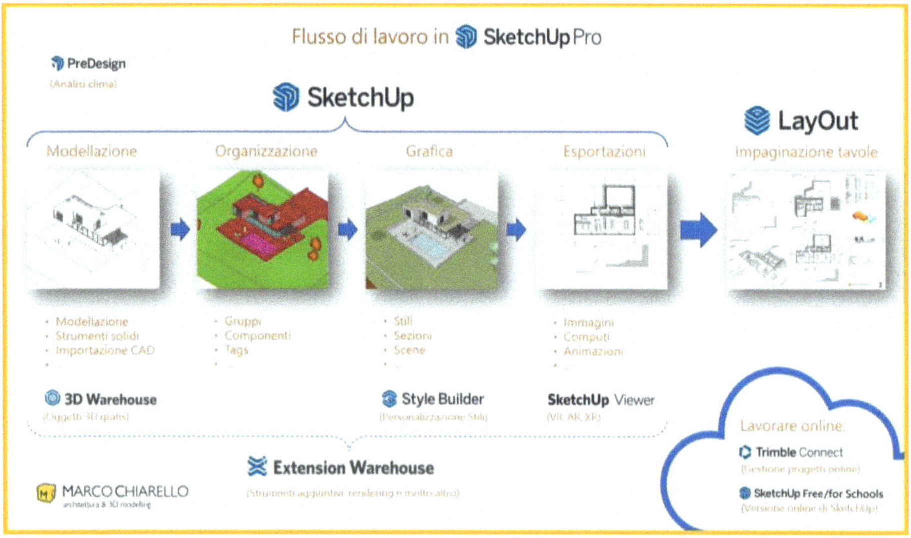

Figura 1.19 - Il flusso di lavoro di SketchUp Pro.

L'insieme di strumenti che gravita attorno a SketchUp ne determina un flusso di lavoro ricco ed efficace. Si possono impiegare molte risorse e strumenti tra cui:

- → importare modelli del terreno, foto satellitari, nuvole di punti, CAD 2D e 3D;
- → arricchire il modello con l'aiuto delle estensioni e produrre rendering di alta qualità;
- → condividere e gestire il progetto online con colleghi e committenti;
- → finalizzare il lavoro esportando animazioni video, rendering, tavole, modelli tridimensionali, visualizzazioni per la realtà virtuale e molto altro.

1.4 Note sul libro

Questo libro nasce dall'uso di SketchUp che l'autore ha fatto a partire dal 2006: prima durante gli studi di architettura e successivamente nella professione. Gli anni di esperienza nella formazione svolta sul software, presso aziende e professionisti in buona parte d'Italia dal 2013 hanno determinato il taglio pratico del libro. Il manuale utilizza volutamente un linguaggio semplice, cercando di limitare i tecnicismi alle situazioni in cui questi aggiungono veramente qualcosa di utile per chi legge. Contiene tutto ciò che conta per poter lavorare al meglio con SketchUp.

Gli argomenti sono disposti in ordine logico e funzionale alla progettazione, suddivisi in tre parti.

→ **Parte 1: SketchUp.** Strumenti e metodi per realizzare i modelli tridimensionali e controllarne le caratteristiche quali informazioni e materiali;

→ **Parte 2: LayOut.** Per la preparazione delle tavole di progetto;

→ **Parte 3: Esercizi ed esempi.** Svolgimento passo-passo di 20 esercizi per fare pratica.

Le prime due parti sono di carattere teorico e raccolgono molti suggerimenti e rimandi agli esercizi per poter approfondire i temi. Gli esercizi rappresentano una collezione di indicazioni, esempi, immagini ed input per vari settori e diversi impieghi. Sono pensati per raggiungere e ispirare progettisti di ambiti differenti ma accomunati dalla necessità di rappresentare in 3D la realtà.

* Nel testo vengono citati software ed estensioni di terze parti; i marchi citati sono dei rispettivi proprietari ed in particolare AutoCAD è un marchio Autodesk.

Contenuti a corredo del manuale, disponibili nella Scuola 3D

I file degli esercizi e altre risorse utili sono disponibili per i possessori del manuale nella Scuola 3D, la mia piattaforma con contenuti di approfondimento su SketchUp e il rendering (www.scuola-3d.it). Si tratta di modelli di SketchUp, tutorial, video, texture e molto altro. Si deve accedere al sito ed in particolare all'*Area Download* (la registrazione al sito è gratuita) > *Contenuti manuale SketchUp 2ª ed.* La password di accesso è la seguente: *3dpertutti7870.*

Box colorati nel testo

Nel testo sono presenti alcuni box di diversi colori per segnalare suggerimenti, note, rimandi ad esercizi, contenuti esclusivi allegati al manuale e altre risorse utili per approfondire i temi trattati.

Suggerimenti, note ed esercizi consigliati

Si tratta di box che evidenziano elementi importanti nel testo ed in particolare i box blu segnalano gli esercizi pratici allegati al manuale che approfondiscono il tema trattato nel testo.

Suggerimento. (...) > box che contiene suggerimenti e trucchi

Nota. (...) > box che contiene avvertenze degne di nota

Esercizio. (...) > segnala gli esercizi che mettono in pratica lo strumento

Note che segnalano approfondimenti e videocorsi della Scuola 3D

I box arancioni segnalano approfondimenti come, ad esempio, i videocorsi presenti nella Scuola 3D. I codici QR presenti all'interno dei box arancioni possono essere inquadrati con lo smartphone per visitare la pagina di riferimento del contenuto di approfondimento.

Per approfondire: (...)

Prova ad inquadrare con la fotocamera del tuo smartphone (o tablet) il codice QR nel box arancione di esempio, qui sopra: si aprirà il video che introduce all'uso dei codici QR del libro. Nei più recenti smartphone basta inquadrare il codice QR con la fotocamera per veder comparire un messaggio in sovraimpressione contenente il link: cliccando sul link si accede al contenuto multimediale (video, siti, slide...). Se il tuo smartphone non dispone di un riconoscimento automatico dei codici QR puoi installare un'app dedicata a questo scopo (negli app store ce ne sono molte, disponibili gratuitamente).

Note alla seconda edizione

Nel 2023 l'autore e il distributore italiano di comune accordo hanno deciso di realizzare una versione aggiornata e ampliata del volume, visto il successo della prima edizione e la quantità di novità introdotte nel software nel corso degli anni.

Nel libro sono state aggiunte le novità, i nuovi strumenti, le nuove funzionalità ed alcuni esercizi. I contenuti che erano presenti nella prima edizione sono ancora interamente presenti, salvo alcune funzionalità che sono state tolte o sostanzialmente modificate. Per agevolare la comprensione di quanto sia stato modificato e aggiunto rispetto alla prima edizione segue un elenco e si rimanda anche all'elenco delle novità che sono intercorse negli ultimi anni nel software, alla fine del libro:

- parte 1 (SketchUp) e parte 2 (LayOut): sono state aggiunte le novità introdotte nel software dal 2018 al 2023;
- parte 3 (esercizi ed esempi): sono stati mantenuti tutti i 15 esercizi che erano presenti nella prima edizione, arricchiti di video che mostrano lo svolgimento passo-passo, ed inoltre sono stati aggiunti 5 nuovi esercizi;
- la sezione "Suggerimenti e trucchi" è stata rivista e ampliata;

→ nuova sezione "Novità del software anno per anno": che riassume le principali novità dal 2007 al 2023;

→ pagine di presentazione del canale YouTube Marco Chiarello e della piattaforma di videocorsi Scuola 3D (www.scuola-3d.it);

→ test e certificazione: riferimenti utili per chi vuole verificare l'apprendimento oppure conseguire la certificazione SketchUp Specialist italiana;

→ indice analitico dei termini, per facilitare la ricerca degli argomenti nel testo.

1.5 L'autore: note su di me

Mi è sempre piaciuto disegnare a mano; non avrei mai pensato di trovare la stessa espressività usando un pc. Anzi, quando frequentavo il liceo, e poi nei primi anni all'università, ho sempre cercato di evitare la freddezza dello schermo, realizzando le tavole rigorosamente a riga e squadra. Ho conosciuto SketchUp per la prima volta nell'azienda di arredo di famiglia: fu amore a prima vista. Da allora non ho mai smesso di disegnare a mano, ma allo stesso tempo ho iniziato ad apprezzare la modellazione digitale.

SketchUp è come un guanto che calza a pennello alla nostra immaginazione e porta nel modello digitale tutta la freschezza di un'idea, ma con la solidità di un disegno vettoriale.

In un'epoca dominata da software sempre più complessi e specialistici, trovo che SketchUp sia il tuttofare che con pochi ma versatili strumenti sorpassa tutti con un balzo. Mi piace paragonarlo ad un coltellino svizzero, un oggetto pratico e leggero, da cui spuntano strumenti nuovi ingegnosamente incastrati, oppure ad una bicicletta con un razzo sul portapacchi: semplice da utilizzare ma in grado di dare quella spinta in più che la progettazione a volte richiede.

L'avventura di formatore, che assieme all'esperienza di progettista mi ha permesso di raccogliere tutti i suggerimenti e le indicazioni raccolti in questo libro, è nata dalla decisione di dedicarmi allo studio e alla divulgazione degli strumenti che fanno parte del processo creativo. Comprendere il cambiamento e l'evoluzione è per me un "atto di coraggio che ha in sé genio, potere e magia", come recita la poesia *Iniziativa* (attribuita a Goethe) che tengo di fronte alla mia scrivania, ed in cui spero che altri professionisti possano trovare ispirazione:

"Fino a che uno non si compromette, c'è esitazione,
possibilità di tornare indietro,
e sempre inefficacia.
Rispetto ad ogni atto di iniziativa (e creazione)
c'è solo una verità elementare,
e l'ignorarla uccide innumerevoli idee
e splendidi piani.

Nel momento in cui uno si compromette definitivamente anche la Provvidenza si muove.
Ogni sorta di cose accade per aiutare, cose che altrimenti non sarebbero mai accadute.
Una corrente di eventi ha inizio dalla decisione,
facendo sorgere a nostro favore
ogni tipo di incidenti imprevedibili,
incontri e assistenza materiale,
che nessuno avrebbe
sognato potessero venire in questo modo.
Tutto quello che puoi fare, o sognare di poter fare, incomincialo.
Il coraggio ha in sé genio, potere e magia.
Incomincialo adesso."

Auguro al lettore di trovare in questo manuale un valido supporto per il proprio lavoro e invito chi volesse esprimere opinioni o critiche, richiedere chiarimenti o suggerimenti a non esitare a scrivere nel forum del sito www.sketchupitalia.it (in cui rispondo quasi tutti i giorni dal 2015) oppure a contattarmi alla mail info@marcochiarelloarchitetto.it

Scuola 3D: la piattaforma con i videocorsi su SketchUp e il rendering

Nel 2020 nasce la piattaforma Scuola 3D (www.scuola-3d.it) in cui pubblico videocorsi, lezioni di approfondimento, articoli nel blog e altro materiale utile su SketchUp e il rendering. I file a corredo del manuale si trovano all'interno dell'Area Download: la sezione contenente varie risorse di approfondimento gratuite, fra cui video, *componenti* (anche dinamici) e altro ancora. Se, oltre al manuale, cerchi altri strumenti di apprendimento di SketchUp puoi curiosare nella Scuola 3D!

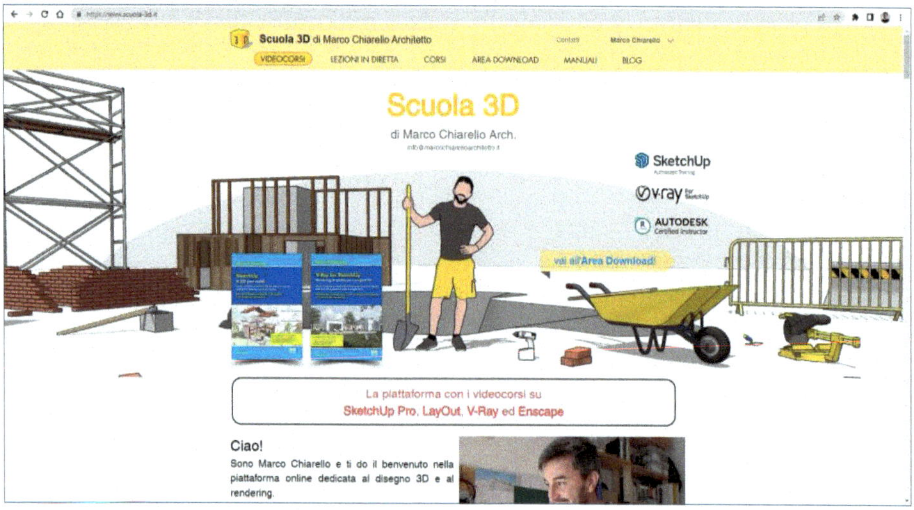

Figura 1.20 - Home page della *Scuola 3D*: il mio sito dedicato ai videocorsi su SketchUp e render.

Canale YouTube "Marco Chiarello"

A fine 2019 ho iniziato a pubblicare video nel mio canale YouTube. È una esigenza che ho sentito sempre più forte per la facilità di comunicare che i video consentono. Inoltre, una piattaforma come YouTube permette veramente a chiunque di trovare facilmente i contenuti e quindi ho percepito nella pubblicazione di video la naturale "prosecuzione" del lavoro che stavo svolgendo: divulgatore, consulente e creatore di contenuti. Ad oggi conta oltre 140 video di approfondimento. Se vuoi rimanere in contatto e ricevere aggiornamenti dal mondo di SketchUp iscriviti al canale!

Ringraziamenti

Ricordo come fosse ieri il giorno, nel 2015, in cui navigando in cerca di nuove collaborazioni capitai nella pagina sullo sviluppo di prodotti 3D per aziende nel sito internazionale di SketchUp: lì trovai il nome e i contatti dell'azienda che da poco era diventata la distributrice di SketchUp in Italia, Tecnobit S.r.l. di Bassano del Grappa (Vicenza). Mi misi subito in contatto con loro, facilitato dalla vicinanza geografica (all'epoca vivevo a Trento) e invogliato dal desiderio di dare il mio contributo sull'utilizzo di SketchUp. Ci siamo capiti al volo: un'occasione che non capita spesso, pensai.

Figura 1.21 - Il team di SketchUp Italia. Da sinistra verso destra in prima fila: Gianni R., io, Julie F., Marco R., Massimo P., Fabio R., Gregorio C., Barbara P., Eva M., Alberto P. In seconda fila: Claudio M., Gianmaria B., Stefania B., Salvatore N., Bruno P., Pablo B., Damiano C., Francesco S.

La missione che Trimble ha conferito a Tecnobit è di diffondere e promuovere SketchUp nel territorio italiano con fiere, eventi, corsi, webinar e la creazione di una rete di formazione nazionale. Ero la persona giusta, nel posto giusto, al momento giusto con l'esperienza e la motivazione per contribuire in quell'impresa. Da allora abbiamo promosso e diffuso SketchUp con vari mezzi, sviluppato una rete di centri di formazione, realizzato un test di certificazione di docenti qualificati, presentato SketchUp presso fiere e aziende di ogni parte d'Italia, partecipato a meeting internazionali e individuato rivenditori, realizzato migliaia di modelli di prodotti reali, definito standard di qualità, gettato le basi per lo sviluppo di estensioni e contattato i più tenaci e agguerriti utilizzatori di SketchUp italiani. Nel 2018, a tre anni di distanza da quel giorno, è nata la prima edizione di questo manuale, giunto nel 2023 alla seconda edizione: è stato fortemente voluto da me e da tutto il team: a loro va il mio più sincero grazie e un augurio di felicità.

In particolare, devo la pubblicazione di questo testo al geometra Gianni Rossi, titolare di Tecnobit, ed ai figli Marco e Fabio. Devo ringraziarli per aver sempre creduto e investito in SketchUp, avermi dato fiducia e la libertà d'inventare ogni giorno qualche cosa di nuovo.

I miei ringraziamenti vanno anche a chi ha contribuito alla mia formazione e all'arricchimento di quest'opera:

→ i miei genitori: mi hanno trasmesso l'entusiasmo e la curiosità di conoscere cose nuove, la convinzione che non si finisce mai di imparare e il valore della cultura;
→ Ing. Stefano Brida (Bolzano), presso cui ho svolto la professione nei primissimi anni dopo la laurea; alcune immagini prendono spunto dagli edifici progettati fin nei minimi dettagli nel suo studio;
→ C&B Arredamenti (Thiene, Vicenza): alcune immagini di interni sono frutto della loro collaborazione;
→ Cluster informatica ed in particolare Antonio Leonardi (Trento), per avermi dato l'occasione di svolgere numerosissimi corsi presso decine di aziende, artigiani e professionisti in tutto il Trentino;
→ Penta Formazione (Vicenza), per aver creduto in SketchUp ed essere diventato il primo centro di formazione certificato in Italia;
→ Arch. Matteo Ballarin, per i modelli di scala urbana;
→ Pian. Terr. Lucia Chiarello, per i consigli e le revisioni del testo;
→ geom. Antonio Martini, per le ottime tavole di progetto nella sezione su LayOut;
→ ing. Massimiliano Pratelli, per le ottime tavole di ambito strutturale;
→ Roberto Bolletta, per le ottime tavole di design di prodotto;
→ Damiano Corradini, per le ottime tavole di interni;
→ Marco Sambugaro, per alcune immagini sul fotoinserimento.

Inoltre, desidero ringraziare mia moglie Eva: senza il suo intuito, i suoi suggerimenti e il suo supporto niente di tutto questo sarebbe stato possibile. Ed infine nostro figlio Enea, che porta gioia e nuovo slancio creativo alle nostre giornate.

PARTE 1: **SKETCHUP**

STRUMENTI E METODI DI DISEGNO 3D

2. Primi passi in SketchUp

2.1 Per iniziare: eseguire login e scegliere un Template

SketchUp e altri prodotti correlati richiedono per il loro utilizzo che si esegua l'accesso con un account Trimble. All'avvio di SketchUp viene chiesto di accedere con il proprio account: cliccare *Accedi*. Viene avviato il browser predefinito ed in particolare viene visualizzata la pagina di login di Trimble. Eseguire il login con i propri dati e chiudere il browser. Quindi tornare alla finestra di Benvenuto e scegliere un *Template* di lavoro: sono elencati i modelli predefiniti da utilizzare tra cui scegliere per iniziare il disegno.

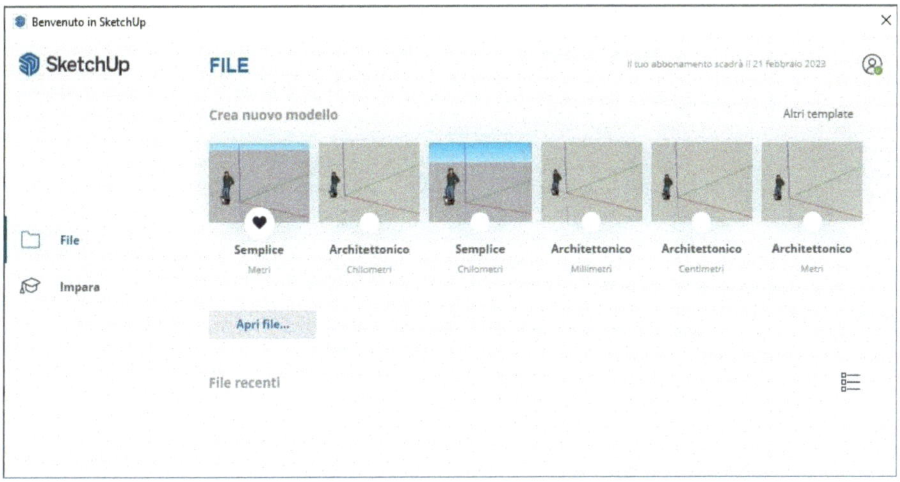

Figura 2.1 - La finestra di Benvenuto.

I *Template*, o Modelli, sono configurazioni dello spazio di lavoro preimpostate, con colori di sfondo e unità di misura differenti, pronti per diversi tipi di utilizzo. Queste impostazioni possono essere modificate in qualsiasi momento durante il disegno: la scelta iniziale di un *Template* rispetto ad un altro non è vincolante.

Nota. I metodi per modificare i colori di sfondo sono trattati nel *Capitolo 9*, in particolare nel paragrafo sugli *Stili*, mentre i metodi per cambiare unità di misura sono trattati in questo capitolo.

Si consiglia di iniziare con il modello *Semplice* in metri (ha colori tenui di sfondo che differenziano bene il piano campagna dal cielo e unità di misura in metri). Per iniziare un nuovo disegno cliccare sull'anteprima del template.

2.2 Interfaccia

L'interfaccia di SketchUp è molto essenziale ed intuitiva: il numero di strumenti è ridotto al minimo indispensabile, per indurre l'utilizzatore a sfruttare a pieno le loro potenzialità e le diverse combinazioni che offrono. Un elemento che caratterizza SketchUp è la versatilità degli strumenti: molti di questi hanno due o addirittura tre metodi di utilizzo per ambiti differenti. Si elencano di seguito gli elementi che compongono l'interfaccia e le possibili personalizzazioni.

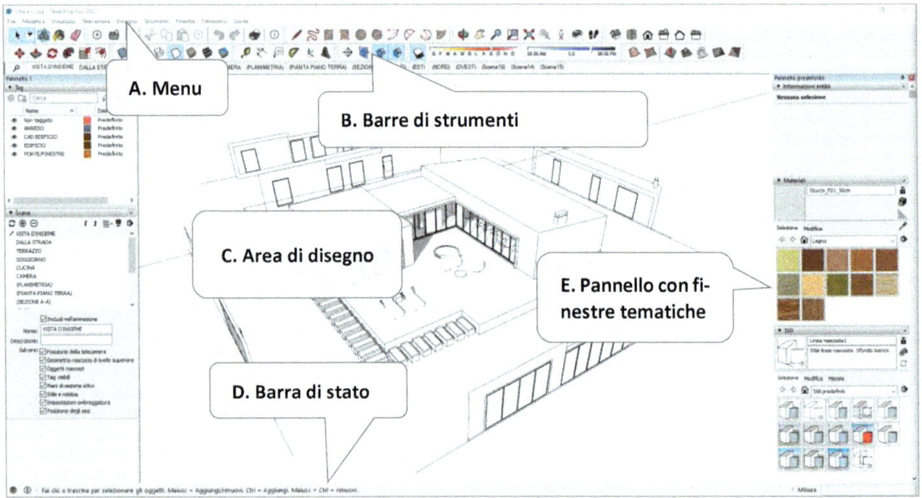

Figura 2.2 - L'interfaccia con una disposizione personalizzata delle barre di strumenti e dei pannelli delle finestre tematiche.

Gli elementi dell'interfaccia sono:

A. **Menu** (*File, Modifica...*): i menu contengono gli strumenti in forma testuale e sono suddivisi per ambito;

B. **Barre di strumenti:** sono suddivise in tematiche e contengono gli strumenti in forma di icone. Possono essere attivate/disattivate nella finestra *Toolbar* (menu *Visualizza > Barre degli strumenti...*). Per riposizionarle è sufficiente tenere premuto il tasto sinistro sui puntini all'estrema sinistra della barra, oppure nella parte alta in cui si trova il nome, e trascinare. Nella scheda *Opzioni* della finestra *Toolbar* è possibile disattivare *Icone grandi*; in questo modo

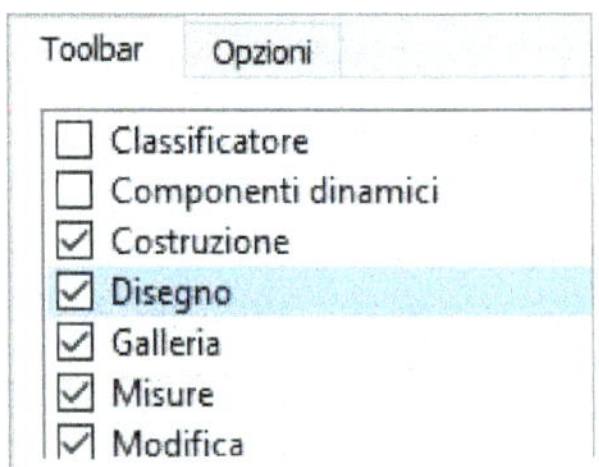

Figura 2.3 - L'elenco *Toolbar* in cui attivare/disattivare le barre di strumenti.

vengono ridotte le dimensioni delle barre di strumenti e si ha maggiore spazio di disegno a disposizione;

Suggerimento. Un modo alternativo e più veloce per attivare/disattivare le barre di strumenti è cliccare tasto destro in un punto qualsiasi della barra grigia in alto. Compare una lista temporanea delle barre di strumenti su cui cliccare per attivarle/disattivarle.

Nota. Nella versione Mac non ci sono barre di strumenti suddivise per tematiche con pulsanti predisposti all'interno, ma c'è una lista di tutti gli strumenti. Questa si trova nel menu *Visualizza > Personalizza toolbar...* Si possono trascinare le icone da qui fino alla barra in alto dell'interfaccia di SketchUp, in cui rimangono agganciati.

C. **Area di disegno:** è lo spazio 3D in cui si modellano le forme; si possono visualizzare gli assi X (rosso), Y (verde) e Z (blu); è presente una figura umana che dà l'idea delle dimensioni dello spazio (curiosità: in ogni versione di SketchUp la figura è di uno dei componenti del team);

D. **Barra di Stato:** nella parte sinistra compaiono informazioni utili durante il disegno; la parte destra contiene il campo *Misure* in cui compaiono i valori relativi alle operazioni che si stanno effettuando;

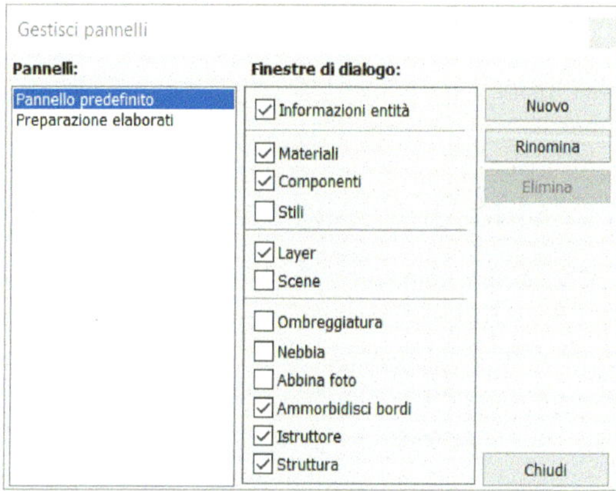

Figura 2.4 - La finestra *Gestisci pannelli*: permette di realizzare o modificare i *Pannelli*.

E. **Pannelli** (presenti solo nella versione Windows): raggruppano le finestre; ciascuna di queste contiene impostazioni e strumenti di temi differenti come ad esempio i materiali, i tag, le scene...

→ **Attivare/disattivare una finestra dal Pannello predefinito:** menu *Finestra > Pannello predefinito* > cliccare sul nome delle finestre da attivare/disattivare;

→ **Creare un nuovo Pannello (o modificare quello esistente):** menu *Finestra > Gestisci pannelli...* (oppure *Nuovo pannello...*) > cliccare *Nuovo* > dare un nome al pannello e attivare le finestre relative a questo nuovo pannello;

Nota. Una Finestra può essere attiva in un solo pannello alla volta: se una Finestra è attiva nel *Pannello Predefinito* e viene attivata nel nuovo pannello, questa verrà tolta da quello predefinito.

→ **Posizionare i Pannelli:** i pannelli possono essere agganciati a piacere ai lati dell'area di disegno. Per spostarli tenere premuto il tasto sinistro nella parte alta del pannello e trascinare fino a raggiungere una delle frecce azzurre che compaiono in sovraimpressione;

→ **Avere maggiore spazio di disegno:** cliccare sulla puntina da disegno in alto a destra nel pannello per attivare *Nascondi automaticamente*. Solo portando il cursore vicino al pannello questo sarà completamente visibile; in alternativa trascinare la parte alta di un pannello sopra a quella di un altro per agganciarli in modo sovrapposto.

Nota. Su Mac non ci sono i Pannelli: le finestre tematiche sono distinte e possono essere disposte liberamente nell'area di lavoro. Si possono eventualmente agganciare le finestre semplicemente avvicinandole.

Per salvare le modifiche che vengono apportate ci deve essere una sola istanza di SketchUp avviata. Le modifiche vengono salvate appena si salva e si chiude il file (non c'è un file di personalizzazione dell'interfaccia, come in Autocad).

2.3 Muoversi nello spazio 3D

Muoversi spesso all'interno del modello è un'abitudine che si acquisisce presto. Ci si rende facilmente conto che solo controllando il disegno 3d da vari punti di vista si riesce a procedere nel lavoro e controllare che le forme siano esattamente come le vorremmo. Non si dimentichi che non si sta lavorando in un foglio bidimensionale digitale come accade nel classico disegno CAD 2D: con SketchUp si *costruisce* una simulazione tridimensionale del progetto in scala 1:1. Alcuni strumenti di navigazione sono incorporati nel mouse, altri sono presenti nelle barre di strumenti *Telecamera* e *Viste*.

Strumenti di navigazione da **mouse**

Il cursore rileva le superfici presenti nel disegno: lo zoom avvicina e allontana in modo proporzionale alla distanza fra l'osservatore e l'oggetto. In questo modo risulterà difficile attraversare gli oggetti, ma ci si avvicinerà progressivamente fino a visualizzare da vicino anche i dettagli più minuti.

Orbita

Tenere premuta la rotellina e spostare il mouse per volare attorno al soggetto.

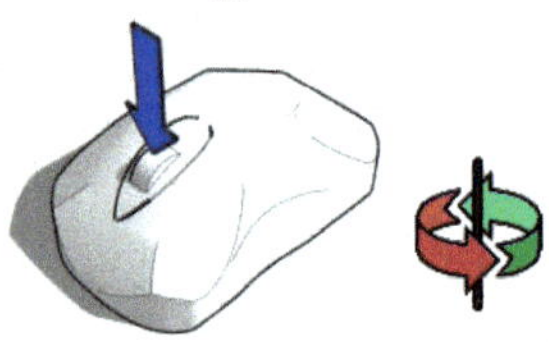

Panoramica

Tenere premuti la rotellina del mouse e *Shift* contemporaneamente e muovere il mouse.

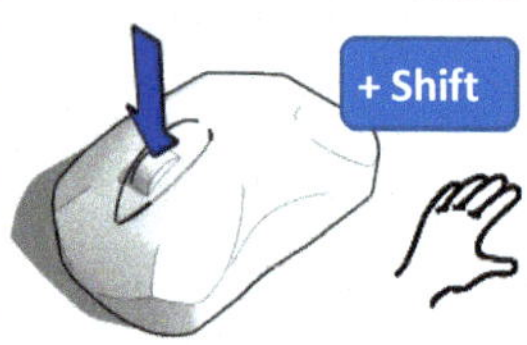

Zoom

Ruotare la rotellina del mouse per avvicinarsi/allontanarsi dal punto indicato dal cursore.

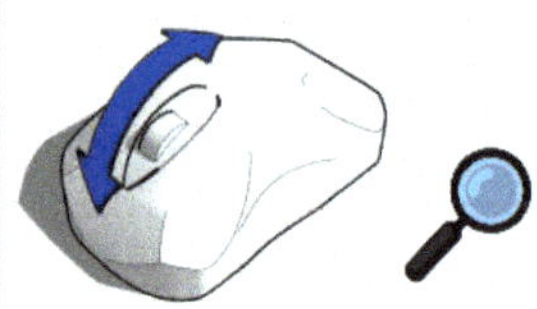

Prospettiva vs proiezione parallela

Una delle caratteristiche che rende intuitivo il disegno in SketchUp è il fatto di avere la massima libertà di disegno sia in prospettiva che in proiezione parallela. La scelta fra questi metodi è soggettiva e legata alle operazioni che si stanno eseguendo. In ogni momento si può passare da uno all'altro di questi metodi senza che il disegno ne risenta in alcun modo.

Dalla prospettiva alla proiezione parallela (e viceversa)

Selezionare nel menù *Telecamera* il metodo di visualizzazione da attivare: *Proiezione parallela, Prospettiva* o *Prospettiva a due punti*. La *Prospettiva a due punti* mantiene l'asse Z verticale ed evita l'effetto per cui le linee verticali sembrano inclinate.

Prospettiva. *Tipo:* l'osservatore è collocato all'interno del modello. *Specificità:* permette di entrare in ambienti chiusi come un edificio.

Figura 2.5 - Vista in prospettiva di un edificio.

Prospettiva a due punti. *Tipo:* l'osservatore è collocato all'interno del modello. *Specificità:* le linee verticali non sono inclinate.

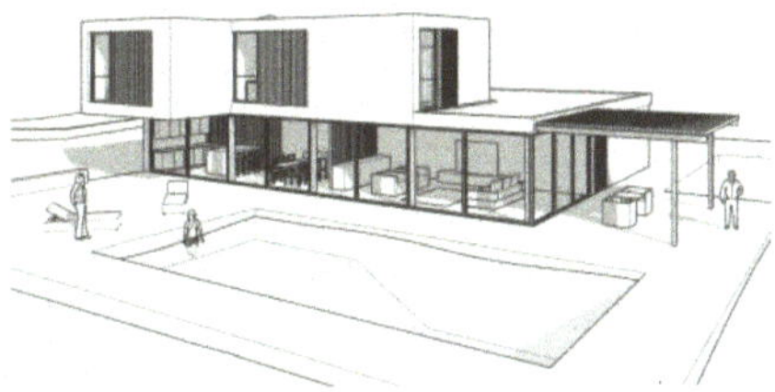

Figura 2.6 - Vista in prospettiva a due punti.

Proiezione parallela. *Tipo:* l'osservatore è collocato a distanza infinita. *Specificità:* consente la stampa in scala degli elaborati di progetto.

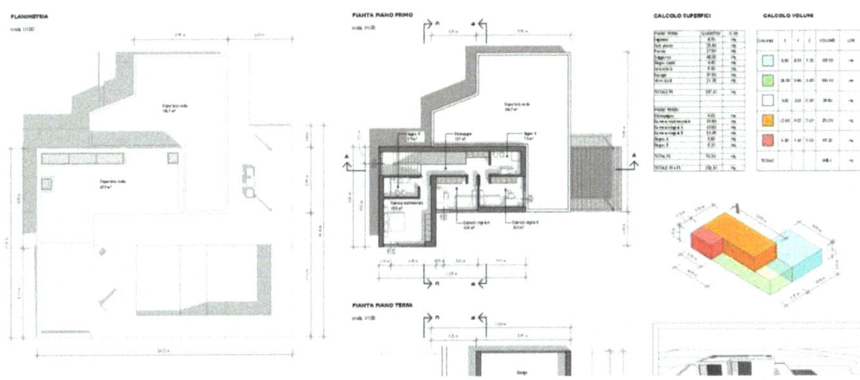

Figura 2.7 - Elaborati quali planimetria, pianta e assonometria in scala impaginati in LayOut.

Barra di strumenti **Telecamera**

La barra *Telecamera* contiene tutti i metodi di navigazione: è quindi molto utile mantenerla visibile. Gli strumenti in essa contenuti sono elencati di seguito.

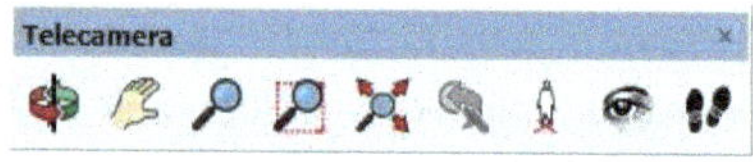

Figura 2.8 - Gli strumenti per navigare nel modello.

Orbita	Analogo a quello disponibile da mouse (vedi pagina precedente).
Panoramica	Analogo a quello disponibile da mouse (vedi pagina precedente).
Zoom	Analogo a quello disponibile da mouse (vedi pagina precedente).
Zoom finestra	Tracciando una finestra viene eseguito lo zoom in quella zona.
Zoom estensioni	Allontana il punto di vista fino ad inquadrare tutto il contenuto del modello e rigenera la vista.
Vista precedente	Torna alla precedente posizione del punto di osservazione.
Posiziona telecamera	Cliccando in un punto, il punto di osservazione viene posizionato alla quota di una persona in piedi in quello stesso punto.
Guarda attorno	Tenendo premuto il tasto sinistro e muovendo il mouse lo sguardo viene girato tutto attorno.
Cammina	Tenendo premuto il tasto sinistro e muovendo il mouse il punto di osservazione si muove simulando una passeggiata.

Barra di strumenti **Viste**

Il punto di osservazione può essere impostato con la barra di strumenti *Viste,* che permette di spostarsi nella vista isometrica (assonometria) e nelle viste ortogonali ai piani dello spazio tridimensionale (pianta e prospetti). Queste inquadrature andranno salvate come *Scene* per la preparazione degli elaborati del progetto (trattati nel *Capitolo 9*).

Figura 2.9 - Viste standard.

Suggerimento. Per ottenere una vista ortogonale ad una superficie inclinata in modo diverso rispetto agli assi del modello, cliccare tasto destro sulla superficie > *Allinea vista.* Questa opzione è utile per realizzare la vista di prospetto di un edificio con andamento planimetrico non allineato agli assi. In alternativa spostare/ruotare gli assi del modello: le viste standard si allineano al nuovo sistema di riferimento individuato.

2.4 Primi passi nel disegno

Prima di analizzare nel dettaglio gli strumenti di disegno e di modifica si forniscono alcune indicazioni di base utili per poter affrontare con sicurezza la modellazione 3d nei prossimi capitoli.

Figura 2.10 - La barra di strumenti *Per iniziare* contiene gli strumenti più comuni.

La barra di strumenti *Per iniziare* raccoglie molti degli strumenti di più comune utilizzo (viene visualizzata automaticamente al primo avvio del software), compresi quelli di disegno. Tra questi si trova lo strumento di disegno *Linea*. Dopo averlo attivato cliccare in un punto a piacere dell'area di disegno per determinare l'inizio della linea e con un secondo clic determinare il punto finale. Nel frattempo, muoversi nello spazio attraverso i metodi visti nelle pagine precedenti; questo aiuta a capire l'esito del disegno ed a verificarne la coerenza con quanto si vuole realizzare. Per disegnare linee parallele agli assi del disegno, dopo aver iniziato una linea, cliccare il punto di fine della linea quando il segmento è del colore dell'asse a cui ci si vuole allineare.

Linea lungo l'asse rosso...

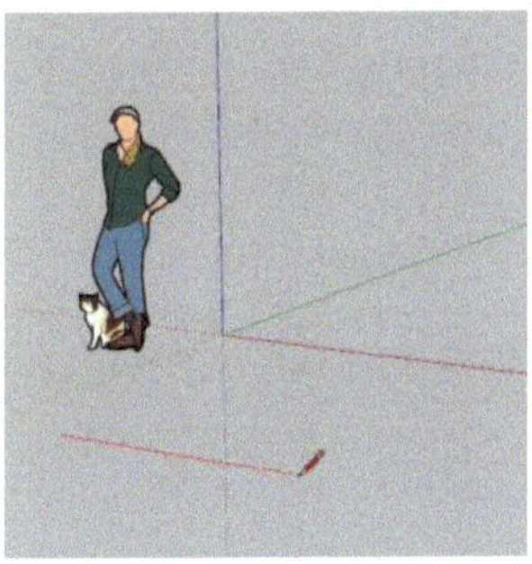

...lungo l'asse verde...

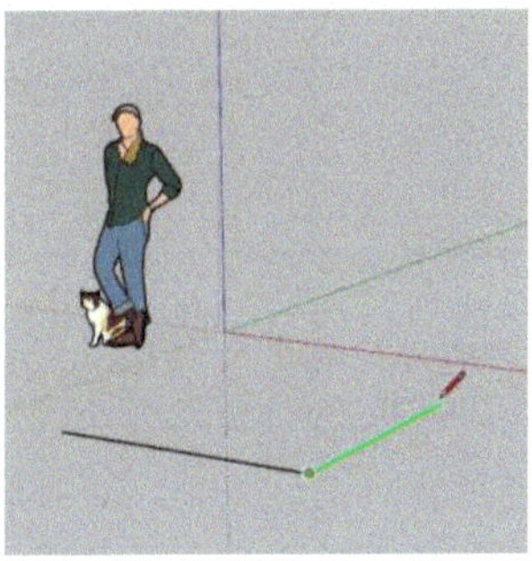

...e lungo l'asse blu.

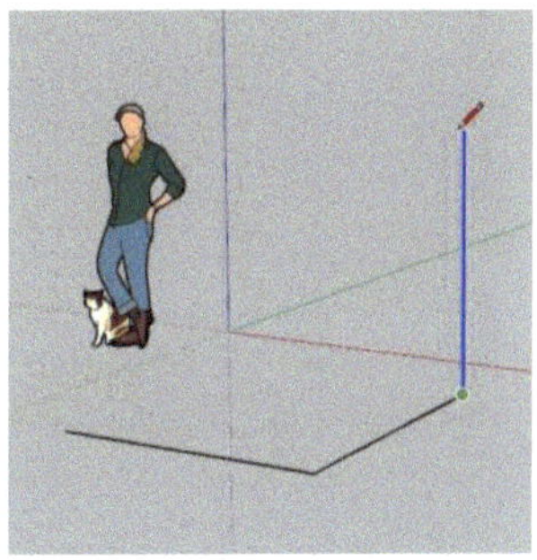

Suggerimento. È importante disegnare linee parallele agli assi per conoscere esattamente il loro orientamento: si possono sempre ruotare o spostare liberamente dopo averle disegnate. Gli strumenti di modifica sono approfonditi nel *Capitolo 5.*

Alcune indicazioni preliminari:

- vengono evidenziati **allineamenti agli assi** con il colore della linea > sono importanti per ottenere forme regolari e ben gestibili;
- vengono evidenziati **punti notevoli (snap)**: estremità della linea, metà della linea, sul bordo... > farne uso vuol dire disegnare con precisione;
- quando si chiude un perimetro di linee **compare una superficie** su cui si possono applicare materiali o da cui ricavare estrusioni.

Le superfici realizzate con queste prime linee possono dare origine a volumi con uno degli strumenti che caratterizzano maggiormente la modellazione con SketchUp: lo strumento *Spingi/tira*. Con *Spingi/tira* è possibile dare volume alle superfici ed entrare nel vivo del disegno 3D; ecco come utilizzarlo.

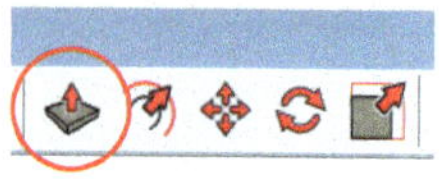

Figura 2.11 - Lo strumento *Spingi/tira*.

1. Cliccare sull'icona dello strumento.

2. Cliccare sulla superficie che si vuole estrudere.

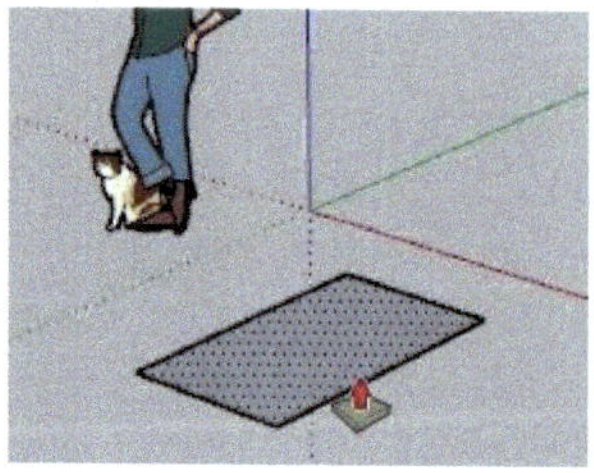

3. Cliccare nel punto in cui si vuole terminare l'estrusione.

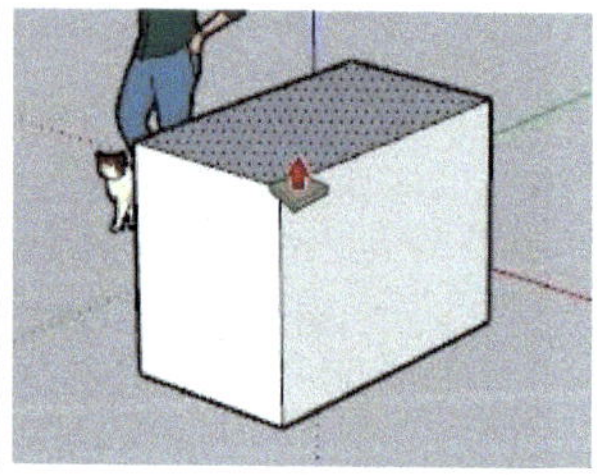

Questo strumento esprime l'intuitività e la velocità del disegno in SketchUp: in pochi clic si riescono a realizzare forme che in altri software necessiterebbero di molta più preparazione ed esperienza... Nei prossimi capitoli vengono approfonditi sia gli strumenti di disegno che di modifica. Il fatto che in SketchUp le geometrie fondamentali siano solo linee e superfici lo rende particolarmente veloce e intuitivo. Basta familiarizzare con i *Principi di disegno* che governano il comportamento di queste entità geometriche (*Capitolo 3*) per disegnare con sicurezza in ogni condizione i modelli 3D.

Suggerimento. Se ci si dimentica il nome di uno strumento o si vuole cercarne uno in base ad una necessità contingente utilizzare il primo pulsante della barra di strumenti *Per iniziare: Cerca in SketchUp*. Indicare una o più parole chiave nella barra di ricerca che compare in sovraimpressione per ricevere suggerimenti.

2.5 Disegno con misure precise

Le linee e le altre figure del disegno possono essere realizzate con misure note inserendo i valori durante il disegno. L'unità di misura impostata dipende dal template prescelto all'avvio del disegno, ma può essere modificata in qualsiasi momento come indicato nel prossimo paragrafo.

Nota. I numeri decimali devono essere indicati usando come separatore la virgola e non il punto.

Le misure possono essere inserite anche per le operazioni di modifica: ad esempio l'estrusione, da effettuare con lo strumento *Spingi/tira* visto precedentemente. Dopo aver selezionato lo strumento e aver cliccato sulla superficie da estrudere, indicare la misura e confermare con *Invio*. Anche in questo caso non si deve spostare il cursore nella casella delle *Misure* ma nella direzione verso cui si intende effettuare l'operazione.

Come disegnare linee con dimensioni precise

1. Cliccare *Linea*, poi cliccare nell'area di disegno il punto iniziale. Non tenere premuto il tasto sinistro. Spostare il cursore lungo l'asse a cui ci si vuole allineare.

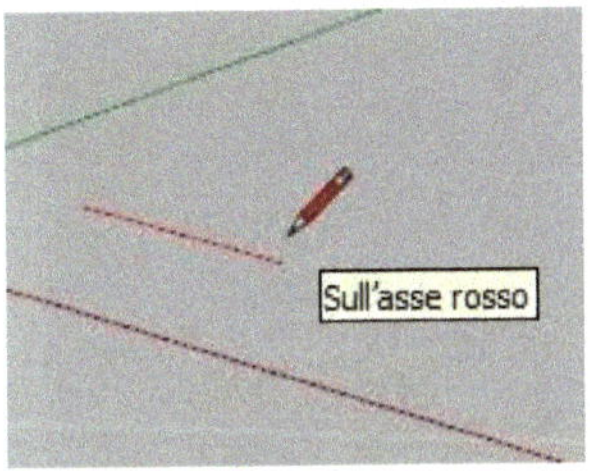

2. Digitare la lunghezza: la cifra compare nella casella in basso a destra nella barra di stato. Non cliccare all'interno della casella (il cursore deve rimanere allineato all'asse).

3. Cliccare *Invio* per terminare. Il comando *Linea* è ancora attivo, si può proseguire nel disegno di altre linee. Per terminare premere Esc oppure *Seleziona* (freccia nera).

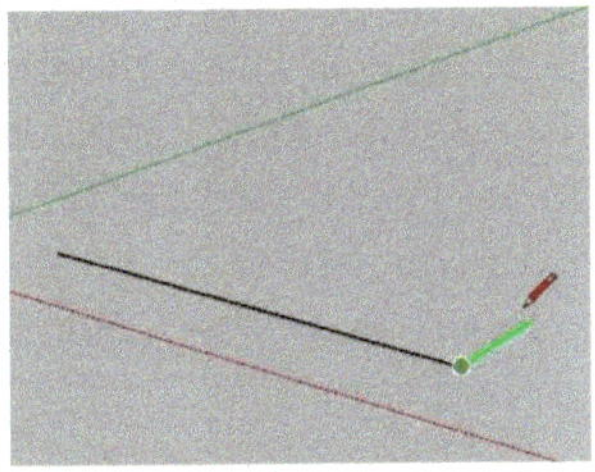

Nota. Coordinate assolute e relative. Per disegnare con precisione è possibile usare anche le coordinate: i simboli da usare sono le parentesi quadrate [ ] per le coordinate assolute, le parentesi angolari < > per le coordinate relative, i valori vanno separati da punto e virgola. Ad esempio per terminare una linea in una posizione precisa digitare [10;20;30], cioè le tre coordinate assolute separate da ; (punto e virgola) all'interno delle parentesi quadrate.

Annulla/ripeti

Capita di dover annullare le ultime azioni, per non dover ridisegnare o correggere parti del disegno che potrebbero essere piuttosto estese e complesse. Per annullare o ripristinare azioni utilizzare gli appositi comandi *Annulla* e *Ripeti* della barra di strumenti *Standard* (oppure menu *Modifica*). In alternativa si possono usare i comandi da tastiera Ctrl + Z (per tornare indietro) e Ctrl + Y (per andare avanti).

Figura 2.12 - La barra di strumenti *Standard* con evidenziati *Annulla* e *Ripeti*.

2.6 Unità di misura

L'unità di misura in uso nel disegno dipende dal *Template* di lavoro scelto all'apertura di SketchUp, ma può essere modificata in qualsiasi momento senza che venga in alcun modo modificato il disegno realizzato fino a quel punto. Infatti, indipendentemente dall'unità di misura che intendiamo adottare, il modello 3D sarà in scala 1:1. Ad esempio, un falegname potrebbe prediligere il disegno in centimetri mentre un architetto in metri. Questo facilita e anzi elimina alla radice il problema di eventuali cambi di scala quando si importa un modello in un altro, ad esempio un modello 3d di un mobile in un modello che contiene l'intero edificio.

Cambiare unità di misura

La finestra *Informazioni entità* (menu Finestra) contiene una serie di personalizzazioni che interessano solo il modello a cui si sta lavorando: ad esempio l'unità di misura. Per cambiare unità di misura cliccare sulla sezione *Unità*. Estendere con un clic il menu a tendina indicato in figura e scegliere l'unità di misura che si desidera utilizzare.

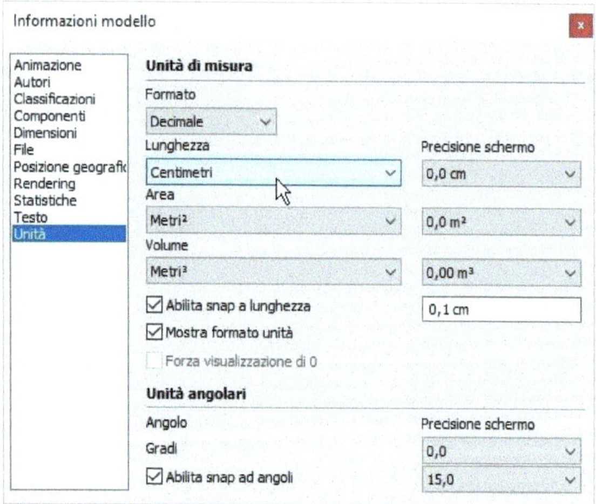

Figura 2.13 - La sezione *Unità* della finestra *Informazioni modello.*

Le opzioni della sezione *Unità sono*:

Precisione schermo	Imposta la visualizzazione delle cifre nel testo delle quote e dello snap a lunghezza.
Abilita snap a lunghezza	Fa in modo che il cursore durante il disegno venga calamitato verso punti ideali posti ad una distanza pari a quella indicata.
Mostra formato unità	Esplicita l'unità di misura nel testo delle quote.
Unità angolari	Stabilisce precisione e snap relativi agli angoli.

Suggerimento. Si può digitare l'unità da utilizzare assieme alle cifre. Ad esempio, se l'unità di misura corrente è in metri, al posto di digitare 0,75 si può scrivere 75cm (cioè la cifra seguita dall'unità di misura che si vuole usare in quel preciso momento).

2.7 Selezionare e cancellare

La modellazione necessita di continue modifiche e correzioni: selezionare, cancellare e annullare operazioni. Vengono descritti i vari metodi e strumenti per effettuare queste operazioni.

Metodi di selezione

Per selezionare si deve innanzitutto attivare il comando *Seleziona* simboleggiato da una freccia nera (presente nelle barre di strumenti *Per iniziare* e *Principale*). Ci sono vari metodi di selezione, da utilizzare in base alle esigenze.

Figura 2.14 - Lo strumento *Seleziona*.

	Esempio	**Seleziona...**	**Note:**
Clic singolo		... solo l'elemento su cui si clicca.	Tenere premuto Ctrl per aggiungere elementi alla selezione e Ctrl + Shift per togliere.
Doppio clic su un bordo o superficie	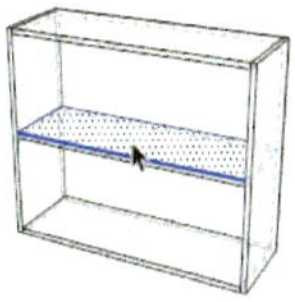	... l'elemento e quelli che confinano con esso (altre facce e bordi).	Serve anche ad entrare nell'editor di un *gruppo* o *componente* (trattati nel *Capitolo 6*).
Triplo clic su un bordo o superficie		... tutti gli elementi limitrofi.	Utile per selezionare molti elementi in una sola volta e/o verificare che siano collegati tra loro.
Finestra di selezione da sinistra verso destra	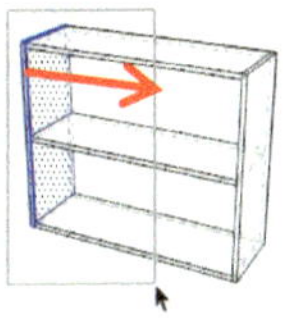	... solo gli elementi inclusi completamente nella finestra di selezione.	Vengono selezionati anche gli elementi che stanno dietro all'oggetto in primo piano.
Finestra di selezione da destra verso sinistra	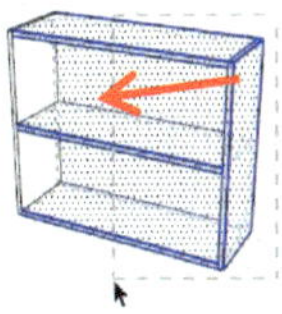	... tutti gli elementi, anche quelli inclusi solo parzialmente nella finestra di selezione.	Vengono selezionati anche gli elementi che stanno dietro all'oggetto in primo piano.

Suggerimento. Cliccando tasto destro su di un bordo o una superficie la voce *Seleziona* permette di scegliere altri metodi di selezione, come ad esempio tutti gli elementi che hanno lo stesso materiale, lo stesso tag, o di invertire la selezione.

Infine, utilizzando lo strumento *Seleziona* si possono applicare opzioni, come indicato nella barra di stato:

→ **Ctrl**: aggiunge elementi alla selezione;

→ **Shift** (Maiusc): aggiunge/rimuove elementi dalla selezione;

→ **Maiusc + Ctrl**: rimuove elementi dalla selezione.

Ulteriori forme di selezione, relative ad oggetti e *tag*, vengono specificate nel *Capitolo 6 - Organizzare il modello con gruppi, componenti e tag*. Inoltre, nel menu a tendina, è presente lo strumento di selezione *Lazo*, che permette di "disegnare" un'area attorno agli oggetti da selezionare.

Selezione in senso antiorario. Solo gli oggetti completamente inclusi nell'area disegnata vengono aggiunti alla selezione.

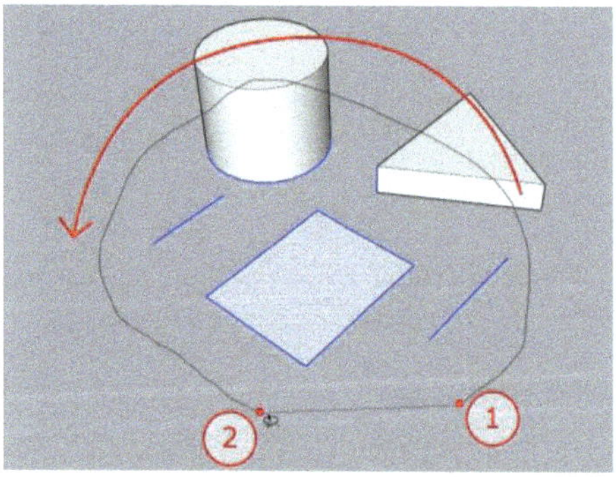

Selezione in senso orario, o selezione incrociata. Tutti gli oggetti toccati anche solo in parte dall'area disegnata vengono selezionati.

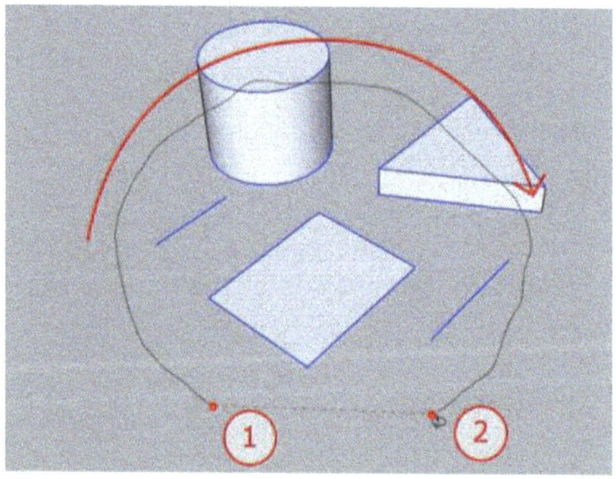

Suggerimento. È possibile scegliere se la selezione incrociata viene applicata al disegno in senso orario oppure antiorario nel menu *Finestra > Preferenze > Disegno > Direzione Lazo* (su Mac: *SketchUp > Preferenze > Disegno > Direzione Lazo*).

Deselezionare uno o più elementi

Per deselezionare cliccare *Seleziona* e quindi cliccare in un punto vuoto; questo metodo permette inoltre di disattivare lo strumento attivo in quel momento.

Cancellare elementi

Per cancellare elementi del disegno ci sono vari metodi, da utilizzare in base alle esigenze.

	Esempio	Come funziona
Cancella (barra di strumenti *Standard)*	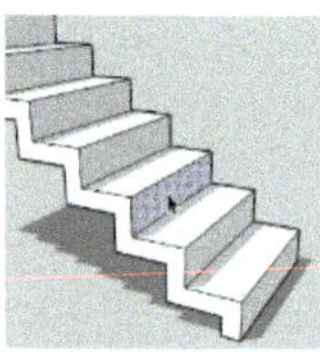 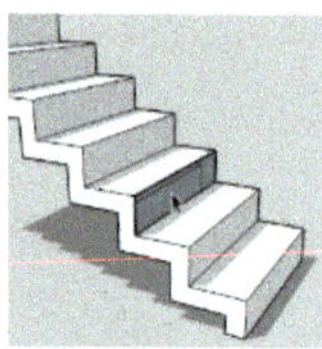	Selezionare con uno dei metodi descritti e poi cliccare *Cancella* (oppure Canc da tastiera): cancella solo gli elementi selezionati.
Cancella (barra di strumenti *Principale)*	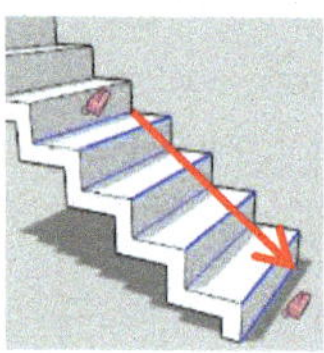 	Cliccare *Cancella* e poi passare il cursore sugli elementi da cancellare: cancella gli elementi su cui si passa il cursore.

Cancellando alcune linee o facce si scopre che i volumi sono vuoti: in effetti SketchUp modella superfici, e non veri e propri solidi come accade invece in altri software. Per ripristinare le facce si possono ridisegnare le linee mancanti fino a richiudere il volume, oppure annullare le ultime modifiche. È comunque possibile pervenire a:

- → dati come il volume (utile per il computo, *Capitolo 12 - Genera rapporto*);
- → l'utilizzo di strumenti dedicati (gli Strumenti Solidi trattati nel *Capitolo 5 - Strumenti di modifica*);
- → sezioni con campiture piene (*Capitolo 9 - Stili, sezioni e scene*).

2.8 Le proprietà degli oggetti

Gli oggetti in SketchUp sono principalmente di due tipi:

1. entità geometriche di base: **linee** e **superfici**;
2. insiemi di entità geometriche: ***gruppi*** e ***componenti***.

Le proprietà dell'oggetto selezionato vengono indicate nella finestra *Informazioni entità* (nel *Pannello predefinito*). Vengono di seguito elencate le proprietà di bordi e facce, mentre *gruppi* e *componenti* vengono approfonditi nel *Capitolo 6*.

Informazioni entità **Bordo** (linea)

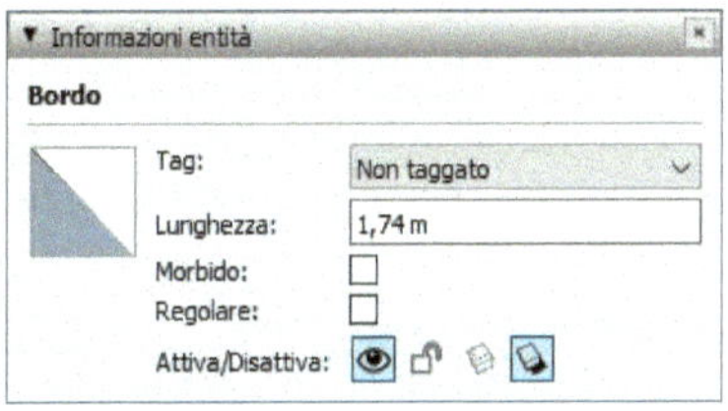

Figura 2.15 - Le informazioni entità di un *Bordo*.

Materiale	Indica il materiale applicato. Può servire nel caso in cui sia attiva la visualizzazione dei colori dei bordi *Da materiale* nelle impostazioni dello *Stile* (altre informazioni nel *Capitolo 9 - Stili, sezioni e scene*).
Tag	Servono ad organizzare gli elementi nel disegno (trattati nel *Capitolo 6*).
Lunghezza	Lunghezza della linea selezionata; selezionando più linee viene riportata la sommatoria dei valori.
Morbido e Regolare	Attivano effetti grafici per simulare la morbidezza tra facce adiacenti (vedere *Ammorbidisci bordi* a pagina 118).
Attiva/Disattiva	*Nascondi:* nasconde l'oggetto. Per farlo tornare visibile selezionare menu *Modifica > Mostra > Ultimo/Tutti*. Per nascondere un elemento in alternativa cliccarvi sopra con il tasto destro > *Nascondi*. *Non generare ombre:* non proietta ombre, vedere impostazione *Dai bordi* a pagina 141.

Informazioni entità **Faccia** (superficie)

Si tenga presente che viene detta *Faccia* quella che più propriamente sarebbe una superficie (la quale ha due facce, una per lato).

Materiale	Indica il materiale applicato sulle due facce della superficie (fronte e retro).
Tag	Servono ad organizzare gli elementi nel disegno.
Area	Area della superficie selezionata; selezionando più facce viene riportata la sommatoria dei valori.
Attiva/Disattiva	*Nascondi:* nasconde l'oggetto. Per farlo tornare visibile selezionare menu *Modifica > Mostra > Ultimo/Tutti*. Per nascondere un elemento in alternativa cliccarvi sopra con il tasto destro > *Nascondi*. *Non ricevere ombre:* non riceve le ombre portate di altri oggetti. *Non generare ombre:* non proietta ombre.

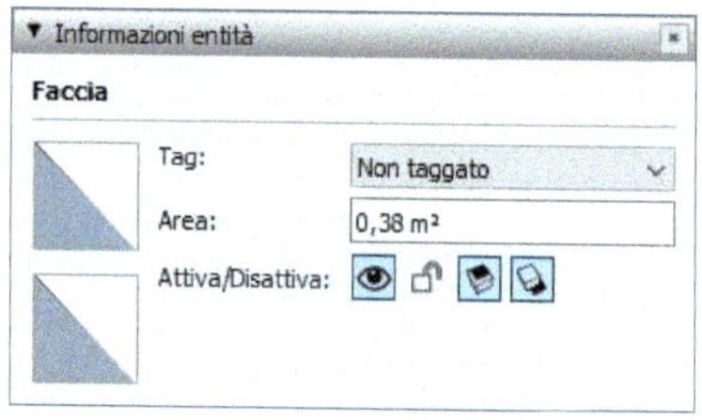

Figura 2.16 - Informazioni della *Faccia*.

2.9 Misura e guide di riferimento

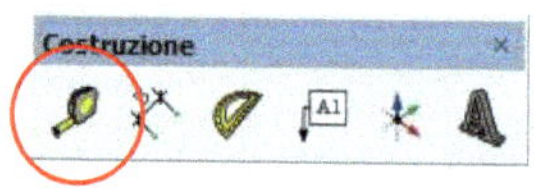

Si possono verificare misure e realizzare riferimenti per procedere con precisione nella costruzione del modello. Lo strumento dedicato è *Misura* (presente nella barra di strumenti *Costruzione*). Questo strumento incorpora le seguenti opzioni: *Misura*, disegno di *Guide/Punti di costruzione* e *Scala con riferimento*. I primi due sono particolarmente utili per verificare le dimensioni di quanto si sta disegnando, mentre il terzo è uno strumento di modifica e viene quindi trattato assieme agli altri nel *Capitolo 5*.

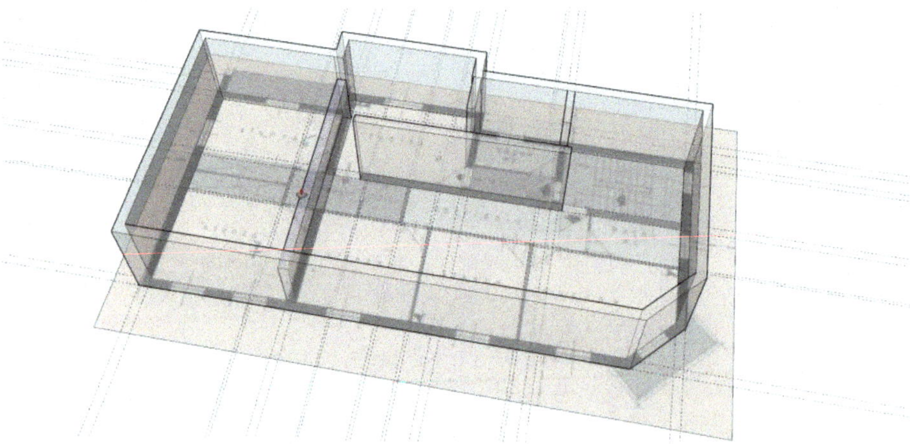

Figura 2.17 - Serie di linee di guida disegnate al di sopra di una piantina, per la creazione del 3D.

A. **Misura**

Per controllare le misure nel modello attivare lo strumento *Misura*, cliccare nel punto iniziale e nel punto finale della lunghezza da rilevare. Leggere la misura corrispondente nel testo a video oppure nella casella *Misure* nella barra di stato. Nell'esempio viene indicato come utilizzare le inferenze da tastiera per la verifica di misure (nei casi in cui ad esempio non ci sia un bordo ben visibile da misurare):

1. Primo clic su uno spigolo o una superficie.

2. Premere tasto freccia SU e secondo clic sul pavimento.

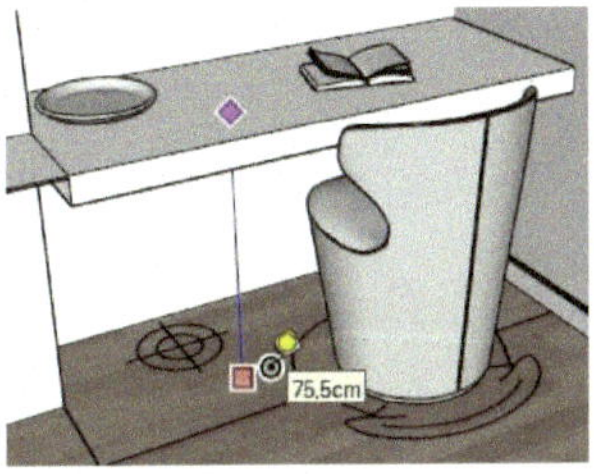

3. Leggere la misura a schermo o nella casella *Misure*.

Suggerimento. Avvicinando lo strumento *Misura* ad un vertice, ad una linea o ad una faccia è possibile conoscerne coordinate, lunghezza o area leggendole nella casella di testo che compare in sovraimpressione e nella casella in basso a destra nella barra di stato.

B. Posizionare **linee di guida** e **punti di costruzione**

Linee di guida e *punti di costruzione* sono entità da utilizzare come riferimento per il disegno e vengono realizzati per lo più a partire da linee e vertici presenti nel modello. Il vantaggio di utilizzare questi strumenti di riferimento consiste nel fatto che non interagiscono tra loro come accade alle linee di disegno che si intersecano e incollano, ma sono indipendenti e facilmente eliminabili quando si è terminato il loro utilizzo.

Posizionare una linea di guida

1. Con *Misura* cliccare su di una linea e spostare il cursore nella direzione desiderata.

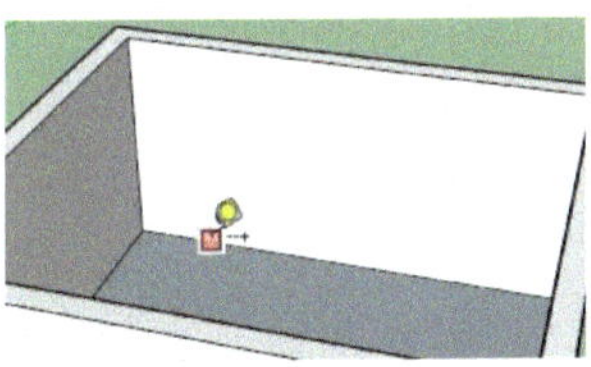

2. Indicare una misura seguita da Invio.

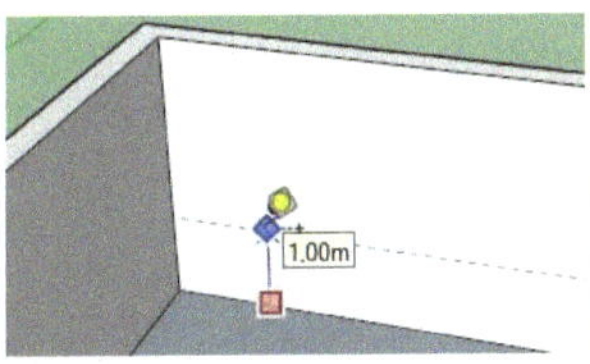

3. La linea può essere utilizzata come riferimento per il successivo disegno di elementi.

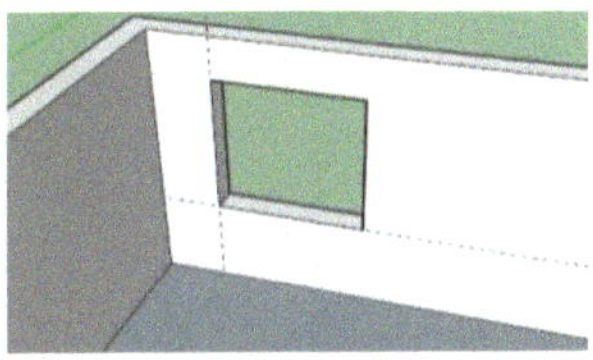

Per posizionare un *punto di costruzione* seguire la stessa procedura vista per la linea di guida iniziando però da un vertice anziché da una linea.

Suggerimento. La visibilità delle linee di costruzione è regolata dal menu *Visualizza > Guide*. Per eliminare tutte le linee di guida dal modello: menu *Modifica > Elimina guide.*

Goniometro

Goniometro consente di misurare angoli e posizionare linee di guida inclinate. Durante la misura cliccare Ctrl per attivare o disattivare la creazione di guide. Per misurare un angolo seguire le indicazioni seguenti.

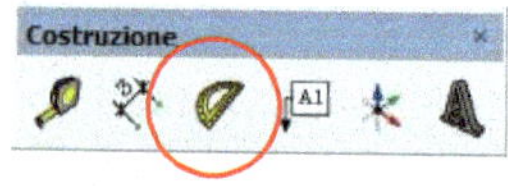

Figura 2.18 - Lo strumento *Goniometro*.

1. Attivare *Goniometro* e cliccare nel punto in cui convergono i lati dell'angolo.

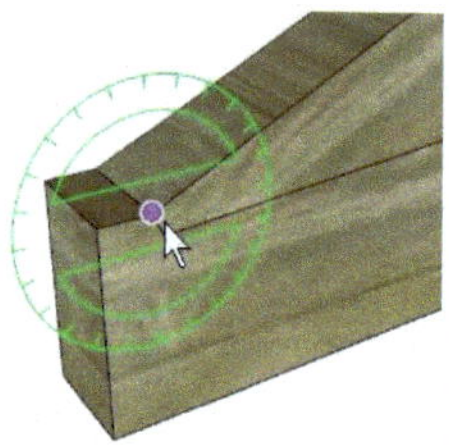

2. Cliccare in un punto lungo il primo lato dell'angolo.

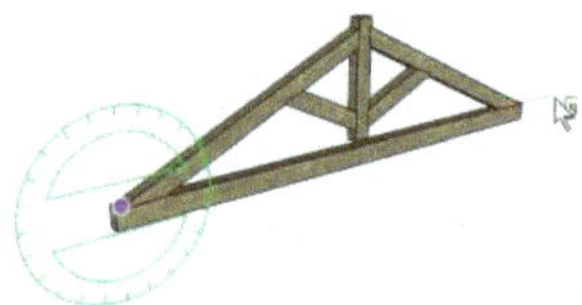

3. Cliccare lungo il secondo lato dell'angolo e leggere il valore nella casella *Misure*.

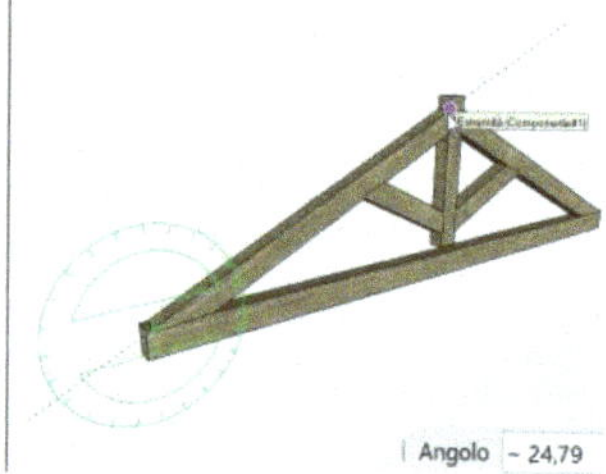

3. I 3 Principi di disegno

Eseguendo i semplici passaggi di disegno proposti nel precedente capitolo, oppure semplicemente "scarabocchiando" figure con SketchUp, ci si rende presto conto che ci sono dei comportamenti anomali nel disegno: compaiono superfici, le linee si spezzano e si incollano tra loro... c'è qualcosa da sapere per proseguire nel disegno? Sì, io li chiamo i ***3 Principi di disegno****.*

L'esperienza mi ha insegnato che in SketchUp ci sono tre regole fondamentali e ignorarle "uccide innumerevoli idee e splendidi piani". Come nelle parole della poesia di Goethe (nell'introduzione del libro) queste regole sono "verità elementari" che non si possono ignorare se si vuol arrivare a risultati concreti in modo consapevole: sarebbe come cercare di andare in bici senza pedali, si può andare in discesa ma alla prima salita ci si ferma inesorabilmente. Per addentrarsi al meglio nel disegno tridimensionale ci si deve soffermare a capire di cosa si tratta, per poi proseguire sicuri dei propri passi e avere successo.

→ Principio 1. **Perimetri chiusi creano superfici**

→ Principio 2. **Linee che si intersecano si spezzano tra loro**

→ Principio 3. **Linee e superfici adiacenti sono incollate**

L'insieme di questi determina un quarto principio, il *Principio 0*: **utilizzare *gruppi* e *componenti***. Si tratta di oggetti fondamentali per strutturare il modello in modo ordinato e funzionale; il *Capitolo 6* è interamente dedicato a loro. Di seguito vengono analizzati i primi *tre Principi di disegno* che sono la base per comprendere gli strumenti di disegno e modifica dei prossimi capitoli.

Principio *1*. Perimetri chiusi creano superfici

Disegnando una serie di linee complanari che delimitano un perimetro chiuso compare una superficie.

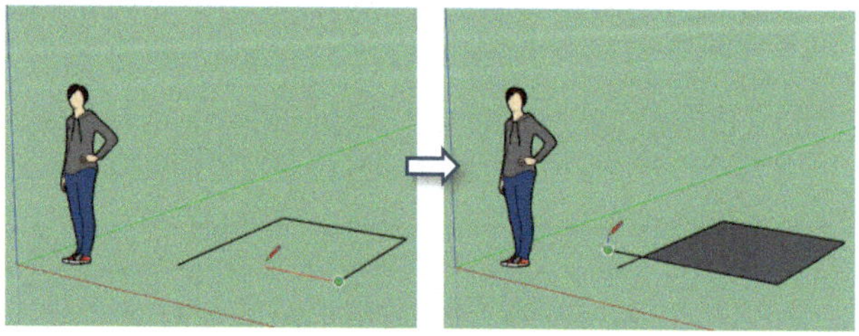

Le linee sono entità separate rispetto alla superficie racchiusa tra di esse; la superficie è un'entità di disegno fondamentale nel disegno 3D in quanto può dare origine ad estrusioni e vi si possono applicare texture. Questo principio è importante perché:

La superficie si può estrudere	⇨ Con lo strumento *Spingi/tira* (barra di strumenti *Modifica*).
Se non compare la superficie	⇨ Le linee disegnate non sono complanari, e possono portare a piccole imperfezioni.
Se una linea perimetrale viene cancellata	⇨ Viene cancellata anche la superficie: per far ricomparire la superficie ridisegnare la linea.

Principio *2*. Linee che si intersecano si spezzano tra loro

Linee che si toccano si interrompono a vicenda, e linee che attraversano da parte a parte una superficie la suddividono.

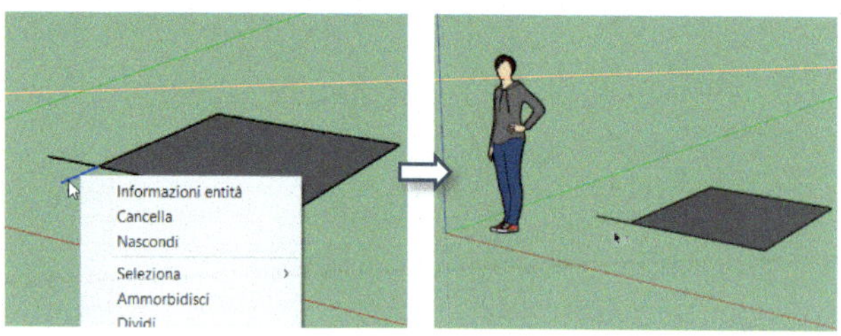

Il principio vale per ogni elemento, che sia linea o superficie. Ciascuno dei nuovi elementi creatosi dall'intersezione può essere spostato o cancellato: ad esempio, per tagliare in due una superficie, è sufficiente disegnare una linea complanare che la attraversa. Questo principio è importante perché:

Semplifica la pulizia del disegno	⇨	Non servono strumenti di taglio o raccordo (non esistono in SketchUp).
Non ci sono linee sovrapposte	⇨	Due linee sovrapposte si spezzerebbero a vicenda e si fonderebbero in un'unica linea.
Semplifica le operazioni di modellazione	⇨	Suddivisione/unione di superfici avviene disegnando o cancellando una linea.

Suggerimento. La conferma di questo principio è che cancellando una linea che suddivide due superfici complanari queste si uniscono in un'unica superficie. Questo è un sistema per verificare l'effettiva complanarietà delle facce.

Principio *3*. **Linee e superfici adiacenti sono incollate**

Le linee e le superfici sono incollate tra loro: si possono spostare o ruotare per stirare e deformare le figure, o realizzare nuove forme.

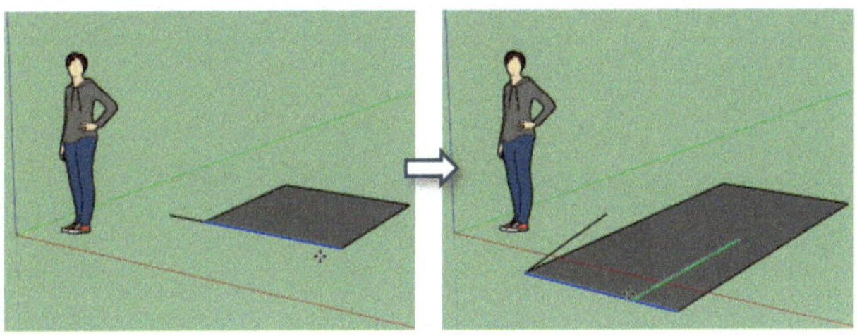

Questo principio è importante perché:

Semplifica le operazioni di allungamento e accorciamento	⇨	Per allungare o accorciare una figura basta spostare una linea di perimetro (o un vertice).
Semplifica le operazioni di modellazione	⇨	Per ottenere modifiche tridimensionali in molti casi bastano gli strumenti *Sposta* e *Ruota*.
Si deve porre attenzione a ciò che si seleziona	⇨	Si rischia di deformare ben di più di ciò che si era previsto.

Considerazioni sui **tre Principi di disegno**

Molte operazioni possono essere svolte con gli strumenti *Spingi/tira* e *Sposta*, senza ricorrere ad altri più avanzati o complessi, sfruttando al meglio i comportamenti descritti dai *tre Principi di disegno*.

Nonostante ciò, sarebbe difficile, se non impossibile, lavorare ad un progetto fatto di linee e superfici che continuano ad incollarsi tra loro e che rischiano di accavallarsi e modificarsi a vicenda. Per questo è necessario introdurre un principio che completa e chiarisce la logica del disegno di SketchUp: il *Principio 0*.

Principio *0*. Utilizzare *gruppi* e *componenti*

Gruppi e ***componenti*** sono le due forme di aggregazione di elementi in SketchUp: isolano il loro contenuto dal resto del modello ed evitano l'interdipendenza delle linee e superfici che li compongono dal resto del modello. Contengono linee e superfici, ma possono contenere a loro volta altri *gruppi* o *componenti* (annidamento), permettono di strutturare il modello per oggetti ben distinti e velocizzare le operazioni di modifica.

Questo principio è importante per i seguenti motivi:

Facilità di selezione ⇨ Basta un clic per selezionare tutto ciò che contengono.

Organizzazione del modello ⇨ Possono essere strutturati in livelli di annidamento organici ed efficienti.

Applicazione materiali e computo ⇨ Facilitano il posizionamento dei materiali e possono comparire nel computo quantità.

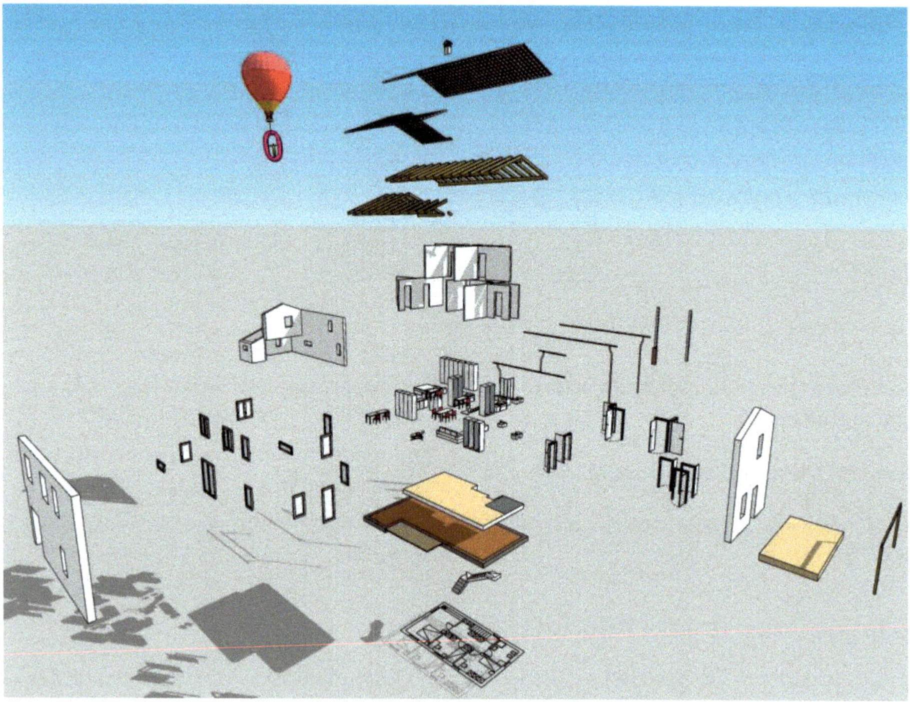

Figura 3.1 - Vista esplosa che evidenzia la scomposizione in oggetti di un modello.

Nei prossimi capitoli i *tre Principi di disegno* vengono utilizzati in varie occasioni; analogie e differenze fra *gruppi* e *componenti* vengono approfondite nel *Capitolo 6*.

4. Disegno di figure 2D

La modellazione tridimensionale in SketchUp nasce da figure bidimensionali da cui si ricavano i volumi con gli appositi strumenti. Pertanto, è necessario avere padronanza degli strumenti di disegno prima di trattare la modellazione 3D vera e propria. Gli strumenti di disegno 2D si trovano nelle barre di strumenti *Per iniziare* e *Disegno*.

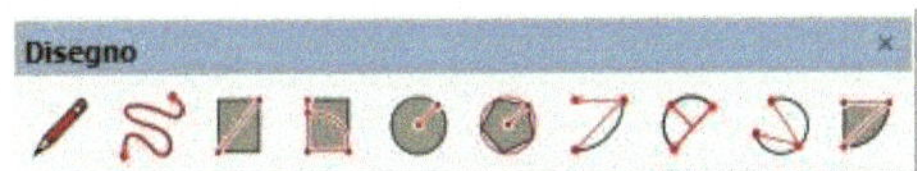

Figura 4.1 - Barra di strumenti *Disegno* con tutti gli strumenti di disegno 2D.

4.1 Linea

Linea è lo strumento con cui disegnare linee, dette bordi in SketchUp. Il disegno di linee è stato introdotto nel *Capitolo 2*; si vuole qui ribadire l'importanza dell'allineamento lungo gli assi durante il disegno per ottenere forme regolari e non scoprire, muovendosi nel modello, che quello che sembrava un disegno corretto in realtà ha profondità e direzioni del tutto inaspettate.

Disegno di alcune linee apparentemente complanari.

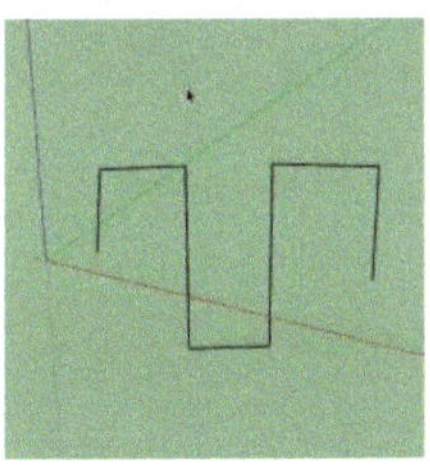

Orbitando si scopre che non sono tracciate in modo complanare.

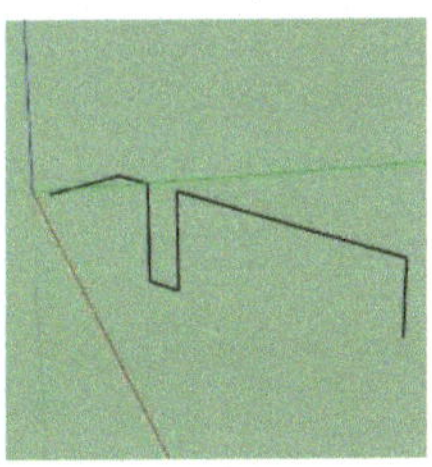

Disegno di linee mediante l'allineamento agli assi.

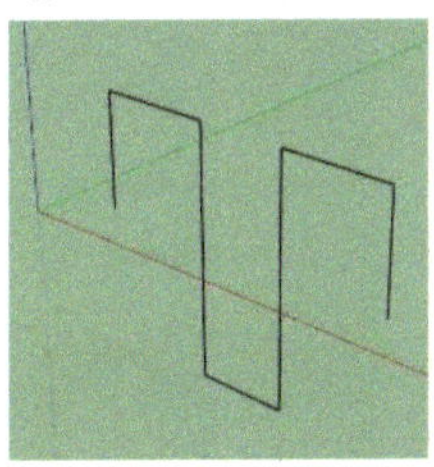

Orbitando si verifica l'effettiva complanarietà delle linee.

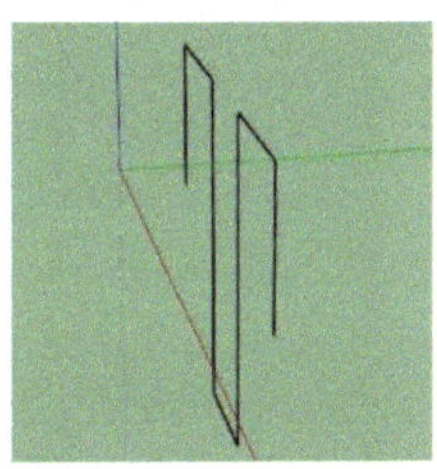

Suggerimento. Per facilitare il disegno sul piano, orientare la vista dall'alto con il comando *Alto* della barra di strumenti *Viste*, oppure utilizzare una delle altre *Viste standard*.

Dividere una linea in parti uguali

Cliccando tasto destro su di una linea, nel menu contestuale, si trova la funzione *Dividi* che permette di suddividere in parti uguali il segmento: spostare il cursore fino ad individuare il numero di segmenti desiderato oppure indicare direttamente un valore seguito da *Invio*. Al contrario, è possibile "saldare" fra loro linee per realizzare una polilinea: selezionare le linee contigue e cliccare tasto destro > *Bordi saldati*. Questo insieme di linee può essere utilizzato efficacemente con alcune estensioni come, ad esempio, *PathCopy* per la copia in serie di elementi lungo un percorso (vedere pag. 219).

4.2 Mano libera

Mano libera permette di tracciare linee liberamente, simulando il disegno a schizzo; può essere usato, ad esempio, per ricalcare un'immagine o abbozzare forme irregolari, come il perimetro di un'area alberata. Per disegnare con *Mano libera* è sufficiente tenere premuto il tasto sinistro e spostare il cursore: il percorso tracciato viene approssimato ad una serie di segmenti collegati (una sorta di polilinea) detto *Curva* (vedere le *Informazioni entità*).

1. Esempio di immagine satellitare importata con *Posizione* (trattato nel *Capitolo 6*).

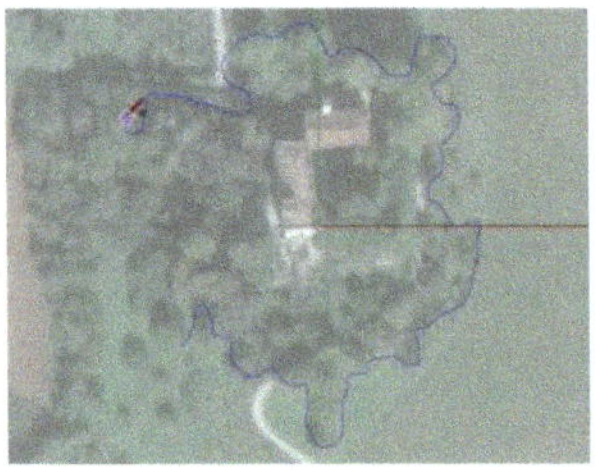

2. Perimetro verde e strada ricalcati con *Mano libera* fino a chiudere perimetri.

3. Modellino stilizzato con il contesto composto di vegetazione e percorsi.

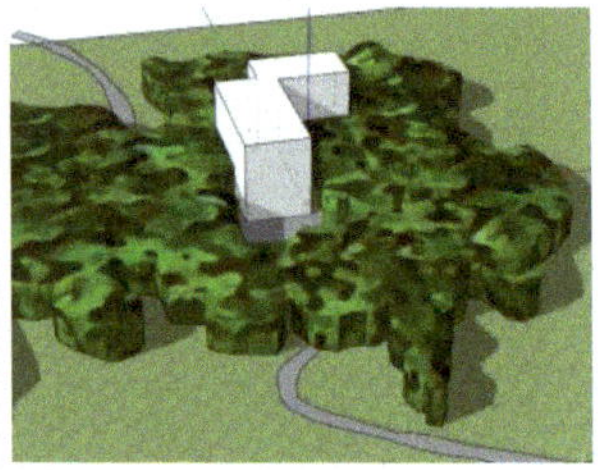

Una volta terminato il disegno con *Mano libera* si può aumentare o diminuire il numero di segmenti cliccando Ctrl - oppure Ctrl +. In questo modo la curva diventa più o meno definita e morbida, in base alle esigenze. Infine, i segmenti possono essere separati, ad esempio per cancellarne qualcuno, cliccando tasto destro > *Esplodi curva*.

4.3 Rettangolo

Rettangolo disegna quattro linee perimetrali e la superficie racchiusa tra questi (cinque entità in tutto). I passaggi per disegnare rettangoli con misure precise sono:

1. Cliccare nel primo punto e spostare il cursore.

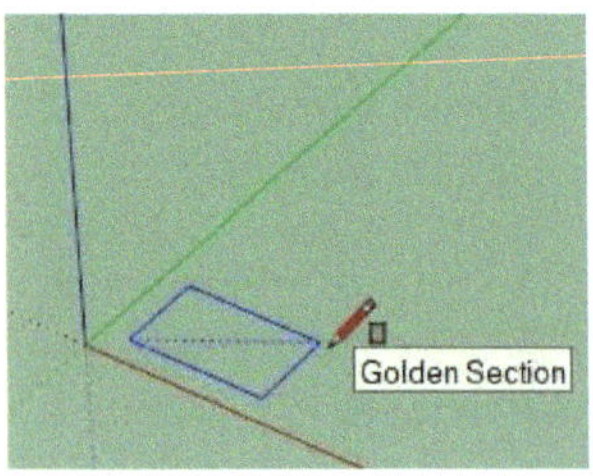

2. Indicare le misure separate da punto e virgola.

3. Confermare con Invio.

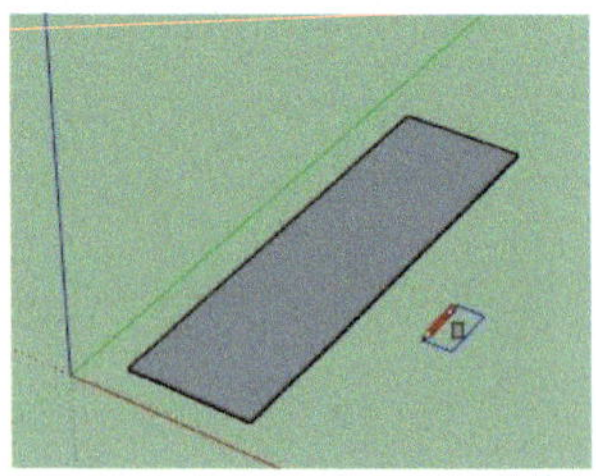

Il valore inserito al primo posto è relativo alla lunghezza sull'asse X, il secondo alla larghezza sull'asse Y.

Suggerimento. È possibile disegnare un rettangolo partendo dal baricentro, premendo Ctrl dopo aver attivato lo strumento.

4.4 Rettangolo ruotato

Rettangolo ruotato consente di disegnare un rettangolo inclinato della quantità di gradi desiderata. È comodo, ad esempio, per il disegno di una rampa inclinata (Figura 4.2) che andrebbe altrimenti disegnata con un rettangolo orizzontale e successivamente ruotato. I passaggi per disegnare un rettangolo ruotato sono:

1. Cliccare sullo strumento *Rettangolo ruotato* e cliccare in un primo punto.

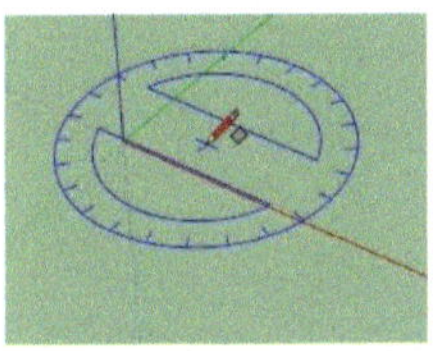

2. Cliccare in un secondo punto oppure indicare la lunghezza del primo lato.

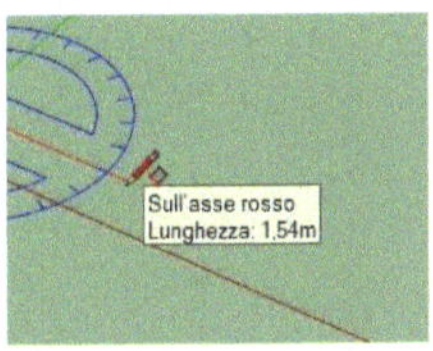

3. Cliccare la fine del rettangolo oppure digitare lunghezza e inclinazione.

4. Il rettangolo ruotato è terminato.

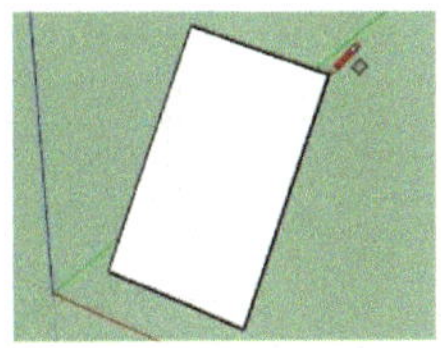

Un esempio di impiego del *Rettangolo ruotato*:

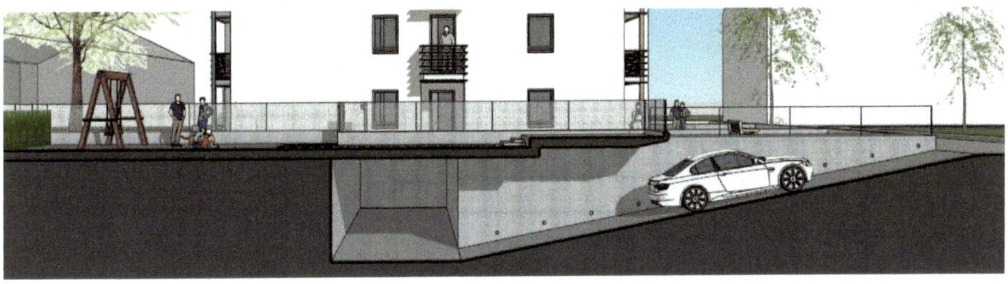

Figura 4.2 - Rampa carrabile di accesso al piano interrato di un complesso residenziale.

4.5 Cerchio

In SketchUp il cerchio è in realtà un poligono. Il numero di lati preimpostato è 24 ma può essere portato fino a 999 per avere una maggiore accuratezza. Il numero di lati va scelto in base alla definizione che si vuole dare all'elemento, tenendo conto del fatto che modelli con cerchi con molti lati sono più pesanti. Tra gli elementi da considerare c'è la possibilità che l'oggetto venga visto da vicino oppure no: ad esempio, elementi di relativa importanza o che non saranno inquadrati da vicino possono essere disegnati con una definizione bassa. Al contrario, è opportuno disegnare con maggiore definizione oggetti visualizzati in primo piano o la cui accuratezza è cruciale per il progetto (ad esempio il tracciamento di diagonali nella ricostruzione di un rilievo); l'incremento di peso del file in questo caso è giustificato. I passaggi per disegnare un *Cerchio* sono:

1. Cliccare *Cerchio* e indicare il numero di lati.

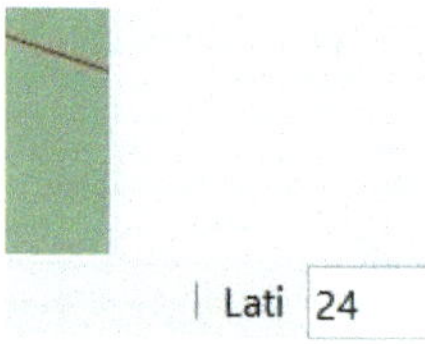

2. Cliccare nell'area di disegno il centro del cerchio.

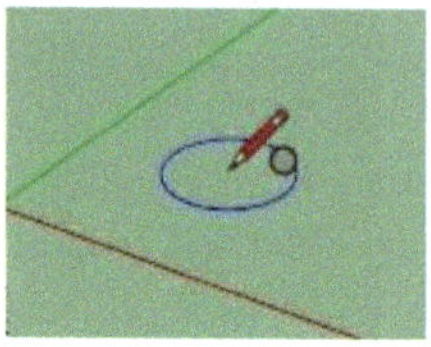

3. Cliccare in un secondo punto oppure digitare il raggio.

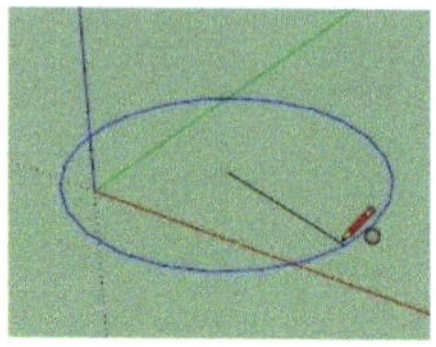

4. Il cerchio è composto da una superficie e dal perimetro.

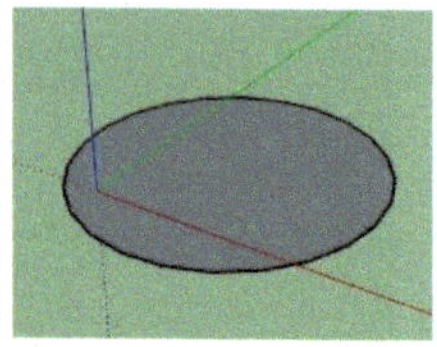

Suggerimento. Il numero di lati può essere modificato anche dopo aver disegnato il cerchio inserendo il nuovo valore nella finestra *Informazione entità*.

Bassa definizione. Ciotola realizzata con lo strumento *Seguimi* a partire da un cerchio con 24 lati: sono evidenti gli spigoli.

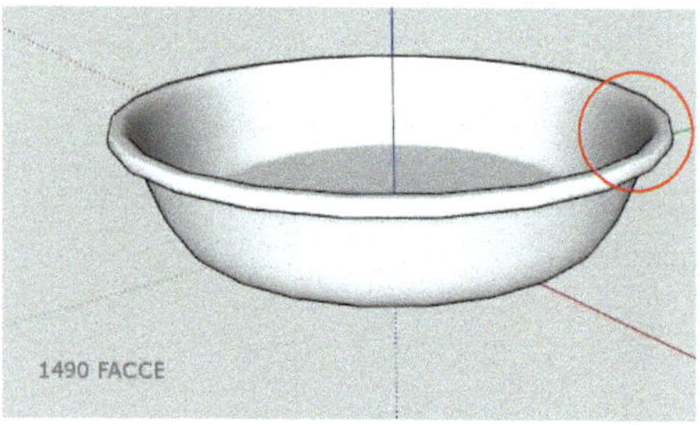

Alta definizione. La stessa ciotola realizzata a partire da un cerchio con 100 lati: il modello è più definito ma anche più pesante.

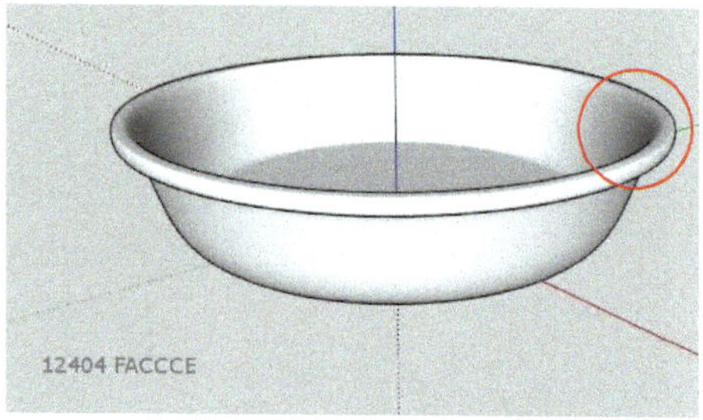

Nel menu contestuale, che appare cliccando tasto destro sulla circonferenza, sono presenti le seguenti funzioni:

Dividi	Suddivide il *Cerchio* in parti uguali: spostare il cursore fino ad individuare il numero di suddivisioni desiderato e cliccare, oppure inserire direttamente un valore seguito da Invio.
Esplodi curva	Separa i segmenti che costituiscono il *Cerchio*.
Trova centro	Posiziona un *Punto di costruzione* al centro del *Cerchio*; è valido come supporto per le operazioni di disegno, in cui a volte è difficoltoso individuare l'inferenza al centro della circonferenza.
Converti in poligono	Converte il *Cerchio* in un *Poligono* (operazione non reversibile).

4.6 Poligono

Poligono è molto simile allo strumento *Cerchio*: la differenza consiste nella possibilità di disegnare la figura inscritta o circoscritta ad una circonferenza cliccando Ctrl durante il disegno. Le funzioni disponibili nel menu contestuale che appare cliccando tasto destro sul *Poligono* sono le stesse del *Cerchio* (eccetto la possibilità di convertire la figura in *Cerchio*).

1. Cliccare *Poligono* e indicare il numero di lati (viene visualizzato in basso a destra).	2. Cliccare nell'area di disegno il centro del poligono e Ctrl per passare da inscritto a circoscritto.	3. Cliccare in un secondo punto oppure indicare il raggio seguito da Invio.	4. Il poligono terminato è composto da una superficie e un bordo poligonale perimetrale.
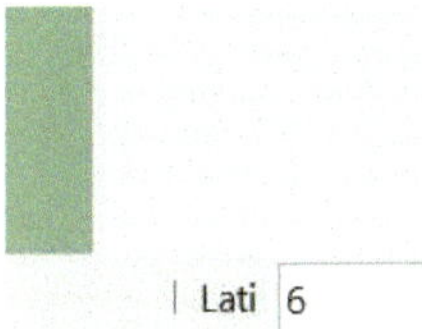	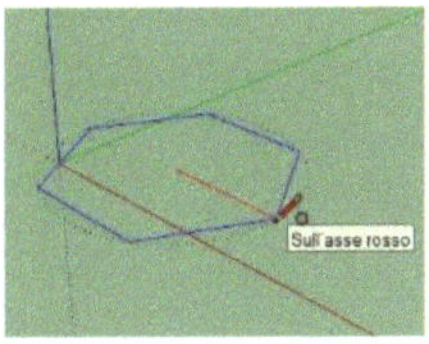	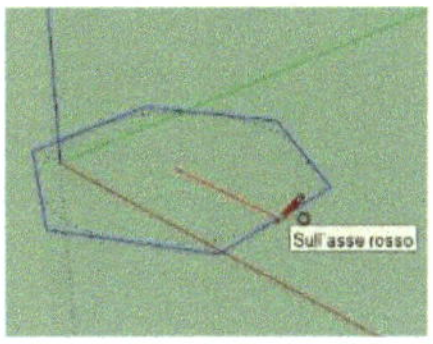	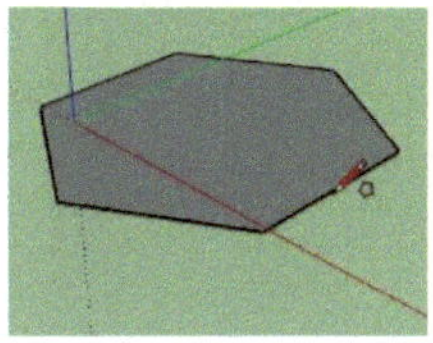

4.7 Archi

Gli archi hanno caratteristiche simili a quelle del *Cerchio*: sono composti da segmenti il cui numero può essere impostato a piacere. Le funzioni disponibili nel menu contestuale che appare cliccando tasto destro su di un *Arco* sono le stesse del *Cerchio.* Le modalità di disegno dell'arco sono quattro:

Arco

Arco disegna l'arco con modalità Centro > Inizio > Fine.

1° clic nel centro della circonferenza.	2° clic nel punto di inizio dell'arco oppure inserire il raggio.	3° clic nel punto di fine dell'arco oppure inserire l'angolo.	L'arco è terminato.
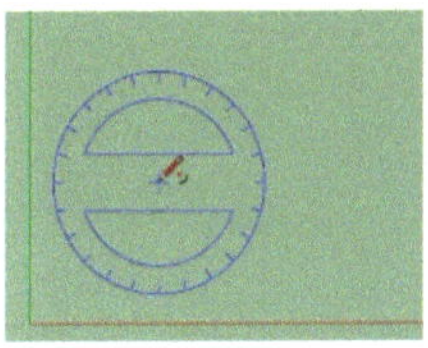	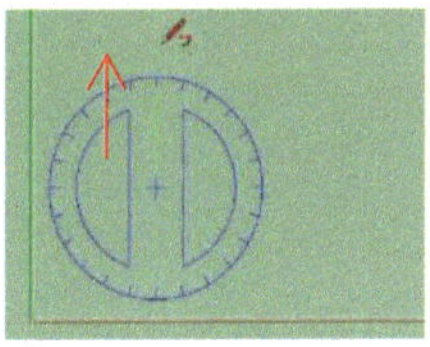	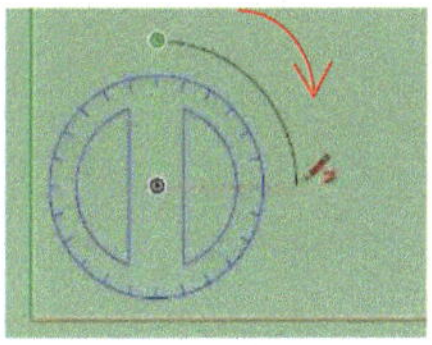	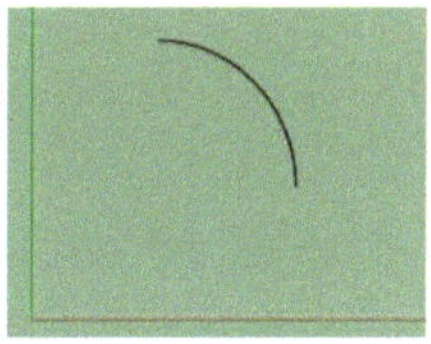

Arco a 2 punti

Arco a 2 punti disegna un arco utilizzando i punti di inizio e di fine.

1° clic nel punto di inizio dell'arco.	2° clic nella fine dell'arco oppure inserire la lunghezza.	3° clic nel punto di fine oppure inserire la curvatura.	L'arco è terminato.
	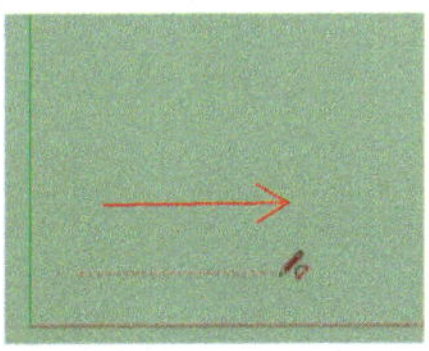	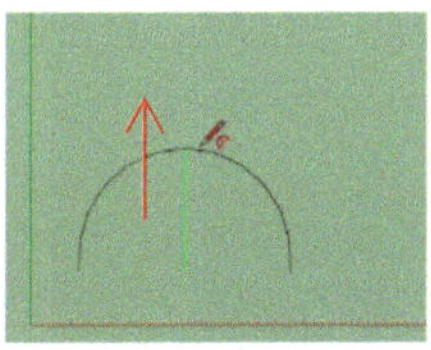	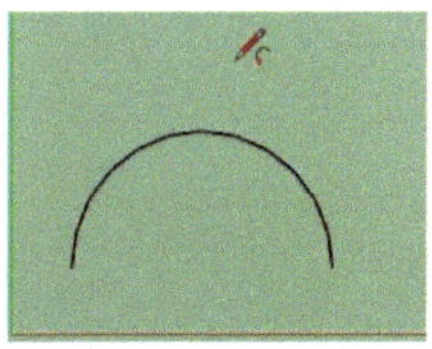

Arco a 3 punti

Arco a 3 punti disegna un arco in base a tre punti passanti.

1° clic nel punto di inizio dell'arco.	2° clic nel punto di fine dell'arco oppure inserire la lunghezza della corda.	3° clic nel punto di fine oppure inserire la curvatura.	L'arco è terminato.
	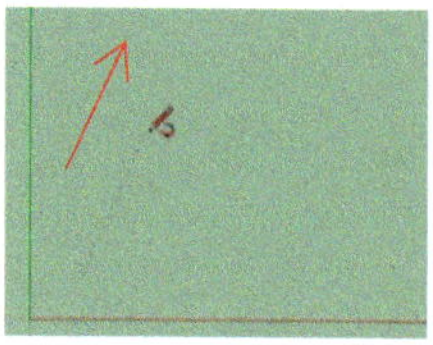	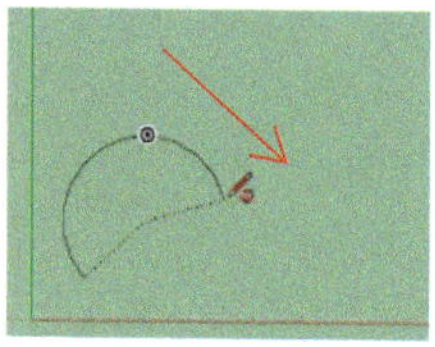	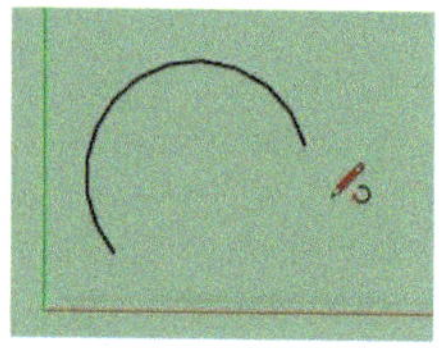

Torta

Torta disegna un arco e le linee generatrici determinando una superficie chiusa (simile ad una fetta di torta).

1° clic nel centro della circonferenza.	2° clic nel punto di inizio dell'arco oppure inserire il raggio.	3° clic nel punto di fine dell'arco oppure inserire l'angolo.	L'arco è terminato.
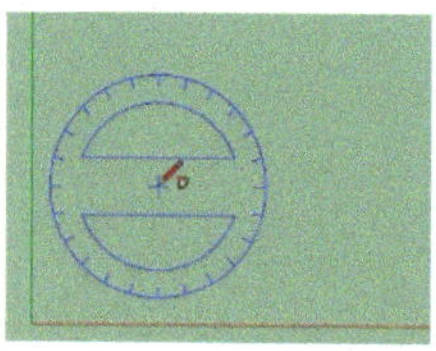	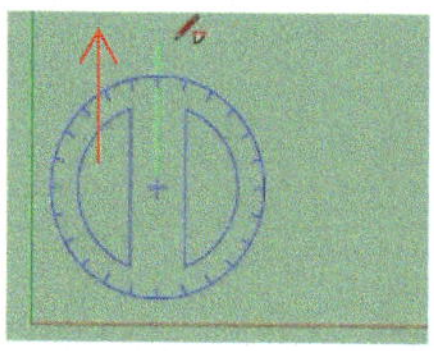	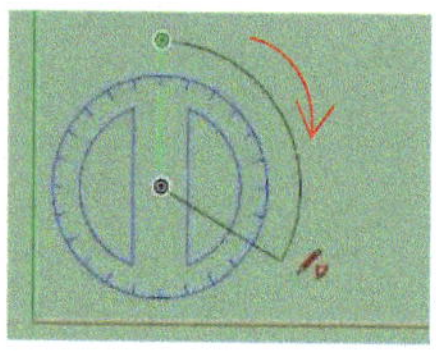	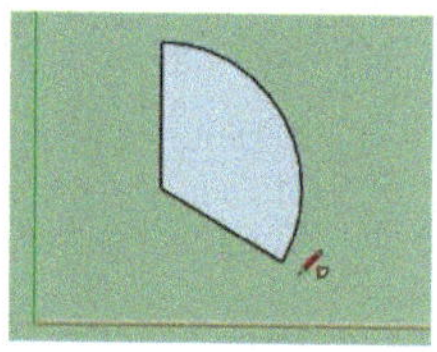

Suggerimento. Anche con gli archi, oltre che con le linee, è possibile usare *Dividi* per realizzare segmenti di pari lunghezza.

4.8 Inferenze da tastiera

Le inferenze da tastiera permettono di bloccare il disegno o la modifica che si sta eseguendo lungo uno dei tre assi del modello oppure specifiche direzioni. Il vantaggio è quello di avere la certezza che l'operazione che si sta eseguendo è allineata alla direzione da noi scelta. Le inferenze vengono attivate mediante le frecce della tastiera:

→ **DESTRA:** allineamento sull'asse Rosso
→ **SINISTRA:** allineamento sull'asse Verde
→ **SU:** allineamento sull'asse Blu
→ **GIÙ:** allineamento ad altre direzioni

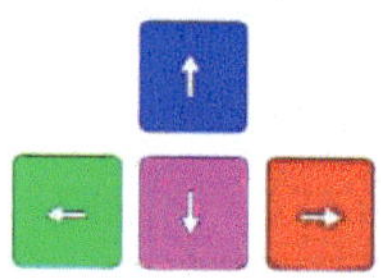

Suggerimento. I colori associati alle inferenze possono essere modificati a piacere nella sezione *Accessibilità* della finestra *Preferenze* (menu *Finestra*. Su Mac menu *SketchUp*).

Esempio:

Con lo strumento *Linea* iniziare una linea e cliccare la freccia *DESTRA*, spostare il cursore in corrispondenza di un punto a cui ci si vuole allineare. La linea rimane allineata all'asse rosso.

Lo strumento *Linea* è ancora attivo; cliccare freccia *SINISTRA* e portare il cursore verso un altro punto a cui ci si vuole allineare. Viene mantenuto l'allineamento all'asse verde.

Cliccare freccia *SU:* la linea viene vincolata all'asse verticale (blu). Cliccare su di un punto di riferimento per terminare la linea.

Spostare il cursore lungo un oggetto a cui ci si vuole allineare e premere la freccia *GIÙ*: l'allineamento viene evidenziato dal colore rosa.

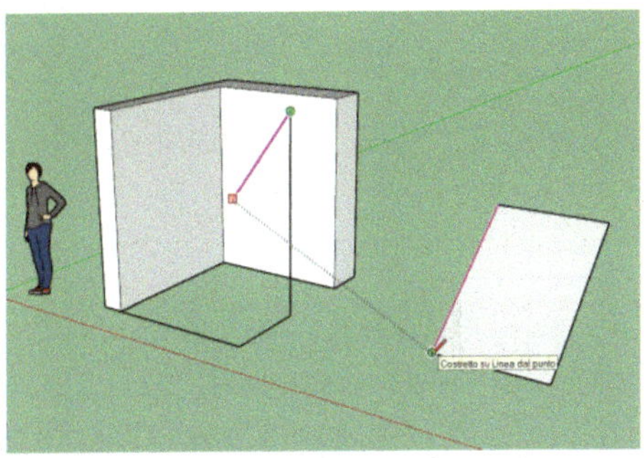

Nota. Quando si disegnano linee è possibile disattivare l'inferenza cliccando Alt: cliccando una prima volta vengono disattivate tutte le inferenze (anche agli assi), cliccando una seconda volta rimangono attive le inferenze perpendicolare/parallelo e cliccando una terza volta vengono riattivate tutte.

4.9 Assi

Tra gli strumenti della barra *Costruzione* si trova *Assi*, che permette di riposizionare e orientare a piacere gli assi del modello. Dopo aver cliccato *Assi* è possibile fare doppio clic in un punto per spostare l'origine in quel punto mantenendo l'orientamento di partenza. Altrimenti durante

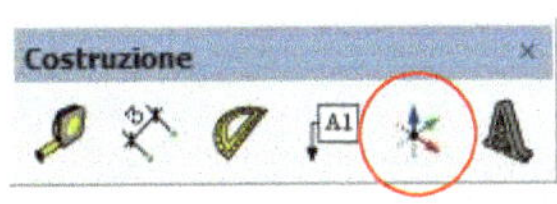

Figura 4.3 - Lo strumento *Assi*.

l'inserimento dei nuovi assi di riferimento è possibile cambiare l'ordine di posizionamento selezionando Alt.

1. Cliccare sullo strumento *Assi*.

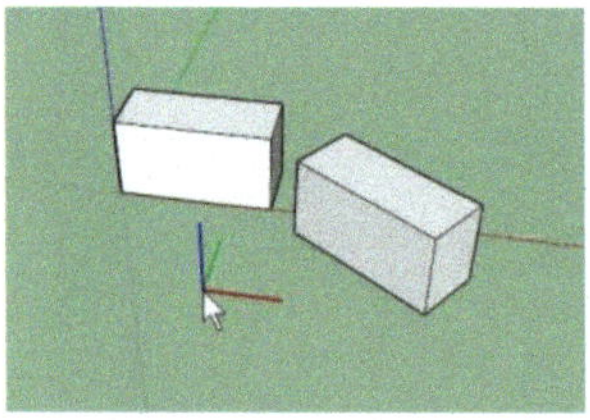

2. Cliccare nel nuovo punto di *Origine* e lungo i nuovi assi.

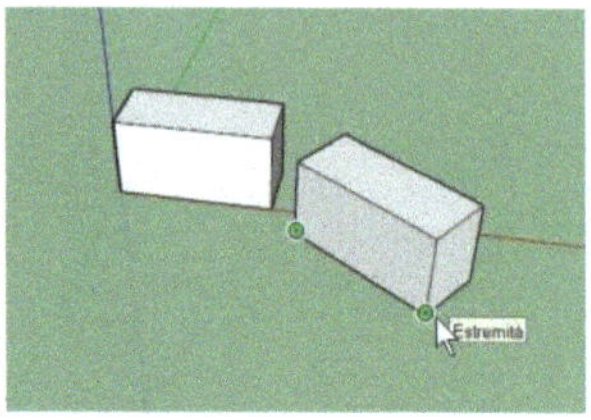

3. Il nuovo sistema di riferimento è orientato a piacere.

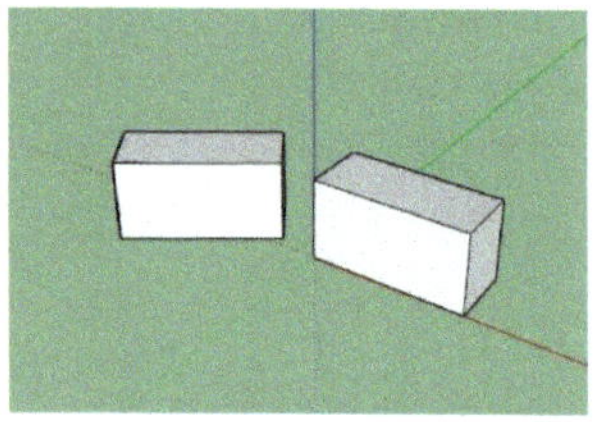

Lo strumento *Assi* non è l'unico modo per spostare il sistema di riferimento; è possibile, infatti, cliccare tasto destro in prossimità dell'*Origine* o di uno degli assi per trovare alcune opzioni di posizionamento nel menu contestuale.

Strumenti del menu contestuale:

Posiziona	Equivalente allo strumento *Assi;* permette di cambiare posizione e orientamento degli assi.
Sposta	Visualizza la finestra *Sposta l'origine degli assi* con cui effettuare spostamenti e rotazioni dell'origine degli assi mediante l'inserimento di valori.
Ripristina	Riporta l'origine degli assi nel punto iniziale.
Allinea vista	Allinea la vista, in pianta, al nuovo sistema di assi. Questa opzione è utile, ad esempio, per realizzare le scene di pianta di una parte del progetto ruotata diversamente dal sistema di riferimento iniziale.
Nascondi	Nasconde gli assi. Per farli tornare visibili menu *Visualizza > Assi*.

Si possono salvare posizioni differenti per l'origine degli assi: in questo modo è possibile avere sistemi differenti per le varie porzioni del progetto che richiedono l'allineamento lungo assi personalizzati. Questa tecnica implica l'uso delle *Scene*, con le loro proprietà salvano le caratteristiche delle inquadrature (come approfondito nel *Capitolo 9 - Stili, sezioni e scene*).

Suggerimento. Le viste standard, elencate nella barra di strumenti *Viste*, si allineano in modo concorde con gli assi. Spostando/ruotando gli assi è possibile definire inquadrature, ad esempio, per una facciata inclinata o un prospetto non allineato al sistema di riferimento originario.

5. Strumenti di modifica

Gli strumenti di modifica principali si trovano nella barra di strumenti *Modifica* (**Figura 5.1**): ciascuno di questi incorpora vari metodi di utilizzo. Oltre a questi primi strumenti vengono trattati alla fine del capitolo gli *Strumenti solidi*, che accelerano la modellazione di volumi.

Figura 5.1 - La barra di strumenti *Modifica*.

5.1 Sposta

Sposta è uno strumento che consente di spostare, stirare, copiare elementi. Si consiglia di effettuare la selezione di ciò che si intende spostare prima dell'attivazione dello strumento: questo garantisce l'applicazione della modifica ai soli elementi selezionati. In alternativa è possibile sfruttare l'autoselezione degli oggetti a cui si avvicina il cursore dopo aver attivato lo strumento. Questo secondo metodo non consente di scegliere in modo accurato gli elementi: la specificità della situazione implicherà la scelta di una o dell'altra soluzione.

Figura 5.2 - Una scala realizzata con la copia in serie dei gradini.

Spostare con riferimento

È possibile sfruttare gli snap ad oggetto, che evidenziano i punti notevoli quali estremità, punti medi, bordi, facce.

1. Selezionare gli elementi, clic con *Sposta* su di una estremità.

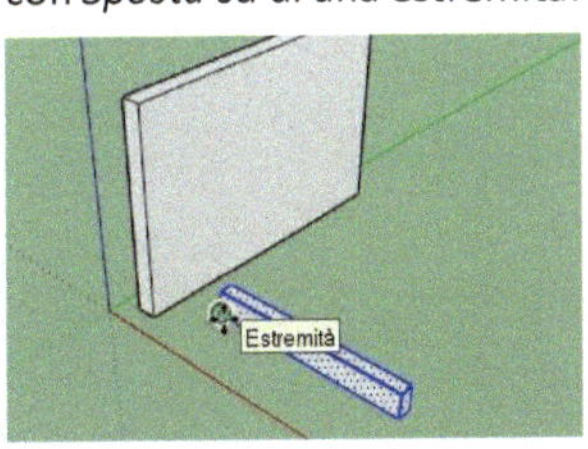

2. Clic nel punto in cui termina lo spostamento.

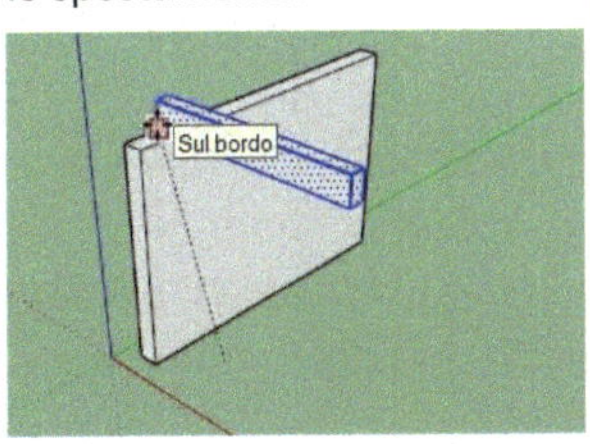

3. Esc oppure *Selezione* (freccia nera) per terminare.

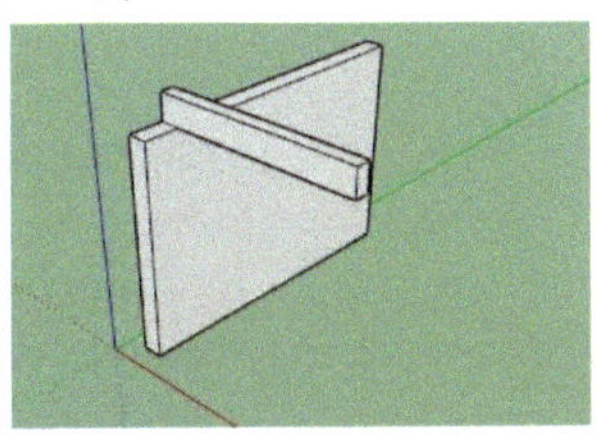

Si consiglia di iniziare lo spostamento tenendo presente il punto in cui si andrà a terminare l'operazione, sapendo che i due punti coincideranno.

Deformare una figura

Come indicato dal *terzo Principio di disegno* le geometrie adiacenti si incollano tra loro. Questo consente di deformare e stirare figure utilizzando lo strumento *Sposta* attraverso la selezione della sola parte che si intende modificare.

1. Selezionare una linea e attivare *Sposta*.

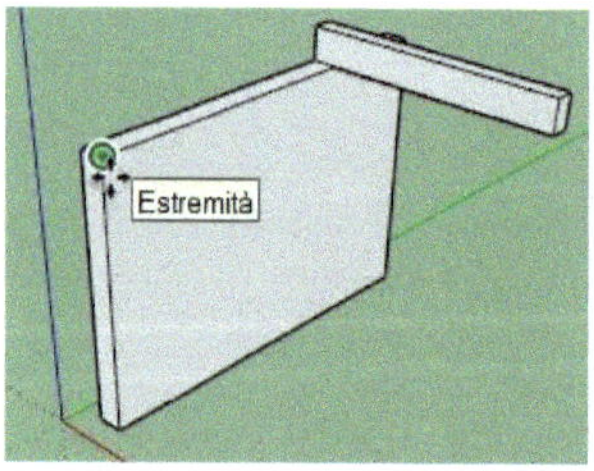

2. Spostare a piacere la linea.

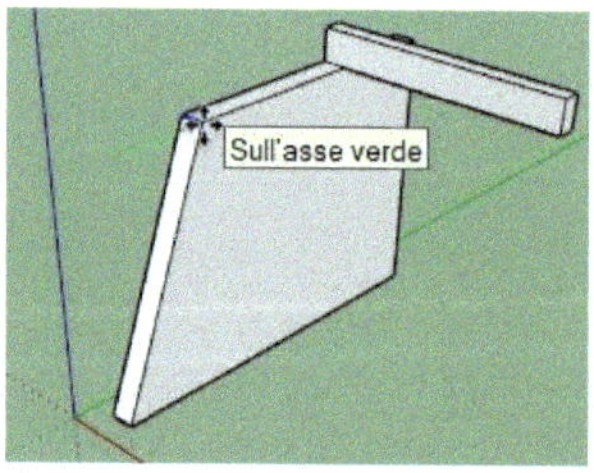

3. Altre modifiche iniziando lo spostamento dai vertici.

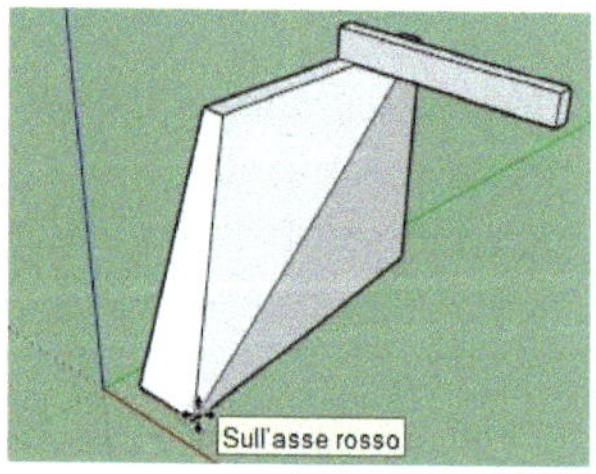

Nota. Il vertice non è un oggetto, quindi non può essere selezionato: per eseguire uno spostamento da un vertice vi si deve cliccare con *Sposta* senza aver selezionato nulla.

Spostare con misure precise

Lo spostamento può essere eseguito con una misura precisa: questa va indicata dopo aver effettuato la selezione e aver indicato la direzione lungo cui effettuare lo spostamento (sono utili in questo caso le inferenze agli assi del modello).

1. Selezionare gli elementi da spostare.

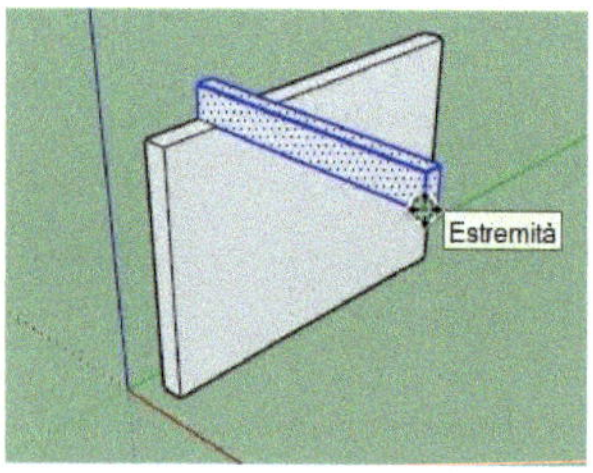

2. Posizionare il puntatore nella direzione in cui effettuare lo spostamento.

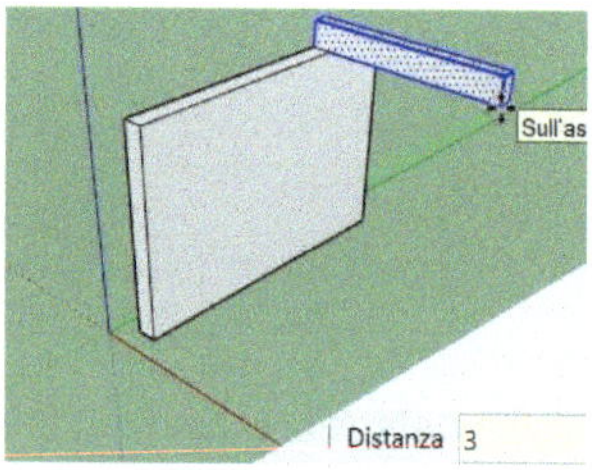

3. Indicare la misura seguita da Invio.

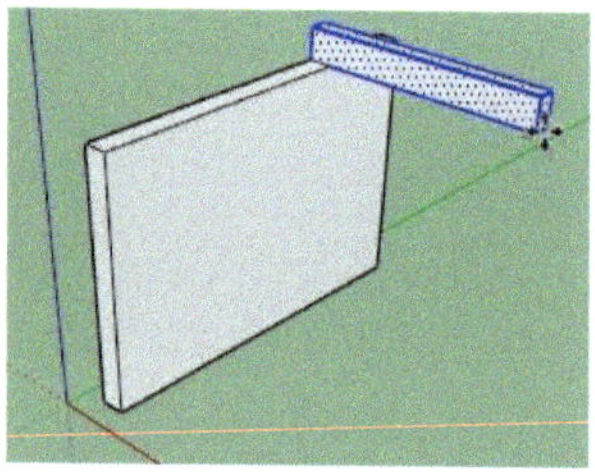

Spostare *gruppi* e *componenti* attraverso i grip

Se l'elemento da copiare è un *gruppo* o un *componente* (oggetti di cui si parla nel *Capitolo 6*) compaiono dei grip in corrispondenza delle estremità del box d'ingombro dell'oggetto. Lo spostamento può essere effettuato rispetto a questi punti, anche se si trovano dietro all'oggetto da spostare (compaiono in trasparenza).

Esempio di grip all'estremità del *componente* Divano.

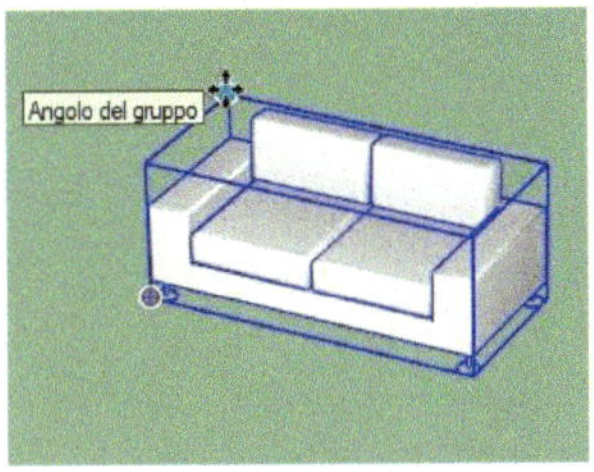

Esempio di grip in posizione posteriore all'oggetto.

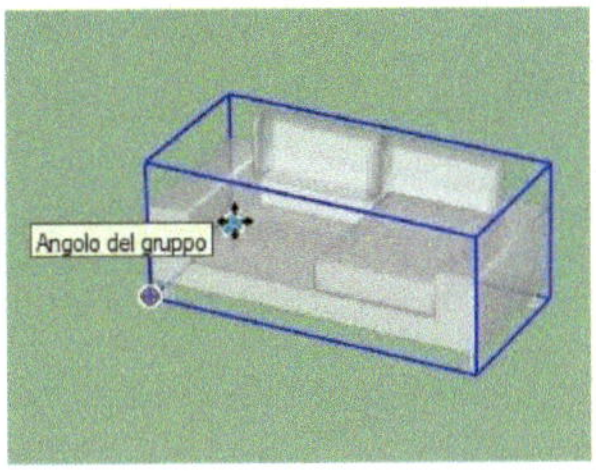

Cliccando Alt si visualizzano altri tipi di grip sul box dell'oggetto.

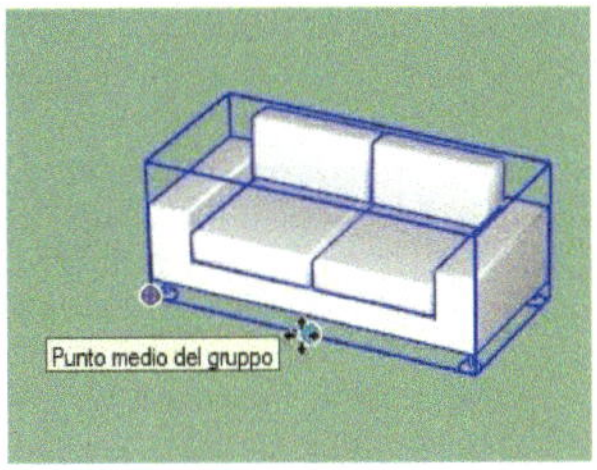

Copiare con misure precise

Per copiare un elemento con misure precise si utilizza *Sposta*, **cliccando una sola volta Ctrl**. Diversamente dagli strumenti *Copia/Incolla* presenti nella barra di strumenti *Standard* (oppure dai comandi da tastiera Ctrl+C e Ctrl+V), l'utilizzo di *Sposta* consente di copiare indicando una misura e una direzione ben precise a cui la copia deve avvenire.

1. Selezionare gli elementi da copiare, clic *Sposta* e **Ctrl**.

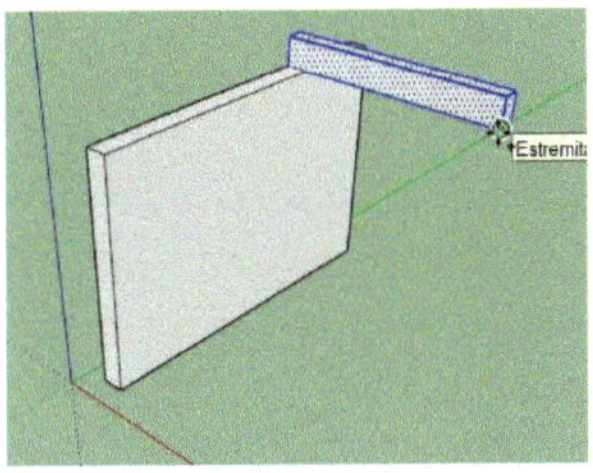

2. Indicare la direzione, digitare la misura e premere Invio.

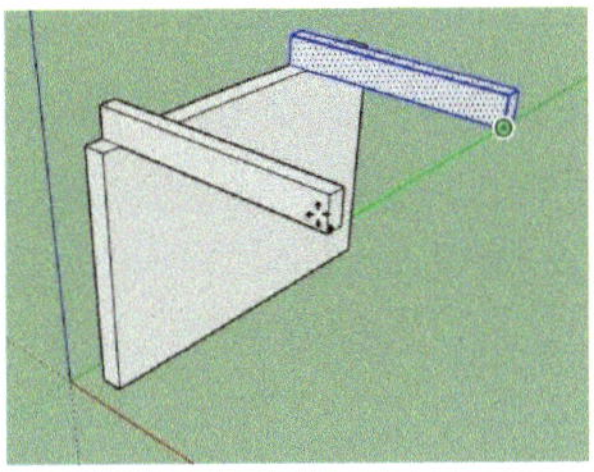

3. Gli elementi sono stati copiati.

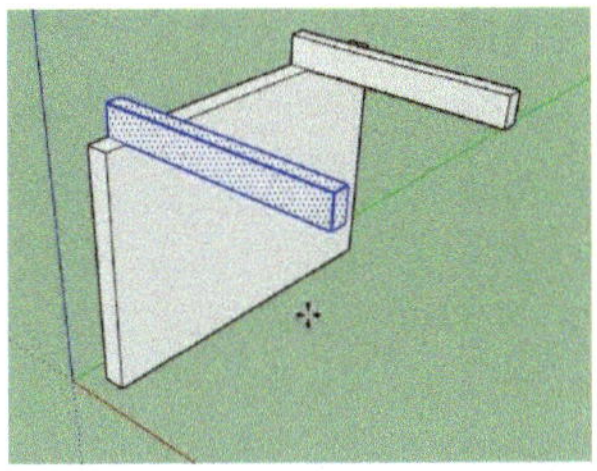

Copiare in modalità stamp

È possibile attivare una modalità di copia che permette di posizionare più copie, una per ogni clic successivo a quello iniziale: cliccare una seconda volta Ctrl prima di iniziare la copia.

Clic due volte su Ctrl, con lo strumento *Sposta* attivo.

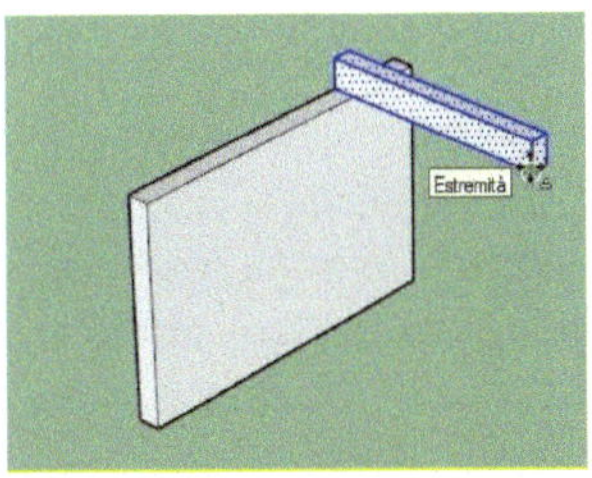

Ad ogni clic corrisponde una copia degli elementi selezionati.

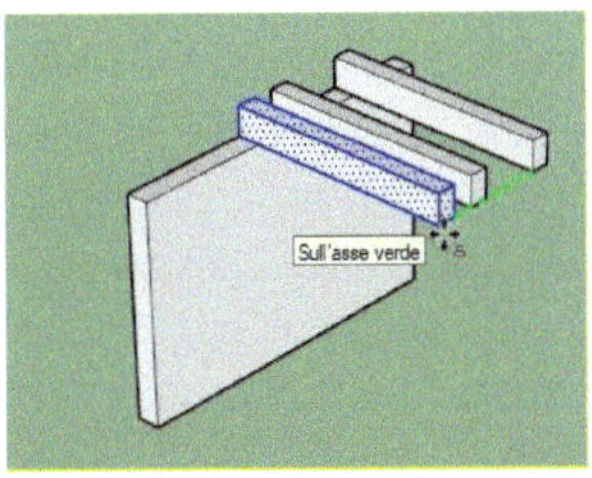

Le copie possono essere posizionate dove si vuole nel modello.

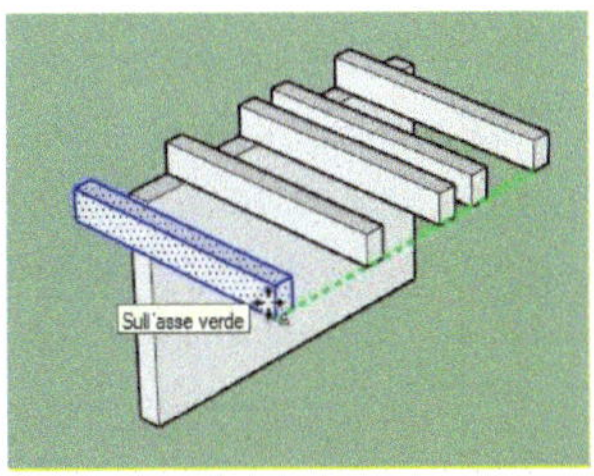

Realizzare copie in serie lineare

Dopo aver effettuato la copia di un elemento si possono indicare il numero di copie precedute dai segni "*" (asterisco) oppure "/" (divisione) per fare in modo che la misura iniziale venga ripetuta o suddivisa.

A. Serie con suddivisione della misura in parti uguali

Questo metodo privilegia l'ingombro totale degli elementi.

1. Selezionare l'elemento da copiare in serie.

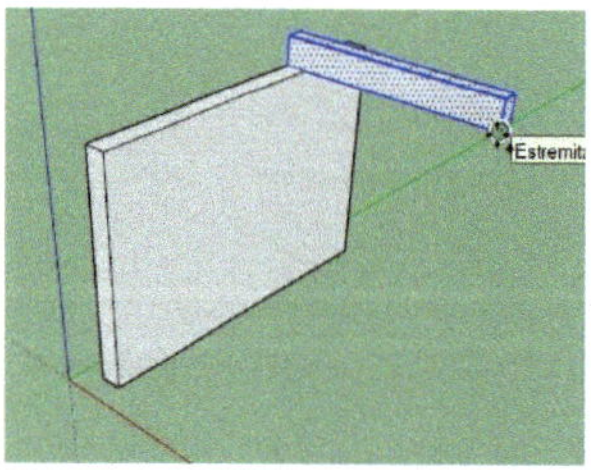

2. Copiare l'elemento con *Sposta* + Ctrl.

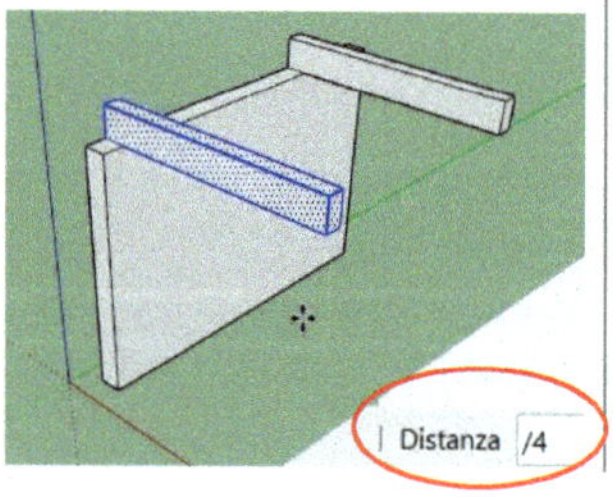

3. Digitare "/" seguito dal numero di interassi e Invio.

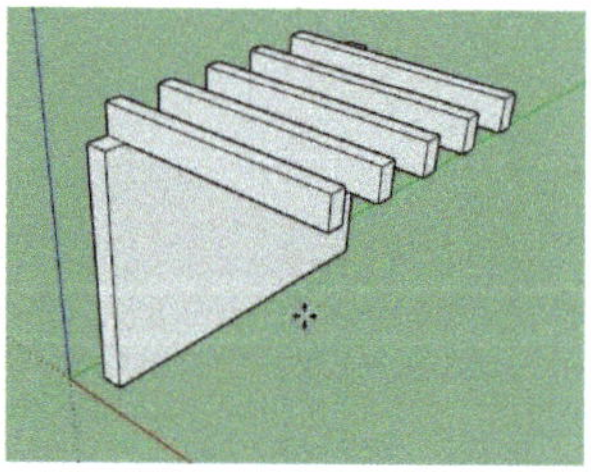

B. Serie con ripetizione dell'interasse iniziale

Questo metodo privilegia l'interasse tra gli elementi.

1. Selezionare l'elemento da copiare in serie.

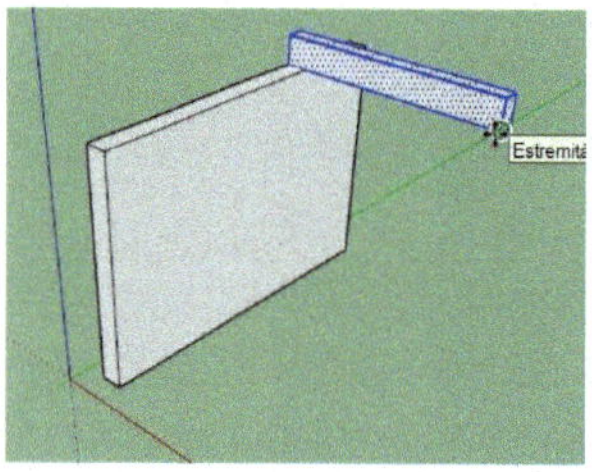

2. Copiare l'elemento con *Sposta* + Ctrl.

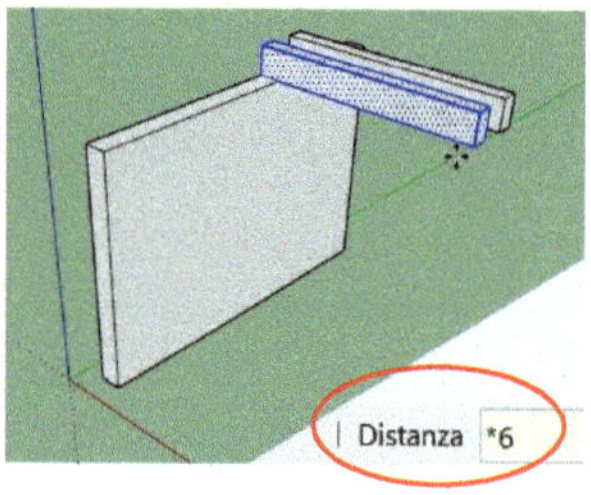

3. Digitare "*" seguito dal numero di copie e Invio.

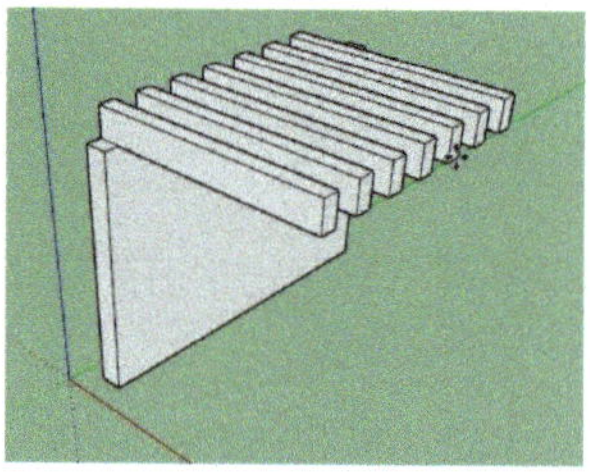

Esercizio. La copia in serie viene applicata nell'*Esercizio 9: Scala interna*, nell'*Esercizio 11: Carpenteria tetto* e nell'*Esercizio 17: Pompeiana in legno*.

5.2 Spingi/tira

Spingi/tira realizza estrusioni a partire da superfici piane. È esemplificativo dell'intuitività di SketchUp; infatti, permette di "dare vita" alle superfici e convertirle in volumi, dando risalto alle forme del nostro progetto. Il disegno 3D in SketchUp inizia spesso da superfici piane, di pianta o di prospetto dell'oggetto da realizzare, per poi ottenere estrusioni con *Spingi/tira*. L'estrusione è sempre perpendicolare alla faccia che viene estrusa.

Figura 5.3 - Alcune superfici disegnate con gli strumenti di disegno 2D e le relative estrusioni.

Realizzare un'estrusione

1. Cliccare con *Spingi/tira* sulla superficie da estrudere.

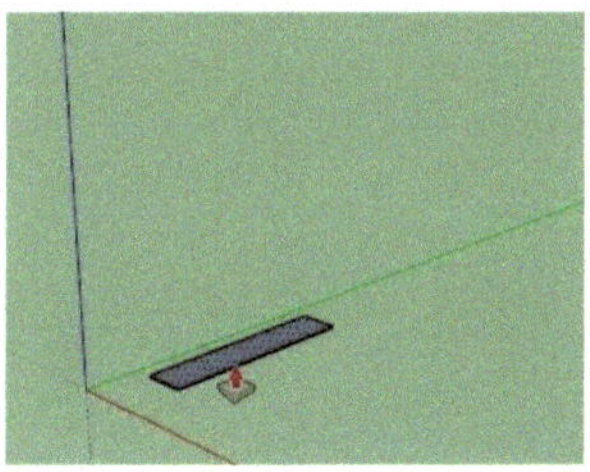

2. Indicare una misura seguita da Invio.

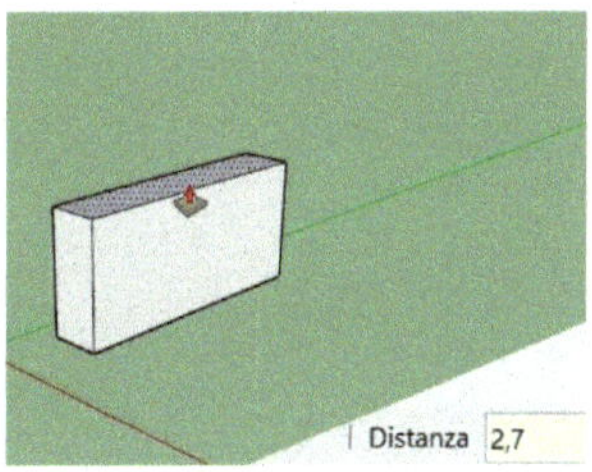

3. L'estrusione è completata.

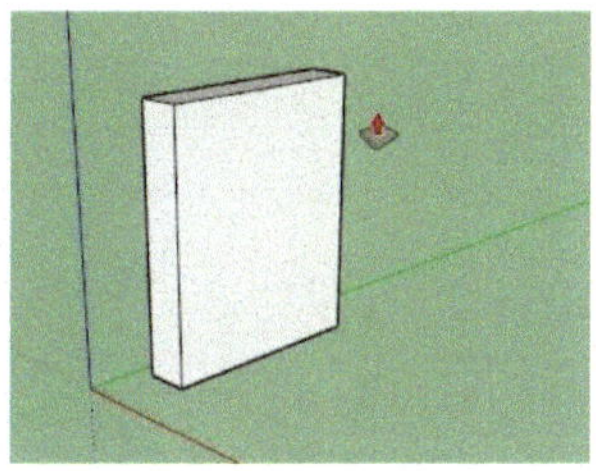

Realizzare un'estrusione con un punto di riferimento

L'estrusione può ereditare l'altezza da un elemento nel contesto, assicurando l'allineamento tra le parti.

1. Cliccare con *Spingi/tira* sulla superficie da estrudere.

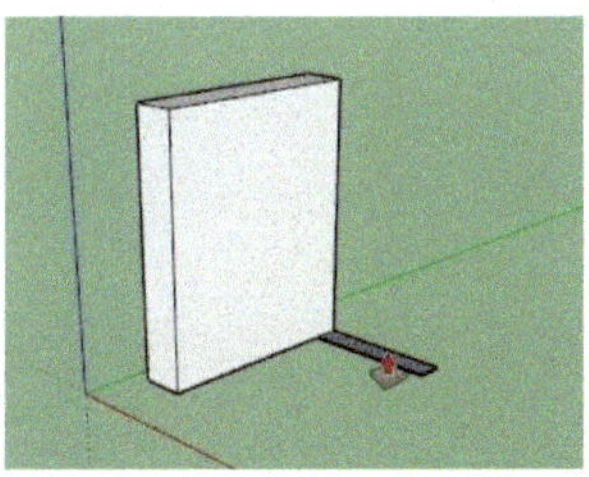

2. Cliccare nel punto di riferimento.

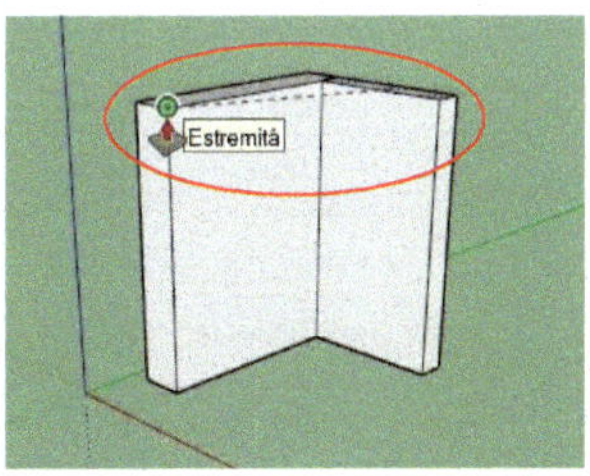

3. L'estrusione si allinea al punto di riferimento.

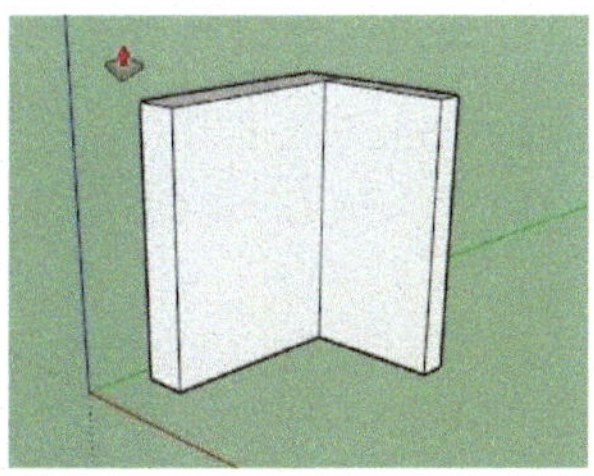

Realizzare un foro con **Spingi/tira**

Spingi/tira permette di realizzare svuotamenti: se l'estrusione incontra una superficie le due facce si cancellano a vicenda. La condizione da rispettare è che le facce siano complanari tra loro.

1. Cliccare con *Spingi/tira* sulla superficie da estrudere.

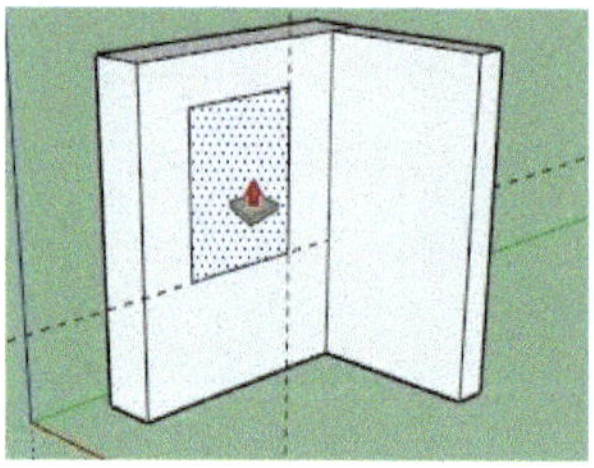

2. Cliccare sulla faccia sul retro.

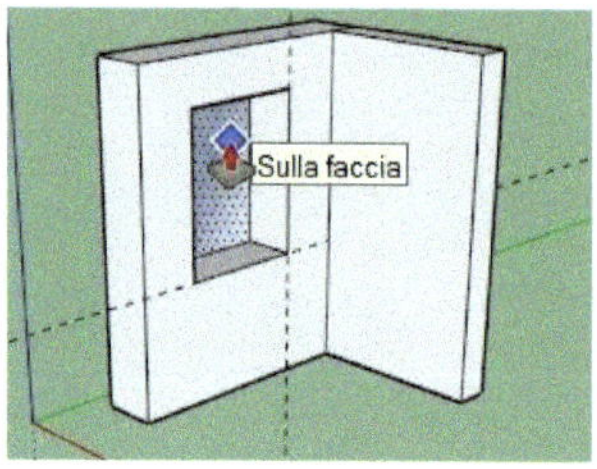

3. Le due facce si cancellano a vicenda.

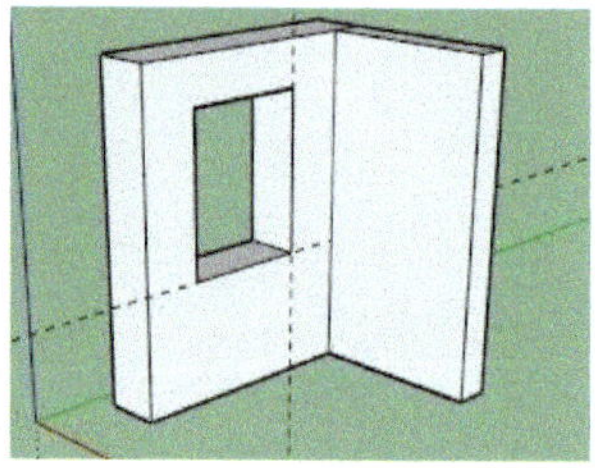

Suggerimenti

A. L'estrusione esce sul retro?

Un modo per ovviare a questo inconveniente è indicare l'esatta misura di estrusione oppure fare riferimento ad un qualsiasi punto della faccia sul retro.

1. L'estrusione eccede sul retro.

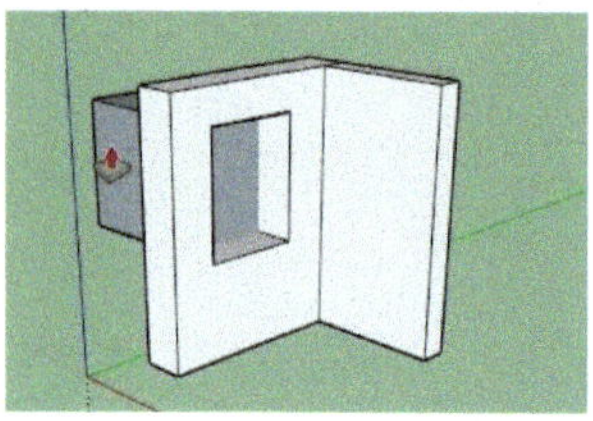

2. Terminare l'estrusione su di un punto sul retro.

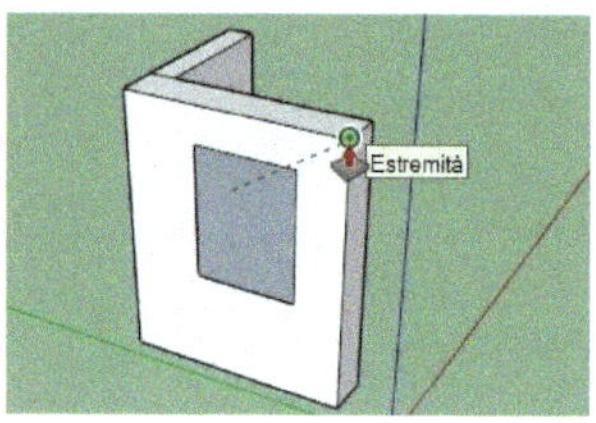

3. L'estrusione terminata correttamente.

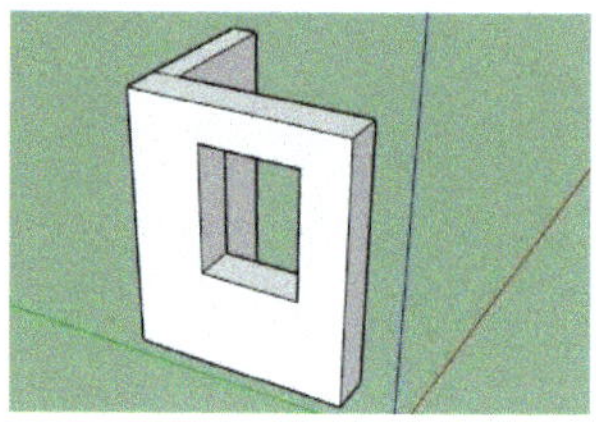

B. Facce bianche VS facce grigie...

Le superfici sono bianche da un lato (anteriore) e grigie dall'altro (posteriore). Per una corretta applicazione dei materiali (approfonditi nel *Capitolo 8 - Materiali, immagini e luce*) si consiglia di mantenere le sole facce bianche rivolte verso l'esterno.

1. Estrusioni con facce posteriori rivolte verso l'esterno.

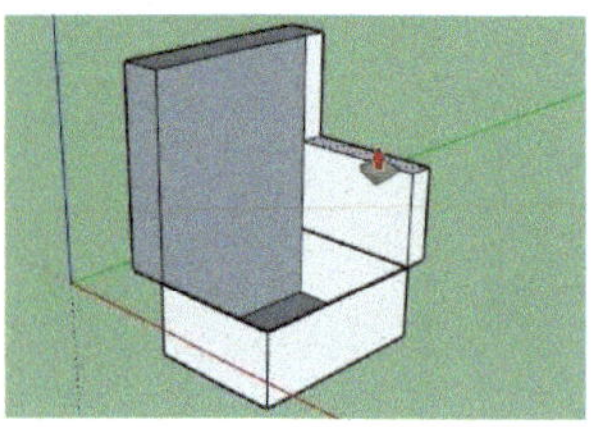

2. Per invertire le superfici clic con tasto destro > *Inverti facce*.

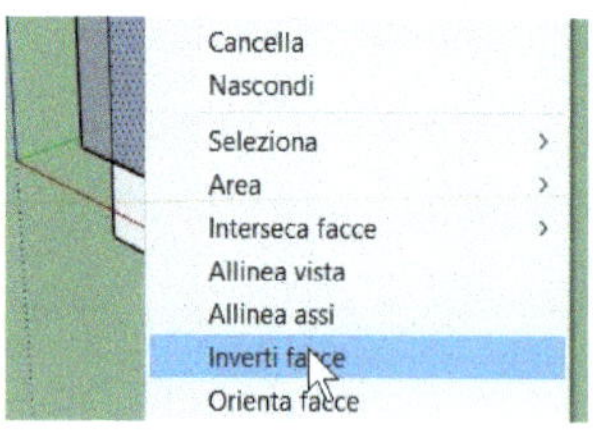

3. Alcune facce correttamente orientate.

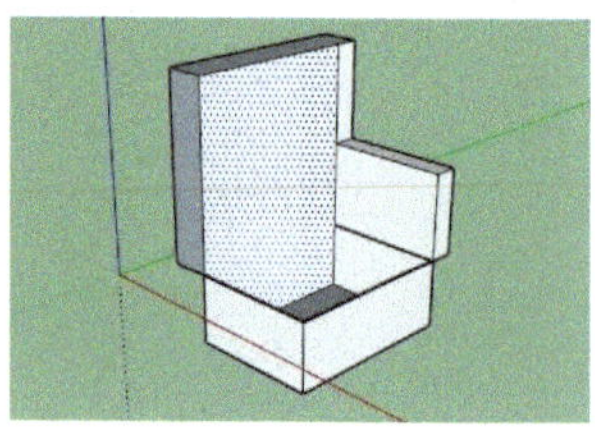

C. Estrusione + copia

Tenendo premuto Ctrl contestualmente all'operazione di estrusione avviene una duplicazione della superficie.

1. Attivare *Spingi/tira* e cliccare Ctrl.

2. La faccia viene estrusa e copiata.

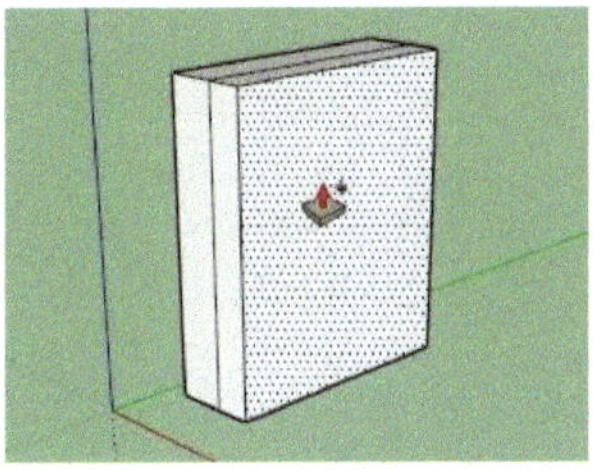

3. Esito di serie di estrusioni affiancate.

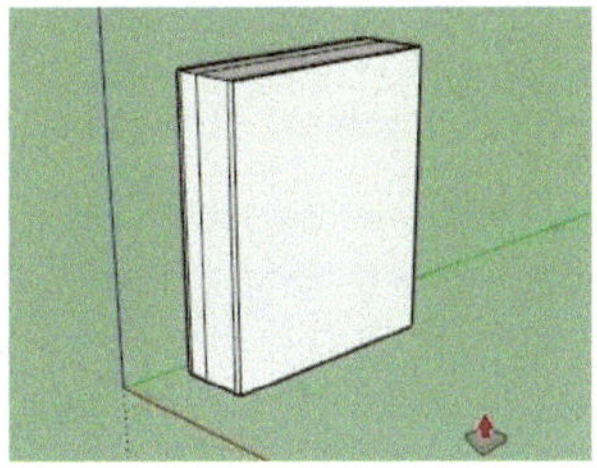

Esercizio. *Spingi/tira* viene applicato nell'*Esercizio 1: Piastra metallica*, nell'*Esercizio 8: Piccola abitazione* e nell'*Esercizio 16: Sedia stilizzata*.

5.3 Ruota

Lo strumento *Ruota* consente di ruotare, realizzare copie ruotate e copiare in serie radiale. *Ruota* ha molti tratti in comune con *Sposta*. Si suggerisce di anteporre la selezione degli elementi da ruotare all'attivazione dello strumento *Ruota* per gli stessi motivi visti per lo strumento *Sposta*. La rotazione risente della posizione del centro di rotazione e dell'orientamento del piano di rotazione. Il goniometro si orienta rispetto alla faccia su cui lo si appoggia (utilizzare le inferenze da tastiera); dopo il posizionamento il suo centro diventa il centro di rotazione.

Figura 5.4 - Le travi inclinate di un tetto in legno.

Ruota con riferimento interno

Il centro di rotazione si trova sull'oggetto da ruotare: l'oggetto ruoterà su se stesso.

1. Selezione delle superfici del volume, clic su *Ruota* e posizionare il goniometro.

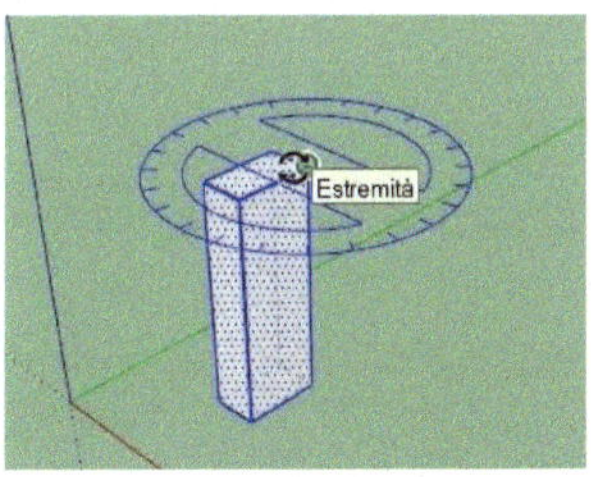

2. Cliccare nella direzione da cui si intende iniziare la rotazione.

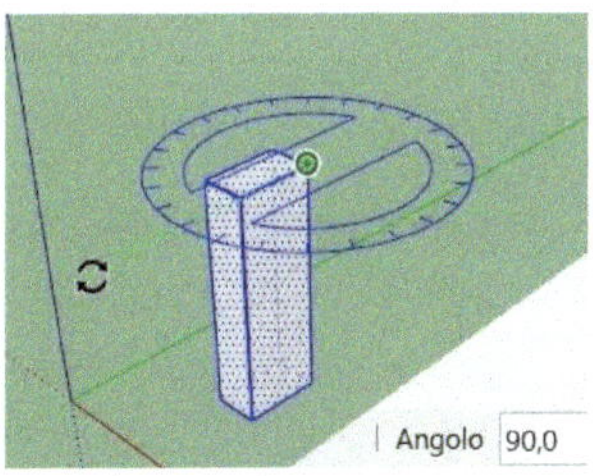

3. Cliccare nel punto di fine, oppure indicare i gradi seguiti da *Invio*.

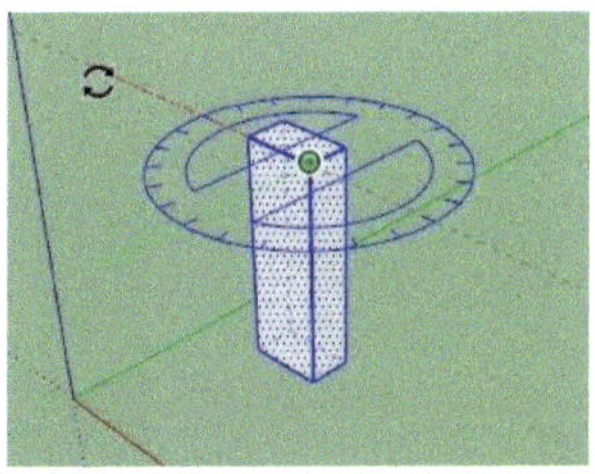

Nota. Le impostazioni relative alle unità angolari si trovano nella sezione *Unità* della finestra *Informazioni modello* (menu *Finestra*).

Se l'oggetto da ruotare è un *gruppo* o *componente* viene offerto un ulteriore metodo di rotazione con riferimento interno. Infatti, cliccando *Sposta* e avvicinando il cursore all'oggetto, appaiono alcuni grip rossi con cui effettuare la rotazione attorno al suo centro. Questo metodo ha il vantaggio di realizzare spostamenti e rotazioni senza la necessità di cambiare strumento.

1. Lo strumento *Sposta* avvicinato ad un *componente "Divano"*: si vedono i grip rossi.

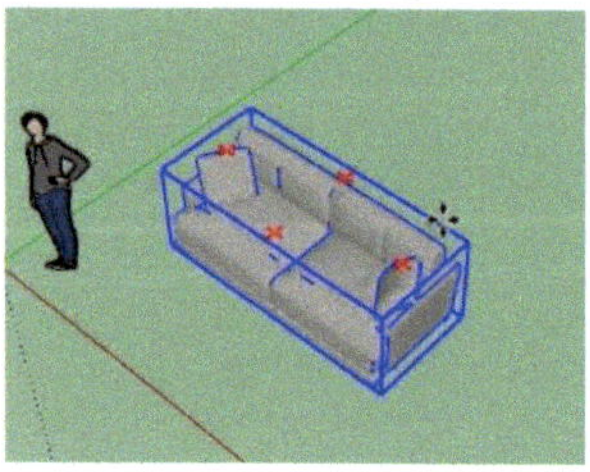

2. Cliccare su uno di questi per iniziare la rotazione.

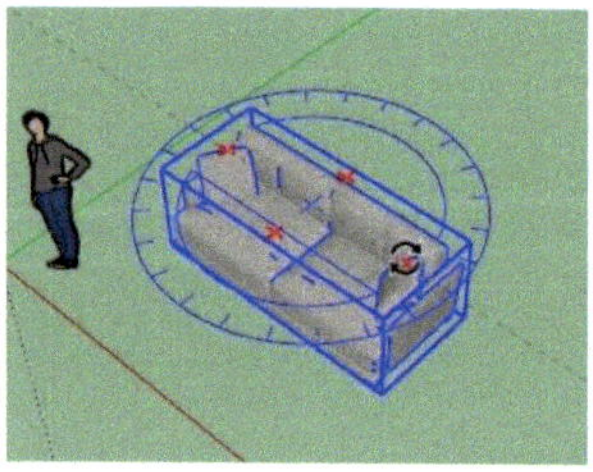

3. Cliccare nel punto di fine, oppure indicare i gradi seguiti da *Invio*.

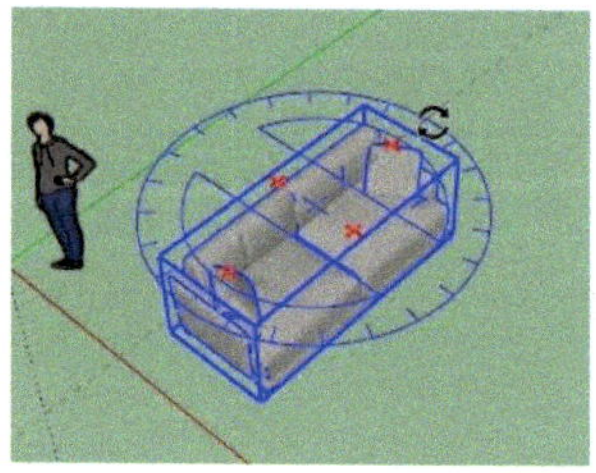

Deformare una figura

Se la selezione interessa solo una parte dell'oggetto, questo subirà una deformazione, come visto per lo strumento *Sposta*, in virtù del *terzo Principio di disegno*. Con un po' di pratica si scopre che questo modo di deformare oggetti può essere spesso utile e veloce per realizzare geometrie, anche complesse, che richiederebbero altrimenti molti passaggi.

1. Selezionare una faccia e attivare *Ruota*.

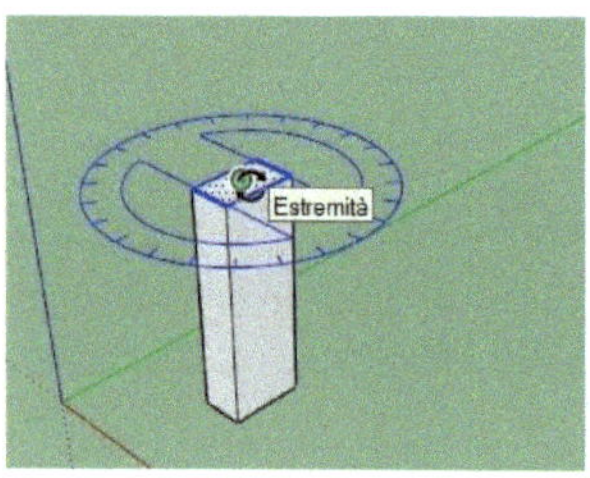

2. Posizionare il goniometro e iniziare la rotazione.

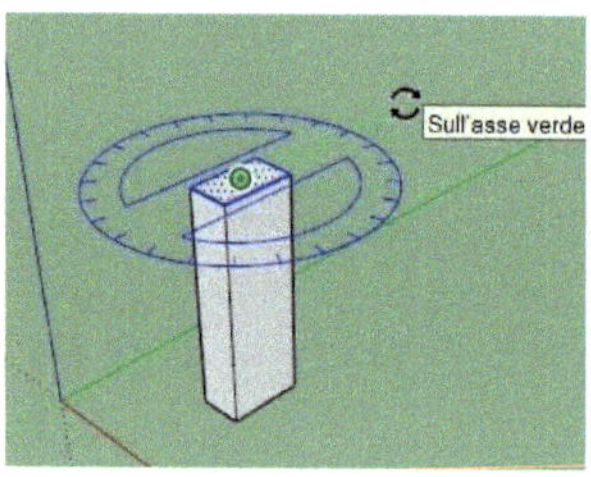

3. La rotazione è terminata. L'oggetto viene deformato.

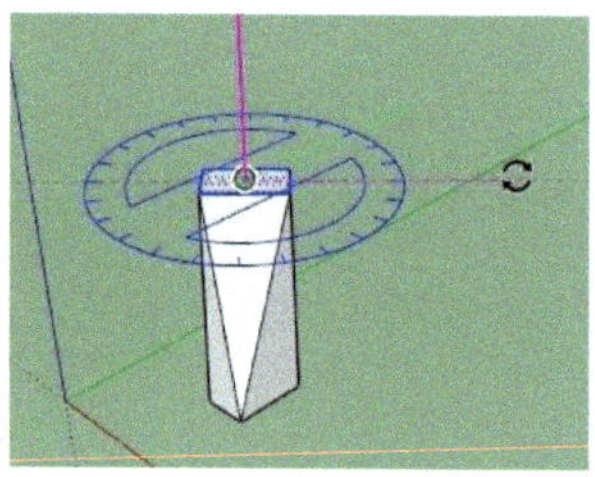

Ruotare con riferimento esterno

Il centro si trova su di un altro elemento o in qualsiasi altro punto nel modello: in questo caso l'oggetto (o parte di questo) subisce uno spostamento oltre alla rotazione.

1. Selezionare l'elemento da ruotare.

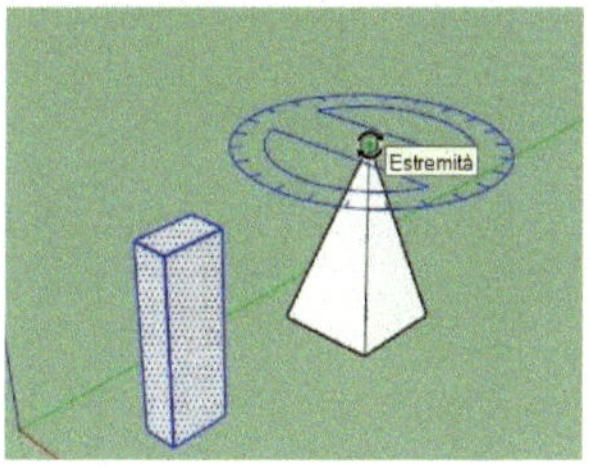

2. Cliccare nel centro di rotazione.

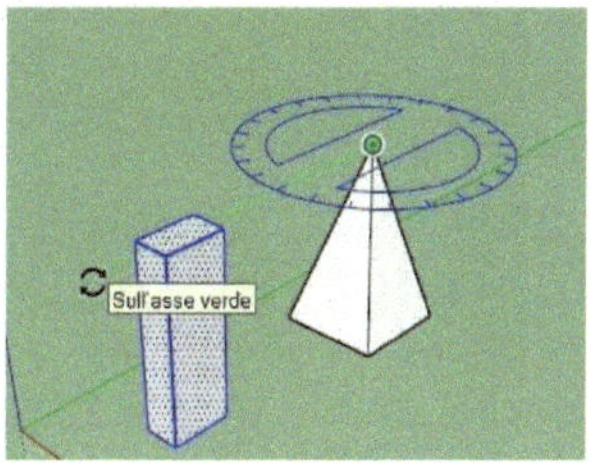

3. La rotazione è terminata.

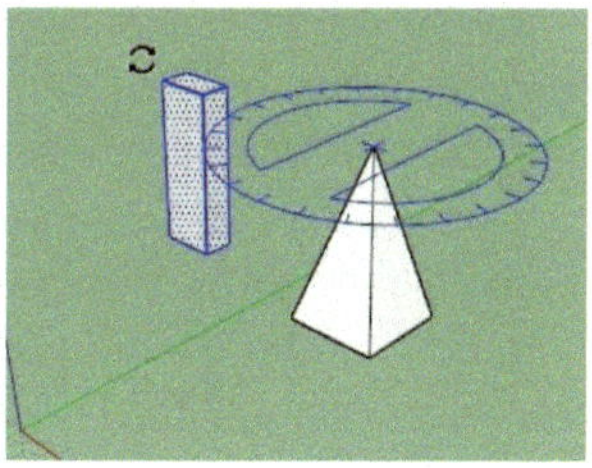

Copia ruotata

Come per lo strumento *Sposta*, anche con *Ruota* si possono realizzare copie: per attivare questa opzione cliccare **Ctrl**.

1. Selezionare gli elementi da ruotare e con *Ruota* posizionare il goniometro.

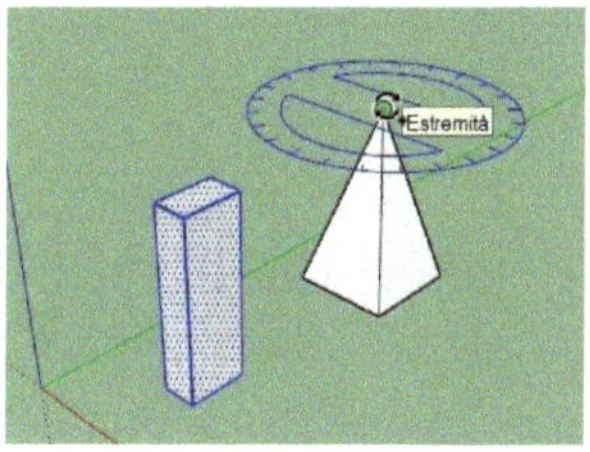

2. Attivare la copia con *Ctrl* e clic di inizio della rotazione.

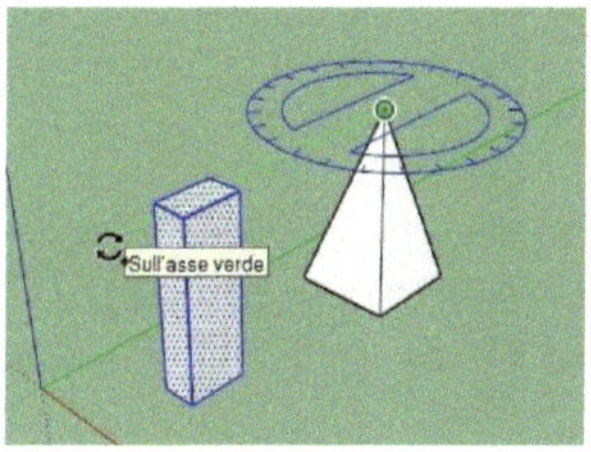

3. Cliccare la fine della rotazione: l'elemento originario viene copiato e ruotato.

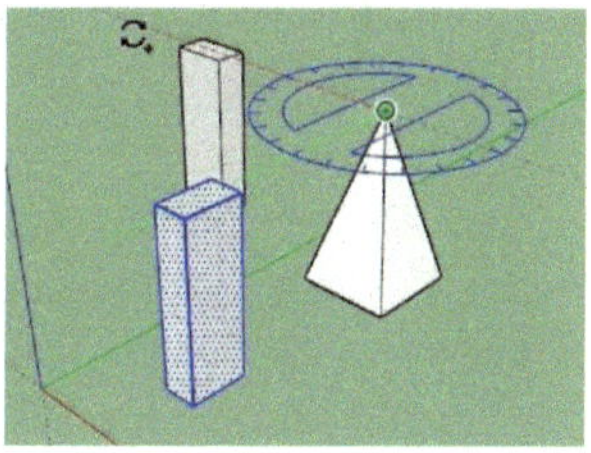

Esercizio. La copia ruotata viene applicata nell'*Esercizio 11: Carpenteria tetto.*

Copie in serie radiale

Si possono realizzare copie in serie radiale, in modo analogo con quanto visto per la copia in serie lineare con *Sposta*.

1. Realizzare la copia ruotata dell'elemento.

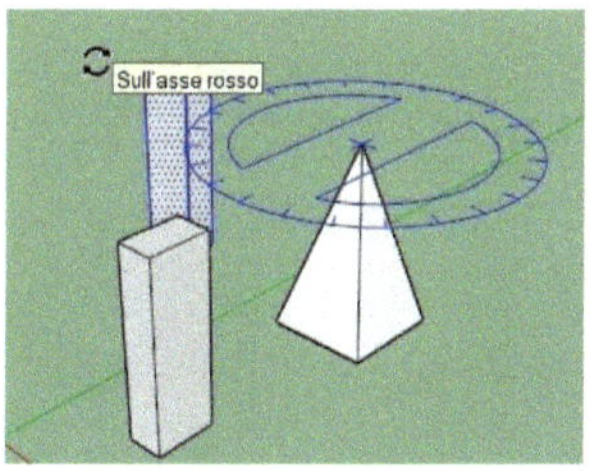

2. Digitare "/" seguito dal numero di copie da interporre.

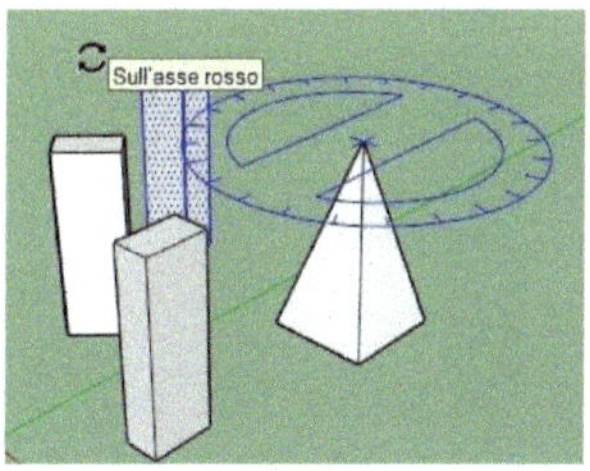

3. Oppure indicare "*" seguito dal numero di copie e Invio.

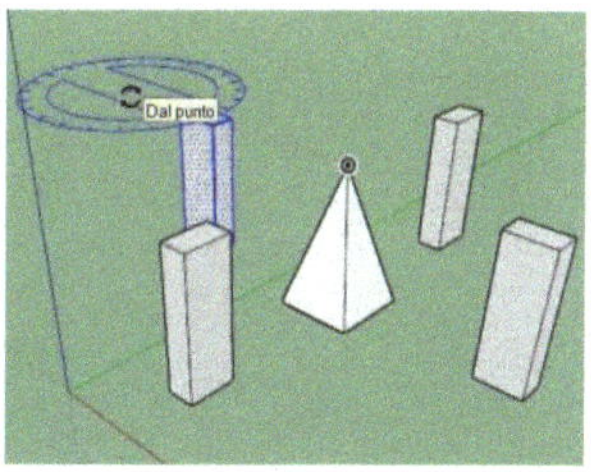

Esercizio. La copia in serie radiale viene applicata nell'*Esercizio 9: Scala interna.*

5.4 Seguimi

Lo strumento *Seguimi* realizza estrusioni lungo percorso e volumi di rotazione. Le estrusioni su percorso sono quel tipo di volumi che nascono dall'estrusione di un profilo bidimensionale lungo un percorso di linee che si snodano nello spazio. Ne sono esempi un tubo, il corrimano di una scala, una modanatura, una trave: ogni elemento in cui sia riconoscibile una sezione costante dall'inizio alla fine del volume. Se il percorso è circolare dà origine a volumi di rotazione (o rivoluzione), come ad esempio un bicchiere o una colonna, in cui l'estrusione avviene lungo un cerchio dal cui centro passa l'asse di rivoluzione.

Figura 5.5 - Una centrale termica modellata in buona parte con *Seguimi*.

Gli elementi in gioco: il profilo, il percorso e le loro posizioni

Il profilo

Il profilo consiste in una superficie realizzata con gli strumenti di disegno 2D che verrà estrusa lungo il percorso. Il profilo deve poter seguire il percorso senza auto-intersecarsi, quindi ha tendenzialmente dimensioni più piccole del percorso. Ne sono esempi un anello circolare per un tubo, la modanatura di un mobile, la sezione di una trave o di una colonna.

Figura 5.6 - Alcuni esempi di profili bidimensionali.

Il percorso

Il percorso deve essere composto di linee una di seguito all'altra senza interruzioni. Non può avere biforcazioni. Alcuni esempi di percorsi validi:

Percorso costituito da linee articolate nelle tre dimensioni.

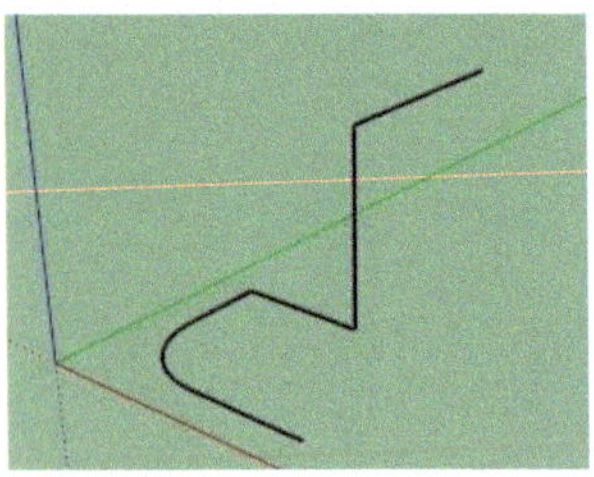

Percorso chiuso costituito dal perimetro di un cerchio.

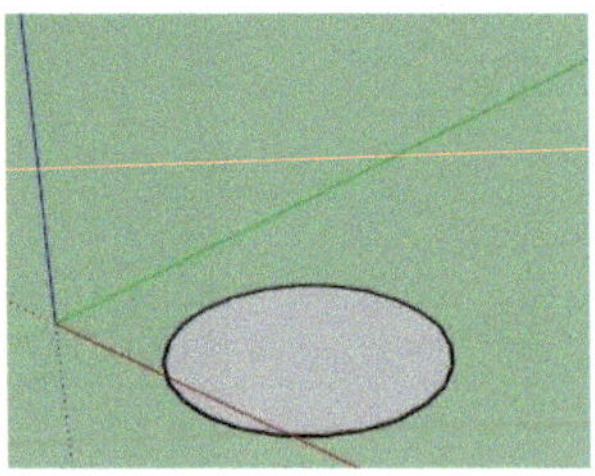

Linee perimetrali di alcune superfici.

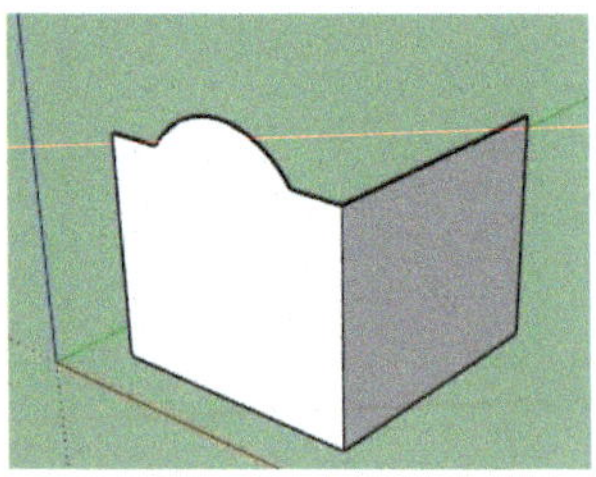

Nota. Né il profilo né il percorso devono essere un *gruppo* o un *componente*.

Posizione e distanza reciproche

Il volume risultante dall'impiego di *Seguimi* deriva dall'estrusione del profilo lungo il percorso: pertanto posizione e distanza tra questi due elementi sono decisive nel determinare il risultato. I due elementi possono toccarsi oppure essere distanziati: in ogni caso la distanza viene mantenuta costante lungo l'estrusione.

Profilo nelle vicinanze del percorso.

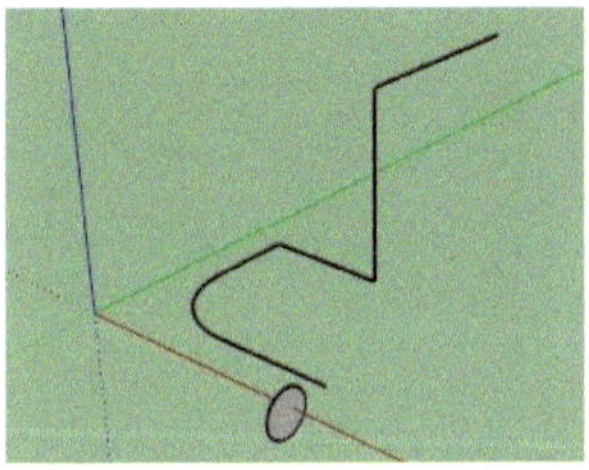

Profilo appoggiato al percorso (linee al contorno di facce).

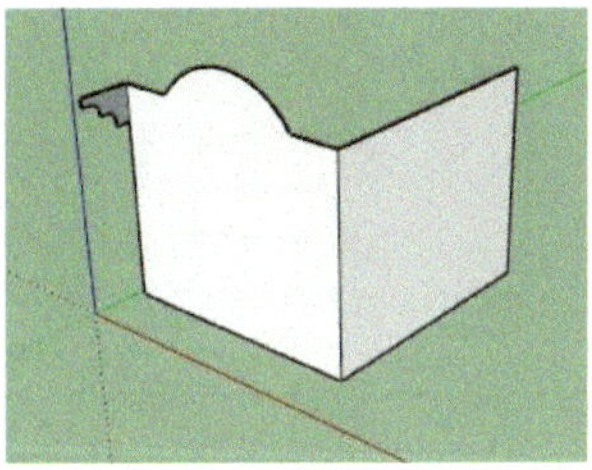

Il profilo non deve essere complanare al percorso.

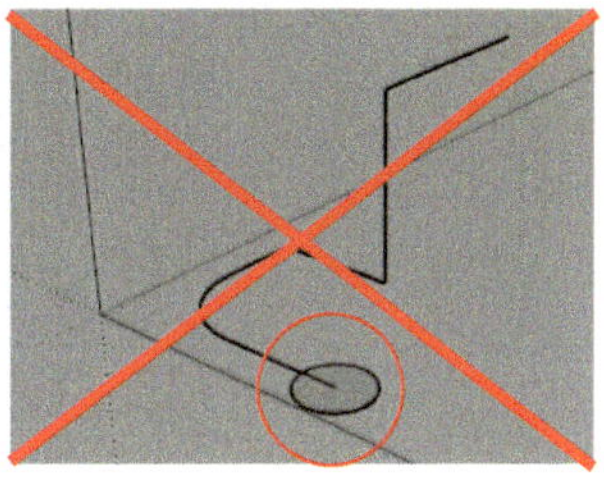

Come procedere

Ci sono diversi modi per attivare lo strumento *Seguimi*, ciascuno con specificità tali da renderlo adatto in situazioni e per finalità differenti. Queste varianti sono:

A. ordine di selezione: percorso > *Seguimi* > profilo;
B. ordine di selezione: *Seguimi* > profilo > percorso;
C. sottrazioni;
D. rivoluzioni.

A. Ordine di selezione: percorso > **Seguimi** > profilo

Prevede la selezione del percorso prima dell'attivazione dello strumento: selezionare il percorso, quindi *Seguimi* e cliccare all'interno del profilo. In questo modo l'estrusione viene condotta su tutta la lunghezza del percorso.

1. Selezionare le linee che determinano il percorso.

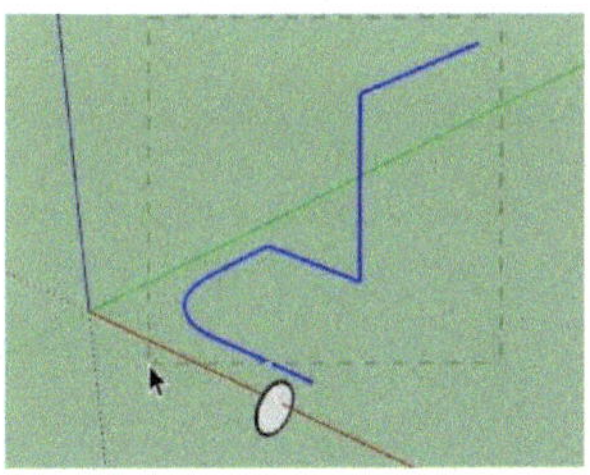

2. Cliccare su *Seguimi* e quindi all'interno del profilo.

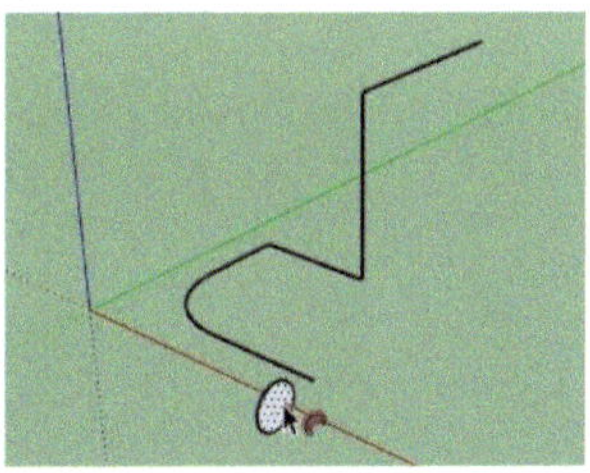

3. L'estrusione viene portata fino alla fine del percorso.

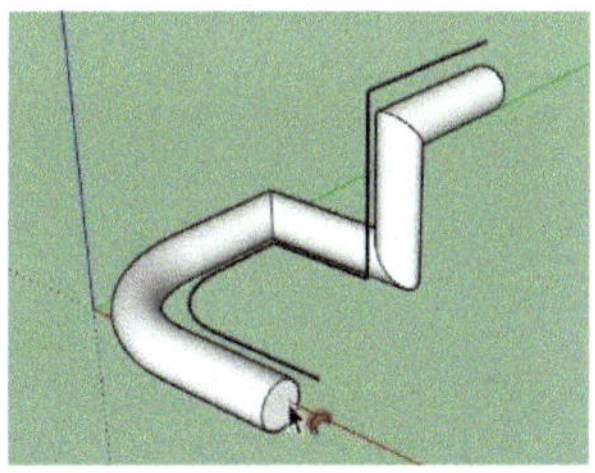

Una variante di questo metodo riguarda la possibilità che il percorso sia composto da linee che costituiscono il perimetro di una superficie: in questo caso si può selezionare direttamente la superficie anziché tutte le linee (che potrebbe risultare difficile nel caso di forme articolate e/o nascoste da altri elementi nel modello). Anche in questo caso l'estrusione copre interamente il percorso. Al termine la superficie può essere cancellata. Nell'esempio seguente il percorso è chiuso (termina nel punto d'inizio).

1. Selezionare la faccia il cui perimetro **è** il percorso.

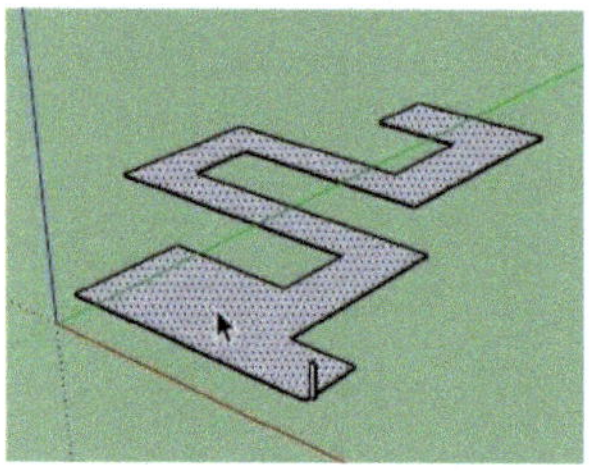

2. Cliccare su *Seguimi* e quindi sul profilo.

3. L'estrusione è terminata (ad esempio una serie di muri).

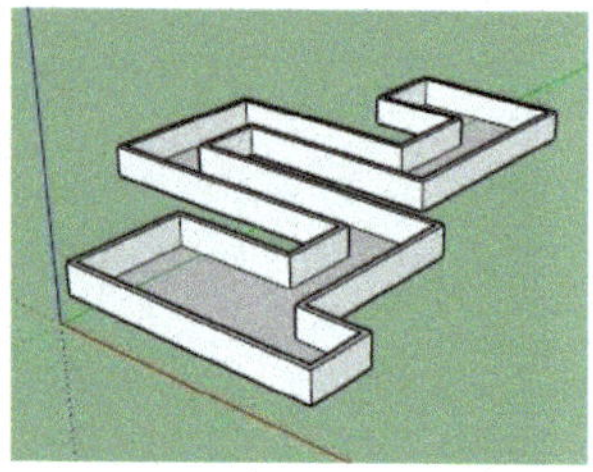

Vantaggi. La selezione del percorso avviene in modo chiaro e preventivo già dall'inizio; si riesce ad esempio a sfruttare il triplo clic sul percorso per selezionarlo tutto rapidamente.

Svantaggi. L'estrusione non può essere interrotta in un punto a scelta ma raggiunge automaticamente la fine del percorso.

B. Ordine di selezione: **Seguimi** > profilo > percorso

Seguimi può essere selezionato per primo, seguito da un clic nel profilo e conducendo poi il cursore lungo il percorso. Quest'ultimo viene evidenziato in rosso e l'estrusione può essere terminata in qualsiasi punto con un clic.

1. Con *Seguimi* attivato cliccare all'interno del profilo.

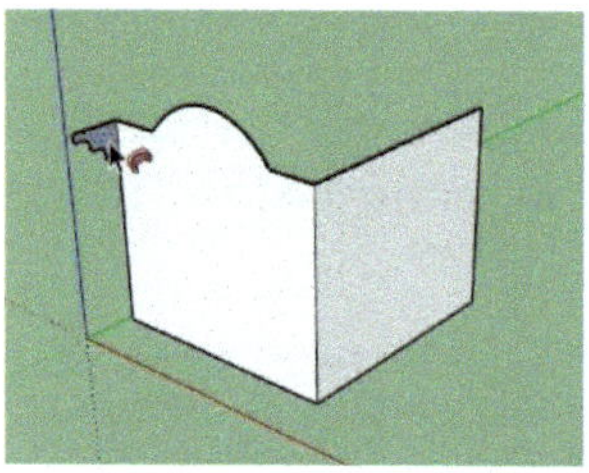

2. Condurre il cursore lungo il percorso (evidenziato in rosso).

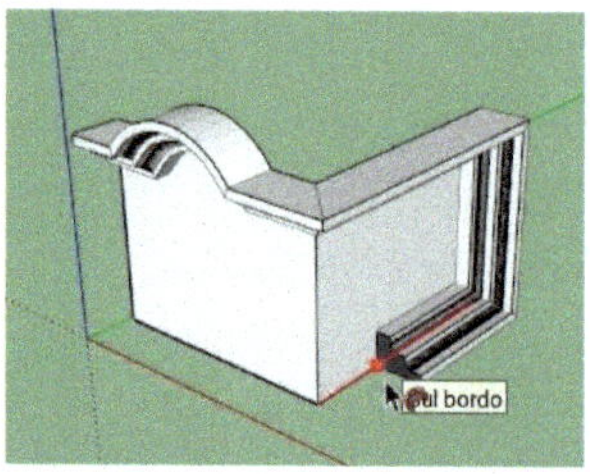

3. L'estrusione termina in un punto a scelta.

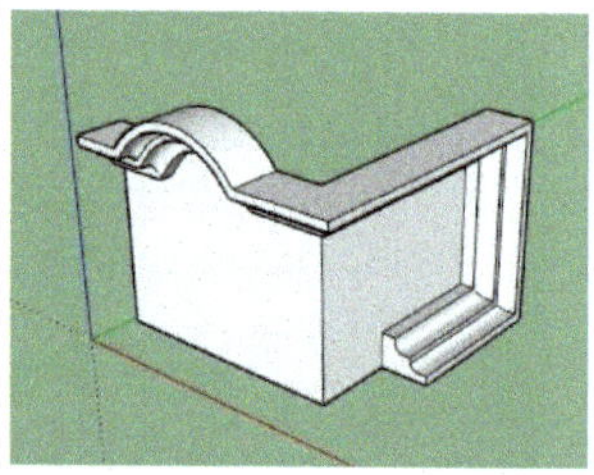

Vantaggi. Si può terminare l'estrusione in qualsiasi momento lungo il percorso e seguire linee a piacere anche dove ci sono biforcazioni.

Svantaggi. Relativa difficoltà di selezione del percorso: molto dipende dalla posizione del cursore e dalla complessità del percorso.

C. Svuotamenti

Seguimi può essere usato anche per creare svuotamenti, con le stesse modalità operative viste in precedenza. In questo caso però il profilo dovrà incontrare lungo il percorso una parte "piena" così da dare uno svuotamento rispetto a questa.

1. Disegnare il profilo a ridosso del volume e selezionare la faccia o il percorso.

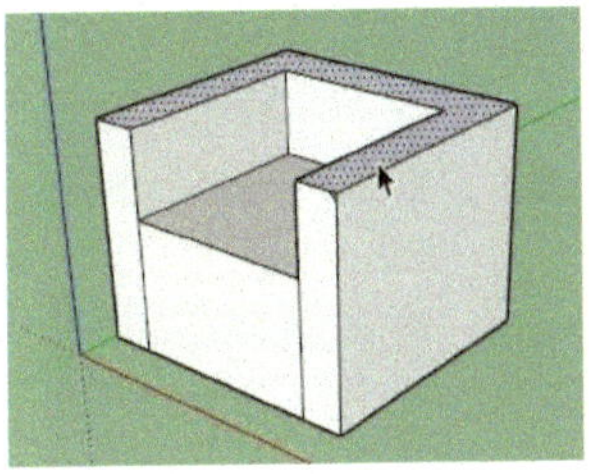

2. Cliccare con *Seguimi* all'interno dello spicchio precedentemente disegnato.

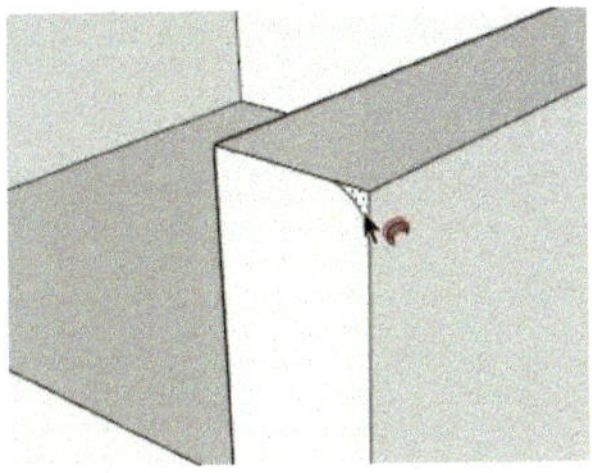

3. L'esito è lo svuotamento lungo il percorso e quindi una smussatura.

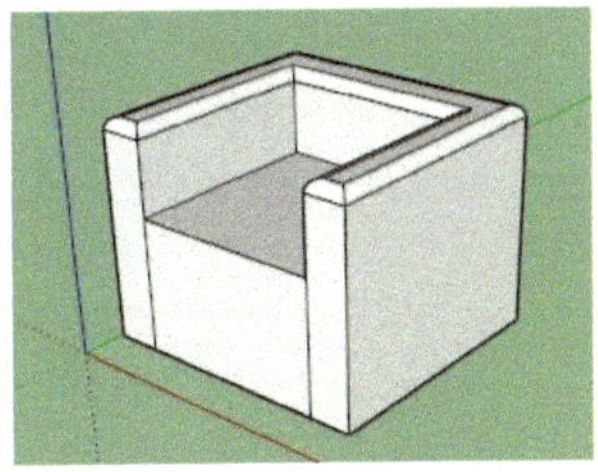

Suggerimento. Per nascondere le linee eventualmente rimaste visibili utilizzare *Ammorbidisci bordi,* trattato a pagina 118.

D. Rivoluzioni

Realizzando un percorso circolare, il profilo ruota attorno ad un asse, dando origine a volumi di rotazione. Il numero di lati del cerchio è determinante per ottenere una maggiore o minore definizione dell'oggetto finale: si dovrebbe prestare attenzione, infatti, a non eccedere con il numero di lati per non appesantire il modello (vedere immagini del paragrafo *Cerchio*). Il cerchio di default ha 24 lati, per la colonna dell'esempio si è scelto un numero di lati pari a 50.

1. Selezionare la faccia il cui perimetro è il percorso.

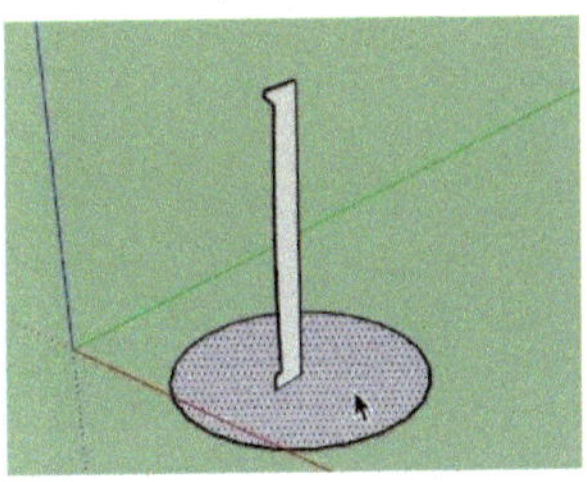

2. Con *Seguimi* cliccare all'interno del profilo.

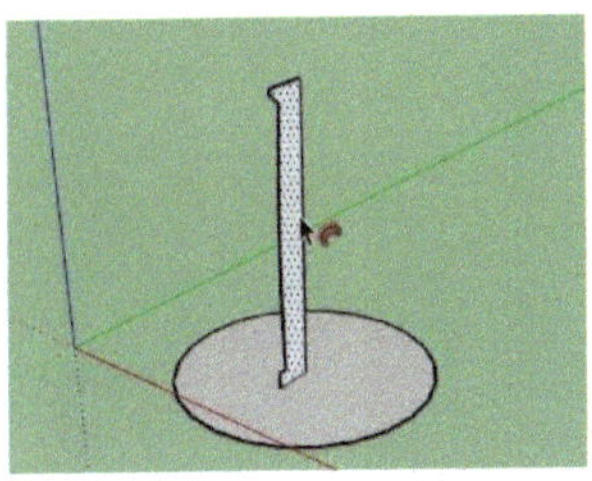

3. La rivoluzione è terminata, il cerchio può essere cancellato.

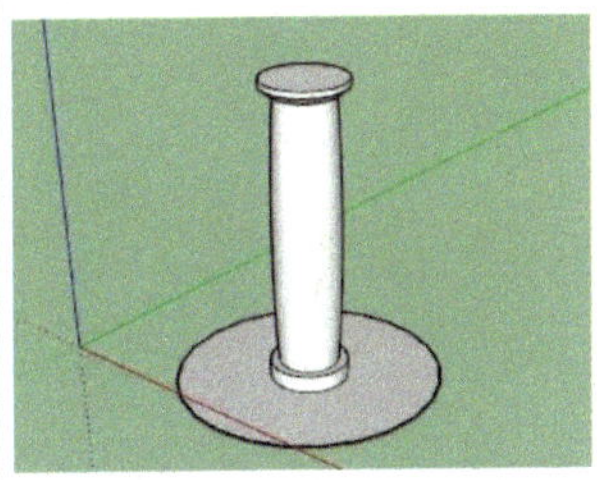

Esercizio. Lo strumento *Seguimi* viene applicato nell'*Esercizio 4: Rubinetto,* nell'*Esercizio 5: Finestra ad un'anta* e nell'*Esercizio 6: Scrittoio con modanature.*

5.5 Scala 

Scala permette di ridimensionare e copiare gli oggetti in modo molto veloce e con la possibilità di scegliere se mantenere o meno le loro proporzioni. Questo consente di adattare un elemento alle dimensioni richieste senza necessariamente doverlo ridisegnare.

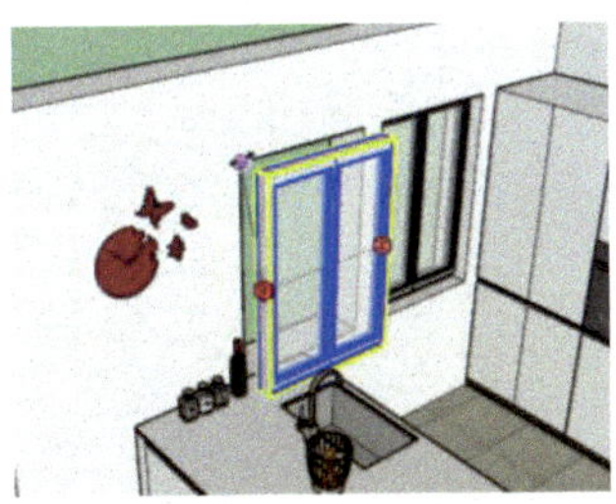

Figura 5.7 - Adeguamento in larghezza di una finestra.

Come selezionare

La selezione può riguardare elementi piani o tridimensionali, un singolo oggetto oppure più di uno. Se si seleziona parte di un oggetto la scalatura riguarderà solo questa parte, portando alla deformazione dell'oggetto nel suo insieme. Alcuni esempi:

Selezione di alcune facce.

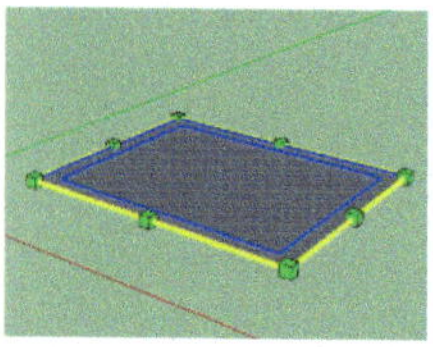

Scalatura di parte di un oggetto.

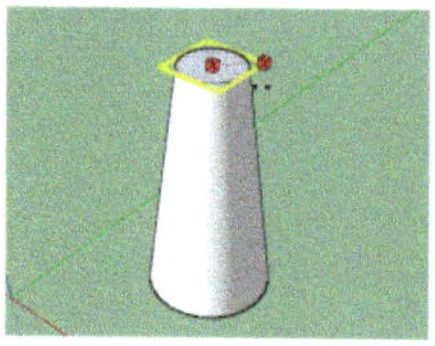

Selezione di un volume 3D.

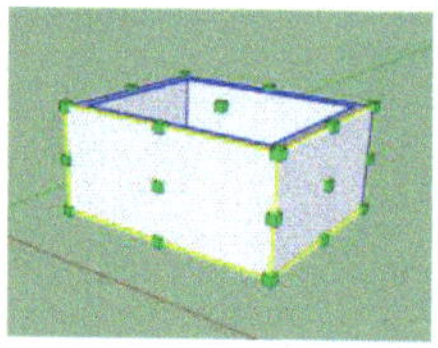

Selezione di più oggetti.

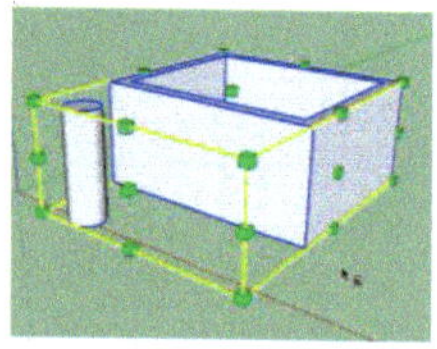

Maniglie di trasformazione

Dopo aver effettuato la selezione cliccare su *Scala*: appaiono una serie di maniglie di scalatura (cubetti verdi) e un box giallo che evidenzia il perimetro 3d di quanto si sta per scalare. La scalatura può essere effettuata rispetto a: vertice, punto centrale della faccia e punto medio del lato.

A. Scalatura dal vertice

1. Selezionare l'oggetto, cliccare su *Scala* e cliccare nella maniglia al vertice del volume.

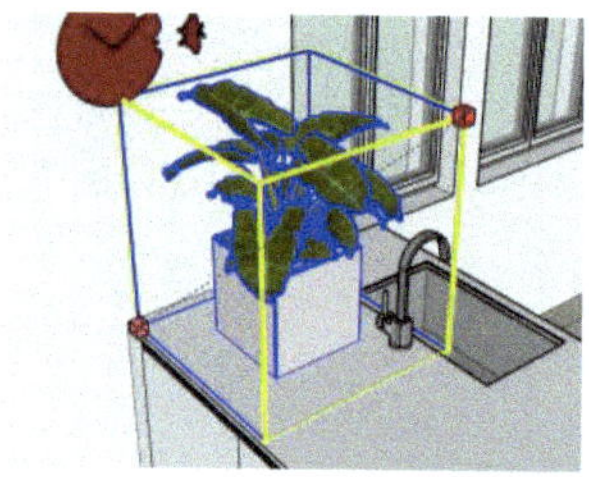

2. Trascinare il cursore fino a ridimensionare a piacere l'oggetto.

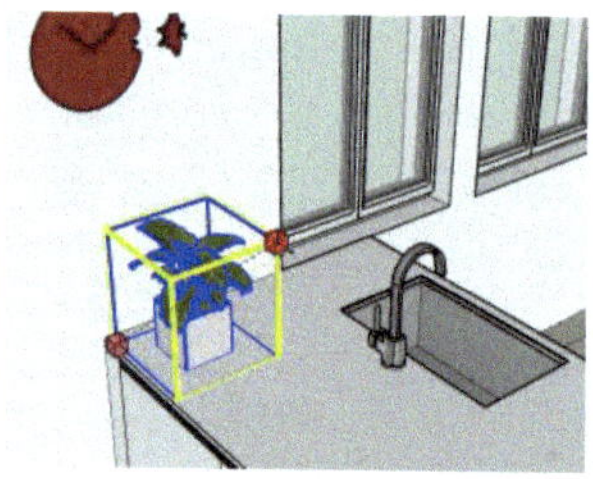

3. L'esito della scalatura: le proporzioni tra le parti vengono mantenute.

B. Scalatura dal centro della faccia

1. Cliccare nella maniglia centrale della faccia laterale.

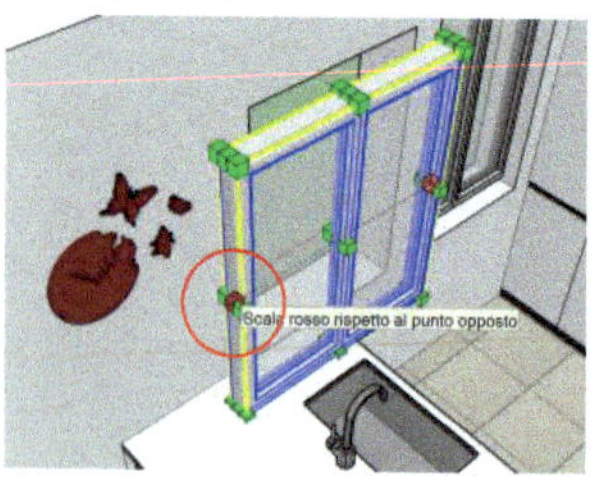

2. Cliccare in un punto di riferimento nel modello.

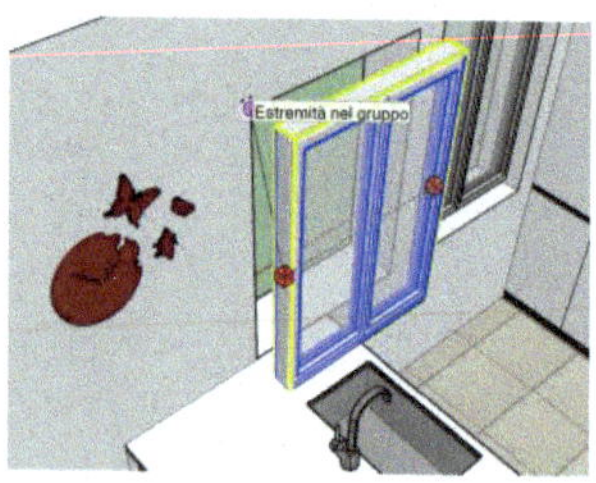

3. L'oggetto è stato scalato solo nel verso della lunghezza.

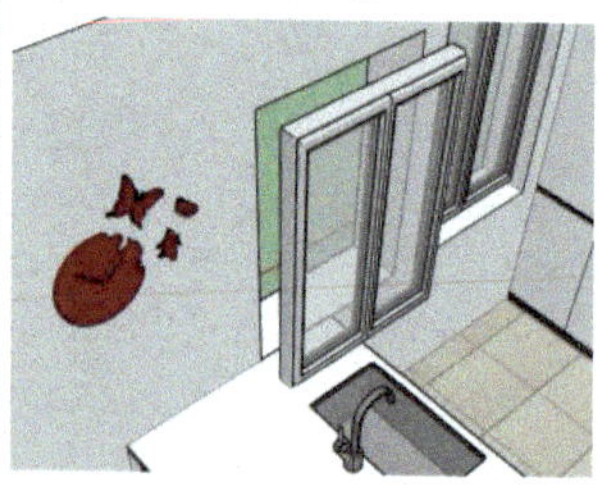

> **Nota.** Nell'esempio i montanti della finestra sono stati deformati: si tratta di un adattamento veloce ma approssimativo. Per mantenere le proporzioni fra le parti in modo parametrico si devono utilizzare i *componenti dinamici* approfonditi a pagina 98.

C. Scalatura dal bordo

1. Cliccare sulla maniglia a metà del bordo.

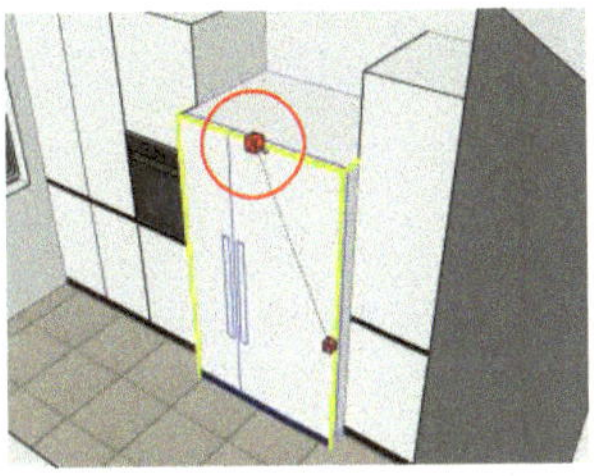

2. Scalare fino ad allineare agli oggetti circostanti.

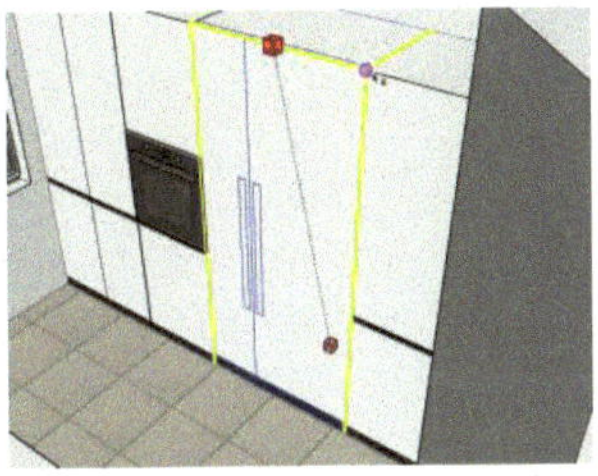

3. L'esito della scalatura: la larghezza viene mantenuta.

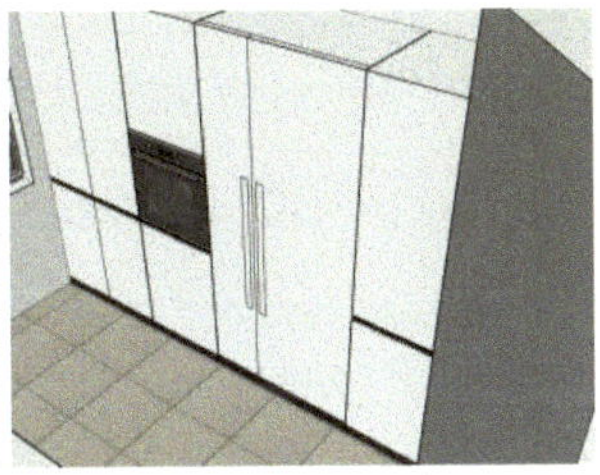

Nell'effettuare la scalatura si possono attivare due opzioni mediante i pulsanti Maiuscolo e Ctrl:

Maiuscolo	Attiva la trasformazione uniforme, permettendo quindi di mantenere le proporzioni dell'oggetto in tutti e tre i casi sopra esposti.
Ctrl	Se attivato effettua la scalatura rispetto al centro anziché rispetto alla maniglia di trasformazione opposta a quella selezionata.

Scalare con dimensioni precise

La scalatura può essere eseguita con un fattore di scala (valori maggiori di 1 ingrandiscono l'oggetto, mentre valori inferiori a 1 lo rimpiccioliscono). Nell'esempio, un oggetto disegnato in pollici ha la necessità di essere scalato all'unità di misura corrente: 1 pollice = 2,54 cm. In questo caso il fattore di scala sarà 1 : 2,54 = 0,3937.

1. Selezionare l'oggetto e scegliere la maniglia.

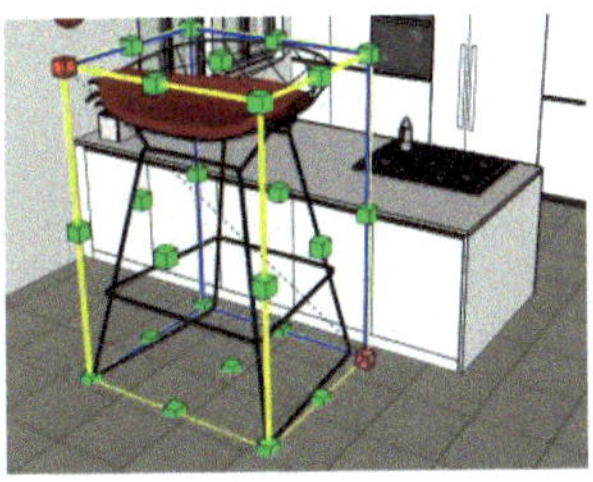

2. Indicare il fattore di scala seguito da Invio.

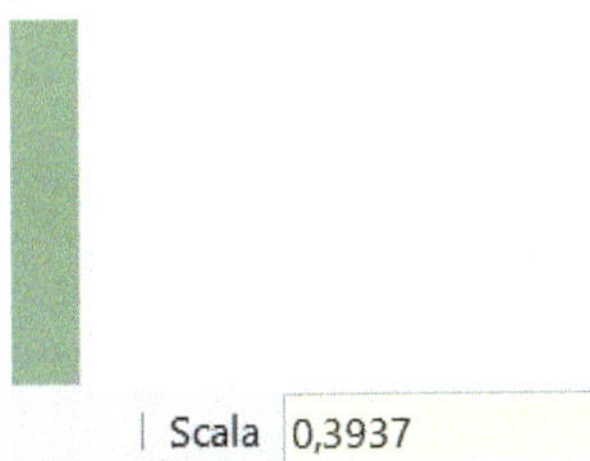

3. L'oggetto è ridimensionato alla corretta unità di misura.

Usare **Scala** per specchiare un oggetto

Se il fattore di scala è negativo, l'oggetto verrà specchiato rispetto al lato opposto a quello della maniglia scelta per la scalatura.

1. Selezionare la maniglia per la scalatura.

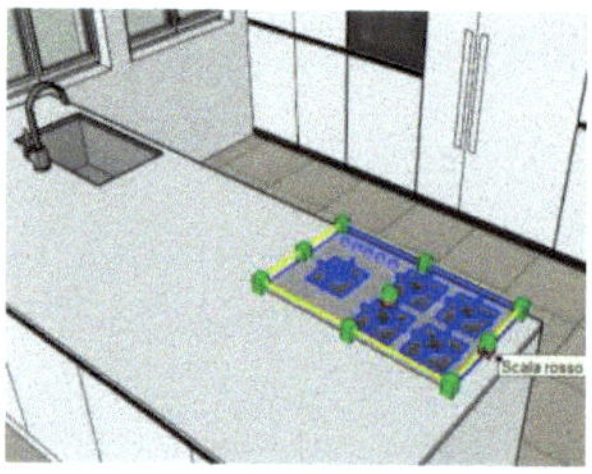

2. Indicare il fattore di scala negativo: -1 nell'esempio.

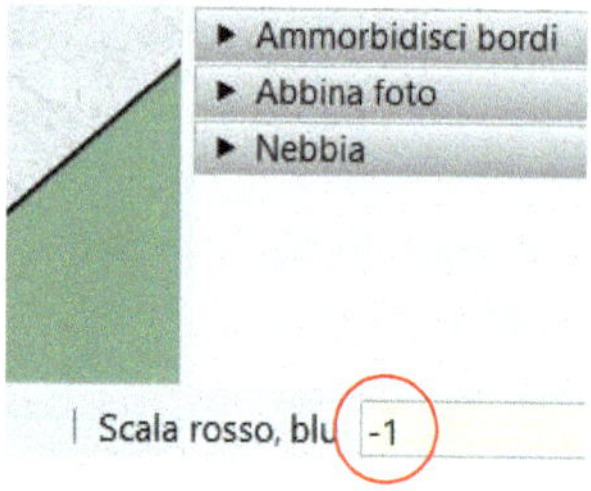

3. L'esito della scalatura: l'oggetto viene specchiato.

Scala con riferimento: **Misura**

La scalatura con riferimento viene realizzata con lo strumento *Misura*, lo stesso con cui si controllano le misure e si posizionano linee di guida. Per utilizzare *Misura* in modalità scala con riferimento cliccare Ctrl dopo averlo attivato: questo disattiva la creazione di guide ed effettua la scalatura di un singolo oggetto o di tutto il modello con riferimenti precisi (da utilizzare nei casi in cui NON si conosca il fattore di scala, altrimenti basterebbe usare *Scala*).

Come si procede:

1. Attivare *Misura*, cliccare *Ctrl* e cliccare sul primo punto di riferimento.

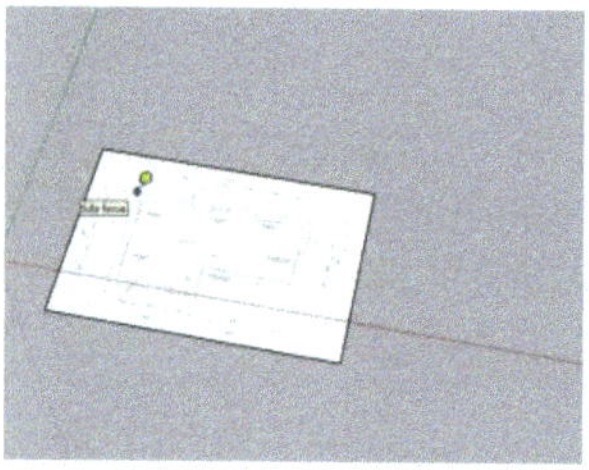

2. Cliccare sul secondo punto in modo da determinare la misura iniziale.

3. Digitare la misura finale seguita da Invio (nell'esempio: 1040 cm).

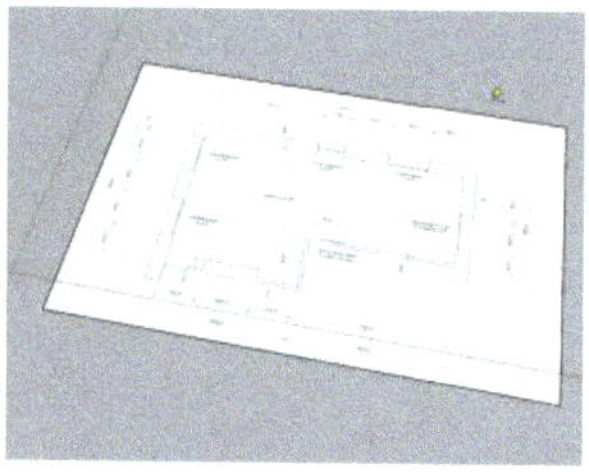

La scalatura ha effetto su tutto il modello e ciò che contiene se non viene effettuata all'interno dell'editor di *gruppi* o *componenti*. Se effettuata all'interno dell'editor riguarda solo il contenuto.

5.6 Inverti

Inverti permette di specchiare oggetti su se stessi o creando copie, anche con l'ausilio di un punto di riferimento per la specchiatura. Si trova nella barra di strumenti *Per iniziare*. Nella parte su trucchi e suggerimenti alla fine del libro viene indicato come spostare questa icona nella barra di strumenti *Modifica*, per un più pratico utilizzo, assieme agli altri strumenti di modifica.

Per attivare *Inverti*:

1. selezionare uno o più elementi nel modello;

2. cliccare *Inverti* (barra di strumenti *Per iniziare*);
3. cliccare sul piano dello stesso colore dell'asse lungo il quale si vuole eseguire l'inversione dell'oggetto.

Se gli elementi selezionati sono più di uno, vengono considerati come riferimento gli assi del modello. Al contrario, se si seleziona un solo elemento, *gruppo* o *componente*, viene considerato il suo sistema di riferimento, interno all'oggetto.

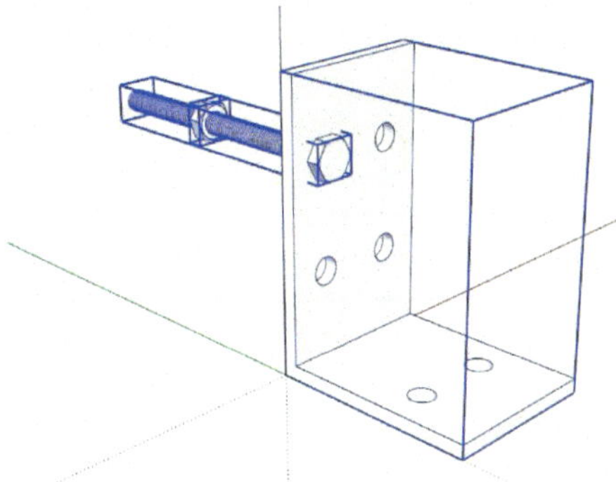

Figura 5.8 - Selezione di due elementi prima della specchiatura.

Di seguito l'oggetto di esempio dell'immagine invertito sui tre assi:

a. Clic sul piano: ROSSO

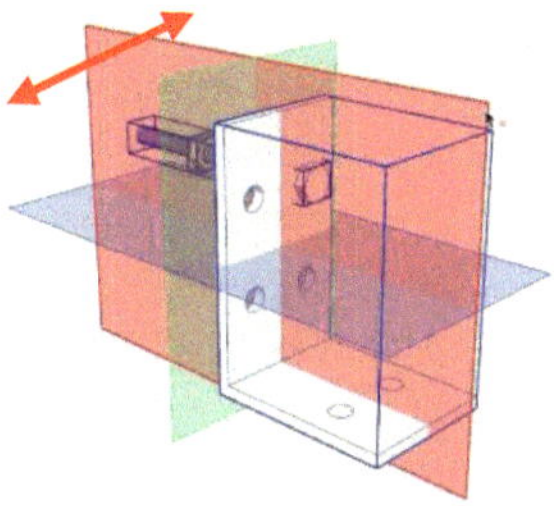

b. Clic sul piano: VERDE

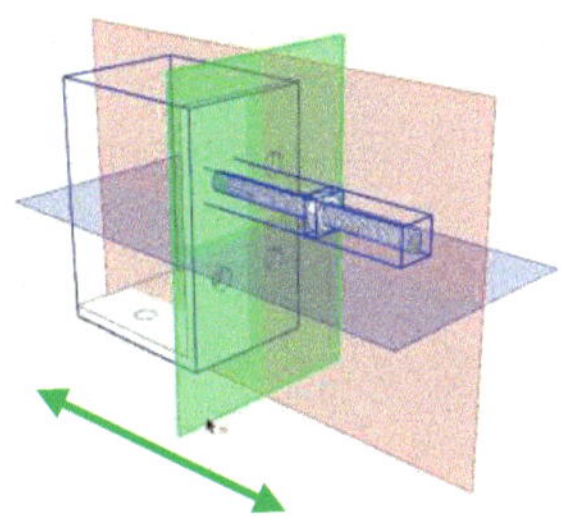

c. Clic sul piano: BLU

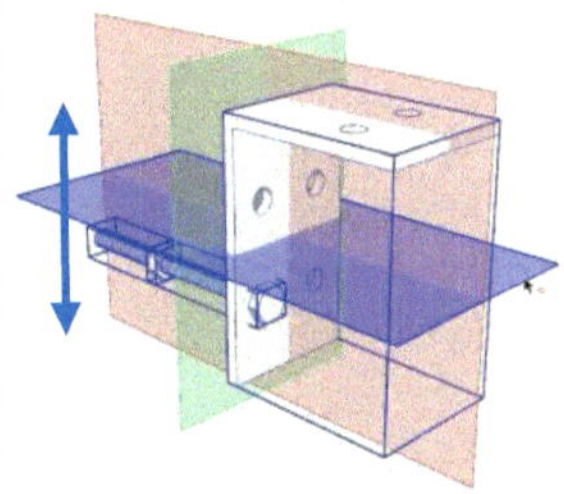

Nota. Nelle versioni di SketchUp precedenti al 2023 l'inversione degli oggetti avveniva con lo strumento *Inverti lungo l'asse*; si trovava nel menu contestuale che compare cliccando tasto destro su di un oggetto.

Cliccare Ctrl, una sola volta, durante l'inversione per realizzare una copia dell'oggetto di origine. Inoltre, i piani possono essere trascinati fino ad un punto di un oggetto circostante da utilizzare come riferimento per la specchiatura.

Selezione dell'oggetto e dello strumento *Inverti*.

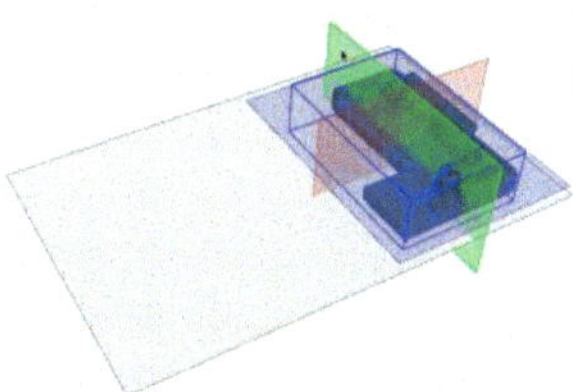

Ctrl e trascinamento del piano fino al punto di riferimento.

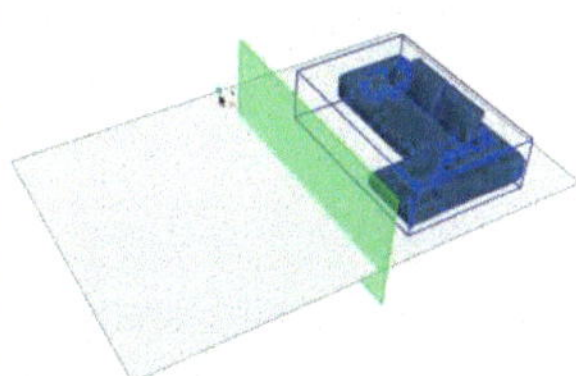

Ottenimento della copia simmetrica rispetto al punto.

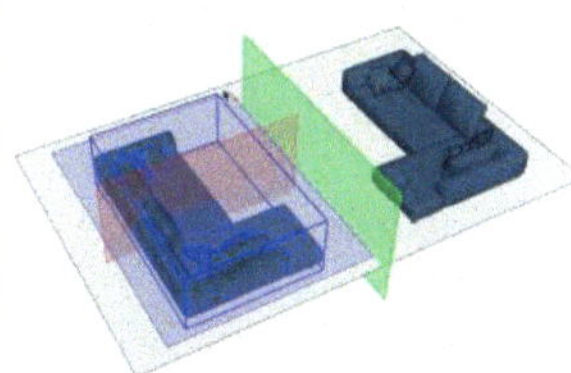

Cliccare Alt per passare da un orientamento dei piani di inversione concorde con il sistema di riferimento dell'oggetto a quello globale del modello.

Ad esempio, per copiare una trave da una falda ad un'altra del tetto.

Selezione dell'oggetto e dello strumento *Inverti*. I piani sono orientati come l'oggetto.

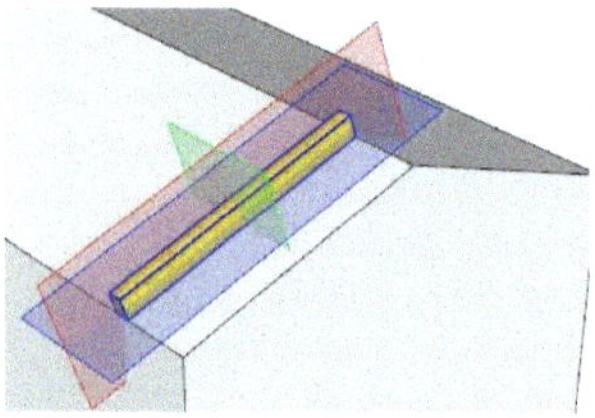

Alt: i piani si orientano in modo concorde con gli assi del modello.

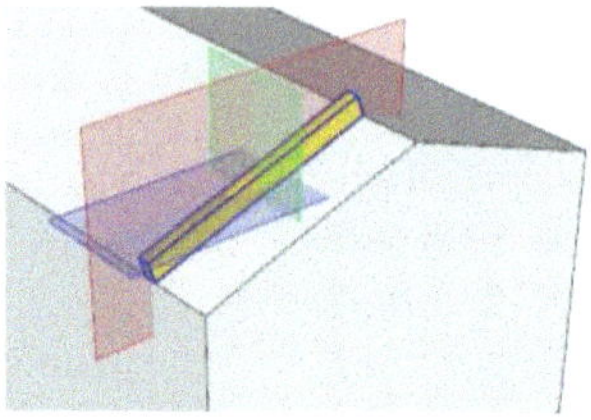

Copia ottenuta con Ctrl e trascinamento nel punto di riferimento.

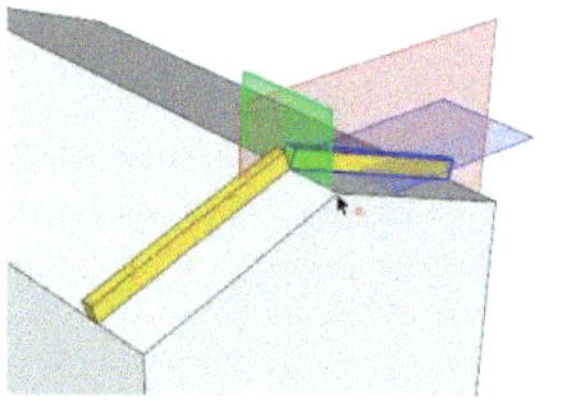

Suggerimento. Nell'Extension Warehouse ci sono varie estensioni che aggiungono lo strumento *Specchia 3D* in SketchUp; una di queste viene trattata a pagina 219.

5.7 Offset

Offset permette di duplicare linee mantenendo costante la distanza da quelle originali lungo tutta la loro estensione, evitando sovrapposizioni e punti di intersezione. La copia non sarà uguale all'originale ma sarà una copia concentrica, cioè contemporaneamente rimpicciolita o ingrandita rispetto alla serie di linee iniziali. Un esempio con alcune strade realizzate con *Offset* per mantenere paralleli i lati della carreggiata.

Un'immagine satellitare importata con lo strumento *Posizione*.

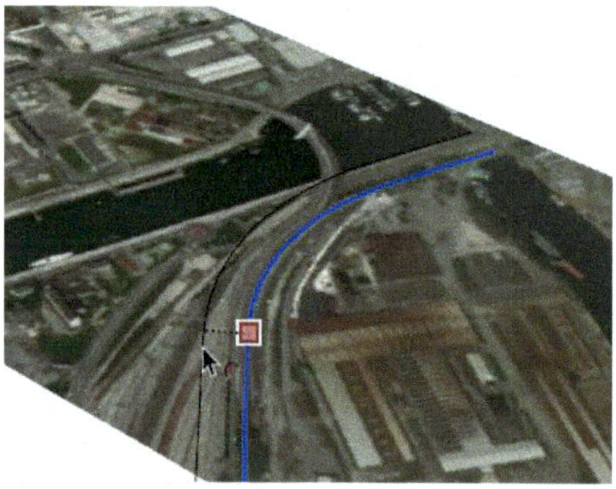

Le strade sono state realizzate principalmente con *Offset*.

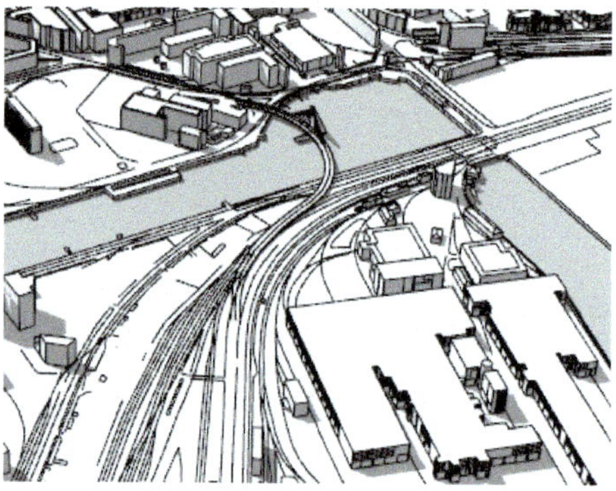

Offset può essere usato su:

→ **Superfici** > crea una copia di tutte le linee perimetrali;

→ **Linee** > crea una copia delle sole linee selezionate.

Offset su superficie

L'Offset su superficie copia tutte le linee perimetrali.

1. Attivare *Offset* e cliccare all'interno della superficie. Viene evidenziato in rosso il punto di riferimento sul bordo.

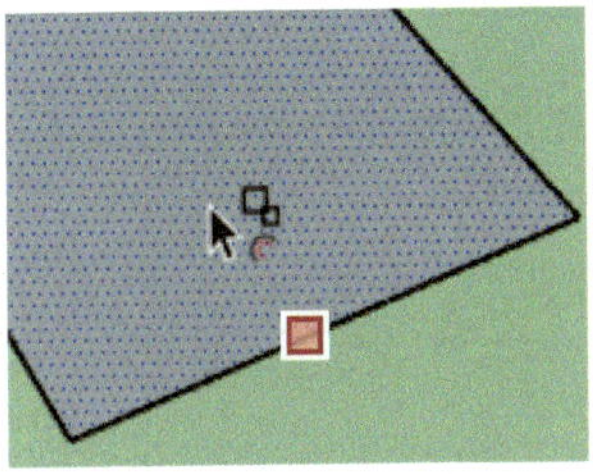

2. Spostare il cursore nella direzione desiderata e cliccare in un punto oppure indicare una misura e quindi Invio.

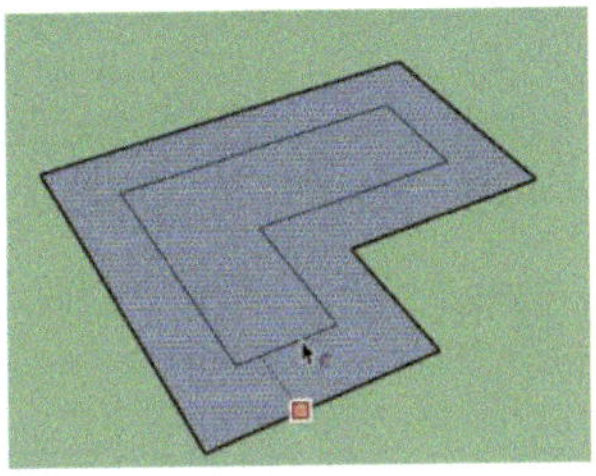

3. Si può proseguire il disegno, ad esempio, ricavando muri dall'offset di linee perimetrali con *Spingi/tira*.

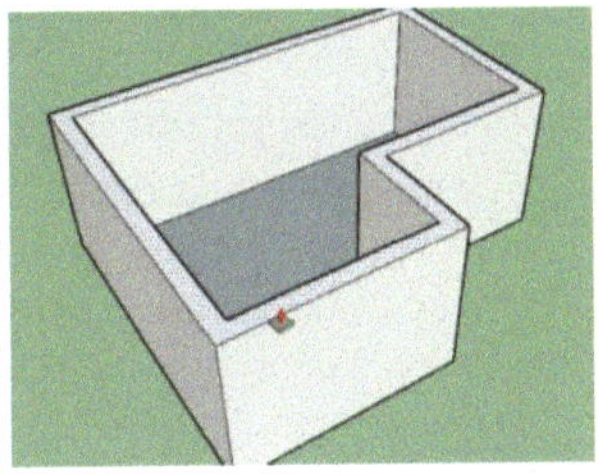

Offset su linee

L'*Offset* su linee prevede in primo luogo la selezione delle linee e successivamente l'attivazione dello strumento. Le linee da selezionare devono essere almeno due e adiacenti; non si può eseguire l'offset di una sola linea.

1. Selezionare le linee di cui si intende eseguire l'offset e quindi attivare *Offset*.

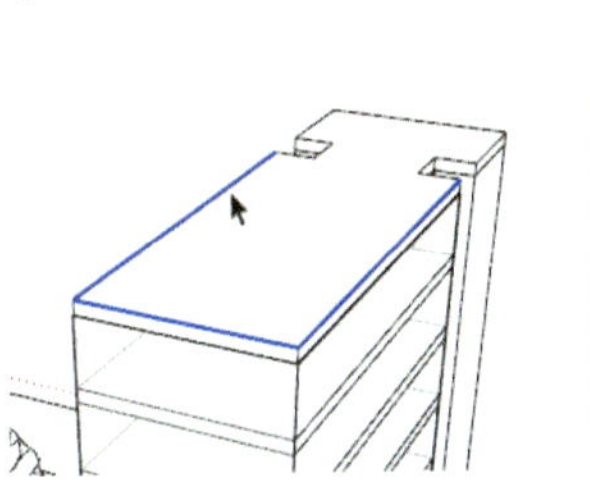

2. Spostare il cursore nella direzione desiderata, indicare una misura e quindi cliccare Invio.

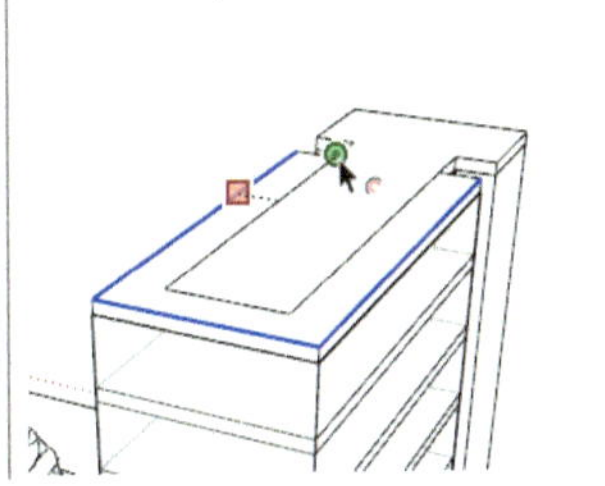

3. Il disegno prosegue: ad esempio ricavando un bordo sui lati di un tetto piano.

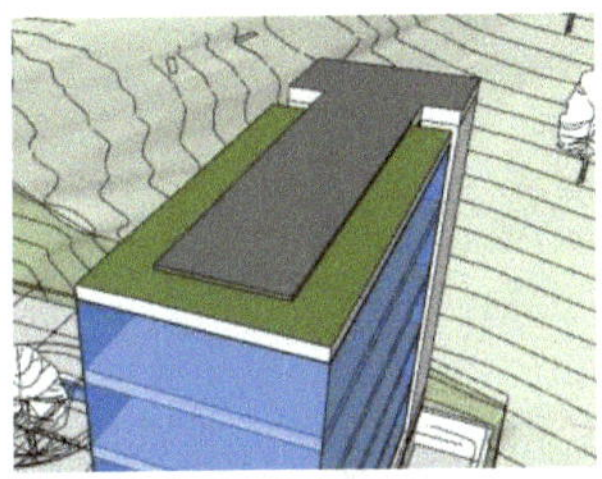

Esercizio. Offset viene applicato nell'*Esercizio 4: Rubinetto* e nell'*Esercizio 18: Scrivania con pensili*.

5.8 Strumenti solidi

Figura 5.9 - La barra di strumenti *Strumenti solidi*.

Gli *Strumenti solidi* accelerano e semplificano la modellazione attraverso la sovrapposizione di volumi (operazioni conosciute anche come *booleane*). Ciascuno di questi strumenti permette di mettere in relazione i volumi in un modo differente e di ottenere forme varie e complesse: *Struttura esterna*, *Interseca*, *Unione*, *Sottrai*, *Finitura* e *Dividi*. Per utilizzare questi strumenti si devono impiegare oggetti ben precisi, ovvero *gruppi* e *componenti* di tipo solido.

→ ***Gruppi*** e ***componenti***: sono elementi fondamentali dell'organizzazione del modello; non c'è differenza tra i due ai fini dell'uso di Strumenti solidi (le loro caratteristiche vengono trattate nel *Capitolo 6*). Per realizzare un *gruppo* o un *componente* selezionare le facce e i bordi che devono entrare a farne parte, cliccare tasto destro e scegliere *Crea gruppo* o *Crea componente*;

→ **Solido:** un *gruppo* o *componente* viene considerato solido se definisce un volume chiuso, cioè delimitato in modo completo da facce. Per verificare se il *gruppo* o *componente* è solido, selezionarlo e controllare nella finestra *Informazioni entità* se viene indicata la dicitura *solido* e ne viene riportato il *Volume*.

Un *gruppo* chiuso da tutti i lati e le sue Informazioni entità: è considerato *solido*.

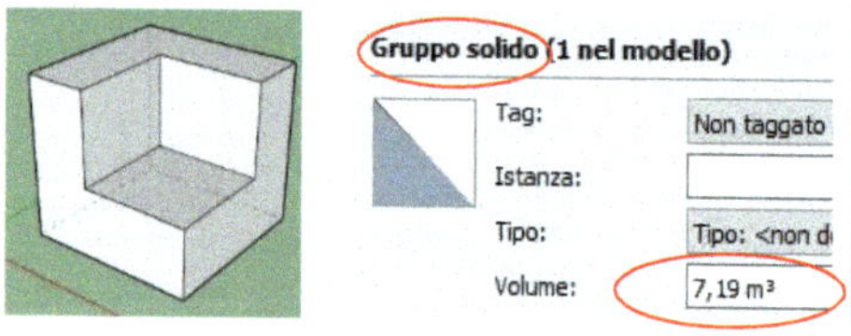

Un *gruppo* aperto su di un lato non viene considerato *solido* e non viene indicato volume.

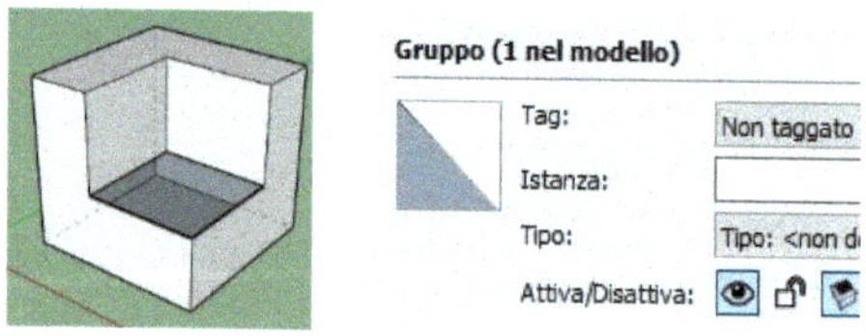

Nota. In SketchUp non ci sono veri e propri solidi, l'interno dei volumi è in ogni caso vuoto.

Suggerimento. L'estensione *Solid Inspector* è dedicata all'analisi dei volumi finalizzata all'individuazione di errori come ad esempio fori, bordi liberi, facce sovrapposte (le estensioni sono trattate nel *Capitolo 14*).

Per utilizzare gli *Strumenti solidi* visualizzare l'apposita barra di strumenti, sovrapporre due o più *gruppi* e/o *componenti* e metterli in relazione con uno degli strumenti in base alle necessità: ciascuno strumento lascerà nel modello un volume risultante differente a seconda del tipo di operazione scelta.

Due *gruppi* solidi accostati: parte del loro volume si sovrappone.

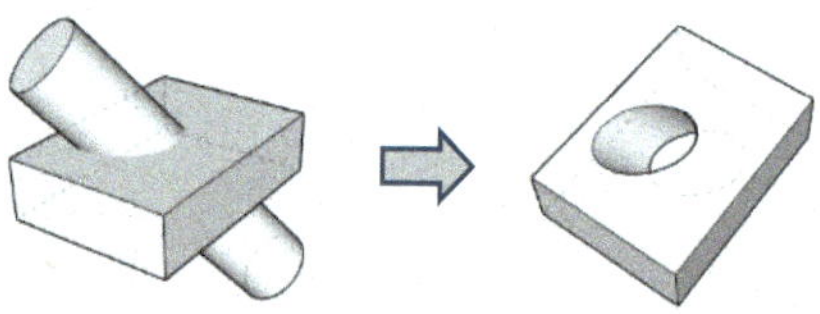

Il solido risultante dopo un'operazione di *Sottrazione*.

Per gli esempi seguenti si sono scelti due solidi di cui uno cavo (il parallelepipedo), cioè con un vuoto all'interno delimitato da sei facce tutte interne al volume. Quest'ultimo in particolare, simile ad una scatola, serve per evidenziare le peculiarità di alcuni strumenti (*Struttura esterna* vs *Unione*).

A. Struttura esterna 

Fonde assieme gli oggetti e riempie gli eventuali vuoti interni ai volumi: notare nell'esempio il parallelepipedo che inizialmente ha una parte cava al suo interno (delimitata dai bordi nascosti tratteggiati); dopo l'utilizzo di *Struttura esterna* questo vuoto non c'è più (vedere analogie e differenze con *Unisci*). È indifferente l'ordine di selezione dei solidi.

Cliccare su di un solido. Cliccare sull'altro solido. *Struttura esterna* completata.

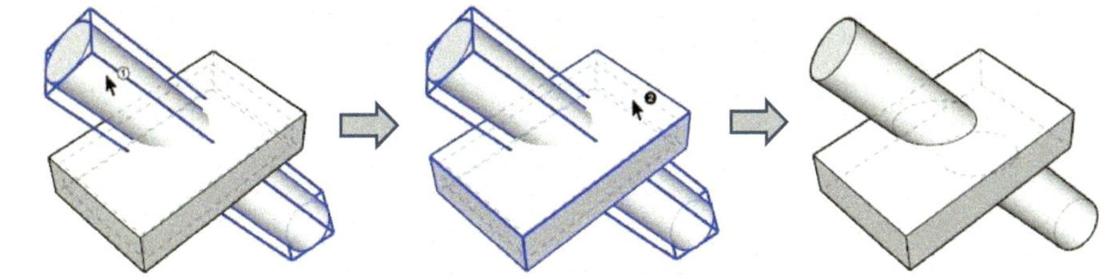

Un esempio di applicazione: alcuni solidi di studio fusi assieme per conoscerne il volume totale.

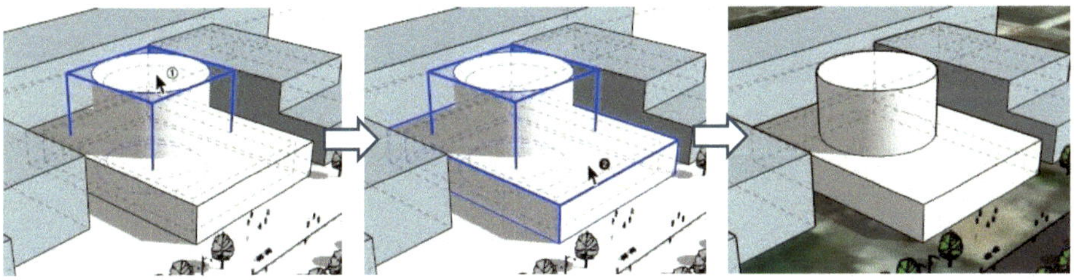

B. Interseca

Interseca lascia nel modello la parte comune ad entrambi i solidi. Anche in questo caso l'ordine di selezione dei solidi è ininfluente.

Cliccare su uno dei solidi. Cliccare sull'altro solido. L'intersezione rimanente.

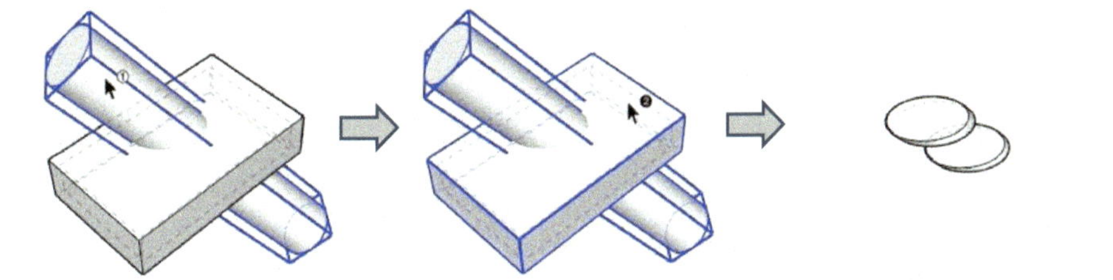

Nelle immagini seguenti un esempio di libreria realizzata intersecando una griglia di montanti e ripiani e un volume curvo ottenuto da una superficie *Sabbiera da zero* (tema trattato a pagina 116) opportunamente chiusa da tutti i lati per ricavarne un *gruppo* solido.

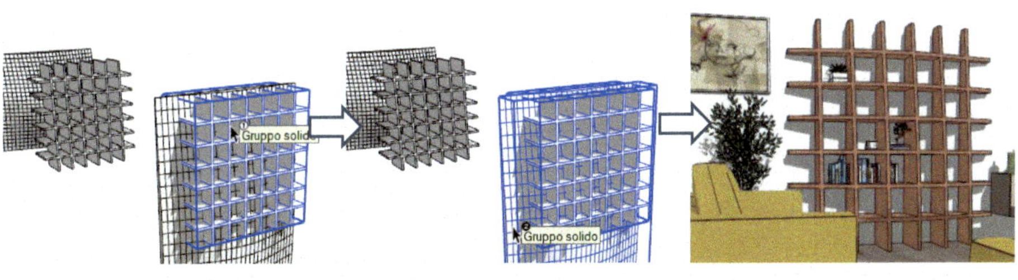

C. Unione

Unione fonde tra loro i solidi lasciando gli eventuali vuoti interni (diversamente da *Struttura esterna* che invece li elimina). Anche in questo caso l'ordine di selezione dei solidi è ininfluente.

Cliccare su uno dei solidi. | Cliccare sull'altro solido. | L'unione completata.

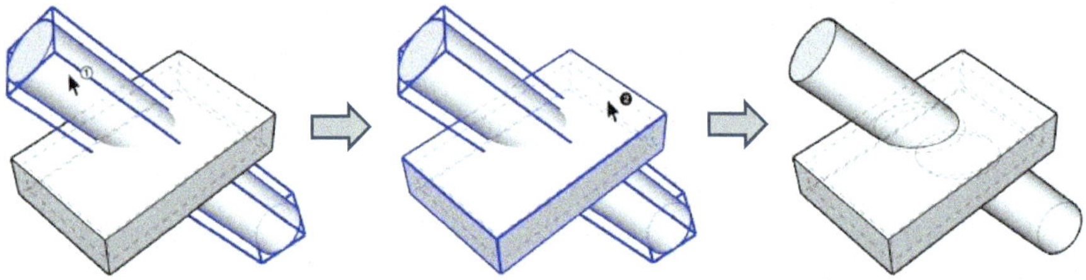

Un esempio di *Unione* tra due volumi cavi relativi ad un'abitazione: gli spazi vuoti interni permangono.

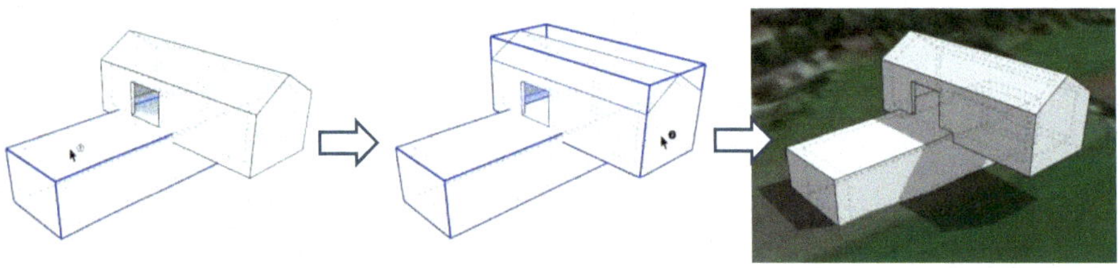

D. Sottrai

Sottrae un solido dall'altro. Il risultato cambia a seconda dell'ordine di selezione: il primo solido è quello che verrà eliminato, il secondo solido subisce la sottrazione.

1° clic: cilindro. | 2° clic: parallelepipedo. | Il risultato della sottrazione.

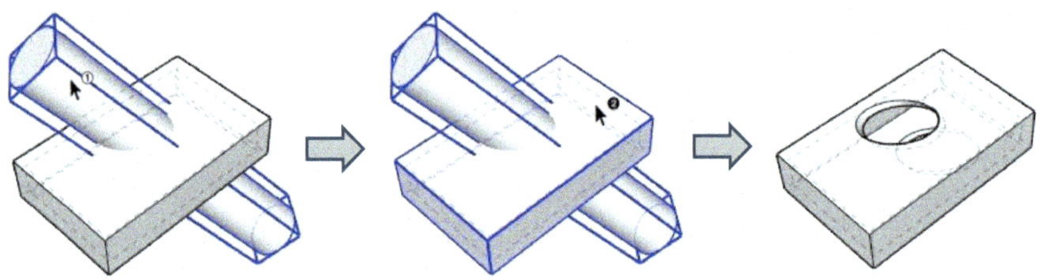

Invertendo l'ordine di selezione si arriva ad un altro risultato:

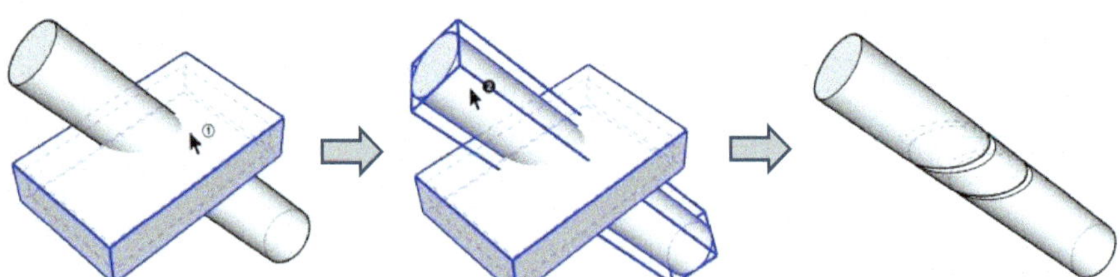

Un esempio di volta a botte realizzata sottraendo il volume voltato da un parallelepipedo.

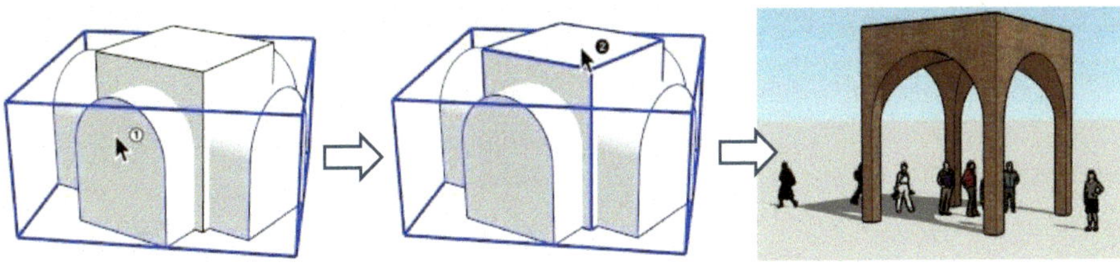

E. Finitura

Finitura scava un solido dall'altro; è simile a *Sottrai*, ma in questo caso entrambi i solidi rimangono nel modello e nessuno dei due viene eliminato.

1° clic: cilindro. | 2° clic: parallelepipedo. | Il risultato dell'intersezione (con il cilindro spostato).

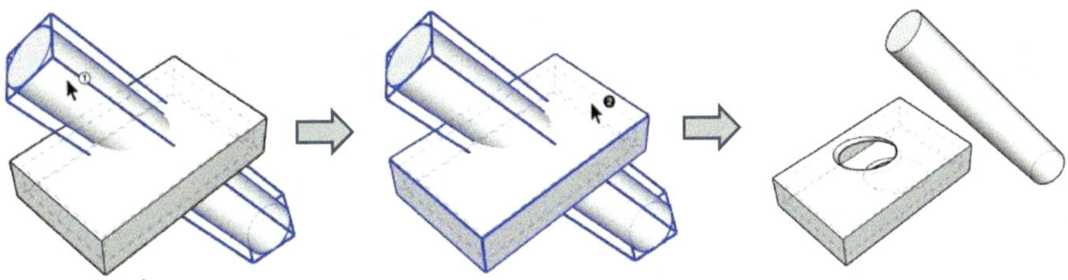

Invertendo l'ordine di selezione si arriva ad un altro risultato:

1° clic: parallelepipedo. | 2° clic: cilindro. | Il risultato della sottrazione (con il cilindro spostato).

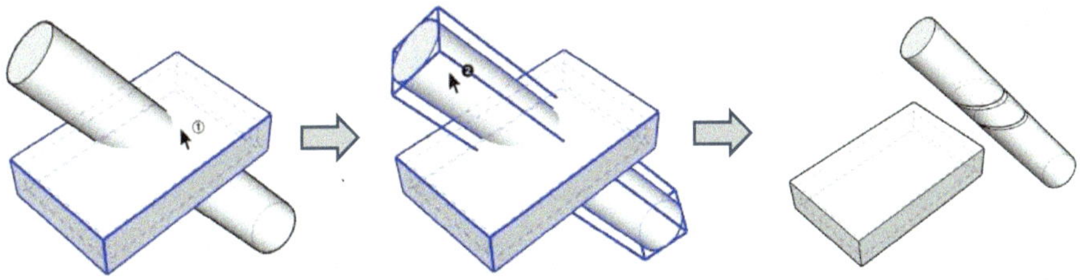

Un esempio relativo alla carpenteria di un tetto: per realizzare la tasca di appoggio del travetto sulla diagonale è stato utilizzato *Interseca*.

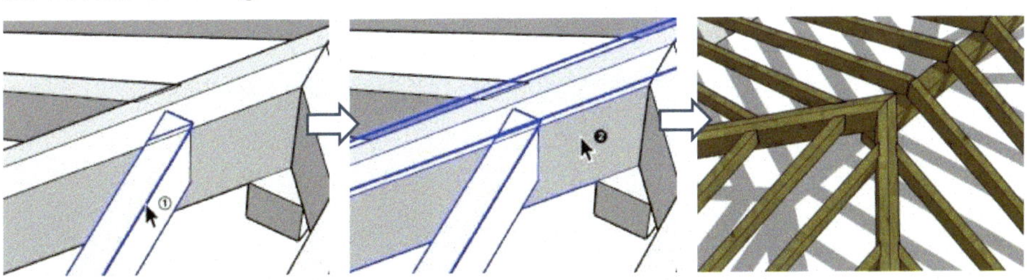

Esercizio. La finitura viene applicata nell'*Esercizio 11: Carpenteria tetto.*

F. Dividi

Dividi realizza sia l'intersezione che la sottrazione e lascia tutti gli elementi nel modello; ne consegue che gli elementi rimasti dopo l'operazione saranno tre: i due solidi sottratti e l'intersezione dei due. L'ordine di selezione è ininfluente.

1° clic su uno dei solidi. 2° clic sull'altro solido. I tre elementi rimanenti (qui spostati per vederli meglio).

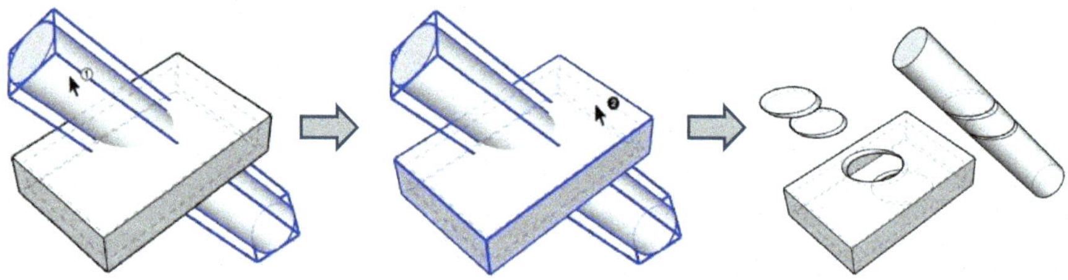

Un esempio di calcolo del volume di terreno interessato dal sedime dell'edificio.

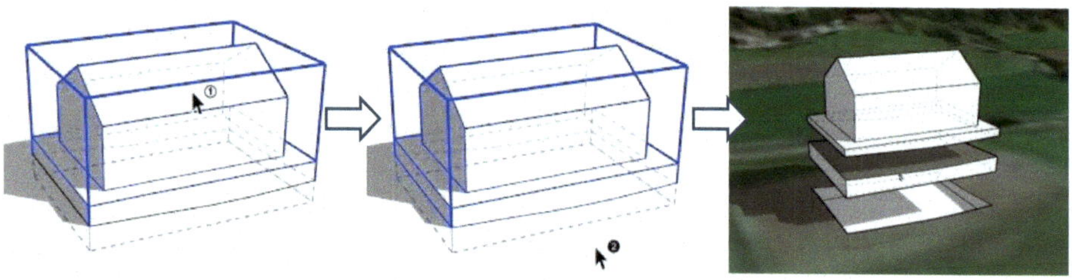

Nota. L'elemento risultante dalle operazioni degli *Strumenti Solidi* è un *gruppo* solido anche nel caso in cui i solidi iniziali siano *componenti*. Per ovviare a questo inconveniente consultare il capitolo *Suggerimenti, trucchi ed errori comuni* alla fine del libro.

5.9 Interseca facce

Gli *Strumenti solidi* non sono l'unico modo per ricavare forme complesse: la funzione *Interseca facce,* in modo più laborioso ma al contempo versatile, permette di raggiungere gli stessi risultati. Il vantaggio di questo strumento è che gli elementi in gioco non devono necessariamente essere solidi. Lo si può utilizzare anche con superfici semplicemente sovrapposte: selezionandole e cliccando tasto destro > *Interseca facce* si dovrà scegliere una fra le tre modalità per "scolpire" le facce tra di loro. Le tre modalità sono:

A. con la selezione;

B. con il modello;

C. con il contesto.

A. Interseca facce > **Con la selezione**

Da utilizzare quando gli elementi in gioco non sono *gruppi* o *componenti* ma libere superfici, sovrapposte fra loro. Il risultato saranno le linee di demarcazione tra le superfici che in questo modo vengono a "spezzarsi" a vicenda (*secondo Principio di disegno*): le parti in eccesso si possono cancellare.

1. Selezionare le facce (i *gruppi* sono stati esplosi: tasto destro > *Esplodi*).

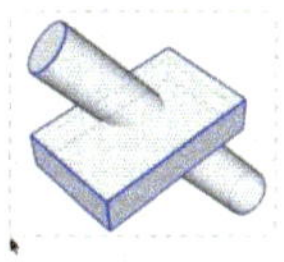

2. Clic destro: *Interseca facce > Con la selezione.*

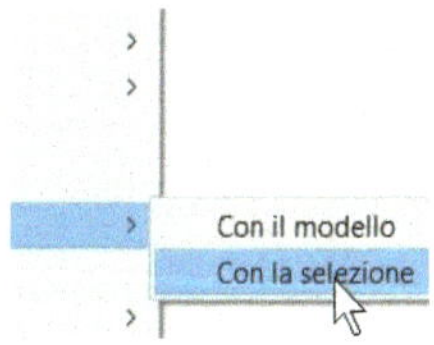

3. Compaiono le linee di demarcazione nei punti di sovrapposizione.

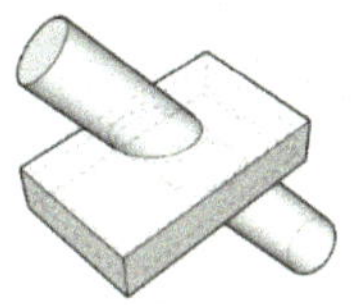

4. Cancellare tutto ciò che non serve e lasciare facce e bordi utili al disegno.

B. Interseca facce > **Con il modello**

Da utilizzare quando si vuole che l'intersezione avvenga tra le superfici selezionate e tutto ciò che trovano nel modello circostante. Può essere utilizzato anche all'interno dell'editor di *gruppi* e *componenti*.

1. Selezionare la faccia all'interno del *gruppo*.

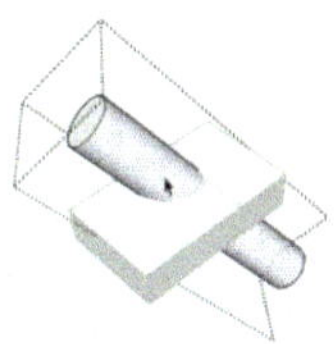

2. Clic destro: *Interseca facce > Con il modello*.

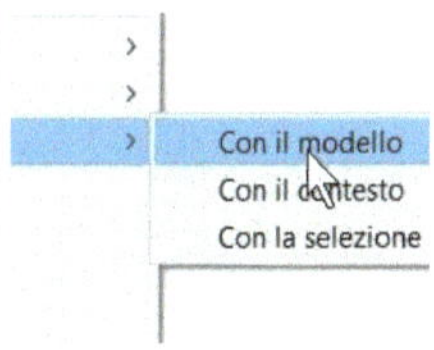

3. Compare l'intersezione con le superfici circostanti.

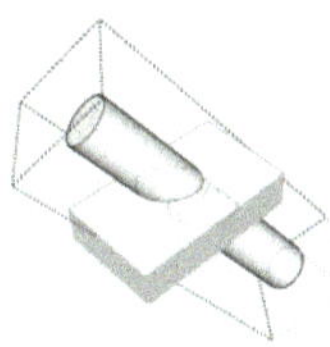

4. Eliminare ciò che non serve.

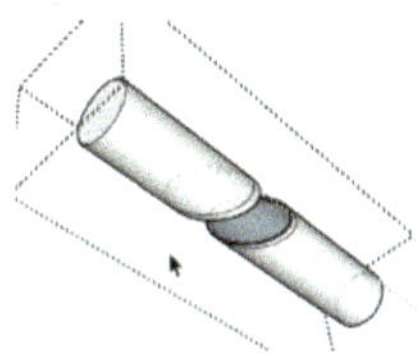

C. Interseca facce > **Con il contesto**

Da utilizzare se si vuole che l'intersezione avvenga solo tra le facce all'interno dell'editor del *gruppo* o *componente*.

> ⚠ **Nota.** Utilizzare *Interseca facce* avendo selezionato *gruppi* o *componenti* dall'esterno del loro editor posiziona le linee di intersezione all'esterno dei rispettivi editor e quindi non suddivide realmente le superfici all'interno dei *gruppi* o *componenti* selezionati.

Considerazioni su Interseca facce

Interseca facce obbliga a cancellare manualmente tutto ciò che non serve al termine dell'intersezione; quindi, lo si potrebbe ritenere più laborioso degli *Strumenti solidi*. Il fatto di non dover utilizzare volumi chiusi lo rende però particolarmente vantaggioso in varie situazioni. Ad esempio, dovendo realizzare aperture su muri storici con andamenti irregolari potrebbero esserci problemi nel far diventare un solido tutta la muratura perimetrale per poi utilizzare *Sottrai*; inoltre non sarebbe possibile utilizzare *Spingi/tira* per realizzare il vano come si farebbe per una semplice finestra. Con *Interseca facce* basterà posizionare alcune superfici nei punti di imbotte delle finestre per realizzare aperture in modo veloce e preciso.

1. Selezionare le facce sovrapposte.

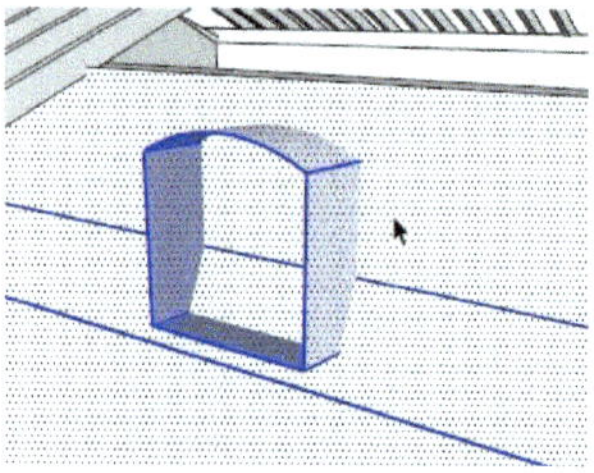

2. Intersecare le facce selezionate.

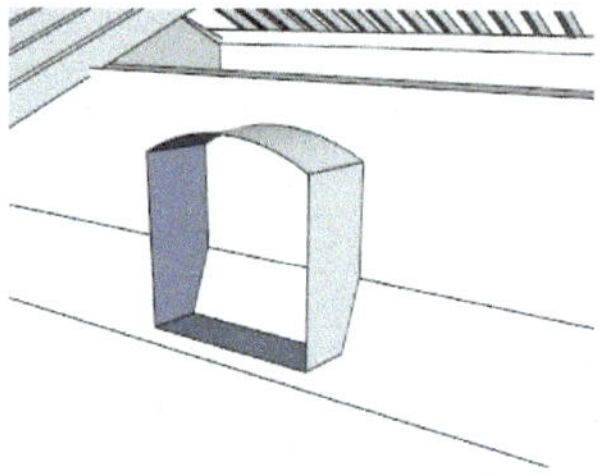

3. Cancellare le facce in esubero.

Esercizio. *Interseca facce* viene applicato nell'*Esercizio 6: Scrittoio con modanature* e nell'*Esercizio 10: Tetto con abbaino.*

6. Organizzare il modello con *gruppi*, *componenti* e *tag*

I *tre Principi di disegno* visti nel *Capitolo 3* comportano la necessità di creare *gruppi* e *componenti*, indipendentemente dalla complessità dell'oggetto da realizzare. Si tratta di una regola che consente lo sviluppo intelligente di un modello, grande o piccolo che sia. Oltre a questi esiste un ulteriore metodo di gestione: i *tag*, ovvero livelli, con cui catalogare gli oggetti. La combinazione di queste due strategie, *gruppi/componenti* e *tag*, permette **l'organizzazione ottimale del modello**.

→ ***Gruppi* e *componenti*.** Farne uso è sostanzialmente obbligatorio: non si riesce a disegnare in modo dettagliato e reversibile senza di loro;

→ ***Tag*.** Il loro utilizzo può essere invece considerato facoltativo: si tratta di un livello di organizzazione di tipo superiore, non strettamente indispensabile ma certamente utile, soprattutto quando si lavora con modelli contenenti numerosi elementi.

Gruppi e *componenti* del modello di un'abitazione.

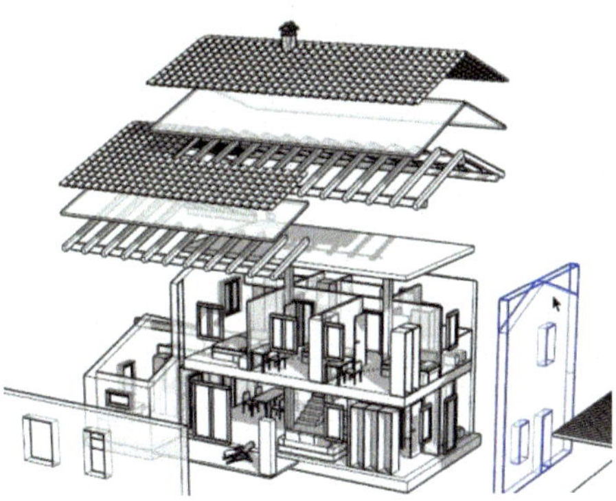

Visualizzazione a colori dei *tag* assegnati agli oggetti: Arredo, Muri, Finestre, ecc.

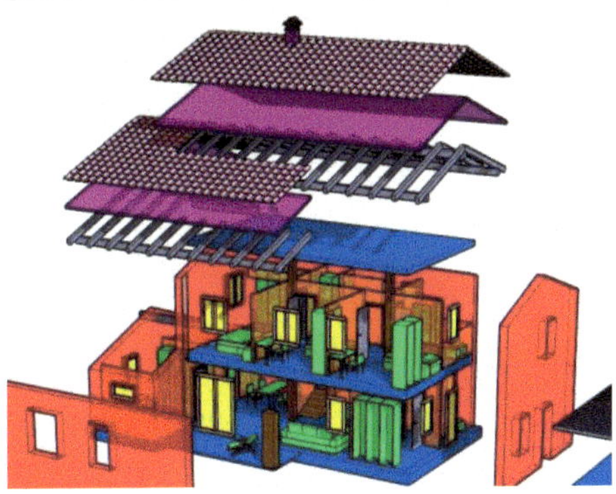

In questo capitolo vengono approfondite affinità e differenze tra questi metodi.

6.1 *Gruppi e componenti*

Sono contenitori di linee e superfici e/o di altri *gruppi* e *componenti*. Le caratteristiche specifiche e il tipo di utilizzo di un oggetto suggeriscono il sistema di aggregazione da scegliere per la sua gestione. Non esiste una regola assoluta, ma l'esperienza e le peculiarità del caso faranno propendere per l'una o per l'altra soluzione.

	Gruppi	***Componenti***
Contiene linee e superfici	✓	✓
Contiene altri gruppi e/o componenti	✓	✓
Isola il contenuto dal resto del modello	✓	✓
Compare nel computo delle quantità	✓	✓
Modificandone uno si modificano anche le copie	X	✓
Può essere salvato in una libreria di oggetti	X	✓

Un muro con misure e forma particolari, specifiche per quel progetto, diventerà un *gruppo*; un pilastro che verrà copiato molte volte e che probabilmente dovrà subire modifiche e aggiustamenti nelle dimensioni sarà un *componente*. Il piano di lavoro di una cucina potrebbe essere un *gruppo*, mentre un pensile della stessa cucina può diventare un *componente*, in modo da poterlo salvare per un eventuale riutilizzo. Il *gruppo* è un modo per consentire la selezione di molti elementi con un solo clic, e viene usato solo nel disegno corrente. Il *componente* è un oggetto che viene ripetuto più volte nel modello e che si vuole riutilizzare in altri progetti. Si mostra di seguito un esempio in cui sono evidenziati in giallo i *gruppi* ed in rosso i *componenti* di un progetto di abitazione.

Gruppi: muri, solai, tamponamenti...

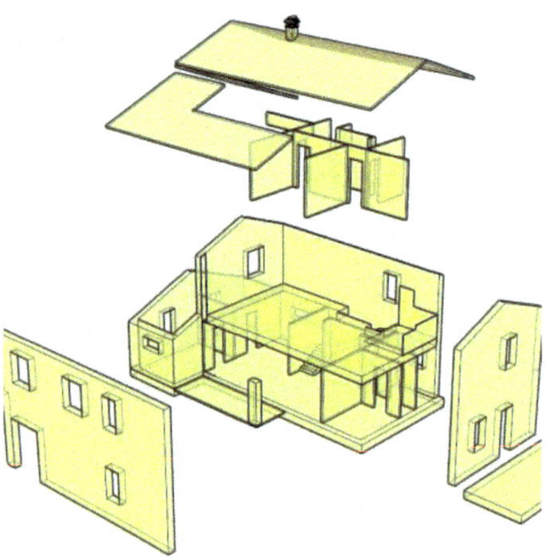

Componenti: travi, finestre, porte, arredo...

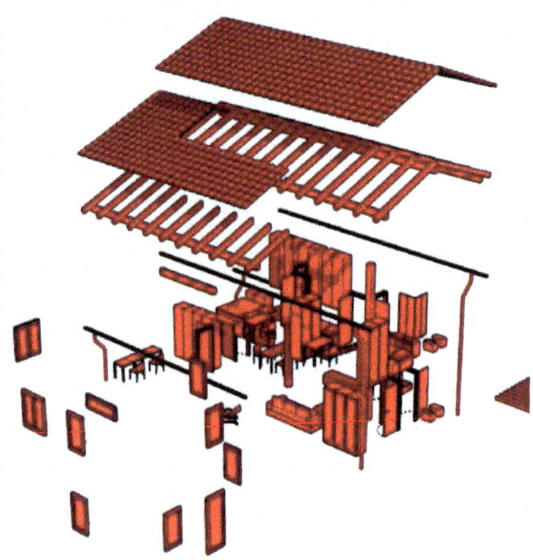

Realizzare *gruppi* e *componenti*

La procedura per realizzare *gruppi* e *componenti* è molto simile.

Realizzare un ***gruppo***

1. Selezionare le linee e le superfici da includere nel *gruppo*.

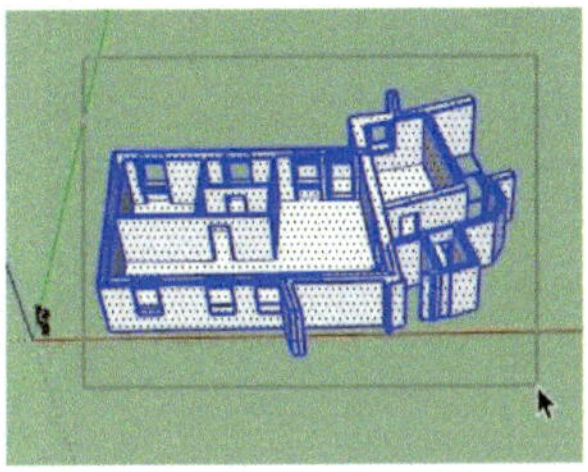

2. Con il cursore sulla selezione > tasto destro > *Crea gruppo*.

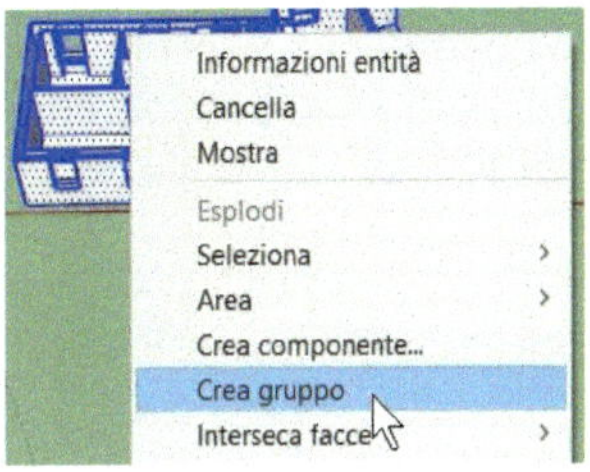

3. Il *gruppo* è stato creato.

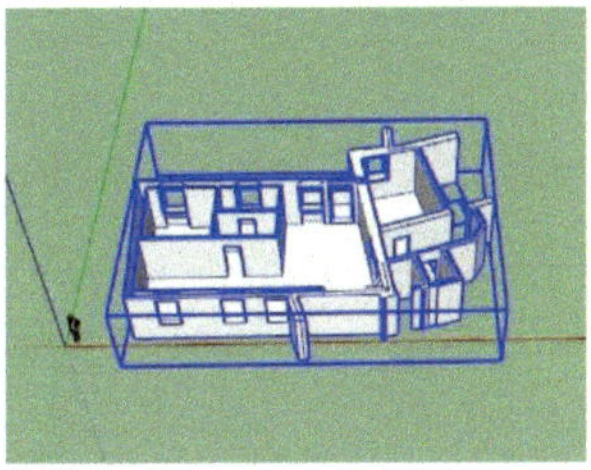

Un box di spesse linee blu evidenzia l'ingombro del *gruppo*: le estremità di questo box d'ingombro possono essere utilizzate come riferimento per spostare con precisione l'oggetto. Si consiglia di selezionare prima ciò che si vuole spostare (il *gruppo* o il *componente*), dunque selezionando lo strumento *Sposta* e avvicinando il cursore al box compaiono alcuni pallini di vari colori a seconda che ci si avvicini ad un vertice o ad un altro punto notevole da usare come riferimento per lo spostamento dell'oggetto (vedere anche il paragrafo sullo strumento *Sposta* a pagina 55).

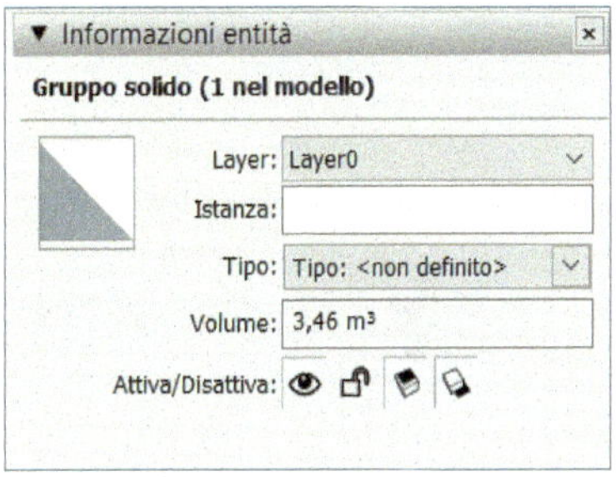

Figura 6.1 - Le *Informazioni entità* di un gruppo.

Nella finestra *Informazioni entità* vengono riportate le caratteristiche del *gruppo* selezionato:

***Gruppo* (n nel modello)**	Indica la quantità di *gruppi* nel modello identici a quello selezionato.
Tag	Livello di appartenenza.
Istanza	Nome dell'oggetto.
Tipo	Assegnazione di un *Tipo* in base ad uno standard di classificazione; in SketchUp si trova precaricato IFC 2x3 e IFC4 (approfondito a pag. 183).
Volume	Rappresenta il volume, compare soltanto se il *gruppo* è un volume solido (tema trattato a pagina 73 e seguenti).
Attiva/Disattiva	*Nascondi:* nasconde l'oggetto. (Per farlo tornare visibile selezionare menu *Modifica > Mostra > Ultimo/Tutti*); *Blocca/sblocca:* rende non modificabile l'oggetto, evita ad esempio di spostarlo accidentalmente con l'autoselezione di *Sposta*; *Non ricevere ombre:* non riceve le ombre portate di altri oggetti; *Non generare ombre:* non proietta ombre.

Realizzare un *componente*

Si segue la stessa procedura vista per i *gruppi*, al termine della quale appare la finestra *Crea componente*, la quale spinge a definire con dettaglio le caratteristiche dell'oggetto fin dal momento della sua creazione. L'unica informazione obbligatoria è *Definizione*, compilata automaticamente con "*Componente#n*", dove "*n*" è un numero progressivo. Il nome può essere sostituito con uno a piacere.

Suggerimento. Per creare un *gruppo* o *componente* da zero è possibile cliccare tasto destro in un punto vuoto del modello e scegliere *Crea gruppo* o *Crea Componente*.

Definizione	Il nome dell'oggetto.
Descrizione	Informazioni aggiuntive.
Incolla a:	Automatismo di posizionamento su superfici diversamente inclinate. Selezionare *Nessuno* per non avere vincoli di posizionamento.
Imposta assi del *componente*	Il sistema di assi di riferimento interno all'oggetto viene orientato coerentemente con quello del modello. Usare questa funzione per posizionarlo diversamente.
Taglia apertura	Dipende dall'attivazione di *Incolla a*. Se attivato apre un foro sulla faccia su cui l'oggetto viene incollato.
Sempre rivolto alla telecamera	L'oggetto viene automaticamente ruotato in modo da essere di fronte alla telecamera. È utile, ad esempio, per le sagome di alberi.
Ombre di fronte al sole	Da attivare per simulare la tridimensionalità di un oggetto con la funzione *Sempre rivolto alla telecamera* attivata.
Attributi avanzati	Caratteristiche di *Prezzo*, *Dimensione*, *URL* e *Tipo* che possono comparire nel computo delle quantità (vedere *Capitolo 12*).
Sostituisci la selezione con il *componente*	Se disattivato viene aggiunta la definizione di *componente* nella libreria di *Componenti* ma ciò che si stava selezionando rimane esploso.

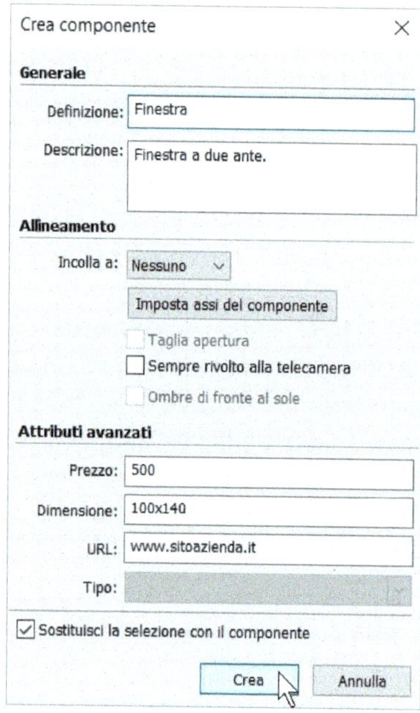

Figura 6.2 - La finestra *Crea componente* con i dati dell'oggetto.

Esercizio. *Sempre rivolto alla telecamera* è trattato nell'*Esercizio 2: Componente front face*.

Tutte le informazioni possono essere modificate e integrate in un secondo momento nella finestra *Informazioni entità*. Vi si ritrovano le stesse caratteristiche già viste per i *gruppi*, con l'aggiunta della voce *Definizione* e degli attributi avanzati. *Definizione* identifica quel *componente* e le sue eventuali copie nel progetto. Gli attributi avanzati sono accessibili cliccando il pulsante in basso a destra *Mostra attributi avanzati* (evidenziato in rosso nell'immagine **Figura 6.3**).

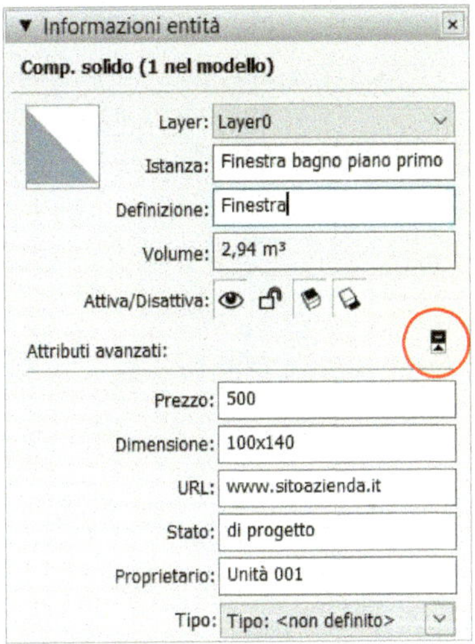

Figura 6.3 - Le informazioni entità di un *componente*.

Altri strumenti di *gruppi* e *componenti*

→ **Esplodi** (clic destro sul *gruppo* o *componente* > *Esplodi*): separa le entità in esso contenute. Le entità linea e superficie non sono più aggregate;

→ **Blocca** (clic destro sul *gruppo* o *componente* > *Blocca*): per bloccare la posizione dell'elemento; in seguito a questa operazione l'elemento non può essere spostato o modificato. Per annullare cliccare tasto destro > *Sblocca*.

Disegnare con e senza *gruppi* e *componenti*

Il vantaggio più evidente di utilizzare *gruppi* e *componenti* è che gli oggetti possono essere liberamente posizionati e facilmente selezionati nel modello. Per verificare questo aspetto si può provare a disegnare alcuni semplici oggetti come nell'esempio proposto in basso: una libreria addossata ad un muro e ad una scrivania.

A. **CON** *gruppi e componenti*

1. Facilità di selezione del *componente* "Libreria" con un clic.

2. Attivare lo strumento *Sposta*.

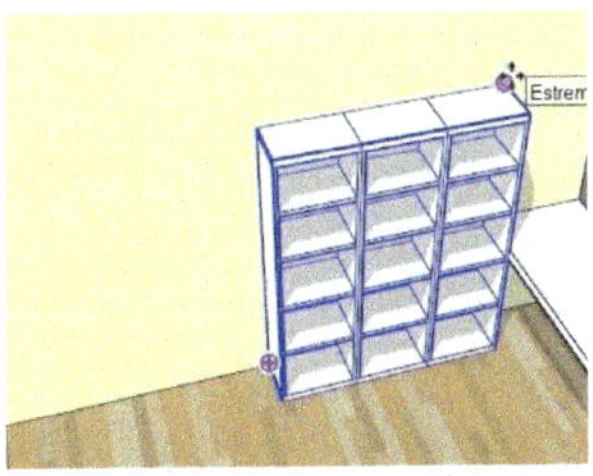

3. Nessuna difficoltà a spostare la libreria nell'ambiente.

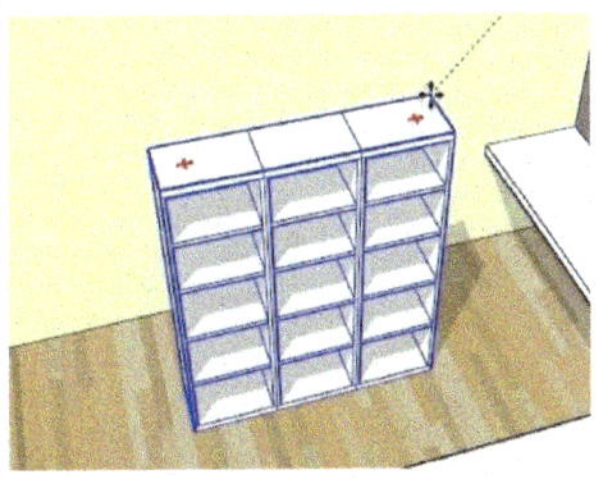

B. **SENZA** *gruppi e componenti*

1. Difficoltà di selezione, c'è il rischio di selezionare linee nascoste dietro la parete.

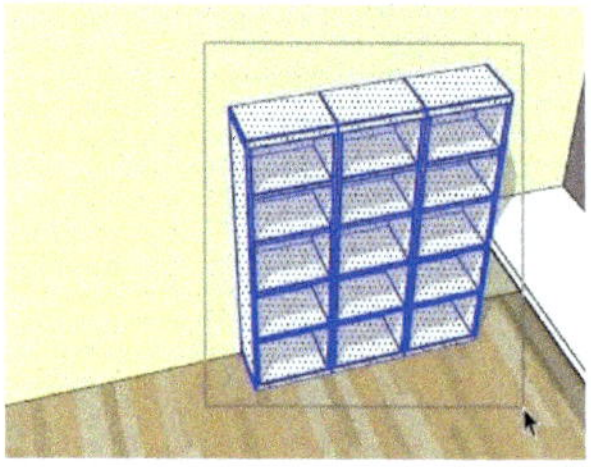

2. Spostando in una direzione si deforma la scrivania (le cui linee sono incollate alla libreria).

3. Spostando verso il centro della stanza si deforma la parete...

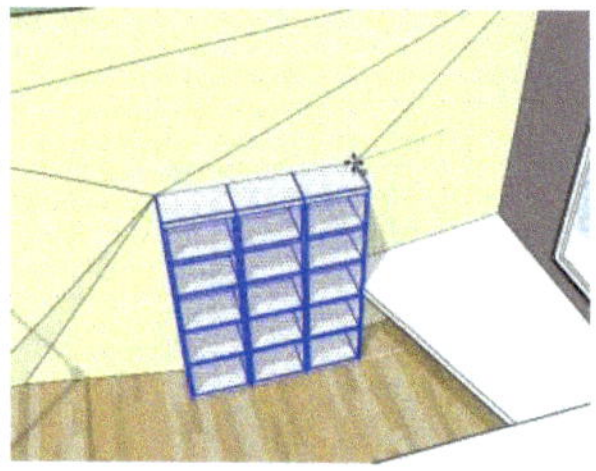

Modificare *gruppi* e *componenti*

Realizzare un *gruppo* o un *componente* non significa bloccare o definire una volta per tutte quel determinato oggetto; è possibile fare modifiche a questi oggetti cliccando due volte oppure cliccando tasto destro > *Modifica gruppo/componente*. Di seguito si illustrano i passaggi per modificare un *gruppo* o un *componente*.

1. Doppio clic sull'oggetto per entrare nell'editor: il resto del modello viene sfumato, un perimetro tratteggiato evidenzia i confini dell'oggetto.

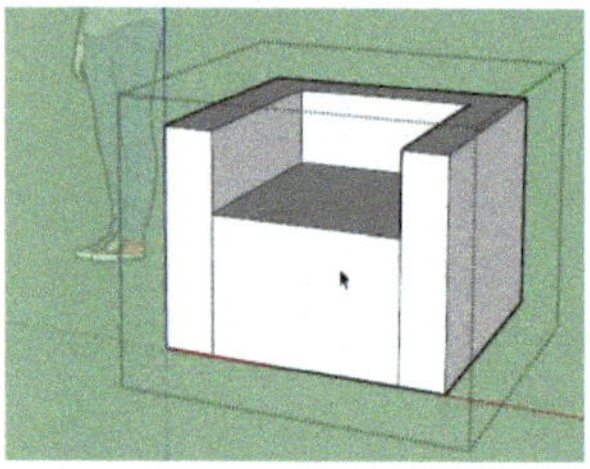

2. Modificare l'oggetto: linee e superfici interne all'editor possono essere liberamente modificate.

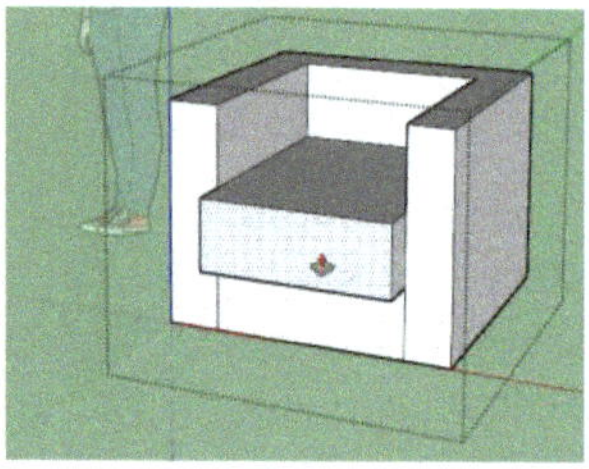

3. Per uscire dall'editor: un clic all'esterno del perimetro tratteggiato; le modifiche vengono automaticamente salvate.

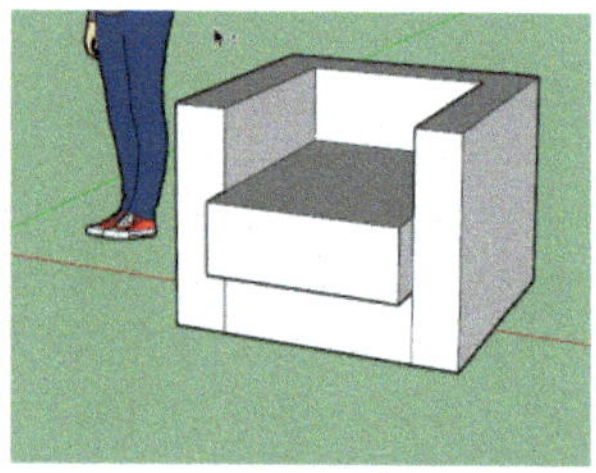

Per sottolineare la principale differenza tra *gruppi* e *componenti* si riporta un esercizio esemplificativo:

Un "Muro" (*gruppo*) e un "Pilastro" (*componente*).

Viene realizzata una copia di entrambi gli oggetti.

Modifiche di altezza, ad entrambi all'interno dell'editor.

È evidente che la modifica al *componente* "Pilastro" si ripercuote anche sull'altra copia mentre lo stesso non accade per il *gruppo* "Muro". Questa peculiarità deve essere sfruttata in continuazione nel disegno, per accelerare le modifiche che il progetto richiede. Un *gruppo* inoltre può essere in ogni momento convertito in un *componente* cliccando tasto destro > *Crea componente*. Al contrario, per un *componente*, l'unica possibilità di diventare un *gruppo* è *Esplodi* seguito da *Crea gruppo*.

L'eccezione che conferma la regola: **Rendi Unico**

È possibile fare modifiche ad un *componente* senza che queste si ripercuotano sulle sue copie. Può capitare di posizionare una serie di *componenti*, e di doverne successivamente modificare alcuni o solo uno. *Rendi Unico* è lo strumento adatto a questa operazione: è sufficiente selezionare il/i *componente/i* da rendere indipendente dagli altri, cliccare tasto destro e scegliere *Rendi Unico*. I *componenti* selezionati saranno indipendenti da quelli originali.

Selezionare i *componenti* da rendere unici.

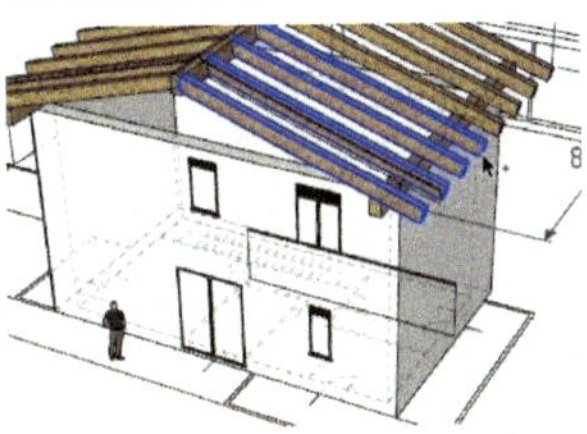

Tasto destro > *Rendi unico*.

Modificare uno dei *componenti* resi unici.

Esercizio. *Rendi unico* viene utilizzato più volte nell'*Esercizio 11*.

Nota. Che cosa succede ai *componenti* resi unici? Controllando nella finestra *Informazioni Entità* si può notare che ai *componenti* resi unici viene modificato il nome (*Definizione*) con l'aggiunta di un suffisso *#1*; ad esempio, il *componente "Travetto"*, dopo essere stato reso unico, diventa *"Travetto#1"*. Non possono esserci *componenti* con la stessa *Definizione* e forme diverse.

Nascondi il resto del modello

Ci sono due impostazioni che regolano la visibilità di ciò che è all'esterno dell'editor dell'oggetto, *gruppo* o *componente*, a cui si sta lavorando. Queste impostazioni fanno in modo di isolare visivamente gli elementi interni all'editor e rendono pertanto efficiente e preciso il disegno. Si trovano nel menu *Visualizza* > *Modifica componente* (il nome si riferisce ai *componenti* ma ha effetto anche sui *gruppi*):

→ **Nascondi il resto del modello:** fa in modo che sia visibile solo ciò che si trova all'interno dell'editor dentro a cui ci si trova (salvo le copie del *componente*, se presenti). Tutto torna visibile una volta usciti dall'editor;

→ **Nascondi *componenti* simili:** nasconde le copie del *componente* a cui si sta lavorando. È utile in particolar modo quando le copie sono molto vicine o addirittura sovrapposte, e si vogliono vedere con maggior chiarezza il disegno e le modifiche che si stanno apportando.

Suggerimento. Ulteriori strumenti di impostazione della visibilità sono presenti nella sezione *Componenti* della finestra *Informazioni modello* (menu *Finestra*).

6.2 La finestra *Componenti*

La gestione dei *componenti* avviene attraverso la finestra *Componenti.* Qui si trovano elencati *componenti* provenienti da varie risorse e gli strumenti per salvarli, ricaricarli e conoscere le loro caratteristiche.

Scheda Seleziona

Dà accesso alle librerie di *componenti*: precaricati, utilizzati nel modello, libreria locale e galleria on-line *3DWarehouse*.

Scheda Modifica

Mostra le caratteristiche del *componente* selezionato. È possibile sostituirlo o attivare le opzioni di allineamento.

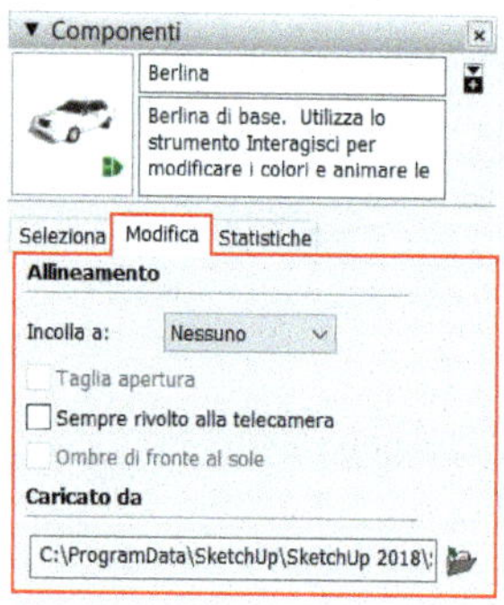

Scheda Statistiche

Elenca i dati del *componente* selezionato. Ad esempio, il numero di facce (che è indicativo del peso dell'oggetto).

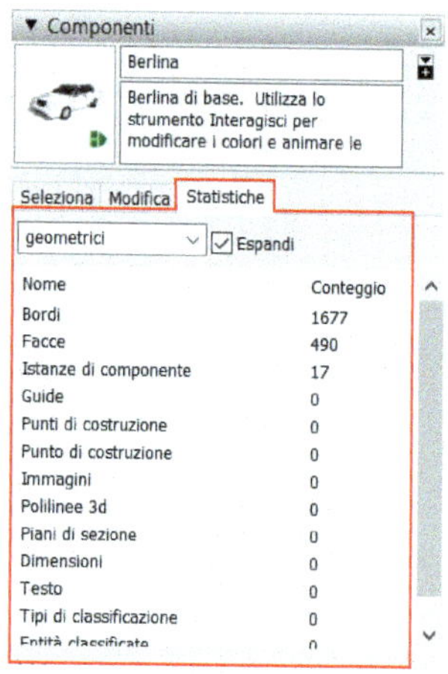

La prima scheda viene utilizzata costantemente, in quanto dà accesso a varie risorse di *componenti* da riutilizzare.

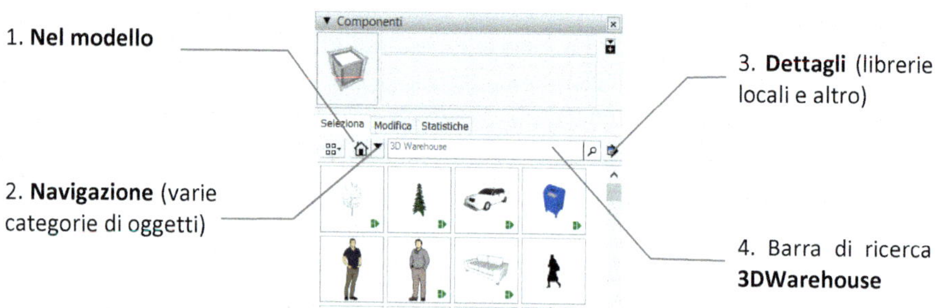

1. Nel modello

Elenca i *componenti* che sono stati utilizzati nel modello corrente, anche se cancellati dall'area di disegno. Per eliminare dal file corrente i *componenti* non utilizzati selezionare *Dettagli > Cancella non usati*.

Nota. Può capitare di aprire file di centinaia di megabyte contenenti solo pochi oggetti. Aprendo la *finestra Componenti* si scopre che ci sono molti oggetti che sono stati usati temporaneamente e cancellati dall'area di disegno, ma non per questo eliminati dal file.

2. Navigazione

Elenca varie sezioni di *componenti*, in particolare:

→ **I miei modelli** *e* **Le mie raccolte**: dà accesso ai propri *componenti* caricati nella galleria online (come descritto di seguito);

→ **Campionatore *componenti*** e **Formazione sui *componenti dinamici***: *componenti* precaricati in SketchUp di vario tipo fra cui dinamici;

→ **Architettura, Paesaggio**...: chiavi di ricerca nella galleria online;

→ **Eventuali altri indirizzi a librerie locali.** Nell'immagine di esempio la cartella personale *"SketchUp_componenti"*, raggiungibile direttamente dall'interno del modello corrente.

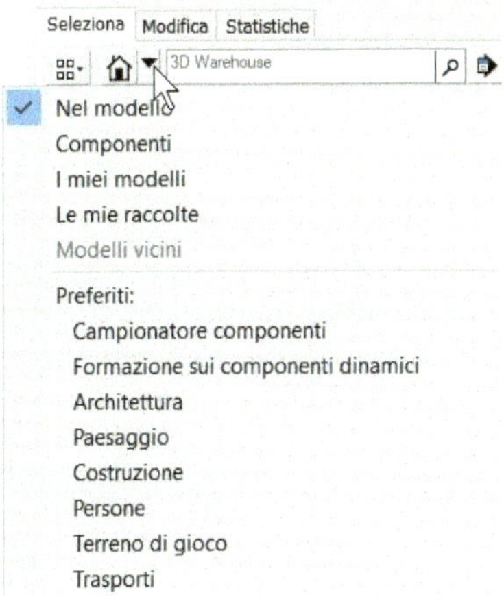

Figura 6.4 - Il menu *Navigazione* della finestra *Componenti*.

3. Dettagli (librerie locali)

Il pulsante *Dettagli* mostra opzioni differenti a seconda della categoria visualizzata nella finestra *Componenti*.

Quando si visualizzano i *componenti Nel modello* il menu *Dettagli* presenta le seguenti voci: *Espandi* e *Cancella non usati*.

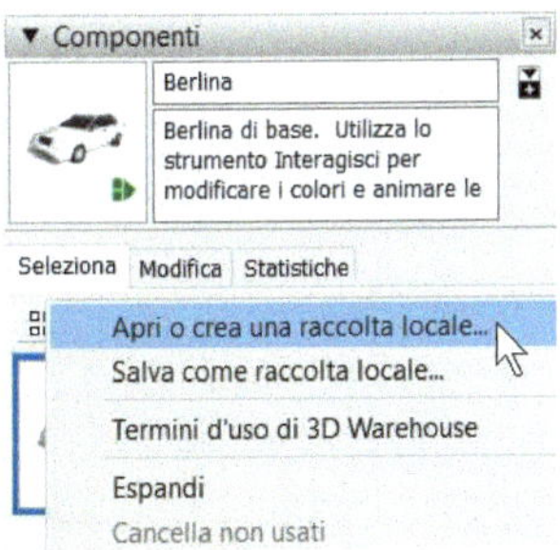

Quando si visualizzano altre risorse di *componenti* lo stesso menu presenta le seguenti voci, tra cui *Aggiungi/Rimuovi dai preferiti*.

Segue una breve descrizione delle opzioni disponibili.

Apri o crea una raccolta locale...	Accede ad una cartella in cui sono presenti *componenti*; da qui è possibile importarli direttamente all'interno del modello.
Salva come raccolta locale...	Esporta tutti i *componenti* nel modello per realizzare un catalogo degli oggetti utilizzati nel progetto corrente.
Aggiungi/Rimuovi dai preferiti	Aggiunge all'elenco *Navigazione* l'indirizzo della libreria locale in modo da poterla trovare anche al riavvio di SketchUp.
Espandi	Elenca nella sezione *Nel modello* tutti i *componenti* e quelli annidati all'interno di questi.
Cancella non usati	Rimuove dalla memoria del file i *componenti* elencati nella sezione *Nel modello* ma non presenti nell'area di disegno.

4. Barra di ricerca **3DWarehouse**

Consente di sfogliare la libreria di oggetti online ufficiale di SketchUp: *3DWarehouse* (letteralmente: magazzino 3D), che conta milioni di oggetti gratuiti caricati da altri utenti e da aziende produttrici di vari settori (arredo, componentistica idraulica, serramenti...). È sufficiente cliccare sull'anteprima di un oggetto per poterlo scaricare e posizionare nel disegno. Questa risorsa online viene approfondita nei prossimi paragrafi.

Salvare un *componente* nella propria libreria di oggetti

I *componenti*, diversamente dai *gruppi*, possono essere salvati esternamente al file in cui si sta lavorando, per essere archiviati in una propria libreria di oggetti, pronti per essere riutilizzati in altri progetti futuri. Per salvare un *componente* ci sono due metodi equivalenti:

→ cliccare tasto destro direttamente sul *componente* e scegliere *Salva con nome*;

→ accedere alla sezione *Nel modello*, cliccare tasto destro sull'anteprima dell'oggetto e scegliere *Salva con nome*.

Viene richiesta la posizione in cui salvare il file; si consiglia di realizzare una cartella in cui salvare tutti i propri *componenti*, con eventuali sottocartelle suddivise per tipo di oggetto. In questo modo, questa libreria può crescere ordinatamente nel tempo. Il file salvato ha estensione SKP e può essere aperto come un normale file per eventuali modifiche oppure importato in altri disegni.

Figura 6.5 - Parte della mia libreria personale di *componenti* suddivisi in cartelle e sottocartelle.

6.3 **3DWarehouse**: la galleria online di oggetti 3D

Ci sono tre modi per raggiungere la galleria *3DWarehouse*:

A. in SketchUp dalla finestra *3DWarehouse* (menu *Finestra*);

B. in SketchUp dalla finestra *Componenti* (attraverso la barra di ricerca);

C. da browser all'indirizzo 3dwarehouse.sketchup.com

Il modo più comodo, in quanto permette di visualizzare tutte le informazioni degli oggetti e scaricarli direttamente nel modello in cui si sta lavorando, è senz'altro offerto dalla finestra *3DWarehouse*, direttamente all'interno di SketchUp.

Nota. Per usufruire del servizio è necessario eseguire login con il proprio account Trimble (da novembre 2019).

1. Selezionare il menu *Finestra*, cliccare *3DWarehouse*: si apre la finestra *3DWarehouse*.

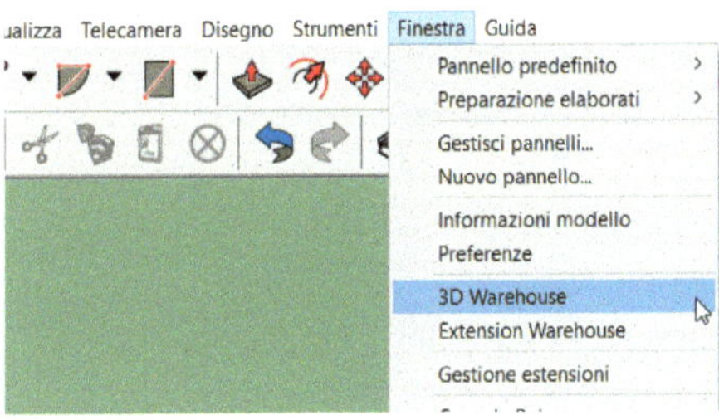

2. Digitare nella barra di ricerca in alto la parola chiave, ad esempio "*Cucina*".

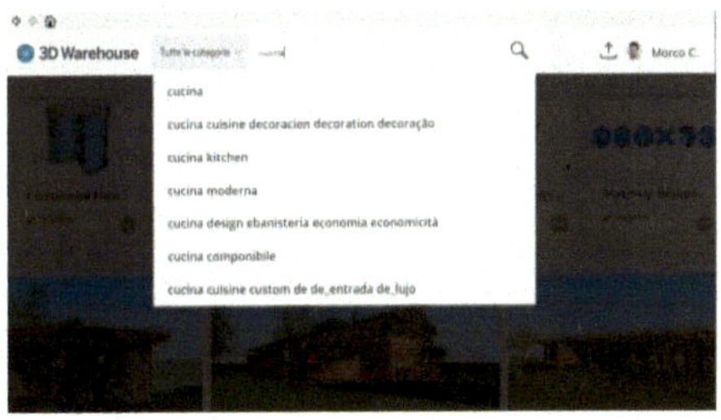

3. Vengono visualizzate le anteprime dei *componenti* disponibili: la sezione *Prodotti* elenca oggetti reali, caricati da aziende vere e proprie.

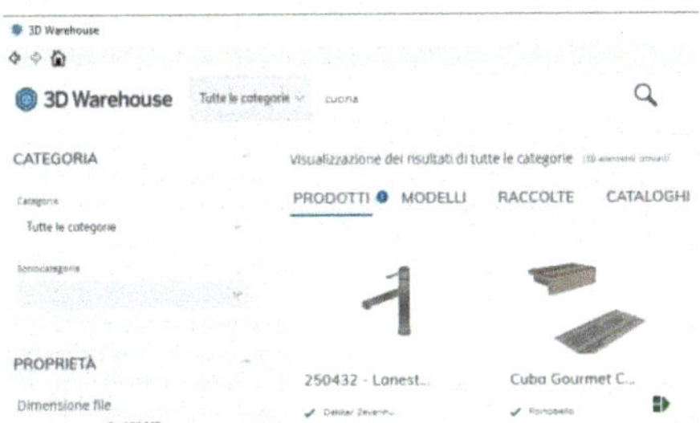

4. Nella sezione *Modelli* vengono elencati oggetti realizzati da altri utenti di SketchUp in tutto il mondo.

5. La sezione *Raccolte* mostra raggruppamenti realizzati dagli utenti, contenenti il termine di ricerca utilizzato.

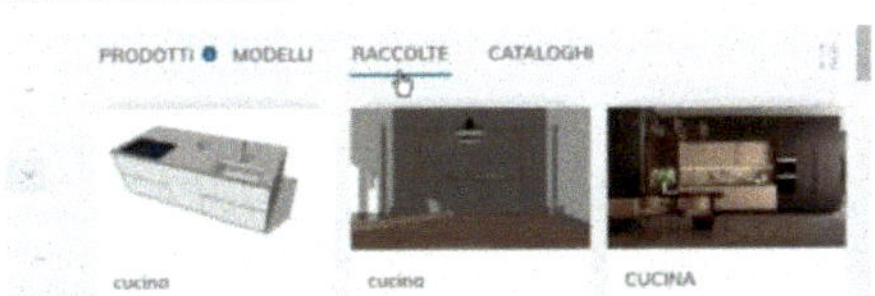

6. La sezione *Cataloghi* mostra raggruppamenti realizzati da aziende reali, contenti i loro prodotti correlati alla ricerca effettuata.

7. Cliccare sull'anteprima del *componente* di interesse per visualizzare la scheda informativa. Scaricare il *componente* cliccando il pulsante *Download*.

8. Alla richiesta "Carico nel tuo modello di SketchUp?" selezionare *Sì*. Posizionare il *componente* con un clic nell'area di disegno.

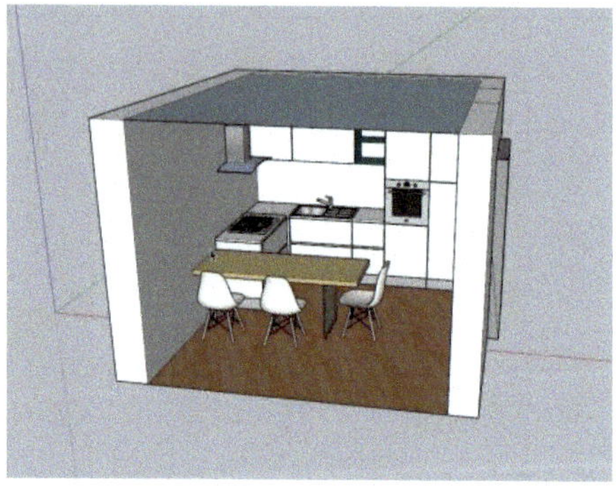

Quando si esegue una ricerca si possono usare anche *Categorie* e *Filtri*:

→ **Categorie:** sono elencate in alto e a sinistra, mostrano macro-raggruppamenti di oggetti, quali ad esempio "Arredamento d'interni", e sono seguite da sottocategorie, quali ad esempio "Cucine";

→ **Filtri**: compaiono nella parte sinistra della finestra e permettono di circoscrivere la ricerca, ad esempio limitando il peso dei *componenti* che si intendono visualizzare, per non appesantire e rallentare eccessivamente il modello.

Non ci sono limitazioni sui *componenti* scaricati: possono essere modificati liberamente e salvati nella propria libreria locale per riutilizzarli. Nei *componenti* scaricati rimane il nome dell'autore e viene elencato nella finestra *Informazioni modello > Autori*.

Caricare *componenti* nella galleria **3DWarehouse**

Per condividere i propri *componenti* con tutti gli utilizzatori di SketchUp del mondo procedere nel modo seguente.

1. Cliccare tasto destro sul *componente* che si vuole caricare, quindi andare al menu *3DWarehouse* e su *Condividi componente...*

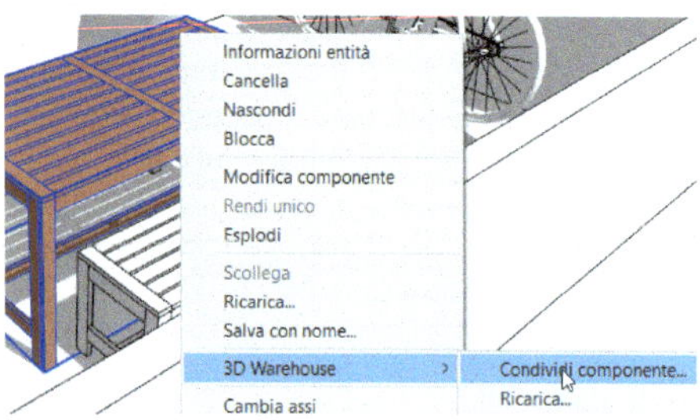

2. Inserire i dati del *componente*: assegnare un nome (*Icona*); lasciare disattivato *Modello privato* per renderlo disponibile agli altri utenti. Viene visualizzata la pagina del *componente*.

Visualizzare i modelli in realtà aumentata

La galleria 3DWarehouse permette in modo facile e veloce di visualizzare gli oggetti in realtà aumentata. La realtà aumentata consiste nella visualizzazione di contenuti digitali sullo schermo di un dispositivo, come ad esempio uno smartphone, sovrapposto a ciò che la fotocamera sta inquadrando. Il risultato è che lo spazio che ci circonda, e verso cui puntiamo la fotocamera, viene arricchito di elementi nuovi che possono essere ad esempio modelli 3D. La galleria 3DWarehouse genera automaticamente i codici QR con cui avviare una visualizzazione RA su smartphone o tablet. Per visualizzare in RA i modelli contenuti nella 3DWarehouse ci sono vari modi, dipende dal dispositivo che stiamo usando.

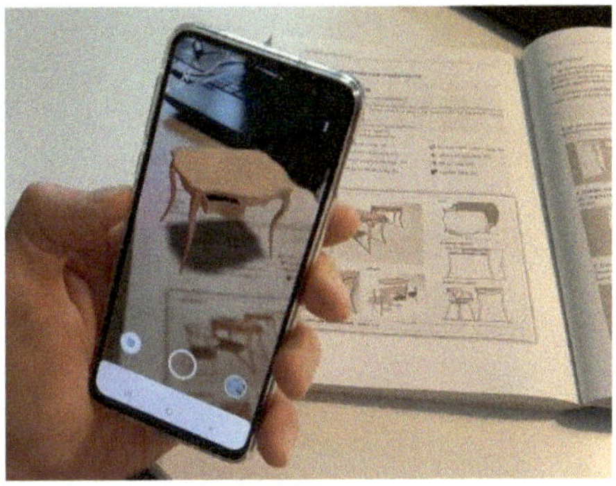

Figura 6.6 - Mobile scrivania visualizzato in RA.

- → **RA dal pc**: navigare tramite browser fino alla pagina del *componente* all'interno della 3DW. A fianco del nome del *componente* compare *Visualizza in RA*, cliccando compare un codice QR in sovraimpressione (**Figura 6.7**). Inquadrare il codice con il proprio smartphone, cliccare sul link che compare sullo schermo dello smartphone e quindi *View in your space* (in alto a destra);
- → **RA da smartphone/tablet**: installare la app viewer SketchUp per smartphone, cercare e aprire un modello; in basso a sinistra c'è il pulsante per avviare la visualizzazione in RA (compresa nell'abbonamento a SketchUp, altrimenti acquistabile separatamente a circa 10$).

Figura 6.7 - Codice QR per RA.

6.4 Annidamento di *gruppi* e *componenti*

Gruppi e *componenti* possono contenere altri *gruppi* o *componenti*, che a loro volta possono contenere altri *gruppi* o *componenti*. Questa tecnica viene detta annidamento o nidificazione (nesting in inglese) ed è la naturale evoluzione dell'uso di oggetti in SketchUp. Con due-tre livelli di annidamento si ottengono oggetti molto ricchi e sofisticati.

Perché annidare *gruppi* e *componenti*?

Ci sono varie motivazioni che portano a strutturare oggetti in livelli di annidamento:

Sfruttare le proprietà dei *gruppi* e dei *componenti* > Ogni progetto necessita di flessibilità: incrociare le proprietà di *gruppi* e *componenti* consente di coprire ogni possibile combinazione.

Strutturare gli oggetti in modo logico > Nella realtà gli oggetti sono composti di varie parti: l'annidamento avvicina la simulazione 3D alla realtà, con rapporti di dipendenza o autonomia tra le parti.

Realizzare computi più precisi > *Genera rapporto*, lo strumento con cui si realizzano i computi, permette di scegliere a quale livello di annidamento fermarsi nel computo.

Come si realizzano oggetti annidati?

Allo stesso modo con cui si accorpano linee e superfici si possono selezionare *gruppi* e *componenti* e raggrupparli in "macro" *gruppi* e *componenti*.

Nota. Un oggetto con vari livelli di annidamento può contenere geometrie libere tra un livello e l'altro. Si consiglia di realizzare tutto come *gruppo* o *componente* per un maggiore ordine e controllo sugli oggetti e nel computo. Sono da evitare gli annidamenti vuoti.

Sconsigliato

Mobile con ante non raggruppate, non possono essere computate. Notare la puntinatura al posto del box di selezione.

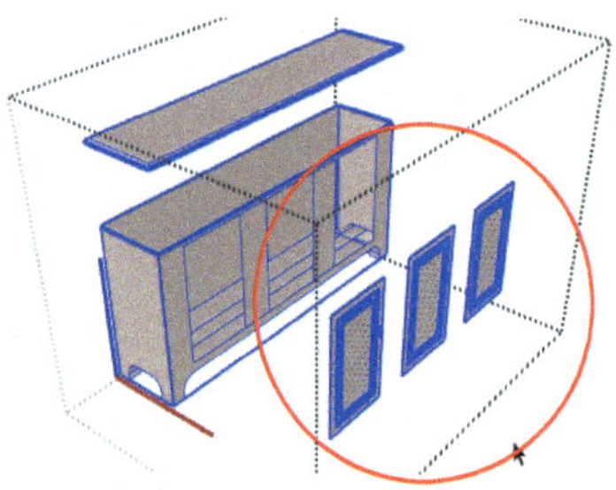

Consigliato

Mobile con ante assemblate in *componenti*, possono essere conteggiate nel computo. Si tratta di tre copie di uno stesso *componente*.

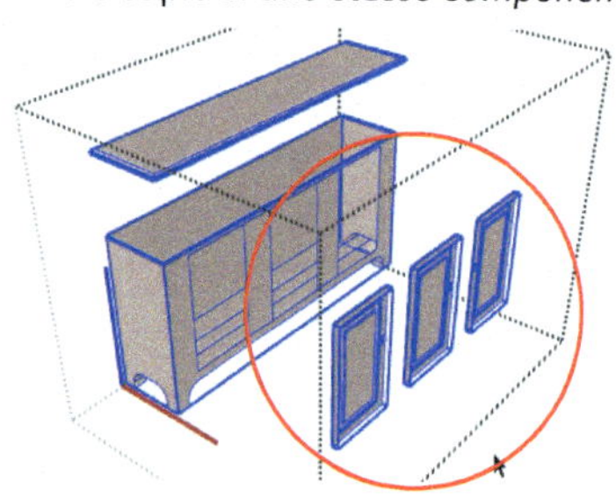

L'annidamento può riguardare in modo promiscuo *gruppi* e/o *componenti* dentro a *gruppi* e/o *componenti*. Nell'esempio sopra, il *componente* "*Madia*" contiene i *componenti* "Anta" e i *gruppi* relativi alla struttura e al ripiano. Per capire le specificità che ci sono nell'annidare uno o l'altro tipo di oggetto si propone uno schema che elenca le quattro combinazioni principali:

1° LIVELLO / 2° livello	**GRUPPO**	**COMPONENTE**
gruppi	**GRUPPO** contenente gruppi.	**COMPONENTE** contenente gruppi.
componenti	**GRUPPO** contenente componenti.	**COMPONENTE** contenente componenti.

Figura 6.8 - Schematizzazione delle 4 principali combinazioni di annidamento.

Le 4 combinazioni di annidamento principali

Come scegliere tra *gruppi* e *componenti*? Quale usare come contenitore e quale come contenuto? Dipende dal tipo di oggetto che si vuole realizzare. La motivazione per scegliere il *gruppo* è una: facilitare la selezione di una serie di elementi. Le motivazioni per scegliere i *componenti* sono due:

→ le copie devono essere tutte uguali;

→ poter salvare l'oggetto nella propria libreria per riutilizzarlo.

Qualche esempio:

Gruppo* contenente *gruppi

L'edificio è un *gruppo* relativo alle partizioni principali e contiene un *gruppo* per ogni piano: muri, solai, ecc.

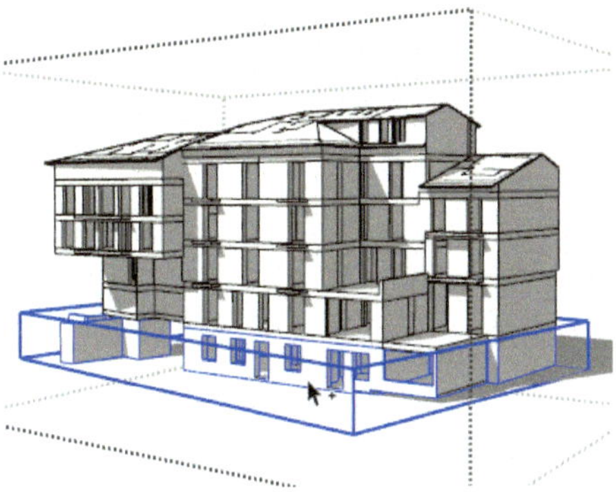

Gruppo* contenente *componenti

La composizione di elementi di arredo è un *gruppo*; essa contiene sedie e tavolo, che sono *componenti* in quanto presenti più volte e sempre uguali.

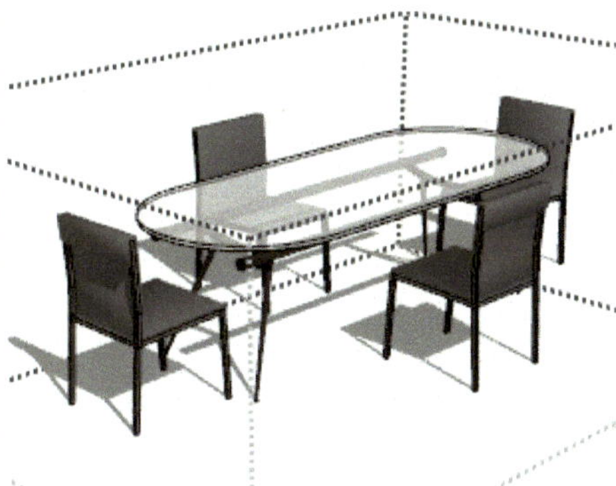

Componente* contenente *gruppi

Un *componente* "Finestra": le varie parti telaio, anta, vetro sono semplici *gruppi* mentre il "contenitore" è un *componente*.

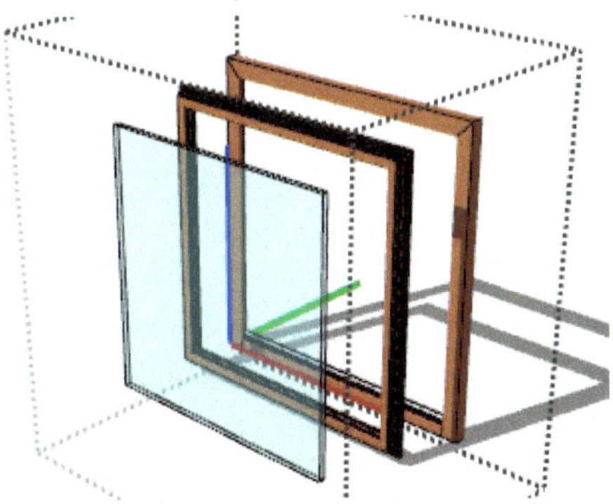

Componente* contenente *componenti

Un *componente* "Armadio" contiene elementi che si ripetono uguali: ante tutte uguali, ripiani, fianchi e finitura superiore e inferiore.

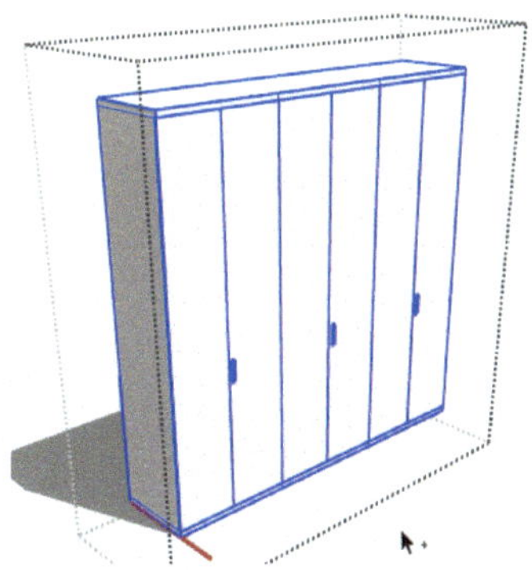

Come si può capire dagli esempi, tutto dipende dalle caratteristiche dell'oggetto che si sta realizzando. È un oggetto che probabilmente riutilizzerò in futuro o con all'interno parti che si ripetono? Meglio usare *componenti*. È un oggetto con misure particolari come un muro di una vecchia abitazione? Va benissimo un semplice *gruppo*.

Suggerimento. Per selezionare tutte le istanze di un *componente*, ad esempio per farne un *gruppo*, cliccare tasto destro su una istanza di *componente* tasto destro > *Seleziona* > *Tutte le istanze*.

Esercizio. Questo tema viene applicato nell'*Esercizio 3: Le 4 combinazioni di annidamento.*

6.5 Finestra *Struttura*

All'interno di un progetto convivono una moltitudine di oggetti con o senza annidamenti al loro interno. Per tenere traccia dell'organizzazione degli oggetti all'interno di quest'organismo è utile la finestra *Struttura*: in essa sono rappresentati tutti i *gruppi* e i *componenti* presenti nel modello attraverso una struttura ad albero.

Un *componente* contenente altri *componenti* fino al terzo livello di annidamento.

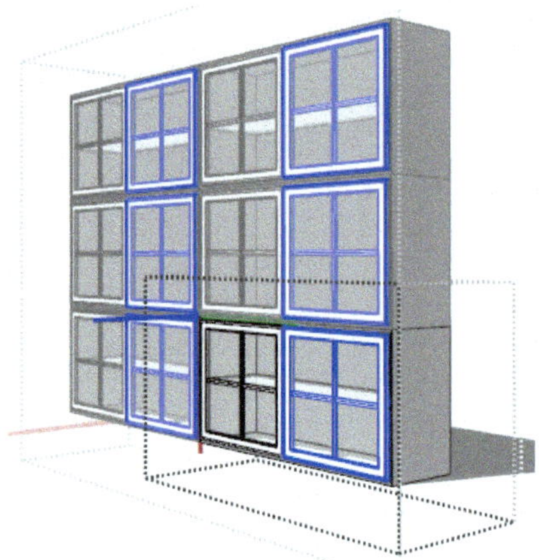

La finestra *Struttura* con la schematizzazione degli annidamenti: evidenti i nomi degli oggetti.

La finestra *Struttura* rende evidenti in forma schematica i rapporti di nidificazione degli oggetti e i loro nomi. *Gruppi* e *componenti* vengono indentificati con i seguenti simboli:

■ = *gruppo*

▦ = *componente*

La barra di ricerca *Filtro* (in alto) consente ricerche rapide e precise tra gli oggetti nel modello: cliccando tasto destro sul nome si ritrovano tutte le funzioni disponibili per quel tipo di oggetto, compreso *Zoom selezione* che porta in primo piano l'oggetto e consente di identificare rapidamente gli oggetti anche all'interno di modelli molto complessi. Attraverso la finestra *Struttura* riusciamo a compiere alcune interessanti azioni sul modello 3d; vediamone alcune:

Nascondere oggetti cliccando sul simbolo a forma di occhio a fianco del loro nome. Il nome appare in grigio corsivo.

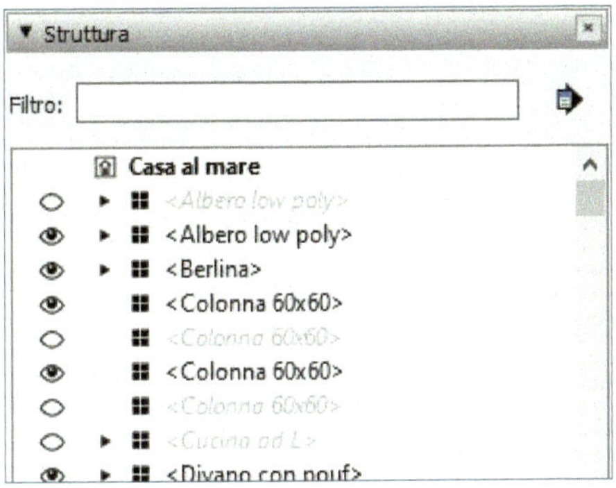

Spegnendo un tag gli oggetti su quel tag appaiono in grigio.

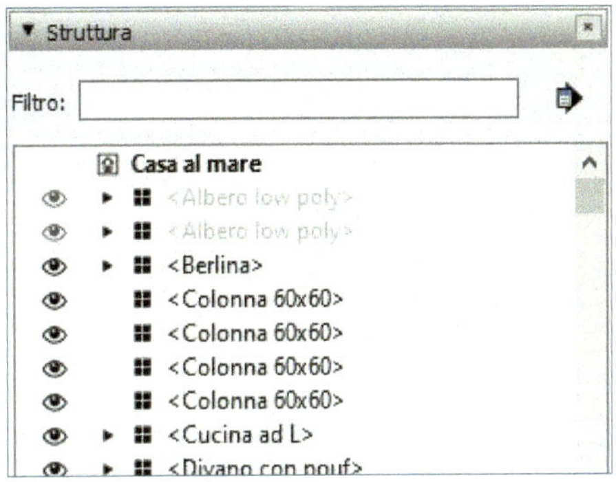

Cliccare *Dettagli* (freccia nera a destra) > *Minimizza tutto*: la struttura ad albero viene compressa mostrando solo il primo livello di annidamento degli oggetti.

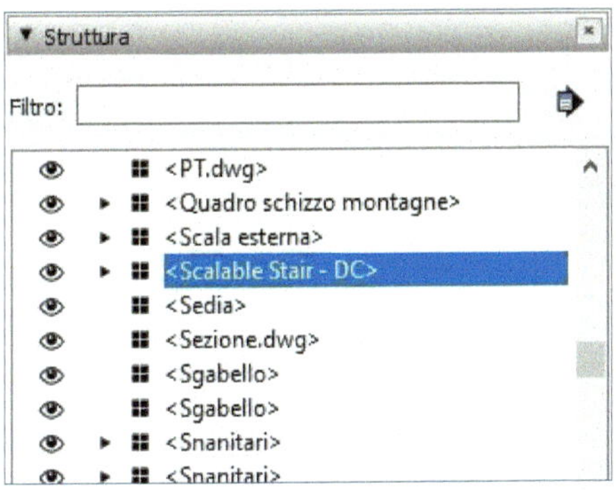

Cliccare *Dettagli* (freccia nera a destra) > *Espandi tutto*: la struttura ad albero viene aperta mostrando tutti i livelli di annidamento degli oggetti.

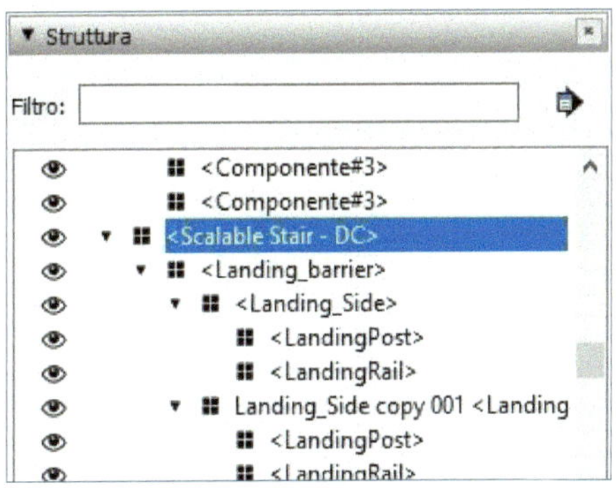

Infine, cliccando due volte sul nome di un oggetto è possibile rinominarlo.

Suggerimento. Per cambiare livello di annidamento di un oggetto:

- trascinare il suo nome lungo la struttura ad albero; oppure
- selezionarlo nell'area di disegno, cliccare *Taglia*, scendere o salire di livello (entrando o uscendo dall'editor dell'oggetto corrente) e incollarlo utilizzando *Incolla sul posto* (menu *Modifica*).

Consultare la finestra *Struttura* prima di passare al computo delle quantità permette di verificare l'effettiva organizzazione degli oggetti e i loro nomi. Questo tema viene approfondito nel *Capitolo 12*.

6.6 *Componenti dinamici*

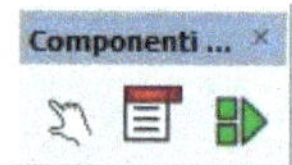

I *componenti dinamici* sono oggetti parametrici con proprietà preimpostate pensate per facilitare e accelerare il disegno. Le proprietà possono riguardare svariate caratteristiche dell'oggetto, ad esempio le dimensioni, il colore, il prezzo, la configurazione, la posizione...

Si tratta di scegliere nell'apposita finestra *Opzioni* quali caratteristiche intendiamo conferire all'oggetto e questo si modificherà automaticamente. La barra di strumenti *Componenti dinamici* contiene gli strumenti per realizzare, interagire e modificare questo tipo di *componenti*. Gli strumenti sono:

→ **Interagisci***:* attiva le eventuali animazioni negli oggetti;

→ **finestra Opzioni***:* consente la configurazione dell'oggetto;

→ **finestra Attributi***:* consente di aggiungere attributi e formule al *componente*.

Alcuni *componenti dinamici* sono precaricati in SketchUp e sono utili per capire le loro caratteristiche e potenzialità. Si trovano nella finestra *Componenti* > *Navigazione* > *Formazione sui componenti dinamici* (altri possono essere reperiti nella galleria *3DWarehouse*, in particolare filtrando la ricerca con l'apposita voce).

Interagisci

Se nel *componente* sono previste interazioni vengono attivate con questo strumento: l'interazione può essere relativa al colore, alla posizione o a qualsiasi altra caratteristica dell'oggetto.

Se è presente un'interazione avvicinando il cursore all'oggetto compare la scritta *Fai clic per attivare*.

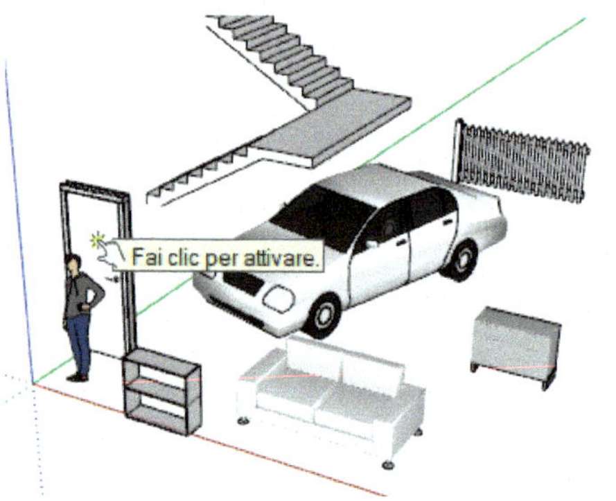

Gli oggetti dopo l'interazione (se l'oggetto non ha un'interazione compare un simbolo di divieto).

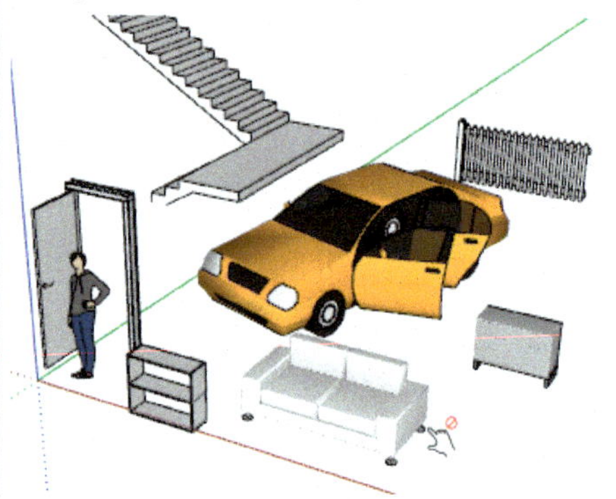

Finestra **Opzioni**

Contiene le *opzioni* di configurabilità come ad esempio dimensioni, colore, prezzo, ecc.; dipende dal tipo di oggetto e dagli *attributi* con cui l'oggetto è stato concepito. Le *opzioni* possono essere espresse come semplice testo, con una casella da compilare con valori a piacere, come elenco di opzioni preimpostate e come visualizzazione di testo non modificabile. Nella finestra *Attributi* si impostano quante e quali *opzioni* rendere disponibili per l'oggetto.

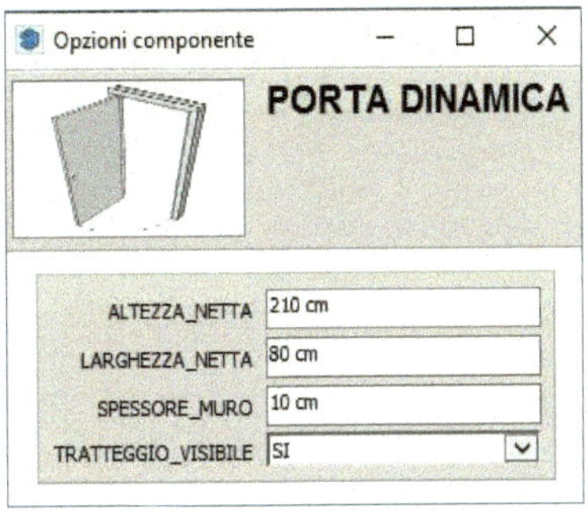

Figura 6.9 - La finestra *Opzioni componente*.

Finestra **Attributi**

Permette l'inserimento di *attributi* sotto forma di funzioni, che si relazionano tra loro e controllano le proprietà dell'oggetto. Le varie parti sono a loro volta *gruppi* o *componenti*: le funzioni controllano le caratteristiche di ogni parte e la relazione tra queste, in modo da far funzionare l'oggetto in modo organico. Le formule sono inserite nei campi relativi a dimensioni, la posizione, la rotazione, ecc; altre possono essere realizzate da zero. Gli operatori possono essere semplici operazioni algebriche (=, +, -, *, /), operatori logici (IF, AND, OR...) oppure altre funzioni specifiche di SketchUp (*Animate*, *OnClick*, ecc.).

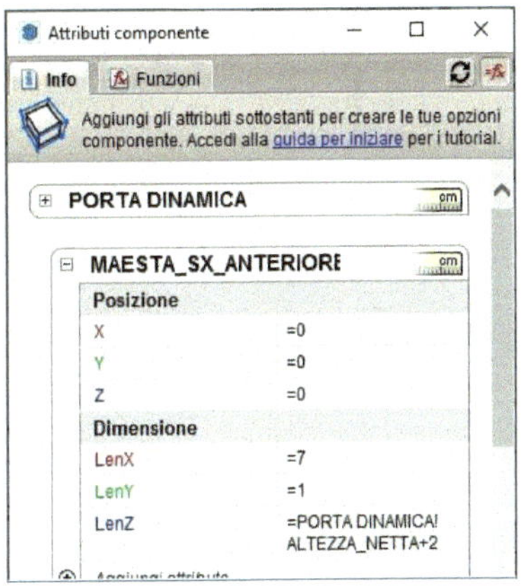

Figura 6.10 - La finestra *Attributi componente*.

Esercizio. Questo tema viene applicato nell'*Esercizio 7: Porta dinamica.*

6.7 Live components

I *live components*, o *componenti attivi*, sono una nuova generazione di oggetti parametrici in SketchUp. Diversamente dai *componenti dinamici*, che vengono interamente programmati in SketchUp, i *live components* vengono creati in un ambiente di progettazione esterno: Trimble Creator. Anche i *live components*, come i *componenti dinamici*, consentono una progettazione parametrica in cui la modifica di un parametro si propaga all'interno dell'oggetto, permettendo di ottenere facilmente nuove varianti del design. I *live components* differiscono dai *componenti* dinamici principalmente per i seguenti aspetti:

→ **ambiente di progettazione:** esterno a SketchUp, in Trimble Creator, un ambiente appositamente studiato per lo sviluppo di oggetti parametrici;

→ **tipo di "programmazione/parametrizzazione" degli oggetti:** non attraverso formule, ma attraverso grafi, che danno un riscontro visivo delle relazioni che si stanno instaurando fra i parametri (vedi oltre);

→ **possono essere configurati online direttamente nella galleria 3DWarehouse**, quindi anche una persona non in possesso di SketchUp è in grado di configurare online gratuitamente un prodotto prima di scaricarlo in formato SketchUp.

Nella **Figura 6.11** si può notare il pulsante *Configura* nella finestra *Informazioni entità*, con cui si apre la finestra *Configura componente attivo*. Questa finestra contiene i parametri dell'oggetto selezionato (nell'esempio una scaffalatura in legno e metallo).

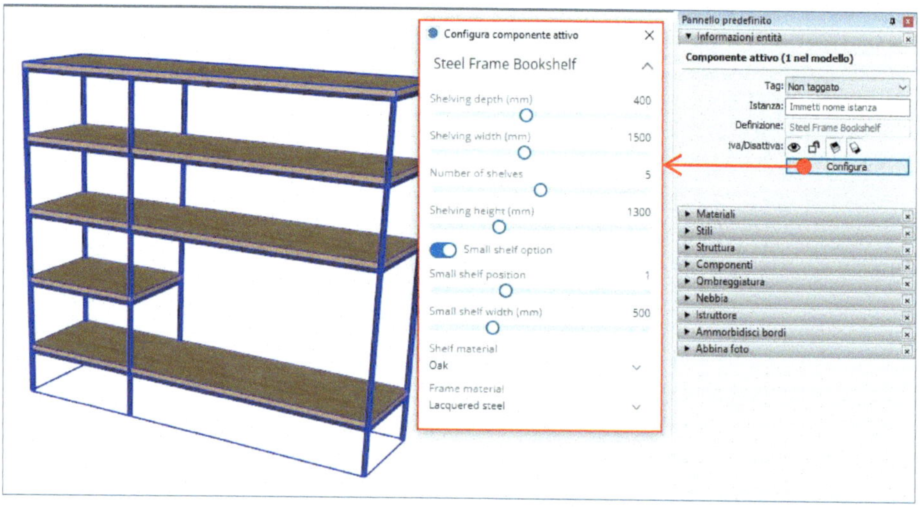

Figura 6.11 - La finestra di configurazione di un live component.

Dove trovare i *Componenti Dinamici* e i *Live Components*

Nella galleria online 3DWarehouse è possibile filtrare la ricerca in modo da visualizzare solo alcuni tipi di *componenti*. La sezione sinistra, visibile dopo aver effettuato una ricerca o comunque dopo aver cliccato il pulsante di ricerca in alto a destra (simboleggiato da una lente d'ingrandimento), presenta una sezione *Avanzate*. Al suo interno troviamo i filtri *Live component* e *Componente dinamico*, che permettono di elencare solamente i *componenti* che rispettano queste condizioni. Cliccare sull'anteprima dell'oggetto di interesse per visualizzare la finestra con i dettagli

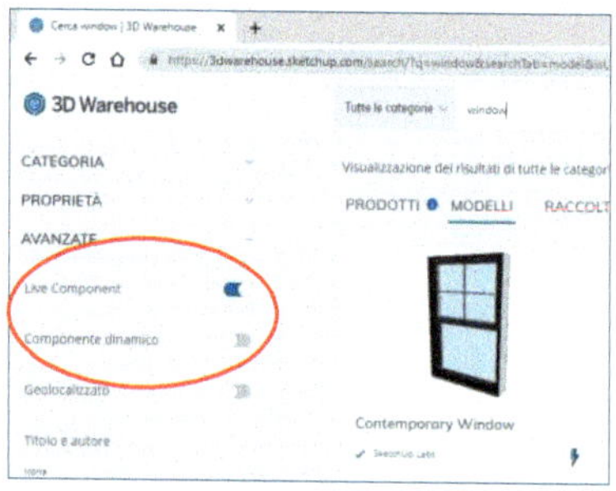

Figura 6.12 - I parametri per filtrare le ricerche nella galleria 3DWarehouse.

dell'oggetto. Se si tratta di un *live component* è possibile scaricarlo, ma anche configurarlo direttamente online, prima del download, attraverso il pulsante *Configura*.

Come realizzare Live Components: Trimble Creator

Trimble Creator è l'ambiente in cui nascono i *live components*. Al momento della stesura del presente paragrafo Trimble Creator è disponibile in versione beta, quindi non definitiva, nel sito creator.trimble.com/graph

Consiste in un ambiente che sfrutta la progettazione parametrica a grafi, cioè schemi fatti di *nodi* che contengono formule (o valori), e *segmenti* che rappresentano le relazioni. Il grafo rappresenta visivamente le relazioni tra i diversi parametri del progetto, e ha il vantaggio di rendere in modo schematico ma eloquente queste relazioni e l'interdipendenza delle varie parti. La progettazione parametrica a grafi è particolarmente utile per la progettazione di sistemi complessi, dove le relazioni tra i parametri possono diventare molto intricate e difficili da gestire altrimenti.

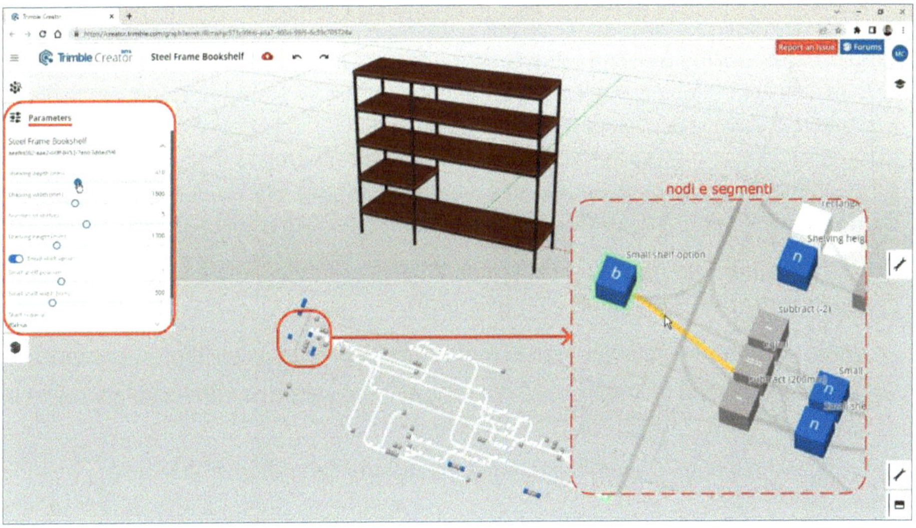

Figura 6.13 - Trimble Creator: a sinistra l'elenco dei parametri e a destra alcuni nodi e segmenti.

6.8 Tag: catalogare con livelli

I *tag* permettono di catalogare gli oggetti e di controllare alcune caratteristiche del loro aspetto estetico. Analogamente ai *layer* dei software cad, i *tag* offrono la possibilità di distinguere funzionalmente gli elementi presenti e di conferire loro un colore e un tipo di linea. Inoltre, i *tag* compaiono in fase di impaginazione in LayOut e questo permette di attribuire loro anche uno specifico spessore di linea. Potremmo quindi dire che i *tag* hanno le seguenti funzionalità:

→ **catalogare:** catalogano gli oggetti, consentono di rendere visibili o nascondere una moltitudine di oggetti in un solo clic;

→ **colore:** permettono di attribuire agli oggetti un colore (da non confondere con il *materiale*, che viene trattato nel *Capitolo 8*), per avere un riscontro veloce ed evidente di quale sia il *tag* attribuito all'oggetto;

→ **tipo di linea:** permettono di attribuire agli oggetti un tipo di linea (linea continua, tratteggiata, tratto/punto, ecc.).

Figura 6.14 - Visualizzazione a colori dei tag in un progetto.

I *tag* possono essere considerati opzionali dal punto di vista dell'organizzazione del modello: sono utili, ad esempio, quando ci sono molti oggetti nel modello. In un modello piuttosto semplice non è necessario catalogare gli oggetti con i *tag*: potrebbe rivelarsi una inutile complicazione. Diversamente si può dire per *gruppi* e *componenti* il cui uso invece è da ritenere obbligatorio, anche in un modello molto semplice, per ottenere un controllo delle forme presenti. I tag sono fondamentali per quanto riguarda il controllo preciso dei tipi di linea e degli spessori di linea in fase di stampa. Quindi se vogliamo avere tavole stampate con spessori e tipi di linea ben differenziati l'uso dei *tag* è obbligatorio. Al contrario se non intendiamo stampare tavole precise e il nostro unico scopo è l'ottenimento di un modello 3d, ad esempio, destinato alla renderizzazione, allora i *tag* sotto questo punto di vista non sono strettamente necessari.

Riassumendo, l'adozione dei *tag* è utile qualora si verifichino una o entrambe le seguenti esigenze:

→ **modello complesso, composto di molti oggetti** > i *tag* ne facilitano la gestione;

→ **controllo dei tipi di linea e degli spessori di linea** > i *tag* ne consentono il controllo preciso.

La quantità, i nomi e la modalità di organizzazione dei *tag* sono liberi e soggettivi, ne segue un esempio.

Modello di edificio, con vari elementi presenti.

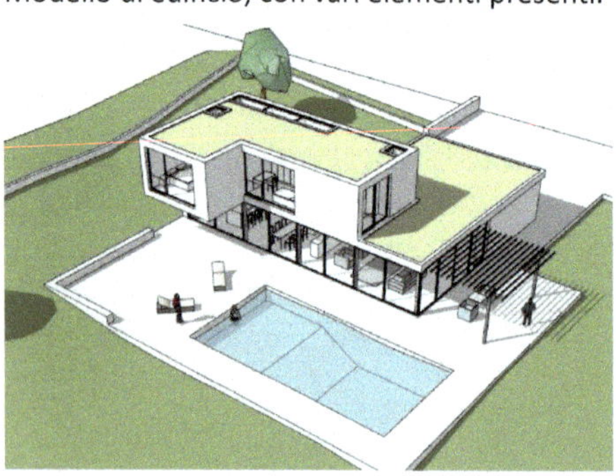

Elenco dei *tag* utilizzati.

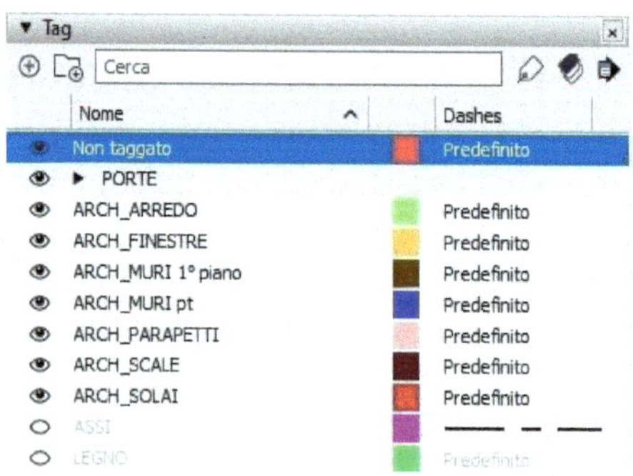

L'impostazione *Colore da tag* permette di evidenziare quale *tag* è attribuito agli oggetti.

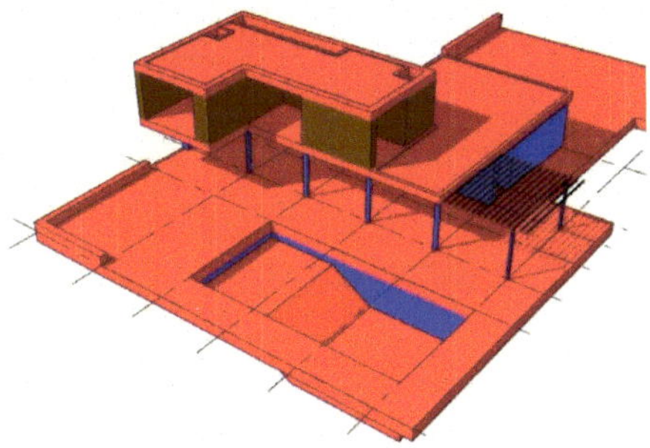

Alcuni *tag* sono disattivati, ad esempio, per dare risalto alle parti strutturali dell'edificio.

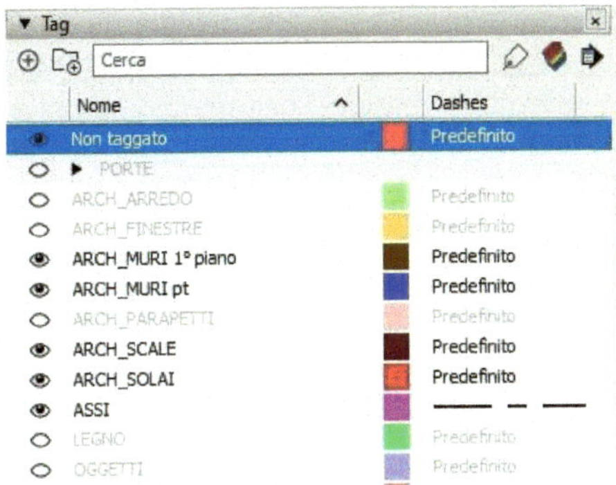

La pianta in LayOut, con personalizzazioni agli spessori ed ai colori di linea.

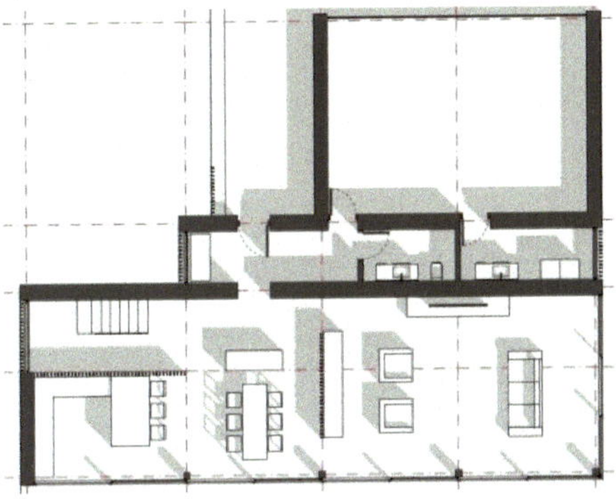

La finestra Modello di SketchUp in LayOut: elenca i *tag* presenti nel modello 3D.

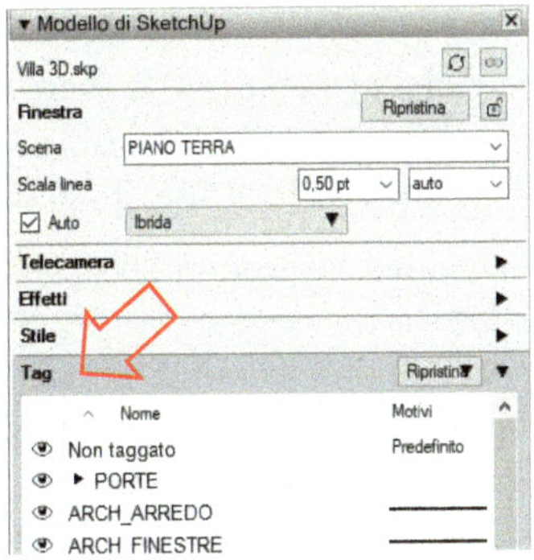

La finestra **Tag e la barra di strumenti Tag**

La finestra *Tag* elenca i *tag* presenti e permette di attivarne/disattivarne la visibilità e attribuire caratteristiche grafiche. Cliccando sul nome della colonna si riordinano i *tag* per *Visibilità* (accesi/spenti), *Nome* (ordine alfabetico), *Colore* (in ordine di tonalità) e *Tipo di linea* (predefinito/personalizzato).

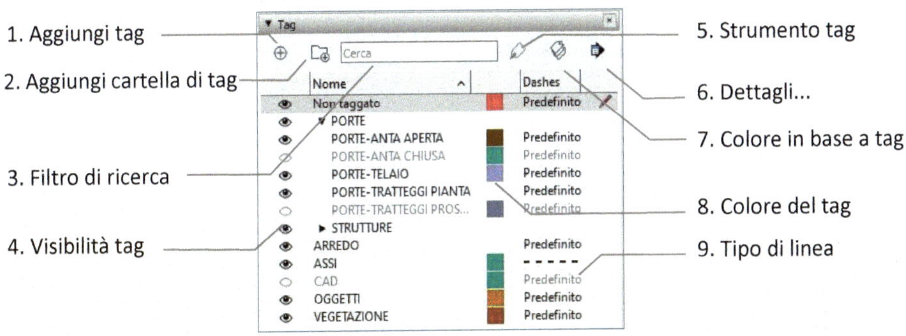

Le funzionalità presenti nella finestra *Tag* sono le seguenti:

1. **Aggiungi tag:** aggiunge un *tag*, a cui assegnare un nome a piacere;
2. **Aggiungi cartella di tag:** le cartelle di *tag* consentono di raggruppare più *tag*, per affinità tematica. Spegnendo una cartella di *tag* si nascondono tutti i *tag* presenti al suo interno;
3. **Filtro di ricerca:** permette una rapida ricerca fra i *tag* presenti;
4. **Visibilità tag:** attiva/disattiva la visibilità degli oggetti del *tag*;
5. **Strumento tag:** permette di attribuire il *tag* attivo agli oggetti nel modello cliccandovi sopra;
6. **Dettagli...:** elenca alcune funzioni, fra cui la visualizzazione estesa o compressa delle cartelle di *tag* e di eliminare *tag* e cartelle di *tag*;
7. **Colore in base a tag:** attiva la visualizzazione a colori da *tag*;
8. **Colore del tag:** i colori vengono assegnati in modo casuale: cliccare nel quadrato colorato per modificarlo;
9. **Tipo di linea:** ogni *tag* può avere un diverso motivo di linea.

Realizzare un nuovo tag e cartelle di tag

All'inizio nel disegno di SketchUp è presente solo il *tag 'Non taggato'* (analogo al *Layer 0* dei classici programmi cad). Per creare un nuovo *tag* si deve cliccare sul pulsante *Aggiungi tag* (+) nella finestra *Tag*: è possibile lasciare il nome suggerito, ad esempio *'Tag1'*, oppure digitare un nome personalizzato. Inoltre, attraverso il pulsante *Aggiungi cartelle di tag* è possibile realizzare "raggruppamenti" di *tag*: una volta realizzata una *cartella di tag* possiamo trascinare alcuni *tag* al suo interno per una più facile gestione di questi. Può rivelarsi utile una cartella dedicata ai *tag* che afferiscono allo stesso ambito, ad esempio elementi architettonici (porte, finestre, colonne...), ed un'altra per gli elementi di arredo (arredo fisso, mobili, arredo esterno...), e così via. Le cartelle di *tag* possono contenere cartelle di *tag*, e sono quindi uno strumento che permette una organica e ricca gestione degli oggetti presenti nel modello.

Esempio di *tag* e cartelle di *tag* per un progetto di ristrutturazione.

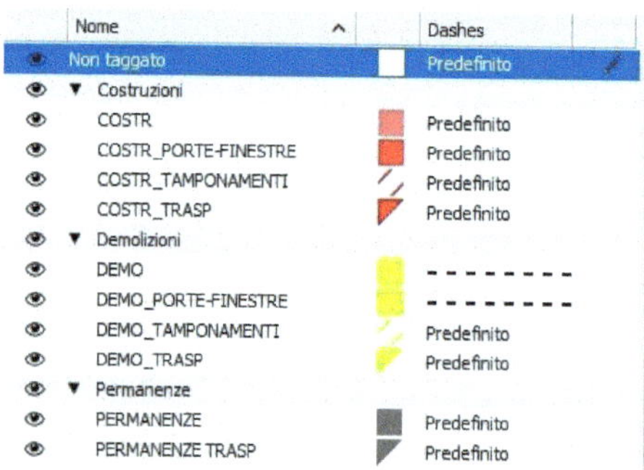

Il modello visualizzato con la funzione *Colore da tag* attiva.

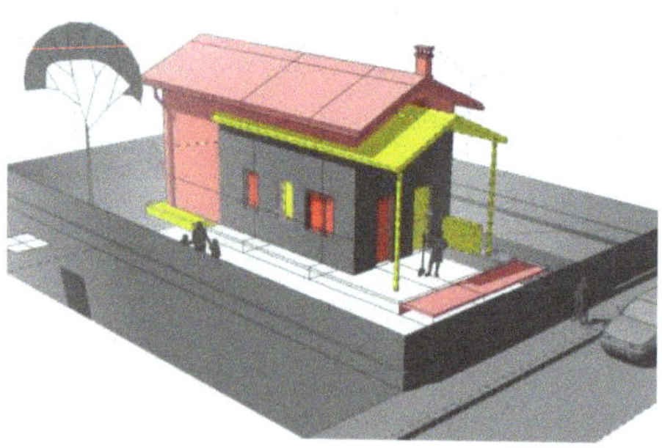

Attribuire un tag ad un elemento

Una volta realizzato un *tag* si procede nei modi seguenti per attribuirlo agli oggetti presenti:

- → selezionare l'oggetto da taggare, andare alla finestra *Informazioni entità* e selezionare dal menu a tendina *tag* quello che gli si vuole attribuire;
- → selezionare l'oggetto da taggare, andare alla barra di strumenti *Tag* e selezionare dal menu a tendina quello che gli si vuole attribuire;
- → selezionare il *tag* che si vuole utilizzare, cliccare su *Strumento tag* (nella finestra *Tag*) e cliccare sugli oggetti da catalogare. Le opzioni disponibili per questo strumento sono:
  - **Alt/Command** > compare strumento contagocce con cui rendere attivo il *tag* dell'oggetto su cui si va a cliccare per attribuirlo successivamente ad altri oggetti nel modello;
  - **Shift** > sostituire il *tag* di tutte le entità che condividono un *tag* con l'entità cliccata;
  - **Ctrl/Option** > per attribuire il *tag* a tutte le istanze del *componente* su cui si va a cliccare.

Un altro modo per attribuire un *tag* ad un elemento è renderne attivo uno prima di iniziare a disegnare. Per rendere attivo un *tag* selezionarlo dall'elenco: ciò che verrà disegnato in seguito sarà posizionato su di questo. È però sconsigliabile disegnare con un *tag* differente dal *tag* predefinito: si rischia di attribuire un *tag* alle superfici e alle linee, ed uno diverso al *gruppo* o *componente* di cui queste entrano a fare parte. Così facendo l'oggetto è controllato da un *tag* e il suo contenuto da un altro, generando confusione. Casi particolari o modelli complessi giustificano l'uso di *tag* diversi per le parti contenute nel *gruppo* o *componente* (come potrebbe essere ad esempio un *tag* "Maniglie" attribuito alle maniglie delle porte, le quali invece stanno sul *tag* "Porte"), ma si tratta di situazioni che normalmente è meglio evitare se non si ha molta esperienza.

Schematizzando, il flusso di lavoro è il seguente:

1. disegno dei volumi, ad esempio, di una finestra;
2. selezione dei bordi e delle superfici che compongono la finestra e creazione del *gruppo/componente*;
3. creazione del *tag 'Finestre'*;
4. attribuzione del *tag 'Finestre'* al *gruppo/componente* precedentemente creato.

Una volta attribuiti i tag agli elementi presenti nel modello si presentano alcune possibilità di selezione molto rapide:

- → **clic destro su un oggetto** > *Seleziona* > *Tutti con lo stesso tag*. Vengono selezionati tutti gli oggetti che condividono lo stesso *tag* dell'elemento su cui si è cliccato;

→ **clic destro su un tag nella finestra Tag** > *Seleziona tutti i contrassegnati*. Vengono selezionati tutti gli oggetti del *tag*.

Visualizzazione degli oggetti con i colori da tag

La visualizzazione a *Colori in base a tag* si attiva con il pulsante apposito e consente di capire a colpo d'occhio se gli oggetti sono posizionati sui *tag* corretti. La colorazione interessa le superfici, e non i bordi degli oggetti, che rimangono monocromatici. I colori possono essere modificati a piacere cliccando sulla casella colorata a fianco al nome di ciascuno di questi. La finestra di definizione del colore è la stessa con cui si impostano i materiali e viene approfondita nel *Capitolo 8*. Il colore del *tag* può eventualmente interessare anche i bordi degli oggetti: si tratta di attivare l'impostazione *Colore > Per materiale* nelle impostazioni dello *Stile* in uso (per approfondimento vedere il *Capitolo 9 - Stili, sezioni e scene* ed in particolare pagina 145). Si ricorda che la tematica del controllo grafico finalizzato alla stampa viene trattato nel capitolo su LayOut, il modulo di SketchUp Pro destinato specificamente alla realizzazione delle tavole finali.

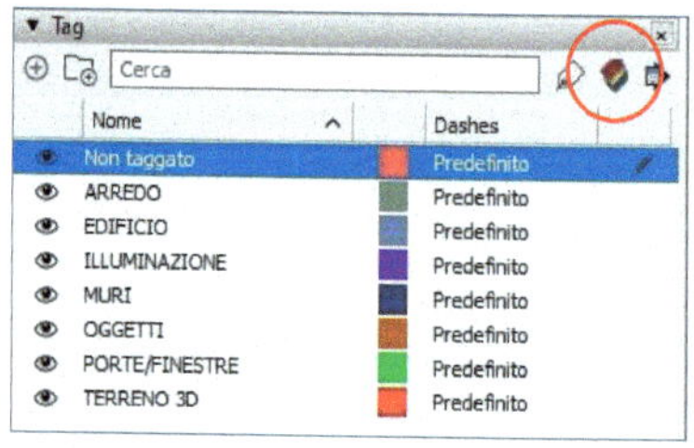

Figura 6.15 - Colore in base a tag.

Visualizzazione con materiali.

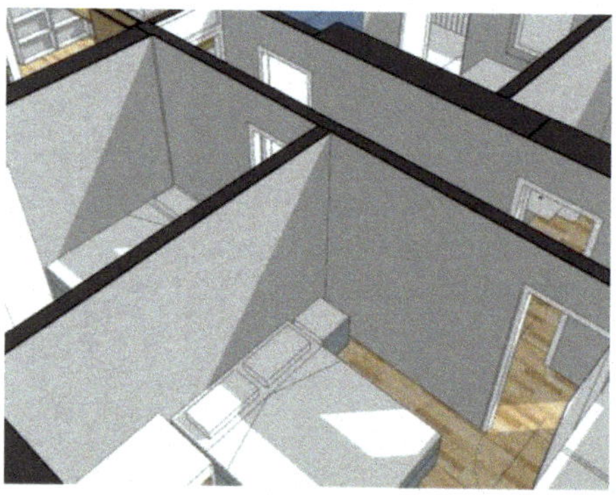

Visualizzazione con colori da *tag*.

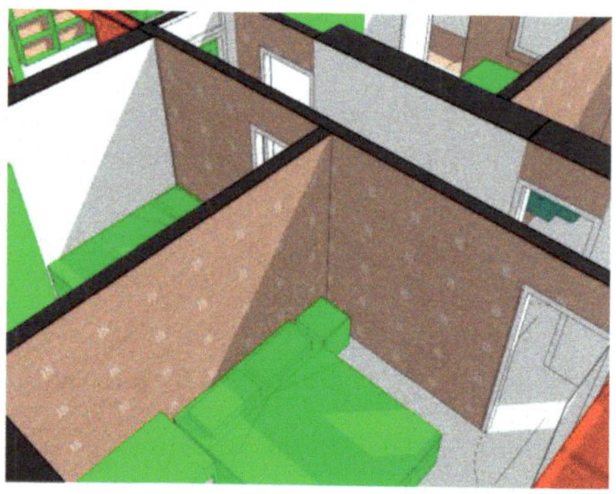

Suggerimento. Nel colore del tag è possibile caricare una texture, come si vede nella parte destra dell'immagine, ad esempio, una texture con mattoni e la scritta relativa allo spessore del muro, per una facile identificazione dei materiali da costruzione.

Tipi di linea ai tag

I *tag* permettono di caratterizzare graficamente le linee del disegno: a ciascuno di loro è possibile attribuire un motivo di linea e, durante l'impaginazione in LayOut, anche uno spessore ed un colore. Segue un esempio di impiego dei *tag* per la rappresentazione di pianta e di prospetto di una porta interna.

Esempio di vista di pianta con l'anta della porta aperta e il tratteggio del senso di apertura.

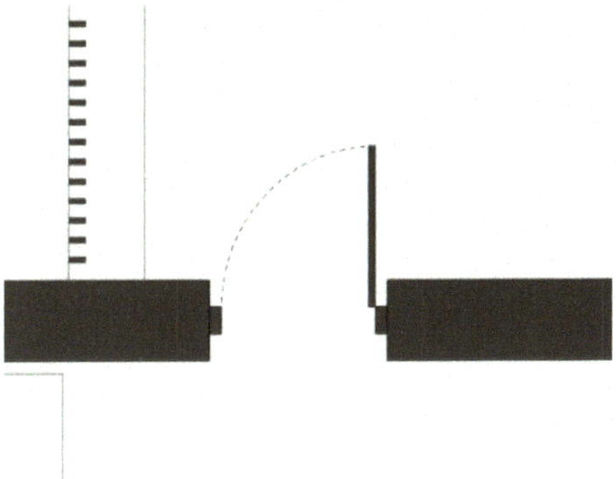

I *tag* possono essere usati per distinguere e attivare/disattivare le varie parti della porta.

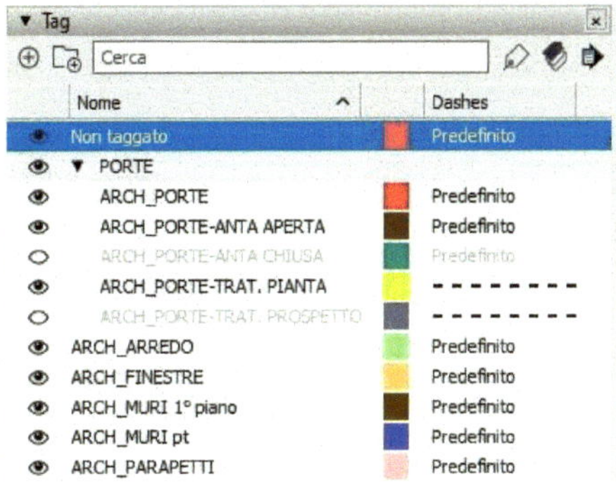

Vista frontale della porta, con anta chiusa e tratteggio del senso di apertura.

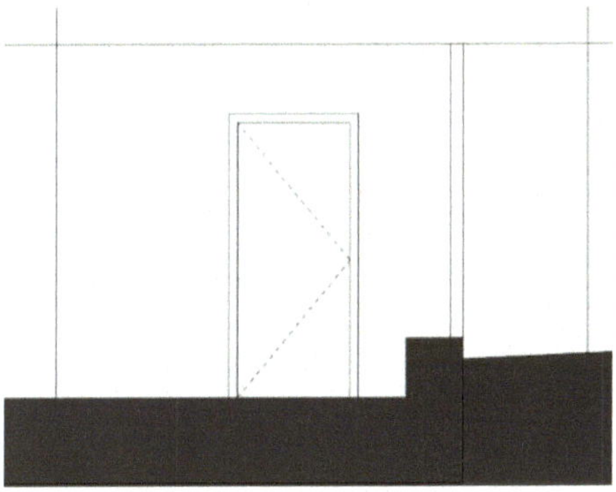

Vengono attivati i tag coerenti con la vista di prospetto.

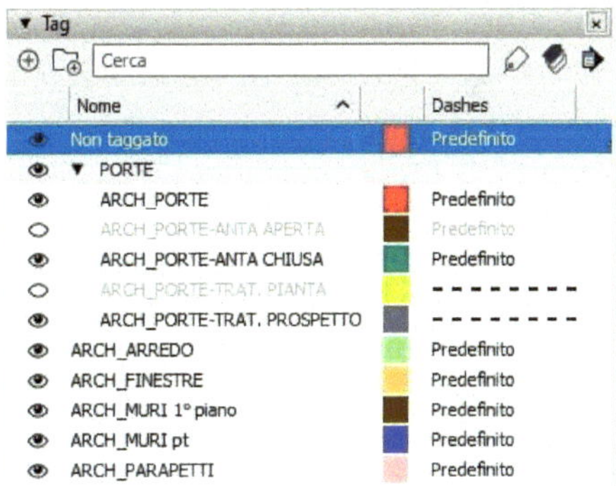

Nel *Capitolo 9* vengono approfondite le *Scene* che permettono di salvare le configurazioni dei *tag*, in modo da non doverli attivare/disattivare tutti manualmente; in questo modo le viste di pianta e di prospetto avranno ciascuna i *tag* correttamente attivati.

Eliminare un tag

Si possono eliminare tutti i *tag* tranne quello predefinito: il "Tag 0". Per eliminarne uno selezionarlo dall'elenco, cliccare tasto destro *Elimina tag*. Se non è utilizzato da alcun oggetto viene immediatamente cancellato dall'elenco. In caso contrario compare la finestra *Elimina tag che contengono entità*:

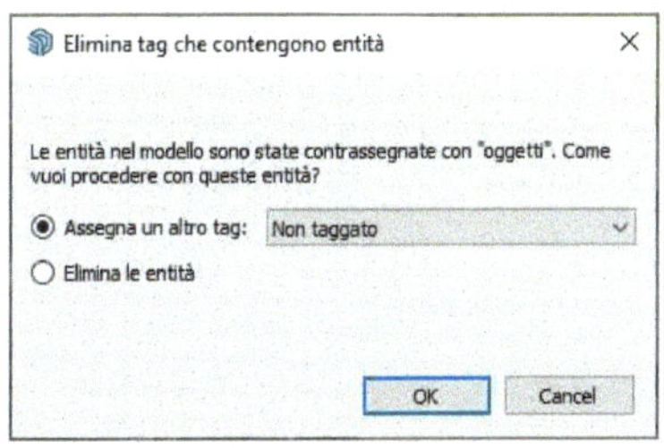

Figura 6.16 - La finestra *Elimina tag che contengono entità*.

→ **Assegna un altro tag:** assegna un tag a scelta alle entità che risiedono sul tag che sta per essere eliminato;

→ **Elimina le entità:** elimina tutto ciò che risiede sul tag da eliminare.

Eliminare una cartella di tag

Si possono eliminare anche le cartelle di *tag*: clic destro sulla cartella di *tag* > *Espandi cartella tag*. Viene eliminata la cartella di *tag* ma i *tag* in essa contenuti rimangono nel modello, semplicemente non sono più raggruppati in un'unica cartella.

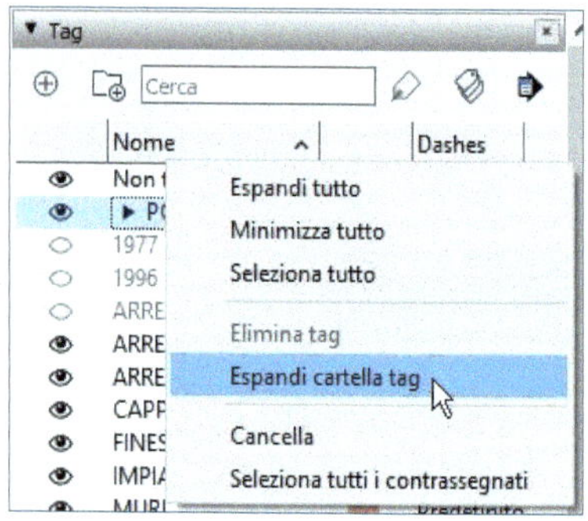

Figura 6.17 - Eliminare una cartella di tag.

7. File CAD, superfici Sabbiera e Posizione

Il capitolo tratta strumenti con caratteristiche ed obiettivi differenti, ma che presentano vari punti in comune fra loro. Questo ha portato alla scelta di trattarli nello stesso capitolo, in modo da far emergere i punti di sinergia che li lega.

7.1 Importare file CAD

SketchUp permette di importare file nei formati DWG/DXF, 3DS, DAE, DEM, IFC, KMZ e STL, oltre che naturalmente file SKP. L'importazione di file permette di dare supporto alla costruzione di modelli in SketchUp attraverso geometrie disegnate in altri software. Un passaggio molto comune è quello di importare una pianta, o altri elaborati di progetto, precedentemente sviluppata con un software CAD. La progettazione prosegue in SketchUp attraverso la costruzione del modello 3D, lo studio di materiali e di inquadrature, l'estrazione del computo, di immagini rendering e la successiva impaginazione in LayOut.

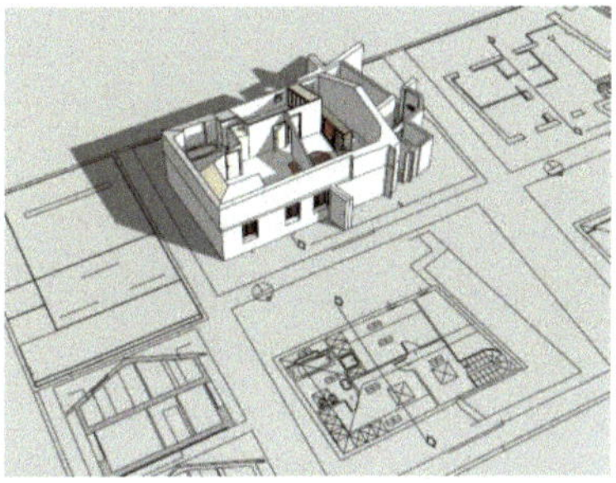

Figura 7.1 - Modello 3D di un'abitazione sviluppato a partire dagli elaborati CAD 2D importati.

> **Nota.** A questi formati si aggiungono FBX, STEP e molti altri importabili ed esportabili attraverso estensioni dedicate (ad esempio *Universal Importer*, *FluidImporter*, *SimLab* e *PolyTrans*).

Preparare il file CAD

Alcuni accorgimenti permettono di ottimizzare l'importazione del file.

A. Alleggerire il file

La conversione che viene fatta di questi elementi dal software CAD a SketchUp è complessa e può richiedere alcuni secondi o addirittura minuti, si consiglia pertanto di alleggerire il file togliendo tutto ciò che non è indispensabile alla prosecuzione del lavoro. Un file CAD più leggero aumenterà di poco il peso del file di SketchUp. Si consideri inoltre la possibilità di suddividere i vari elaborati in file differenti, in modo da poterli importare separatamente.

B. Posizione dell'origine

Tra le opzioni di importazione c'è la conservazione dell'origine del disegno. Se attivato, il posizionamento del disegno CAD nel modello SketchUp conserverà l'origine degli assi del disegno CAD, facendola coincidere con l'origine degli assi del modello di SketchUp. Questo aspetto è utile per conservare posizioni precise di elementi e coordinare le eventuali successive importazioni (ad esempio i piani sovrapposti di un edificio e non perdere l'allineamento tra questi). Sarà comunque possibile spostare a proprio piacere il file una volta importato, si tratta quindi solo di una precauzione. Geometrie molto lontane dall'origine degli assi potrebbero causare problemi di visualizzazione ed andrebbero quindi evitate.

Gli elaborati importati in SketchUp (con uno *stile* grafico a sfondo nero).

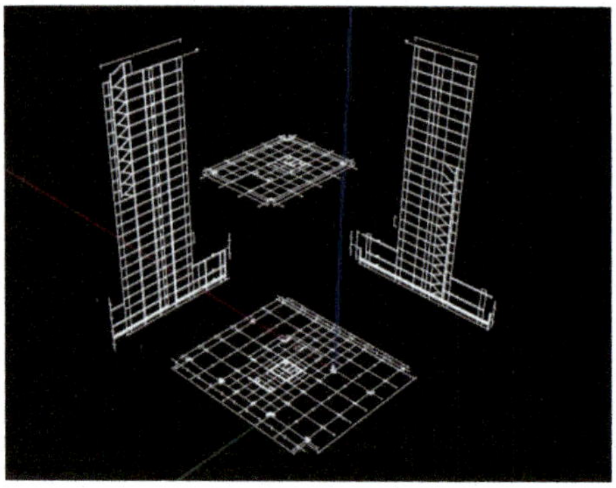

Il modello ricostruito: la posizione dei file importati è determinante.

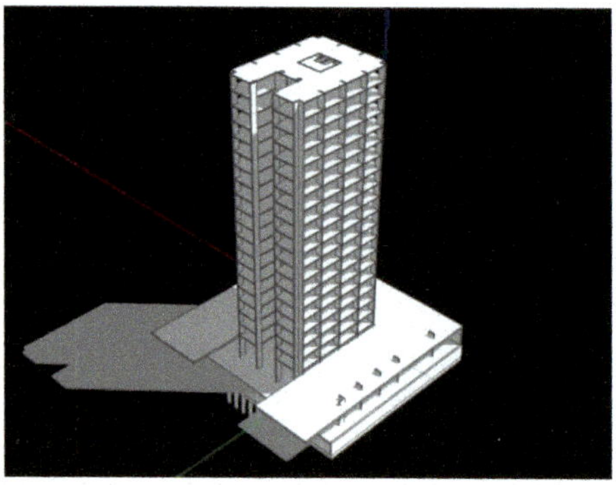

Suggerimento. Per spostare geometrie all'origine nel file CAD si consiglia l'uso delle coordinate assolute: dopo aver selezionato gli elementi da spostare cliccare nel punto del disegno che si vuol fare coincidere con l'origine e digitare le coordinate assolute nel formato x, y, z separate da virgola (quindi 0,0,0) seguite da Invio. Le modalità di indicazione delle coordinate potrebbero cambiare a seconda del software CAD in uso.

C. Verifica dell'unità di misura

Fra le opzioni di importazione si trova anche l'unità di misura per una corretta scalatura. È necessario conoscere l'unità con cui si è realizzato il file prima di importarlo.

Nota. L'unità di misura richiesta non è quella indicata nelle impostazioni del file CAD, ma quella utilizzata nello spazio modello.

D. Salvataggio in formato precedente

Versioni molto recenti potrebbero non essere supportate: si consiglia pertanto di salvare il file CAD in una versione precedente a quella di SketchUp.

Importare il file CAD

I passaggi per importare un file CAD sono i seguenti:

1. Nel menu *File* cliccare *Importa* e scegliere il formato di file da importare dal menu a tendina in basso a destra. Selezionare il file.

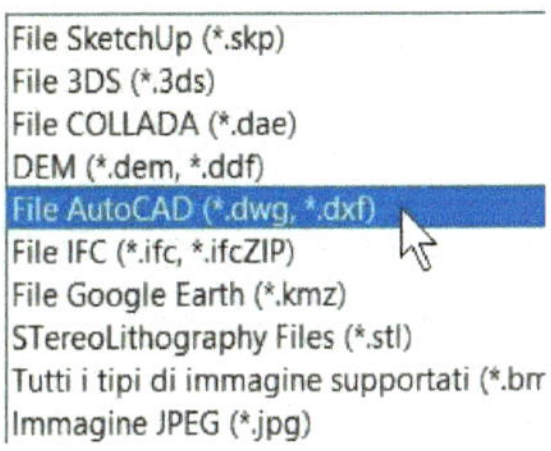

2. Cliccare *Opzioni* in basso a destra per perfezionare l'importazione (descritta di seguito).

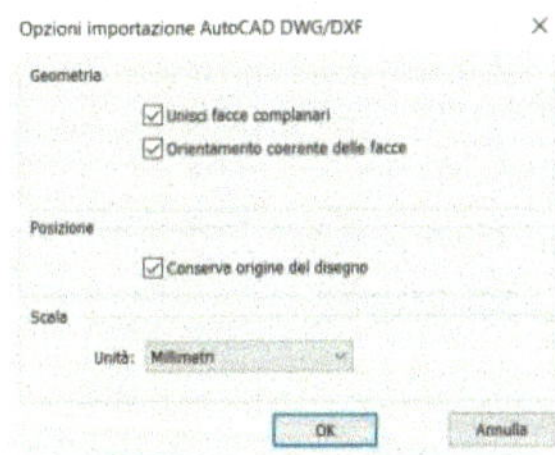

3. Appare la finestra *Risultati importazione* con il riassunto dell'esito dell'importazione. Cliccare *Chiudi*. Il file è stato importato.

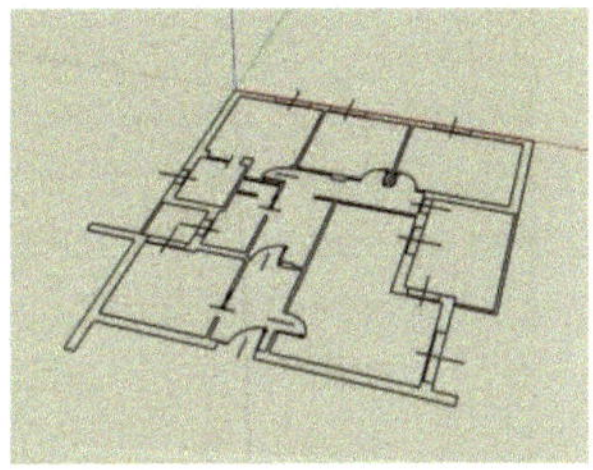

Vengono importati gli elementi geometrici quali linee, retini (che vengono esplosi in linee), i tag e i blocchi. Non vengono importati i testi. Il file viene importato come *componente*, cioè come un oggetto contenente le geometrie che si trovavano nello spazio modello del CAD.

Opzioni di importazione file DWG/DXF

Le *Opzioni di importazione* per i formati CAD più diffusi nel mondo architettonico (DWG e DXF) sono:

Unisci facce complanari	Unisce le facce complanari se presenti nel file, riducendo il numero di poligoni e quindi il peso del file.
Orientamento coerente delle facce	Orienta le facce presenti nel file CAD dallo stesso lato per facilitare il posizionamento dei materiali in SketchUp.
Conserva origine del disegno	Posiziona l'origine del file CAD nell'origine del modello di SketchUp. Se non viene selezionata questa opzione il file viene posizionato vicino all'origine.
Unità	Per una corretta scalatura indicare l'unità di misura che è stata utilizzata nel disegno CAD.

⚠ **Nota.** SketchUp non supporta l'importazione di superfici molto piccole (inferiori a 0,001 pollici quadrati). Se si necessita di importare geometrie molto dettagliate valutare l'importazione in metri o chilometri e la successiva scalatura nel modello ad importazione avvenuta.

Procedure comuni su file CAD importati

Il file CAD diventa un *componente*: in quanto tale è un oggetto e al suo interno si trovano le geometrie importate. Per proseguire con la modellazione si possono adottare diverse tecniche:

A. disegnare al di sopra del *componente*;
B. disegnare all'interno dell'editor del *componente*;
C. esplodere il *componente*;
D. copiare il contenuto del *componente* nell'area di disegno.

Queste tecniche sono indicative: i casi specifici devono essere affrontati con le diverse modalità in funzione della loro natura e delle finalità della modellazione.

A. Disegnare al di sopra del *componente*

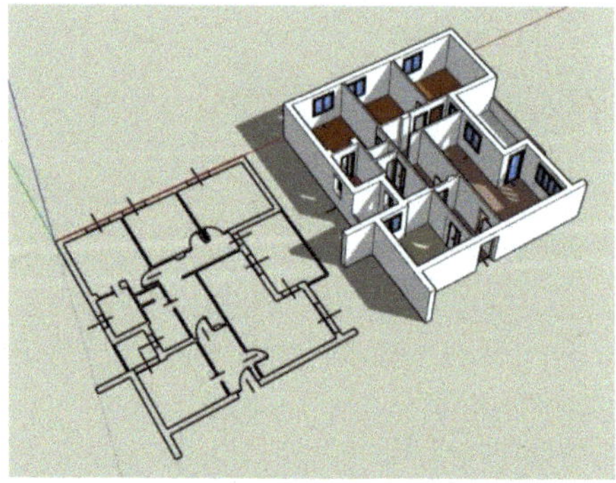

Figura 7.2 - A sinistra il file CAD e a destra il modello del progetto.

Consiste nel disegnare ricalcando le linee del *componente*. La presenza di snap facilita le operazioni di disegno. In questo modo si preserva il file originale importato e si ricostruiscono soltanto le geometrie utili al progetto. Eventuali modifiche effettuate durante la modellazione possono essere facilmente confrontate con il file originario che rimane sullo sfondo. Un vantaggio di questo metodo è che le linee e le altre geometrie che si disegnano non vengono spezzate dalle linee importate. Questo accade perché le linee importate sono contenute nel *componente*, quindi isolate dal resto del modello. Il vantaggio di questo metodo consiste nella possibilità di aggiornare il file cad come fosse un riferimento esterno (x-rif in AutoCAD) cliccandovi tasto destro > Ricarica...

Suggerimento. Si può bloccare il *componente* per preservarlo dalle modifiche, cliccando tasto destro > *Blocca*.

B. Disegnare all'interno dell'editor del *componente*

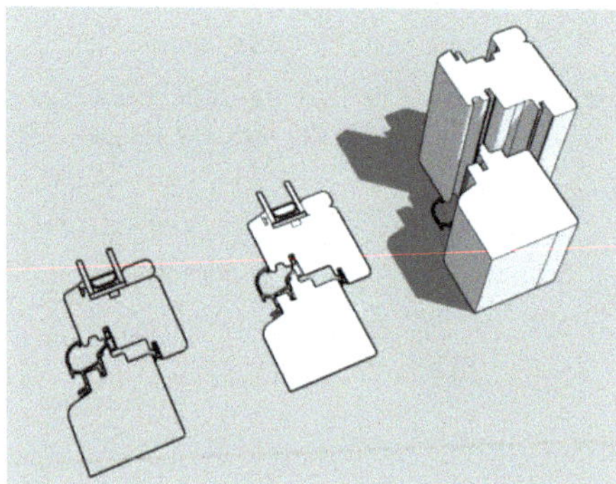

Figura 7.3 - Il file CAD di un serramento da cui si è ricavato il modello 3D dell'intera finestra.

Il *componente* contenente le geometrie importate può essere modificato. Per modificarlo si clicca due volte al di sopra di questo (oppure clic destro > *Modifica componente*). Le geometrie presenti all'interno dell'editor sono del tutto identiche alle geometrie di SketchUp trattate finora: possono quindi essere manipolate a proprio piacimento con gli strumenti di modifica. Questo metodo ha il vantaggio di far comparire velocemente le superfici da cui ricavare estrusioni e quindi il modello tridimensionale. È sufficiente, infatti, ricalcare una linea per far apparire la superficie contenuta dalle linee limitrofe (*primo principio di disegno*) e pervenire al modello tridimensionale. A differenza della prima opzione, quindi, non è necessario ricalcare il disegno per arrivare al modello tridimensionale.

C. Esplodere il *componente*

Per esplodere un *componente* selezionarlo, cliccare tasto destro > *Esplodi*. Esplodere il *componente* equivale a "sparpagliare" nel modello le geometrie importate, rischiando che si incollino ad altre geometrie presenti (*terzo principio di disegno*), rendendo complicate le successive operazioni di disegno. L'esplosione può inoltre richiedere molto tempo di elaborazione, in quanto i file CAD possono contenere quantità ingenti di geometrie (ad esempio le linee dei retini). Una interessante variante consiste nell'entrare nell'editor e realizzare un *gruppo* per ogni parte (ad esempio la pianta, la sezione, i prospetti, ecc.). Successivamente, uscendo dall'editor ed esplodendo il *componente*, si otterranno oggetti separati pronti per un appropriato posizionamento nel modello 3D, da sfruttare come riferimento nelle operazioni di modellazione: i prospetti ruotati in verticale, la pianta del primo piano spostata verso l'alto e così via.

1. Esempio di file CAD importato, contenente gli elaborati di un'abitazione.

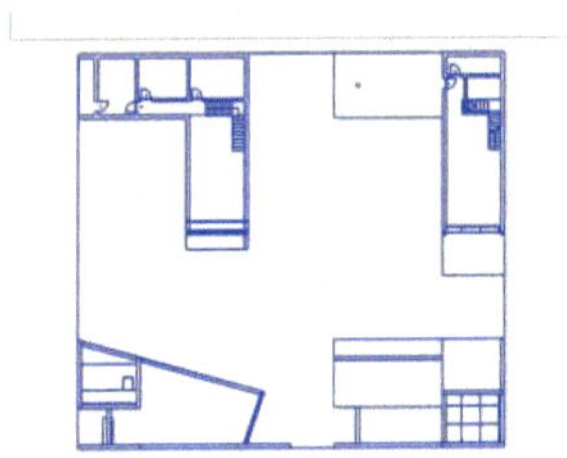

2. I *gruppi* separati dopo l'esplosione del *componente*.

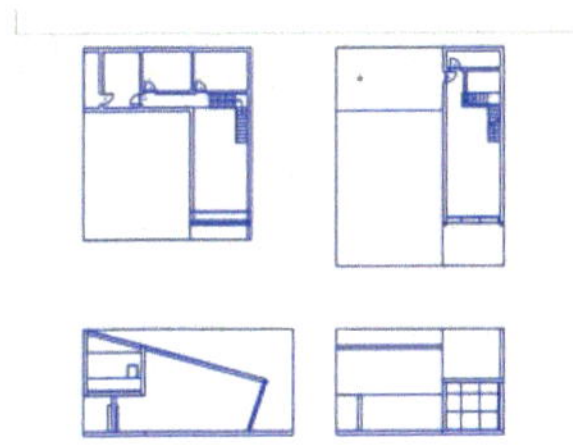

3. I *gruppi* posizionati in modo da facilitare la modellazione dell'intero edificio.

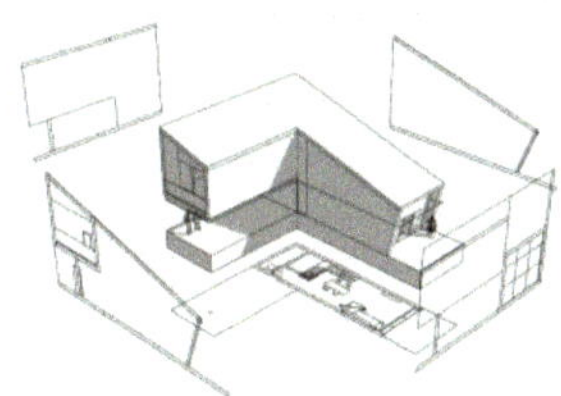

D. Copiare il contenuto del *componente* nell'area di disegno

Un'ulteriore possibilità è copiare geometrie ed oggetti dall'interno dell'editor del *componente* nello spazio modello. Entrando nell'editor basterà selezionare la parte d'interesse, cliccare *Copia* (menu *Modifica*), uscire con un clic dall'editor e cliccare *Incolla*. In questo modo si potrà lavorare su geometrie indipendenti da quelle importate e proseguire nella modellazione. *Incolla sul posto*, presente fra gli strumenti del menu *Modifica*, posiziona le geometrie alle stesse coordinate da cui sono state copiate in modo da conservare un allineamento che può essere utile per successive integrazioni.

Suggerimento. Per far comparire rapidamente le superfici da cui ricavare le estrusioni, si consiglia l'utilizzo dell'estensione *Make Face*, trattata nel *Capitolo 14.*

In conclusione, si precisa che il file importato, essendo un *componente*, può essere gestito con tutti gli strumenti dedicati a questo tipo di oggetto. Ad esempio: il salvataggio in una libreria locale, il caricamento online, la variazione in più versioni (*Rendi unico*), l'aggiunta di proprietà dinamiche, temi che vengono trattati nel *Capitolo 6*.

Nota. Queste modalità di intervento sui file importati non si escludono a vicenda. Anzi, si potrà di volta in volta valutare di procedere con una di queste per una parte del progetto, e con un'altra per il resto. Con un po' di esperienza si intuisce immediatamente quale sia la strada più conveniente in base alle necessità poste dal progetto stesso.

Esercizio. L'importazione di file CAD viene applicata nell'*Esercizio 12: Superficie topografica e profili.*

7.2 Revit importer, IFC e altri formati

Fra i formati file importabili in SketchUp è importante segnalare il formato RVT, ossia il formato file di Revit*. L'importanza di questa possibilità consiste nel buon grado di compatibilità fra gli elementi originali realizzati in Revit e la loro traduzione in elementi SketchUp. Infatti, la conversione conserva i seguenti elementi:

→ Livelli Revit > Piani di sezione SketchUp;

→ Categorie di Famiglie Revit > Tag di SketchUp;

→ Famiglie di Revit > *Componenti* di SketchUp.

Quindi in un flusso di lavoro in cui siano coinvolti entrambi questi software, oltre a poter importare file SKP in Revit, è ora possibile fare l'inverso, con un buon grado di compatibilità.

Nota. Revit importer al momento della stesura del testo è disponibile solo in SketchUp Studio, e non in SketchUp Pro.

Inoltre, SketchUp permette di importare file IFC (Industry Foudation Classes): il formato interoperabile realizzato da Building Smart per lo scambio di dati tra software nel metodo BIM (Building Information Modeling). SketchUp non può essere definito software BIM al 100%: semplicemente non è nato con questo scopo; quindi, ci sono alcune limitazioni nel grado di completezza e qualità di trasferimento dei dati. Nel *Capitolo 11* viene approfondita la classificazione degli oggetti del modello per l'esportazione in IFC2x3 e IFC4.

In SketchUp si possono importare anche altri formati CAD e 3D, fra cui ad esempio 3DS e DAE. La trattazione dell'importazione di tutti questi formati esula dagli scopi del presente testo, ma va segnalata la presenza di estensioni come *Universal Importer* che aggiunge la possibilità di importare molti altri formati, fra cui FBX, glTF, STEP, OBJ, STL e molti altri. Le estensioni sono strumenti aggiuntivi da installare in SketchUp; vengono approfondite nel *Capitolo 14*. *Universal Importer* in particolare è gratuita ed è disponibile nel sito sketchucation.com

7.3 Sabbiera

Figura 7.4 - La barra di strumenti *Sabbiera*.

Lo strumento *Sabbiera* consente di modellare mesh e unire profili. Con i comandi visti fino ad ora si riescono a creare e modificare superfici e volumi relativamente semplici. Un'altra famiglia di strumenti permette di creare superfici più complesse: prendono il nome di *Sabbiera* (come quella in cui giocano i bambini). Sono infatti in grado di rappresentare superfici morbide, come quella di un terreno, ma anche elementi di altro tipo come arredi o panneggi. Ci sono due modalità per realizzare questo tipo di superfici (primi due pulsanti della barra di strumenti *Sabbiera,* **Figura 7.4**):

→ **Sabbiera da contorni;**

→ **Sabbiera da zero.**

La barra *Sabbiera* inoltre contiene cinque strumenti di modifica, analizzati in seguito.

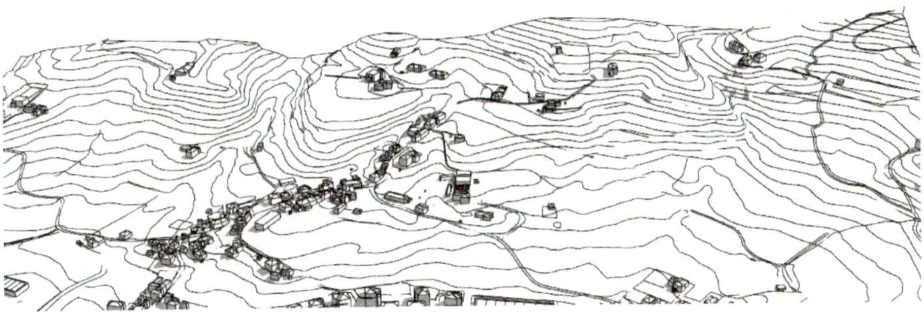

Figura 7.5 - Superficie topografica realizzata con *Sabbiera da contorni*.

Sabbiera da contorni 

Sabbiera da contorni consente di realizzare superfici a partire da linee presenti nel modello. Queste linee devono essere disposte come se fossero l'ossatura della superficie finale: ad esempio come le curve di livello per un terreno. La superficie è un oggetto a sé stante indipendente dalle linee di provenienza e può essere modificata a piacere.

Figura 7.6 - Esempio di superficie topografica realizzata con linee poste a quote differenti, derivanti da un file CAD importato.

Disposizione delle linee di contorno

L'elemento determinante per questo tipo di superfici sono le linee di contorno e la loro disposizione. Le linee possono essere disposte liberamente, in modo da creare la maglia di supporto della superficie: si possono utilizzare poche linee per realizzare superfici semplici, o una moltitudine di linee per generare oggetti più complessi.

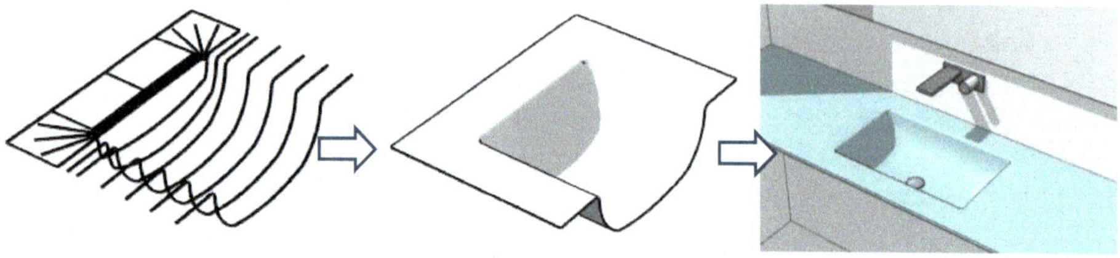

Figura 7.7 - Esempio di lavabo realizzato da linee disposte in modo incrociato.

Realizzare una mesh con **Sabbiera da contorni**

Di seguito i passaggi per realizzare una *Sabbiera da contorni*.

1. Disegnare le linee oppure importare un file CAD.

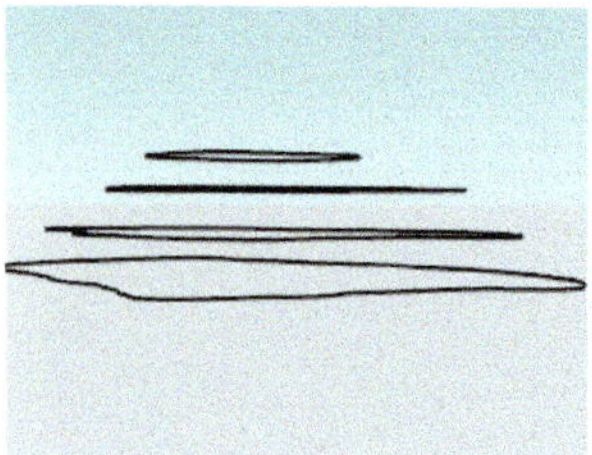

2. Selezionare le linee da utilizzare per la superficie.

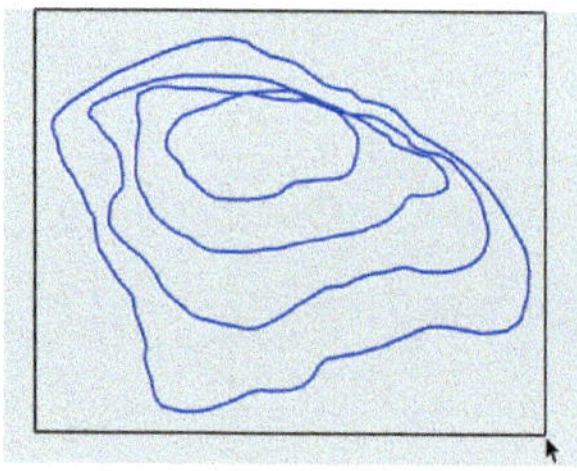

3. Selezionare *Sabbiera da contorni*.

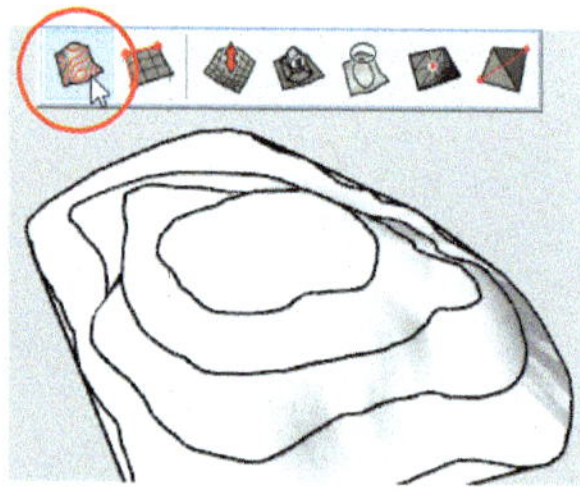

4. Viene realizzata la superficie distinta dalle linee iniziali.

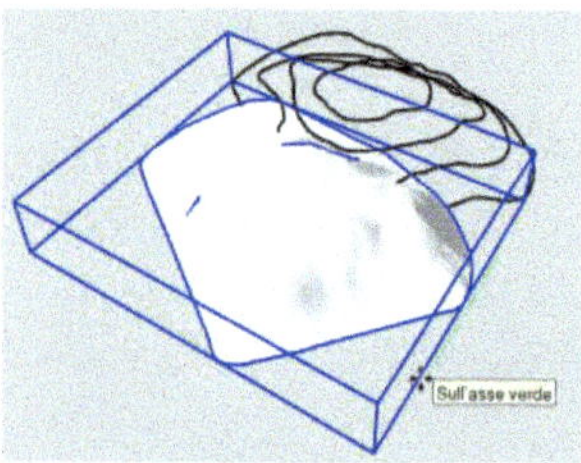

5. Opzionale: attivare *Linee nascoste* (menu *Visualizza*).

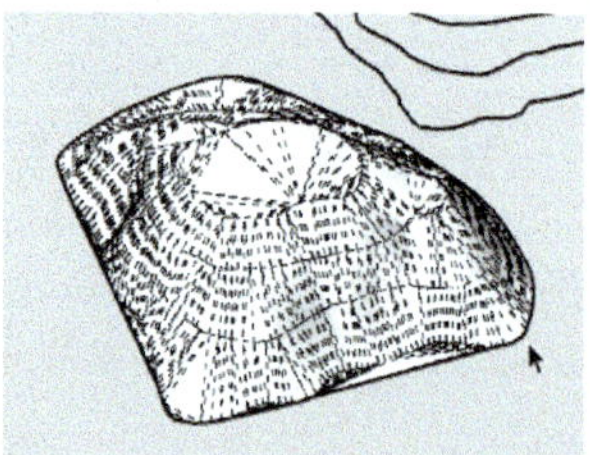

6. Completare il disegno con materiali e oggetti.

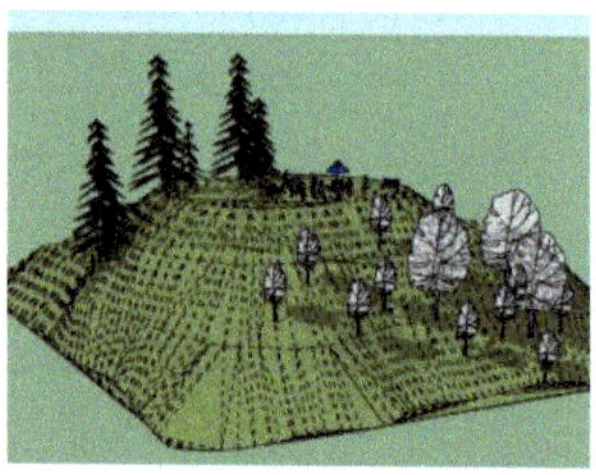

Sabbiera da zero

Sabbiera da zero permette di disegnare una superficie piana suddivisa in quadrati, pronta per essere modellata. Si riportano di seguito alcuni esempi di questo tipo di superfici successivamente modificate con gli strumenti appositi (in particolare *Modella*).

Realizzare una mesh con **Sabbiera da zero**

Una volta cliccato *Sabbiera da zero* indicare la *Spaziatura di griglia* (casella delle misure) seguita da *Invio*. La spaziatura deve essere commisurata alle dimensioni della superficie che si sta per realizzare, come indicato negli esempi precedenti: piccola per superfici piccole e viceversa.

Figura 7.8 - La superficie dell'acqua di una piscina (*Spaziatura di griglia* = 7,5 cm).

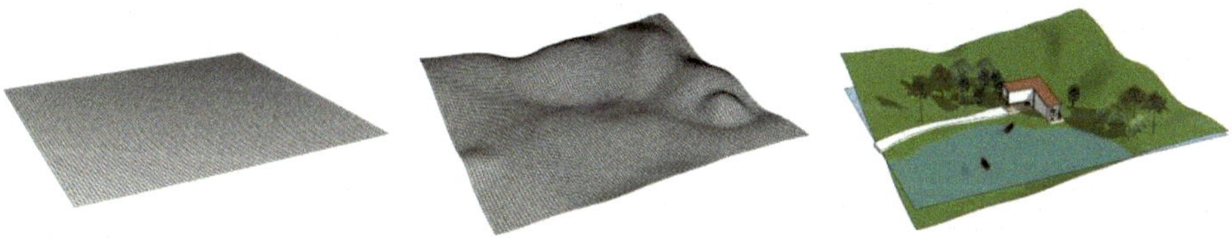

Figura 7.9 - Superficie modellata per un'ambientazione (*Spaziatura di griglia* = 100 cm).

Per realizzare la superficie procedere come segue:

1. Il primo clic individua un vertice della superficie.

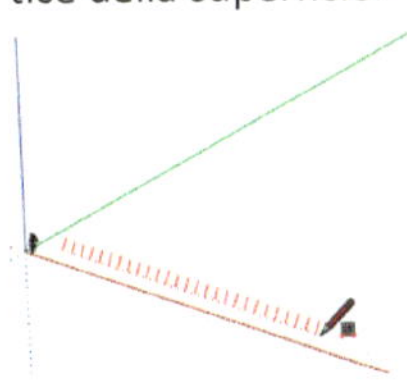

2. Il secondo clic lungo uno degli assi determina la larghezza.

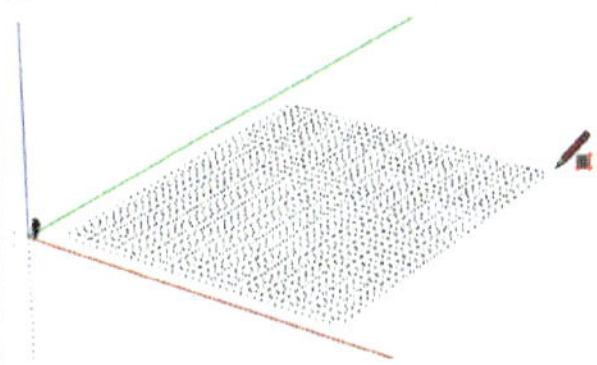

3. Con il terzo e ultimo clic terminare la superficie.

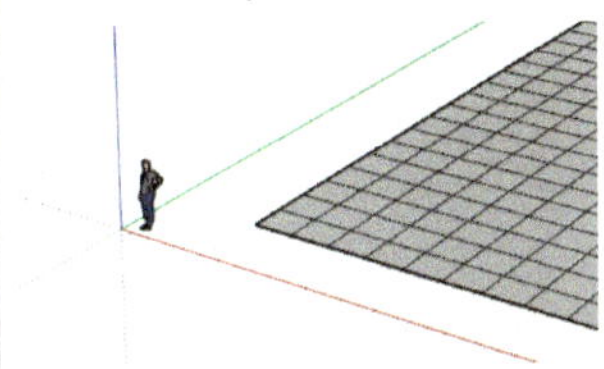

La superficie così realizzata è un *gruppo*. Per entrare nell'editor dell'oggetto cliccare sullo stesso due volte: si potrà constatare che sono state realizzate molte superfici piane una a fianco all'altra. Queste vanno modellate con gli appositi strumenti di modifica.

Suggerimento. SketchUp non consente la realizzazione di superfici da punti. Si può ricorrere all'importazione di file in formato DEM oppure ad estensioni come *Cloud*. Le estensioni vengono trattate nel *Capitolo 14*.

Strumenti di modifica delle superfici

Le opzioni di modifica della barra di strumenti *Sabbiera* possono essere utilizzate su qualsiasi superficie, indipendentemente dal metodo con cui è stata realizzata. Questi strumenti sono: *Modella, Stampo, Proietta, Aggiungi dettagli, Inverti bordo.*

Modella 

Modella deforma le superfici con curvature e si presta ad essere usato in particolare sulle *Superfici da zero*:

1. Entrare con due clic nell'editor del *gruppo*, cliccare *Modella*, digitare un *Raggio*.

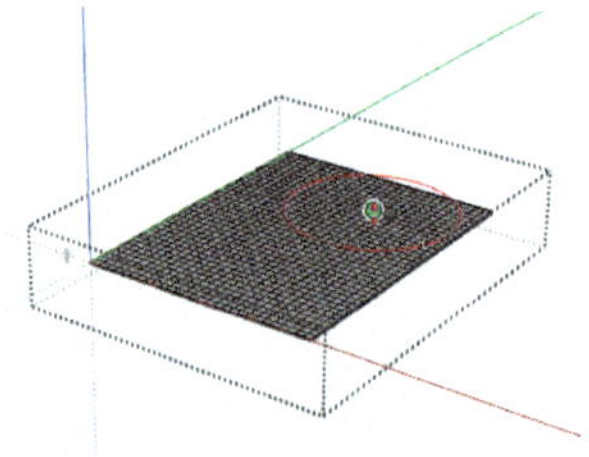

2. Cliccare in un punto per iniziare la modifica e spostare il cursore.

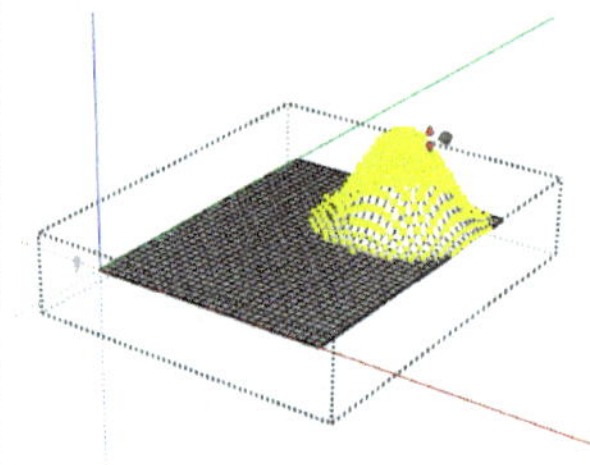

3. Cliccare in un punto finale o indicare una misura di spostamento seguita da *Invio*.

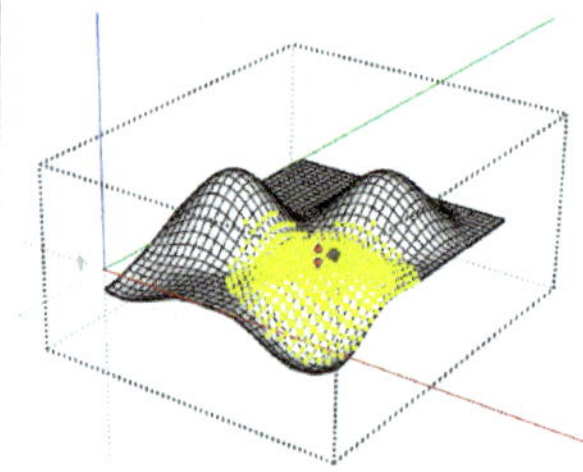

L'operazione può essere ripetuta modificando il raggio di modellazione per realizzare avvallamenti e sporgenze di misure differenti.

Considerazioni sulla **Spaziatura di griglia** delle **Superfici da Zero**

Come anticipato, la *Spaziatura di griglia* deve essere commisurata alle dimensioni dell'oggetto che si sta realizzando. Negli esempi che seguono vengono messe a confronto tre superfici con spaziatura 10, 50 e 100 cm modificate con *Raggio* 100 cm. Si può notare che nell'ultimo caso il numero di poligoni è basso e l'effetto è spigoloso e poco realistico.

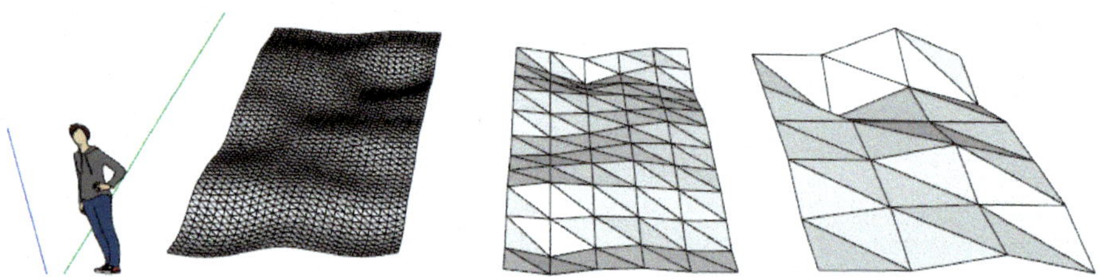

Figura 7.10 - Superfici a confronto con diversi valori di *Spaziatura di griglia*: 10, 50 e 100 cm.

Ammorbidisci bordi

Superfici composte da facce adiacenti, come le superfici sabbiera, possono mostrare le linee di triangolazione risultando spigolose. Per nascondere i bordi e conferire un aspetto morbido si utilizza *Ammorbidisci bordi*.

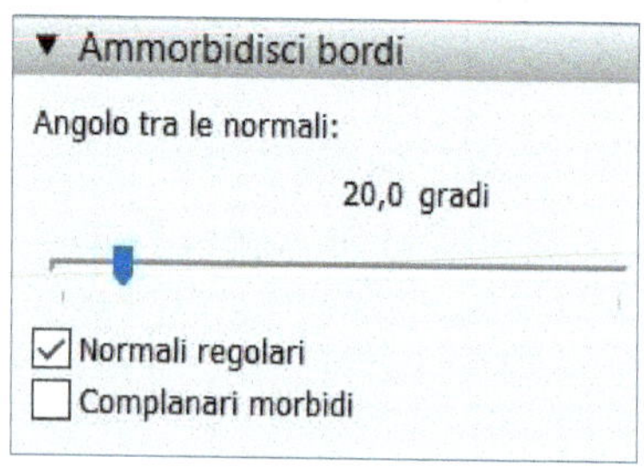

Figura 7.11 - La finestra *Ammorbidisci bordi*.

Ammorbidendo le superfici la differenza fra le tre soluzioni si nota meno e la superficie al centro sembra quella con il miglior rapporto definizione/numero di facce.

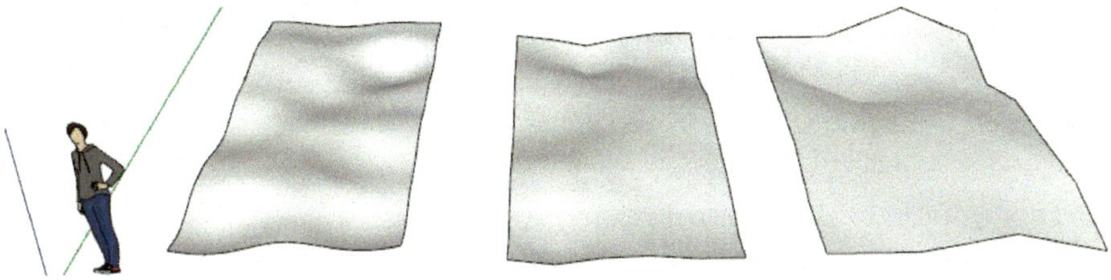

Figura 7.12 - Le stesse superfici della Figura 7.10 dopo l'ammorbidimento con *Ammorbidisci bordi*, ottenuto alzando il valore di *Angolo tra le normali*.

La scelta di una o dell'altra soluzione dipende dal tipo di oggetto che si sta realizzando e dalla posizione nella scena: oggetti più vicini all'inquadratura possono essere più dettagliati e accurati di altri che si trovano sullo sfondo e si notano meno. Per regolare la visibilità dei bordi selezionare la superficie (tutte le facce che la compongono oppure il *gruppo* che le contiene), cliccare tasto destro e quindi *Bordi morbidi/regolari*: appare la finestra *Ammorbidisci bordi*. Le impostazioni sono le seguenti:

Angolo tra le normali Rappresenta l'angolo, rispetto alla retta normale, al di sotto del quale i bordi tra le facce vengono nascosti; è preimpostato su 20° (ad esempio per un parallelepipedo si dovrebbe impostare almeno 90°).

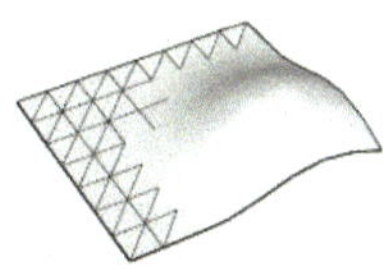

Normali regolari Se disattivato mostra le facce con tonalità differenti; se attivato rende l'impressione di una superficie levigata.

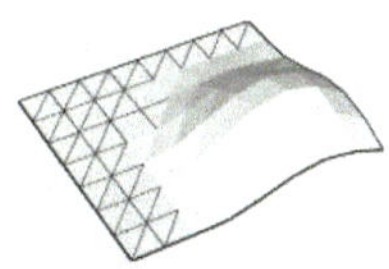

Complanari morbidi Nasconde le linee tra facce complanari.

Un esempio:

1. Terreno con le linee di triangolazione visibili.

2. Angolo tra le normali spostato a destra.

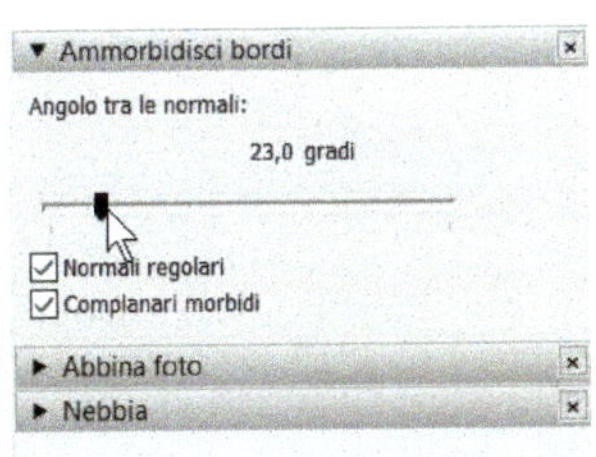

3. Attivare *Complanari morbidi* per nascondere le linee.

Suggerimento. Le linee di triangolazione possono essere rese visibili attivando/disattivando *Linee nascoste* dal menu *Visualizza*: le linee e tutti gli elementi nascosti vengono visualizzati tratteggiati.

Nota. L'angolo tra le normali può essere impostato solo attraverso il cursore e non attraverso l'inserimento di valori precisi.

Stampo

Lo strumento *Stampo* consente di realizzare rilevati o scavi con andamento planimetrico definito, a partire da superfici piane sovrapposte alla superficie da modellare. È possibile impostare il raggio d'azione dello stampo subito dopo aver attivato lo strumento; per definire se le pareti saranno verticali inserire un valore prossimo allo zero (nell'esempio è stato usato il valore 0,01) oppure inclinate (indicando ad esempio 1 mt). Dopo aver terminato la modifica, la superficie piana di partenza può essere cancellata.

1. Posizionare la superficie da stampare sulla verticale della superficie da modificare.

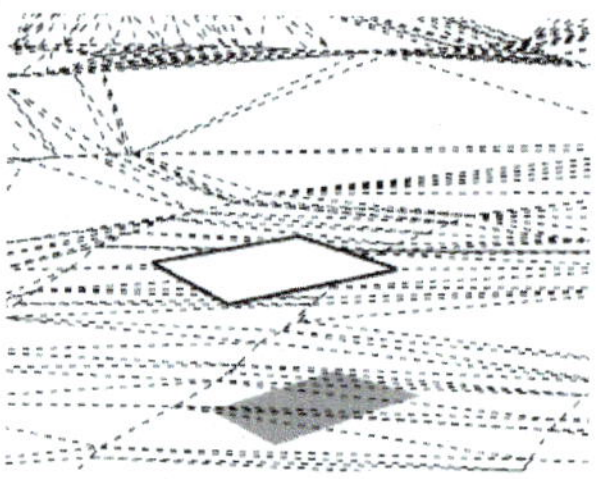

2. Cliccare *Stampo* e sulla superficie, dare un clic finale oppure indicare una misura.

3. La modifica può essere effettuata sia verso l'alto che verso il basso.

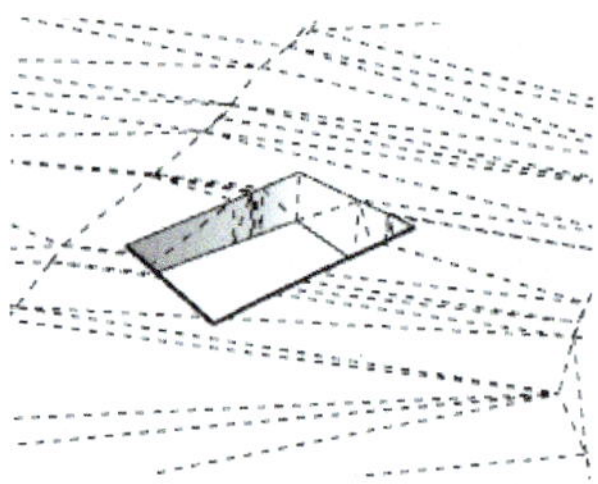

Proietta

Lo strumento *Proietta* consente di trasferire linee su di una superficie mesh. Distribuisce, o meglio proietta, linee disposte bidimensionalmente su una superficie tridimensionale.

1. Posizionare le linee in corrispondenza della superficie su cui andranno proiettate (un file cad 2D nell'esempio).

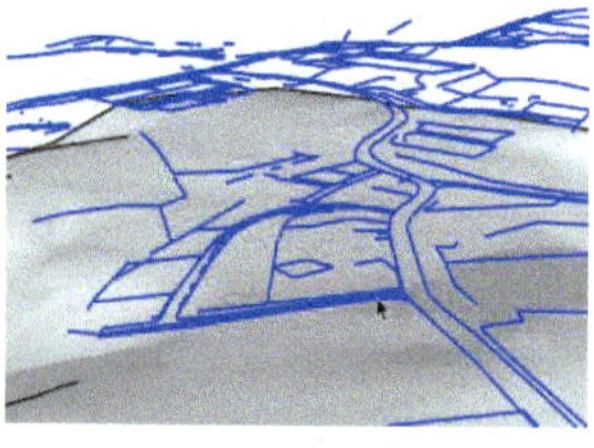

2. Selezionare le linee da proiettare, cliccare *Proietta* e quindi la superficie su cui proiettare.

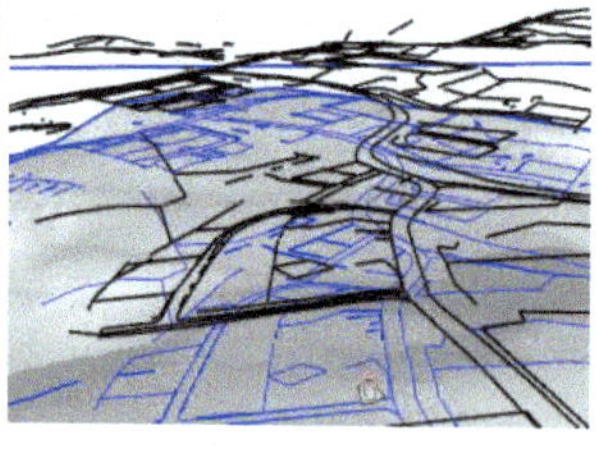

3. Il disegno prosegue inserendo ad esempio materiali ed edifici.

Aggiungi dettagli

Lo strumento *Aggiungi dettagli* consente di spezzare e spostare bordi e vertici per definire con accuratezza alcune zone di dettaglio.

1. Entrare nel *gruppo* della superficie da modificare.

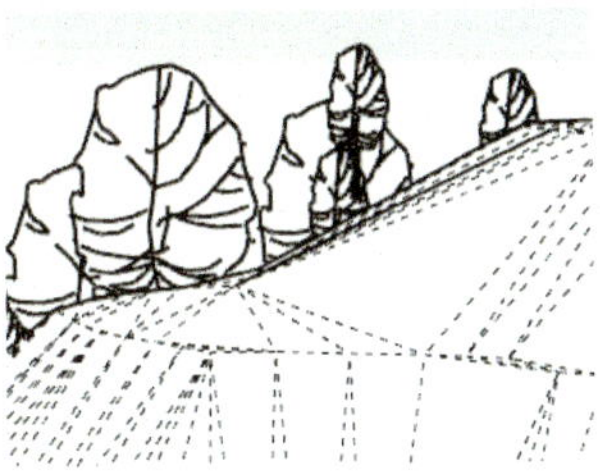

2. Cliccare su *Aggiungi dettagli* e in corrispondenza dei bordi.

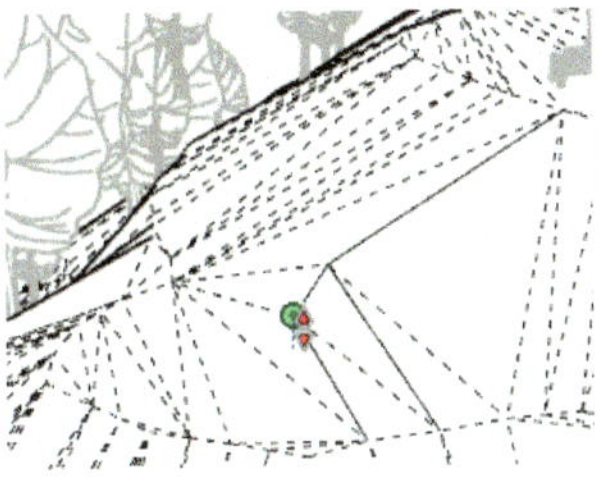

3. Le zone piane rese omogenee con il resto della superficie.

Inverti bordo

Cambia la direzione di triangolazione: linee che delimitavano una zona piana possono essere ridefinite in modo da completare una parte curva e morbida della superficie.

1. Superficie con una parte piatta e poco significativa.

2. Cliccare *Inverti bordo* e quindi sui bordi della zona piana.

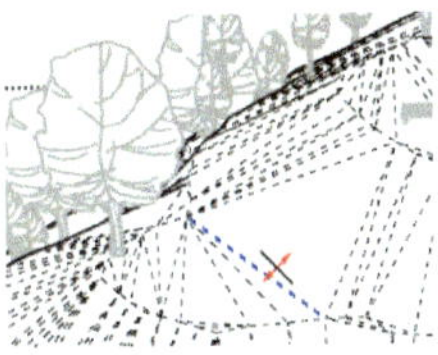

3. I bordi ora uniscono punti a monte e a valle del declivio.

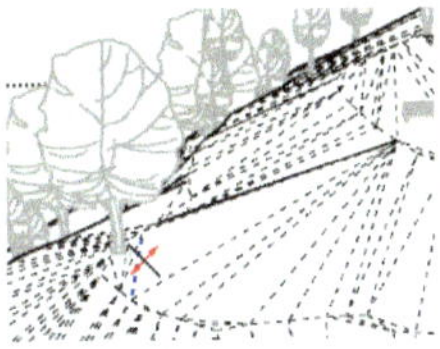

4. I bordi modificati e orientati coerentemente.

Esercizio. Le superfici sabbiera vengono applicate nell'*Esercizio 12: Superficie topografica e profili.*

7.4 Aggiungi posizione

Aggiungi posizione permette di georeferenziare il modello e di importare da mappe online direttamente all'interno del modello una o più porzioni di territorio in 3D con foto satellitare. Gli strumenti dedicati si trovano nella barra di strumenti *Sede* e nella finestra *Informazioni modello > Posizione geografica*. Qui è possibile cancellare la posizione e riportare il modello nella posizione preimpostata; dopo che lo si è georeferenziato manualmente, inserire altre porzioni di territorio oppure impostare manualmente le coordinate.

Cliccando *Aggiungi posizione...*, oppure cliccando l'apposito strumento nella barra di strumenti dedicata, appare la finestra con cui georeferenziare il modello direttamente all'interno della mappa.

1. Cliccare su *Aggiungi posizione*. Nella finestra inserire la località oppure zoomare.

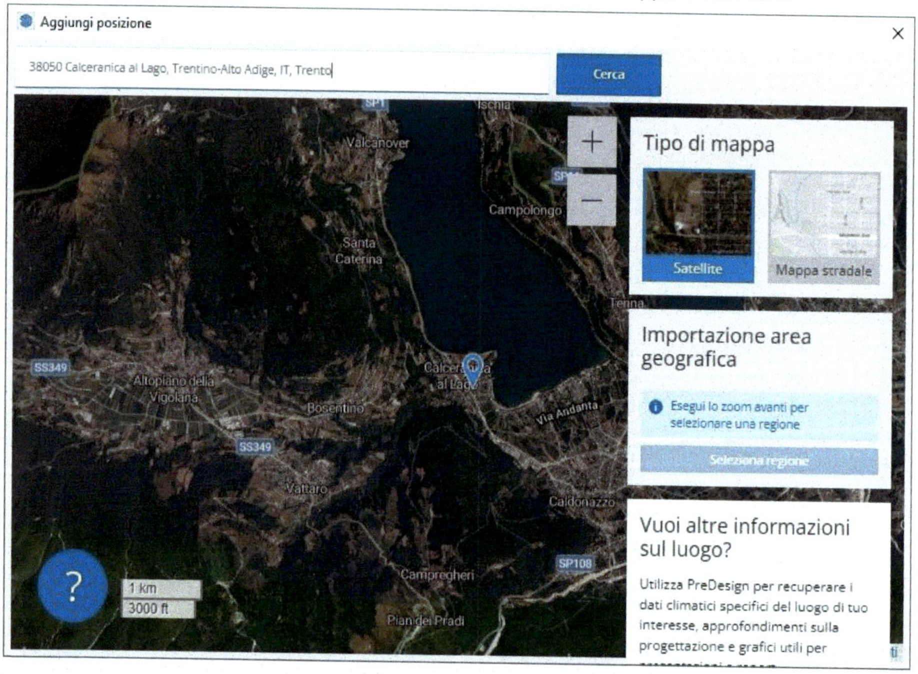

2. Selezionare Mappa stradale a destra per non visualizzare la foto satellitare.

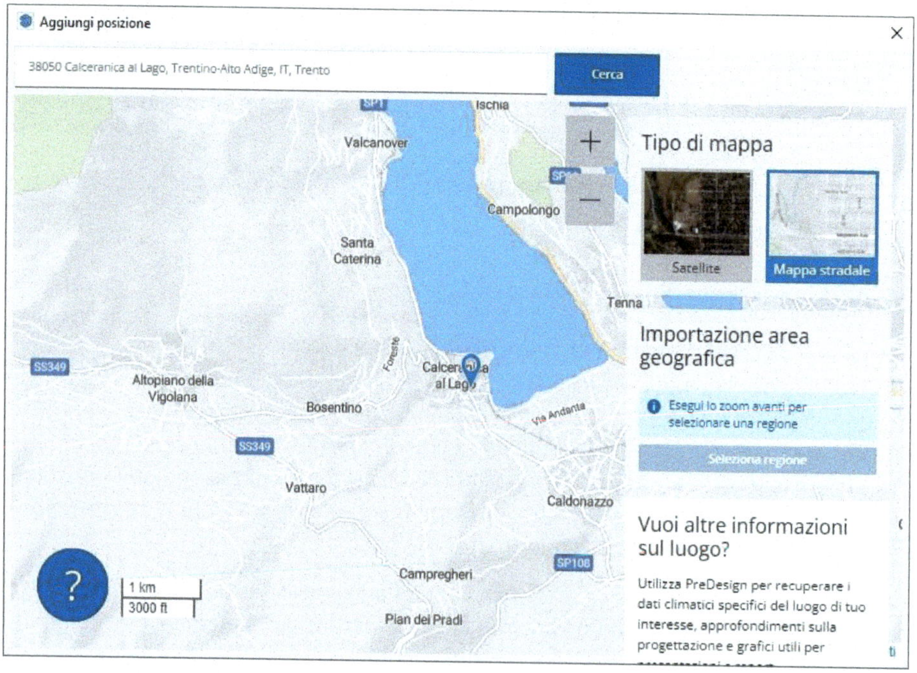

3. Usare il cursore per scegliere la risoluzione.

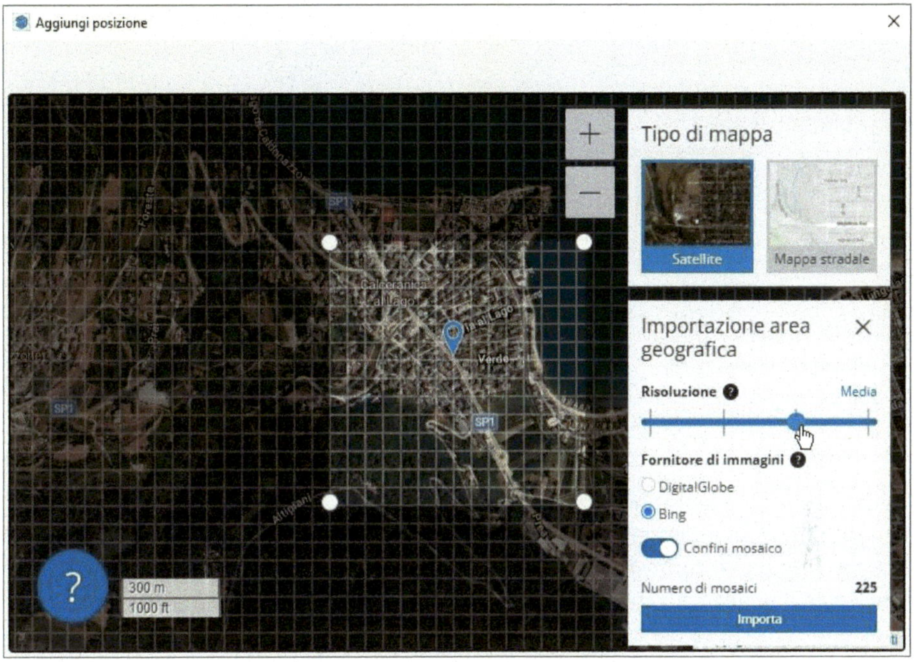

4. I provider del servizio offrono immagini a risoluzioni differenti. Cliccare *Importa*.

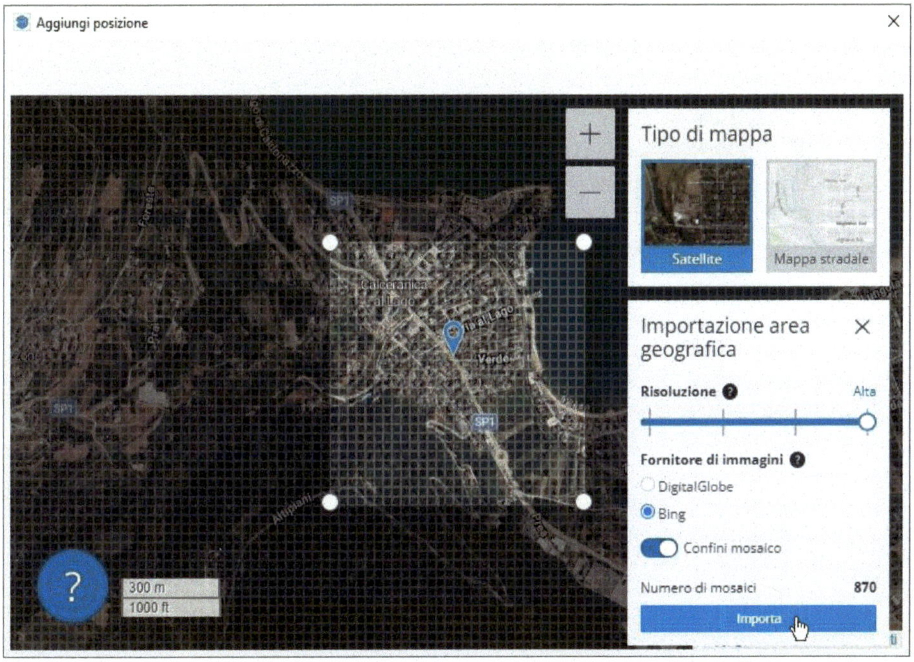

5. Il terreno viene importato e visualizzato in modalità bidimensionale.

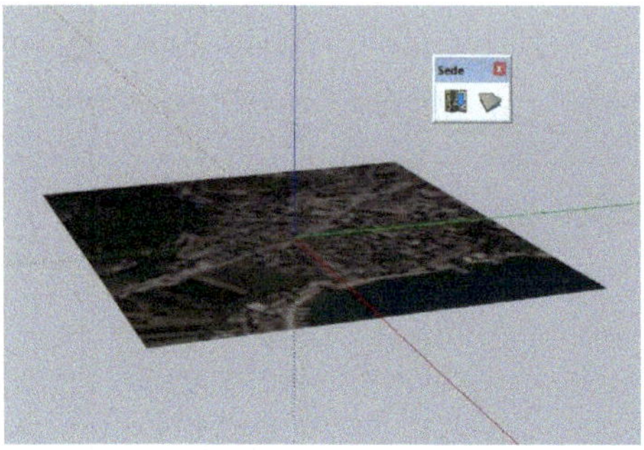

6. Con lo strumento *Attiva/Disattiva terreno* passare alla visualizzazione 3D.

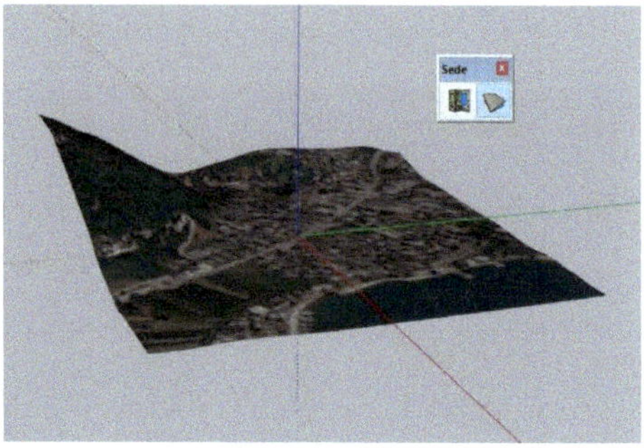

Il terreno viene importato in due modalità:

→ **2D:** per facilitare il posizionamento di elementi e/o il ridisegno di un'area;

→ **3D:** per mostrare l'effettivo andamento orografico.

Queste rappresentazioni sono controllate da due appositi tag: *Location Snapshot* (terreno 2D) e *Location Terrain* (terreno 3D). Con lo strumento *Attiva/disattiva terreno* viene spento uno e contestualmente acceso l'altro. Il terreno 3D consiste in una superficie simile a quelle trattate nelle pagine precedenti e quindi può essere editato con gli strumenti di modifica delle superfici *Sabbiera*. Si potrà utilizzare ad esempio *Stampo* per realizzare lo scavo di fondazione.

Suggerimento. Il modello disegnato in SketchUp, ad esempio un edificio, può essere visualizzato in Google Earth esportando/importando in formato KMZ. Le coordinate e la scala vengono mantenute. Il modello viene visualizzato temporaneamente nel proprio pc (non rimane permanentemente caricato in Google Earth, vedere pag. 182).

La posizione può in seguito essere impostata, modificata o cancellata manualmente nell'apposita finestra *Imposta manualmente la posizione geografica* a cui si accede dalla sezione *Posizione geografica* della finestra *Informazioni modello* (menu *Finestra*).

8. Materiali, immagini e luce

8.1 Materiali

SketchUp offre centinaia di materiali precaricati pronti all'uso. Tutti possono essere modificati a piacere, altri possono essere aggiunti in qualsiasi momento con caratteristiche personalizzate.

I materiali rivestono un ruolo molto importante nel disegno 3D con SketchUp. Oltre a caratterizzare cromaticamente gli oggetti, che è il loro ruolo principale, sono quantificabili attraverso lo strumento di computo e sono quindi in grado di dare una stima di massima delle risorse necessarie per realizzare il progetto. In questo capitolo viene approfondito l'aspetto grafico, mentre la parte relativa al computo viene trattata nel *Capitolo 12 - Genera rapporto*.

Figura 8.1 - Immagine d'interno.

Libreria di materiali precaricati

La finestra *Materiali* (*Colori* su sistema operativo Mac) raccoglie i materiali precaricati, distinti in categorie, e gli strumenti per modificarli o realizzarne da zero. Le categorie sono elencate nel menu a tendina: con un clic su una di queste è possibile visualizzare i materiali in essa contenuti.

La finestra *Materiali*.

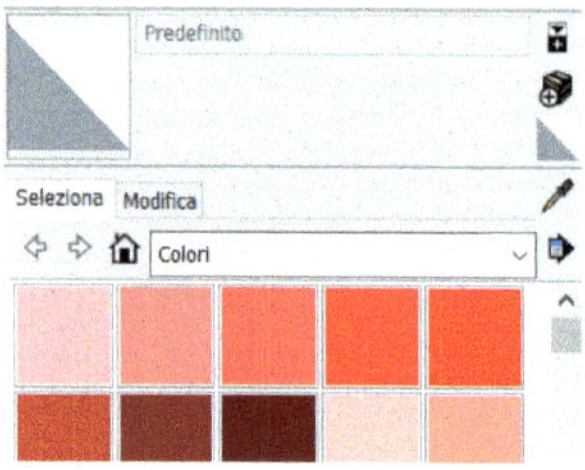

L'elenco delle categorie.

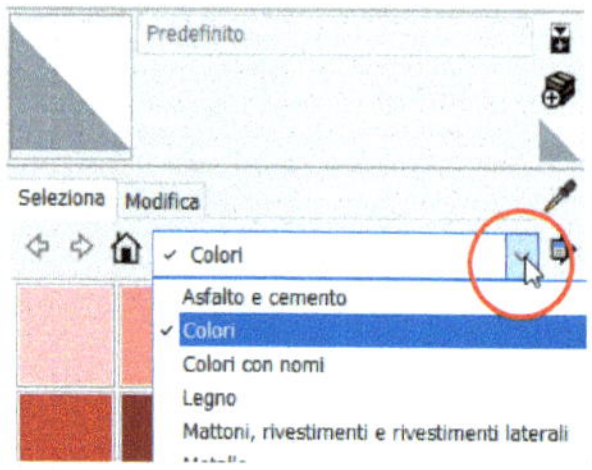

Mac: le categorie di materiali.

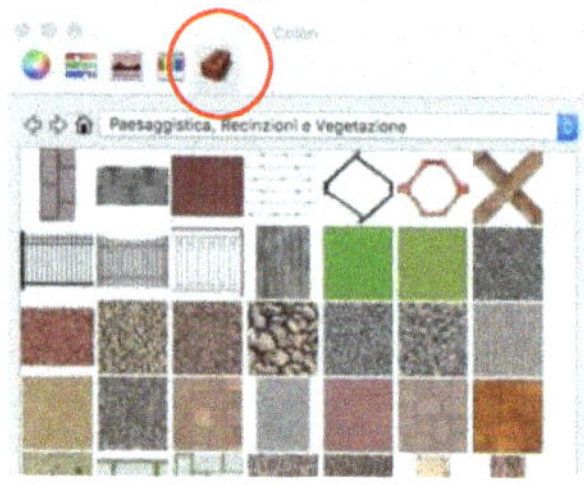

Attribuire materiali agli elementi nel disegno

Ci sono varie modalità di applicazione, elencate di seguito.

Attribuire un materiale ad una superficie

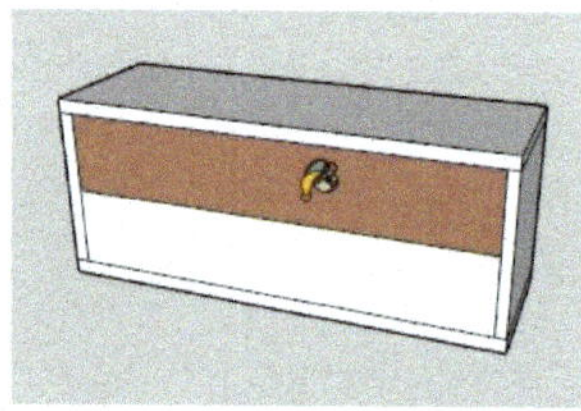

Per attribuire un materiale ad una singola superficie:

1. cliccare sul materiale da utilizzare;
2. cliccare sulla faccia da colorare.

Il materiale viene applicato alla faccia in primo piano; a quella sul retro della stessa superficie potrebbe essere applicato un altro materiale.

Attribuire un materiale a superfici contigue

Per attribuire un materiale a superfici contigue:

1. cliccare sul materiale da utilizzare;
2. tenere premuto **Ctrl**;
3. cliccare su una delle facce.

Il materiale viene applicato anche a tutte le superfici adiacenti. In alternativa si possono selezionare in anticipo le superfici anche se separate tra loro, e quindi applicare il materiale.

⚠ **Nota.** Vengono dipinte solo le facce orientate allo stesso modo; se ci dovessero essere facce rovesciate cliccarvi sopra tasto destro > *Inverti facce*.

Attribuire un materiale ad un *gruppo*

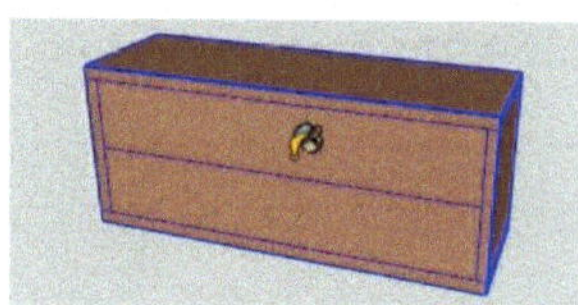

Per attribuire un materiale ad un *gruppo*:

1. creare il *gruppo* controllando che non sia stato applicato un materiale alle superfici;
2. cliccare sul materiale da utilizzare;

3. cliccare sul *gruppo*: tutte le superfici contenute nel *gruppo* vengono colorate. Le superfici all'interno possono essere colorate singolarmente.

Suggerimento. Questo metodo è preferibile rispetto ai precedenti quando l'oggetto da colorare è composto di un solo materiale; in questo modo non si rischia di dimenticare di colorare alcune superfici del volume o che il materiale venga attribuito sul lato errato.

Attribuire un materiale ad un *componente*

Per attribuire un materiale ad un *componente* si può procedere in due modi sostanzialmente diversi tra loro: dall'interno o dall'esterno dell'editor del *componente*.

Attribuire il materiale dall'esterno dell'editor del *componente*

1. Cliccare sul materiale da utilizzare;
2. cliccare sul *componente* da colorare.

Viene colorata solo l'istanza di *componente* su cui si è applicato il materiale, ma non sulle altre copie.

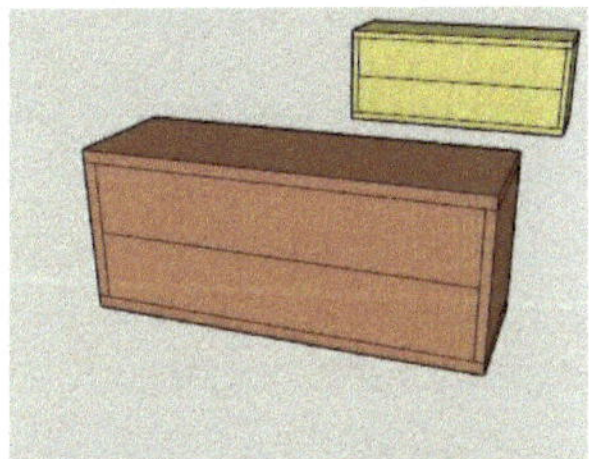

Attribuire il materiale dall'interno dell'editor del *componente*

1. Entrare nell'editor del *componente* con doppio clic;
2. cliccare sul materiale da utilizzare;
3. cliccare sulla/e superfici da colorare.

Vengono colorate anche le altre copie del *componente* (nell'esempio cambia il materiale dei cassetti).

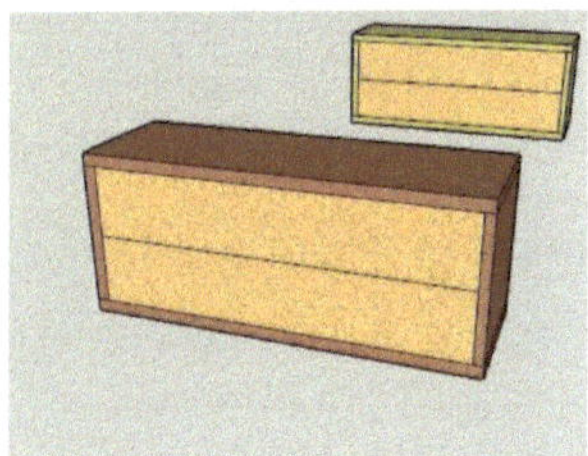

Assegnare materiali sia dall'esterno che dall'interno dell'editor

È utile in alcuni casi posizionare i materiali sia all'interno che all'esterno dell'editor di un *gruppo* o di un *componente*, per poter sfruttare le potenzialità di entrambe queste alternative. In linea generale si tenga presente che un materiale posizionato all'interno dell'editor <u>prevale</u> su un materiale attribuito all'esterno dell'editor. Nell'esempio seguente i muri e i pavimenti di un progetto di arredo sono un *gruppo*.

1. Il *gruppo* viene dipinto con materiale *Intonaco* all'esterno dell'editor: le superfici sono dipinte in una sola volta.

2. Successivamente all'interno dell'editor si posizionano materiali quali la finitura dei pavimenti alle singole superfici.

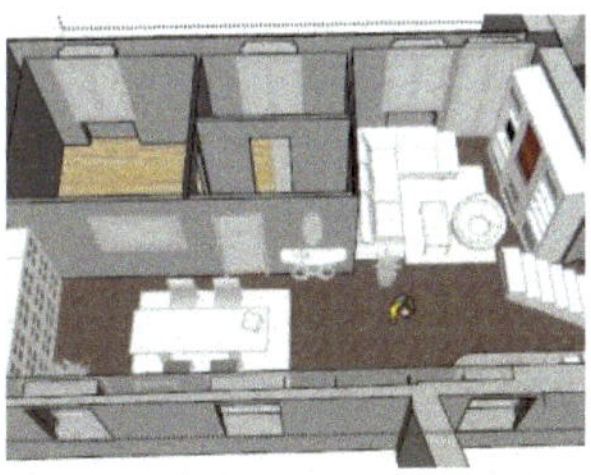

3. Sostituire l'*Intonaco*: versare il nuovo materiale dall'esterno del *gruppo*; i materiali all'interno non vengono sostituiti.

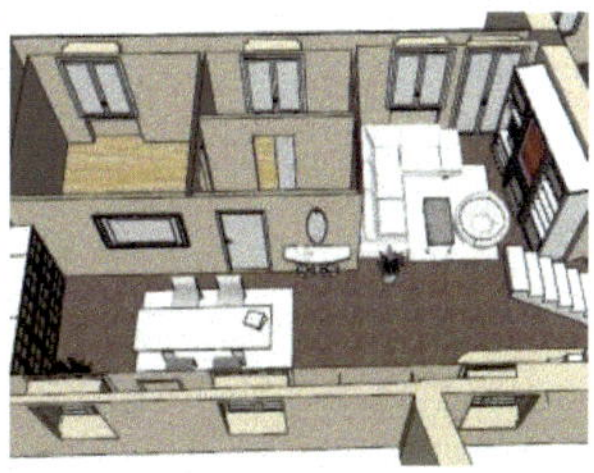

Applicare materiali su superfici curve

L'applicazione di materiali su superfici curve necessita dell'importazione dell'immagine che ne costituisce la texture; pertanto, questo tema viene trattato nella sezione dedicata all'importazione di immagini (a pagina 137).

Nota. Applicando un materiale si attiva automaticamente lo stile di visualizzazione *Ombreggiato con Texture*, trattato con gli *stili* nel *Capitolo 9*.

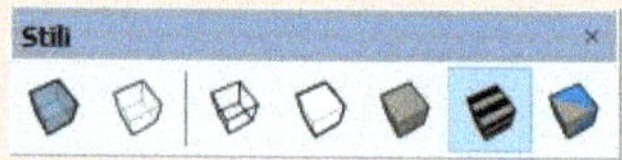

Sostituire o togliere un materiale

Per sostituire un materiale con un altro basta posizionare il materiale nuovo: in questo modo quello precedente viene sostituito. Per togliere del tutto un materiale da un elemento invece si utilizza il materiale *Predefinito*, presente nella finestra *Materiali* come indicato in **Figura 8.2**. Applicando il materiale *Predefinito* ad un elemento si ritorna alla situazione originaria, con le superfici bianche da un lato e grigie dall'altro. Su Mac il materiale predefinito si trova nella sezione *Nel modello*.

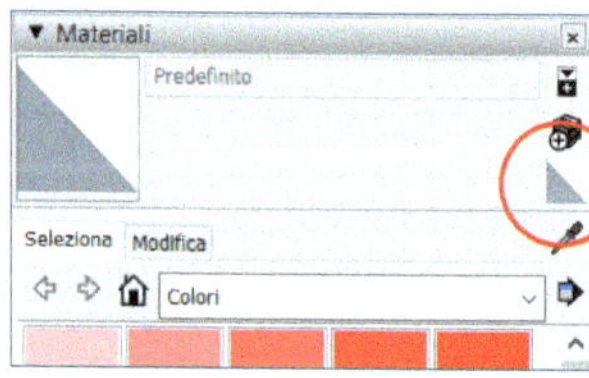

Figura 8.2 - Il materiale *Predefinito*.

Rendere attivo un materiale

È molto comodo rendere attivo un materiale utilizzato nel modello per poterlo applicare ad un altro elemento del disegno, senza dover richiamare l'originale presente nella libreria precaricata. Per rendere attivo un materiale ci sono due metodi.

A. **Tinta campione** : si trova nella finestra *Materiali*, permette di prelevare un materiale da un elemento del disegno. Cliccare su *Tinta campione*, quindi sulla porzione di modello in cui si trova il materiale da rendere attivo (non importa se applicato su una superficie, un *gruppo* o un *componente*). Su Mac: cliccare sul contagocce e premere Command, quindi cliccare due clic lenti nel modello in un punto qualsiasi in cui c'è il materiale da attivare.

Figura 8.3 - Lo strumento *Tinta campione*.

B. **Nel modello** : cliccare lo strumento a forma di casetta nella finestra *Materiali* per visualizzare la lista dei materiali utilizzati nel modello corrente. Cliccare sul materiale da rendere attivo. Con la freccia nera a destra si possono scegliere varie modalità di visualizzazione della lista: miniature da piccole a grandissime

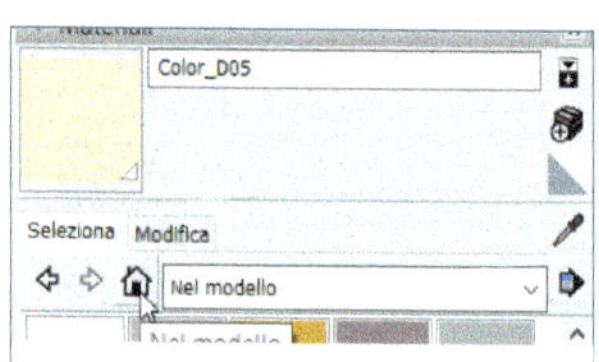

Figura 8.4 - Il pulsante per accedere alla lista dei materiali.

o come elenco (consigliato se i materiali sono tanti perché più veloce, non carica le anteprime).

Modificare le proprietà di un materiale (Win)

Un materiale deve essere già presente nel modello per poter essere modificato; le modifiche vengono infatti applicate ad una copia: in questo modo l'originale viene preservato inalterato nella libreria precaricata. Per apportare modifiche ad un materiale renderlo attivo e quindi aprire la scheda *Modifica* della finestra *Materiali* (Figura 8.5): le caratteristiche dei materiali sono *Colore*, *Texture* e *Opacità*.

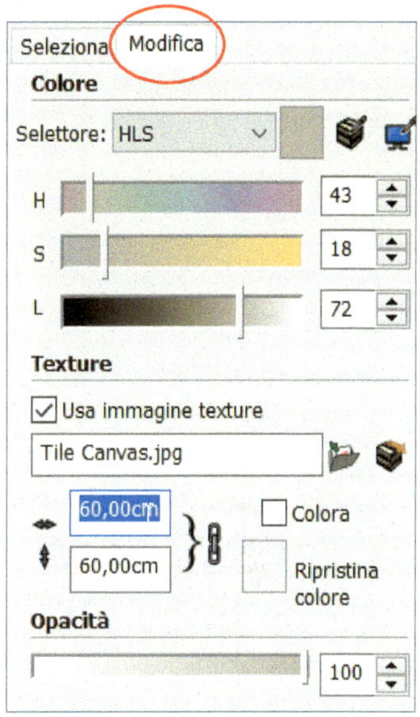

Figura 8.5 - La scheda *Modifica*.

Colore

La sezione *Colore* permette di modificare il colore del materiale (anche se in presenza di una texture):

→ **Selettore** (menu a tendina): controlla il metodo di selezione del colore (HLS, HSB o RGB), che viene visualizzato nei cursori sottostanti;

→ **Annulla modifiche al colore** : riporta il colore alla tonalità originaria;

→ **Corrispondenza del colore dell'oggetto nel modello** : preleva la tonalità di colore dall'oggetto su cui si clicca; può servire a copiare la gradazione di colore da un materiale a quello che si sta modificando;

→ **Corrispondenza del colore sullo schermo** : simile al precedente ma preleva la tonalità di colore così com'è visualizzata a schermo, quindi con i relativi chiaro-scuri.

Texture

Consente di attribuire (o togliere) una texture da un materiale e fare modifiche dimensionali. Se il materiale ha già una immagine di texture assegnata, questa può essere modificata con il software di modifica preimpostato (menu *Finestra > Preferenze > Applicazioni*. Su Mac: *SketchUp > Preferenze > Applicazioni*) attraverso il pulsante *Modifica un'immagine di texture in un editor esterno*. Le dimensioni della texture possono essere modificate con i valori di larghezza e altezza; la catena può essere aperta per rendere indipendenti i valori e fare modifiche che alterano le proporzioni originarie.

Opacità

Controlla l'opacità e la trasparenza del materiale: 100 = massima opacità e nessuna trasparenza. La trasparenza viene estesa a tutta la superficie del materiale.

> **Nota.** Tra le impostazioni non ci sono proprietà relative al rendering (come, ad esempio, riflessione o rifrazione della luce): queste caratteristiche vengono aggiunte con le estensioni di rendering come approfondito nel *Capitolo 14*.

A seguire un esempio di modifiche ad un materiale.

Il materiale *Pavimento in legno chiaro* prima delle modifiche.

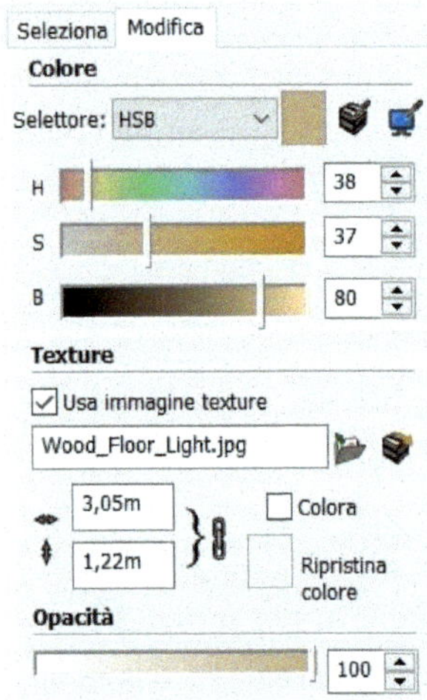

La superficie su cui è applicato il materiale prima e dopo.

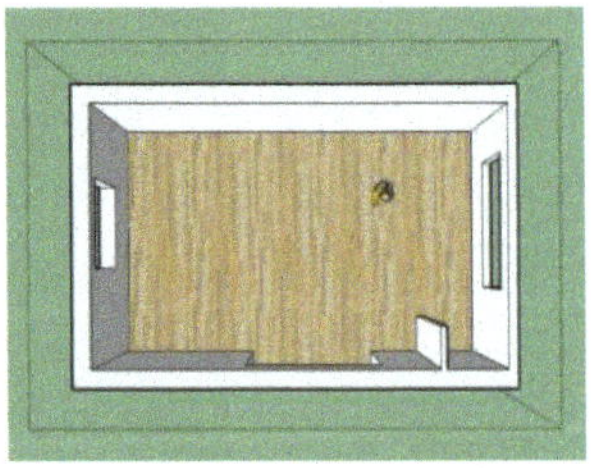

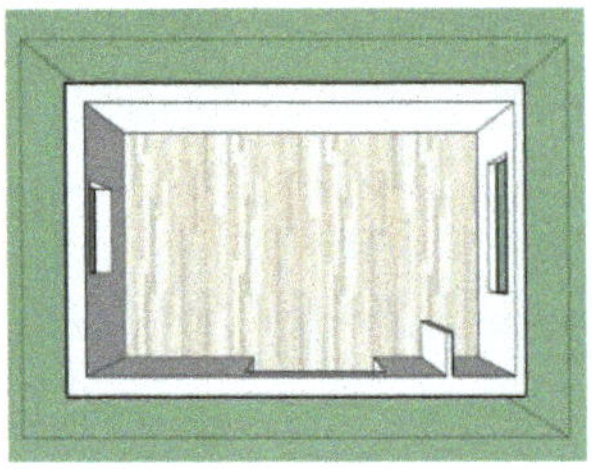

Le modifiche apportate nella scheda dedicata.

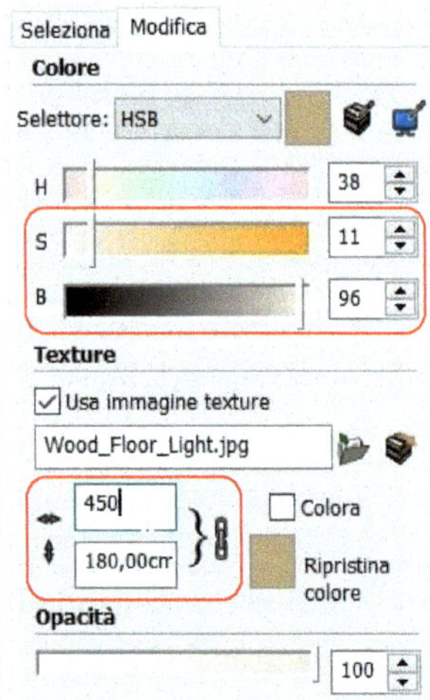

Modificare le proprietà di un materiale (Mac)

La modifica di un materiale è consentita anche se non è ancora stato utilizzato all'interno del modello (diversamente dalla versione Win). I materiali della libreria, infatti, possono essere modificati in modo permanente. Quando uno di questi viene utilizzato nel modello a cui si sta lavorando se ne crea automaticamente una copia, le cui modifiche rimangono solo nel modello corrente, ma rimane la possibilità di modificare, eventualmente, "alla fonte" i materiali nella libreria precaricata. Per modificare un materiale cliccare due volte su di esso oppure tasto destro > *Modifica*. Viene visualizzata nella parte bassa della finestra una sezione con le impostazioni del materiale. Per modificarne il colore passare ad una delle altre 4 schede in alto e selezionare quello desiderato, oppure utilizzare il campionatore colori (a forma di contagocce) e cliccare nel punto dello schermo con il colore che si intende utilizzare. Cliccare *Chiudi* nella parte bassa della sezione di modifica. Se si utilizza il campionatore colori quando non ci si trova in modalità di modifica si origina un nuovo materiale basato sul colore selezionato a schermo.

Modificare la posizione del materiale

La texture del materiale può essere spostata, ruotata e deformata direttamente nell'area di disegno. Queste modifiche sono consentite solo per materiali posizionati direttamente sulle superfici.

1. Cliccare tasto destro sulla superficie con il materiale e scegliere *Texture* e quindi *Posizione*.

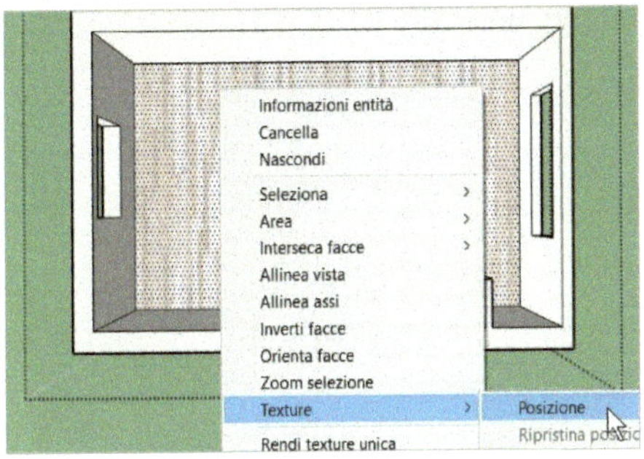

2. Compaiono puntine di trasformazione alle estremità della texture.

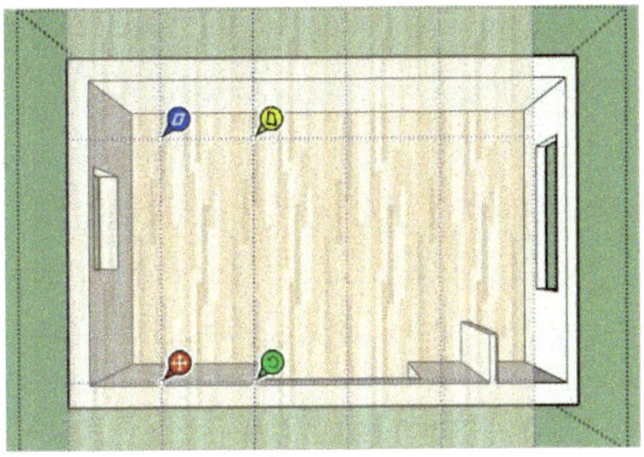

3. **Puntina Rossa**: permette di spostare l'origine della texture in un punto a piacere, ad esempio per far coincidere una fuga con il bordo della superficie di pavimento.

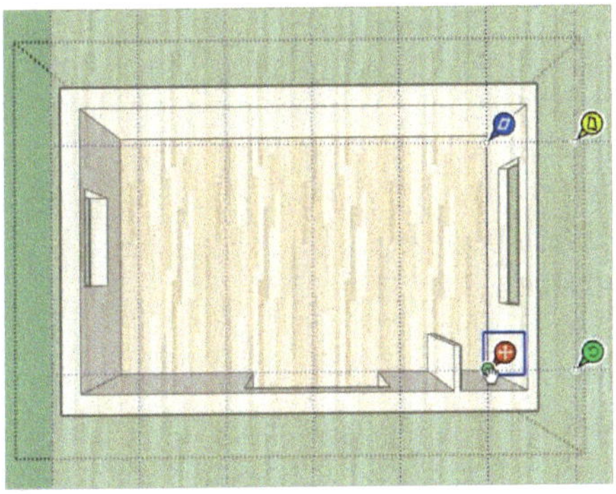

4. **Puntina Verde**: permette di ruotare e scalare la texture. La rotazione è utile, ad esempio, per allineare la texture al bordo del pavimento.

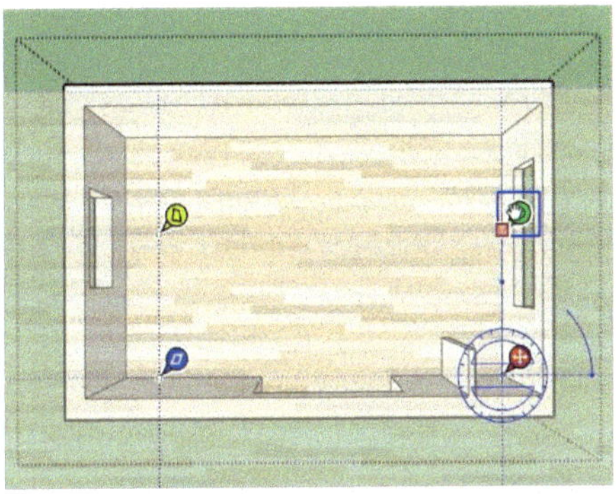

5. **Puntina blu**: permette di stirare un lato della texture.

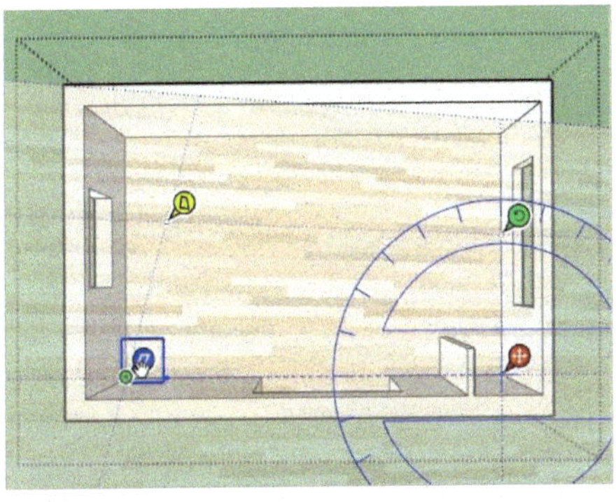

6. **Puntina gialla**: permette di stirare il vertice della texture, ad esempio per renderla trapezoidale.

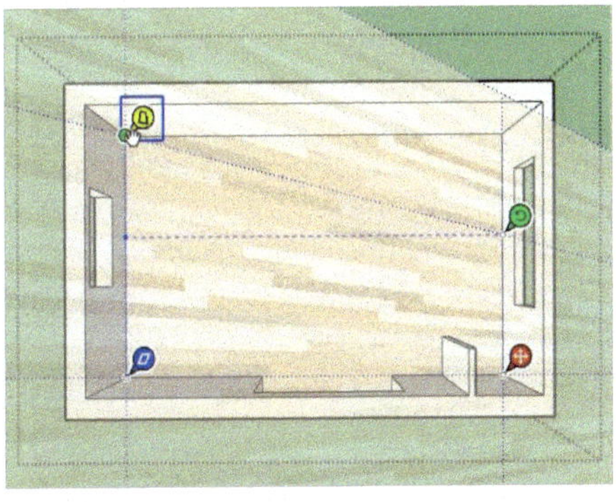

Cliccare su di una puntina per sollevarla e riposizionarla a piacere, ad esempio per farla coincidere con un punto da utilizzare come riferimento per la modifica. Alcune opzioni sono disponibili cliccando tasto destro su una di queste.

→ **Completato**: termina l'operazione;

→ **Ripristina**: riporta le modifiche al punto di partenza;

→ **Inverti**: specchia la posizione delle puntine;

→ **Ruota**: ruota la texture con step preimpostati (90, 180, 270 gradi);

→ **Puntina fissa**: se disattivata alla singola puntina non è assegnato un tipo specifico di trasformazione ma tutte danno trasformazioni libere.

Suggerimento. Ulteriori strumenti di mappatura dei materiali sono disponibili con estensioni come *SketchUV* (trattate nel capitolo sulle estensioni).

Realizzare un nuovo materiale

Per creare un nuovo materiale cliccare *Crea materiale...* nella finestra *Materiali*. In questo modo si apre la finestra dedicata in cui si possono impostare colore, texture e opacità del nuovo materiale. Prima di aprirla si consiglia di rendere attivo il materiale *Predefinito* in modo che la finestra sia completamente sgombra e pronta per definire un nuovo materiale. Se c'è un altro materiale attivo, infatti, quando si apre la finestra, questa risulta precompilata con le caratteristiche del materiale attivo e ne crea sostanzialmente una copia.

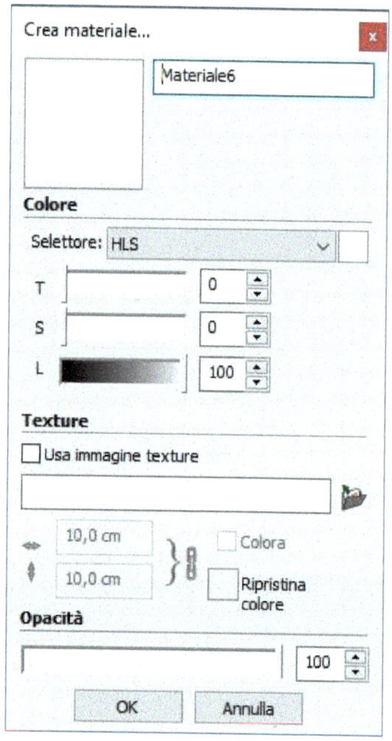

Figura 8.6 - La finestra *Crea materiale.*

Il colore del nuovo materiale può essere semplicemente monocromatico, oppure si può basare su un'immagine cliccando *Usa immagine di texture* (quadratino bianco) oppure *Cerca un file immagine di materiale*. Viene richiesto di selezionare l'immagine di texture da caricare: i formati consentiti sono JPG, PNG, TIF, BMP, PSD e TGA.

Su Mac: per realizzare un nuovo materiale nel menu a tendina di sinistra, in basso, cliccare *Duplica* per realizzare un materiale a partire da un materiale esistente oppure *Nuova texture* per realizzare un materiale basato su di un'immagine a scelta.

Caratteristiche delle immagini di texture

Le texture possono essere ad esempio fotografie, scansioni di materiali reali oppure immagini realizzate con software di fotoritocco. Di seguito alcuni esempi.

Materiali omogenei.

Un tessuto: la superficie è omogenea, senza forti discontinuità percepibili singolarmente.

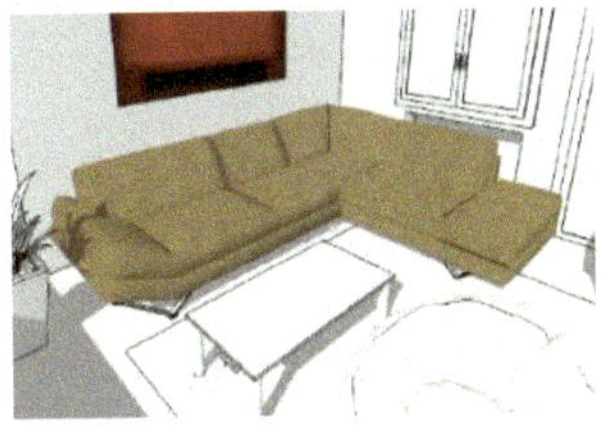

Materiali con modularità.

I mattoni: il modulo è stato ritagliato in modo preciso, l'immagine si auto-completa nella ripetizione.

Materiali con discontinuità.

Il legno: la foto comprende una porzione piuttosto ampia del materiale in modo da contenere vari nodi. La ripetizione si nota poco.

Sfumatura di colore.

Realizzata con un software di fotoritocco ed utilizzata per simulare uno specchio (la specularità viene realizzata con estensioni di rendering).

Ritagli trasparenti.

Immagini con sfondo trasparente (ad esempio PNG) consentono di realizzare materiali con ritagli.

Errori comuni nelle immagini da utilizzare come texture

Alcuni esempi di immagini con caratteristiche problematiche.

Ombre o chiari-scuri.

Nella foto ci sono evidenti differenze di illuminazione che emergono nella ripetizione.

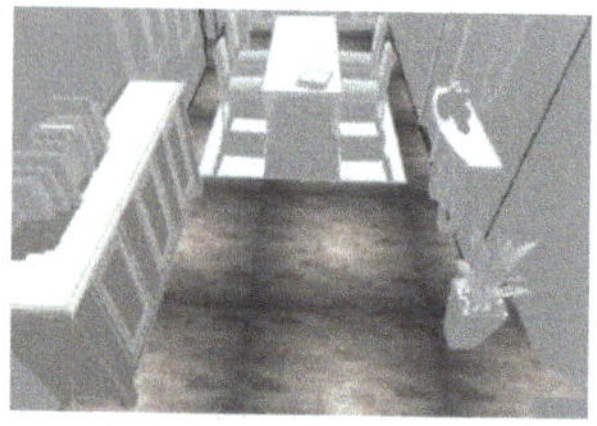

Inquadratura non appropriata.

Le linee di fuga della foto rendono un effetto finale distorto.

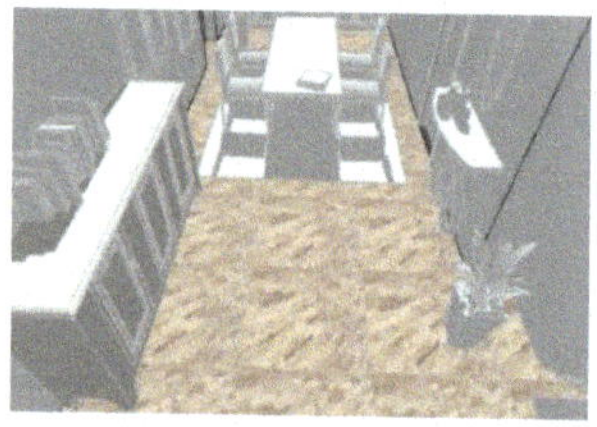

Dettagli troppo evidenti e ravvicinati.

Si notano immediatamente quando sono ripetuti sulla superficie.

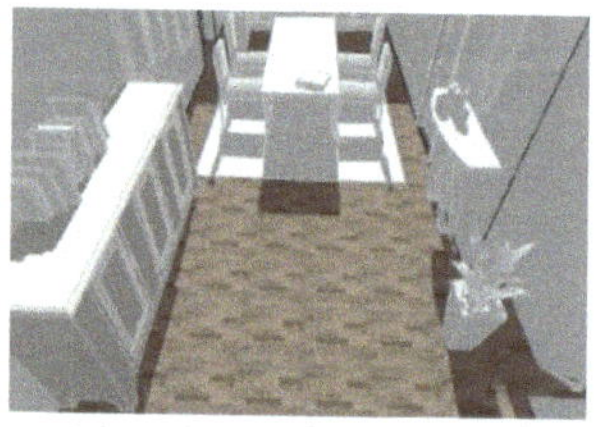

Immagini senza trasparenza.

Si potrebbe trattare di un file JPG oppure di un PNG in cui non è stata impostata la trasparenza.

Salvare e caricare materiali

Le procedure per salvare o ricaricare materiali sono molto simili a quelle viste per i *componenti*:

→ nella finestra *Materiali* cliccare tasto destro sull'anteprima del materiale da salvare e scegliere una destinazione, oppure

→ cliccare *Dettagli* (freccia nera a destra nella finestra *Materiali*) > *Salva raccolta con nome* (si deve aver visualizzata la sezione *Nel modello*).

Su Mac: nella categoria *Nel modello* selezionare il materiale da salvare (viene reso attivo nel riquadro in basso a sinistra), spostarsi nella categoria *Le mie texture*, trascinare il riquadro colorato in basso fin sull'elenco bianco (area bianca al centro della finestra). Si crea un'icona con l'anteprima del materiale, che in questo modo è salvato per un futuro riutilizzo. Eventualmente organizzare le categorie personalizzate aggiungendone di nuove o duplicando quelle esistenti (menu a tendina in basso a destra).

I materiali vengono salvati con estensione SKM (SketchUp Material) e incorporano tutte le caratteristiche impostate in SketchUp, compresa la texture. È utile salvare i materiali personalizzati per essere riutilizzati in altri progetti. Per attingere dalla propria libreria personalizzata selezionare *Apri o crea una raccolta*, indicare il percorso e cliccare *Seleziona cartella*. I materiali vengono visualizzati nella finestra *Materiali*, pronti all'uso.

8.2 Importare immagini

Le immagini sono presenti in SketchUp non solo come texture da applicare ai materiali, ma anche come oggetti a sé stanti. Ne sono esempi un quadro da utilizzare in un'ambientazione di interni o uno schizzo da ricalcare per la modellazione di un oggetto. Si possono importare immagini in formato JPG, PNG, TIF, BMP, PSD e TGA.

Come importare un'immagine

1. Nel menu *File* cliccare *Importa...*;
2. verificare che la modalità di importazione sia su *Immagine* (in basso nella finestra di importazione);
3. selezionare il formato del file da visualizzare (menu a tendina in basso a destra). Selezionare *Tutti i tipi di immagini supportati* per visualizzare contemporaneamente tutte le immagini dei vari formati ammessi, selezionare *Importa*;
4. cliccare nel primo punto di inserimento;
5. spostare il cursore e digitare la larghezza dell'immagine seguita da Invio oppure cliccare nel secondo punto per determinarne la larghezza nell'area di disegno.

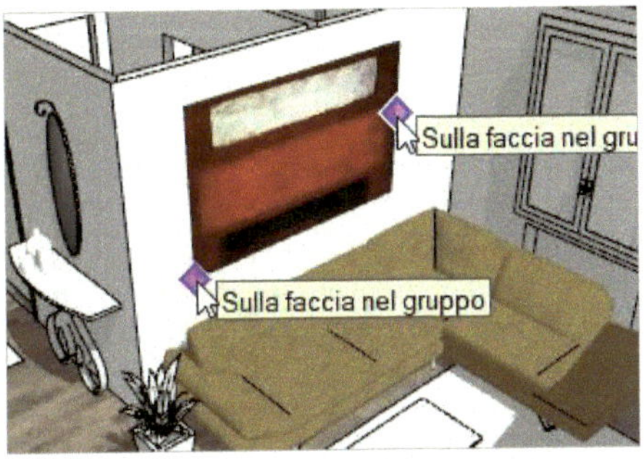

Figura 8.7 - Una immagine utilizzata come quadro in un interno.

Suggerimento. Le dimensioni dell'immagine possono essere modificate anche con lo strumento di modifica *Scala* oppure dalla finestra *Informazioni Entità*.

Operazioni sulle immagini

Spostare l'immagine fuori dal piano

L'immagine importata viene incollata alla superficie su cui viene posizionata. Questo garantisce che, anche dopo eventuali spostamenti, rimanga comunque visibile sulla superficie e non finisca per errore all'interno del volume (un muro nell'esempio). Per scollegare l'immagine dalla superficie (nell'esempio si vuole spostare l'immagine sulla cornice del quadro) cliccare tasto destro sull'immagine e quindi *Scollega*. Ora l'immagine può essere liberamente spostata perpendicolarmente alla parete.

1. L'immagine scorre sulla superficie su cui è stata inserita.

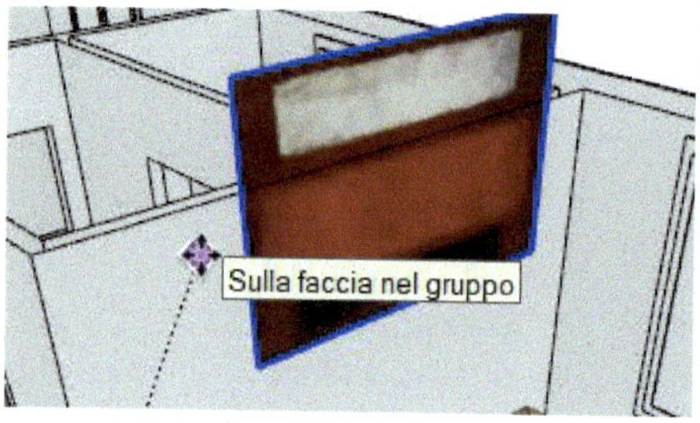

2. Clic destro > *Scollega*. L'immagine può ora essere spostata fuori dal piano di riferimento.

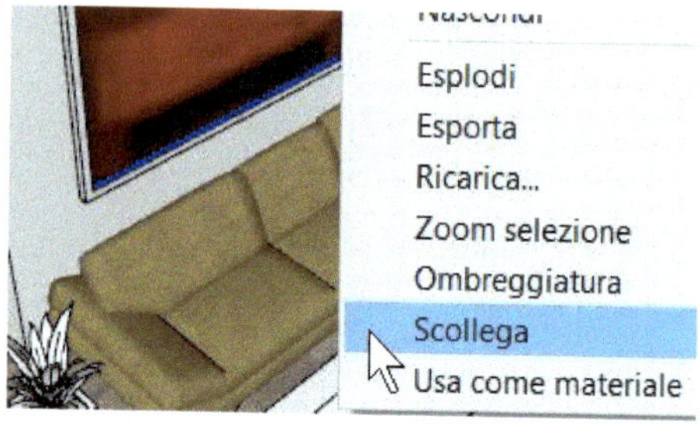

Scalare con precisione una immagine

Come visto precedentemente, *Misura* può essere usato per scalare oggetti. Può essere molto utile nel caso di importazione di immagini planimetriche (ad esempio piante catastali), di cui si conosce almeno una misura. Di seguito un esempio di applicazione del comando.

1. Cliccare tasto destro sull'immagine > *Esplodi*, cliccare tasto destro *Crea gruppo* (il *gruppo* contiene la superficie e i 4 bordi perimetrali). Entrare nell'editor del *gruppo* e selezionare lo strumento *Misura*, premere Ctrl per disattivare la creazione di Guide.

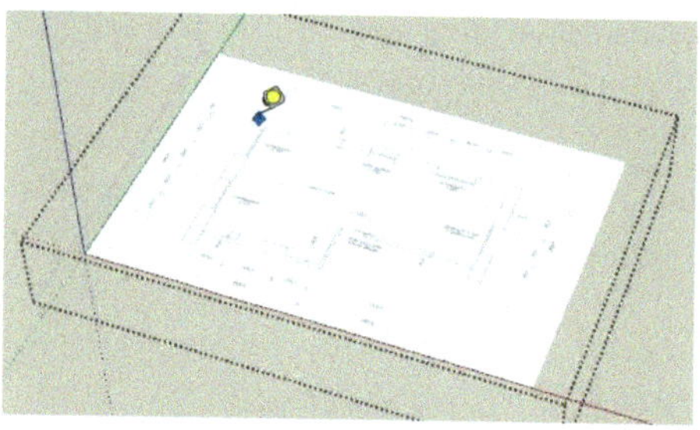

2. Con due clic determinare la misura di riferimento iniziale. Prendere come riferimento un elemento grande come ad esempio il muro perimetrale. Digitare la misura reale finale a cui deve essere scalata l'immagine e quindi Invio.

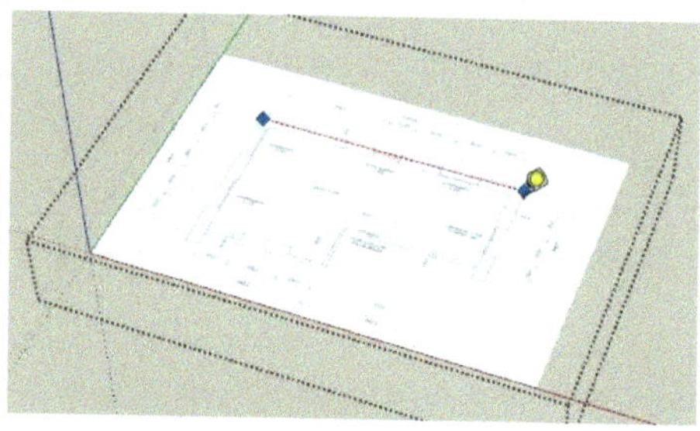

3. Un messaggio chiede se confermare il ridimensionamento, confermare cliccando Sì. Uscire dal *gruppo*, si prosegue disegnando le linee di pianta e modellando l'edificio.

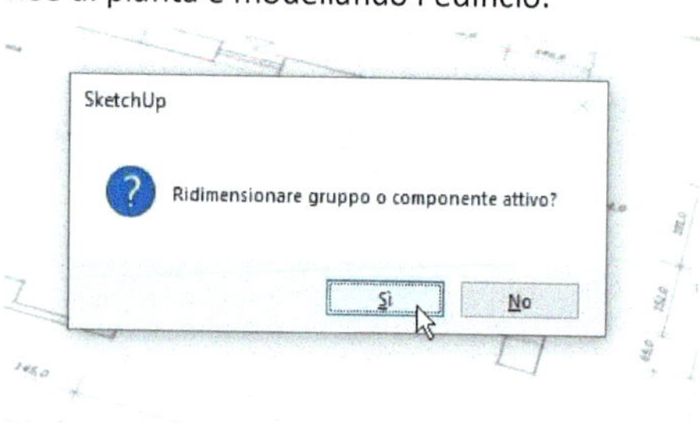

4. Trattandosi di un'immagine non ci sono snap precisi alle linee; quindi, la sua qualità deve essere alta per ottenere una precisione accettabile.

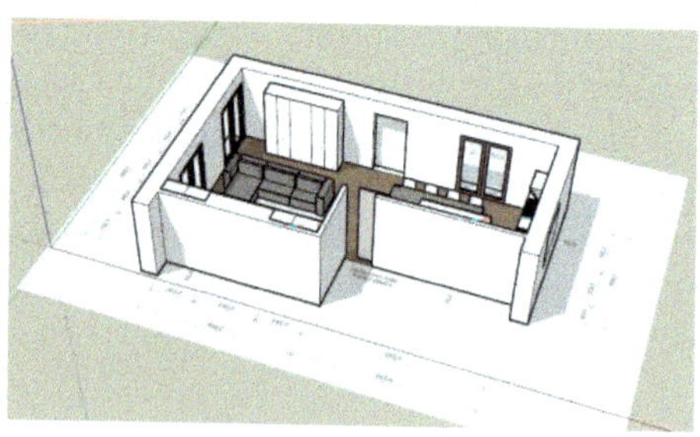

Realizzare un materiale basato sull'immagine importata

A seguito dell'importazione di un'immagine potrebbe essere necessario disporre di un materiale basato sulla stessa immagine. Un modo veloce per realizzare questo materiale è offerto dalla funzione *Usa come materiale* presente nel menu che si apre cliccando tasto destro sull'immagine importata.

Immagine importata utilizzata come quadro.

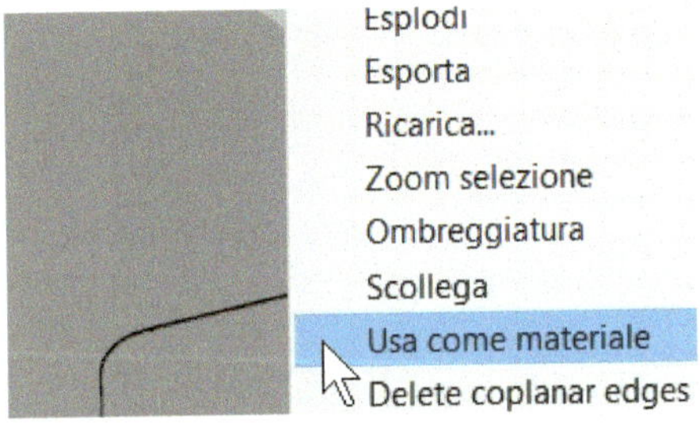

Il nuovo materiale utilizzato su di una parete.

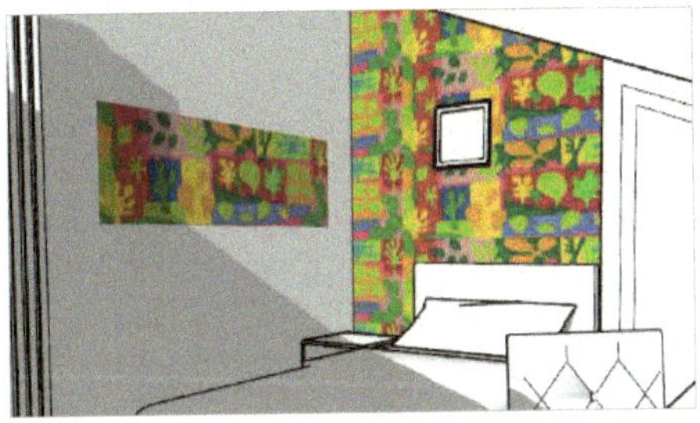

Immagine su superficie curva

Si tenga presente che in SketchUp non ci sono vere e proprie superfici curve, ma suddivisioni in poligoni, come nel caso delle superfici *Sabbiera*; e per vedere i bordi di triangolazione si può attivare l'opzione *Geometrie nascoste* nel menu *Visualizza*.

1. La superficie curva (l'opzione *Geometrie nascoste* è attiva).

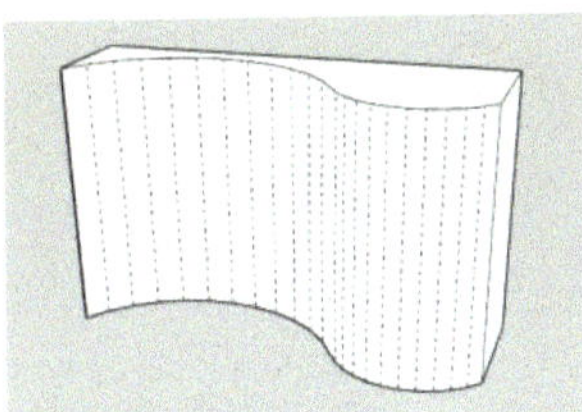

2. Applicando un materiale si ottiene un risultato discontinuo.

3. Applicare l'immagine di texture da menu *File > Importa* (come Texture, in basso).

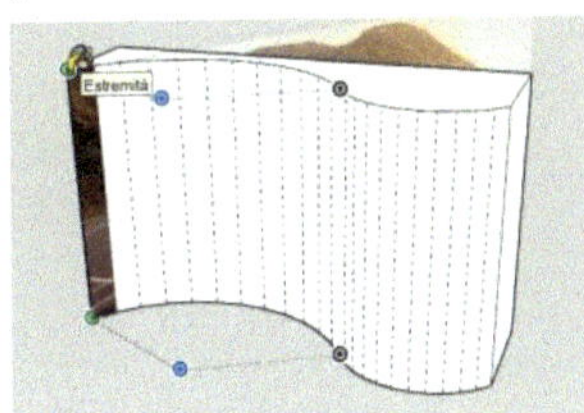

4. La texture applicata come materiale nel primo tassello.

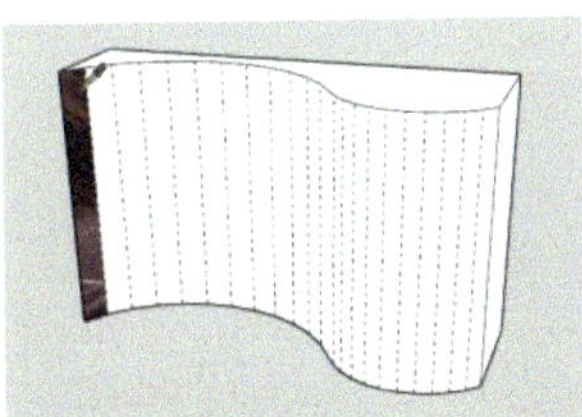

5. Prelevare con *Tinta campione* il materiale e applicarlo nelle porzioni successive.

6. Il materiale con texture come appare dopo aver disattivato *Geometrie nascoste*.

Questo metodo è utile in tutti casi in cui ci sono facce adiacenti, ad esempio, una texture legno sulle facce di una trave oppure i mattoni sui lati di un muro.

Proiettare un'immagine su una superficie

Proietta è una funzione attivabile nelle texture che fa sì che queste possano essere copiate su di una superficie. Questa funzione si trova nel menu contestuale disponibile cliccando tasto destro sull'immagine. Nell'esempio viene utilizzata per proiettare la porzione di mappa su di una superficie *Sabbiera*.

1. La superficie *Sabbiera* (l'opzione *Geometrie nascoste* è attiva).

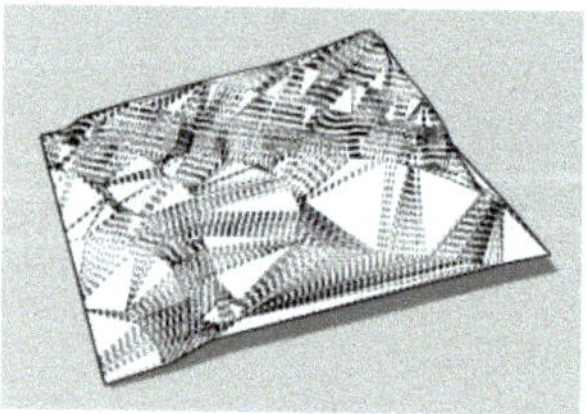

2. Applicando un materiale si ottiene un risultato discontinuo.

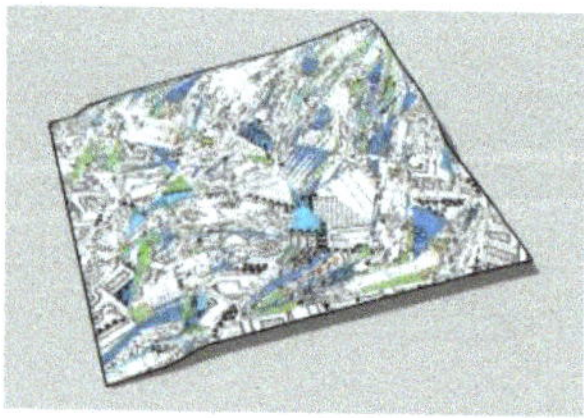

3. Disegnare una superficie piana delle stesse dimensioni ed applicarvi la texture.

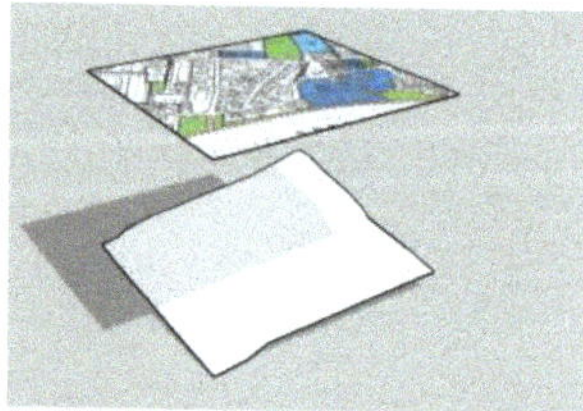

4. Attivare *Proiettato* (clic destro sulla superficie > *Texture* > *Proiettato*).

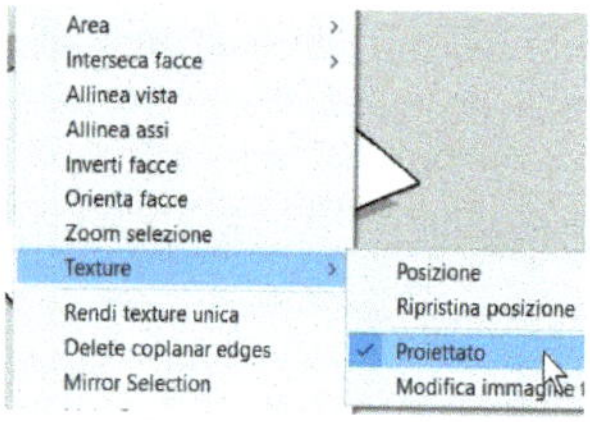

5. Prelevare il materiale con *Tinta campione* dalla faccia della superficie piana.

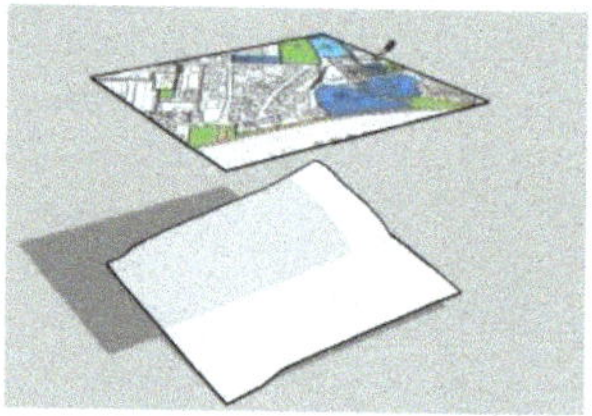

6. Applicare il materiale sulla superficie curva (viene proiettato dalla superficie piana).

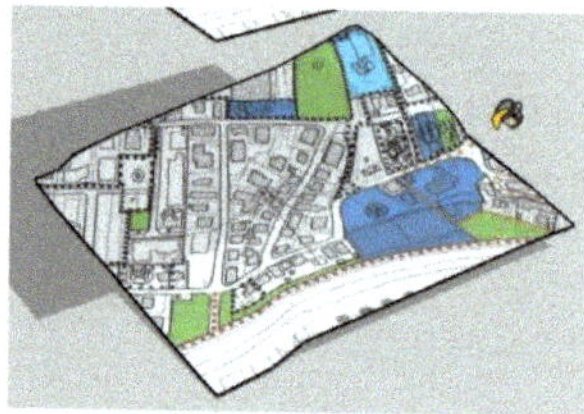

Rendi texture unica

Rendi texture unica permette di isolare parte di una texture.

1. Foto importata di una facciata, adattata con *Posizione* alla superficie.

2. Con *Rettangolo* viene isolato un modulo della facciata.

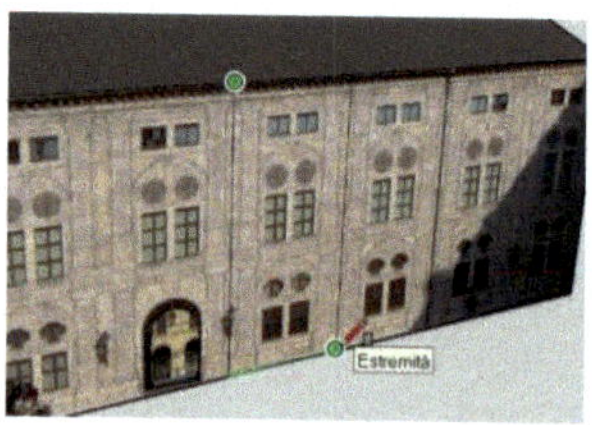

3. Tasto destro sulla faccia isolata > *Rendi texture unica*.

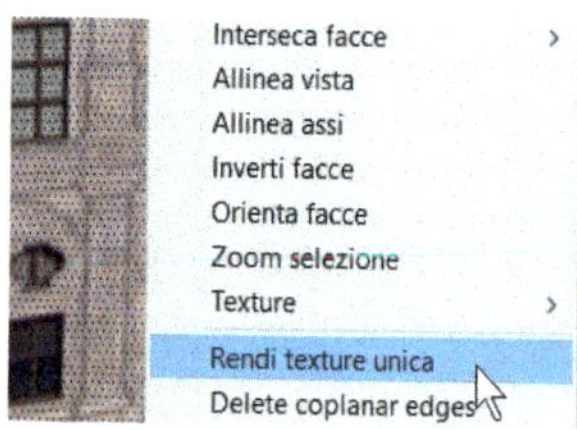

4. La texture isolata diventa un materiale a sé stante, e se ne può modificare il nome.

5. Prelevare il materiale con *Tinta campione* dalla faccia del modulo isolato.

6. Versare il nuovo materiale sulla restante parte della facciata: i moduli si ripetono.

Combina texture

Consente di fondere assieme texture ed ottenere un nuovo materiale.

1. Affiancare due superfici con le texture da fondere.

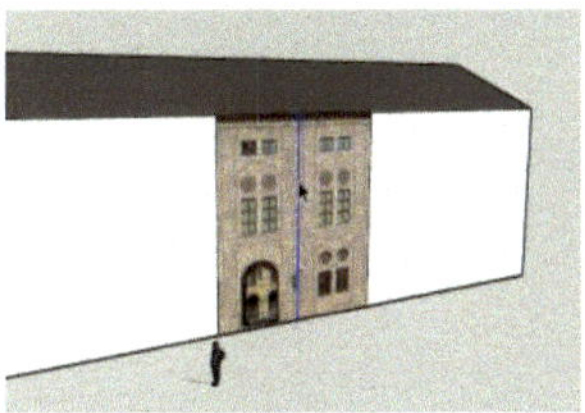

2. Clic destro su di una delle facce > *Combina texture*.

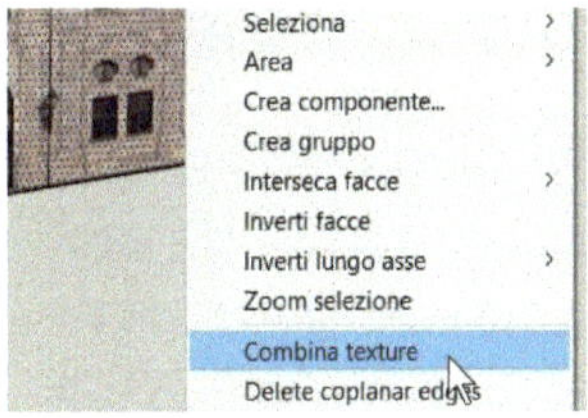

3. Confermare l'eliminazione dei bordi di separazione > Sì.

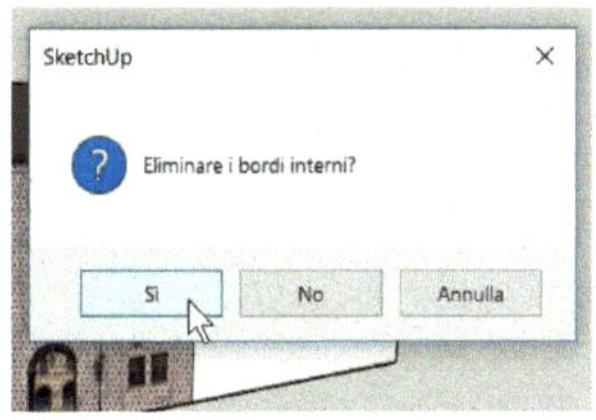

4. Le superfici vengono fuse assieme.

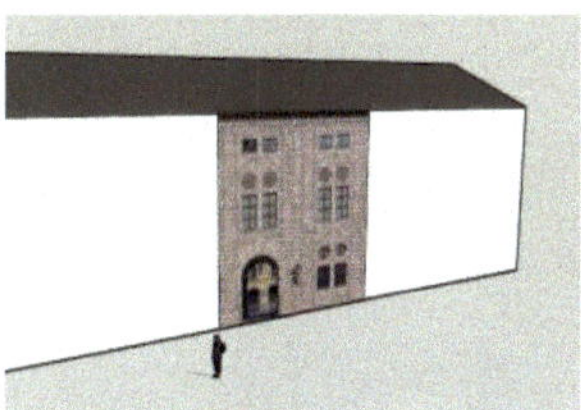

5. Nell'elenco dei materiali viene aggiunto il materiale.

6. Il materiale applicato alla restante parte della facciata.

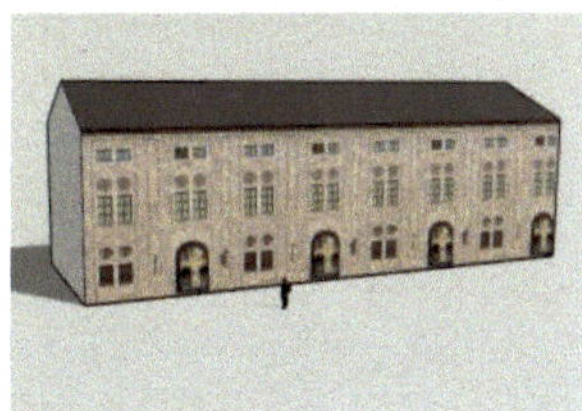

8.3 Luce ed ombra

Luci e ombre permettono di dare risalto ai volumi e rendere più evidenti le forme del modello tridimensionale. Per attivarle cliccare sul cubetto bianco nella finestra *Ombreggiatura* (oppure nell'apposita barra di strumenti). In alcune vecchie versioni di SketchUp per vedere correttamente le luci e le ombre era necessario cambiare il fuso orario. Controllare che UTC (Tempo Coordinato Universale) sia +01:00. Cliccare *Dettagli* per visualizzare le impostazioni.

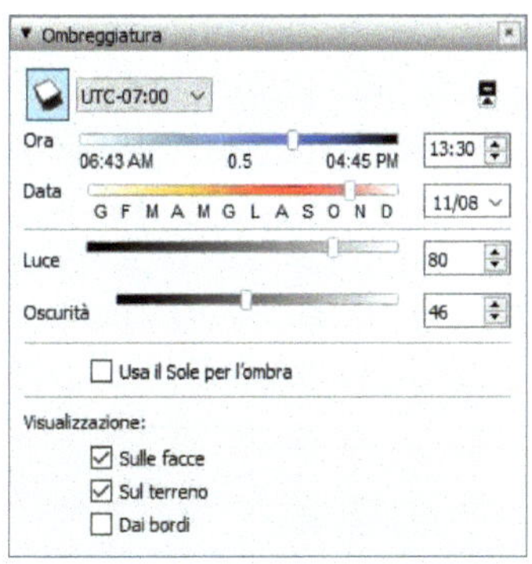

Figura 8.8 - La finestra *Ombreggiatura*.

→ **Ora:** per scegliere la direzione da cui arriva la luce approssimativamente con il cursore o in modo preciso digitando l'ora negli appositi spazi;

Luce del mattino...

... di mezzogiorno...

... e della sera.

→ **Data:** permette di scegliere il giorno e di conseguenza l'altezza del sole nel cielo;

→ **Luce:** determina la chiarezza delle superfici esposte alla luce;

→ **Oscurità:** determina l'oscurità nelle superfici in ombra;

→ **Usa il sole per l'ombra:** se attivato fa in modo che, anche se l'illuminazione viene disattivata, i chiaroscuri sulle superfici del modello siano in accordo con la posizione del sole. Se disattivato i chiaroscuri sulle superfici sono generici e basati sulla posizione dell'osservatore;

Illuminazione attivata: *Usa il sole per l'ombra* non ha alcun effetto.

Illuminazione disattivata; *Usa il sole per l'ombra* **attivo**.

Illuminazione disattivata; *Usa il sole per l'ombra* **non attivo**.

→ **Sulle facce:** attiva/disattiva le ombre portate;

→ **Sul terreno:** attiva/disattiva l'ombra sul piano orizzontale a quota zero. Questa ombra è utile quando non ci sono molti elementi disegnati nel modello, in modo da avere una ombra apparente a livello del terreno, tale da far risaltare i loro volumi. Quando viene disegnato il terreno alla quota di progetto, l'ombra *Sul terreno* va disattivata;

Ombre proiettate nell'area circostante all'edificio per dare risalto al volume. Il terreno riceve le ombre dell'edificio.

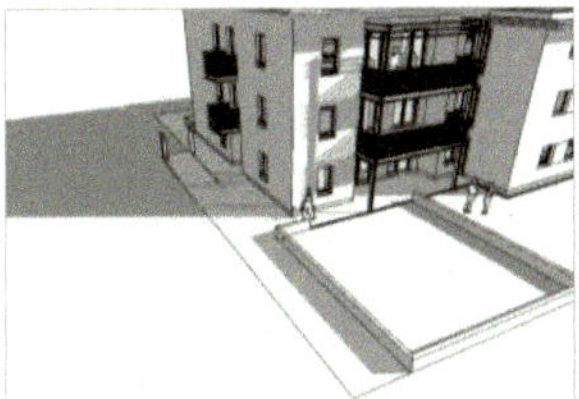

Disegno con parti esterne e rampa carrabile. Si noti che l'ombra nella zona che scende nell'interrato non è corretta.

Ombre *Sul terreno* **disattivate** per correggere l'aspetto di quelle che scendono al di sotto del piano campagna.

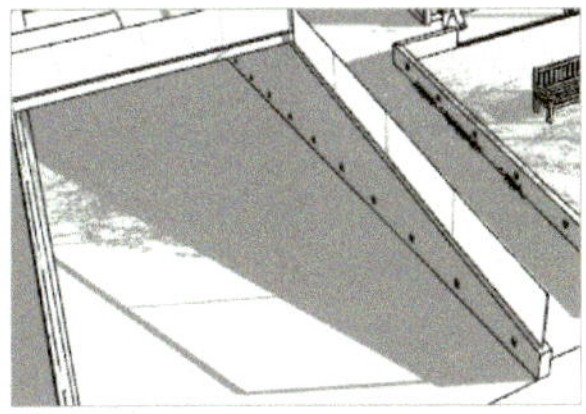

→ **Dai bordi:** se attivato proietta le ombre dei bordi (elemento che non avendo spessore non proietterebbe ombra).

Superfici con illuminazione omogenea

L'illuminazione generica di SketchUp fa sì che le superfici siano ombreggiate in modo differenziato in base all'angolo da cui sono visualizzate. Per ovviare a questa impostazione, che può risultare controproducente se si deve fare emergere la tonalità cromatica dei materiali, impostare l'*Ombreggiatura* nel seguente modo:

→ disattivare le ombre;

→ attivare *Usa il sole per l'ombra*;

→ impostare *Luce* e *Oscurità* sul valore 100.

L'ombreggiatura generica preimpostata.

La scena con gli accorgimenti indicati sopra.

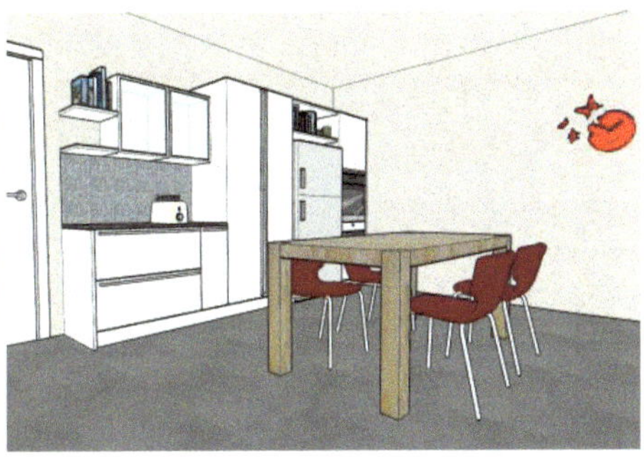

8.4 Nebbia

Consente di simulare l'effetto della nebbia: più lontani sono gli oggetti, maggiore è la sfumatura. La finestra dedicata permette di attivare/disattivare l'effetto, l'intensità e il colore della nebbia.

→ **Distanza:** con due cursori permette di regolare la distanza e la profondità dello strato di nebbia (0% determina l'inizio dello strato di nebbia; 100% determina il punto in cui la visibilità scende a zero).

→ **Colore:** imposta il colore della nebbia. *Utilizza colore di sfondo* si riferisce alle impostazioni dello *Stile* in uso. Disattivandolo è possibile impostare il colore direttamente con il quadrato colorato a fianco.

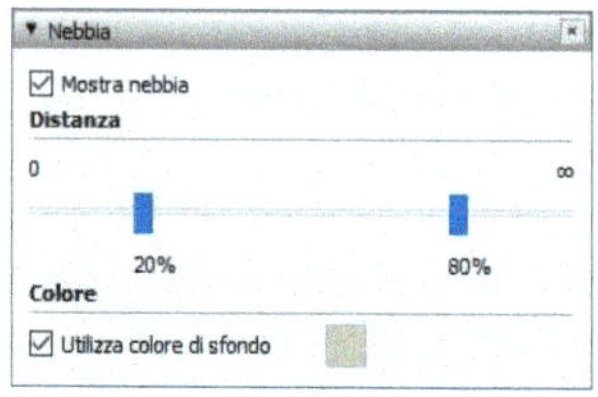

Figura 8.9 - La finestra *Nebbia*.

Mostra Nebbia disattivato: gli oggetti presentano colori saturi indipendentemente dalla distanza dall'osservatore.

Mostra nebbia attivato, cursori allontanati: l'effetto nebbia sfuma in lontananza, la visibilità si riduce in modo tenue.

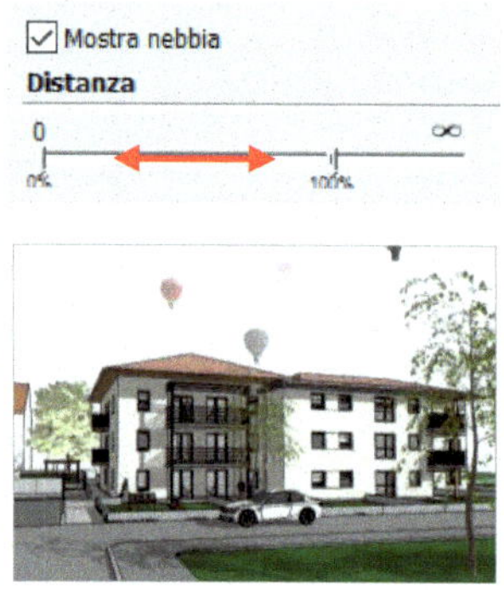

Mostra nebbia attivato con i cursori ravvicinati: la visibilità si riduce drasticamente in poco spazio dietro l'edificio.

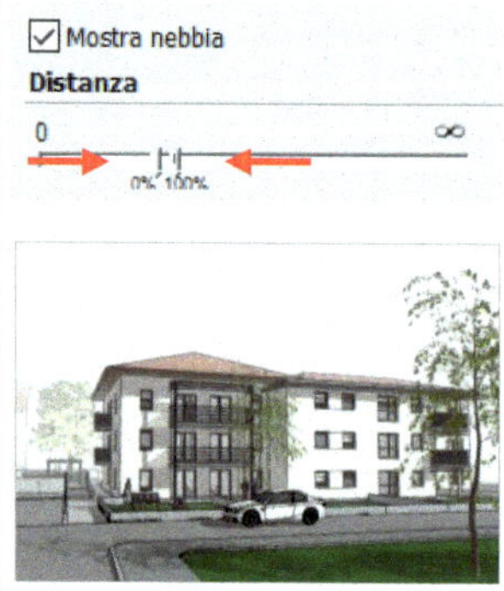

9. Stili, sezioni e scene

Dopo aver realizzato i volumi e averli caratterizzati con materiali e immagini è il momento di ottenere le viste con tutte le impostazioni grafiche del caso: sfondi, punti di inquadratura, sezioni, stile delle linee, ecc. La preparazione delle viste per la stampa e l'impaginazione in LayOut è regolata dagli strumenti *Stili*, *Sezioni* e *Scene*: è la loro collaborazione a controllare la visualizzazione del modello.

9.1 Stili

Gli *stili* determinano le impostazioni grafiche con cui viene rappresentato il modello. Ogni *stile* contiene svariate impostazioni riguardanti tutti gli aspetti grafici di visualizzazione del modello. Permettono di presentare il modello 3D in moltissimi modi differenti: ad esempio con o senza i materiali, linee spesse/sottili, trasparenza attivata/disattivata e molte altre caratteristiche grafiche personalizzabili. Svariati *stili* sono già pronti nella finestra dedicata (**Figura 9.2**). Possono essere modificati a piacere ed è inoltre possibile realizzarne altri da zero con impostazioni personalizzate. La barra di strumenti *Stili* contiene i così detti stili di visualizzazione, che sono una delle molte impostazioni che uno *stile* può contenere.

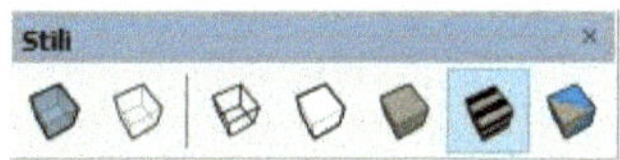

Figura 9.1 - Stili di visualizzazione.

Figura 9.2 - Finestra *Stili*.

Alcuni esempi di *stili* differenti:

Stile *Semplice*.

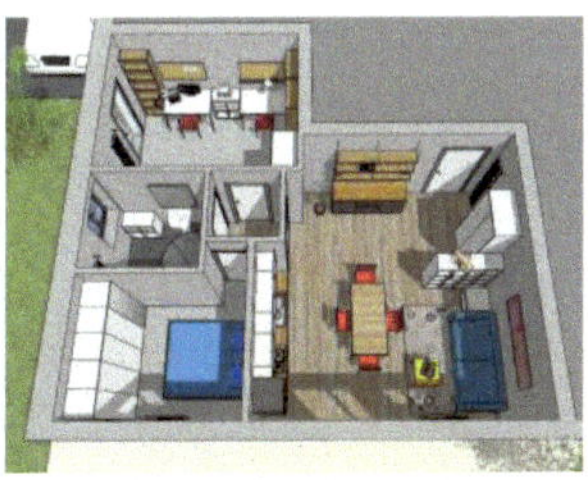

Stile *Schizzo a matita*.

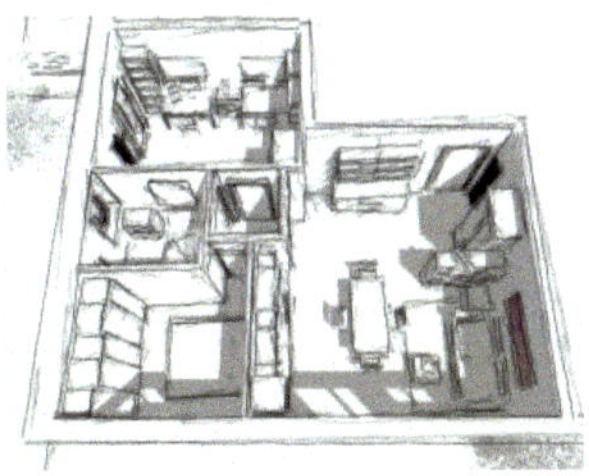

Stile *Pennellate su tela*.

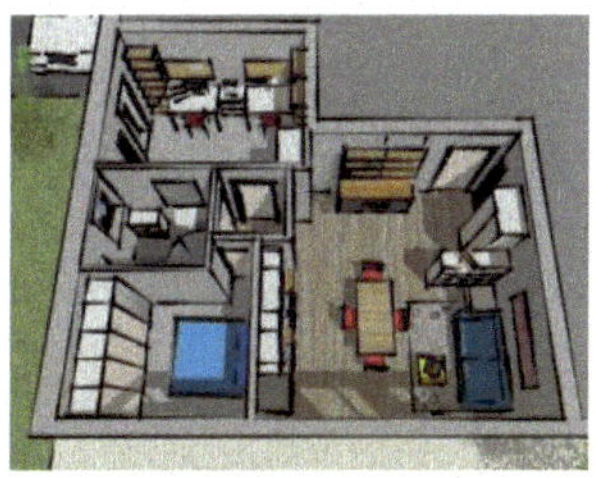

I vari tipi di *stili* sono elencati in categorie (menu a tendina):

→ **Bordi disegnati a mano:** simulano lo schizzo;

→ ***Gruppi* di colori:** vari abbinamenti di colori;

→ **Linee diritte:** definiti da linee del disegno a china;

→ **Modellazione fotografica:** utili per la modellazione da foto (approfondita nel *Capitolo 13*);

→ **Stili assortiti:** soluzioni artistiche quali acquerello, carboncino, pennellate su tela...;

→ **Stili predefiniti:** definiti da linee regolari con e senza materiali;

→ **Vincitori del concorso Style Builder:** realizzati da utenti.

Figura 9.3 - Le categorie di *stili* precaricati.

Applicare uno **stile** al modello

Per attivare uno *stile* cliccare sull'anteprima di quello che si intende utilizzare. Lo *stile* viene immediatamente visualizzato applicato al disegno e può essere mantenuto proseguendo il lavoro. Si può passare ad un qualsiasi altro *stile* in ogni momento, ad esempio lo *stile* del *Modello Semplice* si trova fra gli *Stili Predefiniti* e si chiama *Stile Semplice*.

Caratteristiche degli **stili**

Le impostazioni degli *stili* si trovano nella scheda *Modifica*. Questa è suddivisa in cinque sezioni relative ai vari aspetti grafici di linee, superfici, ecc. Le cinque sezioni sono rappresentate da altrettanti simboli nella parte alta della scheda e trattano le impostazioni di:

→ **Bordi:** impostazioni delle linee;

→ **Facce:** visualizzazione materiali, trasparenze, ecc.;

→ **Sfondo:** colore dello sfondo, della terra e del cielo;

→ **Filigrana:** immagini di sfondo e/o in primo piano;

→ **Modellazione:** varie impostazioni su sezioni e altro.

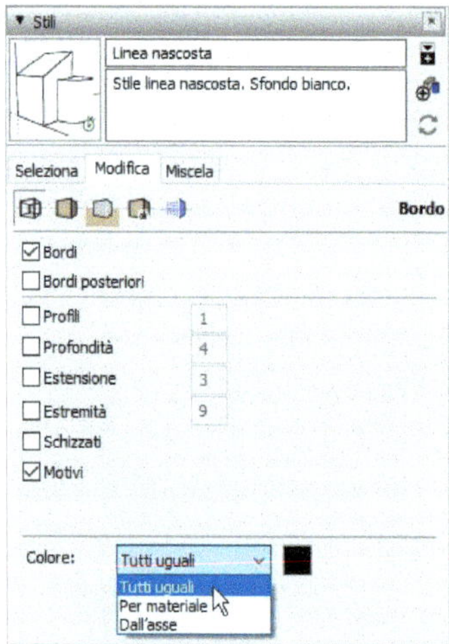

Figura 9.4 - La sezione *Bordi* della scheda *Modifica*.

Le caratteristiche di uno *stile* possono essere modificate a piacere in qualsiasi momento. Scegliere uno *stile* dall'elenco e cliccare sulla scheda *Modifica* per personalizzarlo. Di seguito vengono analizzate le caratteristiche delle cinque sezioni e i metodi per salvare e ricaricare uno *stile* personalizzato.

Impostazioni **bordi**

Sezione dedicata alla visualizzazione delle linee. Quelle relative agli spigoli sono i *Bordi*, mentre i *Profili* sono i contorni degli oggetti: almeno uno dei due deve essere attivo per poter attivare gli altri, che possono essere combinati in vari modi. Nelle immagini seguenti le varie opzioni sono state attivate singolarmente per evidenziarne le peculiarità.

Bordi posteriori

Visibilità dei bordi nascosti con linee tratteggiate.

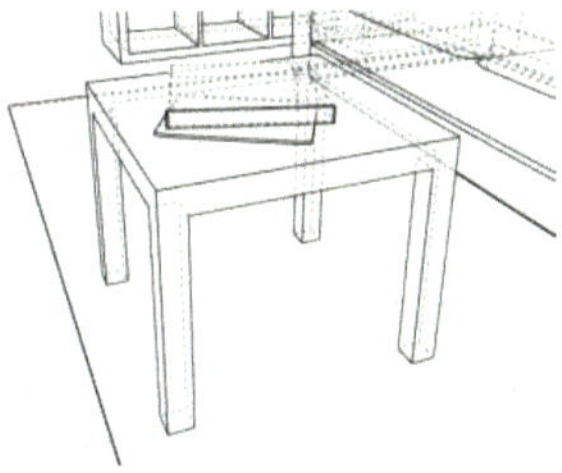

Profili

Linee di contorno degli oggetti.

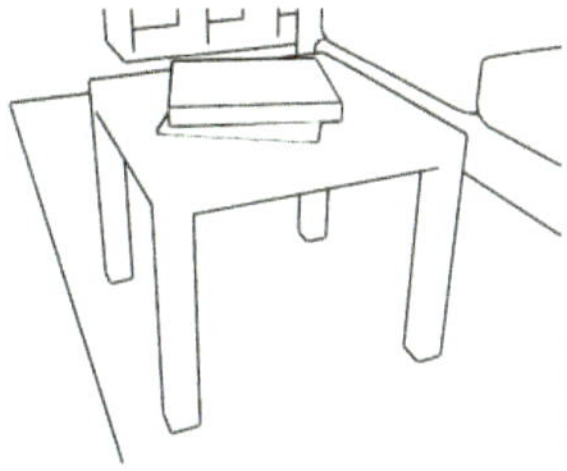

Profondità

Spessore variabile in base alla distanza dall'osservatore.

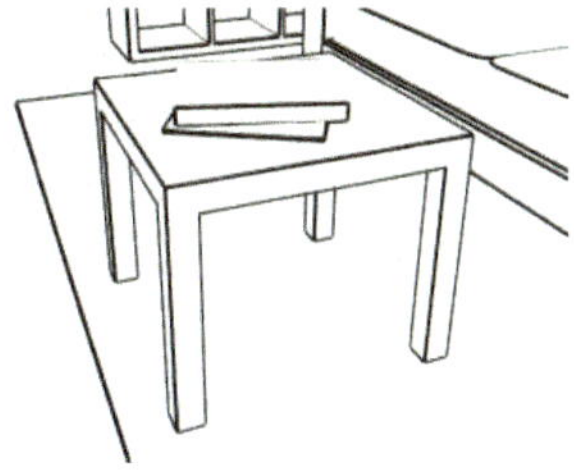

Estensione

Prolungamento dei bordi, effetto di riga e squadra.

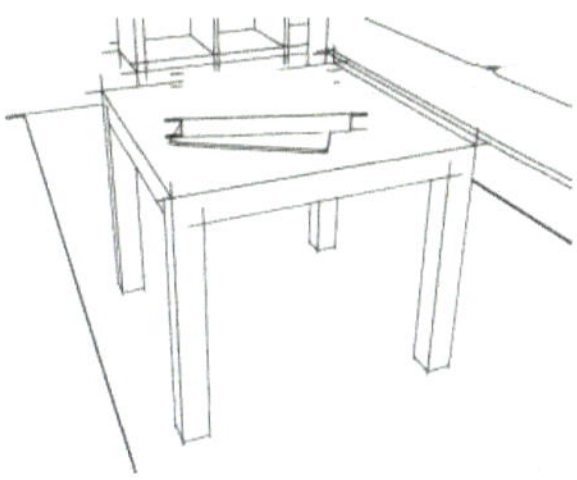

Estremità

Ispessimento delle estremità dei bordi.

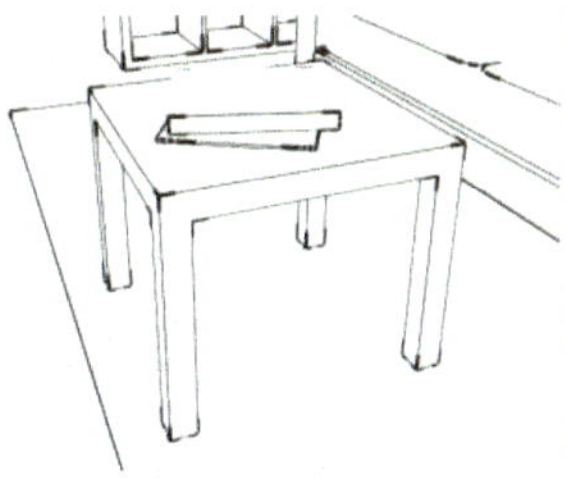

Schizzati

Simula uno schizzo fatto a mano.

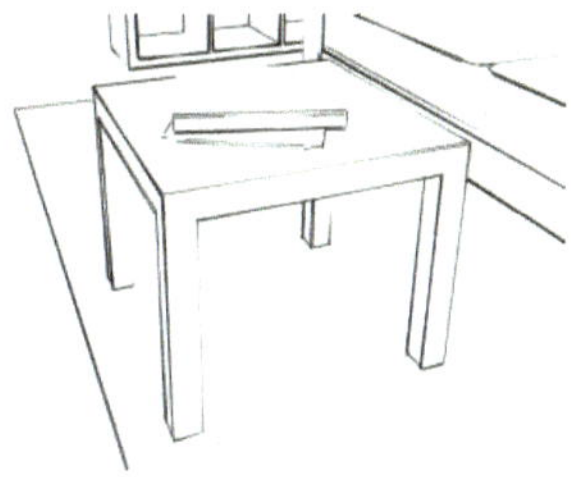

Colore: Tutti uguali

Colore monocromatico uguale per tutti i bordi.

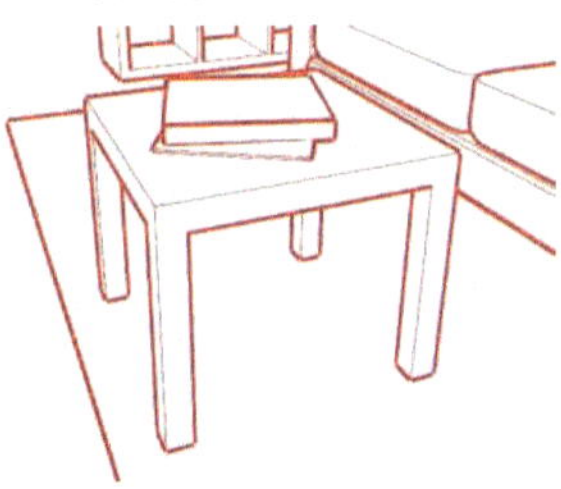

Colore: Per materiale

Il bordo eredita il colore dal materiale dell'oggetto.

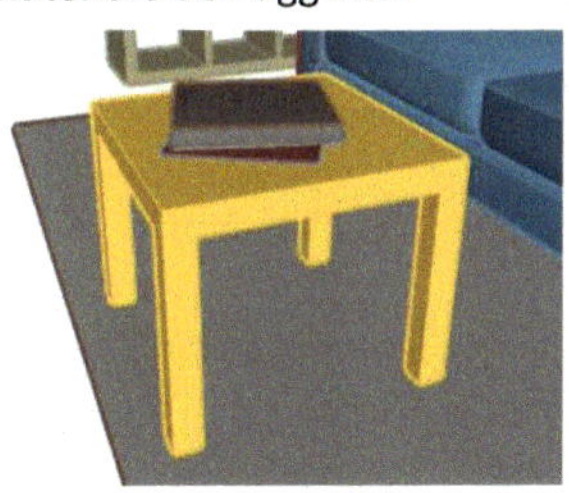

Colore: Dall'asse

Colore in base all'allineamento agli assi del modello.

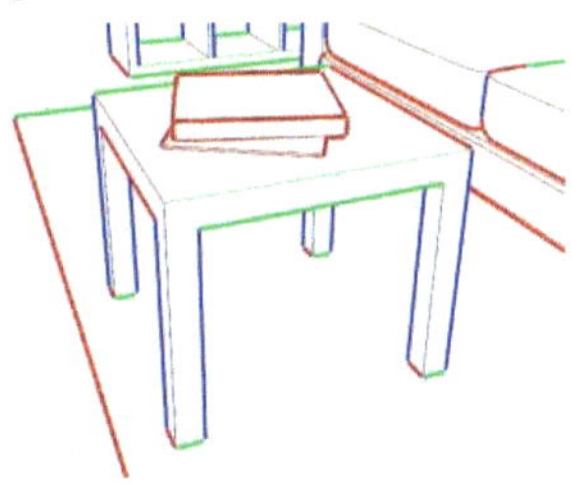

L'impostazione *Motivi* è relativa ai tipi di linea associati ai tag: disattivando questa opzione tutti i bordi vengono visualizzati con linea continua.

Esempi a confronto

A. Profili marcati e bordi posteriori: contrappone elementi in vista ed elementi nascosti.

B. Profili, Estensione ed Estremità: simula un disegno a china con colore rosso.

Impostazioni **facce**

È dedicata alle impostazioni grafiche delle facce; non va confusa con la barra di strumenti *Stili* (che contiene quelli che comunemente vengono chiamati *Stili di visualizzazione* e sono una piccola parte delle impostazioni riguardanti le facce).

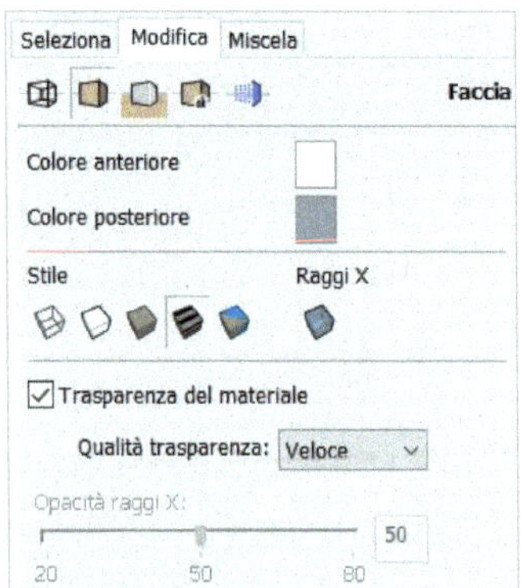

Figura 9.5 - La sezione *Facce*.

→ **Colore anteriore e colore posteriore.** Impostano il colore per i due lati delle superfici. Ogni superficie ha due facce i cui colori possono essere qui impostati per la visualizzazione *Monocromatica*;

→ **Stile** (ovvero stile di visualizzazione). Modalità di visualizzazione delle facce;

Wireframe

Nasconde tutte le facce, si vedono solo bordi. Non vengono proiettate ombre.

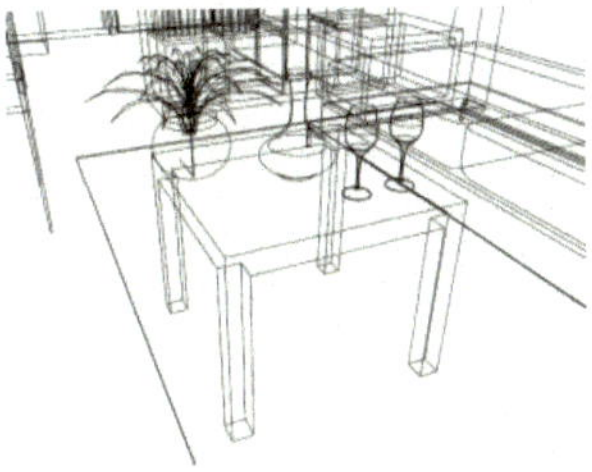

Linea nascosta

Tutte le facce in primo piano sono visibili e dello stesso colore (quello dello *Sfondo*).

Ombreggiato

i materiali vengono visualizzati in toni monocromatici (senza texture).

Ombreggiato con texture

Visualizzazione con texture dei materiali.

Monocromatico

Colori definiti come *Anteriore* e *Posteriore*.

Raggi X

Attiva la trasparenza su tutte le superfici; può essere usato combinato con gli altri *stili*.

→ **Trasparenza del materiale**. Se attivo applica la trasparenza impostata nel materiale. Altrimenti la trasparenza è simile a quella dei materiali opachi;

→ **Qualità trasparenza.** *Veloce*: ottimizzata per privilegiare la velocità di visualizzazione; *Bello* privilegia la qualità, regolabile con il cursore oppure indicando un valore (*Raggi X* deve essere attivo).

Qualità trasparenza: *Veloce*.

Qualità trasparenza: *Bello*; valore 50.

Qualità trasparenza: *Bello*; valore 80.

Esempi a confronto

A. Configurazione con texture visibili e trasparenza del materiale.

B. Raggi X e materiali senza texture (per non sovrapporla e rendere confusa l'immagine).

Impostazioni **sfondo** 

Impostazioni relative al colore di sfondo, del cielo e della terra. Il *Cielo* viene visualizzato di default con una sfumatura verso l'orizzonte (con telecamera in prospettiva). La *Terra* può essere regolata nella sua trasparenza fino a diventare completamente opaca per nascondere gli elementi sotto il livello di campagna. La visualizzazione della *Terra da sotto* può essere regolata in modo indipendente. A seguire alcuni esempi con stile di visualizzazione *Linea nascosta*.

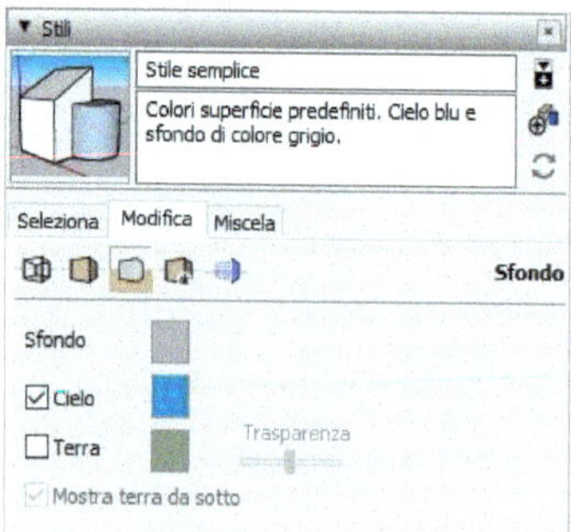

Figura 9.6 - La sezione *Impostazioni sfondo*.

Solo Sfondo

Lo stile di visualizzazione *Linee nascoste* fa sì che il colore degli oggetti sia quello dello *Sfondo*.

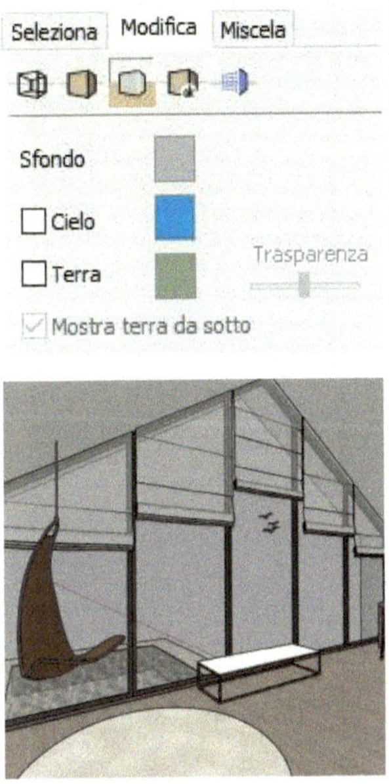

Sfondo e Cielo

Il colore del *Cielo* è impostato nel quadratino colorato.

Sfondo, Cielo e Terra

Terra attivata. *Trasparenza* regola la visualizzazione degli oggetti sotto il piano campagna.

Impostazioni **filigrana**

Le filigrane sono immagini visualizzate a completamento del modello, come ad esempio uno sfondo oppure un logo in primo piano. Le impostazioni permettono di sceglierne la collocazione e le dimensioni.

Alcuni *stili* hanno già alcune filigrane, ad esempio nella sezione *Stili assortiti Scarabocchio su masonite* o *Pennellate su tela* e altri.

Per aggiungere una filigrana cliccare il simbolo "+", selezionare l'immagine da usare come filigrana e seguire il percorso guidato che permette di scegliere dimensioni e collocazione.

Figura 9.7 - La scheda *Impostazioni filigrana*.

Aggiungere un logo personalizzato in sovraimpressione

In questo esempio viene utilizzato il logo di SketchUp in formato PNG (immagine senza sfondo). Dopo aver cliccato "+" selezionare l'immagine da utilizzare come filigrana e procedere come descritto di seguito.

1. Scegliere la posizione in cui collocare il logo rispetto al modello. Per visualizzarlo in primo piano selezionare *Copertura*.

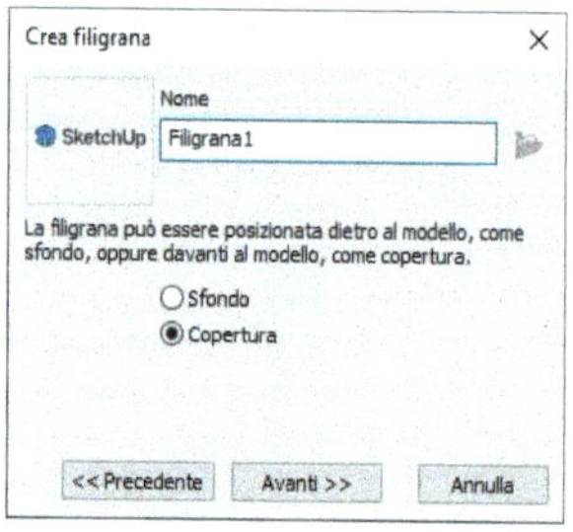

2. Determinare la visibilità con trasparenza o a pieni colori. Per visualizzarlo in sovrapposizione spostare il cursore della trasparenza verso destra.

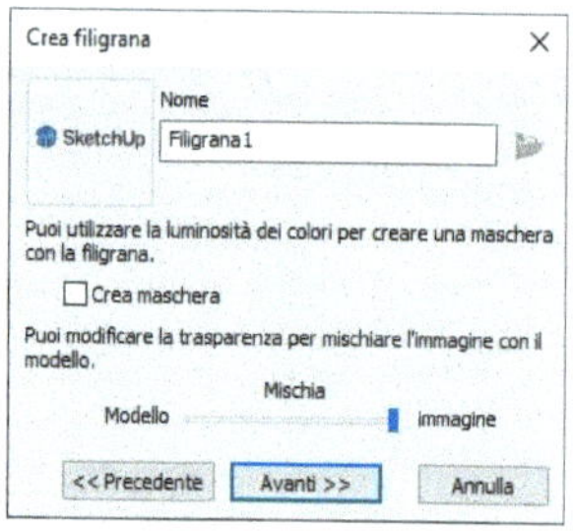

3. Selezionare *Posizionata sullo schermo* e cliccare sul cerchietto che ne determina la posizione. Regolare la scala a piacere. Cliccare *Finitura*.

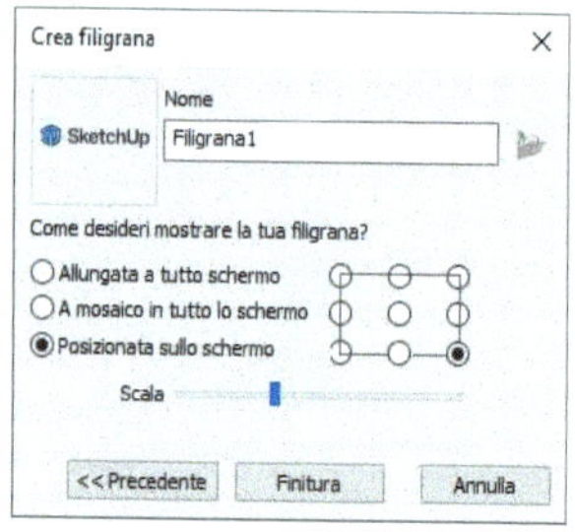

Si riportano immagini da varie angolazioni: il logo è sempre nella stessa posizione.

Impostazioni **Modellazione**

La quinta sezione della scheda *Modifica* contiene impostazioni di visibilità di vari elementi, tra cui le sezioni, e in particolare:

→ **Riempimento sezione.** Imposta il colore della campitura visibile in sezione. È attivabile/disattivabile nell'impostazione *Riempimento sezione*;

→ **Larghezza** (in pixel) e colore delle **Linee di sezione**;

→ **Geometrie nascoste.** Se attivato visualizza con linee tratteggiate le geometrie nascoste (ad esempio le linee generatrici in un cilindro);

→ **Oggetti nascosti.** Se attivato visualizza con un retino semitrasparente gli oggetti nascosti;

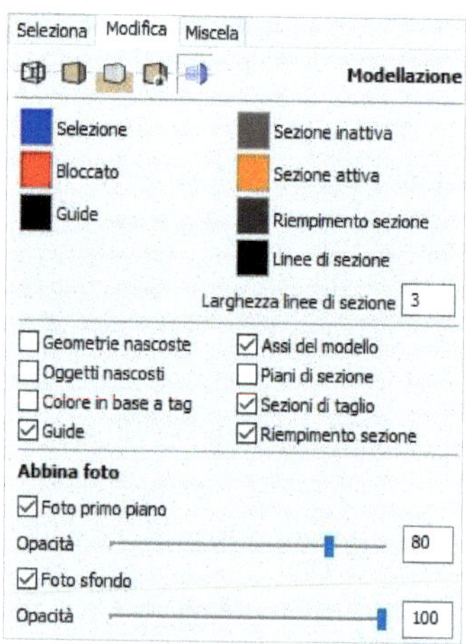

Figura 9.8 - La sezione *Impostazioni modellazione*.

- → **Colore in base a tag.** Attiva/disattiva la visualizzazione degli oggetti in base al *tag* di appartenenza;
- → **Assi del modello.** Visibilità degli assi del modello;
- → **Piani di sezione** e **Sezioni di taglio.** Gestiscono la visibilità dei piani di sezione e attivano/disattivano il taglio dato dai piani di sezione.

La sezione *Abbina foto* riguarda il foto-inserimento e la modellazione da foto trattati nel *Capitolo 13.*

Esempi a confronto

A. Impostazioni di lavoro: la visibilità della maggior parte degli elementi è attivata (*Guide, Geometrie nascoste, Assi...*).

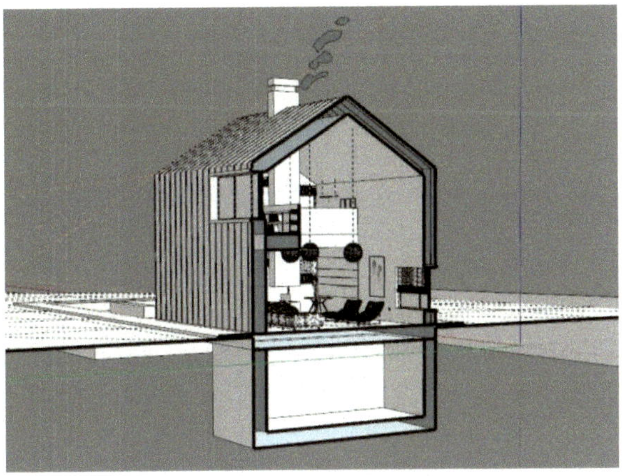

B. Impostazioni di presentazione: la visibilità è attivata per i soli elementi essenziali della vista, come ad esempio i materiali e il cielo.

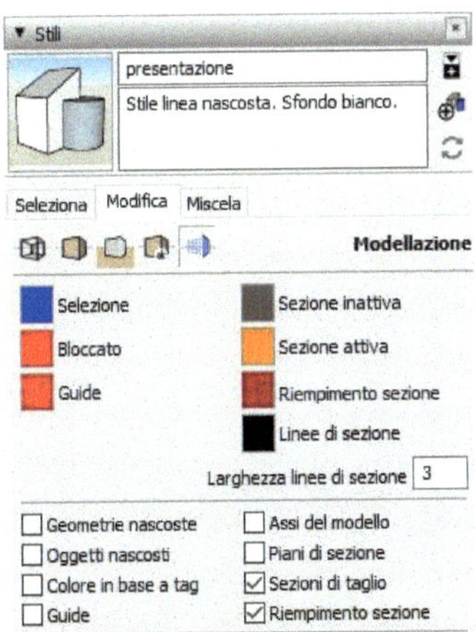

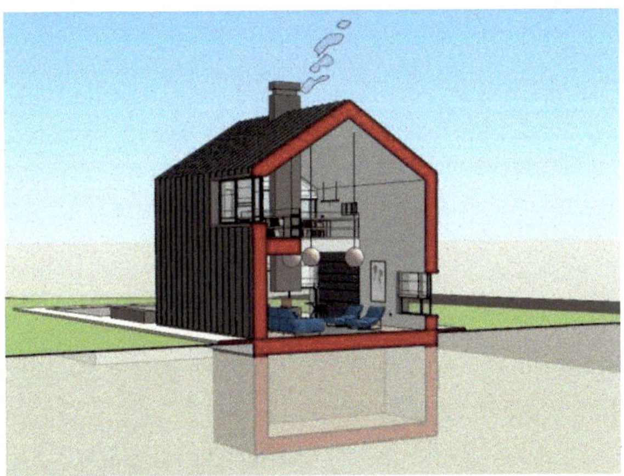

Realizzare uno **Stile personalizzato**

Selezionando uno *stile*, viene creata una copia dalla libreria precaricata all'interno del disegno corrente; le eventuali modifiche apportate allo *stile* rimangono quindi nel file su cui si sta lavorando e non modificano in alcun modo la libreria di stili precaricati.

Lo strumento *Crea nuovo stile* può essere usato per effettuare ulteriori copie di uno *stile* e realizzare varianti in parte o del tutto differenti dallo *stile* di partenza.

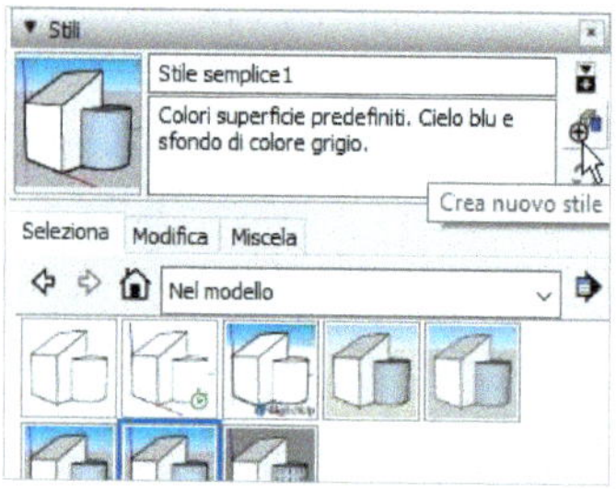

Figura 9.9 - Il pulsante *Crea nuovo stile*.

Suggerimento. La scheda *Miscela* permette di copiare impostazioni da altri *stili* verso quello che si sta configurando: nella finestra che si apre in basso tenere premuto sullo *stile* da cui copiare impostazioni e trascinare in una delle cinque sezioni in cui copiarle.

Salvare, ricaricare, aggiornare gli stili per riutilizzarli in altri progetti

Gli *stili* utilizzati sono elencati nella sezione *Nel modello*, visualizzabile scegliendo l'omonima voce nel menu a tendina oppure cliccando l'apposito strumento.

Per eliminare gli *stili* non utilizzati selezionare *Dettagli* e quindi *Cancella non usati* oppure tasto destro sul singolo stile e quindi *Elimina*.

Salvare gli stili

Per salvare gli *stili* e poterli riutilizzare in altri progetti ci sono due modi:

- → salvare un solo *stile*: cliccare tasto destro sul singolo *stile* da salvare > *Salva con nome*;
- → salvare tutti gli *stili* in una sola volta: Cliccare *Dettagli > Salva raccolta con nome...*

Gli *stili* vengono salvati con l'estensione STYLE.

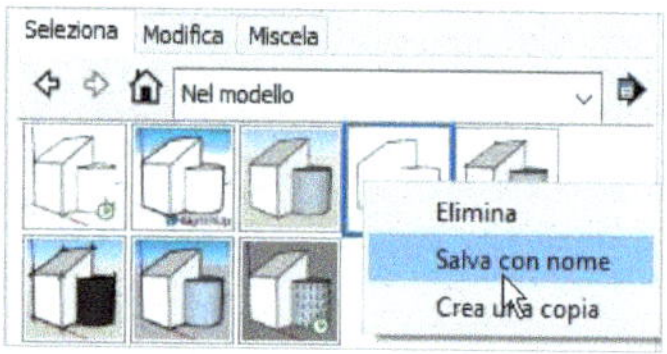

Figura 9.10 - La voce *Salva con nome*.

Ricaricare gli stili

1. Cliccare su *Dettagli*;
2. cliccare *Apri o crea una raccolta*;
3. selezionare la cartella che contiene gli *stili* salvati;
4. cliccare *Selezione cartella;*
5. gli *stili* vengono visualizzati nella finestra *Stili.*

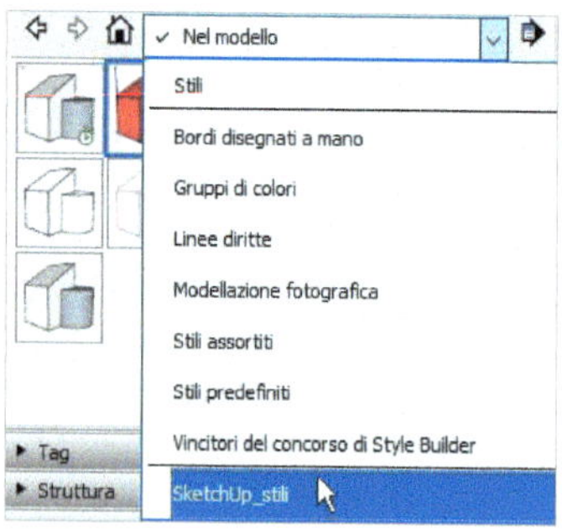

Figura 9.11 - Una cartella locale aggiunta ai preferiti.

Per aggiungere questo percorso alle sezioni di *stili*, presenti nel menu a tendina, cliccare *Dettagli > Aggiungi raccolta ai preferiti.*

Aggiornare uno stile

Aggiornare uno *stile* significa modificare le sue impostazioni per adattarlo alle esigenze in modo permanente nel modello corrente. Si possono modificare tutti gli *stili* già presenti in SketchUp: ad esempio disattivare la visibilità dei piani di sezione, che in molti stili è attiva di default. Per aggiornare uno *stile*, dopo aver apportato le modifiche ritenute necessarie, cliccare sul simbolo *Aggiorna* nella finestra *Stili* oppure sull'anteprima in cui compaiono le due frecce nere come nell'immagine a lato. Se nel modello ci sono molte *scene* (vedi oltre in questo capitolo) che utilizzano lo stesso *stile*, quando si aggiorna lo *stile* lo si trova modificato in tutte le *scene* presenti. Questo è consigliabile, in quanto con un solo *stile* si controllano le impostazioni grafiche di molte *scene* in una sola volta. Al contrario se si utilizzano molti *stili* differenti, si dovranno apportare molte modifiche alle *scene* presenti, per adattarle alle esigenze grafiche a mano a mano che il progetto procede.

9.2 Sezioni

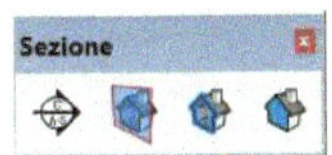

Le sezioni tagliano il modello tridimensionale sono pertanto utili per creare le classiche sezioni verticali e orizzontali richieste in un progetto. Gli strumenti dedicati si trovano nella barra *Sezione* e sono:

Piano di sezione	Colloca il piano di sezione nel modello.
Piano di sezione	Attiva/disattiva la visibilità dei piani di sezione.
Mostra sezioni di taglio	Attiva/disattiva il taglio da parte dei piani di sezione.
Mostra riempimento sezioni	Attiva/disattiva la visibilità della campitura in sezione.

Aggiungere una sezione al modello

1. Posizionare la sezione: avvicinare il cursore ad una superficie in modo da orientare il piano di sezione a piacere.

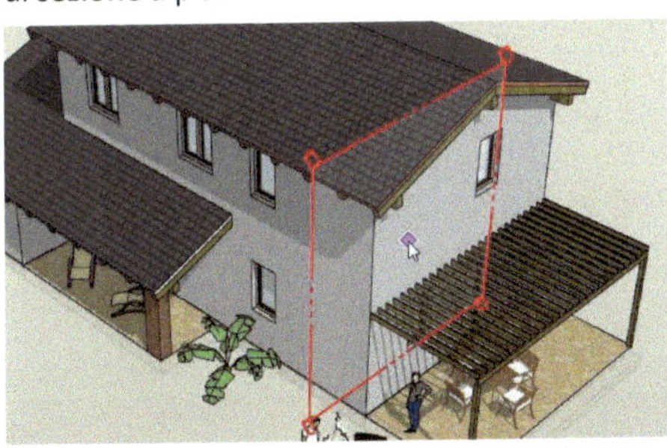

2. Realizzare la sezione: cliccare *Piano di sezione* appare la finestra in cui inserire *Nome* e *Simbolo* (numero) della sezione.

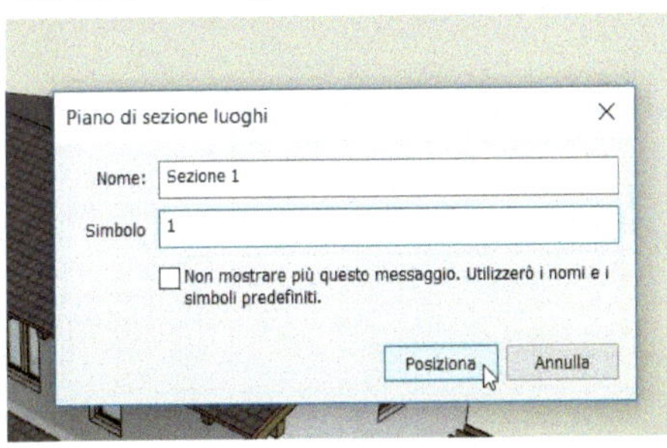

3. Spostare la sezione: selezionare il piano di sezione e spostarlo con lo strumento *Sposta*.

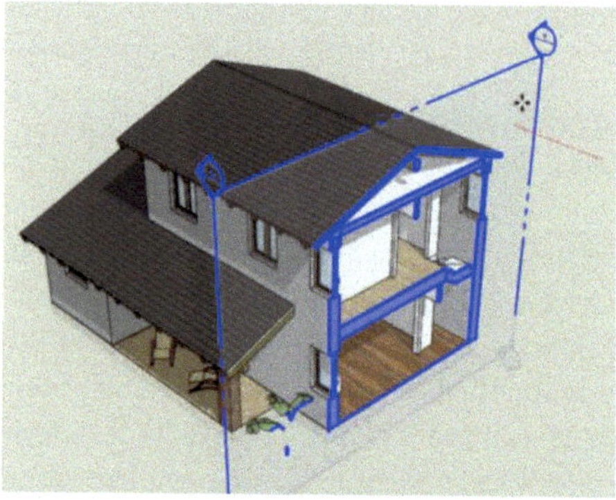

4. Disattivare visibilità piani di sezione: deselezionare *Mostra piani di sezione*.

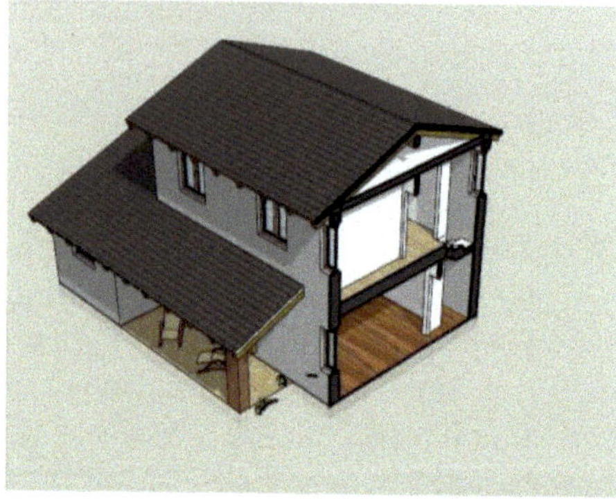

Il riempimento compare solo in corrispondenza di figure chiuse: queste non devono necessariamente essere *gruppi* o *componenti*. Nell'esempio seguente la campitura compare quando viene aggiunta la superficie di destra che completa un perimetro di superfici intersecate dal piano di sezione.

Le linee che giacciono sul piano di sezione non descrivono un perimetro chiuso.

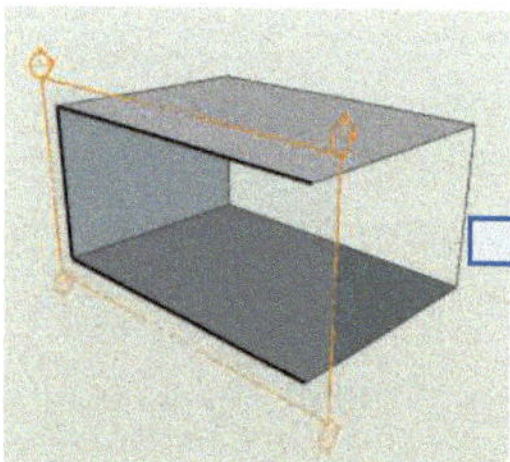

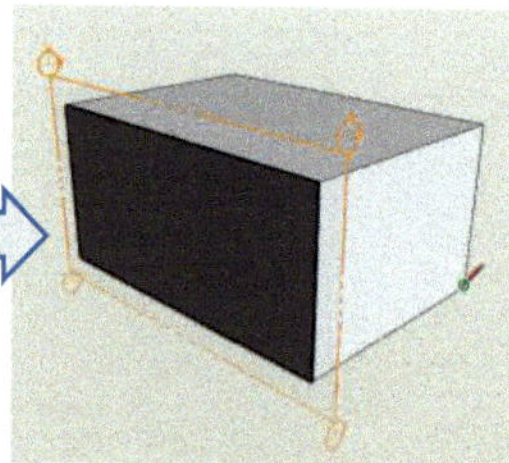

Ricalcare una linea del perimetro di destra fa apparire la superficie e quindi il perimetro viene chiuso.

Suggerimento. Il colore della campitura è impostato nelle proprietà dello *stile*, sezione *Impostazioni modellazione*. Per visualizzare retini di vario tipo si deve valutare l'installazione di estensioni come, ad esempio, Curic Section (vedi approfondimento a pag. 217)

Risoluzione problemi riempimento sezione

Fra le voci del menu contestuale si trova *Risoluzione problemi riempimento sezione* che, una volta attivato, evidenzia con cerchi rossi i punti in cui la sezione presenta anomalie che non consentono la generazione della campitura.

Esempio in cui manca una superficie.

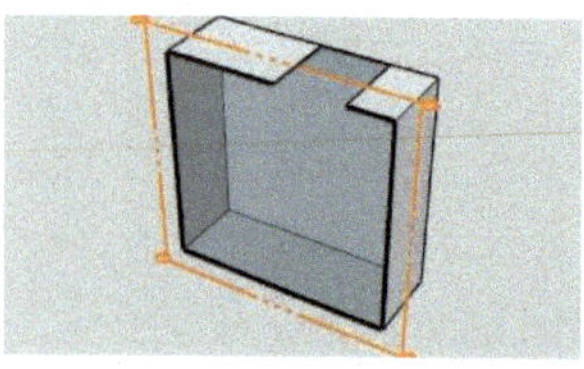

Attivare *Risoluzione problemi riempimento sezione.*

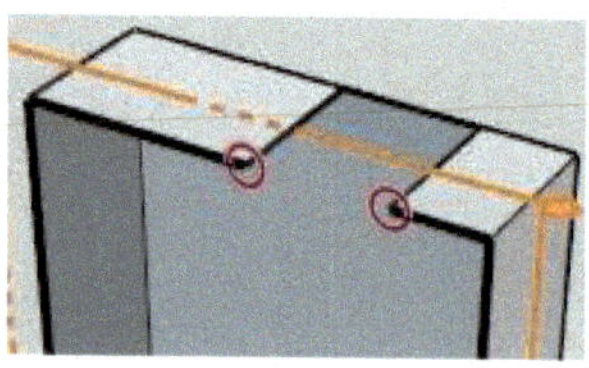

Rigenerando la superficie, la campitura viene realizzata.

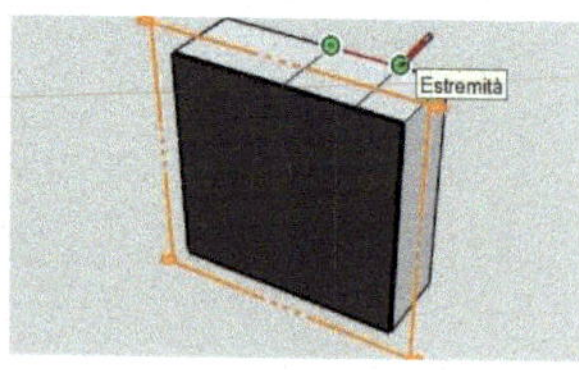

Operazioni sui **Piani di sezione**

1. Inserire altri piani di sezione; l'ultimo inserito viene reso attivo. Per attivarne un altro cliccare tasto destro sul piano > *Taglio attivo* (oppure doppio clic sul piano da attivare).

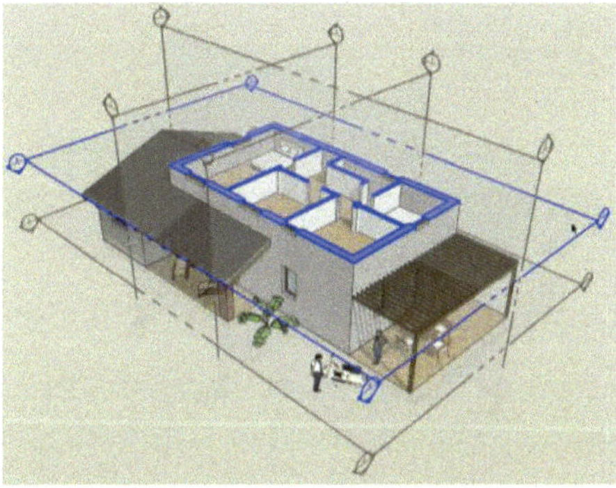

2. Disattivare il taglio di sezione: per disattivare il taglio di sezione deselezionare *Mostra sezioni di taglio* oppure cliccare tasto destro sul piano di sezione attivo e deselezionare *Taglio attivo*.

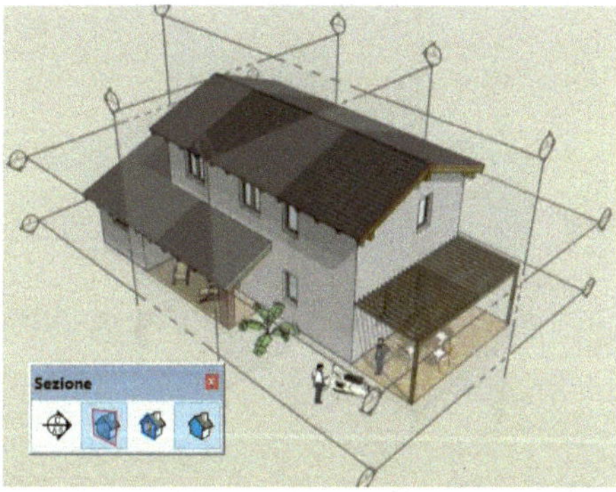

3. Disattivare il riempimento di sezione: disattivare *Mostra riempimento di sezione* permette di vedere l'interno dei volumi.

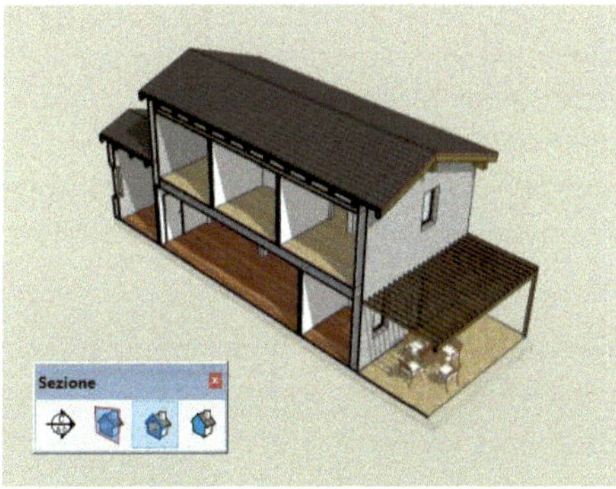

4. Per tornare alla visione d'insieme: disattivare *Mostra piani di sezione* ed anche *Mostra piani di taglio*.

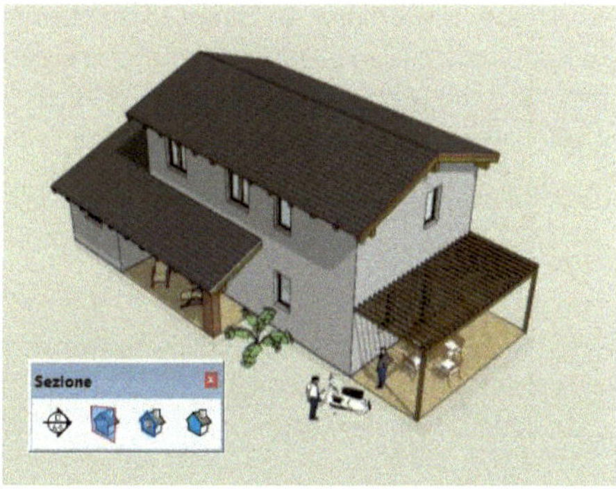

Suggerimento. Le *sezioni* vengono elencate nella finestra *Struttura* assieme a *gruppi* e *componenti*. Questo permette di attivare/disattivare le *sezioni*, cliccandovi tasto destro, anche se non sono visibili e senza dover cambiare punto di vista. Inoltre, possono essere rintracciate con facilità.

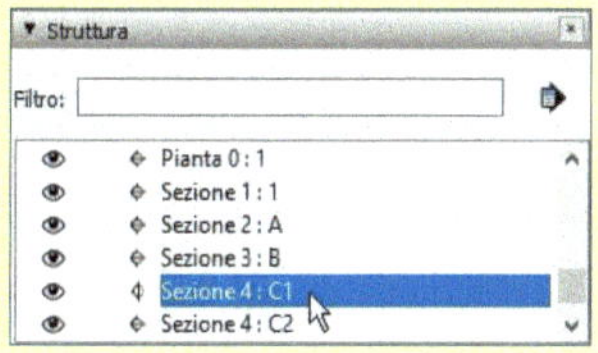

Crea *gruppo* dalla sezione

Si può realizzare in modo automatico un profilo di ciò che interseca il piano di sezione. Questo strumento prende il nome di *Crea gruppo dalla sezione* e fa parte delle voci presenti nel menu contestuale (clic destro su di un piano di sezione). Può essere utilizzato ad esempio per estrarre i profili di un terreno:

1. Serie di piani sezione copiati con intervallo 10 mt.

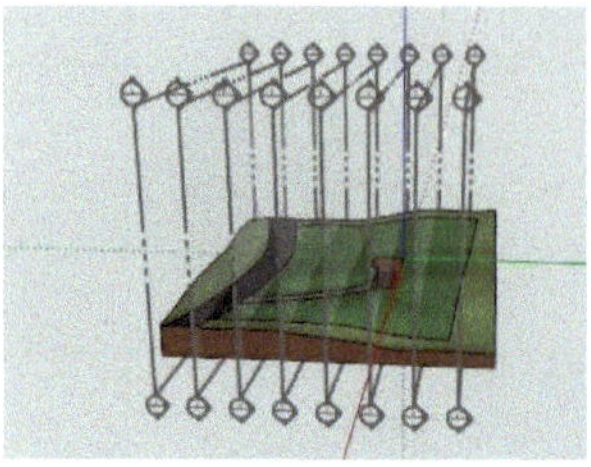

2. Realizzare un *gruppo* dalla sezione (uno alla volta).

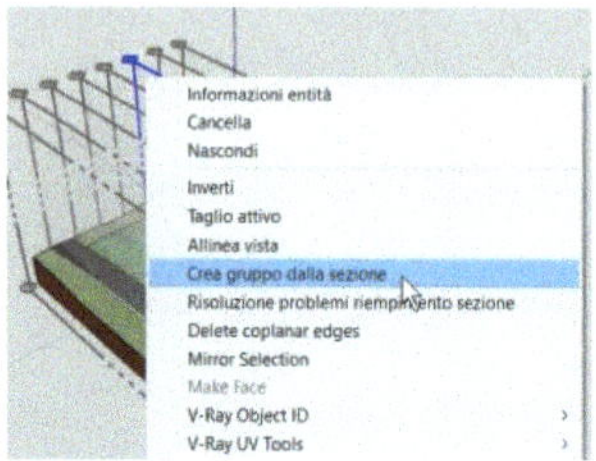

3. I profili con l'andamento del terreno.

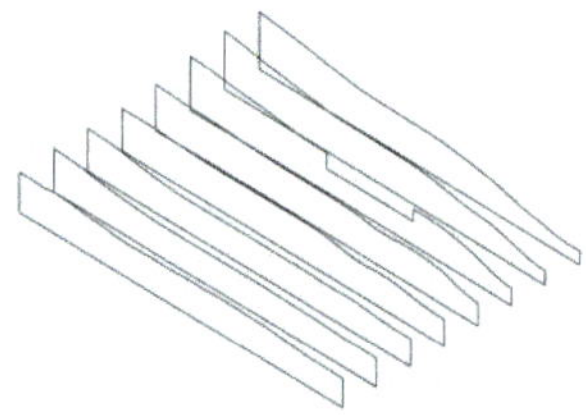

Esercizio. Questo tema viene applicato nell'*Esercizio 12: Superficie topografica e profili.*

Attivare più sezioni contemporaneamente

Quando si attiva una *sezione*, le altre vengono automaticamente disattivate. È possibile fare in modo che ci siano più sezioni attive contemporaneamente: si tratta di inserire le *sezioni* all'interno di *gruppi* e *componenti*. In questo modo possono essere attive contemporaneamente le sezioni all'interno degli editor e un'ulteriore *sezione* all'esterno, creando i cosiddetti spaccati assonometrici e prospettici.

1. Creare un *gruppo* e inserire la *sezione*. Nell'esempio c'è un *gruppo* con murature perimetrali e copertura. All'interno di questo *gruppo* viene inserito un piano di sezione.

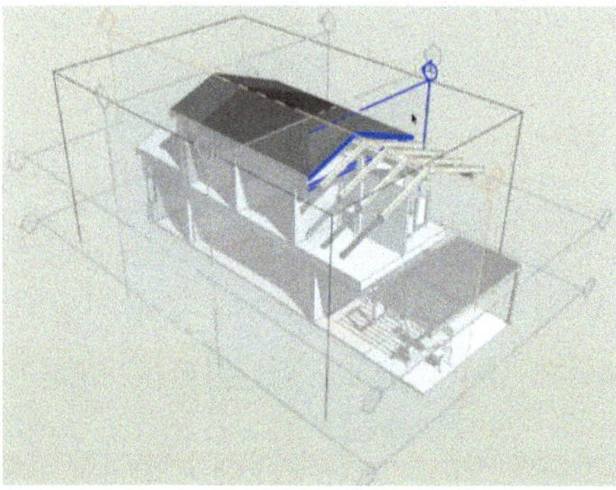

2. Uscire dall'editor del *gruppo* e attivare un nuovo piano di sezione esterno al *gruppo*. Ora sono entrambi attivi e consentono di studiare e presentare il progetto in modo analitico.

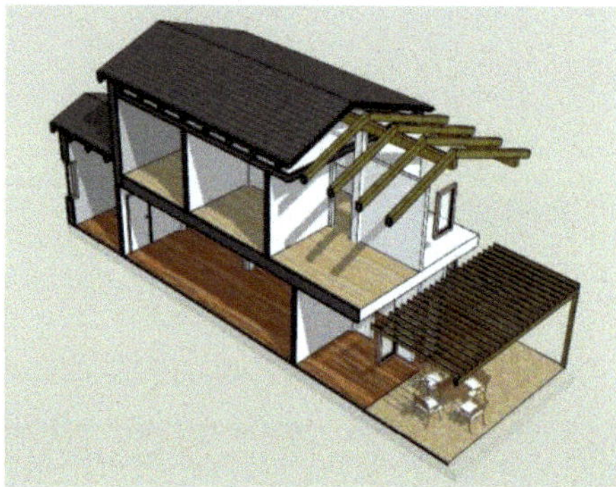

9.3 Scene

Le *scene* sono fondamentali per preparare le viste del progetto e ottenere elaborati quali piante, sezioni, viste prospettiche, ecc. Ogni *scena* ha proprie caratteristiche grafiche (di *stile* e *sezione*, ma non solo) e permette di richiamare velocemente inquadrature e impostazioni per velocizzare la preparazione degli elaborati e la stampa.

Esempio: alcune *scene* di un progetto di abitazione.

Scena d'insieme in prospettiva.

Scena della pianta.

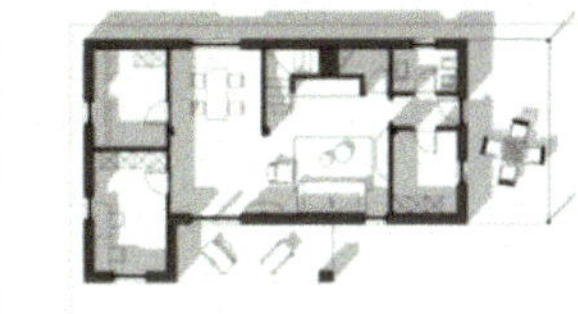

Scena di prospetto.

Scena di sezione.

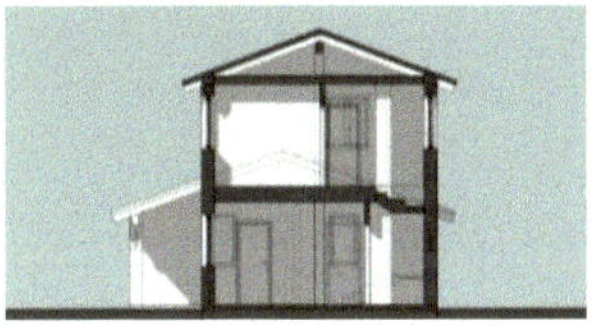

Scena d'interno in prospettiva.

Scena in assonometria.

Come aggiungere scene

Lo strumento *Aggiungi scena* si trova nel menu *Visualizza* > *Animazione* > *Aggiungi scena* e nella finestra *Scene* rappresentato dal simbolo "+". Procedere come indicato:

1. Spostarsi nel modello in modo da ottenere l'inquadratura desiderata. Personalizzare l'inquadratura con caratteristiche quali ad esempio: *stile*, *sezione*, ombreggiatura, prospettiva/proiezione parallela, ecc.

2. Aggiungere la *scena*. Nella parte alta dello schermo viene aggiunta l'etichetta *Scena 1*. Ora ci si può muovere liberamente nel modello e la *scena* non viene modificata. Per ritornare all'inquadratura della *scena* cliccare sull'etichetta.

Il vantaggio di utilizzare le *scene* risiede nel fatto di non dover cercare una determinata inquadratura, ma poter cliccare semplicemente sull'etichetta per spostare la visuale in quel punto e ritrovare le impostazioni grafiche che c'erano quando la *scena* è stata creata. Ogni *scena* può essere impostata con caratteristiche diverse dalle altre e sono quindi **lo strumento** con cui si ottengono tutti gli elaborati pronti per essere esportati, stampati o impaginati in LayOut.

In un progetto è verosimile che vengano create numerose *scene*; in tal caso riempiono lo spazio a disposizione nella parte alta dell'area di lavoro. Per scorrere velocemente fra di loro è possibile ruotare la rotellina del mouse, mantenendo il cursore in corrispondenza della barra che elenca le *scene*. Inoltre, quando è presente più di una *scena* compare la lente d'ingrandimento che permette di visualizzare l'elenco delle *scene* e un filtro. Si può passare ad una *scena* cliccando sul suo nome, oppure richiamarla attraverso il filtro, digitandone il nome.

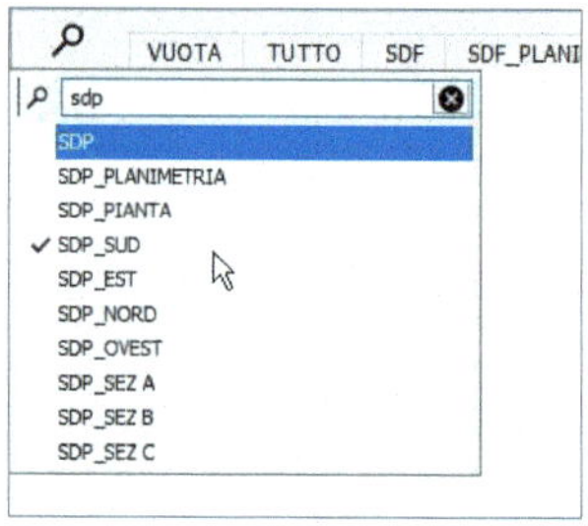

Figura 9.12 - Cerca scene.

Suggerimento. Si può proseguire nel disegno anche dopo aver realizzato le *scene*. Le *scene* non bloccano il contenuto del modello, ma sono solo un modo di vederlo.

Proprietà delle **scene**

Le *scene* sono elencate nella finestra dedicata. Qui sono presenti anche le loro proprietà nei *Dettagli* che si rendono visibili cliccando sul simbolo (in alto a destra nella finestra).

Nella finestra *Scene* si possono cambiare nome ed eventuale descrizione della *scena* (cliccando Invio per conferma dopo aver inserito il testo), ma anche conoscere nel dettaglio tutte le caratteristiche che vengono salvate al momento della sua creazione.

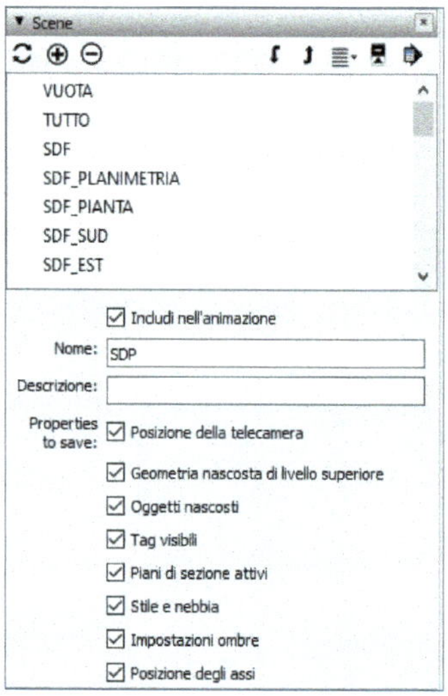

Figura 9.13 - Le proprietà delle *scene*.

Posizione della telecamera	Salva la posizione da cui si osserva il modello.
Geometria nascosta di livello superiore	Se alla creazione della *scena* alcune geometrie, bordi o facce erano nascosti verranno nuovamente nascosti tornando alla *scena*.
Oggetti nascosti	Se alla creazione della *scena* alcuni oggetti erano nascosti verranno nuovamente nascosti tornando nella *scena*.
Tag visibili	Attiva/disattiva i tag in modo analogo al momento in cui viene realizzata la *scena*.

Piani di sezione attivi	Attiva la *sezione* che era attiva al momento della creazione della *scena*.
Stile e nebbia	Salva lo *stile* e l'eventuale nebbia presenti alla creazione della *scena*.
Impostazioni ombre	Attiva/disattiva le ombre alle stesse ore e data del momento in cui la *scena* è stata creata.
Posizione degli assi	Salva posizione e orientamento degli assi del modello in cui sono stati eventualmente spostati.

Tutte le opzioni sono attive per impostazione predefinita, in modo da salvare tutte le caratteristiche dell'inquadratura al momento della creazione della *scena*. Si possono pertanto realizzare *scene* con caratteristiche completamente differenti. Alcuni esempi:

	Vista dal giardino	**Vista di pianta del piano terra**
		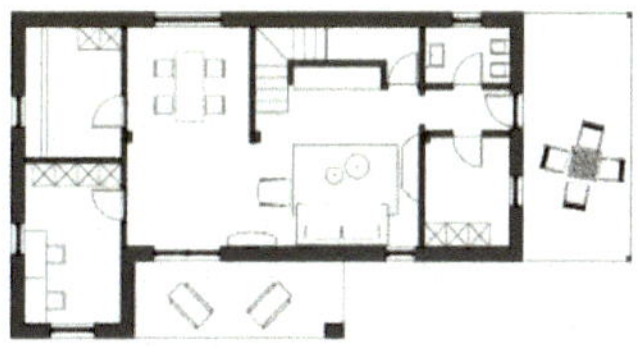
Posizione telecamera	Prospettiva esterna dell'edificio.	Proiezione parallela dall'alto.
Geometria nascosta di livello superiore	Nessuna.	Il terreno 3D.
Oggetti nascosti	Un albero in primo piano.	Oggetti front-face come alberi e persone 2D.
Tag visibili	Tutti, a parte il *tag* dei file CAD che erano stati importati.	I *tag* contenenti oggetti e vegetazione sono nascosti.
Piani di sezione attivi	Nessuno.	Un piano di sezione orizzontale posizionato a 120 cm dal pavimento.
Stile e nebbia	*Stile Ombreggiato con texture*; nebbia attivata	*Stile Linea nascosta*.
Impostazioni ombre	Ombre attivate 17/09, 9:30.	Ombre disattivate.
Posizione degli assi	Invariata.	Invariata.

Accorgimenti per creare scene

Saper sfruttare le potenzialità delle *scene* è di fondamentale importanza per estrarre dal modello tutte le viste che servono per comunicare al meglio il progetto: dalle prospettive alle classiche piante, prospetti e sezioni. Ciascuna delle impostazioni salvate nelle *scene* deve essere valutata opportunamente in modo che siano differenziate; di seguito vengono elencati alcuni accorgimenti specifici.

Posizione telecamera

Tiene conto di: posizione del punto di vista nel modello; tipo di telecamera (prospettiva o proiezione parallela); *Campo visivo* (imposta l'ampiezza della visuale in prospettiva, preimpostato a 35°).

Tipo di telecamera: prospettiva; campo visivo = 55°.

Tipo di telecamera: proiezione parallela; vista *Frontale*.

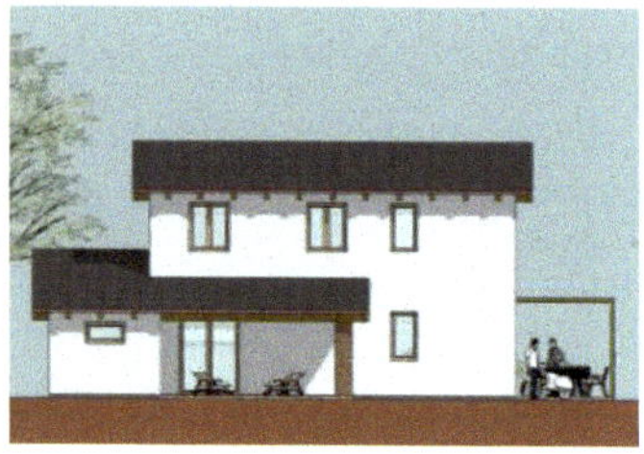

Geometria nascosta

Facce o linee (geometrie) libere ovvero non raggruppate sotto forma di *gruppi* o *componenti* possono essere nascoste.

Il terreno non è né un *gruppo* né un *componente*.

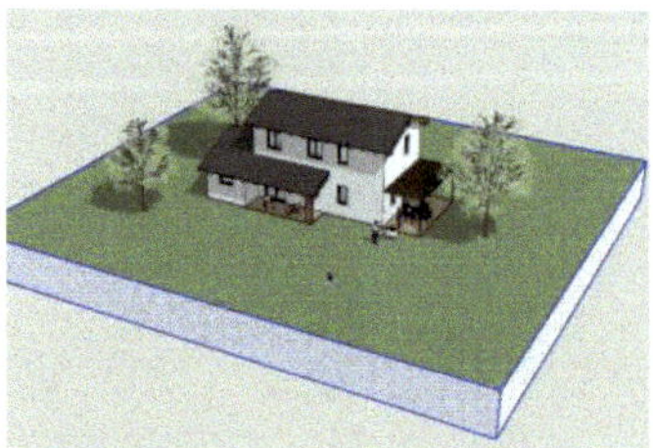

Viene nascosto in questa *scena* che mostra solo l'edificio.

Oggetti nascosti

Per nascondere un elemento (ad esempio perché troppo vicino nell'inquadratura) cliccare tasto destro sull'elemento e quindi *Nascondi*. Per farlo tornare visibili menu *Modifica > Mostra > Tutte.*

Scena in prospettiva: l'albero in primo piano occlude la vista.

Scena aggiornata con l'albero nascosto.

Tag visibili

Lasciare visibili solo i tag che si desiderano attivi nella *scena*. In questo modo molti tag possono essere accesi/spenti in un solo clic spostandosi da una *scena* all'altra.

Scena con tutti i tag attivi.

Scena con alcuni tag disattivati (dei muri, del tetto, degli esterni).

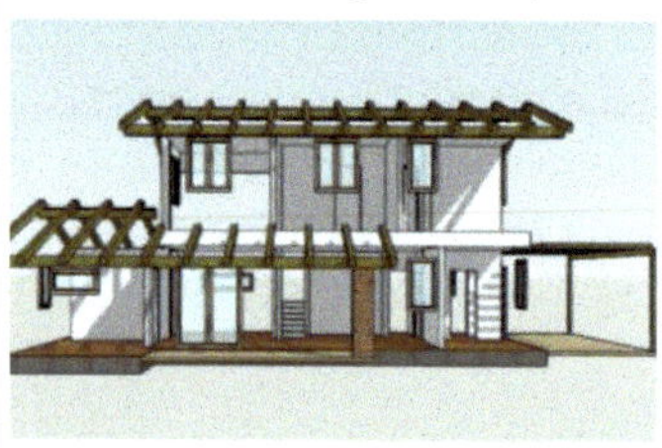

Piani di sezione attivi

Prima di aggiungere la *scena* posizionare l'eventuale piano di sezione, oppure attivare uno dei piani di sezione già presenti nel modello, e quindi aggiungere la *scena*. Ogni *scena* attiva una specifica sezione.

Scena senza alcun piano di sezione attivo.

Scena salvata con un piano di sezione attivo.

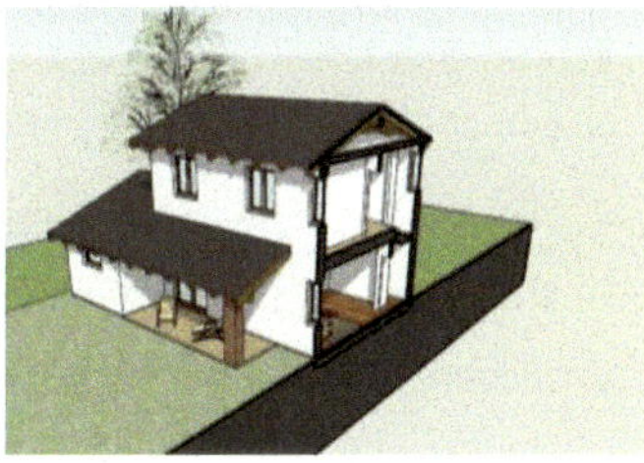

Stile e nebbia

Scegliere lo *stile* appropriato al tipo di vista, ad esempio uno *stile* sobrio come *Linea nascosta* per i prospetti, mentre uno *stile* a schizzo per le prospettive.

Stile Scarabocchio su masonite

Stile Linea nascosta.

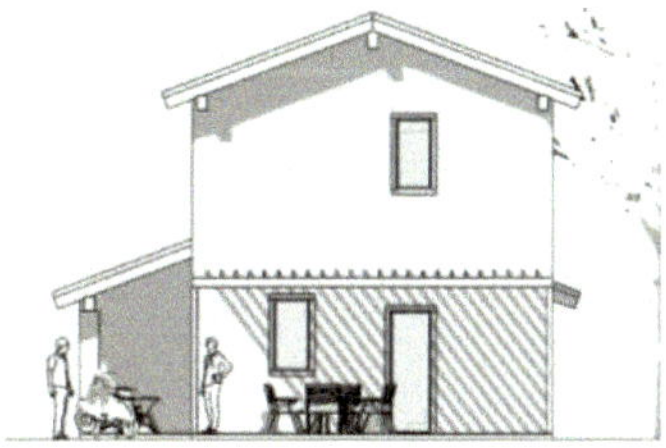

Impostazioni ombre

Ogni *scena* può avere condizioni di ombreggiamento differenti.

Scena con sole basso che valorizza la facciata.

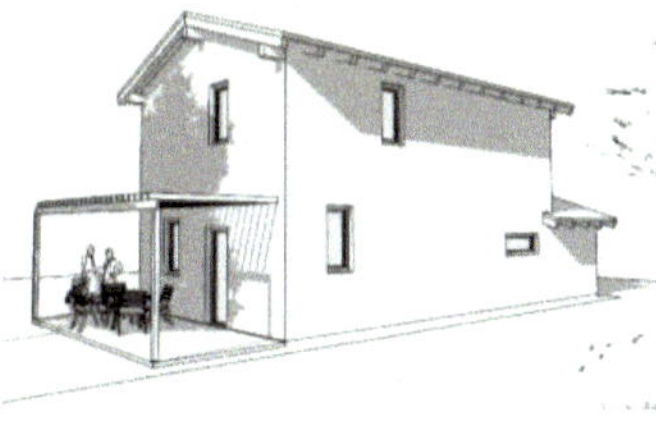

Scena di pianta con ombre a 45°.

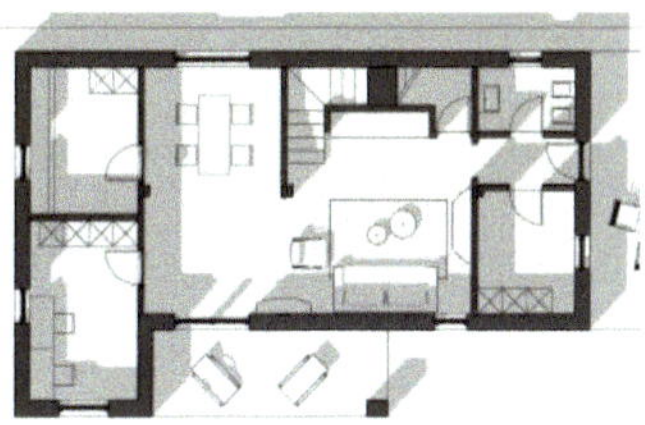

Posizione degli assi

Si possono realizzare *scene* con posizione e orientamento degli assi differenti. Spostare la terna di assi con lo strumento *Assi*.

Assi in posizione originale; il disegno avviene in modo allineato al volume di sinistra.

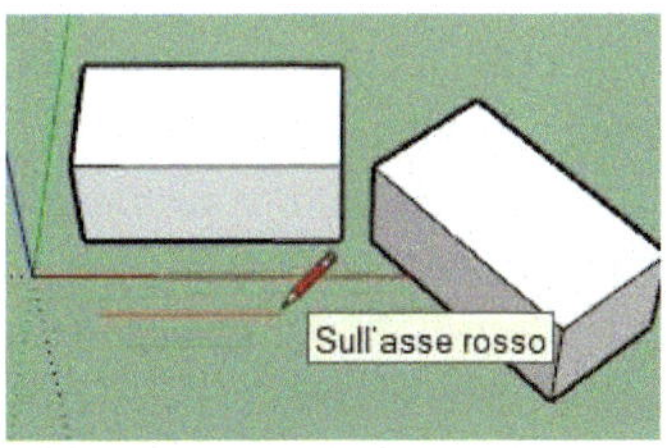

Per disegnare in modo allineato al volume di destra serve ruotare gli assi adeguatamente.

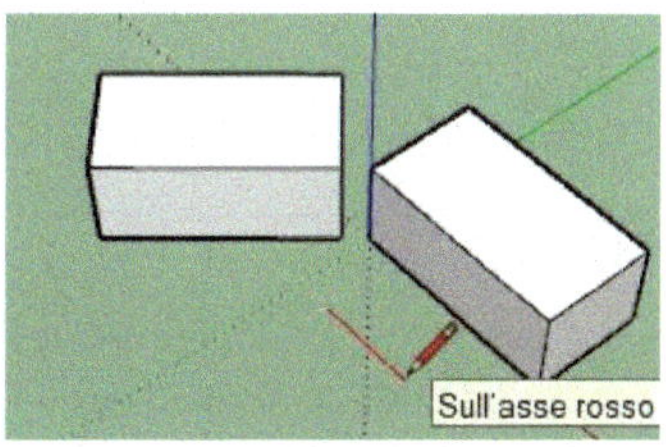

Aggiornare e riordinare le scene

Ogni *scena* può essere modificata a piacere: capita infatti di apportare alcune modifiche ad un'inquadratura oppure di dover nascondere un nuovo tag in una *scena* realizzata in precedenza. Per aggiornare una *scena* in modo che salvi le nuove impostazioni che le vogliamo attribuire, procedere in uno dei modi seguenti:

A. cliccare tasto destro sull'etichetta della *scena* e quindi *Aggiorna*;

B. andare al menu *Visualizza* > *Animazione* > *Aggiorna scena*;

C. cliccare nella finestra *Scene*.

Le *scene* possono essere riordinate in uno dei seguenti modi:

A. cliccare tasto destro sull'etichetta della *scena* e quindi *Sposta* a destra/sinistra;

B. utilizzando gli strumenti nella finestra *Scene*.

Esercizio. La preparazione delle inquadrature per gli elaborati viene approfondita nell'*Esercizio 15*.

Usi particolari delle scene

Animazione

Le scene possono essere viste in successione, dando origine ad un vero e proprio video da esportare. Per avviare la riproduzione cliccare tasto destro sulla *scena* da cui si intende iniziare e quindi *Riproduci animazione*.

Inizia così la riproduzione in serie delle scene ed appare la finestra *Animazione* con cui è possibile mettere in pausa oppure fermare la riproduzione. Il video può essere esportato come approfondito nel *Capitolo 11*.

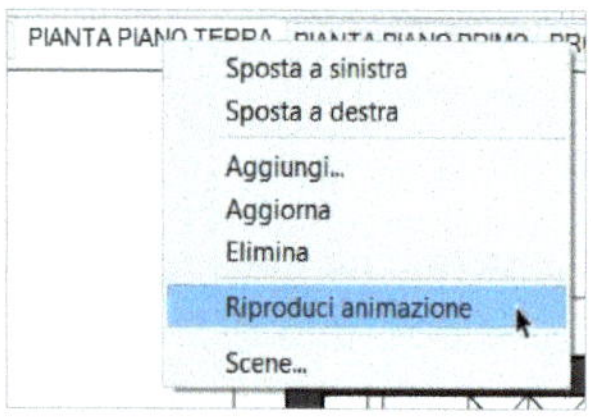

Figura 9.14 - Lo strumento di avvio dell'animazione.

Scena vuota

Realizzare una *scena* in cui tutti i tag sono disattivati permette di verificare se tutti gli oggetti sono stati classificati o meno. Proseguendo con il disegno può capitare infatti di dimenticare di attribuire un tag ad alcuni oggetti, o di importare tag indesiderati da altri file. Nella *scena "Vuota"* questi elementi saranno immediatamente visibili e si potrà procedere quindi all'assegnazione corretta dei tag o alla loro eliminazione. A tal proposito può essere utile l'estensione *Auto invisible layer* trattata nel *Capitolo 14*.

Scena con tag ma senza posizione

Realizzare una *scena* in cui l'unica impostazione attiva sono i *tag* permette di controllare una serie di *tag* (ad esempio quelli relativi ad un determinato piano dell'edificio), in modo analogo agli *Stati layer di* AutoCAD*. Non viene mutata l'inquadratura né alcuna altra caratteristica della visualizzazione corrente. Questa *scena* è utile quando si lavora a progetti complessi e/o con fasi di progetto e sovrapposizioni e si vuole passare a lavorare ad una o l'altra di queste parti rapidamente per attuare modifiche e controlli necessari al disegno.

Per approfondire: videocorso *"Scene ed esportazioni"*.
Durata 6 ore, 29 videolezioni dedicate a Stili, Scene e Sezioni
> www.scuola-3d.it/scene-ed-esportazioni

9.4 Telecamere avanzate

Nota. Gli strumenti trattati in questo capitolo erano presenti in SketchUp fino al 2021. È comunque possibile installare gli Strumenti Avanzati Telecamera accedendo all'Extension Warehouse e cercando 'advanced camera tools'. Il tema delle estensioni e della loro installazione viene trattato nel *Capitolo 14 - Oltre SketchUp: le estensioni.*

Figura 9.15 – Telecamere avanzate.

Per determinare inquadrature, oltre alle *scene*, ci sono le *Telecamere avanzate*. La maggiore differenza rispetto alle *scene* risiede nel fatto che le telecamere avanzate materializzano il punto di osservazione con un oggetto 3D (a forma di telecamera stilizzata) che permette di identificare precisamente la posizione da cui viene osservato il modello. Possono essere molto utili nel campo cinematografico, nel teatro, nel monitoraggio di aree sottoposte a sorveglianza. Le *Telecamere avanzate* hanno proprietà di reali telecamere come lunghezza focale, altezza da terra o rotazione rispetto al piano orizzontale. Gli strumenti della barra a loro dedicata sono:

Crea una telecamera fisica	Posiziona una telecamera avanzata nel modello nel punto di osservazione corrente. Clic destro > *Modifica telecamera* per impostarne le caratteristiche.
Guarda attraverso una telecamera	Elenco delle telecamere presenti nel modello: selezionare la telecamera e quindi Ok.
Blocca/sblocca telecamera corrente	Da selezionare dopo aver posizionato la telecamera nel punto desiderato e aver modificato le impostazioni.
Mostra/nascondi le telecamere	Attiva/disattiva la visibilità delle telecamere avanzate.
Mostra/nascondi le linee a tronco	Attiva/disattiva la visibilità di linee che delimitano il campo visivo, controllate dal tag Camera_FOV_Lines (FOV = field of view).
Mostra/nascondi i volumi a tronco	Attiva/disattiva la visibilità di volumi che delimitano il campo visivo, controllati da tag Camera_FOV_Volume.
Cancella le barre delle proporzioni	Modificando le proporzioni delle camere compaiono bande grigie che evidenziano l'area inquadrata dalla telecamera; questo strumento disattiva le bande e ripristina le impostazioni iniziali.

9.5 Style Builder

Style Builder è un applicativo che fa parte della suite SketchUp Pro. Permette di realizzare *stili* con bordi personalizzati. Le sue funzionalità non contemplano la definizione di uno *stile* a 360° (come accade invece in SketchUp): il suo obiettivo è di impostare immagini personalizzate da utilizzare come bordi e generare un file con estensione STYLE che può essere caricato in SketchUp ed applicato alla visualizzazione del modello. Si possono ad esempio realizzare una serie di linee schizzate a mano, scansionarle ed applicarle allo *stile*.

Figura 9.16 - Il logo di Style Builder.

L'interfaccia di Style Builder

L'interfaccia presenta gli strumenti per realizzare un catalogo di tratti, la lista di quelli applicati allo *stile*, le impostazioni e un'anteprima che mostra il risultato. Di seguito una descrizione di ciascuno di questi elementi.

A. **Tratti di esempio:** sono linee precaricate da utilizzare nello *stile*; si tratta di schizzi fatti a mano di lunghezze differenti;

B. **Tratti personalizzati:** linee personalizzate caricate da varie risorse;

C. **Tratti applicati:** lista dei tratti assegnati allo *stile*, suddivisi per lunghezza;

D. **Caratteristiche dei tratti:** impostazioni dello *stile* (*Lunghezza*, *Tratti* e *Larghezza*);

E. **Anteprima:** visualizzazione del modello con lo *stile* personalizzato.

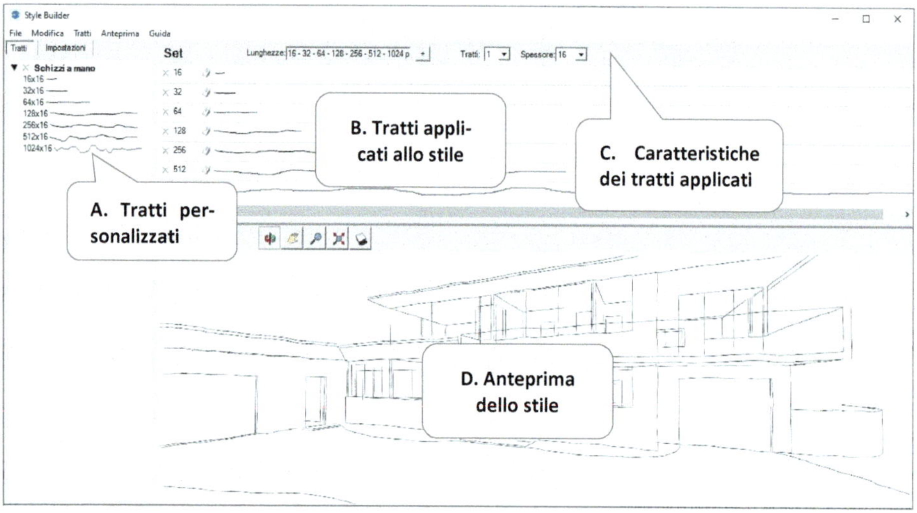

Figura 9.17 - L'interfaccia di Style Builder con l'applicazione di tratti personalizzati.

Premessa

Style Builder richiede il caricamento di immagini di lunghezze prestabilite. Queste vengono visualizzate al posto dei consueti bordi a seconda della loro lunghezza a schermo. In questo modo la forma del tratto è differenziata a seconda della lunghezza del bordo e nell'insieme l'immagine appare più armoniosa (in modo simile a quanto accade con la stonalizzazione nel mondo dei rivestimenti).

Suggerimento. Molti stili dall'aspetto schizzato e fatto a mano sono già presenti e pronti all'uso in SketchUp nella sezione *Bordi disegnati a mano*.

Procedure

Le procedure per realizzare uno *stile* possono essere riassunte nel modo seguente:

1. realizzare le immagini (foto, scansioni, software di elaborazione immagini);
2. caricare le immagini in Style Builder;
3. applicare le immagini allo *stile*;
4. visualizzare lo *stile* in anteprima sul modello;
5. salvare lo *stile* e caricarlo nel progetto.

1. Realizzare le immagini

Le immagini devono avere lunghezza 16, 31, 64, 128, 256, 512 e 1024 pixel. La larghezza deve essere uguale per tutti ad una delle seguenti: 8, 16, 32 oppure 64 pixel. Se l'immagine è un tratto sottile bastano 8 pixel, se nell'immagine si inserisce un testo o simboli è preferibile utilizzare una larghezza maggiore. Negli esempi seguenti sono impiegate immagini realizzate con un software di fotoritocco.

Le immagini ritagliate alle misure corrette:

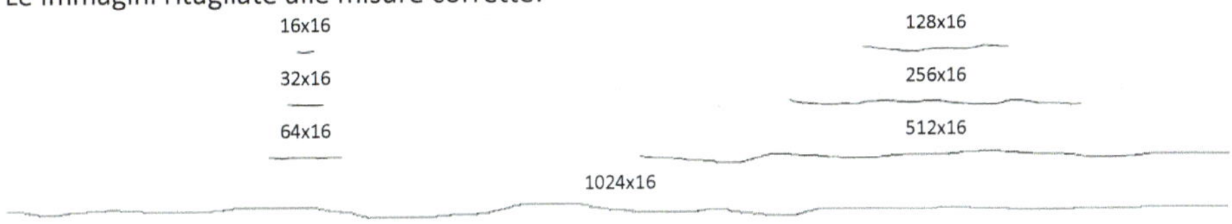

2. Caricare le immagini

Avviare Style Builder e caricare i tratti dal menu *Tratti*. Questi possono essere caricati da varie risorse, nell'esempio si è scelto *Carica da cartella*. Le immagini vengono visualizzate sulla sinistra (nella sezione tratti personalizzati, **Figura 9.17**).

3. Applicare le immagini allo stile

Definire attraverso i tre menu a tendina *Lunghezze*, *Tratti* e *Larghezza* le caratteristiche del set di immagini che si vogliono caricare.

→ **Lunghezze:** si suggerisce di utilizzare tutte le lunghezze disponibili per rendere completo lo *stile*. Lunghezze mancanti comportano bordi non visualizzati.

→ **Tratti:** scegliere il numero di tratti per ciascuna lunghezza. Impostare ad esempio tre tratti per lunghezza permette di caricare tre immagini differenti per ciascuna lunghezza in modo che ci sia varietà. Nel caso proposto come esempio basta un tratto, in quanto l'immagine è un semplice tratteggio che non necessita della stessa varietà che richiederebbe un tratto a schizzo.

→ **Larghezza:** imposta la larghezza dei tratti nella sezione sottostante. Le immagini devono avere la stessa larghezza (nell'esempio viene impiegata una larghezza di 16 pixel).

Per applicare le immagini allo *stile* trascinarle dalla lista di sinistra a quella di destra. Le immagini delle varie lunghezze devono essere cariate nelle caselle di loro competenza. Nella sezione *Impostazioni* (in alto a destra) si accede ad alcune caratteristiche da attribuire allo *stile* ed ai tratti: *Nome stile*, *Attenuazione*, *Dissolvenza*, ecc.

4. Visualizzare lo stile in anteprima

Nell'area anteprima c'è un modello precaricato di esempio. Per caricare un modello a piacere selezionare menu *Anteprima > Modifica modello* e scegliere il file.

Navigando nella finestra di anteprima le immagini caricate come tratti prendono il posto dei bordi dei volumi del modello. Avvicinandosi ed allontanandosi, Style Builder applica automaticamente l'immagine della lunghezza appropriata. La larghezza dei tratti può essere modificata durante la definizione dello *stile* per adeguare e variare le sue caratteristiche. Un messaggio chiede quale modalità di scalatura utilizzare.

5. Salvare lo stile e caricarlo nel progetto

Nel menu *File* cliccare *Salva*; lo *stile* viene salvato con estensione STYLE (come gli *stili* presenti in SketchUp). Caricare lo *stile* nel modello di SketchUp in cui si intende utilizzarlo selezionando *Dettagli > Apri o crea una raccolta* (finestra *Stili*). Lo *stile* viene visualizzato nell'elenco e con un clic lo si applica alla *scena* corrente.

Figura 9.18 - Lo stile caricato in SketchUp.

10. Quote, testi e testo 3D

L'aggiunta di testi e quote può essere svolta in due modi essenzialmente diversi: direttamente nel modello 3D oppure nello spazio bidimensionale della tavola in LayOut. In questo capitolo viene trattata la prima di queste modalità. L'inserimento di testi e quote in LayOut viene trattato nella seconda parte del libro.

10.1 Quote

La quotatura nel modello avviene con lo strumento *Quota* (barra di strumenti *Costruzione*):

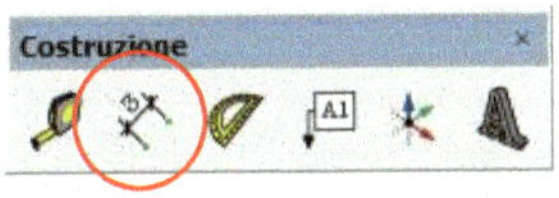

Figura 10.1 - Strumento *Quota*.

1. selezionare lo strumento *Quota* e cliccare sulla prima estremità da quotare;
2. cliccare sulla seconda estremità da quotare;
3. spostare il cursore nella direzione in cui si intende posizionare la quota e cliccare.

La quota si riferisce alle dimensioni dell'oggetto in altezza, larghezza o sviluppo reale a seconda della posizione verso cui viene portato il cursore:

A. Cursore portato verso l'alto: la quota riporta la dimensione dell'elemento in X.

B. Cursore portato lateralmente: la quota riporta la dimensione in altezza.

C. Cursore portato in direzione inclinata: la quota riporta lo sviluppo effettivo dell'elemento.

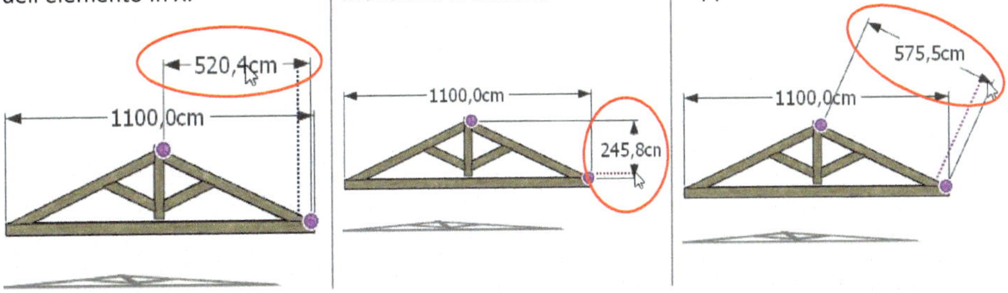

Impostazioni delle **quote**

Le impostazioni relative al testo, alla sua posizione e alle estremità si trovano nella sezione *Dimensioni* della finestra *Informazioni modello* (menu *Finestra*).

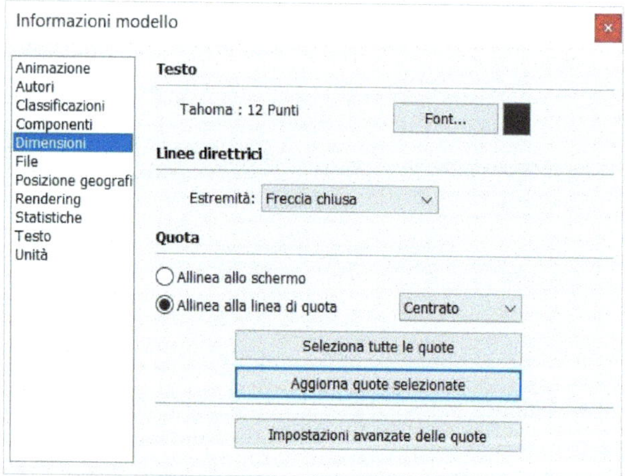

Figura 10.2 - La sezione *Dimensioni* della finestra *Informazioni modello*.

Testo

Selezionare *Font...* per impostare le caratteristiche del testo. Si possono scegliere dimensioni fisse per le quote indicando *Altezza* anziché *Punti* (ossia pixel). Una volta selezionato *Altezza* digitare le dimensioni effettive che il testo delle quote deve avere nel modello, in modo che sia di dimensioni appropriate per la stampa. Ad esempio: 30 cm per una stampa al 100 (il testo sarà alto 3 mm). Per applicare la modifica alle quote cliccare *OK* e quindi *Aggiorna quote selezionate*. Si possono aggiornare tutte le quote in una sola volta cliccando prima *Seleziona tutte le quote*.

Linee direttrici

Definisce l'impostazione grafica delle estremità della linea di quota:

Slash Punto Freccia chiusa Freccia aperta

Quota

Regola la disposizione del testo rispetto alla linea di quota.

Allineata allo schermo.

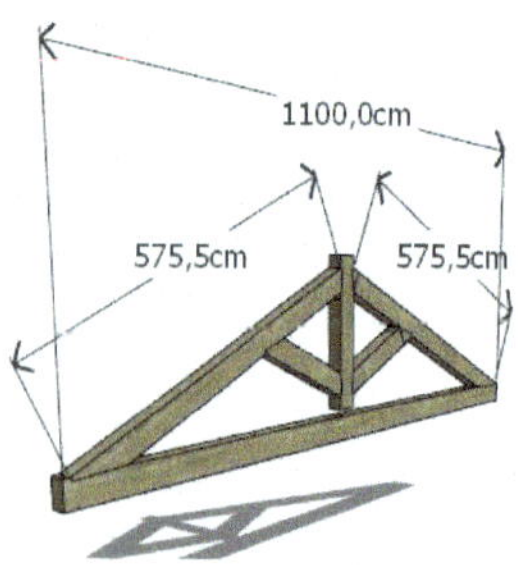

Parallela alla linea: *Sopra*.

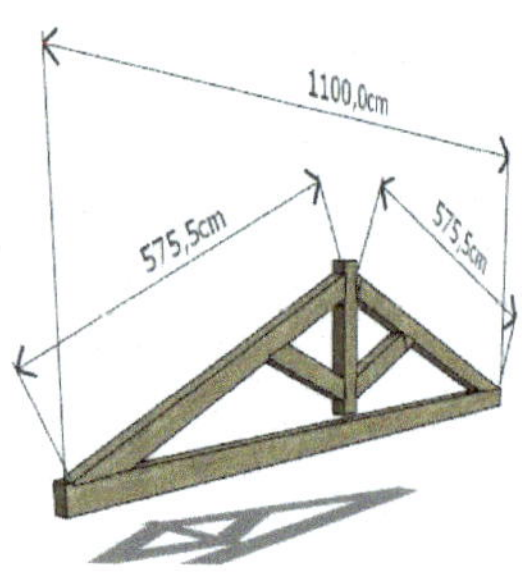

Parallela alla linea: *Centrato*.

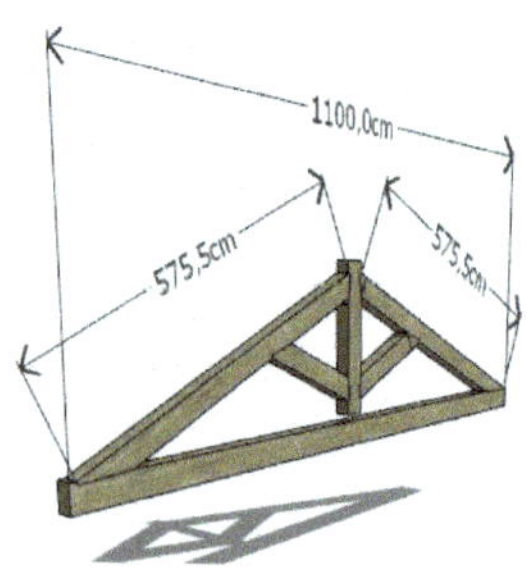

Unità di misura delle quote

L'unità di misura delle quote dipende dalle impostazioni della sezione *Unità* della finestra *Informazioni modello* (menu *Finestra*). L'unità di misura che si utilizza per il disegno determina anche l'unità di misura delle quote.

Suggerimento. Le impostazioni possono essere regolate a livello di proprietà della singola quota nella finestra *Informazioni entità*.

Impostazioni avanzate delle quote

La quota è un oggetto presente nel modello e come tale può essere spostato e visto da tutti i lati; dunque, può facilmente sovrapporsi ad altre quote e risultare poco leggibile. Le impostazioni avanzate rispondono a queste problematiche.

Le linee di quota sono visibili di scorcio fino a risultare del tutto inutili.

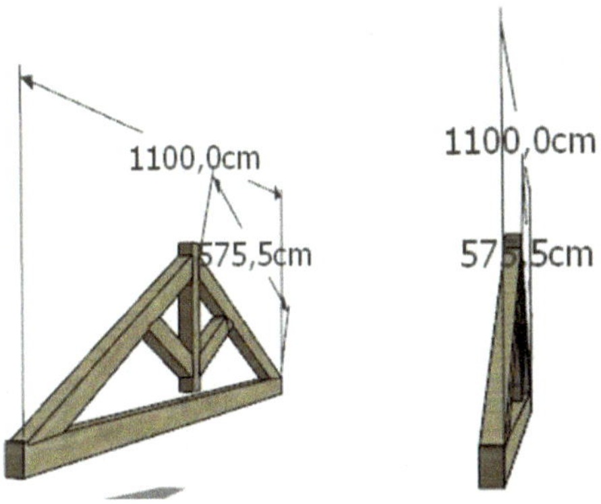

Quote piccole vengono rese illeggibili, si sovrappongono a quelle di elementi più grandi.

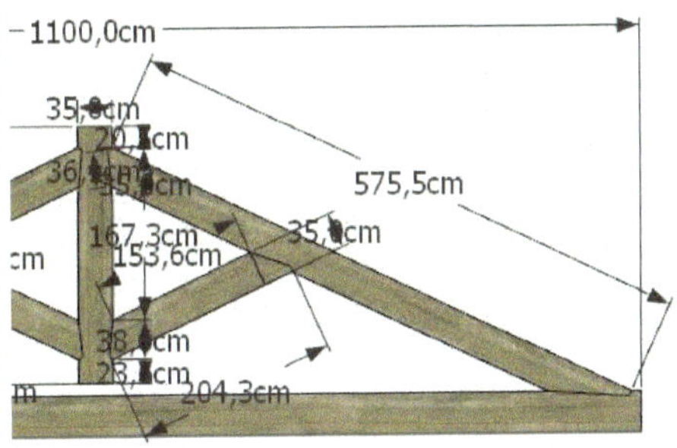

Nota. Come viene approfondito nel capitolo su LayOut questi inconvenienti non sono presenti nella quotatura nel foglio.

Le *Impostazioni avanzate delle quote* si trovano nel box *Quota* della sezione *Dimensioni* (finestra *Informazioni modello*).

In particolare, le impostazioni che risolvono le problematiche evidenziate nelle precedenti righe sono *Nascondi fuori piano* e *Nascondi piccoli*.

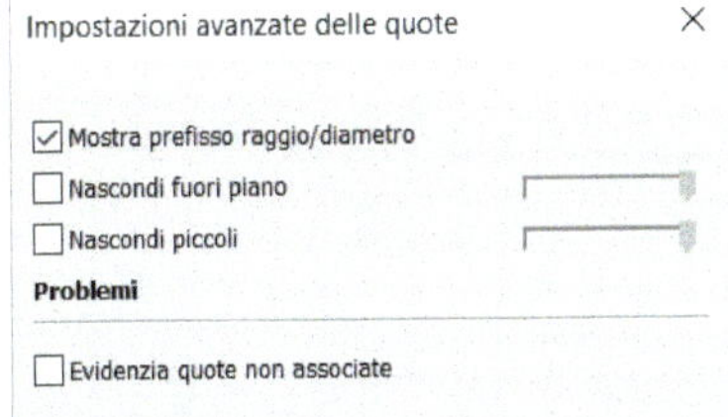

Figura 10.3 - La finestra *Impostazioni avanzate delle quote*.

Nascondi fuori piano

Consente di nascondere automaticamente le quote viste di scorcio e poco leggibili.

L'impostazione *Nascondi fuori piano* disattivata: le quote sono viste di scorcio e poco leggibili.

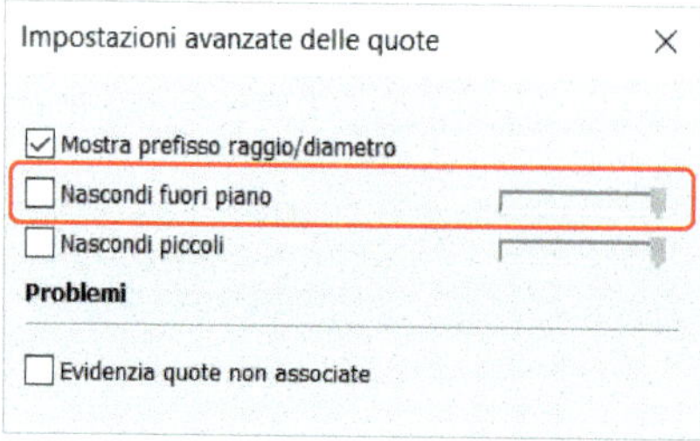

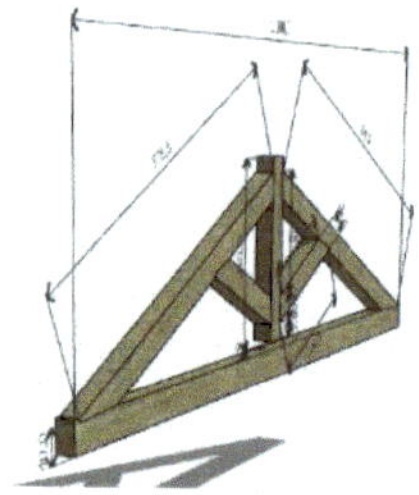

L'impostazione *Nascondi fuori piano* attivata fa in modo di nascondere le quote poco leggibili.

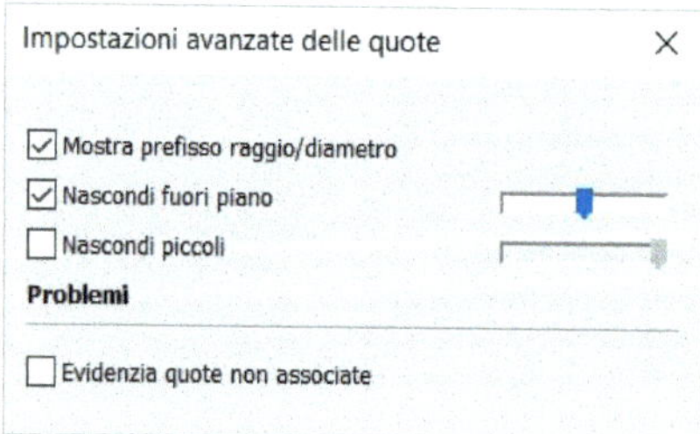

L'impostazione portata al massimo rigore (cursore a sinistra): le quote sono visibili solo frontalmente (prospetto).

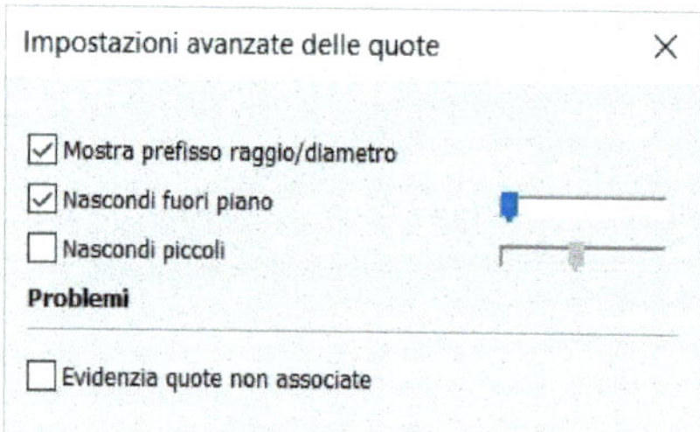

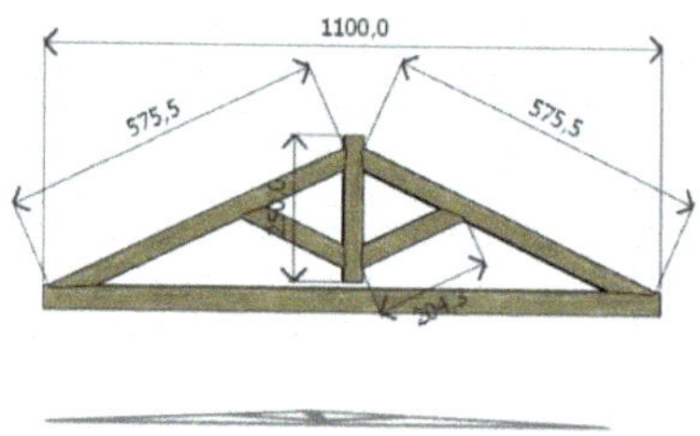

Nascondi piccoli

L'impostazione *Nascondi piccoli* nasconde automaticamente le quote troppo piccole e quindi poco leggibili; è indipendente dall'impostazione *Nascondi fuori piano*.

Nascondi piccoli disattivato: alcune quote sono poco leggibili perché molto piccole.

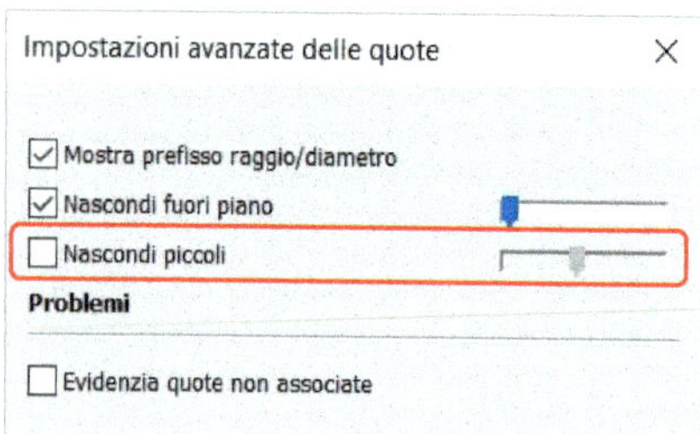

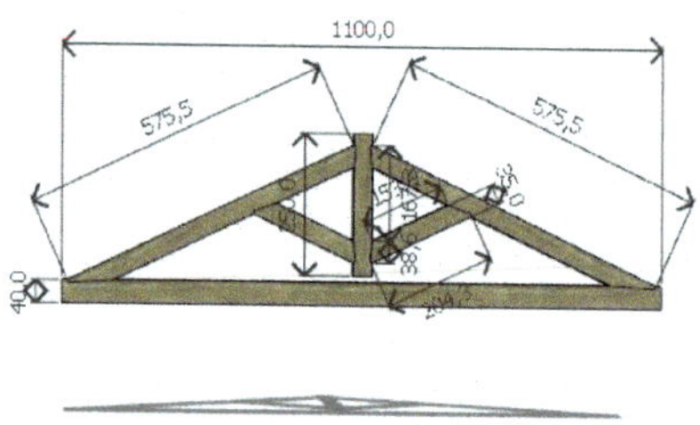

Nascondi piccoli attivato al massimo (cursore a destra).

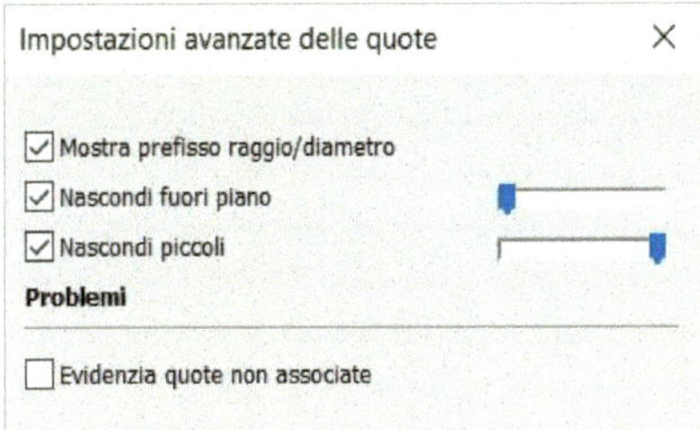

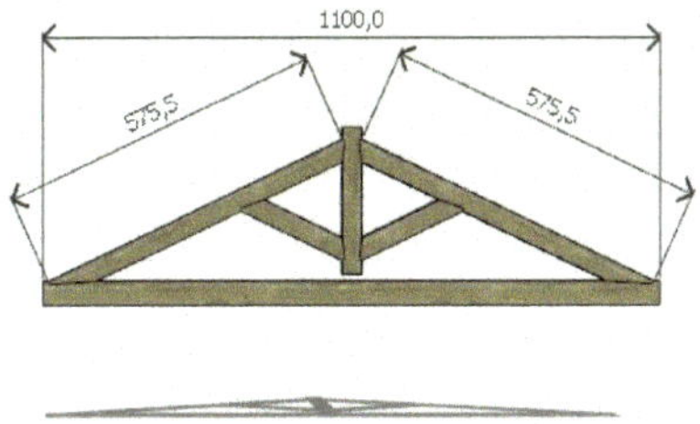

Le quote di dettaglio si rendono visibili e ben leggibili solo avvicinandosi.

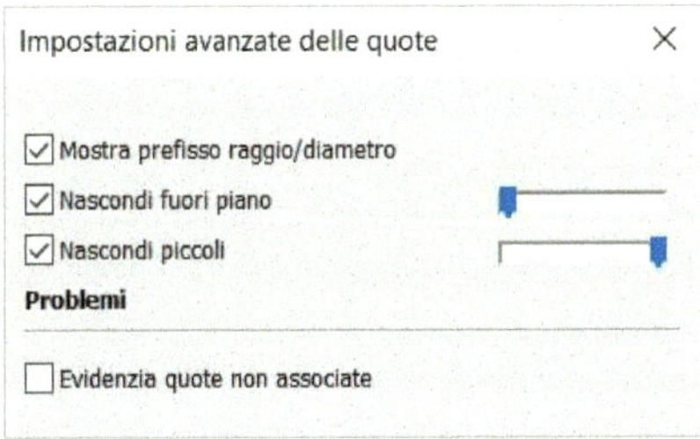

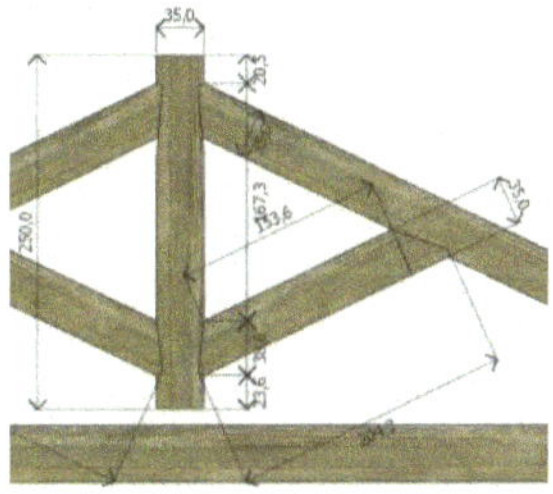

10.2 Testi

I testi bidimensionali sono di due tipi: etichette di testo con direttrici e a schermo. Lo strumento di inserimento dei testi si trova nella barra di strumenti *Costruzione*.

Figura 10.4 - Strumento *Testo*.

Inserire etichette di testo con direttrici

Le etichette di testo con direttrice sono oggetti a tutti gli effetti e possono essere quindi spostati e visti da tutte le direzioni. Vengono aggiunti nel seguente modo:

1. selezionare lo strumento *Testo*;
2. cliccare sul punto o sull'elemento da etichettare;
3. spostare il cursore e cliccare nel punto in cui si intende fissare l'etichetta;
4. l'etichetta si auto-compila con il nome dell'oggetto; in alternativa si può inserire un testo a piacere.

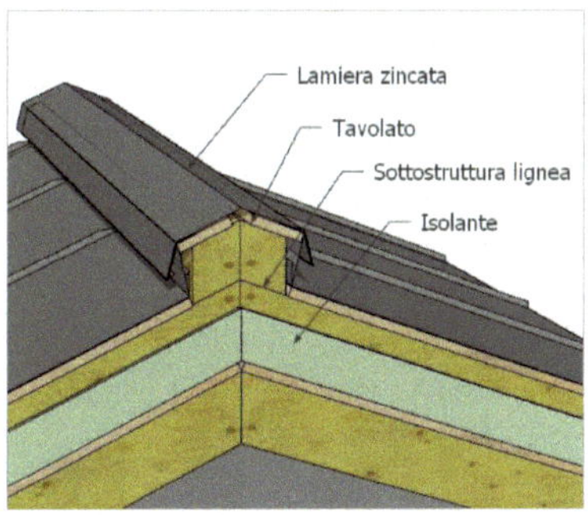

Figura 10.5 - Alcune etichette relative ai materiali di un tetto ventilato.

Le impostazioni dei testi si trovano nella sezione *Testo* della finestra *Informazioni modello* (sono simili a quanto visto per le impostazioni delle quote).

Inserire un testo a schermo

I testi a schermo sono indipendenti dall'inquadratura e posizionati in sovraimpressione, cioè in posizione fissa nell'area di disegno.

1. Selezionare lo strumento *Testo*;
2. cliccare in un punto vuoto dell'area di disegno;
3. la casella di testo è attiva ed è quindi possibile inserire il testo;
4. cliccare esternamente alla casella di testo.

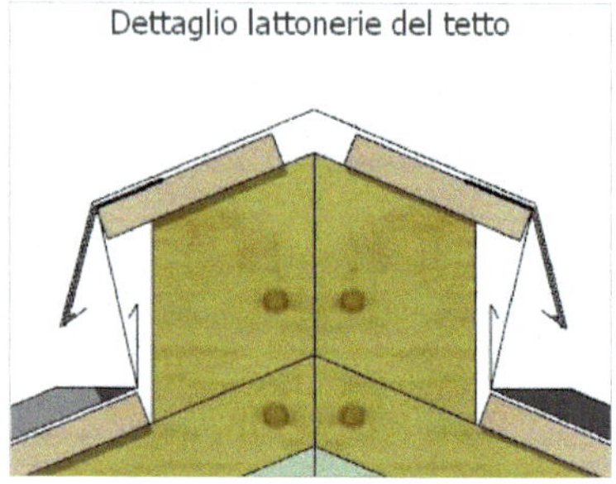

Figura 10.6 - Il testo a schermo relativo ad un dettaglio.

10.3 Testo 3D

Il *Testo 3D* crea volumi a forma di caratteri. Non si tratta di una comune casella di testo, ma di un vero e proprio oggetto tridimensionale il cui contenuto va definito nella finestra apposita.

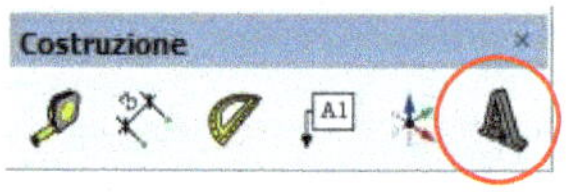

Figura 10.7 - Strumento *Testo 3D*.

Per posizionare un *Testo 3D*:

1. selezionare *Testo 3D*: appare la finestra *Posiziona testo 3D*;
2. digitare il testo;
3. scegliere le caratteristiche del carattere (font, effetti, allineamento);
4. definire l'altezza, l'eventuale riempimento ed estrusione e cliccare *Posiziona*;
5. cliccare nella posizione dell'area di disegno in cui inserire il *Testo 3D*. Il *Testo 3D* è un *componente* e può essere modificato a piacere.

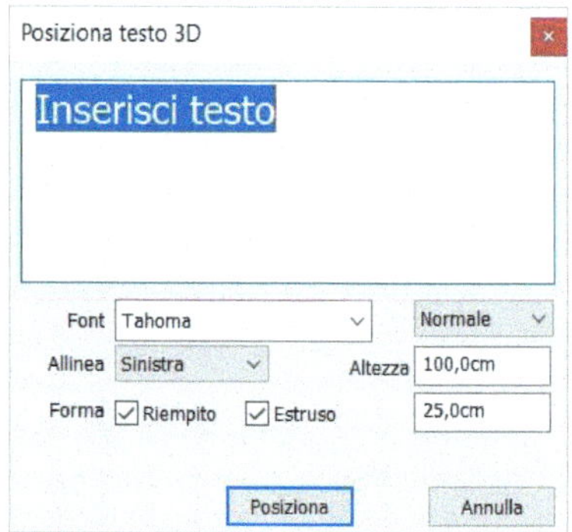

Figura 10.8 - La finestra *Posiziona testo 3D*.

Testo senza campitura.

Testo riempito.

Testo estruso 25 cm.

11. Stampa ed esportazione

Dal modello tridimensionale si possono ottenere molti output: stampe in scala, immagini, video, disegni CAD 2D o 3D, computi dei materiali... Con le esportazioni si concretizzano e si ottengono dal modello i benefici di aver disegnato in 3d anziché nel classico modo bidimensionale, e si generano tutte le viste e le informazioni utili alla comunicazione e finalizzazione del progetto. In questo capitolo vengono approfondite le forme di esportazione a partire dalla stampa, che di queste è la più comune e rappresentativa.

11.1 Stampa

La stampa permette di inviare ad una stampante reale o virtuale (ad esempio in PDF) ciò che si trova visualizzato nell'area di disegno. A tal fine sono utili le *scene* se opportunamente predisposte sulle inquadrature da stampare.

Scena della pianta del piano terra in SketchUp.

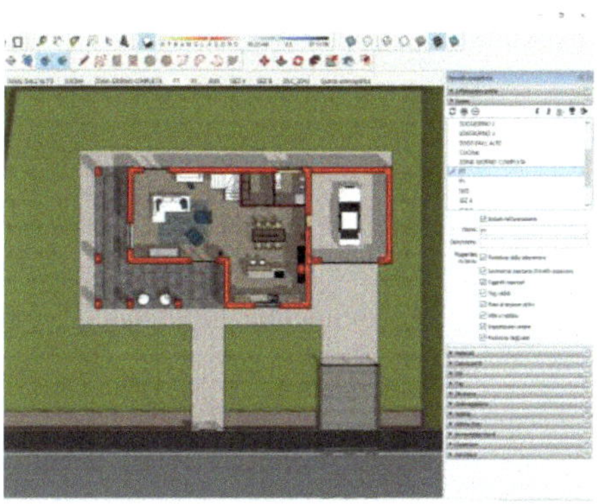

Stampa visualizzata in PDF.

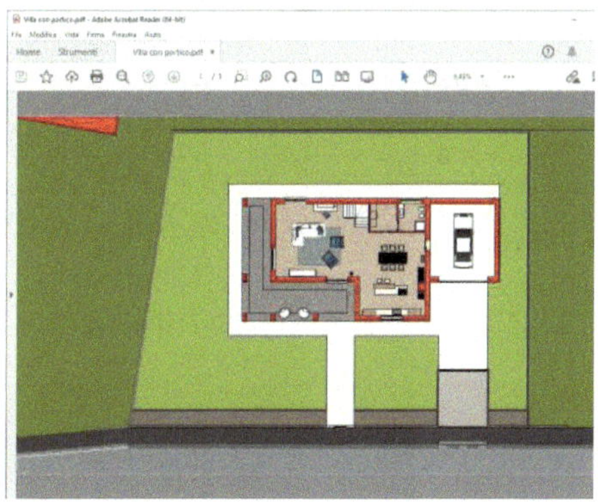

Suggerimento. Installare una stampante virtuale, se non già presente nel sistema, permette di stampare in vari formati, tra cui il PDF, utile per archiviare il file e visualizzare il risultato prima di procedere alla stampa vera e propria.

Ci sono tre finestre relative alla stampa, tutte presenti nel menu *File*: *Impostazioni stampa*, *Anteprima di stampa* e *Stampa*.

- → **Impostazioni stampa**: per impostare stampante, dimensioni foglio e orientamento;
- → **Anteprima di stampa**: per impostare le caratteristiche di stampa e visualizzarne un'anteprima;
- → **Stampa**: identica alla precedente ma avvia direttamente la stampa senza visualizzare un'anteprima.

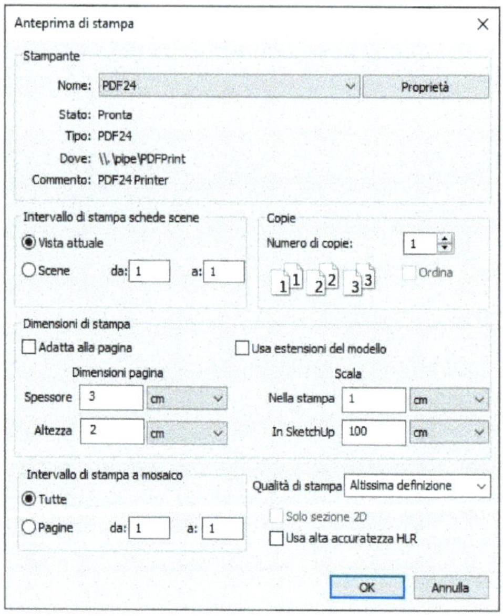

Figura 11.1 - La finestra *Anteprima di stampa*.

La finestra **Anteprima di stampa**

Questa finestra contiene la maggior parte delle impostazioni:

Stampante	Se non è stato fatto in *Impostazioni stampa*, imposta la stampante.
Intervallo di stampa schede scene	Scegliere se stampare solo la vista attuale oppure un intervallo di scene.
Copie	Imposta il numero di copie da stampare.
Dimensioni di stampa	Imposta la scala di stampa se la vista è in proiezione parallela. Se non si intende stampare in scala attivare *Adatta alla pagina*.
Usa estensioni del modello	Riduce la dimensione fisica complessiva della stampa (ovvero dimensioni pagina) scartando lo spazio vuoto intorno al modello. Non influisce sulla scala della stampa, ma solo sulla dimensione complessiva.
Dimensioni pagina	I valori della sezione indicano lo spazio occupato sul foglio in base alla scala impostata. Possono servire per scegliere il formato di foglio.
Scala	I valori *Nella stampa* e *In SketchUp* definiscono la scala di stampa: indicare ad esempio i valori 1 e 200 per una stampa in scala 1:200, impostando per entrambe la stessa unità di misura.
Intervallo di stampa a mosaico	Se i fogli richiesti per contenere la stampa sono più di uno, in questa sezione si può definire l'intervallo di pagine stampate.
Qualità di stampa	Imposta la qualità della stampa se l'impostazione *Usa alta accuratezza HLR* (stampa vettoriale) viene disattivata. *Solo sezione 2D* stampa solo gli elementi sul piano di sezione, se presente. *Usa alta accuratezza HLR* stampa in formato vettoriale (non raster), quindi senza le immagini di texture dei materiali.

11.2 Esportazione immagini

Per esportare in formato immagine ciò che viene inquadrato nell'area di disegno selezionare nel menu *File > Esporta > Immagini 2D*. Scegliere il formato di esportazione tra quelli elencati nel menu a tendina. Prima di cliccare *Esporta* controllare le *Opzioni*: sono diverse a seconda del formato selezionato. Un formato molto comune è il JPG. Tra le *Opzioni* nella finestra di esportazione ci sono:

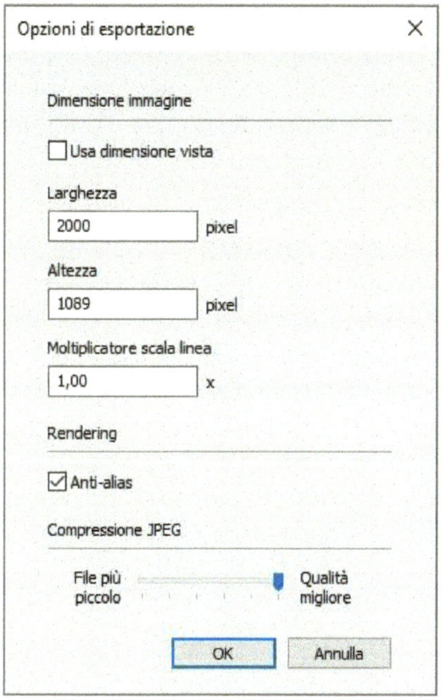

Figura 11.2 - Le opzioni di esportazione JPG.

→ **Dimensioni immagine:** per aumentare le dimensioni dell'immagine e quindi la qualità del dettaglio disattivare *Usa dimensioni vista* e indicare valori di *Larghezza* e *Altezza* superiori;

→ **Moltiplicatore scala linea:** preimpostato su 1, se viene aumentato le linee dei bordi appariranno più spesse;

→ **Rendering:** attivare *Anti-alias* per ridurre l'effetto di scalettatura delle linee inclinate ed ottenere una maggiore qualità dell'immagine.

Anti-alias disattivato

Le linee sono scalettate.

Anti-alias attivato

Le linee sono morbide e regolari.

→ **Compressione JPG:** cursore per impostare il livello di compressione dell'immagine: file più leggeri avranno qualità più bassa e viceversa.

Il formato JPG è molto comune in quanto molto leggero e compresso, di qualità medio-bassa. Un altro formato poco pesante ma di qualità maggiore è il PNG. Il formato PNG, oltre ad avere una maggiore qualità rispetto al formato JPG, offre la possibilità di esportare immagini senza sfondo, per l'eventuale post-produzione in software di fotoritocco.

Ad esempio, è possibile inserire un cielo con nuvole come nell'esempio seguente. L'inserimento di immagini di sfondo in SketchUp è possibile altrimenti utilizzando le Filigrane (che è un'impostazione dello *stile*, vedi pagina 149) oppure usando *Abbina foto*, strumento per il fotoinserimento approfondito nel *Capitolo 13*. Per esportare immagini senza sfondo si deve disattivare nello *stile* il *Cielo* (impostazione che si trova nelle *Impostazioni sfondo*) e attivare in fase di esportazione *Sfondo trasparente* nelle *Opzioni*.

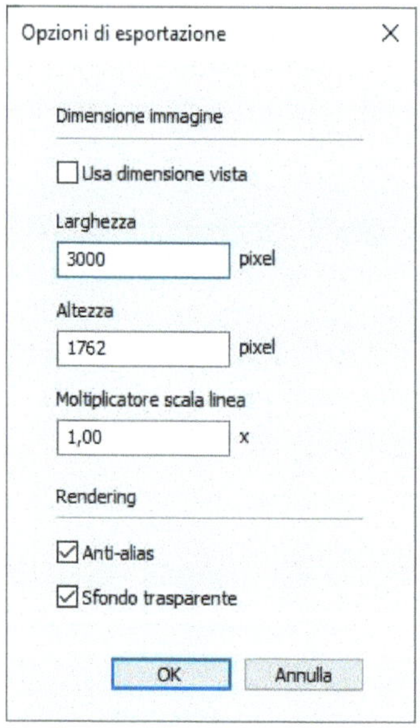

Figura 11.3 - Le opzioni di esportazione PNG.

Immagine esportata in PNG

La zona del cielo è trasparente.

Sovrapposizione in Photoshop*.

Il paesaggio della foto completa l'immagine.

11.3 Esportazione animazione video

L'animazione video nasce dalla visione in successione di una serie di *scene*: per realizzare un video bisogna pertanto impostarle. La disposizione delle *scene* deve essere valutata in modo da simulare, ad esempio, il percorso di una persona che si avvicina all'edificio e che poi vi entra all'interno. Le *scene* vanno quindi disposte in modo da toccare i punti chiave del percorso, per guidare la telecamera.

Esempio con tre *scene* che danno origine ad un'animazione in cui si vede il percorso di avvicinamento all'ingresso dell'abitazione.

Scena *1*

Scena 2

Scena 3

Visualizzare l'animazione in SketchUp

Cliccare tasto destro sulla *scena* da cui si intende iniziare l'animazione e quindi *Riproduci animazione*. Le *scene* vengono visualizzare in serie una dopo l'altra. Appare la finestra *Animazione* (Win) con i comandi per mettere in pausa o fermare la riproduzione. Su Mac quando si avvia *Riproduci animazione* non appare una barra per mettere in pausa o stoppare l'animazione. Per terminare l'animazione cliccare su di una scena a piacere.

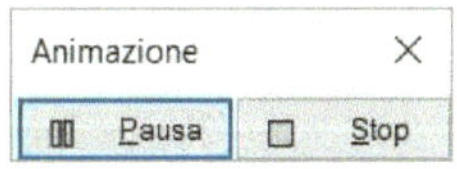

Figura 11.4 - Gli strumenti per visualizzare l'animazione.

Impostazioni dei tempi nelle animazioni

Per regolare i tempi della riproduzione aprire la finestra *Informazioni modello* alla sezione *Animazione*.

→ **Transizioni di scena:** indica il tempo impiegato dalla telecamera per spostarsi da una *scena* a quella successiva. Se viene disattivato, il passaggio da una *scena* all'altra è immediato, senza che avvenga lo spostamento della telecamera lungo il percorso.

→ **Ritardo di scena:** indica per quanto tempo, in secondi, la telecamera si sofferma sulla *scena* prima di passare a quella successiva. Se impostato a zero, la telecamera passa senza pause da una *scena* all'altra, rendendo l'animazione più fluida.

Figura 11.5 - Opzioni Animazione nella finestra Informazioni modello.

Valori validi per un'animazione possono essere ad esempio:

- *Transizioni di scena*: 3 secondi;
- *Ritardo di scena*: 0 secondi.

Esportare l'animazione video

Ci sono due diverse forme di esportazione dell'animazione; entrambe si trovano nel menu *File > Esporta > Animazione:*

- → **Video:** esporta il video in formato AVI;
- → **Serie di immagini:** esporta i fotogrammi, decine o centinaia di immagini in base al numero di fotogrammi al secondo e al numero di scene.

Scegliendo *Video* viene richiesta la posizione in cui salvare il file. Prima di avviare l'esportazione controllare le *Opzioni* (pulsante in basso a destra nella finestra di esportazione):

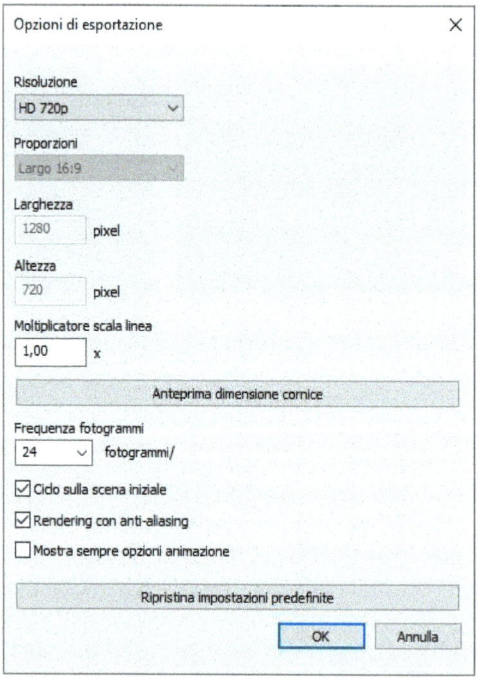

Figura 11.6 - Le *Opzioni di esportazione video*.

Risoluzione	Scegliere le dimensioni tra quelle proposte oppure selezionare *Personalizza*.
Proporzioni	Sono modificabili se nel menù soprastante si imposta *Personalizza*. Scegliere tra le proporzioni proposte oppure scegliere *Personalizza* per impostare proporzioni a piacere.
Dimensione cornice	Possono essere impostate a piacere se si imposta *Personalizza* in entrambi i menù soprastanti.
Moltiplicatore scala linea	Spessore delle linee. Valori maggiori di 1 creano linee spesse. Il valore minimo è 0,25.
Anteprima dimensione cornice	Se selezionato, visualizza una finestra di anteprima che dà l'idea di quali saranno le dimensioni dell'animazione esportata.
Frequenza fotogrammi	Numero di fotogrammi al secondo. Un numero elevato rende l'animazione più fluida, numeri bassi possono rendere l'animazione a scatti. Il numero preimpostato è 24, ed è ottimale come rapporto tra tempi di esportazione e peso del file finale. 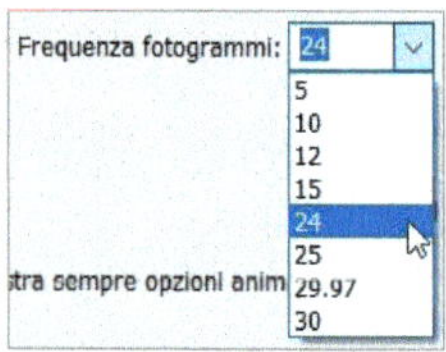

Ciclo sulla scena iniziale	Fa in modo che l'animazione termini con il passaggio dall'ultima *scena* alla prima. Se disattivato, l'animazione termina con l'ultima *scena*. 
Rendering con anti-aliasing	Riduce l'effetto di scalettatura delle linee inclinate ed aumenta quindi la qualità dell'animazione.
Mostra sempre opzioni animazione	Se attivato, fa in modo che la finestra di *Opzioni* venga automaticamente visualizzata al momento del salvataggio della successiva animazione.

Una volta terminato l'inserimento delle impostazioni, cliccare *OK*. Il formato di esportazione è AVI; per procedere con l'esportazione selezionare *Esporta*. Appare la finestra *Esporto animazione...* con indicati numero di fotogrammi impiegato, tempo previsto e dimensione del file finale.

Figura 11.7 - Il video esportato e visualizzato.

Una volta terminata l'esportazione (che può durare alcuni minuti in funzione del numero di *scene*, della qualità e del numero di fotogrammi) l'animazione sarà visibile con un software di visualizzazione video.

11.4 Esportazione CAD 2D e 3D

È possibile esportare in formati CAD quali DWG e DXF. Si possono ottenere sia esportazioni 2D che 3D con gli appositi strumenti di esportazione *Immagine 2D* (selezionando un formato CAD) e *Modello 3D* (in svariati formati).

> ⚠ **Nota.** I tag utilizzati nel modello di SketchUp vengono mantenuti solo nell'esportazione *Modello 3D*. Non vengono esportate texture e ombre.

Esportare in formato CAD 2D (DWG, DXF)

Per l'esportazione selezionare menu *File* > *Esporta* > *Immagine 2D*. Nella finestra di esportazione indicare il percorso in cui si vuole indirizzare l'esportazione, quindi scegliere tra i formati DWG oppure DXF (in basso) e controllare le opzioni di esportazione (pulsante *Opzioni*).

L'esportazione *Immagine 2D* converte ciò che si vede in SketchUp in un'immagine piatta, anche se la vista in SketchUp è in 3D (in prospettiva o in assonometria). L'esportazione *Immagine 2D* è particolarmente utile per viste ortogonali come piante, prospetti e sezioni.

Le *Opzioni* permettono di personalizzare l'esportazione; vengono esportati i bordi e le campiture in corrispondenza dei piani di sezione.

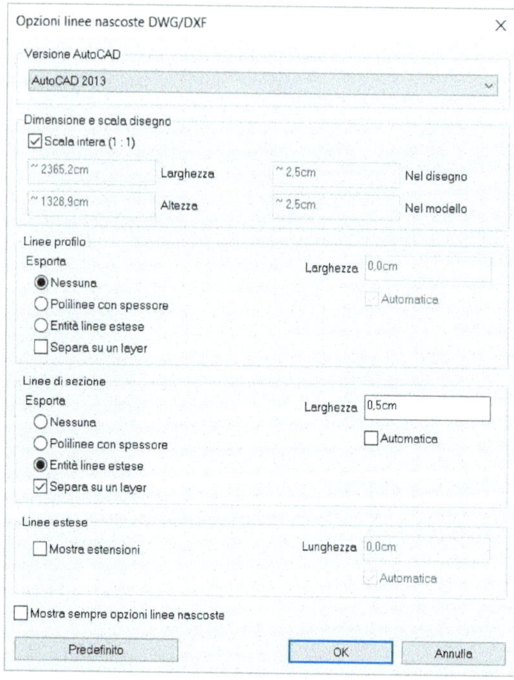

Figura 11.8 - Opzioni di esportazione 2D.

Versione AutoCAD* Elenca le versioni di AutoCAD* in cui è possibile esportare. Se il file CAD verrà aperto in un software datato scegliere una versione precedente.

Dimensione e scala disegno Per conservare la scala di rappresentazione si consiglia di lasciare selezionato *Scala intera*.

Linee profilo Si riferisce alle linee di contorno degli oggetti (opzione *Profilo* nelle impostazioni dello *stile*).

- → **Nessuna**: le linee di profilo non vengono esportate (ma vengono comunque esportati tutti i bordi);
- → **Polilinee con spessore:** le linee di profilo vengono esportate come polilinee;
- → **Entità linee estese:** le linee di profilo vengono esportate come linee con spessore (non "Da layer" ma alla singola entità di disegno). Disponibile dalla versione AutoCAD* 2000;
- → **Separa su un layer:** se attivato attribuisce il layer ProfileEdges alle linee di profilo (altrimenti viene comunque creato il layer ma non viene attribuito alle linee);
- → **Larghezza:** spessore delle linee. *Automatica*: la larghezza viene dedotta dalla maggiore o minore vicinanza al soggetto nell'area di disegno di SketchUp. Togliere *Automatica* per impostare lo spessore manualmente.

Linee di sezione	Se nella vista c'è un piano di sezione attivo, le linee di sezione possono essere esportate come polilinee ed eventualmente su un layer a parte. Le impostazioni sono le stesse viste per le linee di contorno.
Linee estese	Se lo *stile* in uso prevede estensioni per le linee queste possono essere esportate nel disegno CAD.
Mostra sempre opzioni linee nascoste	Se attivato fa in modo che la finestra corrente sia visualizzata prima dell'esportazione anche senza cliccare *Opzioni*.

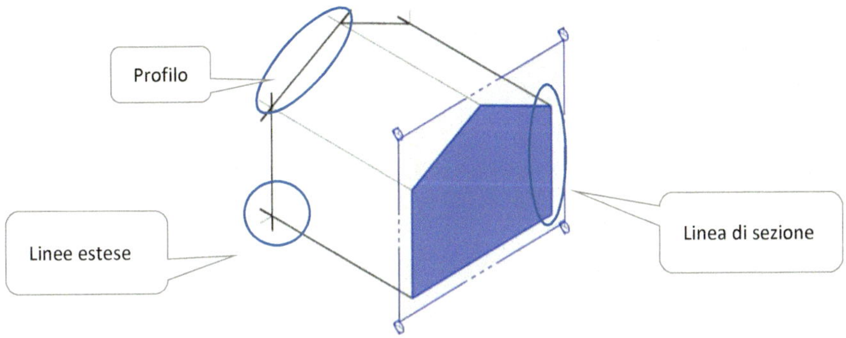

Figura 11.9 - Tipi di linee da esportare.

Al termine delle opzioni cliccare OK e poi *Esporta*. Al termine dell'operazione una finestra di avviso conferma che l'esportazione è andata a buon fine.

Nell'esempio seguente sono state usate le *Opzioni* indicate in **Figura 11.8**:

Scena di pianta in SketchUp.

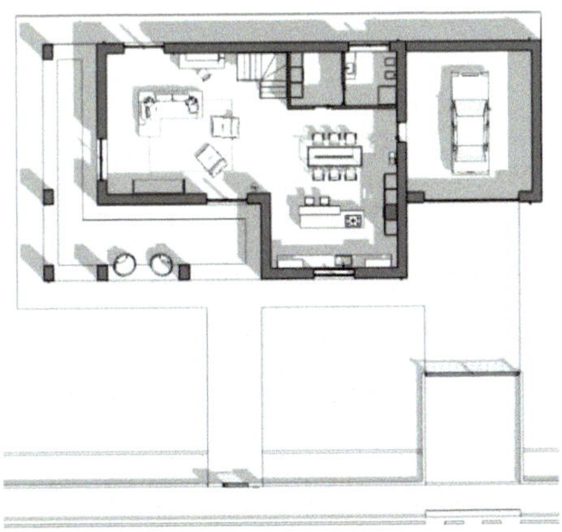

File DWG visualizzato con un software CAD.

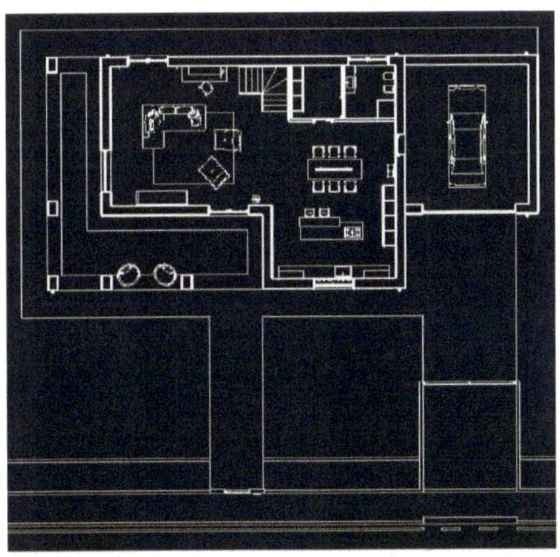

Esportazione CAD 3D

Dal menu *File* > *Esporta* > *Modello 3D* > selezionare il formato di esportazione e le relative *Opzioni* prima di avviare l'esportazione. SketchUp esporta nei seguenti formati 3D: 3DS, DWG, DXF, DAE, FBX, IFC, KMZ, OBJ, STL, WRL, XSI. Vengono qui analizzati i formati principali: DWG/DXF per il CAD, KMZ per Google Earth e IFC per il BIM.

Esportazione CAD DWG/DXF

L'esportazione CAD 3D conserva i tag (layer); *gruppi* e *componenti* vengono esportati come riferimenti di blocco. Le *Opzioni* relative a questi formati sono:

Versione AutoCAD*	Elenca le versioni di AutoCAD* in cui è possibile esportare.
Facce	Se attivato esporta le entità facce degli oggetti come mesh poliedriche.
Bordi	Se attivato esporta le entità bordi degli oggetti (ad esempio un cerchio di SketchUp in cerchio di AutoCAD*).
Geometrie di costruzione	Esporta guide di SketchUp come linee di costruzione di AutoCAD*.
Dimensioni	Esporta le quote di SketchUp come quote di AutoCAD.
Testo	Esporta i testi di SketchUp come testi di AutoCAD.

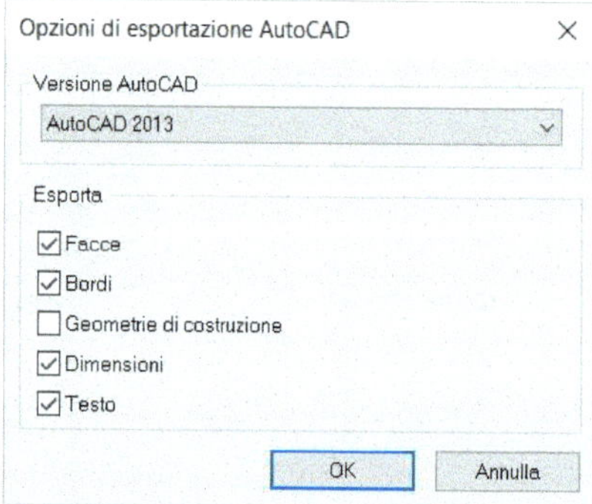

Figura 11.10 - Opzioni di esportazione 3D.

Vista assonometrica in SketchUp.

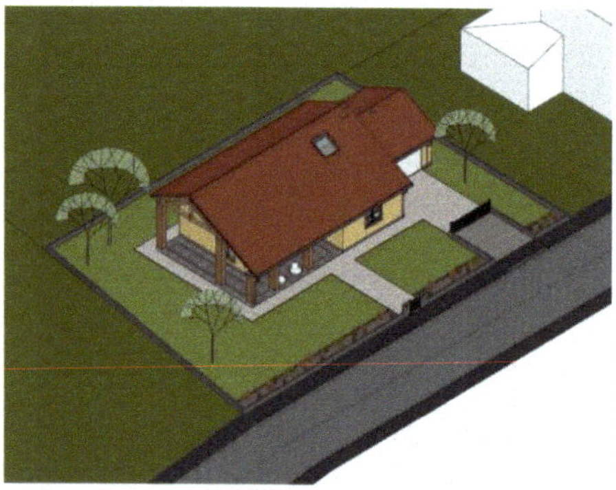

Vista assonometrica in AutoCAD*.

Esportazione KMZ per Google Earth

Il formato KMZ permette di importare il modello in Google Earth conservandone le informazioni di *Posizione* (trattate nel *Capitolo 6*).

1. Vista del modello in SketchUp dopo la georeferenziazione: si vede la foto satellitare alla quota del terreno.

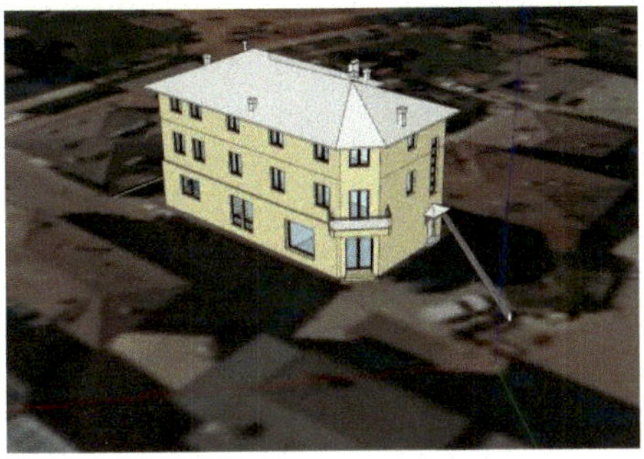

2. Esportazione in formato KMZ. Cliccare Opzioni per spuntare eventuali personalizzazioni di esportazione.

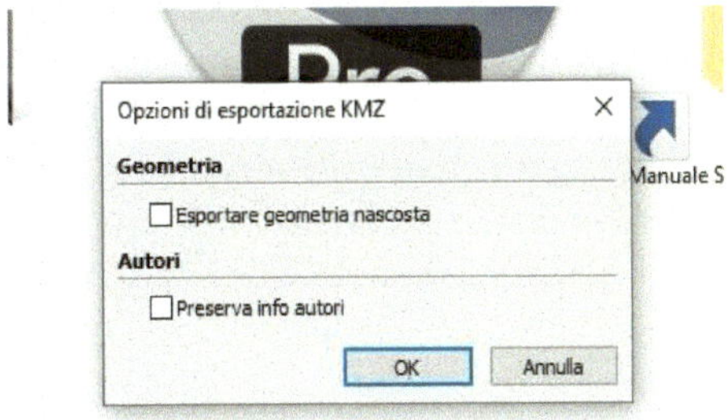

3. In Google Earth importare il modello dal menu File > Apri...

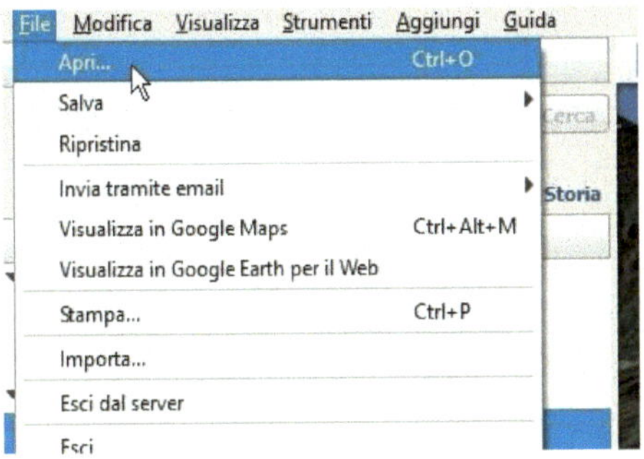

4. Vista del modello importato e visualizzato in Google Earth. I materiali sono visibili.

Esportazione IFC

Come anticipato nel *Capitolo 7*, IFC (Industry Foudation Classes) è il formato interoperabile realizzato da Building Smart per lo scambio di dati tra software nel metodo BIM (Building Information Modeling). SketchUp importa ed esporta in tale formato. L'esportazione deve avvenire dopo aver classificato gli oggetti secondo uno standard di classificazione; in SketchUp c'è precaricato IFC versione 2x3 e 4. Seguire le procedure seguenti:

1. importare un metodo di classificazione dal menu *Finestra > Informazioni modello > Classificazioni > Importa...*;
2. selezionare il file contenente lo standard di classificazione che si intende utilizzare e cliccare *Apri*;
3. per attribuire una classe (o tipo) ad un oggetto seguire uno dei modi seguenti:
   - → selezionare l'oggetto (*gruppo* o *componente*) e nella finestra *Informazioni entità* selezionare la voce *Tipo* da attribuire all'oggetto, oppure;
   - → visualizzare la barra di strumenti *Classificatore*, selezionare dal menu a tendina il *Tipo*,

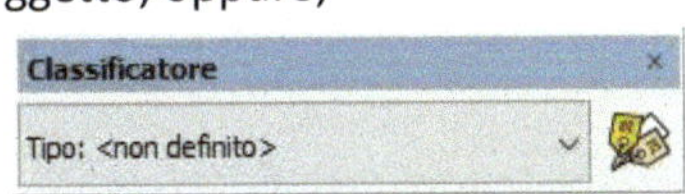

con lo strumento *Classificatore* cliccare sugli oggetti da classificare, oppure;

→ al momento della creazione di un *componente* nella finestra *Crea componente*, selezionare la voce *Tipo* da attribuire all'oggetto;

4. procedere all'esportazione in formato IFC.

Gli oggetti classificati vengono riconosciuti con la loro classificazione se il modello viene importato in altri software predisposti per la collaborazione in BIM. Per ulteriori informazioni sul formato IFC visitare il sito *www.buildingsmart.org*.

12. Genera rapporto

SketchUp permette di visualizzare le caratteristiche degli oggetti del modello sotto forma di tabelle, offrendo quindi la possibilità di realizzare computi delle quantità; ne sono un esempio la stima di volume dei materiali o del prezzo totale degli oggetti nel modello. Queste tabelle prendono il nome di rapporti (o *report*) e lo strumento con cui realizzarle si chiama *Genera Rapporto*.

Ciascun *report* interroga il modello a seconda delle esigenze ed estrapola le informazioni desiderate. Ad esempio: un *report* può essere impostato per ottenere un totale dei prezzi dell'arredo (in cui comparirà la caratteristica *Prezzo*) ed un altro per ottenere il volume totale di legname della carpenteria del tetto (in cui comparirà la voce *Volume*). I *report* possono essere esportati per la stampa, l'elaborazione in software di calcolo o l'importazione in LayOut.

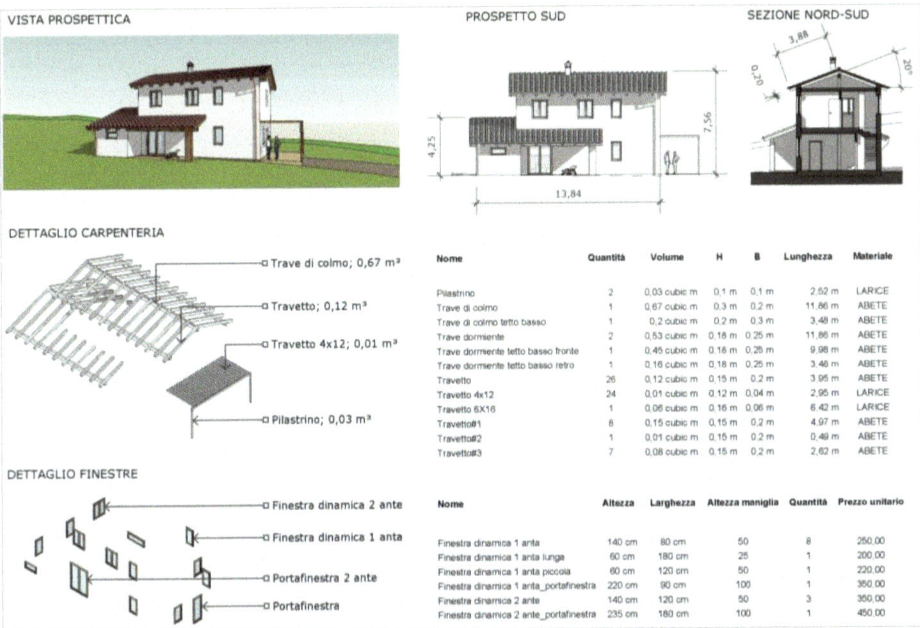

Figura 12.1 - Esempio di tavola realizzata in LayOut in cui oltre alle viste dell'edificio trovano posto anche tabelle di computo degli elementi in legno e delle finestre.

12.1 Indicazioni preliminari

Per estrapolare le informazioni e poter facilmente realizzare stime e preventivi le caratteristiche degli oggetti devono essere impostate adeguatamente. Se le informazioni sono mancanti, incomplete o errate è inutile proseguire. Ecco alcune indicazioni preliminari.

Dare nomi precisi a *gruppi* e *componenti*

Per individuare in modo chiaro e univoco gli oggetti questi devono avere nomi precisi. Eliminare nomi generici del tipo "*gruppo*" o "*componente#25*" e sostituirli con "*Sistema di travi del tetto*" o "*Finestra anta singola 80x140*". Per modificare il nome usare la finestra *Informazioni entità* e/o la finestra *Struttura* (che elenca tutti gli oggetti).

La finestra *Informazioni entità*, dove modificare i nomi degli oggetti. *Definizione* identifica i *componenti*. *Istanza* è opzionale; distingue vari *componenti* della stessa *Definizione*.

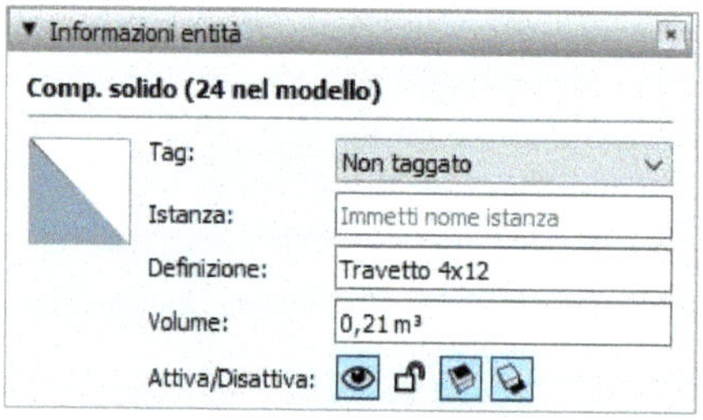

La finestra *Struttura* con evidenziato lo strumento *Zoom selezione* per individuare rapidamente gli oggetti nel modello e apportare modifiche.

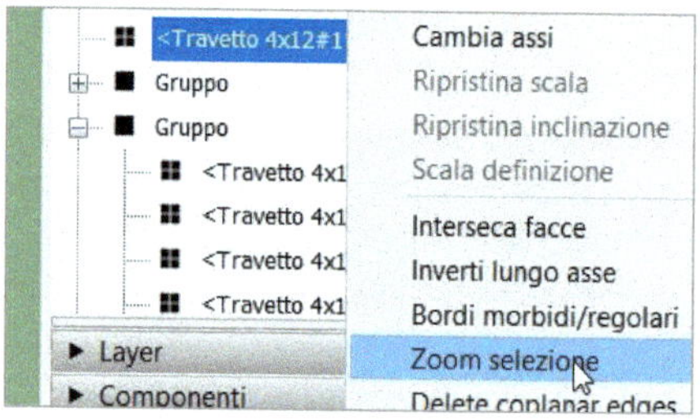

⚠ **Nota.** Il computo tiene conto solo dei *gruppi* e dei *componenti* presenti nel modello, vengono tralasciate geometrie libere come linee o superfici.

Assegnazione dei materiali

Il materiale compare come caratteristica di un oggetto solo se assegnato all'oggetto dall'esterno dell'editor (verificare dalla finestra *Informazioni entità*). Non vengono considerati i materiali assegnati all'interno dell'editor del *gruppo* o *componente*.

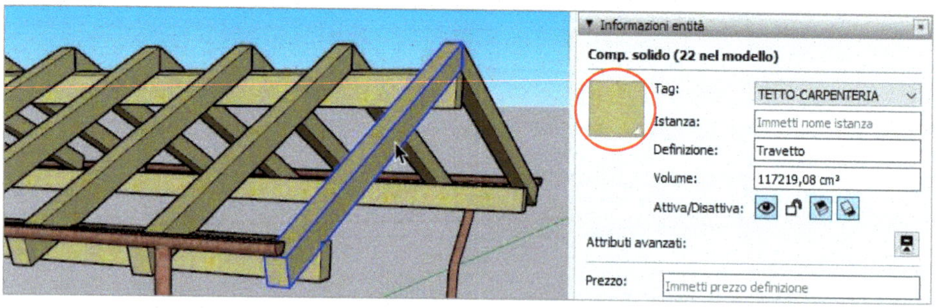

Figura 12.2 - Le informazioni di una trave in legno con evidenziato il materiale assegnato.

Calcolo del volume

Il volume di un oggetto viene calcolato, cioè indicato nelle *Informazioni entità*, solo se si tratta di un *gruppo* o *componente* che racchiude un volume solido. Come già visto il volume si dice solido se all'interno del *gruppo* o *componente* le superfici sono disposte in modo da definire un volume chiuso e senza alcun foro.

Attributi dei *componenti dinamici*

Gli attributi di oggetti dinamici possono comparire nel report. Ad esempio, è possibile aggiungere una proprietà personalizzata nei muri (come la resistenza al fuoco) per farla comparire nel report assieme agli altri dati dei muri.

12.2 La finestra Genera rapporto

La finestra *Genera rapporto* permette di configurare il report prima di avviarlo. Si possono predisporre vari report impostati per esigenze differenti. È possibile modificare il report esistente (pulsante *Modifica*), duplicarlo (pulsante *Duplica*) o crearne uno nuovo (*Crea nuovo template,* in alto). Per ciascuno di questi si possono indicare i dati elencati a destra (*Titolo, Descrizione...*). I report possono essere esportati per essere utilizzati in altri progetti (pulsanti *Esporta* ed *Importa*). *Salva nel modello* permette di salvare le modifiche ai report nel modello corrente.

Nota. *Genera rapporto* necessita di una connessione internet.

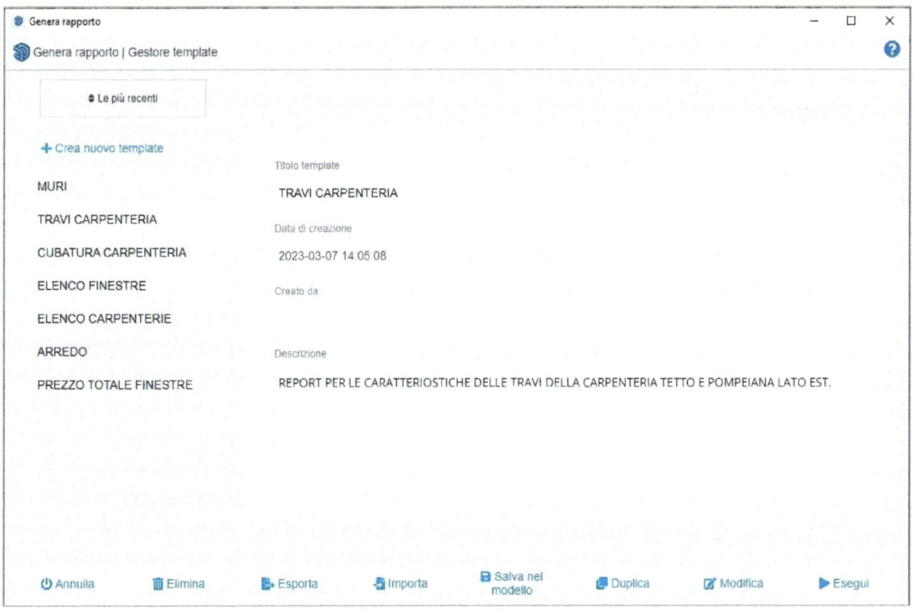

Figura 12.3 - La finestra *Genera rapporto*.

La procedura, in sintesi, è la seguente:

1. creare o duplicare un report;
2. con *Modifica* accedere alla finestra di configurazione;
3. con *Esegui* avviare il report;
4. salvare o esportare il report.

Realizzare un report

Per realizzare un report cliccare *Crea nuovo template*: si apre la finestra di modifica. Le caratteristiche quali *Titolo* e *Descrizione* del report possono essere inserite in seguito. La finestra di modifica può essere altrimenti raggiunta selezionando il report da personalizzare e cliccando *Modifica*, nella schermata iniziale.

Modificare un report

1. A sinistra scegliere se considerare tutto il modello o i soli elementi selezionati;
2. scegliere il livello di annidamento (1 = modello corrente, 2 = oggetti nel modello oppure oggetti all'interno della selezione corrente, 3 = oggetti all'interno degli oggetti nel modello, ecc.);
3. trascinare gli attributi dalla colonna di sinistra a quella di destra per farli comparire nella tabella oppure spostarli con le apposite frecce al centro;
4. in *Raggruppa per* inserire l'attributo in base al quale deve essere ordinato il report.

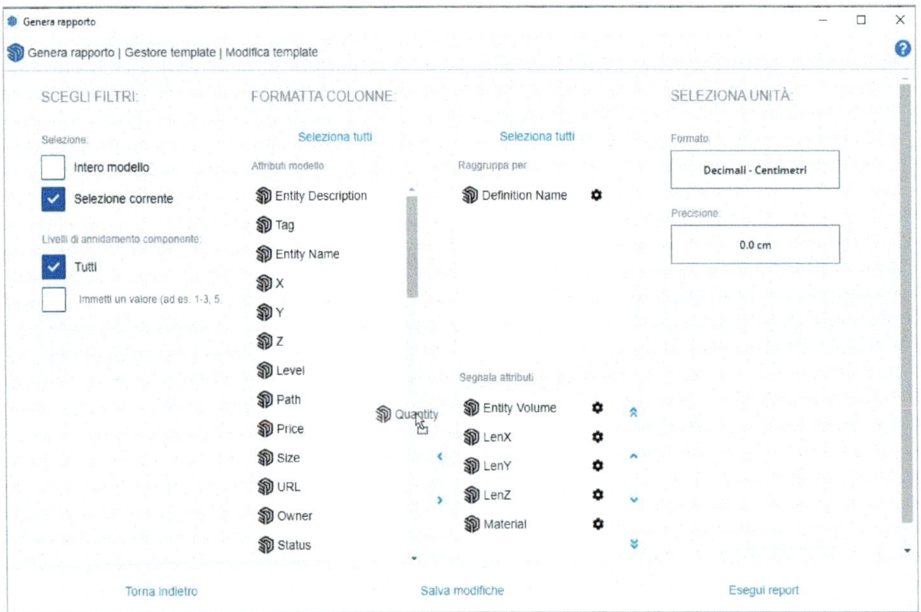

Figura 12.4 - La finestra *Modifica attributo*.

Cliccare il simbolo [icona] a fianco del nome dell'attributo per accedere alla finestra *Modifica attributo*. Qui è possibile modificare il nome che verrà visualizzato nel report e il livello di aggregazione, quindi selezionare *Accetta* in basso a destra.

Tornati nella finestra di configurazione del report si devono scegliere il formato (unità di misura) e la precisione con i menu a destra. Quindi selezionare *Salva modifiche* per salvare e tornare alla finestra precedente oppure *Esegui report* per avviare il report.

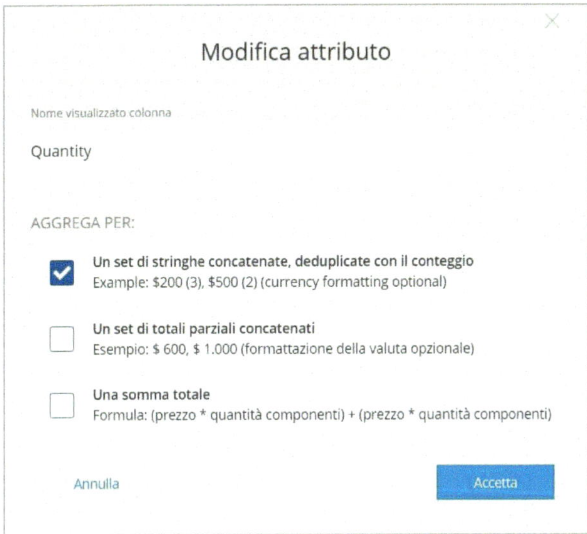

Figura 12.5 - La sezione di modifica degli attributi.

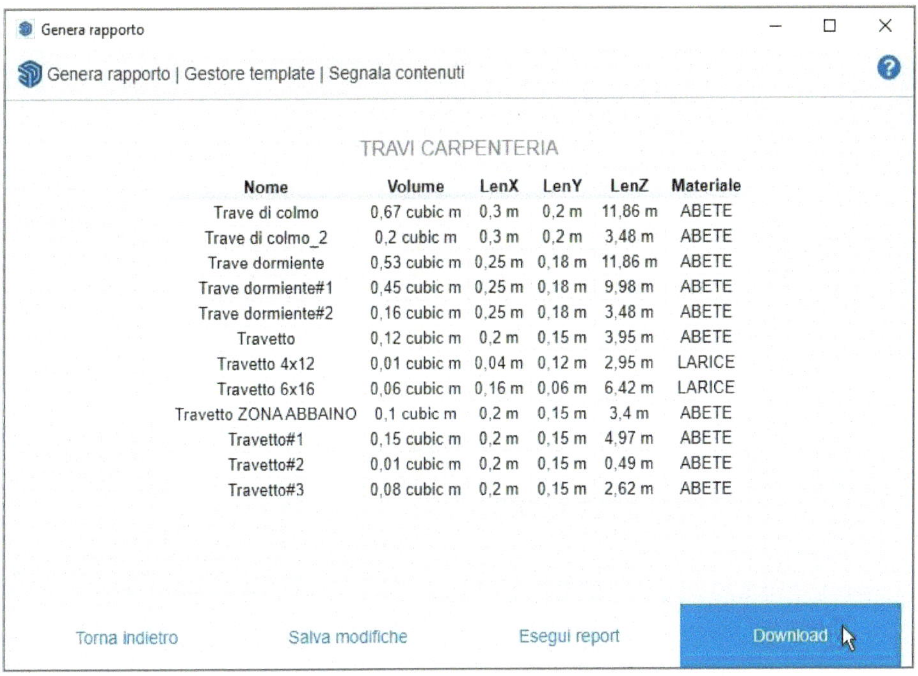

Nome	Volume	LenX	LenY	LenZ	Materiale
Trave di colmo	0,67 cubic m	0,3 m	0,2 m	11,86 m	ABETE
Trave di colmo_2	0,2 cubic m	0,3 m	0,2 m	3,48 m	ABETE
Trave dormiente	0,53 cubic m	0,25 m	0,18 m	11,86 m	ABETE
Trave dormiente#1	0,45 cubic m	0,25 m	0,18 m	9,98 m	ABETE
Trave dormiente#2	0,16 cubic m	0,25 m	0,18 m	3,48 m	ABETE
Travetto	0,12 cubic m	0,2 m	0,15 m	3,95 m	ABETE
Travetto 4x12	0,01 cubic m	0,04 m	0,12 m	2,95 m	LARICE
Travetto 6x16	0,06 cubic m	0,16 m	0,06 m	6,42 m	LARICE
Travetto ZONA ABBAINO	0,1 cubic m	0,2 m	0,15 m	3,4 m	ABETE
Travetto#1	0,15 cubic m	0,2 m	0,15 m	4,97 m	ABETE
Travetto#2	0,01 cubic m	0,2 m	0,15 m	0,49 m	ABETE
Travetto#3	0,08 cubic m	0,2 m	0,15 m	2,62 m	ABETE

Figura 12.6 - Il report elenca gli oggetti nel modello e le loro informazioni.

Il report si presenta come una tabella con elencati gli oggetti e in cui ogni colonna corrisponde ad un attributo. Cliccare sul nome di un attributo per ordinare la tabella in base a quell'attributo. Salvare le modifiche al report cliccando *Salva modifiche* oppure esportare il report con *Download*. Il report viene esportato in formato CSV e può essere importato in LayOut oppure in un foglio di calcolo.

Suggerimento. Per eliminare l'unità di misura dalle celle in Excel e lasciare solo i valori utilizzare *Sostituisci* nella scheda *Home > Trova e sostituisci* indicando la lettera o la parola da eliminare e nel campo *Sostituisci con* lasciare vuoto. In questo modo le lettere e le parole delle celle selezionate possono essere facilmente eliminate.

Esercizio. *Genera rapporto* viene applicato nell'*Esercizio 13: Computi di dettaglio e generali.*

13. Abbina foto

SketchUp incorpora *Abbina foto*, uno strumento di foto-inserimento, facile da usare ma molto potente, che oltre al fotoinserimento consente la modellazione a partire da foto e l'utilizzo della foto come texture. La combinazione di questi strumenti consente di contestualizzare e rimodellare i volumi del progetto in modo veloce e di grande impatto. Si possono infatti abbinare più foto da varie angolazioni in modo da poter modellare con maggiore precisione e completezza il soggetto, fino a ricreare interamente l'ambientazione (ma si ottengono ottimi risultati anche dall'abbinamento di una sola foto).

Abbina foto è adatto sia ad interni che esterni: negli esempi proposti si è cercato di fare riferimento ad entrambi questi ambiti. Inoltre, utilizzando un motore di rendering come approfondito nel prossimo capitolo, si raggiunge il massimo livello di realismo.

Figura 13.1 - Abbina foto + V-Ray: gli elementi a colori sono inseriti digitalmente nella foto.

13.1 Esempi

Fotoinserimento

Il fotoinserimento è composto dalla sovrapposizione del progetto alla foto per farne capire il contesto.

Fotografia di un edificio esistente.

Fotoinserimento della ristrutturazione.

Fotografia dello stato attuale, da drone.

Fotoinserimento d'esterno dall'alto.

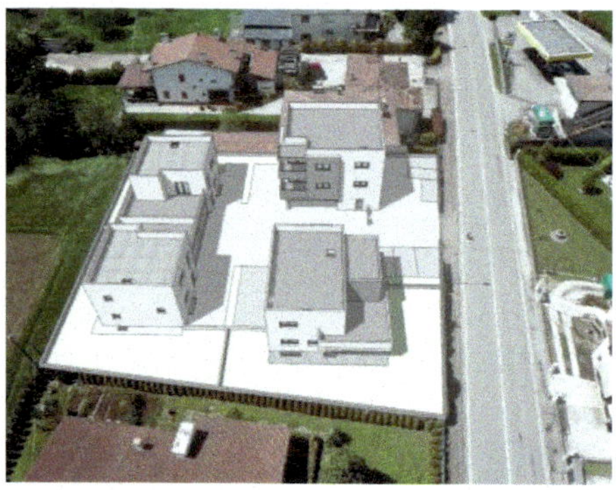

Fotografia della zona giorno vuota.

Fotoinserimento e rendering con V-Ray.

Fotografia del soggiorno.

Fotoinserimento e rendering con V-Ray.

Suggerimento. Con un motore di rendering come V-Ray (se ne parla nel capitolo sulle estensioni installabili in SketchUp) si riesce a rendere ancora più realistico il fotoinserimento. Non solo gli oggetti sono posizionati in prospettiva, ma sono anche resi con materiali e luci fotorealistici.

Modellazione da foto

La modellazione da foto consiste nella ricostruzione dei volumi degli elementi riprodotti in foto con geometrie 3D nello spazio tridimensionale di disegno.

Esempio di alcune foto d'interno.

Posizionamento delle foto nell'ambiente.

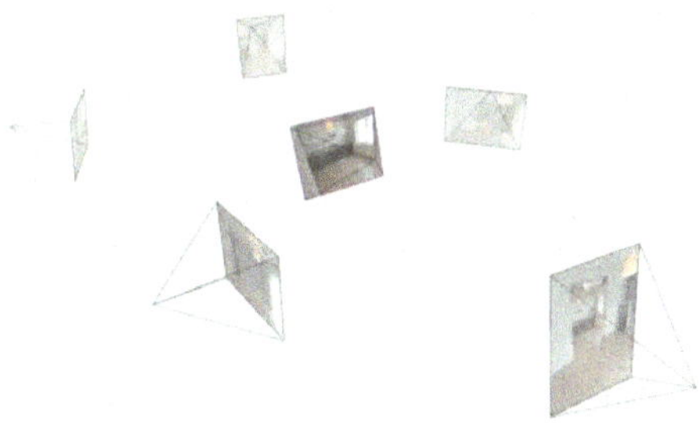

Ricostruzione dell'ambiente 3D.

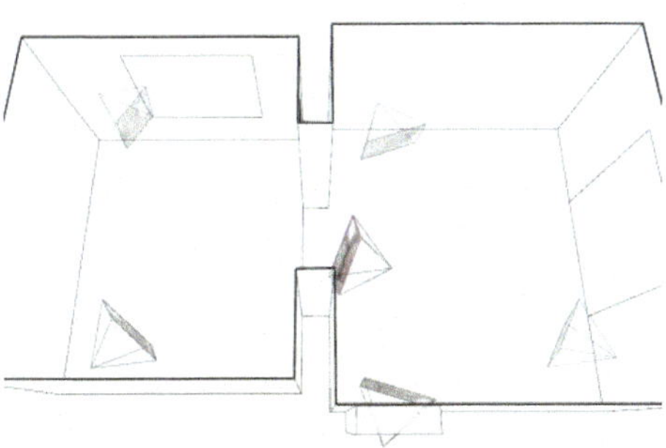

Aggiunta di colori ed elementi di arredo.

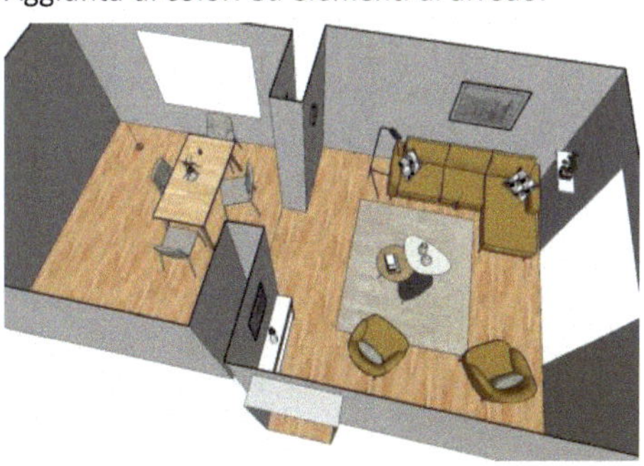

Texture dalla foto

Applicazione delle foto alle geometrie disegnate in SketchUp: il modello diventa una riproduzione sia in termini di volumi che di colori.

Una delle foto realizzate sul posto.

Modello ricavato dalle foto con le foto stesse applicate alle superfici interne dei vani.

Foto della facciata di un palazzo.

Modello ricavato dalla foto con la foto stessa applicata alla facciata.

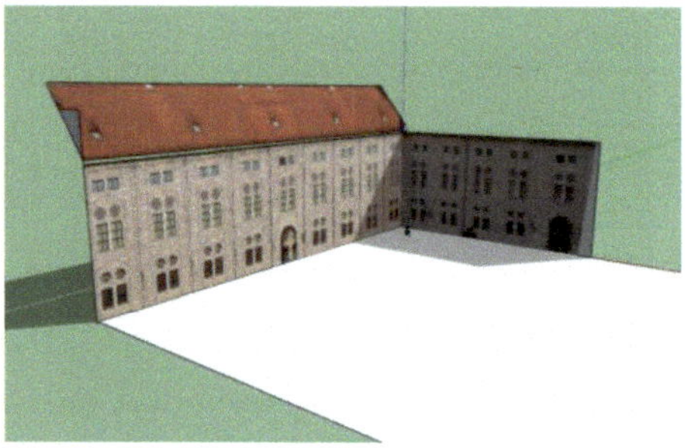

Riassumendo, *Abbina foto* permette di visualizzare un elemento nuovo, come un oggetto d'arredo, all'interno di uno spazio esistente e di ricostruire in 3D i volumi visibili in foto, come una stanza o un intero edificio, e di applicare la/le foto sulle superfici realizzate. Quindi consente di visualizzare un elemento di progetto all'interno di un ambiente 3D caratterizzato da texture fotografiche come se fosse calato nell'ambiente in cui verrà realizzato. *Abbina foto* può essere usato sia all'inizio che durante la modellazione: dipende dalle esigenze specifiche del progetto. Qualche esempio di impiego:

A. Ricostruzione dei volumi di una stanza o di un edificio per iniziare la progettazione preliminare > *Abbina foto* viene utilizzato all'inizio per dedurre le forme dello stato dei luoghi (si procederà ad un rilievo accurato in un secondo momento);

B. Inserimento della foto come sfondo (fotoinserimento) in un progetto in stato avanzato per far capire il contesto in cui si andrà ad inserire > *Abbina foto* può essere usato dopo la conclusione del modello, solo per ottenere il fotoinserimento (spesso richiesto dalla committenza o dalla Pubblica Amministrazione).

13.2 Indicazioni preliminari

Si devono seguire alcune indicazioni di base per scegliere le fotografie ed effettuare le misure al fine di ottenere una buona riuscita del lavoro.

Caratteristiche delle foto

90° in pianta

La procedura di abbinamento e la corretta scalatura della foto partono dal presupposto che si utilizzino almeno 2 facce perpendicolari in pianta. La motivazione sta nel fatto che le linee di fuga che guidano l'abbinamento coincidono con gli assi del modello.

Vista esterna dell'edificio: gli spigoli fra muri e pavimentazione sono utilizzati come riferimento per l'abbinamento.

Vista in prospettiva del modello ricostruito in SketchUp: si notano gli assi del modello con origine nello spigolo fra le pareti esterne.

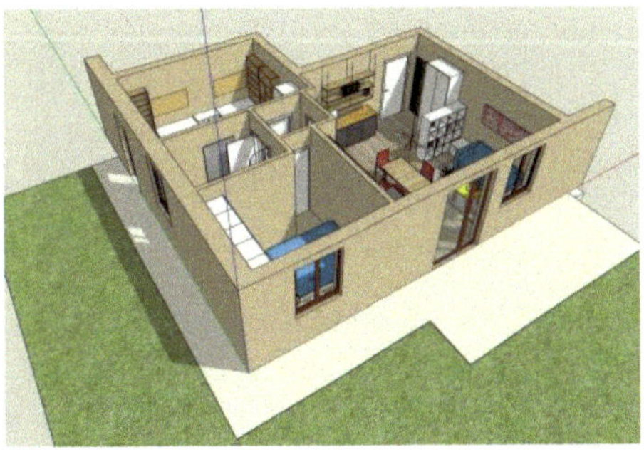

Inquadratura

La procedura risulta più facile e precisa se il soggetto è inquadrato di scorcio in modo da vedere tutte e tre le dimensioni del soggetto (altezza, larghezza e profondità).

Vista in cui prevale una facciata: la prospettiva frontale sposta i punti di fuga lateralmente rendendo impreciso l'abbinamento e prevale il punto di fuga al centro.

Vista in cui sono ben visibili facciate adiacenti: sono evidenti le linee di fuga del volume, le finestre aiutano nell'individuare i punti di fuga assieme ai bordi dei muri e il tetto.

Visibilità delle linee di fuga

Le linee di fuga sono determinanti per far combaciare la forma del soggetto agli assi del modello di SketchUp. L'abbinamento della foto è più facile e preciso se le linee di fuga dell'ambiente, sia che si tratti di un interno che di un esterno, sono ben visibili e non nascoste da oggetti o persone.

Ambiente in cui le linee di fuga sono poco visibili per la presenza di molti oggetti.

Ambiente in cui le linee di fuga sono ben visibili: spigoli fra pareti, pavimento e soffitto.

Risoluzione

Fotografie più dettagliate consentono abbinamenti più precisi. Utilizzando foto ad alta risoluzione e con condizioni favorevoli (come un soggetto dalle forme molto regolari) ci si può avvicinare ad una precisione di pochi centimetri. Foto a bassa risoluzione possono essere comunque utilizzate con profitto per rendere le prime idee progettuali (ad esempio prima ancora di essersi recati sul posto, ma semplicemente utilizzando quelle messe a disposizione dal cliente o reperibili sul web).

Foto a bassa risoluzione: ogni pixel misura diversi centimetri, l'abbinamento non è preciso.

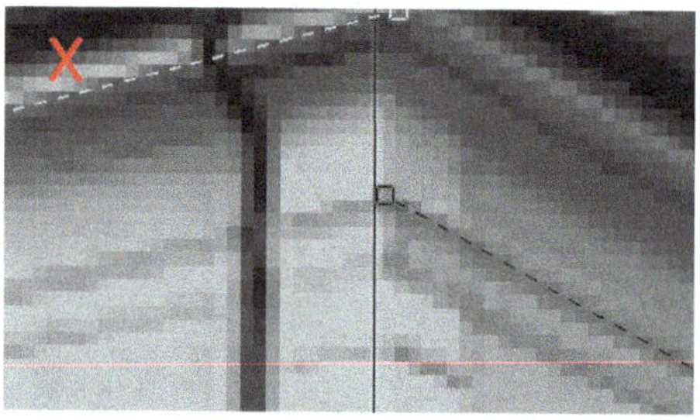

Foto ad alta risoluzione: i pixel non sono distinguibili, l'abbinamento sarà più preciso.

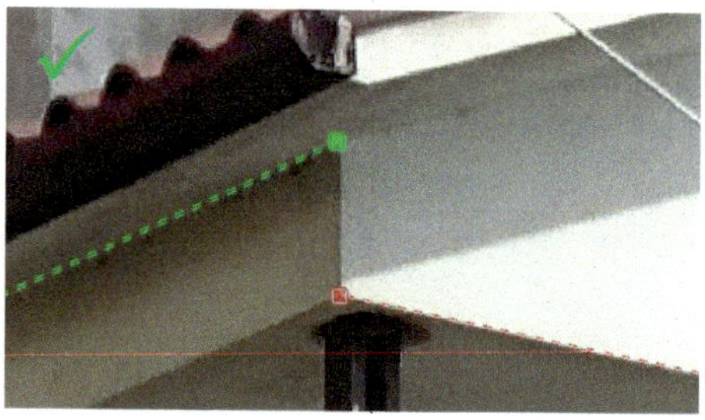

Conoscere una misura

La scalatura si deve basare su almeno una misura nota del soggetto della foto: ad esempio la larghezza di una parete o l'altezza di una stanza. Se non si conosce una misura certa è possibile provare a stimarne una, come l'altezza di un davanzale.

Foto in cui non si vedono gli estremi delle pareti, quindi le misure rilevate (ad es. l'altezza della stanza) non trovano corrispondenza in foto.

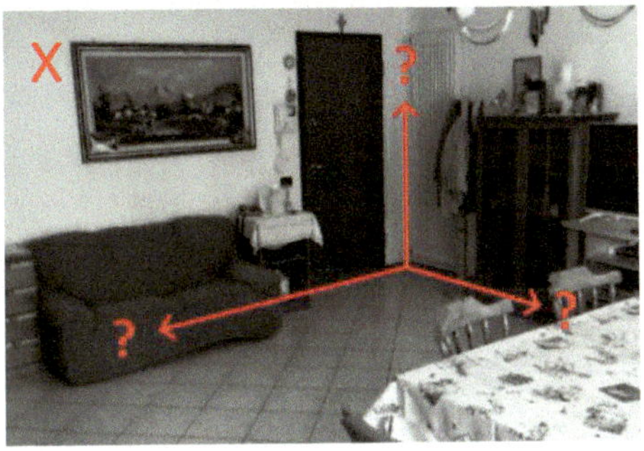

Foto in cui si vedono chiaramente inizio e fine degli spigoli: utilizzare più misure può servire come verifica.

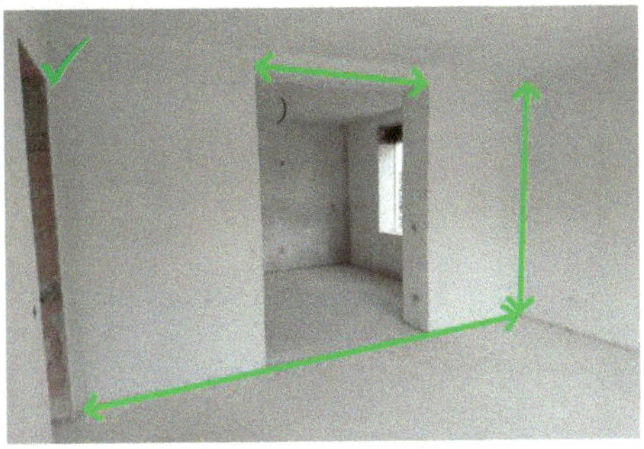

13.3 Abbinare una foto

Nell'esempio viene mostrato un progetto di ampliamento di cui si vogliono realizzare: la modellazione dell'esistente, l'applicazione della texture e il fotoinserimento del progetto. Si utilizza una foto in bianco/nero per rendere più evidenti gli strumenti di abbinamento nelle immagini.

Suggerimento. Esistono alcuni *stili* studiati appositamente per l'abbinamento delle foto, nella sezione *Modellazione fotografica* della finestra *Stili*.

1. Scegliere la foto: deve rispettare le indicazioni preliminari indicate nei precedenti paragrafi. Iniziare l'abbinamento in un nuovo file: dal menu *Telecamera > Abbina foto*. Selezionare la foto e cliccare *Apri*.

2. La foto viene visualizzata in posizione bloccata sullo sfondo e viene attivato l'editor di modifica: è evidente dalla presenza di barre di colore verde e rosso.

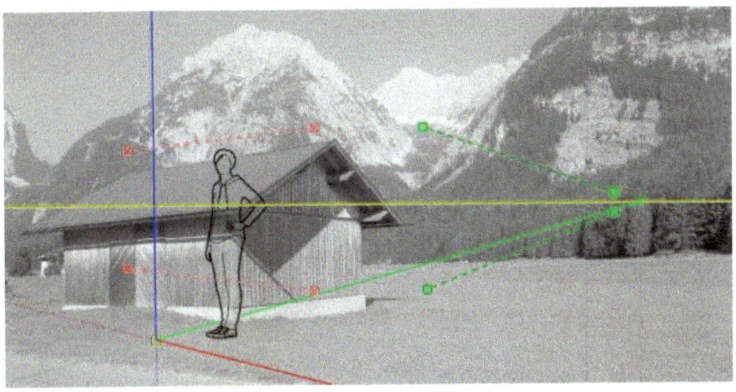

3. L'abbinamento della foto prevede tre passaggi tali da far coincidere lo spazio del modello di SketchUp con quello della foto. L'ordine proposto non è tassativo, ma quello consigliato.

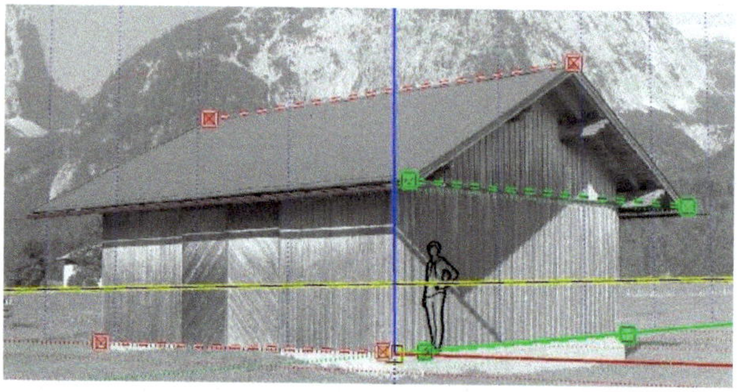

4. **Passaggio n. 1: spostare l'origine.** Spostare la posizione dell'origine del modello trascinandola in uno dei vertici del volume inquadrato dalla foto e da cui inizia la misura nota (in questo caso si conosce l'altezza della parete a destra). Zoomare nella foto per aumentare la precisione.

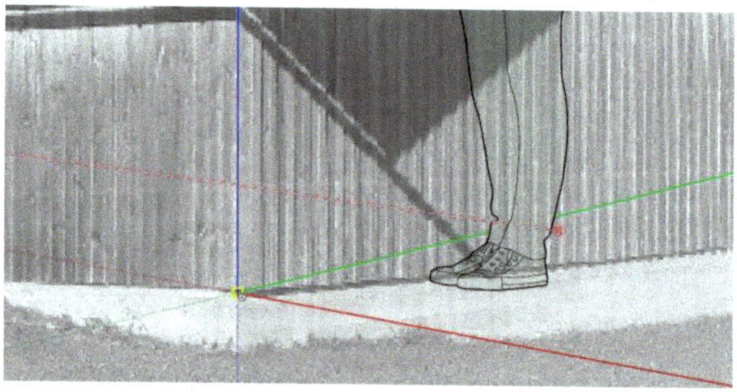

5. **Passaggio n. 2: far coincidere le linee di fuga.** Spostare le barre verdi e rosse e le loro estremità, oppure direttamente i punti di fuga, in modo da farle coincidere con quelle presenti nella foto.

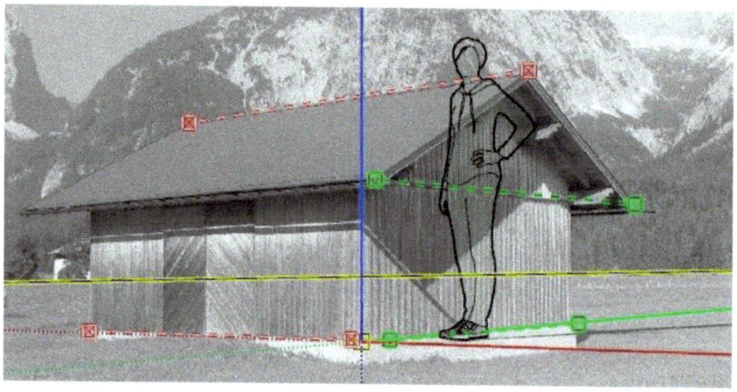

6. **Passaggio n. 3: scalare lo spazio.** Digitare nel campo *Spaziatura* (finestra *Abbina foto*) la misura nota e tenere premuto su uno degli assi per scalarlo fino a far coincidere le linee della spaziatura con la misura nota. Nella finestra *Abbina foto* c'è la possibilità di attivare distintamente la griglia di spaziatura nei *Piani* verticale ed orizzontale e cambiare la loro disposizione (*Stile*).

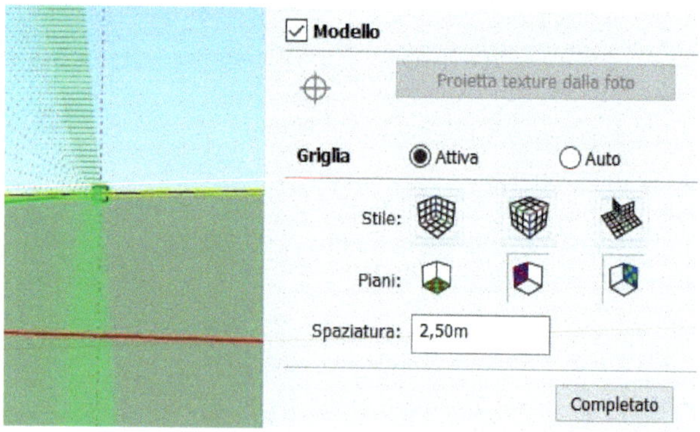

7. Cliccare all'esterno della foto per uscire dall'editor e terminare l'abbinamento della foto. Viene creata automaticamente una *scena* con il nome della foto abbinata. La foto sarà visibile solo tornando in questa *scena*.

8. Le linee di fuga del modello di SketchUp da questa *scena* saranno coerenti con la foto abbinata. Si può procedere in diversi modi: ricostruire lo stato dei luoghi ricalcando i volumi nella foto oppure sovrapporre i volumi di progetto, come approfondito nelle prossime pagine.

Finestra **Abbina foto**

Si suggerisce di completare con cura l'abbinamento della foto fin dall'inizio, per evitare di tralasciare dettagli che potrebbero ripercuotersi sulla modellazione successiva (ad esempio la proiezione di una texture). Si può comunque tornare nell'editor di abbinamento della foto con *Modifica foto abbinata* ✲.

Abbina nuova foto ⊕	Per abbinare altre foto (approfondito alla fine del capitolo)
☑ **Modello**	Attiva/disattiva la visualizzazione del modello: aiuta a capire cosa si è già modellato rispetto alla foto.
Strumento punti foto ⊕	Inserisce una linea di guida che passa dal punto di osservazione verso un punto a piacere nella foto. Altri punti possono essere inseriti da altre foto abbinate per ricostruire i volumi del soggetto inquadrato.
Proietta texture dalla foto	Applica la foto come texture (materiale) sulle facce nel modello.

Figura 13.2 - La finestra *Abbina foto*.

Gli altri strumenti sono disponibili solo durante l'abbinamento della foto.

Caratteristiche della scena con foto abbinata

Il risultato dell'abbinamento è la *scena* in cui la foto è visualizzata sullo sfondo. Dopo essersi spostati liberamente nel modello, è possibile tornare a vedere la foto semplicemente cliccando sulla *scena* corrispondente. La *scena* della foto abbinata e le impostazioni dell'abbinamento hanno caratteristiche particolari che vengono di seguito analizzate nel dettaglio.

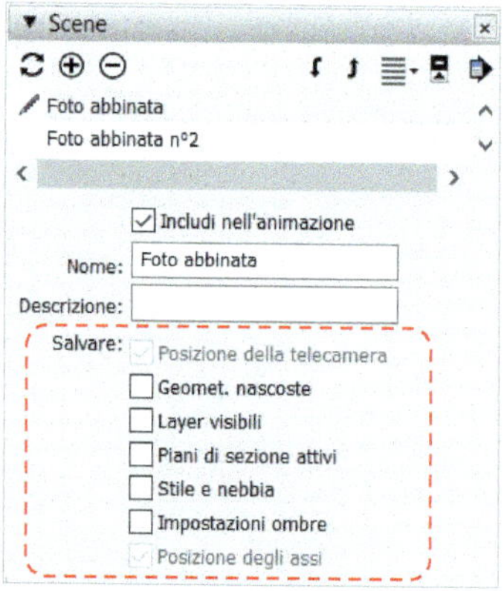

Figura 13.3 - I dettagli della scena abbinata.

Nella sezione *Dettagli* della finestra *Scene* sono disattivate la maggior parte delle impostazioni: quelle attive sono la *Posizione della telecamera* e la *Posizione degli assi* nel modello. Le altre possono essere attivate a piacimento, per fare in modo che la *scena* salvi altre impostazioni come, ad esempio, la visibilità di determinati tag o piani di sezione. In caso contrario la *scena* non terrà affatto conto di queste modifiche e non consentirà di personalizzare dettagliatamente l'inquadratura.

13.4 Modellazione dalla foto e applicazione della texture

I volumi visibili in foto possono essere riprodotti con geometrie nel modello di SketchUp: linee e superfici possono ricostruire l'ambiente in modo da riprodurre l'esistente. Di seguito vengono esposti i passaggi e le accortezze da seguire:

1. Un buon punto da cui iniziare la modellazione è l'*Origine* degli assi, che coincide con il punto da cui inizia la misura nota.

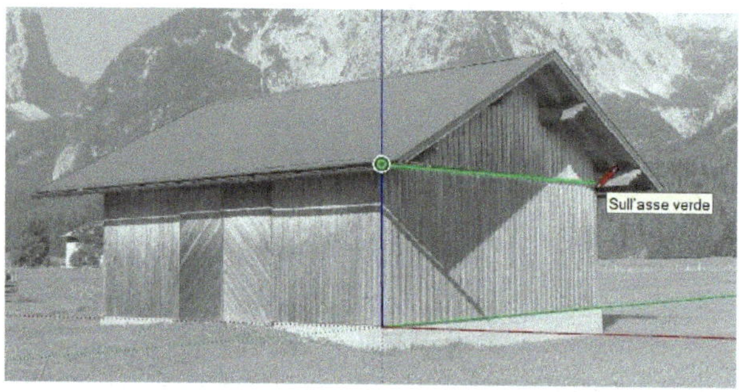

2. Si prosegue modellando i volumi con i vari strumenti di disegno, spostandosi nel modello e tornando all'occorrenza alla *scena* della foto abbinata per verificarne le dimensioni.

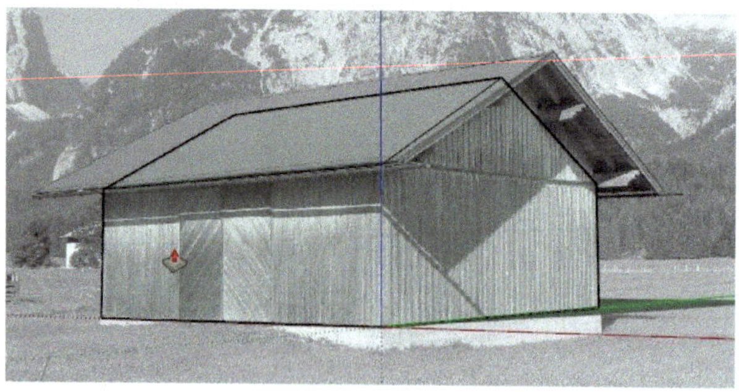

3. La modellazione viene portata nel dettaglio per quanto consentito dalla definizione della foto e in accordo con gli obiettivi del modello.

4. La foto può essere applicata alle superfici nel modello cliccando *Proietta texture dalla foto* (finestra *Abbina foto*) oppure selezionando la singola superficie e cliccando tasto destro > *Proietta foto*.

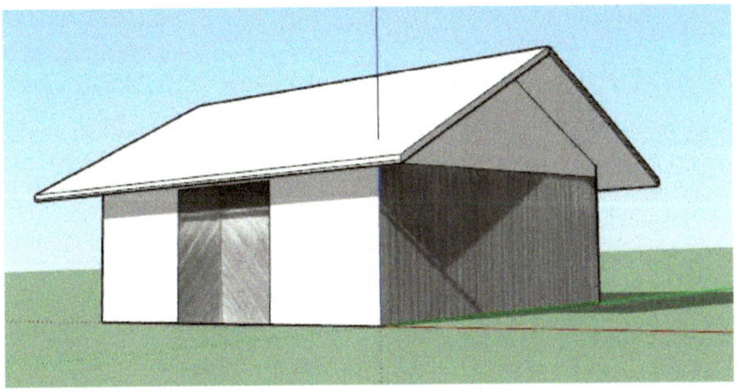

6. Si possono estrapolare viste ortogonali per la documentazione dello stato di fatto, con misure che andranno verificate sul posto.

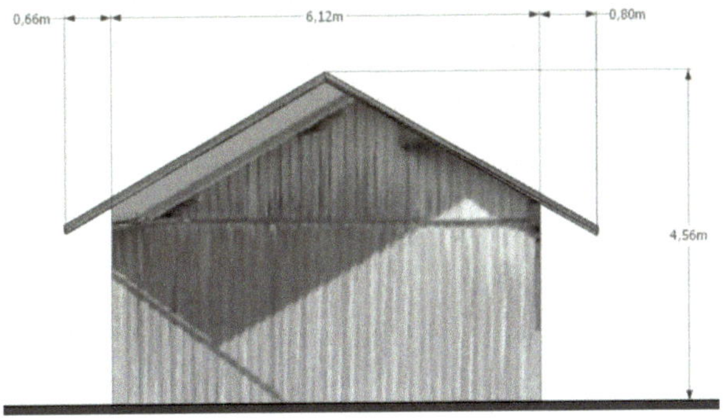

7. **Rifinire le facce parzialmente visibili?** Questo messaggio appare se nel modello ci sono facce nascoste. Rispondendo Sì, le parti nascoste vengono lasciate bianche come nell'immagine.

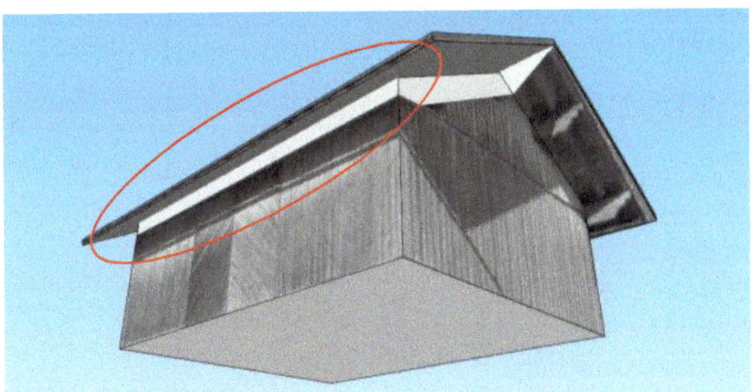

8. **Sovrascrivo materiali esistenti?** Questo messaggio appare se sulle superfici o parti di queste sono stati posizionati materiali a piacere.

Visibilità del modello vs visibilità della foto

È fin da subito evidente la necessità di regolare la visibilità della foto in modo da rendere maggiormente evidente ciò che si sta disegnando e le texture applicate. Questa regolazione avviene mediante le impostazioni dello *stile*, nelle *Impostazioni modellazione*, sezione *Abbina foto*.

La foto copre il modello in costruzione.

La sezione *Abbina foto* nelle impostazioni dello stile.

La foto in primo piano disattivata.

13.5 Fotoinserimento

Se il modello è già stato disegnato, diversamente da quanto visto nei passaggi precedenti, è fondamentale, prima di abbinare la foto, spostare l'*Origine* degli assi nel punto in cui si trascinerà la foto durante l'abbinamento.

1. Esempio di ampliamento dell'edificio esistente: il modello del nuovo volume è già stato modellato e si vuole eseguire il fotoinserimento. Spostare l'origine nel punto in cui si trascinerà il modello nella foto.

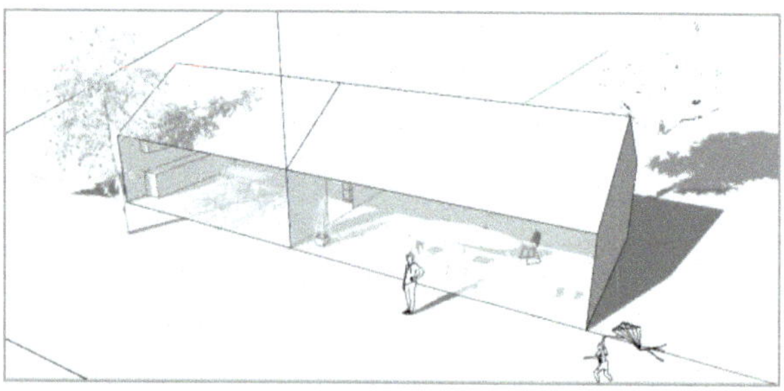

2. Selezionare *Abbina foto* ed eseguire i passaggi di abbinamento. Si noti che la posizione dell'origine degli assi è determinante (1° passaggio). Da lì iniziano la *Spaziatura* e la scalatura del modello. Cliccando tasto destro si può ruotare tutto il modello di 90°, per trovare l'angolazione corretta.

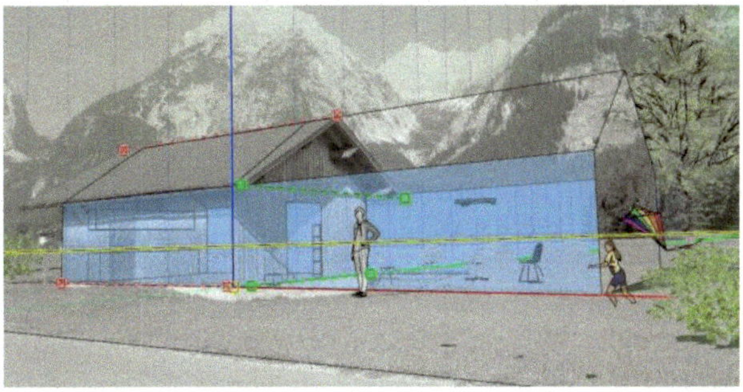

3. Vista del modello di progetto con la foto sullo sfondo. Intervenire sulle impostazioni di visibilità della foto permette di realizzare vari gradi di trasparenza tra lo stato attuale e quello futuro.

4. Vista da un'altra angolazione, la foto non è più visibile ma se ne possono abbinare altre per rendere più coinvolgente e completa la presentazione del progetto.

13.6 Conclusioni

È stato possibile, a partire da una foto e una misura, pervenire ad un progetto di massima.

Tavola dallo stato attuale.

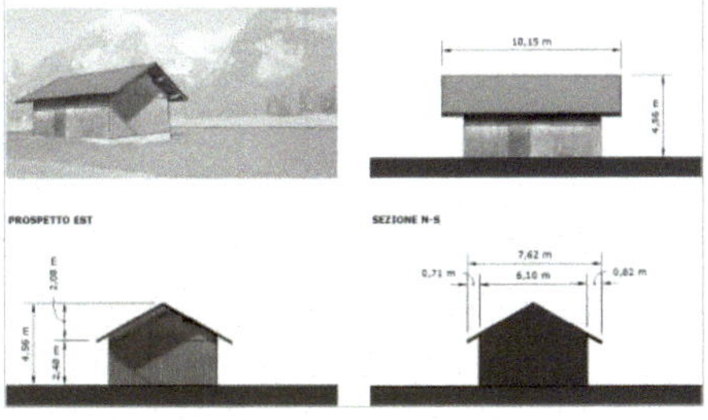

Tavola di progetto con viste in scala.

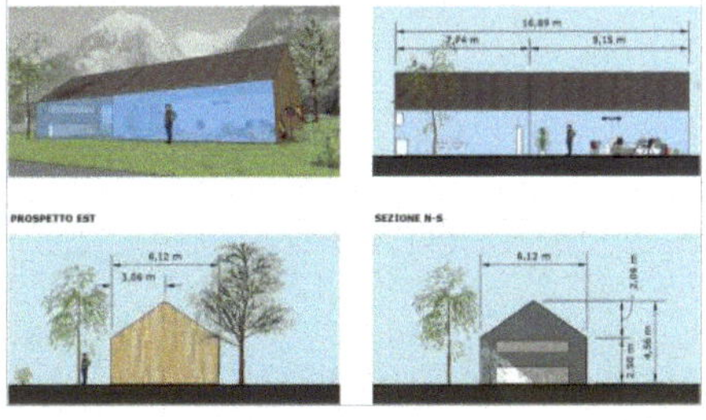

13.7 Abbinare più foto

Esercizio. Questo tema viene approfondito nell'*Esercizio 14: Fotoinserimento per ristrutturazione.*

Abbinare più foto permette di integrare il modello e le texture in punti non raggiunti dalla prima foto e verificare le misure date al modello attraverso inquadrature da varie angolazioni. Per abbinare altre foto si possono seguire alcuni accorgimenti.

→ **Contenuto delle foto**: è preferibile che parte dell'inquadratura sia comune tra le foto in modo da avere punti di congiunzione a cui fare riferimento;

→ **Prima di abbinare la foto**: spostare l'origine del modello in un punto della foto che si sta per abbinare.

Igloo di immagini (menu *Telecamera*) rende visibili le foto abbinate e consente di capire le loro posizioni. È molto utile quando le foto sono numerose.

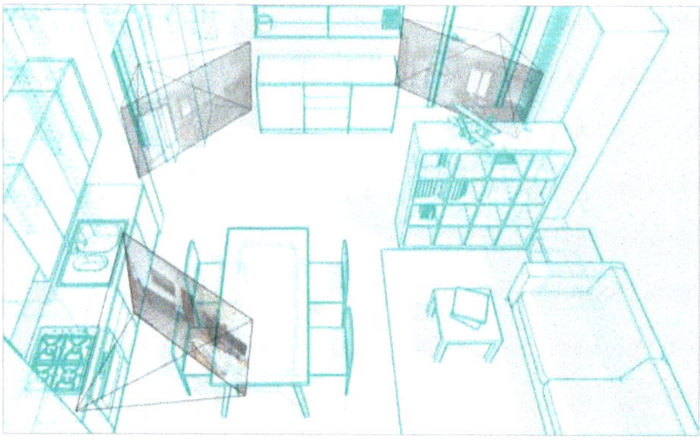

Figura 13.4 - Le foto abbinate in un interno evidenziate con *Igloo di immagini*.

Per approfondire: videocorso *"Fotoinserimento d'interni con V-Ray"*.
Durata 4,5 ore, 24 videolezioni.
> www.scuola-3d.it/fotoinserimento-interni-vray

14. Oltre SketchUp: le estensioni

14.1 Introduzione alle *estensioni*

Le estensioni sono strumenti aggiuntivi da installare in SketchUp per ampliarne le potenzialità. Ci sono estensioni per gli ambiti e le necessità più disparate: dal rendering fotografico alla modellazione organica, dalla mappatura dei materiali alla riproduzione delle leggi fisiche. Vengono sviluppate con lo stesso linguaggio di programmazione di SketchUp: Ruby. Sono realizzate da sviluppatori e software-house in ogni parte del mondo. Molte di queste sono gratuite, altre a pagamento. Ci sono estensioni realizzate dal team di sviluppo di Trimble le quali, in alcuni casi, sono state incorporate in SketchUp (ad esempio *Sabbiera* e *Trimble Connect*) e sono quindi preinstallate. Le estensioni trovano posto principalmente nella galleria ufficiale, **l'Extension Warehouse**, ma ci sono inoltre siti specializzati tra i quali sketchucation.com dove se ne possono trovare altre. Per accedere alla galleria ufficiale visitare il sito extensions.sketchup.com/it oppure in SketchUp aprire l'omonima finestra (menu *Estensioni* > *Extension Warehouse*).

Figura 14.1 - L'icona di *Extension Warehouse*.

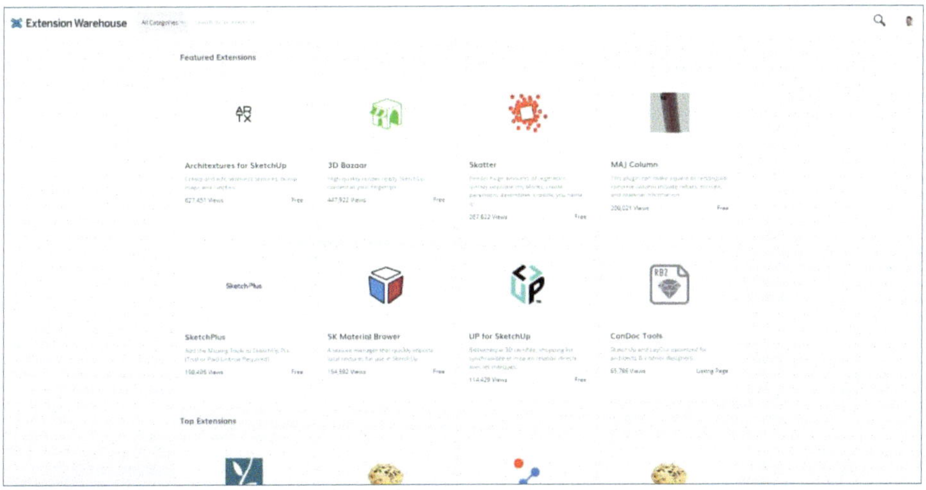

Figura 14.2 - Il sito della galleria ufficiale *Extension Warehouse*, raggiunto attraverso un comune browser.

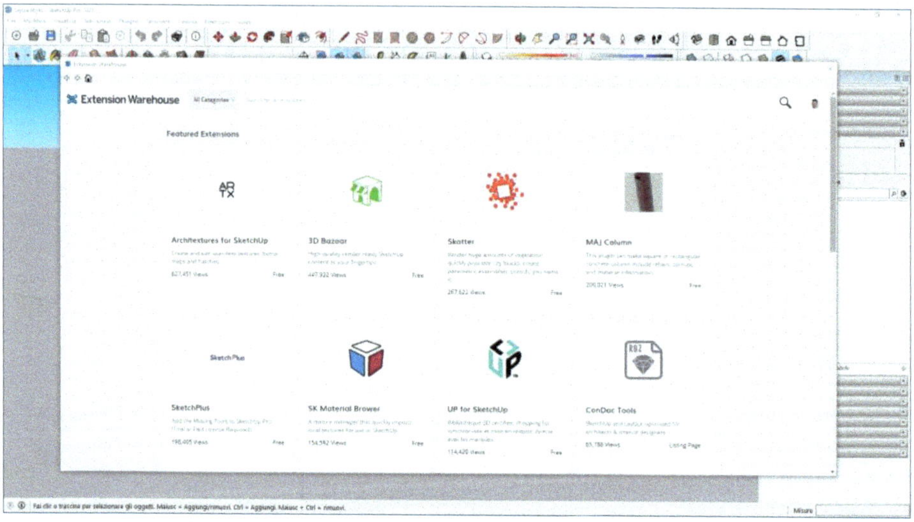

Figura 14.3 - La galleria di estensioni raggiunta dall'interno di SketchUp.

Le estensioni presenti in questa galleria sono centinaia: per sfogliarle si può scorrere la pagina, selezionare una delle categorie con cui sono catalogate (in alto a sinistra) oppure digitare una parola chiave in alto nella casella di ricerca. Ciascuna di queste ha una pagina di descrizione con informazioni utili a comprenderne le caratteristiche quali le finalità, le istruzioni d'uso e l'eventuale prezzo.

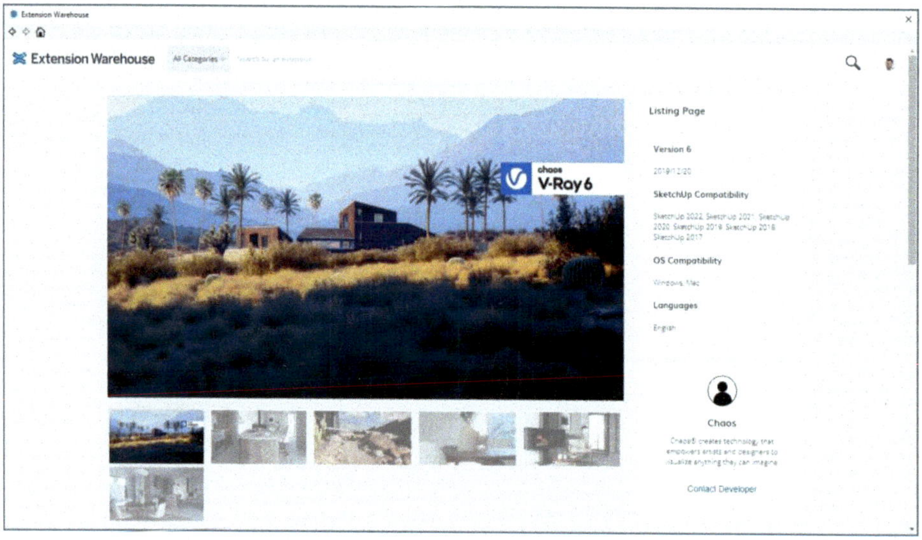

Figura 14.4 - La pagina di presentazione dell'estensione *V-Ray* per il rendering fotografico.

Come scaricare e installare estensioni dall'**Extension Warehouse**

Una volta individuata l'estensione desiderata si procede all'installazione: va eseguito il login con il proprio account *Trimble* (o altri fra quelli elencati) cliccando sulla voce *Avanti* a destra. Se non si dispone di un account è possibile realizzarne uno cliccando *Create new Trimble ID,* evidenziato nell'immagine a lato. Una volta eseguito il login e individuata l'estensione, si potrà cliccare sul pulsante blu in basso che, a seconda delle scelte fatte dallo sviluppatore, può presentare una delle opzioni elencate in tabella.

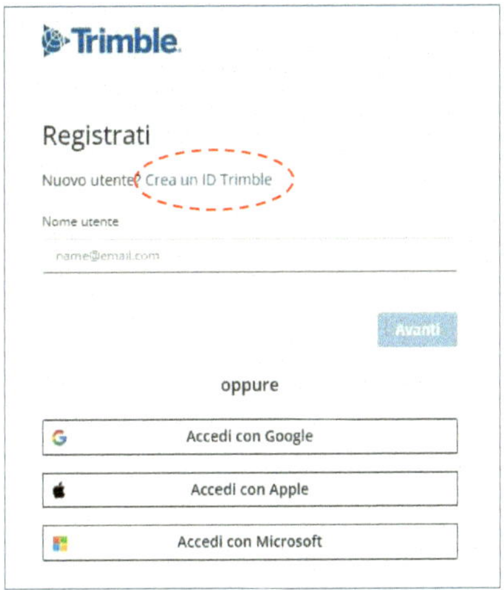

Figura 14.5 - La pagina di login con evidenziata la voce *Crea un ID Trimble*.

Install. Disponibile solo se si accede alla galleria dall'interno di SketchUp (e non visitando il sito da browser). Cliccando *Install* l'estensione viene installata direttamente in SketchUp ed è subito pronta all'uso.

Download. Cliccando *Download* si scaricano uno o più file con cui eseguire l'installazione manuale.

Visit Extension Site. Dicitura in alcuni casi sostituita dal testo *"Open"*. Cliccando il pulsante si viene reindirizzati al sito dello sviluppatore in cui sono presenti le informazioni per ottenere i file di installazione dell'estensione.

Try or Purchase. Pulsante con cui accedere ai moduli per il pagamento richiesto dallo sviluppatore.

Installazione manuale

Se l'estensione richiede l'installazione manuale i file d'installazione, scaricati dall'*Extension Warehouse* oppure dal sito dello sviluppatore, possono essere di vario tipo:

→ **RBZ:** l'installazione deve essere eseguita dalla finestra *Gestione estensioni*;

→ **RB o RBS:** questo tipo di file va copiato nella cartella di sistema di SketchUp; in seguito va riavviato il software. L'indirizzo della cartella delle estensioni è:

- in Windows: *C:\Users\<NOME UTENTE>\AppData\Roaming\SketchUp\SketchUp 2023\SketchUp\Plugins*;
- in Mac: *Libreria, Application Support, SketchUp2023, SketchUp, Plugins*;

→ **EXE, MSI o DMG:** sono file eseguibili, con doppio clic si avvia la procedura d'installazione. Si consiglia di chiudere SketchUp prima di avviare il file.

Dove trovare le estensioni dopo l'installazione

Le estensioni sono strumenti che aggiungiamo in SketchUp e che compaiono sotto forma di nuove icone di strumenti ma non solo. Proprio perché le estensioni non vengono sviluppate solo dal team ufficiale di SketchUp, ma anche da programmatori e software house di tutto il mondo, non si presentano tutte allo stesso modo. A seconda dell'estensione, e quindi dello sviluppatore, possono trovarsi in una o più delle seguenti posizioni:

→ nuova barra di strumenti (ad esempio il motore di rendering V-Ray);

→ voce elencata nel menu Estensioni (ad esempio Auto-Invisible Layer);

→ nel menu contestuale che si apre cliccando tasto destro (ad esempio Delete Coplanar).

Le estensioni citate vengono presentate brevemente nei prossimi paragrafi.

Gestire le estensioni

Le estensioni possono essere installate in numero indefinito e in alcuni casi potrebbero portare a rallentamenti all'avvio di SketchUp. A volte necessitano di aggiornamenti e potremmo in altri casi volerle disinstallare. Per compiere queste operazioni di gestione delle estensioni si ricorre alla finestra *Gestione estensioni*.

Figura 14.6 - La finestra *Gestione estensioni* per la loro completa organizzazione.

Le estensioni sono elencate in ordine alfabetico e per ciascuna di queste, oltre ad alcune informazioni tecniche (visibili cliccando la freccia grigia a destra), si possono attuare le seguenti operazioni:

Attivare/disattivare	Cliccare sul pulsante azzurro della singola estensione oppure su *Disabilita* per applicare la modifica a tutto l'elenco. Disattivando un'estensione se ne inibisce il caricamento e non viene quindi attivata all'avvio di SketchUp. La disattivazione è utile per le estensioni che non si usano spesso e che potrebbero rallentare l'avvio di SketchUp.
Installare/disinstallare	Il pulsante *Installa estensione* in basso a sinistra permette di installare le estensioni di tipo RBZ. La disinstallazione (cliccare sulla sezione *Gestisci* in alto per accedere ai pulsanti *Disinstalla*) toglie del tutto l'estensione da SketchUp.
Aggiornare	Se l'estensione viene aggiornata da parte degli sviluppatori, nella sezione *Gestisci* (menu in alto) si deve cliccare *Aggiorna* per procedere con l'aggiornamento. Messaggi pop-up all'avvio di SketchUp notificano l'uscita di nuove versioni e la possibilità di eseguire l'upgrade.

Dopo aver attuato l'operazione, prima di chiudere la finestra, si deve cliccare *Applica modifiche*, in basso a destra.

Le estensioni utilizzate sono elencate anche nella sezione *My Downloads* nel sito *extensions.sketchup.com* (accessibile dal menu a tendina in alto a destra una volta eseguito il login). In questa pagina è disponibile un minor numero di strumenti di gestione rispetto alla finestra trattata in precedenza.

Figura 14.7 - La sezione *My Downloads* del mio account nel sito *Extension Warehouse*.

Policy e criteri di caricamento

Il grande numero di estensioni e di sviluppatori coinvolti ha portato il team di sviluppo di SketchUp ad introdurre nel 2016 un filtro con cui poter validare le estensioni ed eventualmente negare loro il caricamento all'avvio di SketchUp. La sezione

Impostazioni (pulsante in altro a destra della finestra *Gestione estensioni*) consente di scegliere fra tre gradi di controllo sulle estensioni:

- → **Solo Estensioni identificate:** carica solo le estensioni realizzate da sviluppatori identificati;
- → **Approva Estensioni Non identificate:** richiede una conferma prima di caricare estensioni provenienti da sviluppatori non identificati;
- → **Senza restrizioni:** carica estensioni provenienti da sviluppatori non identificati senza avvisare.

Figura 14.8 - La sezione *Impostazioni* con i criteri di caricamento delle estensioni.

14.2 Estensioni consigliate

Si riporta di seguito una selezione di estensioni raggruppate in cinque ambiti d'impiego: rendering/animazioni, gestione modelli, visualizzazione, modellazione, nuvole di punti.

A. Rendering e animazioni

V-Ray for SketchUp

Chaosgroup; a partire da 419 €/anno + IVA

V-Ray è uno strumento professionale con cui si possono realizzare immagini fotorealistiche di altissima qualità. Si contraddistingue per un ottimo rapporto tempi-qualità, che ne fa uno dei migliori motori di rendering sul mercato. Mette a disposizione una libreria di materiali fotorealistici, oggetti pronti per il rendering e moltissime funzionalità avanzate. Fa parte del pacchetto SketchUp Studio che include oltre a SketchUp anche Trimble Scan Essentials, per la gestione delle nuvole di punti, e Revit importer.

Figura 14.9 - Esempio di interno renderizzato con V-Ray.

Fra le funzionalità e strumenti inclusi in V-Ray troviamo:

Luce naturale e artificiale.

V-Ray si distingue per la luce dei suoi rendering, che appare naturale e conferisce veridicità ad ogni ambiente sia interno che esterno. Sono supportati vari tipi di luci, fra cui sole, luci artificiali, IES, HDRI e altri.

V-Ray Objects.

Un assortimento di "oggetti" che aggiungono interessanti effetti nel rendering: Fur (erba), Mesh Clipper (nell'immagine), Proxy (ottimizzazione degli oggetti pesanti), Scatter (randomizzazione di oggetti) e altri.

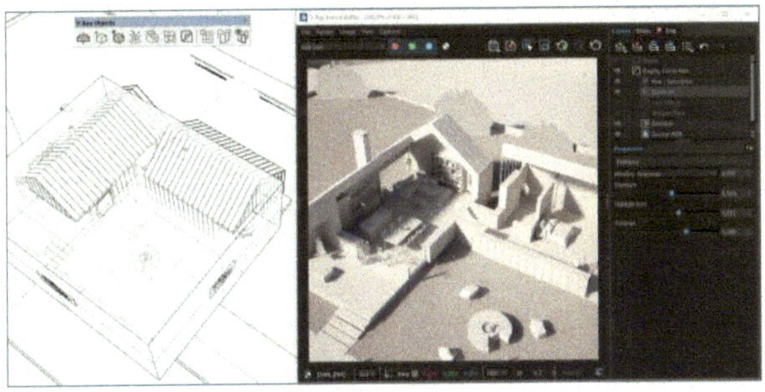

Chaos Cloud.

Libreria di risorse pronte per il rendering: materiali fotorealistici, oggetti 3d di ogni tipo (arredo, persone, vegetazione...) e immagini HDRI per gli sfondi.

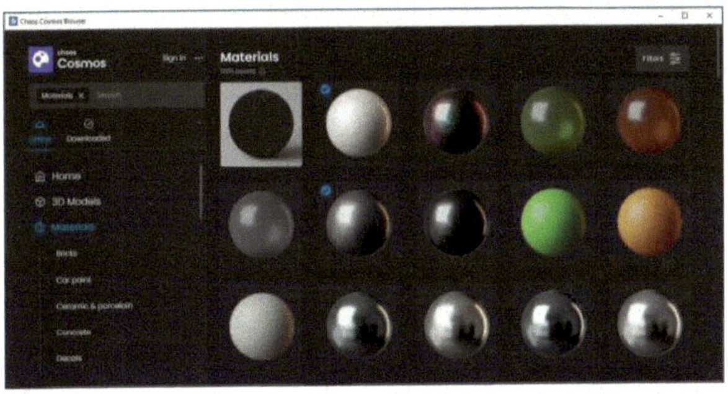

Completezza di parametri.

V-Ray vanta una vastità e ricchezza di parametri per il rendering, per controllare le sue *componenti* sotto ogni aspetto. Include ad esempio Ambient Occlusion, strumenti di denoising e di postproduzione.

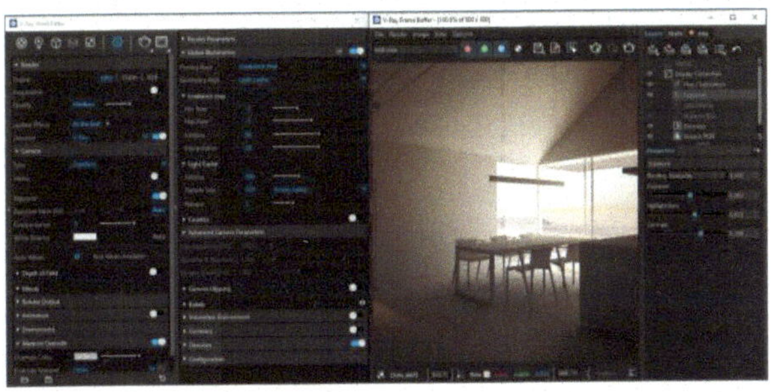

Per approfondire: videocorso *"V-Ray for SketchUp Base"*.
Durata 6 ore, 36 videolezioni dedicate a V-Ray for SketchUp
> www.scuola-3d.it/v-ray-base

Per approfondire: videocorso *"Fotoinserimento d'interni con V-Ray"*.
Durata 4,5 ore, 24 videolezioni
> www.scuola-3d.it/fotoinserimento-interni-vray

Per approfondire: manuale *"V-Ray for SketchUp, rendering di qualità"*.
Il mio manuale sul rendering di alta qualità con V-Ray
> www.scuola-3d.it/v-ray-for-sketchup

Enscape

Chaosgroup; a partire da 515 €/anno + IVA

Figura 14.10 - Interfaccia di Enscape: immagine tratta da "Enscape Avanzato" della Scuola 3D.

Enscape è uno strumento di rendering real-time che mostra in diretta la renderizzazione del modello. Questa velocità, accompagnata ad una semplicità di utilizzo, lo rende lo strumento ideale per chi vuole uno strumento intuitivo e versatile per comunicare in modo efficace i propri progetti. Si tratta di un rendering ottimizzato molto veloce, ma di qualità inferiore rispetto ad altri motori più professionali. Fra le funzionalità di esportazione ci sono: rendering, videoanimazioni e link navigabili standalone raggiungibili da chiunque abbia il link (clienti, colleghi...).

Fra le maggiori funzionalità di Enscape ci sono:

Rendering real-time.

Una volta avviato il rendering in tempo reale possiamo vedere immediatamente ogni modifica al modello, alle luci e ai materiali direttamente nella finestra di rendering.

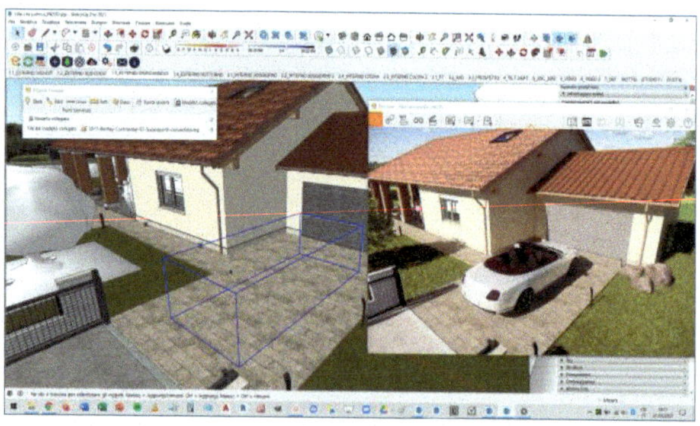

Libreria di oggetti e materiali.

Durante il perfezionamento dei rendering è possibile attingere alle librerie di oggetti e materiali pronti all'uso. Si tratta di librerie contenenti migliaia di risorse, ed in costante crescita.

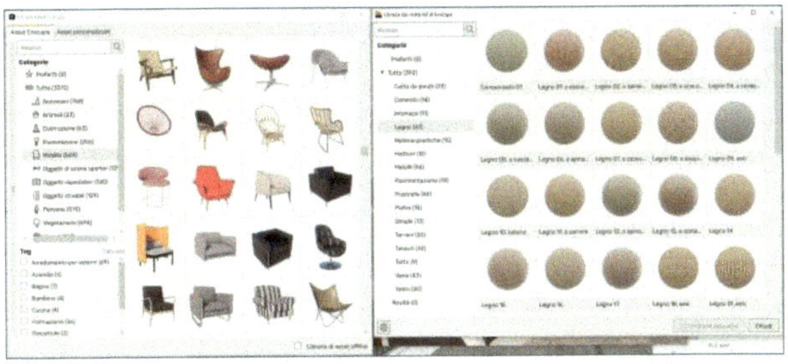

Panoramiche link.

Oltre all'esportazione di immagini statiche è possibile realizzare immagini sferiche, o panoramiche, navigabili online attraverso un semplice link. Non sarà quindi necessario disporre di SketchUp né di Enscape per fruire il progetto.

Realtà virtuale.

Collegando un visore di realtà virtuale sarà possibile fruire in modo immersivo il progetto: ciò che viene visto da chi indossa il visore viene visualizzato anche a schermo permettendo una esperienza coinvolgente e condivisa all'interno del rendering.

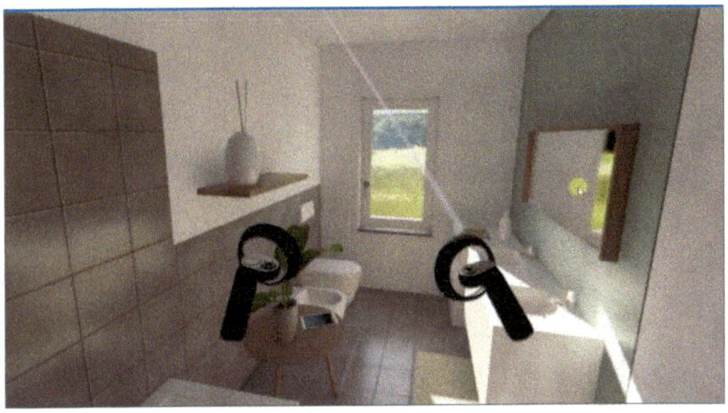

Video.

Un editor video permette di posizionare telecamere e definire un percorso all'interno o all'esterno del progetto. L'esportazione di questo ci regala un video vero e proprio da condividere con clienti e colleghi.

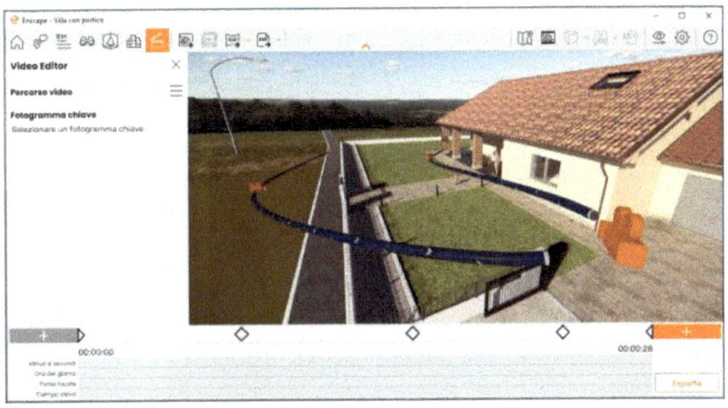

Per approfondire: videocorso *"Enscape Base"*.

Durata 2 ore, 12 videolezioni introduttive al rendering con Enscape

> www.scuola-3d.it/enscape-base

Per approfondire: videocorso *"Enscape Avanzato"*.
Durata 5,5 ore, 21 videolezioni di approfondimento di Enscape
> www.scuola-3d.it/enscape-avanzato

Keyframe Animation

Regolar Polygon; licenza permanente 42 $

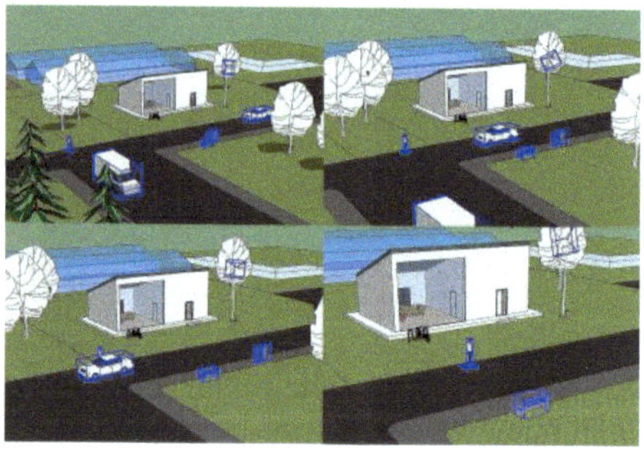

Keyframe Animation consente di animare gli oggetti nel modello e di esportare video di alta qualità. Attraverso l'uso delle *scene* si registrano le posizioni degli oggetti e il passaggio da una *scena* all'altra fa sì che questi si muovano tra i punti prestabiliti. È una estensione molto intuitiva e facile da usare, ma che rende "vivi" i nostri modelli.

B. Gestione modelli

Trimble Connect

Trimble; Personal gratuita - Business €/mese 10

Dedicata alla gestione del progetto ed alla collaborazione del team. È disponibile preinstallata in SketchUp Pro (menu *File* > *Trimble Connect*) oppure nella galleria *Extension Warehouse*. Gli strumenti della barra dedicata sono:

→ **Apri un modello:** scarica un modello dal cloud per proseguire il progetto;
→ **Apri il gestore collaborazioni:** dedicato a posizionamento modelli, commenti, ecc.;
→ **Pubblica un modello:** carica nel cloud il modello con le modifiche eseguite;
→ **Importa File:** importa un file da Trimble Connect;
→ **Importa un modello come riferimento:** sovrappone modelli georeferenziati;
→ **Apri Trimble Connect:** apre la finestra della piattaforma nel browser.

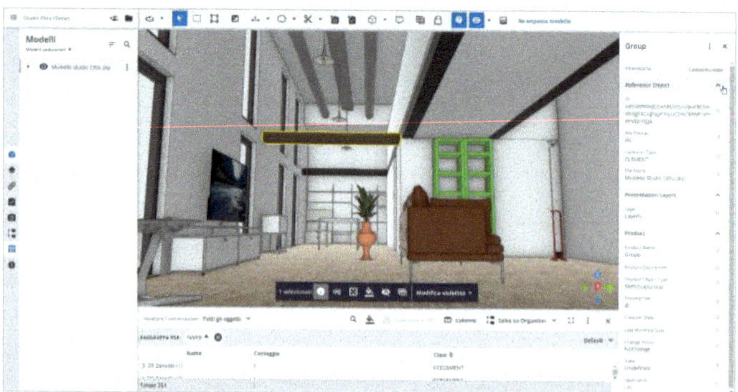

Figura 14.11 - Un modello di edificio, vista d'interno.

CleanUp

ThomThom; gratuita

Estensione dedicata alla pulizia del modello. Dispone di molte funzionalità avanzate dedicate a questo scopo, tra cui: cancellare elementi inutilizzati (geometrie nascoste, facce duplicate, bordi non connessi), riparare bordi spezzati unendoli, spostare bordi e facce sul tag predefinito, unire materiali identici e fondere facce complanari.

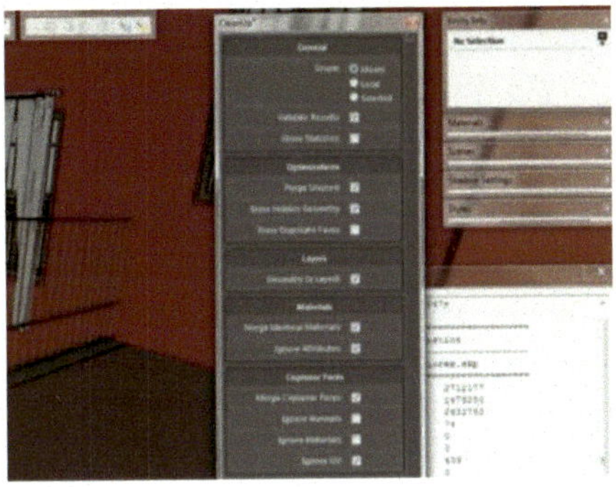

Auto invisible layer

CMD; gratuita

L'estensione *Auto invisible layer* fa in modo che, aggiungendo un nuovo tag, questo venga disattivato in tutte le *scene* realizzate fino a quel momento. Per impostazione predefinita, quando si aggiunge un nuovo tag questo è attivo in tutte le *scene* presenti nel modello. Questo rende necessaria una revisione di tutte le *scene*, con la disattivazione del tag e l'aggiornamento della *scena*. L'estensione *Auto invisibile layer* risolve questo inconveniente facendo in modo che i tag aggiunti siano automaticamente disattivati in tutte le *scene* presenti.

1. Una *scena* impostata al piano interrato con la relativa combinazione di tag.

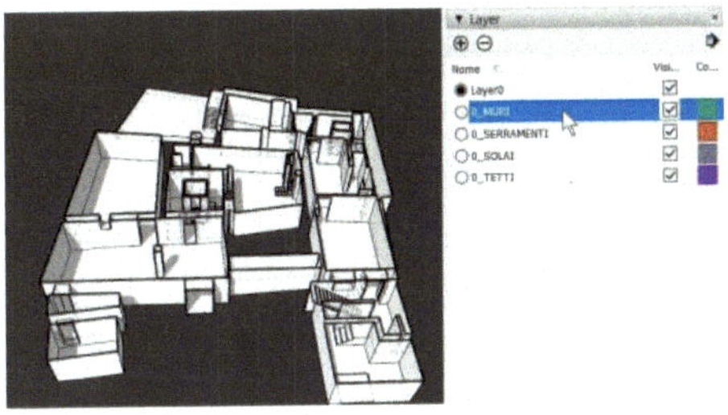

2. Attivazione dell'estensione: cliccando Sì gli eventuali tag aggiunti vengono disattivati.

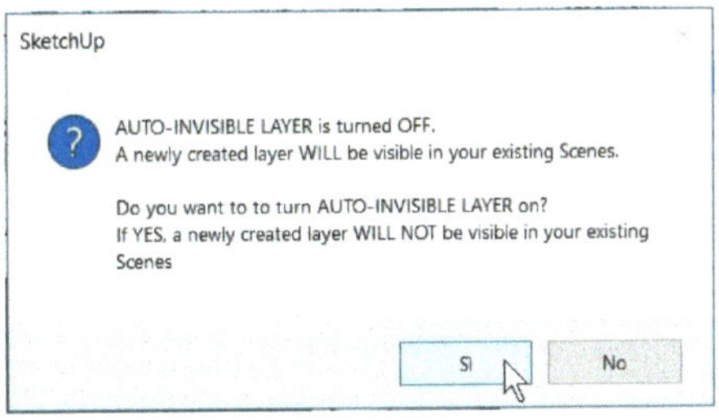

3. Aggiunta di nuovi tag. Nell'esempio viene importato un modello da *Trimble Connect.*

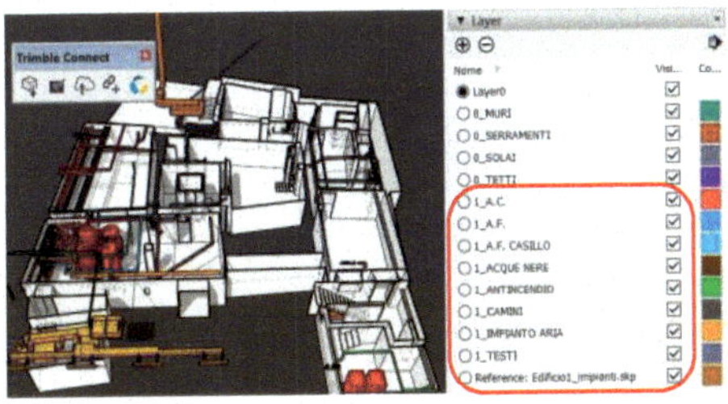

4. Appena si clicca su una delle scene presenti, i tag importati vengono disattivati.

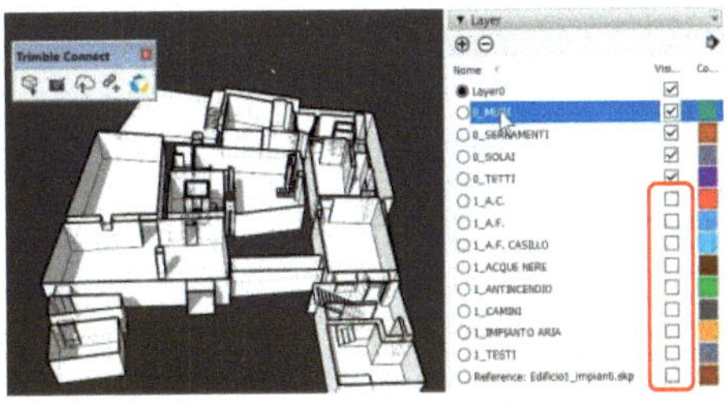

C. Visualizzazione

Nord solare

SketchUp; gratuita

L'estensione *Nord solare* (disponibile gratuitamente nell'Extension Warehouse) permette di cambiare la posizione del nord e di conseguenza la direzione in cui le ombre vengono proiettate. In SketchUp il nord è allineato all'asse Y (verde) per impostazione predefinita e quindi le ombre prodotte quando si attiva l'ombreggiatura sono valide solo per un edificio orientato nord-sud. Questa estensione consente di impostare la posizione del nord solare in qualsiasi altra direzione, lasciando invariata la posizione degli assi e quindi dell'edificio, che per comodità di disegno viene rappresentato parallelo agli assi del modello.

1. La direzione delle ombre predefinita. Attivando l'ombreggiatura alle 12:00 le ombre sono lungo l'asse verde.

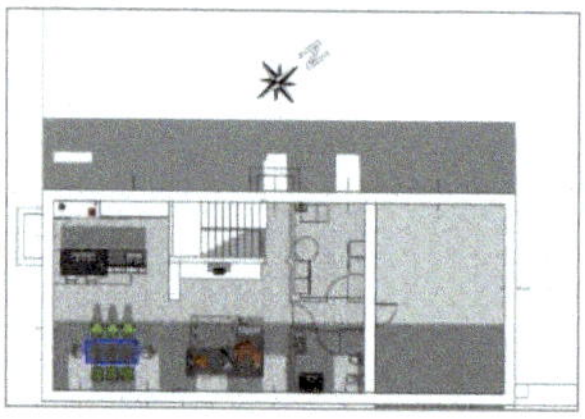

2. Il primo pulsante (*Attiva freccia Nord*) evidenzia con una linea arancione la direzione del nord solare.

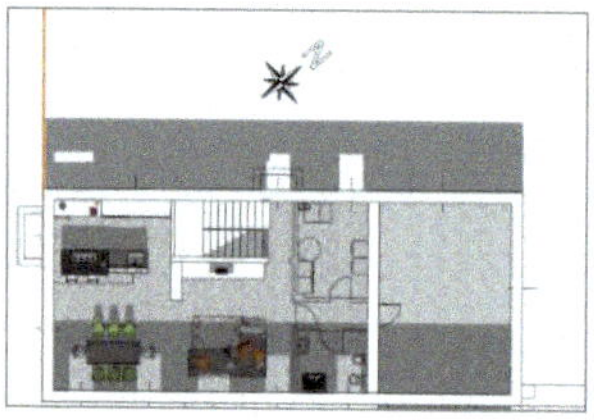

3. Con il secondo pulsante si imposta il nord a piacere: nell'esempio viene ricalcato il simbolo del nord di progetto.

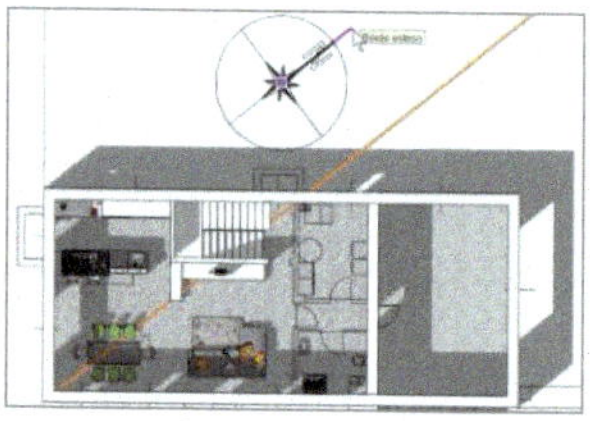

Le immagini seguenti sono studi d'illuminazione realizzati con *V-Ray*.

SketchUV

mind.sight.studios; gratuita

Estensione per la mappatura dei materiali. SketchUp non ha funzionalità per il posizionamento avanzato dei materiali, quindi ci si può trovare in difficoltà nell'applicare texture su oggetti dalle forme articolate come nell'esempio a lato. SketchUV risolve questo limite mettendo a disposizione vari tipi di mappature (piana, cilindrica, sferica, box, quad face). Permette di salvare mappature per il loro riutilizzo ed è fra le più intuitive per questo ambito.

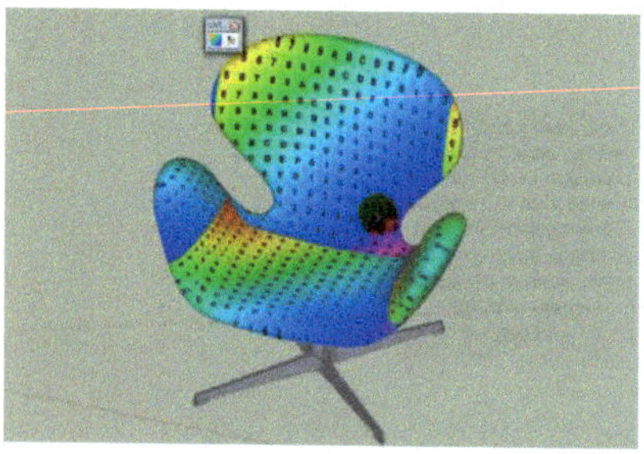

Curic Section

Curic; gratuita - 59 $

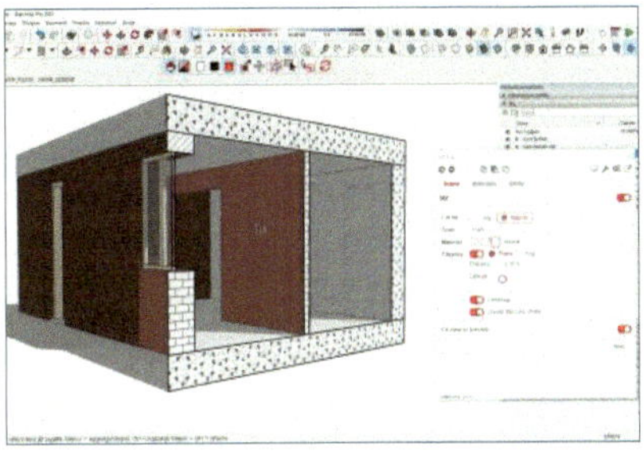

Estensione con cui realizzare campiture in sezione, differenziate per materiale o altre tematiche. Infatti, attualmente SketchUp permette di avere campiture in sezione con un solo colore, impostabile attraverso lo Stile in uso. Con *Curic Section* è possibile associare un retino a piacere a ciascun materiale o tag e quindi ottenere rappresentazioni tecniche complete in ogni dettaglio.

Per approfondire: videocorso *"Fasi in SketchUp"*.
Durata 4 ore, 17 videolezioni sulle demo-costruzioni in SketchUp
> www.scuola-3d.it/fasi

D. Modellazione

1001bit tools

GOH CH; gratuita - 48 $

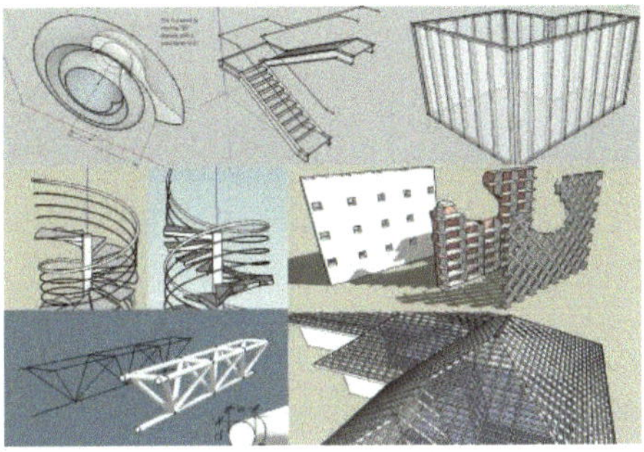

Raccoglie strumenti per l'edilizia fra cui:

- → serie rettangolare e lungo percorso;
- → allinea 3D, raccorda, cima, trancia;
- → estrusione da bordi a tubazioni (travi reticolari);
- → muri, pilastri, fondazioni, scale, finestre, porte, controsoffitti, tetti, strutture intelaiate.

Make face

Suforyou; gratuita

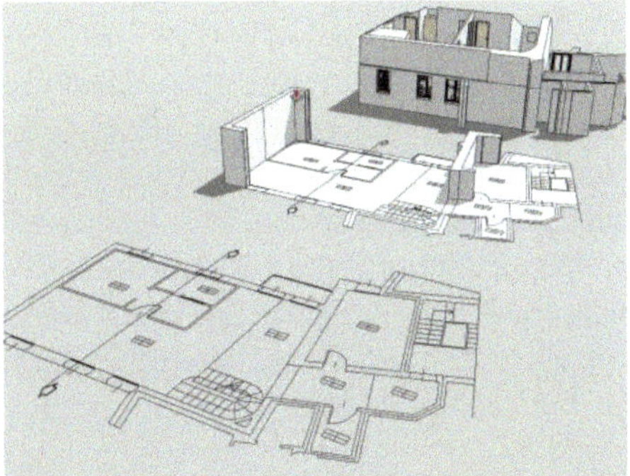

Make face crea le superfici all'interno di perimetri chiusi di linee. Può risultare utile dopo aver importato un file CAD, come nell'immagine, e far apparire in un sol colpo tutte le superfici da cui ricavare muri e pavimenti. A seguito dell'installazione *Make face* è disponibile nel menu contestuale (tasto destro) dopo aver selezionato tutte le linee di contorno all'interno delle quali si vuole realizzare le superfici.

Delete complanar

Rick Wilson; gratuita

Delete complanar elimina le linee fra facce complanari. Oltre ad alleggerire il modello semplifica le geometrie presenti rendendo più facili operazioni come l'estrusione e l'applicazione di materiali. A seguito dell'installazione *Delete complanar* è disponibile nel menu contestuale (tasto destro) dopo aver selezionato le superfici da cui eliminare le linee complanari.

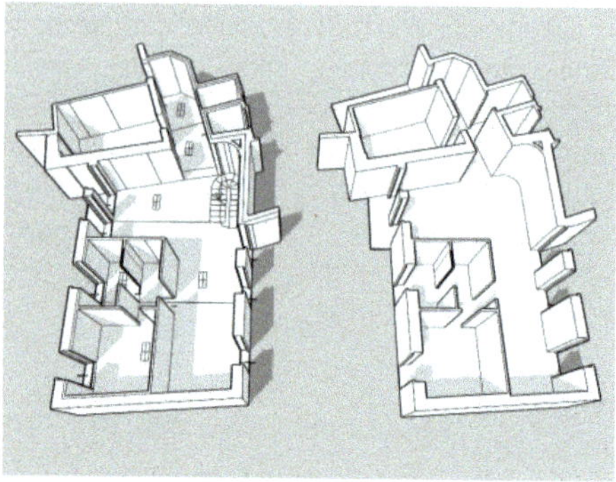

Round Corner

Fredo6; 12 $

Round Corner è un'estensione in grado di realizzare smussature nel modello. Lì dove abbiamo realizzato ad esempio ante, fianchi, ripiani e altri elementi dall'apparenza "spigolosa" possiamo facilmente smussare i vertici con questa potente estensione. *Round Corner* mette a disposizione vari strumenti ed impostazioni per regolare le smussature a nostro piacimento in modo veloce e potente.

Visual Merge

Eneroth; 15 $

Visual Merge permette di "saldare" visivamente elementi che sono separati nel modello. Ad esempio, si possono mantenere separati muri e solai, in *gruppi* o *componenti* distinti, ma lì dove si incontrano ci sarà una linea di separazione. Visual Merge permette di nascondere, o posizionare su un *tag* spento, le linee di congiunzione in modo da far sembrare il modello pulito e unitario.

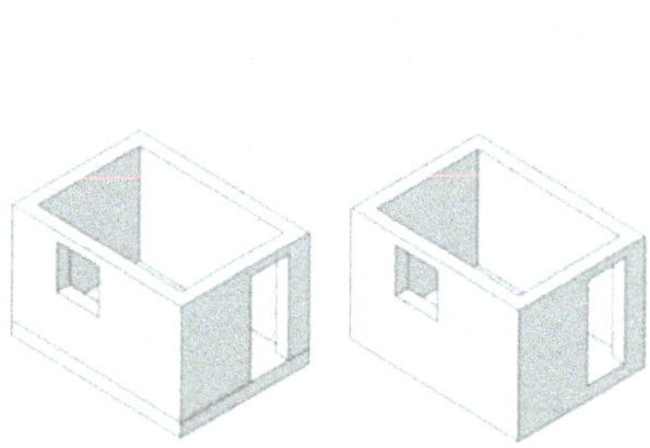

PathCopy

Smustard team; gratuita

PathCopy permette di copiare elementi lungo un percorso. L'elemento da copiare può essere un *gruppo*, un *componente* o semplici linee o superfici. Il percorso deve essere composto di linee saldate fra loro, una sorta di polilinea che in SketchUp è possibile ottenere selezionando le linee e cliccando tasto destro e quindi selezionando *Bordi saldati* (come anticipato a pag. 47).

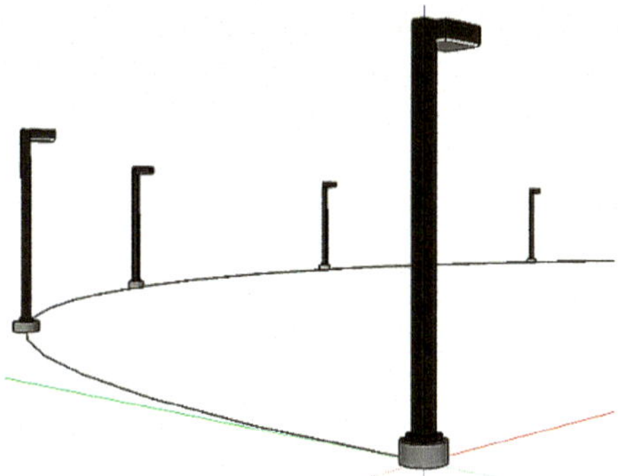

Mirror

TIG; gratuita

Mirror (disponibile sul sito sketchucation.com) specchia oggetti rispetto ad un piano a propria scelta. Una volta selezionati gli elementi da specchiare, si clicca sull'icona dello strumento e si scelgono 1, 2 o 3 punti rispetto a cui effettuare la specchiatura.

1. Selezione degli elementi da specchiare.

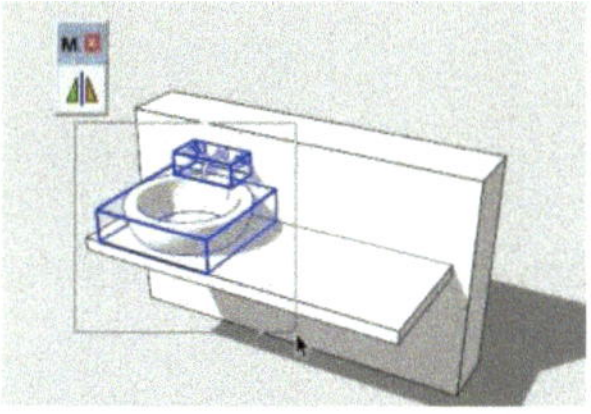

2. Cliccare su *Mirror* e cliccare nel primo punto.

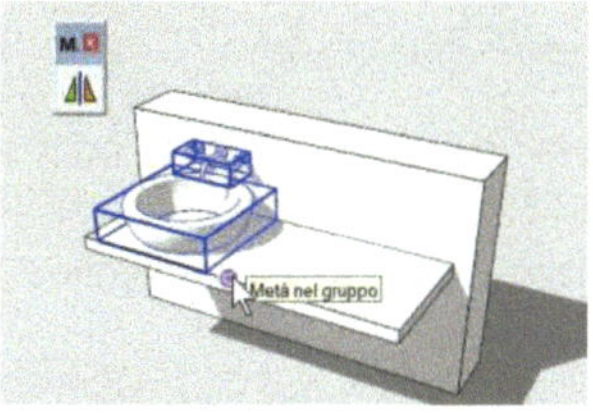

3. Cliccare nel 2° punto lungo uno degli assi del modello.

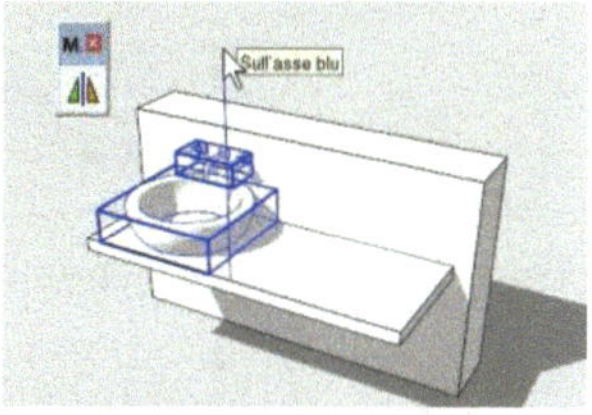

4. Cliccare nel 3° punto lungo un altro asse del modello.

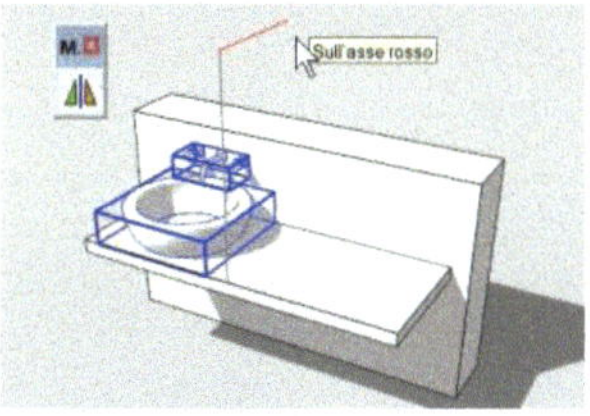

5. Scegliere se mantenere o meno la selezione iniziale.

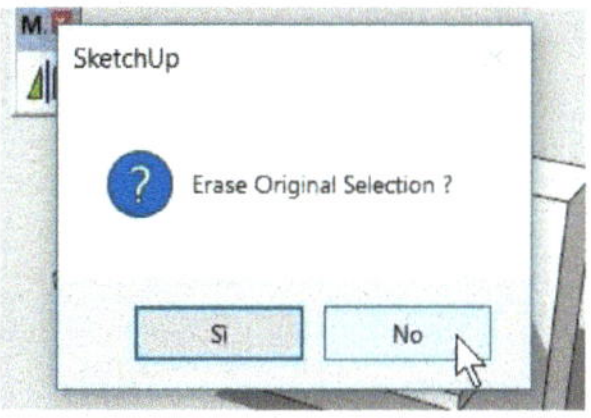

6. La specchiatura è terminata.

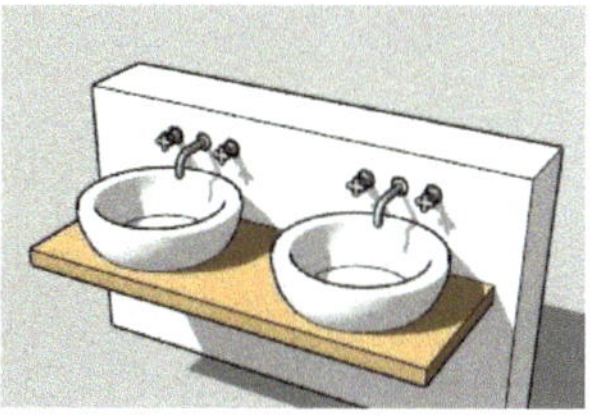

E. Modellazione da nuvole di punti

Le nuvole di punti vengono eseguite dai laser scanner oppure dalla fotogrammetria e sono un rilievo preciso e affidabile dello spazio. Importarle in SketchUp permette di ricostruire l'ambiente in ogni sua forma e nella sua interezza e complessità.

Scan Essentials

Trimble; inclusa in SketchUp Studio 639 €/anno + IVA

Estensione ufficiale Trimble per l'importazione di nuvole di punti come riferimenti esterni in SketchUp. Consente vari stili di visualizzazione e trasparenza dei punti, la regolazione del loro diametro e del colore. Include section box di vario tipo con cui sezionare la nuvola ed esplorarla in ogni dettaglio, in modo facile e veloce. Le funzioni di snap alla nuvola e al modello rendono preciso il modello e la ricostruzione dell'ambiente.

Figura 14.12 - Vista di pianta della nuvola e modello 3d dello stato di fatto ricavato dalla nuvola.

Per approfondire: videocorso *"Scan Essentials"*.
Durata 2 ore, 14 videolezioni sulle nuvole di punti in SketchUp.
> www.scuola-3d.it/scan-essentials

Undet

UAB Terra Modus; a partire da 89 €/mese + IVA

Estensione simile a Scan Essentials, con analoghe funzionalità: include la possibilità di realizzare geometrie direttamente sulla nuvola di punti, come punti o linee. Undet aggiunge la possibilità di creare in automatico mesh da zone di punti, come ad esempio per la ricostruzione di un terreno.

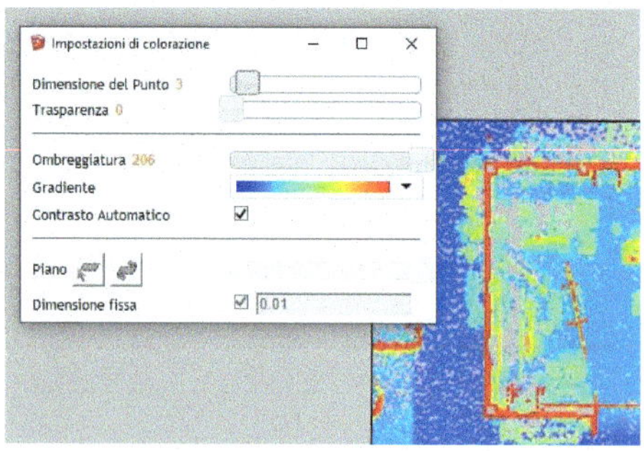

PARTE 2: **LAYOUT**

IMPAGINAZIONE DEL PROGETTO

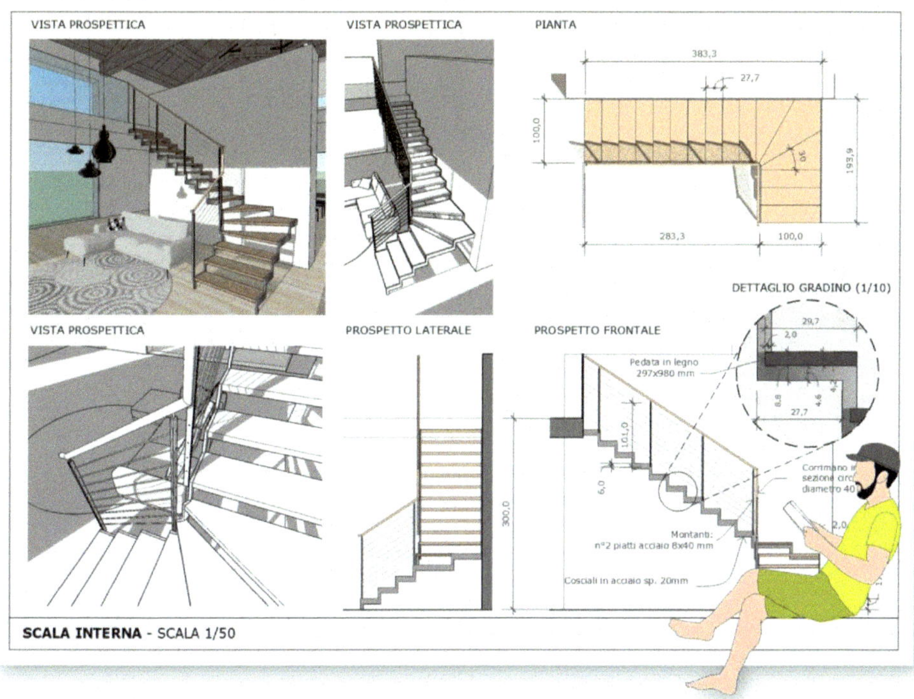

15. LayOut

LayOut permette l'impaginazione del progetto: il modello sviluppato nello spazio di SketchUp viene inviato a LayOut per l'impaginazione delle viste in scala e l'aggiunta di testi, quote ed altri elementi bidimensionali per completare il progetto. Se al modello vengono apportate modifiche è possibile aggiornare in qualsiasi momento il contenuto delle tavole e stamparle.

Figura 15.1 - Il logo di LayOut.

L'interfaccia di LayOut per molti aspetti assomiglia a quella di SketchUp: alcuni strumenti sono addirittura uguali. In alto si trovano le voci dei menu e le barre di strumenti; l'area di disegno è al centro (la tavola in cui inserire gli elaborati); a destra sono presenti finestre tematiche con impostazioni sui vari elementi del disegno.

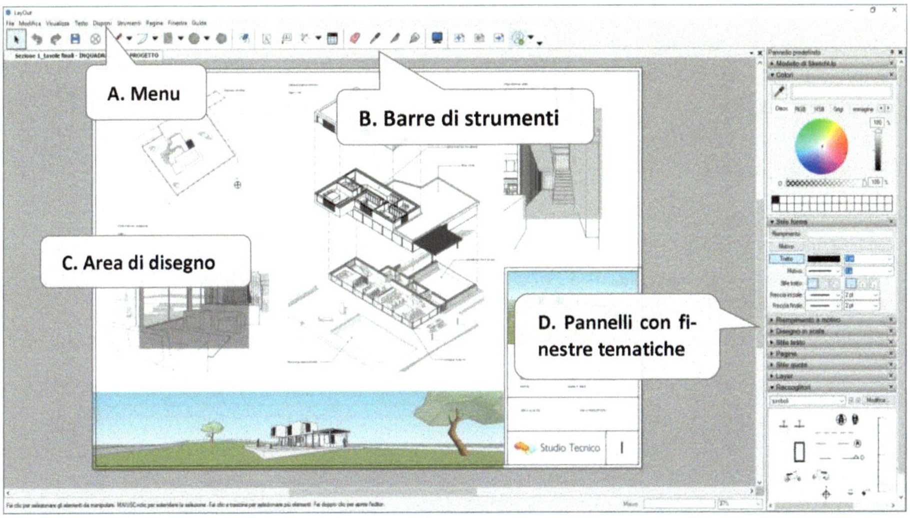

Figura 15.2 – L'interfaccia di LayOut e i suoi elementi costitutivi.

L'impaginazione avviene con il posizionamento di varie inquadrature, predisposte nel modello attraverso le *scene* che vengono completate con informazioni quali testi e quote. Le procedure da seguire in LayOut possono essere riassunte con i seguenti punti:

1. inviare il modello di SketchUp a LayOut;
2. realizzare le *Pagine* (tavole di progetto);
3. inserire le *Finestre* (elaborati all'interno delle tavole di progetto);
4. aggiungere annotazioni (quote, testi, loghi...);
5. stampare ed esportare le tavole.

Avviare LayOut

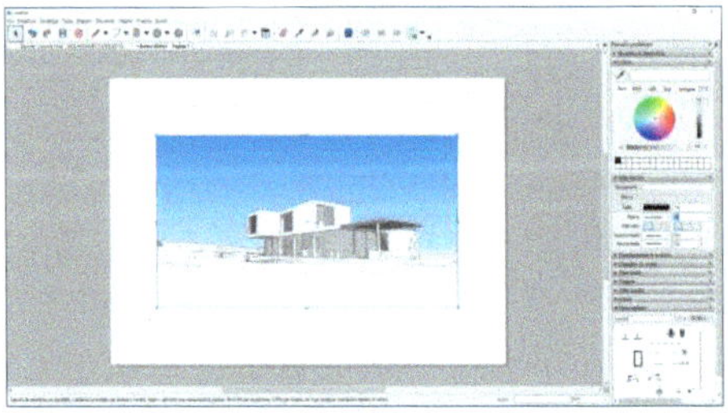

LayOut può essere avviato indipendentemente da SketchUp: si tratta infatti di un software a sé stante, incluso nel pacchetto SketchUp Pro. Il modo migliore per procedere è quello di avviare LayOut direttamente dal progetto di SketchUp a cui si sta lavorando, in modo che venga creato automaticamente il collegamento tra i due: modello 3D da una parte (SketchUp) e spazio di impaginazione 2D dall'altra (LayOut). Una volta eseguita questa operazione per un progetto, non sarà necessario ripeterla: si potrà invece aprire direttamente il file di LayOut per proseguire il lavoro.

Per inviare il modello a LayOut procedere come segue:

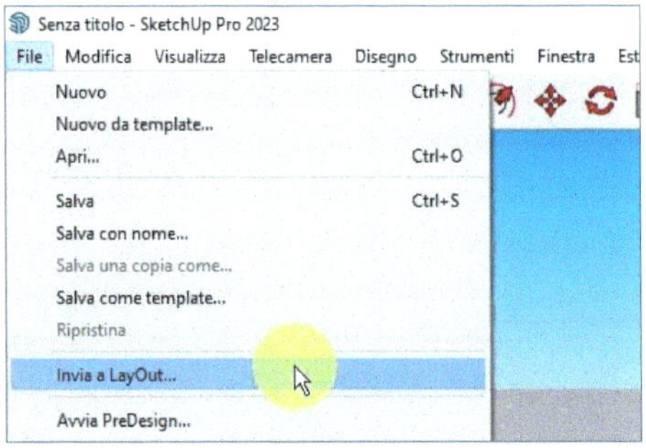

1. salvare il file del modello di SketchUp;
2. nel menu File selezionare *Invia a LayOut*, il quale si avvia automaticamente; oppure cliccare *Invia a LayOut* nelle barre di strumenti *Per iniziare* o *Set grande strumenti*;
3 appare la finestra *Template* in cui scegliere il formato del foglio (possono essere aggiunti altri formati, e il formato può essere modificato durante il lavoro);
4. la prima pagina appare con una vista del modello 3D: da qui inizia la preparazione delle tavole.

Ridimensionare e copiare finestre

La finestra presente nel foglio può essere ridimensionata a piacere con le frecce azzurre che compaiono alle sue estremità quando è selezionata. Come approfondito nelle prossime pagine si possono realizzare vari elementi di riferimento per organizzare la tavola e dimensionare con precisione le finestre. Ci sono tre modi per copiare la finestra iniziale (non si tratta di importare altre volte il progetto del modello, ma copiare la prima finestra):

A. selezionare la finestra, trascinarla tenendo premuto il tasto sinistro del mouse e contemporaneamente il tasto Ctrl;
B. selezionare la finestra e copiarla mediante il comando *Duplica* (menu *Modifica*);
C. copiare e incollare la finestra con *Copia/Incolla* (menu *Modifica*) o Ctrl+C e Ctrl+V.

Ogni finestra è indipendente dalle altre, e va impostata su una diversa inquadratura del modello.

Scegliere cosa vedere in ogni finestra: piante, prospettive, sezioni, ecc.

L'inquadratura di ciascuna finestra può essere modificata nei modi seguenti:

1. dall'elenco delle *scene* nella finestra Modello di SketchUp;
2. dall'elenco *Viste standard* nella finestra *Modello di SketchUp;*
3. modificando manualmente l'inquadratura (cliccare due volte per entrare nella finestra, clic destro per cambiare strumento di navigazione, un clic all'esterno per uscirne).

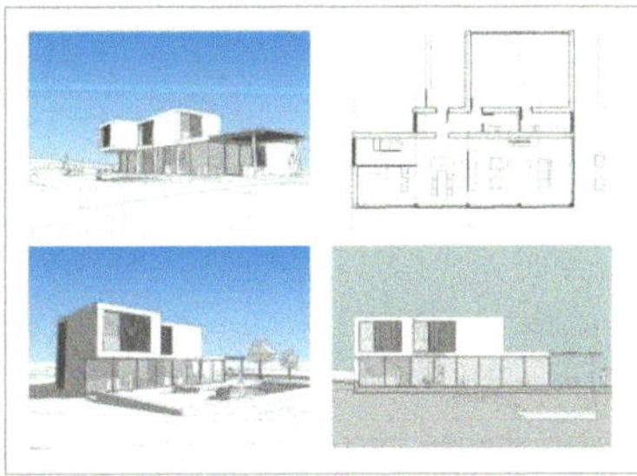

Figura 15.3 - Alcune finestre in una pagina.

La situazione ottimale è quella per cui il modello di SketchUp contiene tutte le *scene* ben predisposte per la successiva impaginazione: in questo modo si ritrova l'elenco pronto in LayOut. A questo punto si tratterà solo di realizzare una finestra per ciascuna di queste; si tenga presente che si possono sempre fare modifiche al modello, come ad esempio aggiungere *scene* o modificare quelle esistenti, e poi aggiornare il riferimento al modello in LayOut.

L'elenco delle *scene* nel modello di SketchUp.

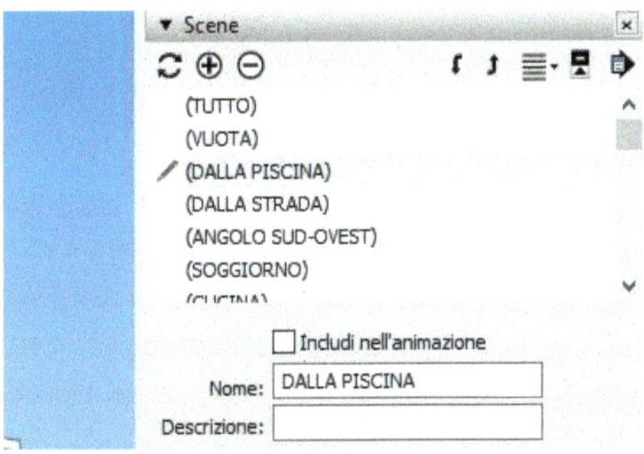

L'elenco delle *scene* in LayOut.

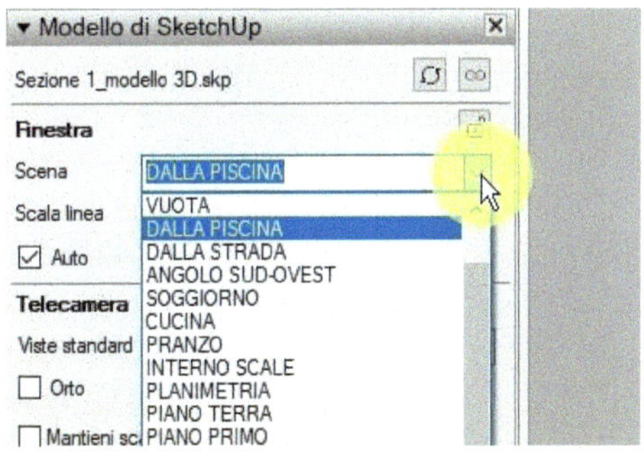

Finestra Modello di SketchUp

La finestra *Modello di SketchUp* contiene le impostazioni principali per determinare le caratteristiche di ciascuna vista come, ad esempio, la scala di rappresentazione e il fattore di scala dello spessore delle linee. Si compone delle sezioni *Finestra*, *Telecamera*, *Effetti*, *Stile* e *Tag*.

Nella parte alta della finestra è indicato il nome del file di riferimento e due pulsanti con cui aggiornare il riferimento esterno e collegare la finestra selezionata ad un altro file SketchUp, ad esempio contenente un elemento utile per l'impaginazione in corso.

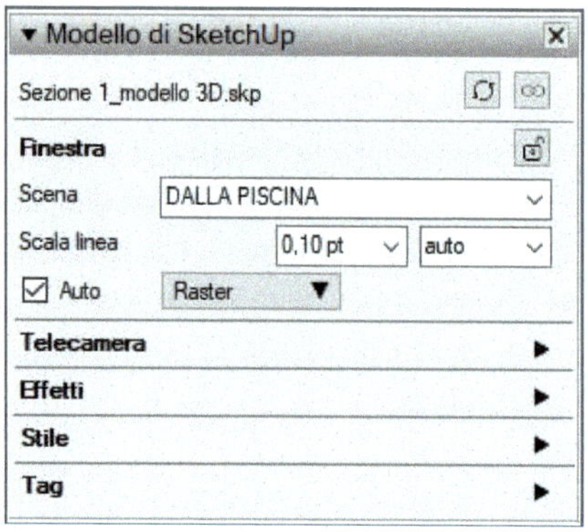

Figura 15.4 - La finestra *Modello di SketchUp*.

Sezione **Finestra**

La sezione *Finestra* consente di personalizzare la finestra con i seguenti strumenti:

Scena	Permette di scegliere dall'elenco delle *scene* presenti nel modello quale deve essere richiamata per la finestra selezionata.
Scala linea	1° menu a tendina: spessore delle linee espresso in pt (1 pt = 0,35 mm). Ad esempio, si consiglia, per avere linee dei bordi di spessore 0,035 mm, di impostare 0,1 pt. Lo spessore finale delle linee può essere determinato anche per ogni singolo tag nella sezione *Tag*. 2° menu a tendina: scala dei motivi di linea. I motivi di linea associati ai tag nel modello 3d qui possono essere scalati, cioè resi più o meno fitti.

Si ricorda che le sezioni in cui impostare gli spessori in SketchUp sono le seguenti (nella scheda *Modifica* della finestra *Stili*):

Sezione *Bordo* (1° cubetto) > *Bordi* è per definizione pari a 1, le altre voci possono essere personalizzate.

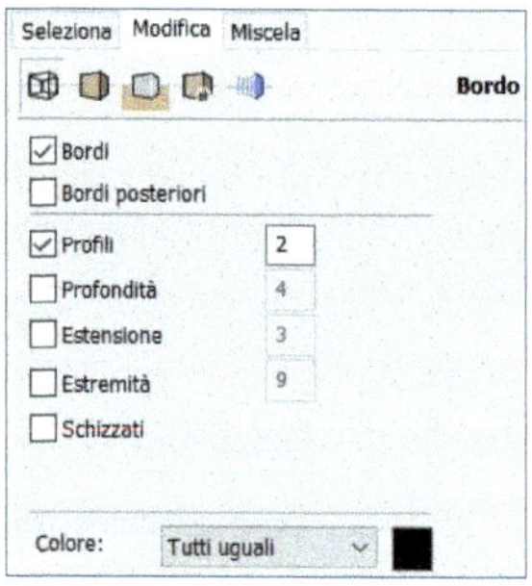

Sezione *Modellazione* (5° cubetto) > *Larghezza linee di sezione*.

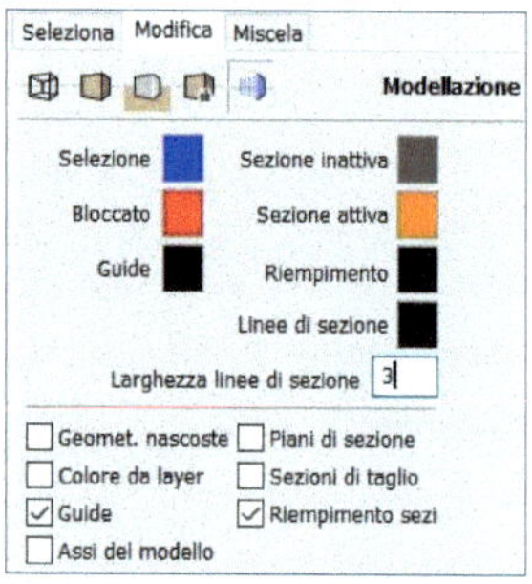

Nell'esempio sottostante gli spessori sono impostati come segue (*Stile predefinito*): *Bordi* = 1; *Profili* = 2; *Larghezza linee di sezione* = 3.

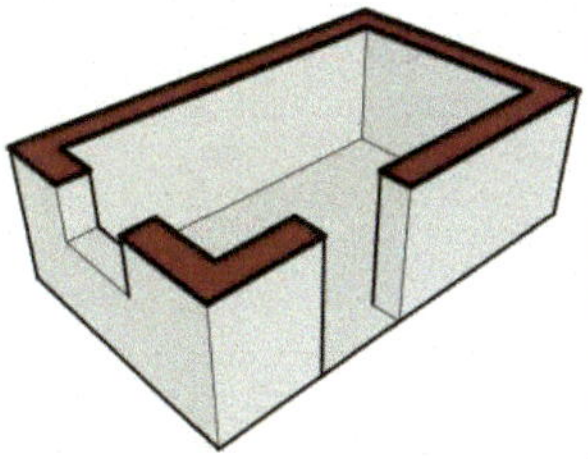

Ampiezza linea = 1 pt

Bordi ≈ 0,35 mm

Profili ≈ 0,7 mm

Linee di sezione ≈ 1,05 mm

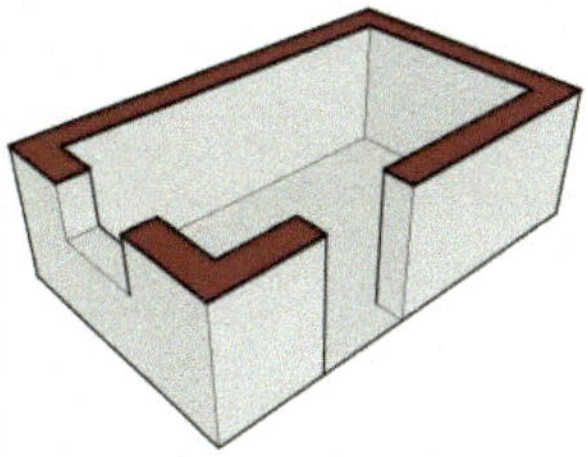

Ampiezza linea = 0,6 pt

Bordi ≈ 0,2 mm

Profili ≈ 0,4 mm

Linee di sezione ≈ 0,6 mm

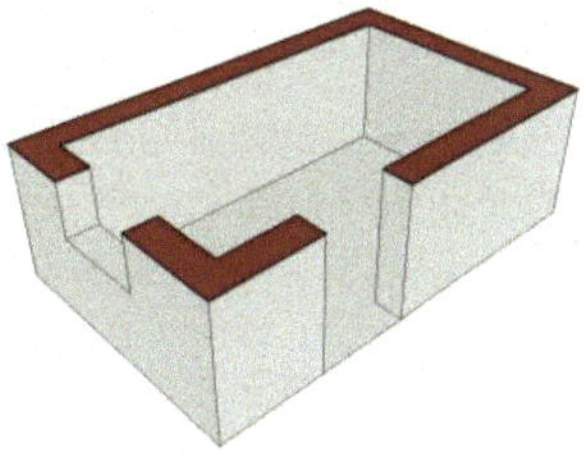

Ampiezza linea = 0,3 pt

Bordi ≈ 0,1 mm

Profili ≈ 0,2 mm

Linee di sezione ≈ 0,3 mm

Auto

Disattivare *Auto* solo per finestre particolarmente complesse in cui il rendering automatico rallenterebbe il lavoro, anche in base al *Tipo di renderizzazione* selezionato. Se disattivato le finestre devono essere aggiornate manualmente con il pulsante *Rendering*, quando appare il simbolo di avviso.

Tipo di renderizzazione

Vettoriale (no texture, no ombre, linee precise), *Raster* (con texture e ombre, linee meno precise), *Ibrida* (commistione delle due precedenti, la visualizzazione è più lenta).

Vettoriale

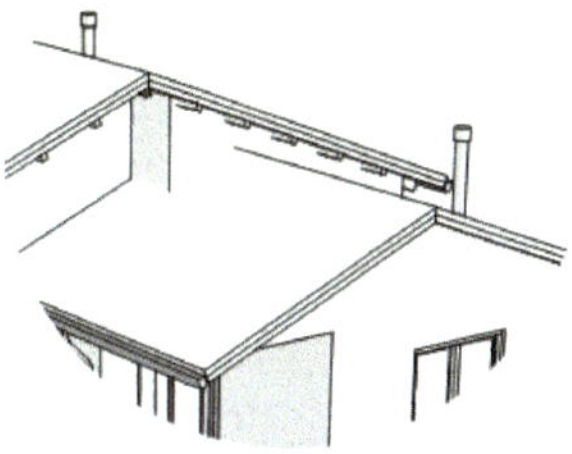

Raster

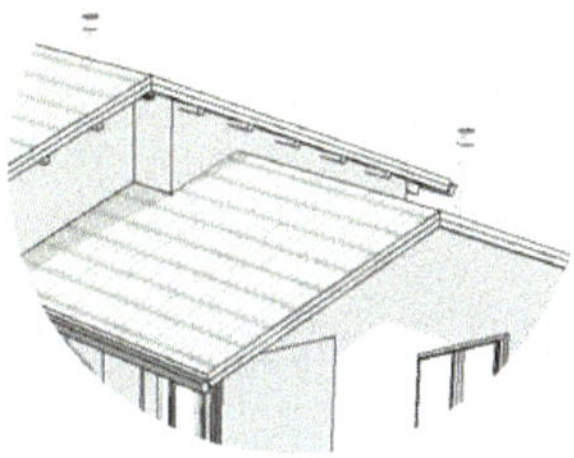

Ibrida

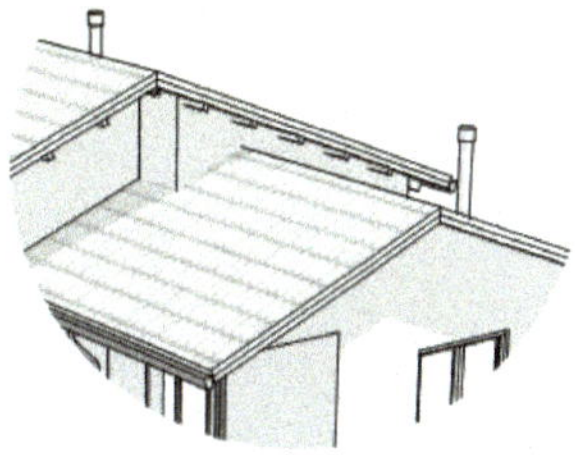

Sezione **Telecamera**

La sezione *Telecamera* consente di personalizzare la finestra con i seguenti strumenti:

Viste standard

Elenca le viste ortogonali classiche; questa funzione va utilizzata in alternativa alla scelta di una specifica *scena* nella sezione *Finestra*.

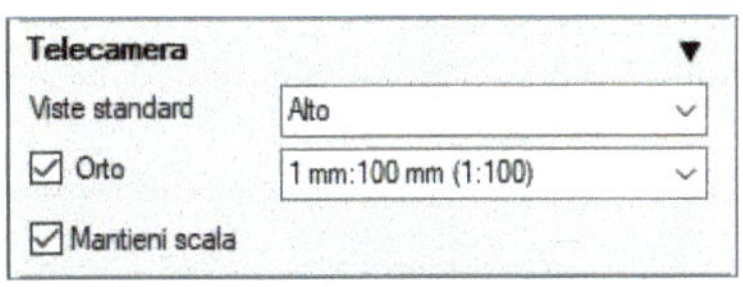

Scala

Nel menu a tendina ci sono varie scale di rappresentazione fra cui scegliere. Al termine dell'elenco c'è la voce con cui aggiungere scale personalizzate (in alternativa cliccare menu *Modifica > Preferenze > Scale*) oppure digitare semplicemente all'interno della casella la scala di propria preferenza (ad esempio 1:50, 1/50...).

Orto	Da utilizzare per convertire la *scena* da prospettiva a proiezione parallela o viceversa; questa funzione va utilizzata in alternativa all'elenco *Scene*.
Mantieni scala	Se attivo lascia inalterata la scala quando la finestra viene ridimensionata.

Sezione **Effetti**

La sezione *Effetti* consente di personalizzare la finestra con i seguenti strumenti:

Ombreggiatura	Attiva/disattiva le ombre nella finestra selezionata.
Nebbia	Attiva/disattiva la nebbia nella finestra selezionata.

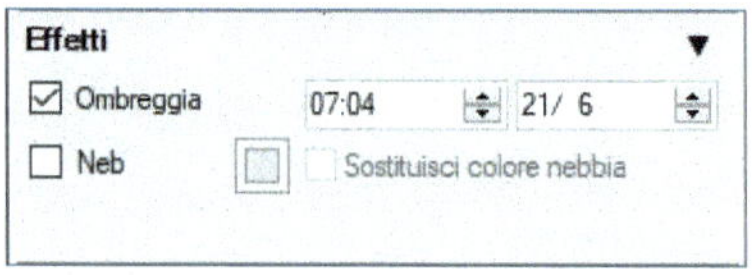

Scheda **Stile**

La sezione *Stile* consente di personalizzare la finestra con i seguenti strumenti:

Stili nel modello	Permette di selezionare uno *stile* da applicare alla finestra selezionata. Sono gli stessi stili che si trovano precaricati in SketchUp.
Elenco di stili	Si tratta degli stili utilizzati nel modello 3d.
Sfondo	Attiva/disattiva lo sfondo (se previsto nello *stile*).

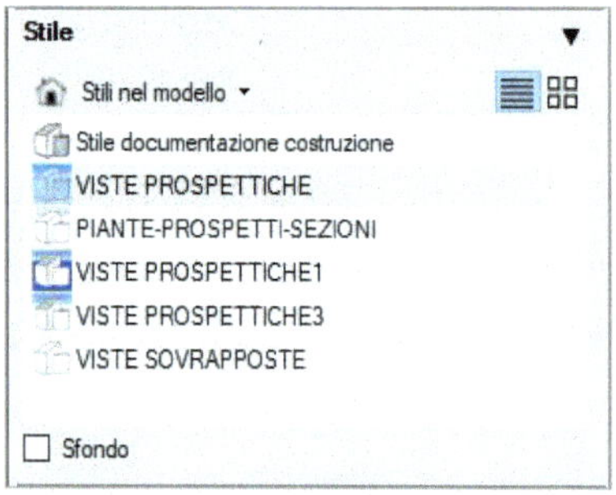

Sezione **Tag**

La sezione *Tag* consente di personalizzare la visualizzazione dei tag.

Elenco dei tag con il simbolo a forma di occhio che permette di spegnerli/accenderli.

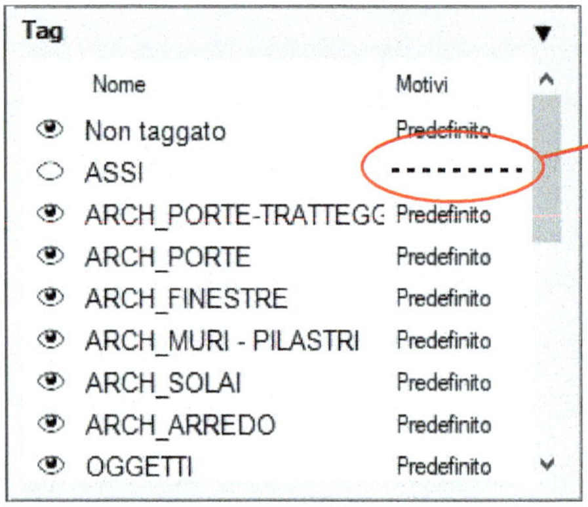

Cliccare sul *tag* in corrispondenza della colonna *Motivi* per modificare l'aspetto del *tag*.

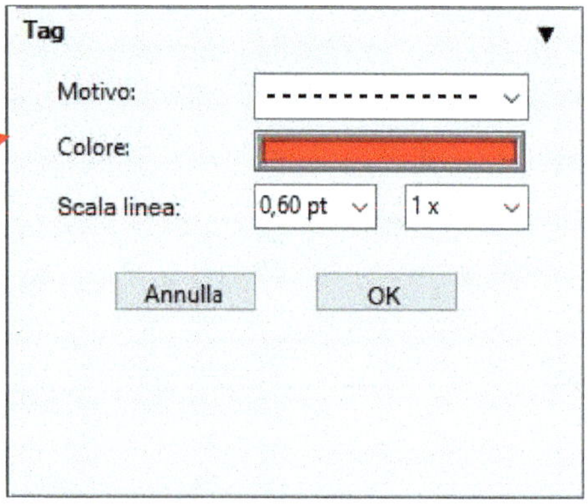

Se si modificano le impostazioni presenti all'interno di una sezione questa viene evidenziata in grigio. In questo modo si distinguono le modifiche locali, fatte direttamente in LayOut, rispetto alle impostazioni previste dalla *scena* così come era stata salvata in SketchUp. Le modifiche locali sono quindi consentite, ma evidenziate proprio per sottolineare le differenze rispetto a quanto impostato precedentemente nella *scena* all'interno del modello 3D. Per ripristinare le impostazioni cliccare sul pulsante *Ripristina* in corrispondenza della singola sezione oppure il pulsante *Ripristina* in alto (sezione *Finestra*) per ripristinare tutte le sezioni in un solo clic. Per la sezione *Tag* è prevista la possibilità di ripristinare solo la visibilità (acceso/spento) dei *tag*, ripristinare anche le modifiche grafiche o entrambe le cose (*Ripristina tutto*).

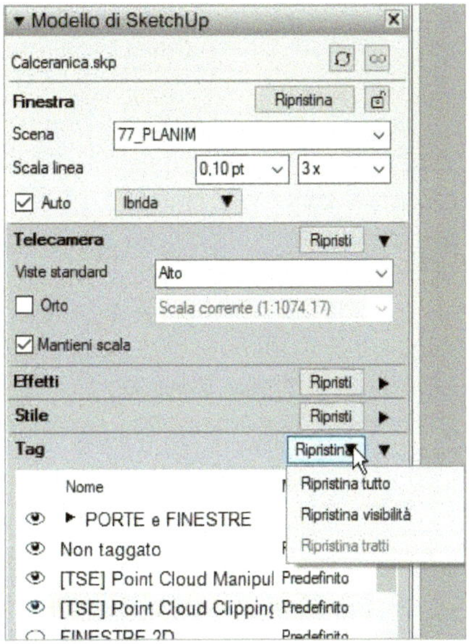

Figura 15.5 - I pulsanti *Ripristina* all'interno della finestra Modello di SketchUp.

Pagine

Le tavole di progetto in LayOut vengono dette pagine. La finestra *Pagine* consente di aggiungerne (pulsante "+"), duplicarle (pulsante *Duplica pagina selezionata*) o eliminarle (pulsante "-"). Cliccare due volte sul nome della pagina per cambiare il titolo. *Includi nella presentazione* permette di includere/escludere la pagina dalla modalità *Presentazione* (vedere paragrafo 15.7).

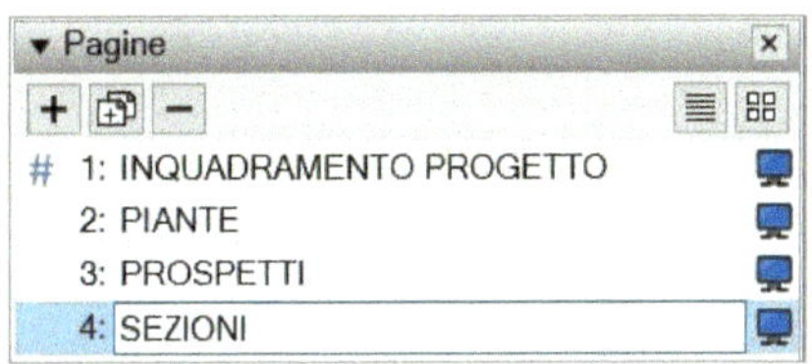

Figura 15.6 - Alcune pagine aggiunte al progetto e rinominate.

Il formato del foglio è lo stesso per tutte le pagine ed è impostato nella sezione *Foglio* della finestra *Impostazioni documento* (menu *File*). Qui si possono impostare le dimensioni, lo sfondo, i margini e scegliere la qualità della risoluzione (risoluzione *Alta* può comportare rallentamenti).

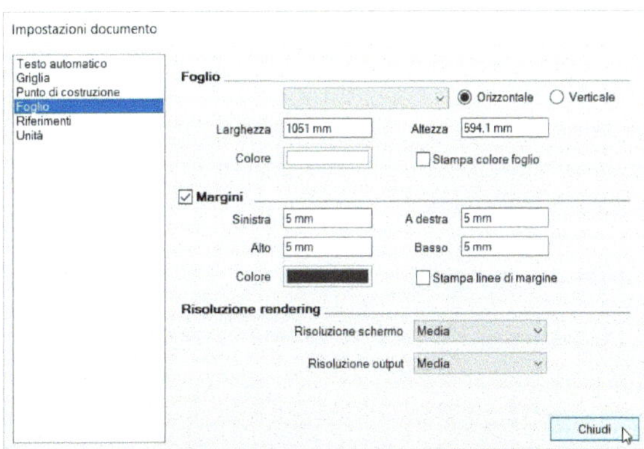

Figura 15.7 - La sezione *Foglio* con le impostazioni dimensione, margini, risoluzione, ecc.

Suggerimento. Per progetti che richiedono più formati per le varie tavole realizzare più file LayOut; tutti devono avere come riferimento esterno lo stesso modello di SketchUp.

Nelle pagine si possono visualizzare una o più *Griglie* da usare come riferimento per posizionare gli elementi nella tavola (viste, testi, tabelle, ecc). Queste impostazioni sono contenute nella sezione *Griglia*. Per usare la griglia come riferimento attivare dal menu *Disponi* lo *Snap alla Griglia*.

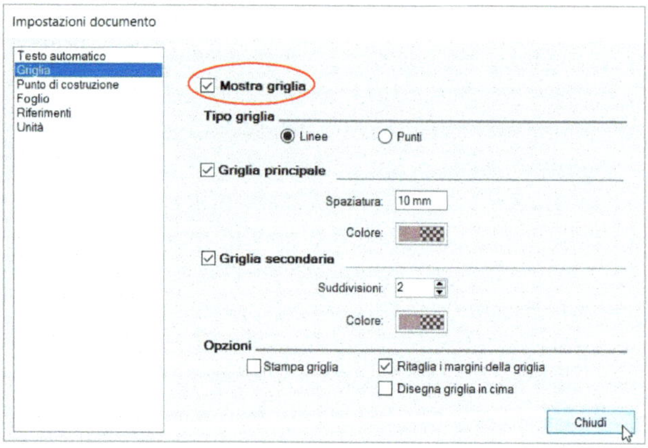

Figura 15.8 - La sezione *Griglia* con le relative impostazioni.

15.1 Annotazioni: testi, etichette, quote, tabelle

Nello spazio carta si possono aggiungere elementi bidimensionali di annotazione per inserire informazioni negli elaborati. Si tratta di testi, etichette, quote e tabelle. Altri elementi bidimensionali come linee e retini vengono approfonditi nei paragrafi seguenti.

Testi

Lo strumento *Testo* posiziona caselle di testo personalizzabili attraverso le impostazioni presenti nella finestra *Stile testo*. Le modifiche vengono assegnate a tutto il testo se viene selezionata la casella, altrimenti entrando nella stessa ed evidenziando solo una parte del testo le modifiche vengono applicate solo alla porzione desiderata. Ogni casella di testo può essere modificata nelle sue dimensioni attraverso le frecce blu.

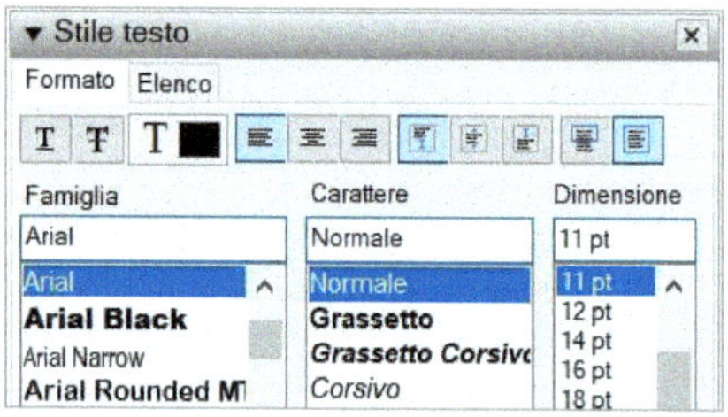

Figura 15.9 - La finestra *Stile testo*.

Testi automatici

I testi automatici sono particolarmente efficienti perché permettono di avere informazioni coerenti e aggiornate automaticamente nelle varie tavole. Si tratta di campi, o tag, che si compilano in base al tipo di informazione assegnata: ad esempio il titolo della pagina può apparire in automatico senza che si debba scrivere manualmente il testo su ogni tavola, con il rischio di avere informazioni non aggiornate. Nelle immagini seguenti si vede un normale testo affiancato da un testo automatico che compare tra i simboli “<” e “>”, con il tag *NomePagina*. Questo testo, una volta usciti dalla casella, si compilerà automaticamente con il nome della pagina.

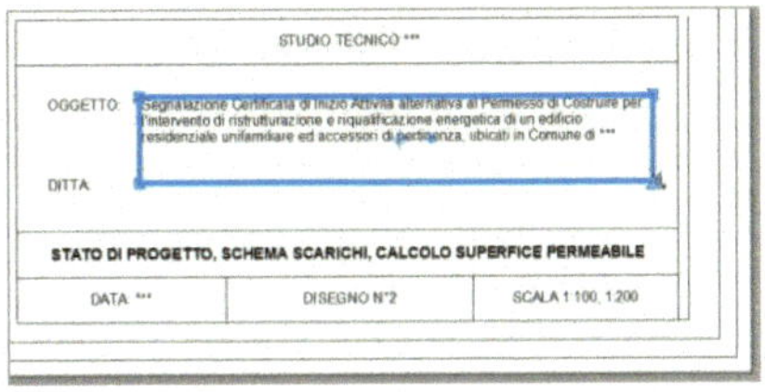

Figura 15.10 - Una casella di testo.

La casella di testo durante la digitazione.	Il testo una volta terminato l’inserimento.
TITOLO DELLA TAVOLA: <NomePagina>	TITOLO DELLA TAVOLA: PIANTE E PROSPETTI

Per inserire un testo automatico procedere come segue.

1. Creare una casella di testo con lo strumento *Testo*;
2. selezionare il menu *Testo > Inserisci testo automatico* e cliccare nell’elenco quello da inserire;
3. inserire altri testi nella stessa casella oppure cliccare all’esterno.

La gestione dei testi automatici avviene nella sezione dedicata della finestra *Impostazioni documento*. La colonna *Tag* riporta le diciture da inserire tra i simboli “<” e “>”, mentre la colonna *Testo automatico* indica il “valore” che comparirà nelle tavole. Personalizzare il contenuto del testo automatico con la casella in basso. Altri testi automatici possono essere realizzati con i tasti *Aggiungi nuovo tag*, ad esempio, *Conteggio pagine* per avere una numerazione totale delle pagine presenti e *Sequenza*, ad esempio, per la numerazione dei vani presenti in un’abitazione.

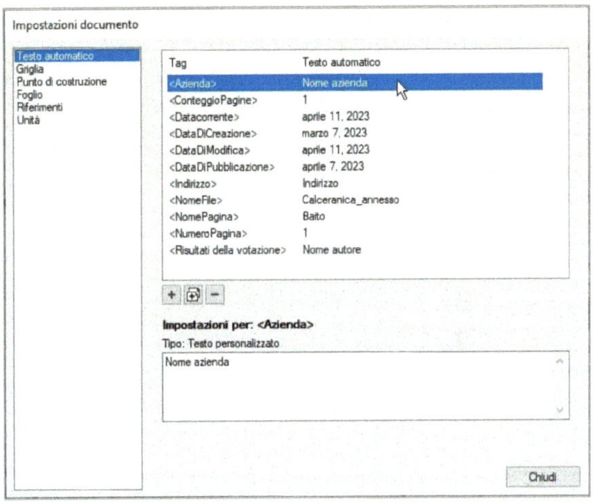

Figura 15.11 - La sezione *Testo automatico*.

Etichette

Le etichette si compongono di un testo e di una direttrice che associa un’informazione testuale ad un oggetto nel disegno. Per disegnare un’etichetta:

1. selezionare lo strumento *Etichetta* e cliccare sull’elemento da etichettare;
3. cliccare nel punto in cui si vuole la spalla della direttrice;

4. cliccare nel punto in cui iniziare la casella di testo;
5. scrivere il testo e cliccare all'esterno della casella per terminare.

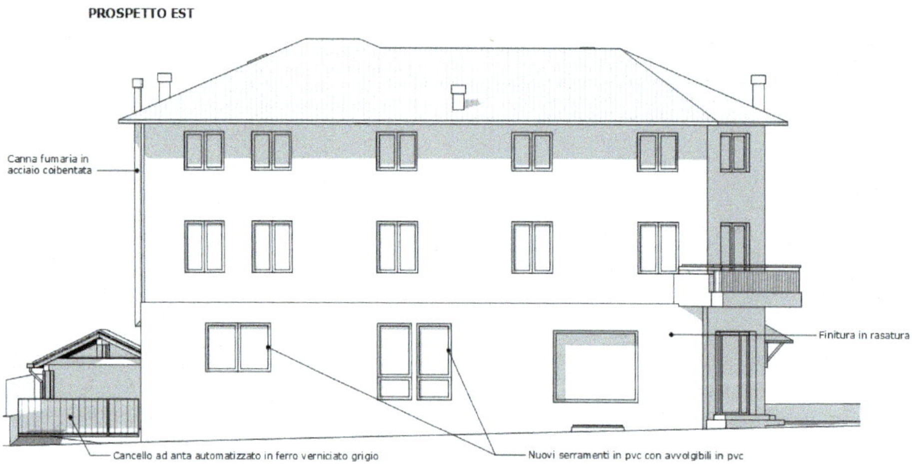

Figura 15.12 - Una vista di prospetto con alcune etichette.

Suggerimento. Nel menu contestuale (tasto destro sull'etichetta) si trovano impostazioni utili come: *Converti in curva*, *Converti in segmento unico/due segmenti*, *Adatta*, ecc.

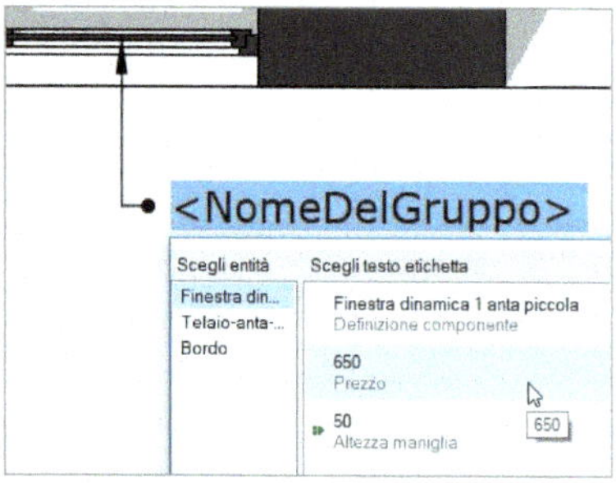

Figura 15.13 - Gli attributi di un componente dinamico da inserire nell'etichetta.

Le caratteristiche dell'etichetta sono indicate nella finestra *Stile forma*: ad esempio è possibile personalizzare la forma della freccia o il colore della direttrice (la finestra *Stile forma* viene approfondita nelle prossime pagine).

La casella di testo si può compilare automaticamente con informazioni relative all'oggetto etichettato. In particolare, se l'oggetto è un *componente* dinamico, la casella di testo si può compilare con i suoi *Attributi* (quali ad esempio *Altezza* o *Larghezza* di una finestra o prezzo e codice articolo di un elemento di arredo...). Nell'etichetta si possono richiamare anche informazioni della finestra fra cui:

→ **Nome scena:** nome attribuito alla *scena* in SketchUp, ad esempio "Piano terra";

→ **Descrizione scena:** descrizione eventualmente indicata per la *scena* in SketchUp, ad esempio "Arredata";

→ **Scala:** scala di rappresentazione impostata in LayOut (con unità di misura), ad esempio 1mm:100mm;

→ **Proporzioni:** scala di rappresentazione impostata in LayOut (senza unità di misura), ad esempio 1:100:

→ **Nome sezione:** nome conferito al piano di sezione in SketchUp, ad esempio "Piano di sezione piano terra".

Quote

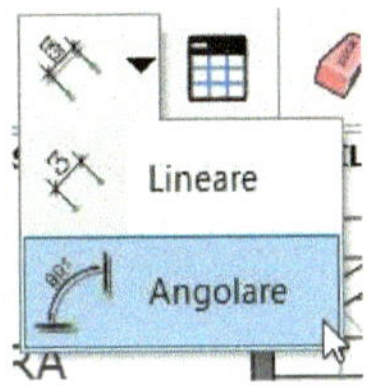

In LayOut ci sono quote lineari e angolari con impostazioni relative a unità di misura e aspetti grafici. Gli oggetti contenuti nella finestra vengono quotati con le misure corrette indipendentemente dalla scala di rappresentazione della stessa. Detto in altri termini non è determinante la scala a cui una finestra è impostata: le quote saranno comunque corrette, riportando le dimensioni effettive degli oggetti. Questo comporta che le quote nel foglio saranno tutte ben leggibili e con le stesse dimensioni (personalizzabili). Gli strumenti di inserimento delle quote si trovano nella barra di strumenti principale: quota *Lineare* e *Angolare*.

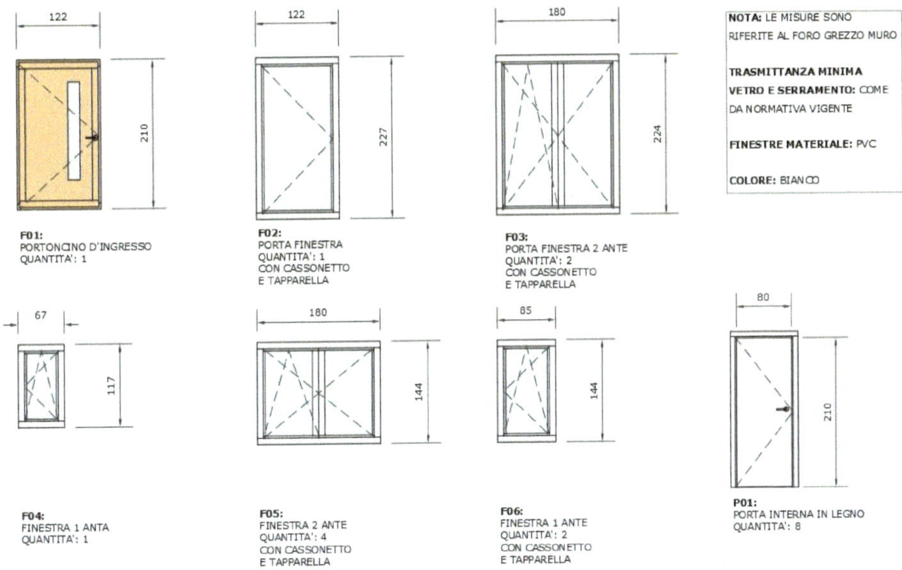

Figura 15.14 - Un abaco dei serramenti con quote, testi e testi automatici.

Suggerimento. Le quote si aggiornano automaticamente quando viene ricaricato il modello. Se nel modello sono state fatte modifiche che hanno fatto sì che la quota perda il riferimento, questa appare evidenziata in rosso. Per ristabilire il collegamento cliccare tasto destro > *Ricollega al modello*.

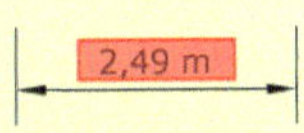

Per approfondire: pacchetto *componenti* pronti all'uso.

Un set di oggetti 3D di interni e architettura per i tuoi progetti > www.scuola-3d.it/pacchetto-componenti

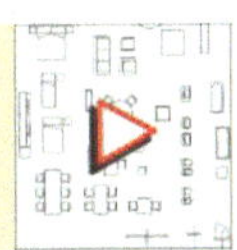

Posizionare le quote lineari

1. Cliccare sulla prima estremità da quotare.

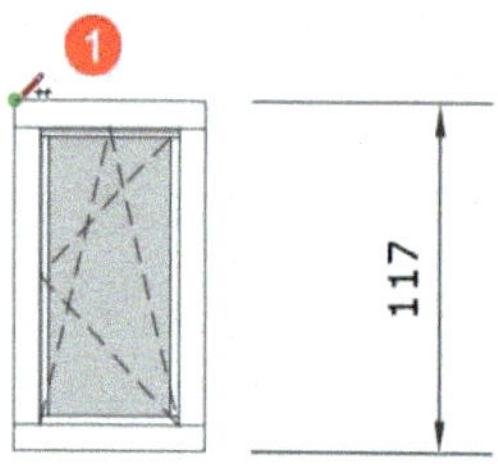

2. Cliccare sulla seconda estremità da quotare.

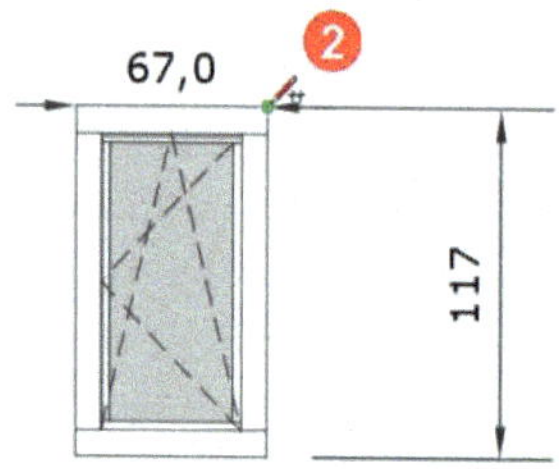

3. Cliccare per posizionare la quota alla distanza desiderata.

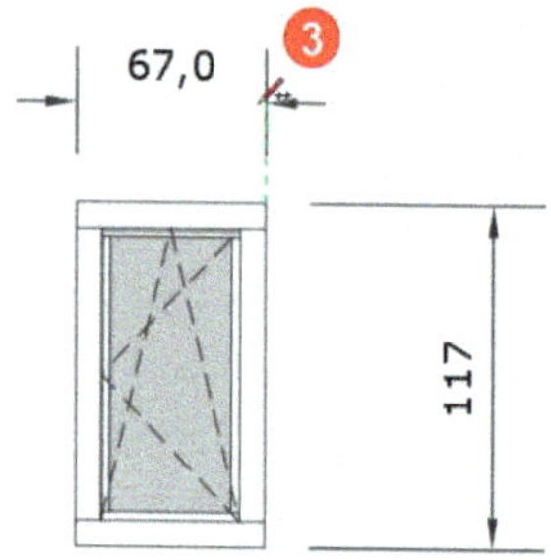

Posizionare le quote angolari

1. Cliccare due volte per determinare la prima linea di riferimento.

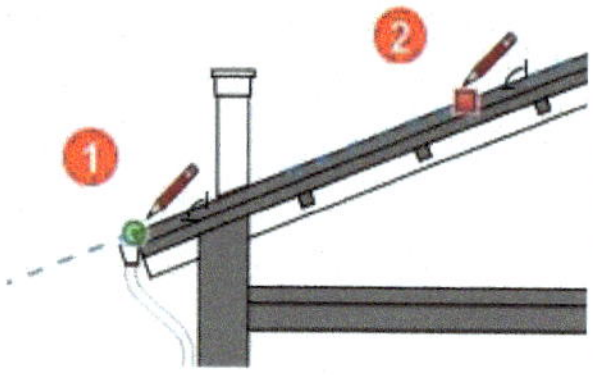

2. Cliccare due volte per determinare la seconda linea di riferimento.

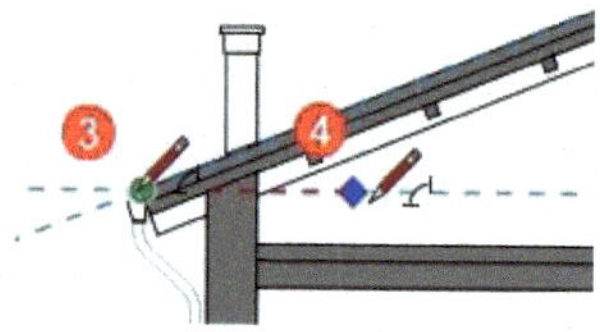

3. Cliccare per determinare la posizione della quota.

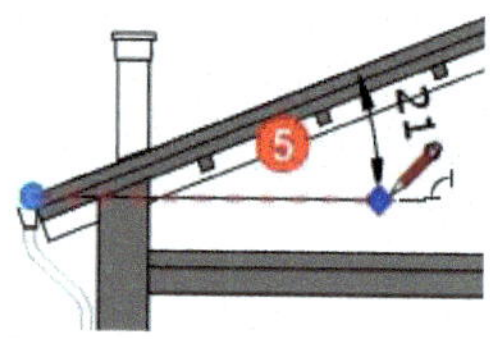

Impostazioni delle quote

Per modificare una quota selezionarla e quindi applicare le modifiche nelle relative finestre. Le quote possono essere modificate in varie finestre:

A. **Stile quota**: per la posizione del testo;

B. **Stile testo**: per le impostazioni relative ai caratteri;

C. **Stile forma**: per le caratteristiche grafiche e cromatiche.

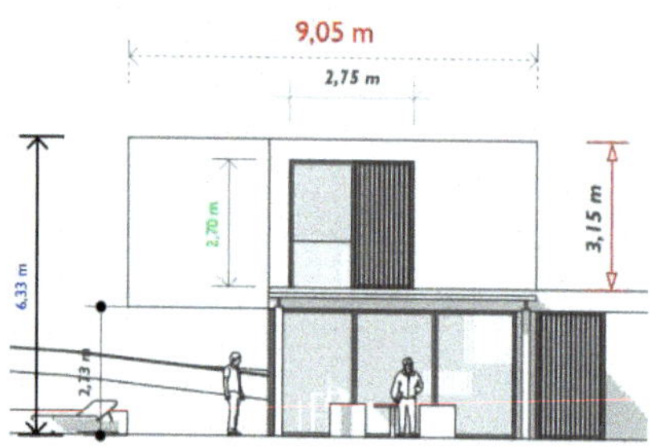

Figura 15.15 - Quote con impostazioni varie.

A. Stile quota

La finestra *Stile quota* imposta le caratteristiche quali la posizione del testo, l'unità di misura e la precisione:

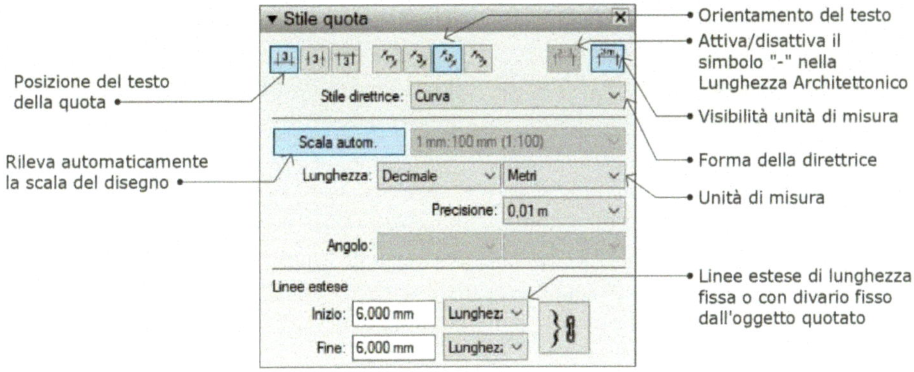

Figura 15.16 - La finestra *Stile quota*; contiene la maggior parte delle impostazioni delle quote.

B. Stile testo

La finestra *Stile testo* imposta le caratteristiche del testo come colore, font, dimensioni, allineamento, ecc. Cliccando sulla casella del colore viene visualizzata automaticamente la finestra da cui impostare il colore per il testo.

Una quota selezionata nell'area di disegno.

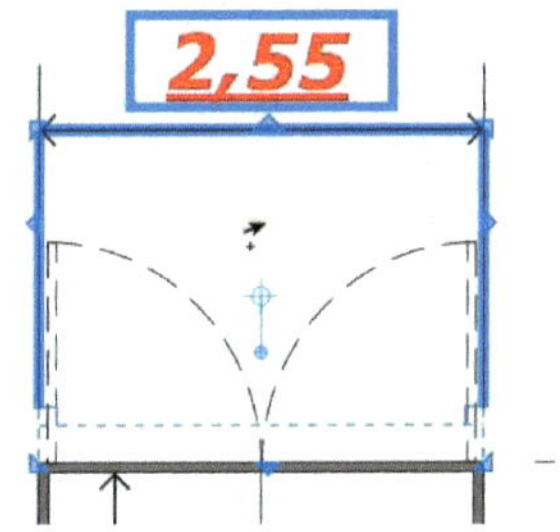

Le impostazioni nella finestra *Stile testo.*

C. Stile forma

La finestra *Stile forma* consente di modificare colore, stile di linea, stile delle estremità, spessori delle linee, ecc.

Una quota selezionata nell'area di disegno.

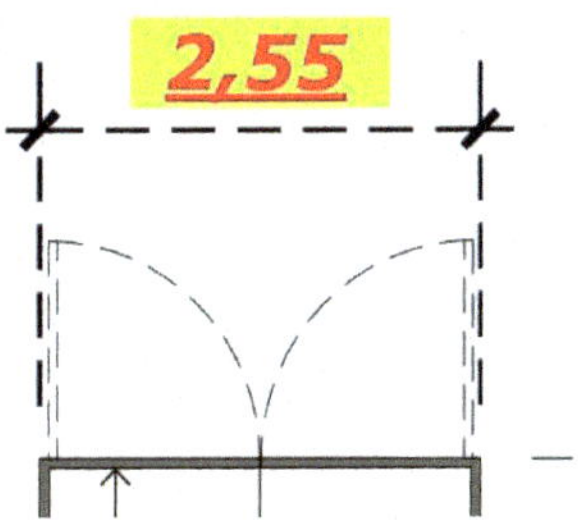

Le impostazioni nella finestra *Stile forma*.

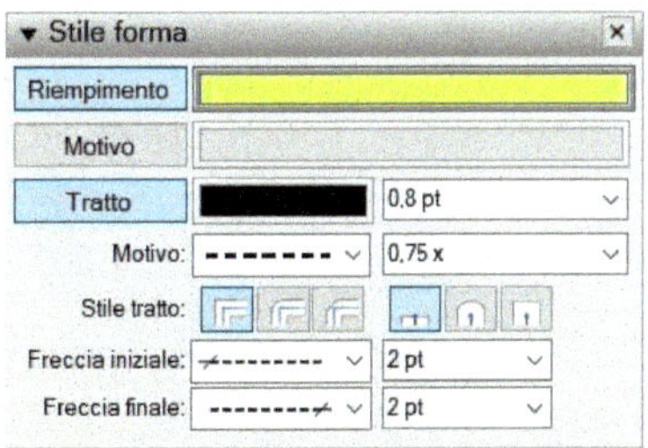

Suggerimento. Per copiare le caratteristiche di una quota ad un'altra si utilizza *Stile* (barra di strumenti *Principale*): cliccare sull'elemento da cui prelevare le caratteristiche e quindi cliccare con lo strumento (che appare automaticamente) sull'elemento a cui attribuire le nuove impostazioni.

Modificare le quote

Ogni quota è composta di vari elementi grafici: testo, linea di quota, punti di riferimento sull'elemento quotato. Le loro dimensioni e posizioni sono modificabili a piacere (ad esempio per rendere più leggibile un testo di quota che altrimenti si sovrapporrebbe ad altri elementi nel disegno).

A. Modifica con le frecce di scalatura

Selezionare la quota e ridimensionarla con le frecce azzurre alle estremità.

1. Selezionare la quota.

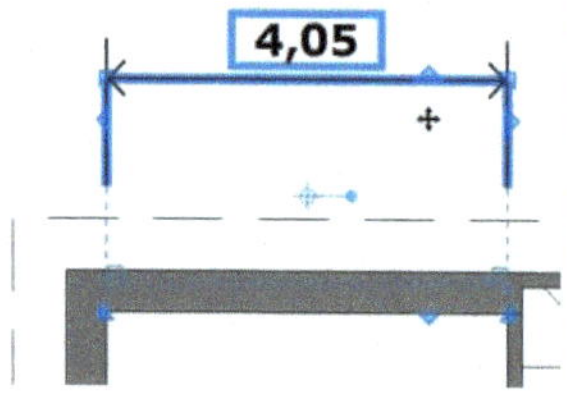

2. Cambiare il punto di riferimento stirando la quota con la freccia azzurra.

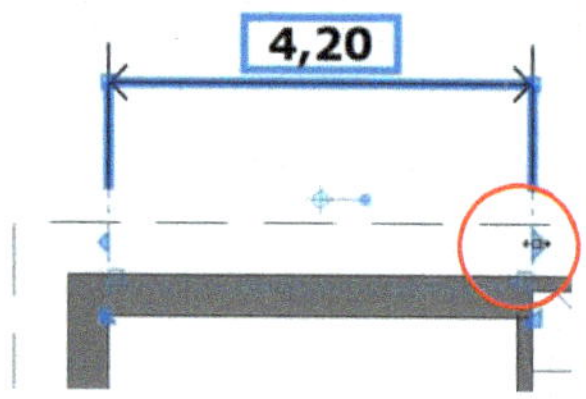

3. Spostare la stringa di quota con la freccia azzurra.

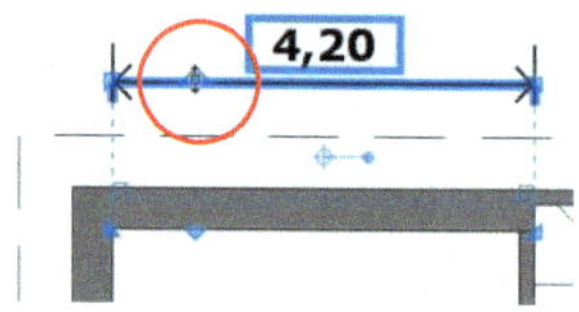

B. Modifica delle estremità con i punti di modifica

Cliccando due volte sulla quota compaiono i puntini azzurri di controllo delle estremità di quota.

1. Cliccare due volte sulla quota da modificare. Compaiono i punti di controllo delle estremità.

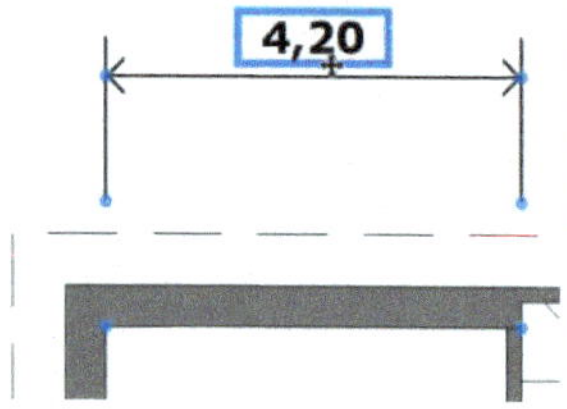

2. Spostare il punto di controllo (nell'esempio dal filo interno a quello eterno del muro).

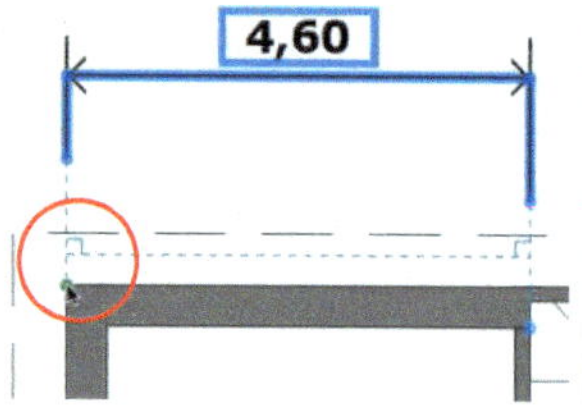

3. Modificare la lunghezza delle linee di quotatura attraverso l'apposito punto di controllo.

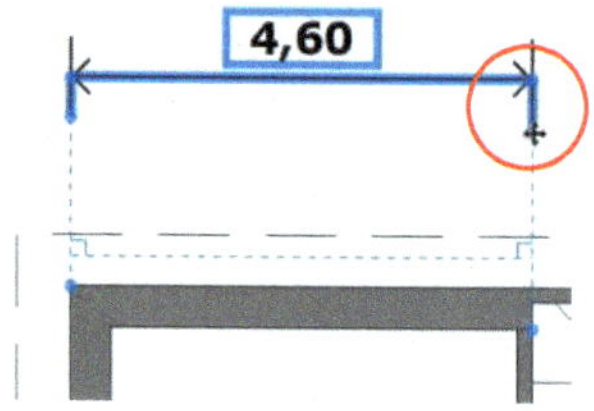

C. Modifica del testo della quota

I testi possono cambiare posizione, ad esempio per essere resi più leggibili, oppure modificati per inserire informazioni e avvisi. Nel caso in cui nel testo rimanga la quota e si voglia aggiungere del testo, la quota si aggiornerà correttamente se viene modificato il modello anche se nel testo sono presenti altri caratteri oltre al valore della quota vera e propria.

1. Selezionare il testo della quota.

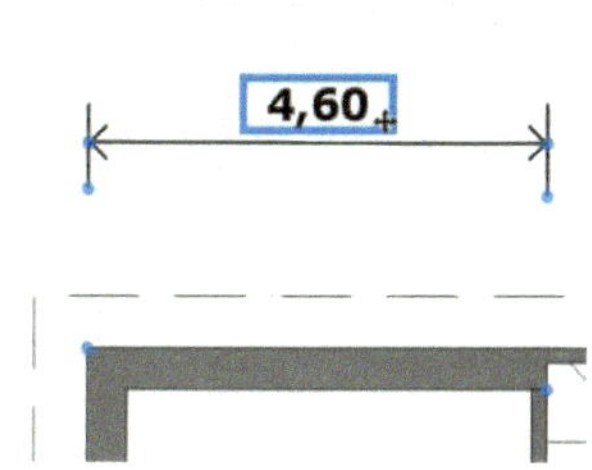

2. Trascinare il testo nella posizione desiderata.

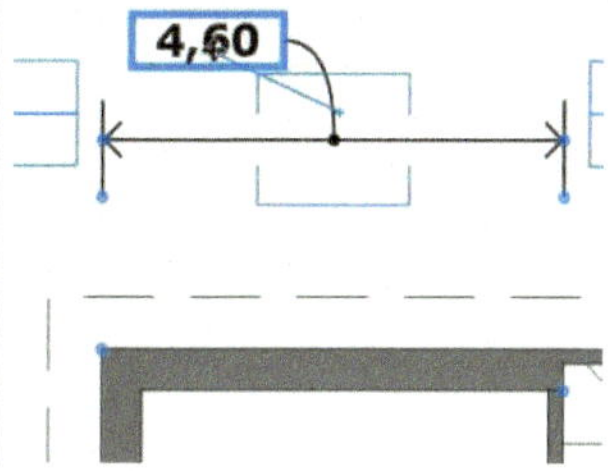

3. Cliccando nuovamente due volte il testo diventa editabile.

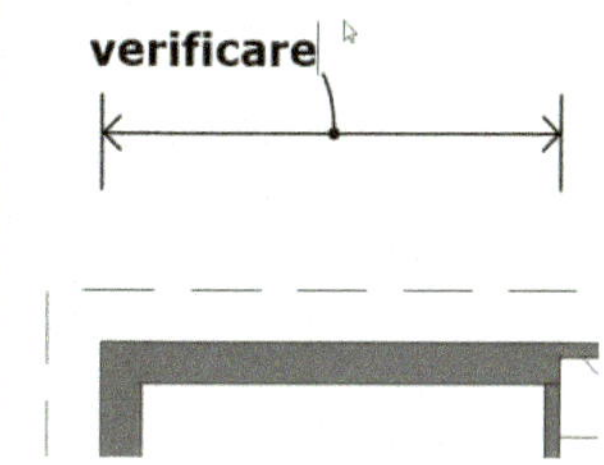

Tabelle

Le tabelle possono essere disegnate con lo strumento *Tabella* oppure importando file CSV, TSV o XLSX. I file CSV possono derivare dall'esportazione di un report di computo (strumento *Genera Rapporto*) dal modello di SketchUp.

Tabella

Per disegnare una tabella, dopo aver cliccato sullo strumento, procedere come indicato di seguito:

1. Cliccare nel punto di inserimento della tabella.

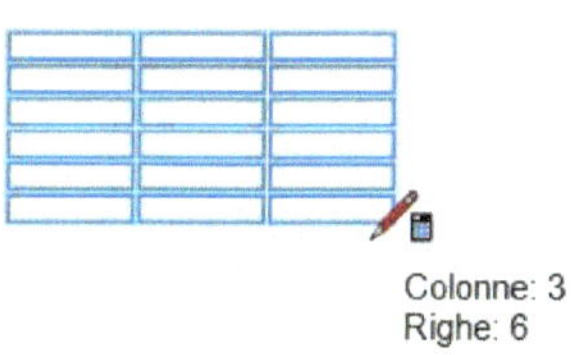

2. Cliccare quando si è raggiunto il numero desiderato di righe e colonne.

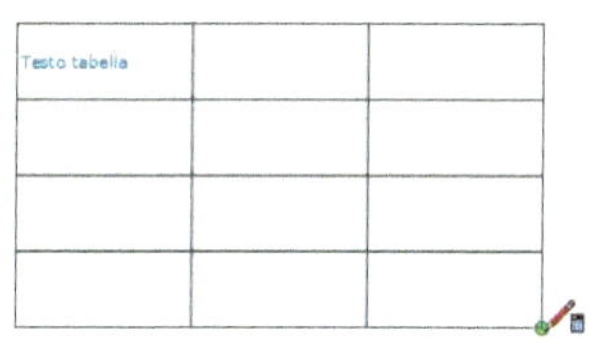

3. Cliccare due volte sulla tabella per scrivere nelle celle e modificare righe e colonne.

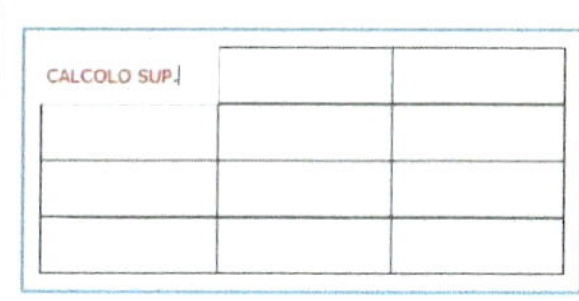

In questo tipo di tabelle si possono scrivere dati, realizzare schemi o elenchi come quello indicato in **Figura 15.17** (esempio di calcolo della superficie permeabile di un lotto). Non è possibile eseguire calcoli tra le celle: i valori vanno indicati manualmente.

Le caratteristiche del testo vanno modificate attraverso la finestra *Stile testo* (selezionare tutta la

	SUPERFICI PERMEABILI [mq]
A	9,00 x 3,30 = 29,70
B	4,30 x 3,00 = 12,90
C	(8,35 + 7,35) x 1,00 / 2 = 7,85
D	8,35 x 5,55 = 46,34
E	10,75 x 1,03 = 11,07
F	10,55 x 4,57 = 48,21
G	13,00 x 1,60 =20,80
H	7,15 x 6,58 = 47,05
I	7,35 x 2,02 =14,85
TOTALE	238,77 mq

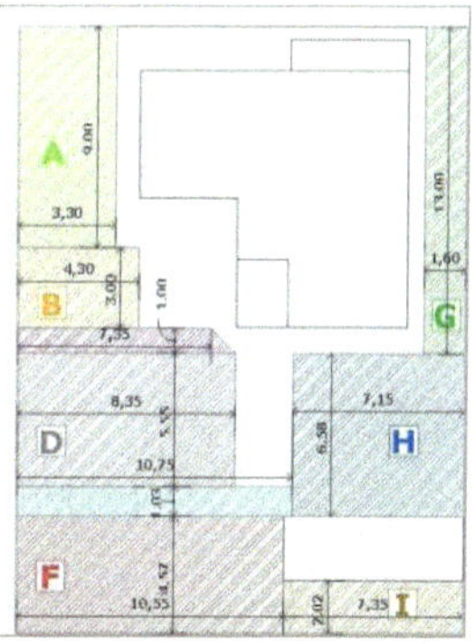

Figura 15.17 - Schema superfici permeabili.

tabella o solamente la parte di testo da modificare). L'aspetto delle linee e l'eventuale sfondo vanno impostati invece nella finestra *Stile forma*. Per aggiungere righe, colonne o unire celle cliccare tasto destro quando il cursore è all'interno di una cella.

Tabella da importazione

Dal menu *File* > *Inserisci* selezionare il file con i dati da importare (in formato CSV, TSV o XLSX): la tabella viene automaticamente disegnata con il corretto numero di righe e colonne. Questo tipo di tabella è completamente personalizzabile e presenta un vantaggio: la possibilità di essere aggiornata qualora il file di origine venisse modificato. Se il report viene nuovamente esportato dal modello in seguito ad una serie di modifiche, ciccando tasto destro sulla tabella selezionare *Aggiorna riferimento tabella*: la tabella si aggiornerà con i nuovi dati contenuti nel file di riferimento.

I *componenti* nel modello... ... esportazione del report... ... importazione come *Tabella*.

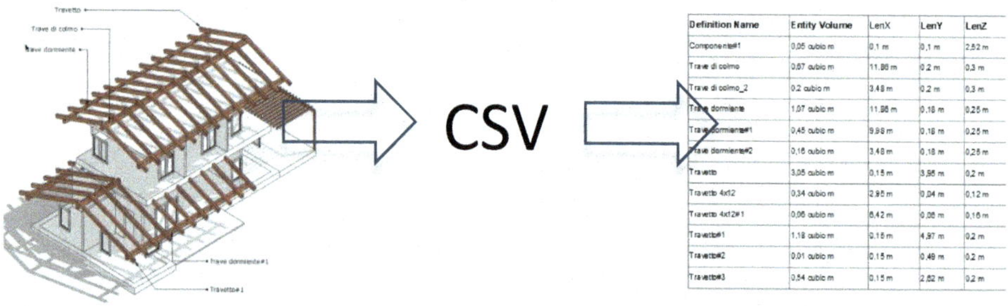

Definition Name	Entity Volume	LenX	LenY	LenZ
Componente#1	0,05 cubic m	0,1 m	0,1 m	2,52 m
Trave di colmo	0,67 cubic m	11,86 m	0,2 m	0,3 m
Trave di colmo_2	0,2 cubic m	3,48 m	0,2 m	0,3 m
Trave dormiente	1,07 cubic m	11,86 m	0,18 m	0,25 m
Trave dormiente#1	0,45 cubic m	9,98 m	0,18 m	0,25 m
Trave dormiente#2	0,16 cubic m	3,48 m	0,18 m	0,25 m
Travetto	3,05 cubic m	0,15 m	3,95 m	0,2 m
Travetto 4x12	0,34 cubic m	2,95 m	0,04 m	0,12 m
Travetto 4x12#1	0,06 cubic m	6,42 m	0,08 m	0,16 m
Travetto#1	1,18 cubic m	0,15 m	4,97 m	0,2 m
Travetto#2	0,01 cubic m	0,15 m	0,49 m	0,2 m
Travetto#3	0,54 cubic m	0,15 m	2,62 m	0,2 m

15.2 Layer e *gruppi*

Layer e *gruppi* aiutano ad organizzare gli elementi presenti nelle tavole: viste, testi, linee, retini, immagini, ecc.

Layer

I tag del modello di SketchUp non vengono importati in LayOut. Nello spazio bidimensionale di LayOut vanno creati nuovi layer per organizzare la moltitudine di elementi bidimensionali presenti nelle tavole. I layer possono essere condivisi tra pagine diverse velocizzando e sincronizzando la modifica di elementi presenti su più tavole.

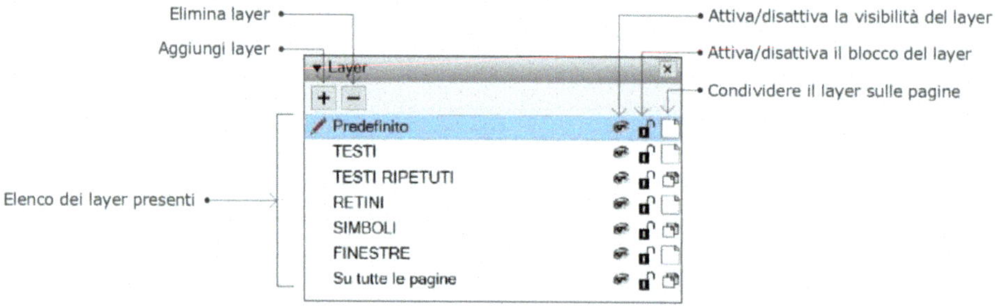

Figura 15.18 - La finestra *Layer* con alcuni layer per organizzare gli elementi sulle tavole.

Nell'esempio seguente le linee del cartiglio si trovano su di un layer condiviso tra le tavole. Si tratta di un elemento che deve avere necessariamente la stessa posizione in tutte le pagine: utilizzare un layer condiviso garantisce l'allineamento in tutte le pagine.

Il cartiglio nella tavola stato di fatto.

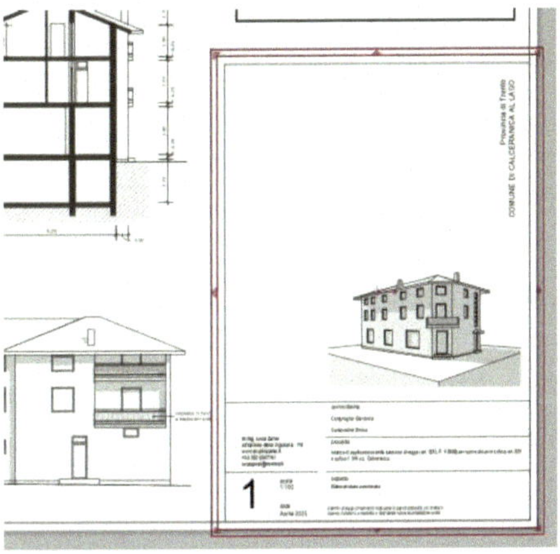

Il cartiglio nella tavola di progetto.

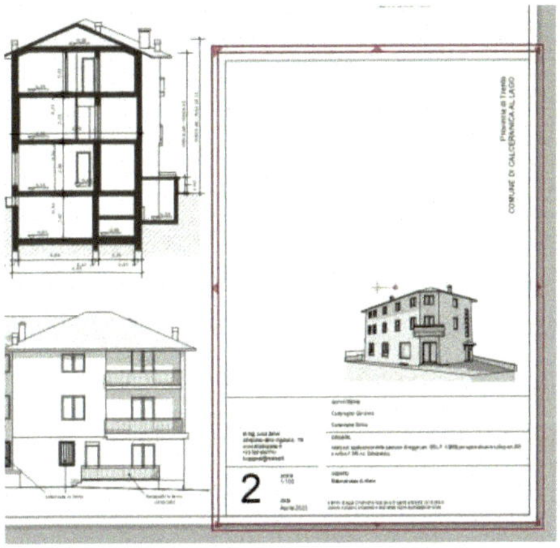

Allo stesso modo si può usare un layer condiviso per i testi automatici presenti nell'intestazione della pagina (come il nome del progetto, il numero della tavola, ecc.).

Impostare il layer da utilizzare

Selezionando un layer dall'elenco, gli elementi che si andranno a disegnare successivamente avranno automaticamente quel layer. A fianco del nome del layer appare il simbolo di una matita ✏.

Conoscere il layer di un oggetto

Selezionare nell'area di disegno l'oggetto di cui si vuole conoscere il layer. Nell'elenco dei layer appare un pallino blu a fianco del layer su cui l'oggetto selezionato attualmente risiede.

Figura 15.19 - Il layer attivo è TESTI RIPETUTI, quello dell'oggetto selezionato è TESTI.

Attribuire un layer ad un oggetto

1. Selezionare nell'area di disegno l'oggetto di cui si vuole cambiare layer;
2. cliccare tasto destro;
3. aprire il menu a tendina *Sposta sul layer* e cliccare sul nome del layer su cui si intende spostare l'oggetto selezionato.

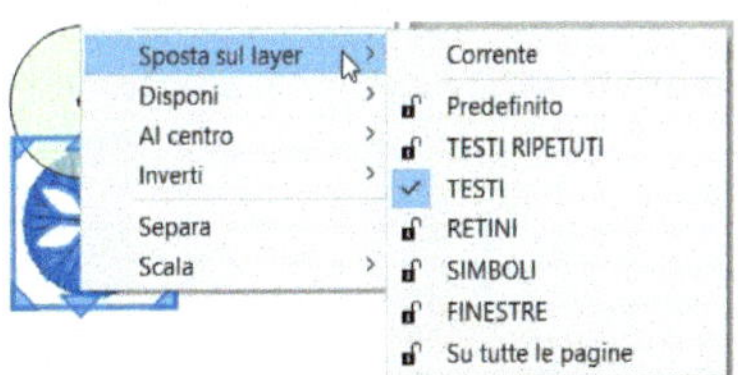

Gruppi

Realizzare *gruppi* consente di mantenere uniti vari oggetti per una più facile e veloce selezione.

A. **Realizzare un *gruppo*:** selezionare gli elementi, cliccare tasto destro e scegliere *Crea gruppo*. D'ora in avanti tutti gli oggetti vengono selezionati con un solo clic.

B. **Modificare il *gruppo*:** cliccare due volte su di esso. È possibile nascondere tutto ciò che si trova all'esterno del *gruppo* attivando dal menu *Visualizza* > *Modifica gruppo* > *Nascondi resto del documento*.

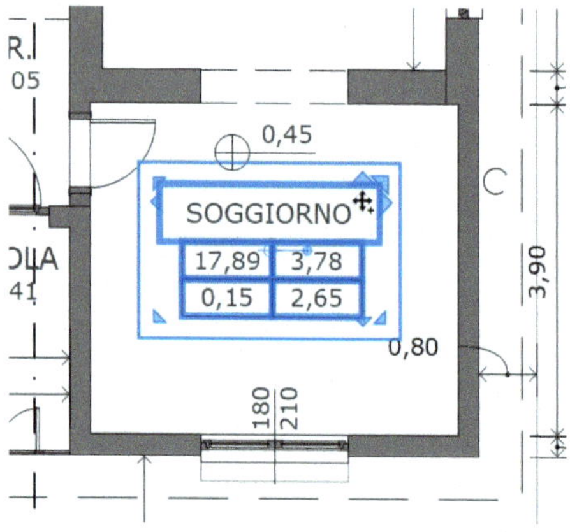

Figura 15.20 - Una serie di informazioni di un vano raggruppate assieme.

C. **Esplodere il *gruppo*:** cliccare tasto destro sul *gruppo* e selezionare *Separa*.

Nell'esempio sono evidenziati un *gruppo* che contiene la destinazione d'uso del locale e alcuni dati che lo riguardano. *Gruppi* analoghi a questo sono copiati all'interno degli altri locali.

15.3 Strumenti di disegno

Gli strumenti di disegno di LayOut sono simili a quelli di SketchUp, con l'aggiunta di alcuni come, ad esempio, l'*Ellisse* e il *Rettangolo arrotondato*, e si trovano nella barra di strumenti *Principale*.

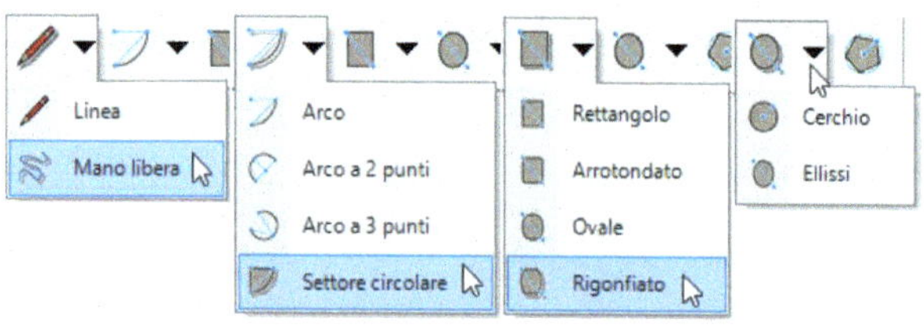

Figura 15.21 - Gli strumenti di disegno della barra *Principale*.

Il tracciamento delle figure è del tutto simile a quanto già visto per il disegno in SketchUp (punto d'inizio > indicazione della misura > Invio). La novità consiste nelle modalità di modifica: diversamente da quanto avviene in SketchUp qui è possibile realizzare polilinee ed entità chiuse come campiture con retini, spessori, tratteggi ed altre caratteristiche grafiche elencate nella finestra *Stile Forma*.

Nota. Per aggiungere linee e fare in modo che non si incollino a quelle presenti, dopo aver cliccato *Linea*, cliccare tasto destro e disattivare *Unisci automaticamente linee*.

Nell'esempio il simbolo del nord e il cerchio che evidenzia il lotto sono disegnati in LayOut.

Linee con vari spessori e tratteggi, ad esempio per le linee di sezione.

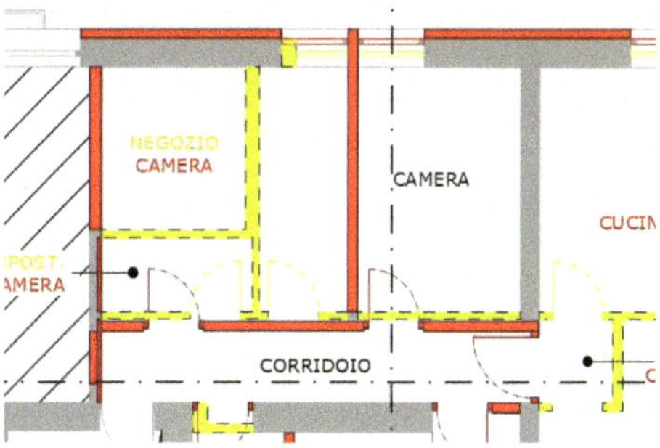

Stile forma: **Riempimento**, **Motivo**, **Tratto**

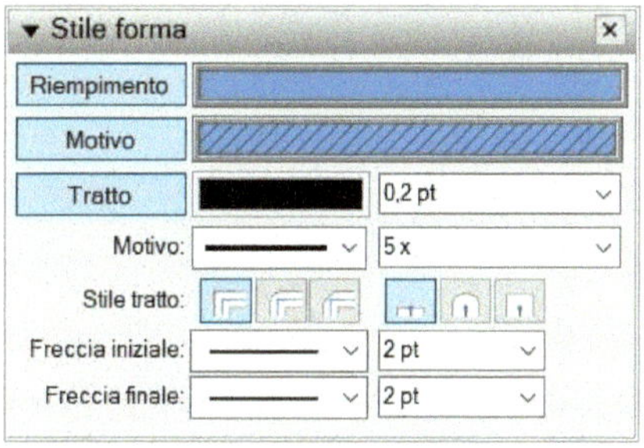

Figura 15.22 - La finestra *Stile forma*.

Per impostazione predefinita le figure coprono con una campitura gli altri elementi presenti nella tavola: non si tratta di linee a sé stanti ma di campiture definite dall'impostazione *Riempimento*. Le caratteristiche della campitura vengono definite nella finestra *Stile forma*. Questa, a sua volta, comunica con le finestre *Riempimento a motivo* e *Colori* per definire rispettivamente i retini e i colori degli elementi selezionati. I pulsanti *Riempimento*, *Motivo* e *Tratto* possono essere attivati uno indipendentemente dall'altro, o tutti e tre contemporaneamente (almeno uno deve rimanere attivato). Per modificare una figura selezionarla ed attivare i pulsanti come segue.

Riempimento

Se attivato riempie la campitura della figura selezionata con il colore impostato nella finestra *Colori*. Il pulsante del colore appare con bordo scuro quando attivato.

1. Selezionare una campitura.

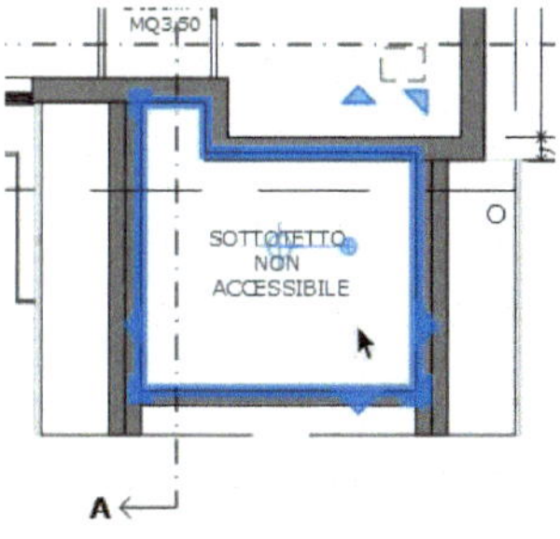

2. Cliccare sul pulsante *Riempimento* e scegliere il colore.

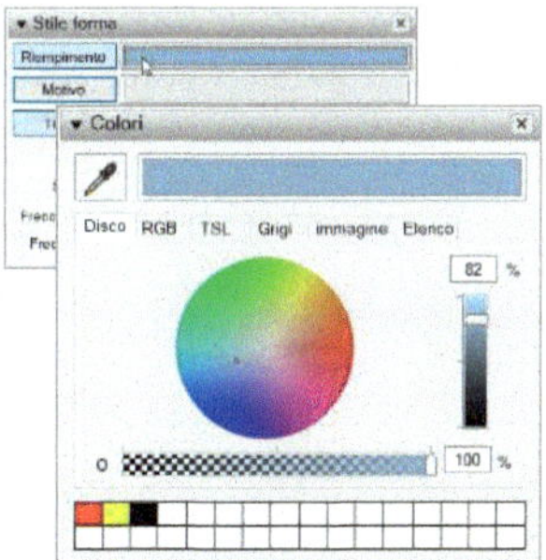

3. Campitura con il riempimento applicato.

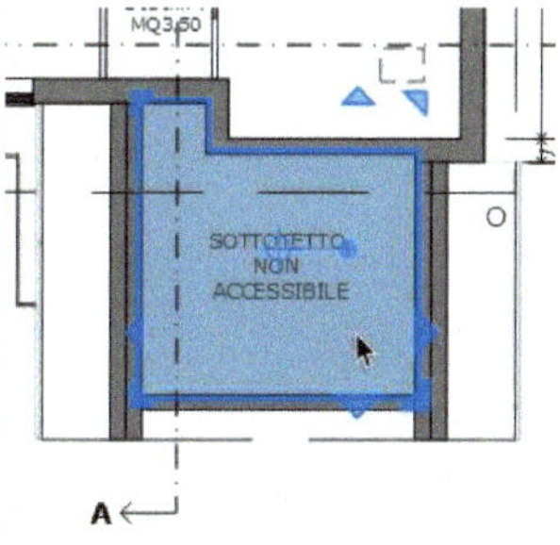

Suggerimento. Per aggiungere un colore ai preferiti (caselle bianche in basso nella finestra *Colori*), trascinare il cursore tenendo premuto il tasto sinistro dall'anteprima in alto fino alla casella in cui lo si vuole salvare.

Motivo

Imposta un retino per la regione selezionata. Il menu a tendina permette di scegliere fra varie categorie di retini preimpostati; altri possono essere personalizzati e importati.

1. Selezionare una campitura.

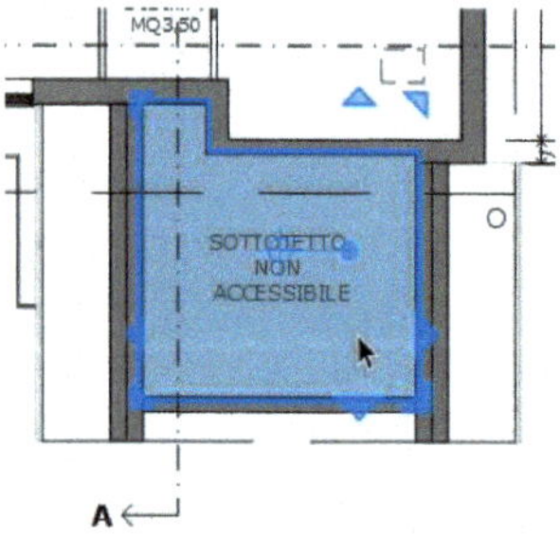

2. Cliccare sul pulsante *Motivo* e selezionarne uno dall'elenco.

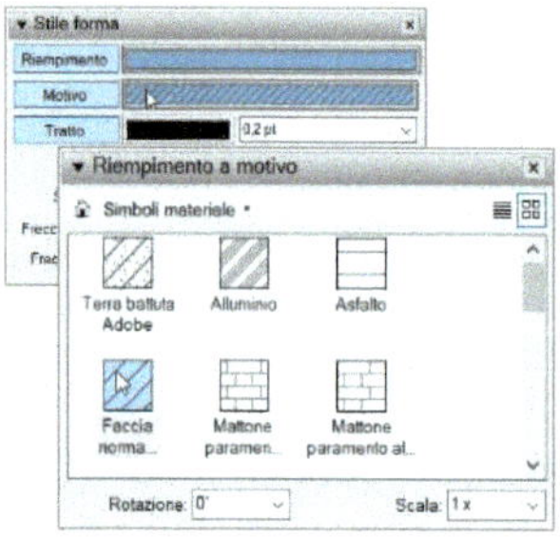

3. Campitura con il motivo applicato.

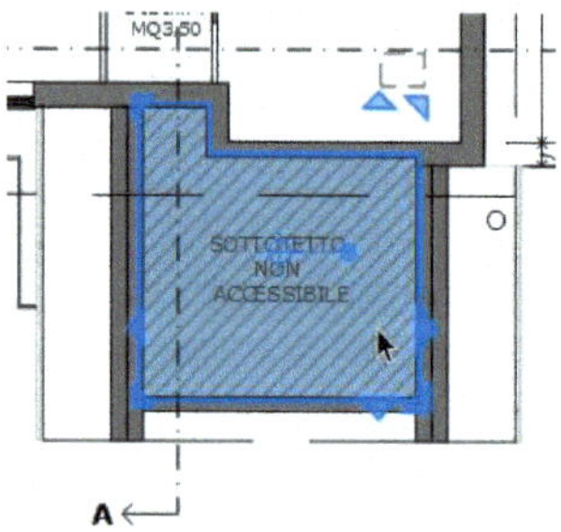

Realizzare un nuovo motivo

Selezionare nel menu a tendina *Importa motivi personalizzati* e selezionare un file di tipo immagine. Sono supportati i più comuni formati, quali ad esempio JPG, BMP, PNG, TIFF. A lato un esempio di immagine PNG con sfondo trasparente.

Campiture con motivi basati su immagini a vari colori (ad esempio per lo schema di calcolo della cubatura).

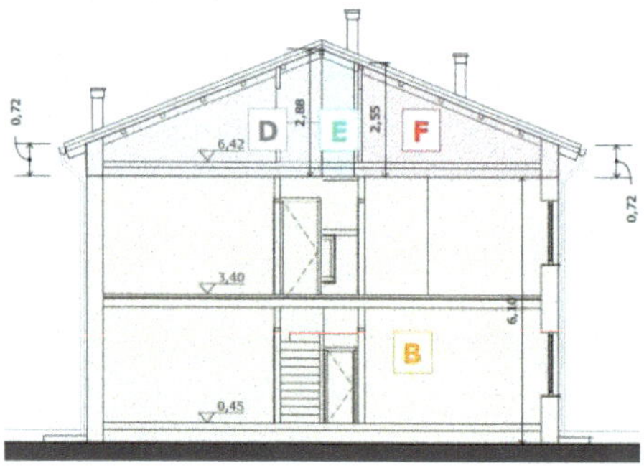

Ingrandimento della campitura personalizzata: il motivo viene adottato come riempimento di una figura.

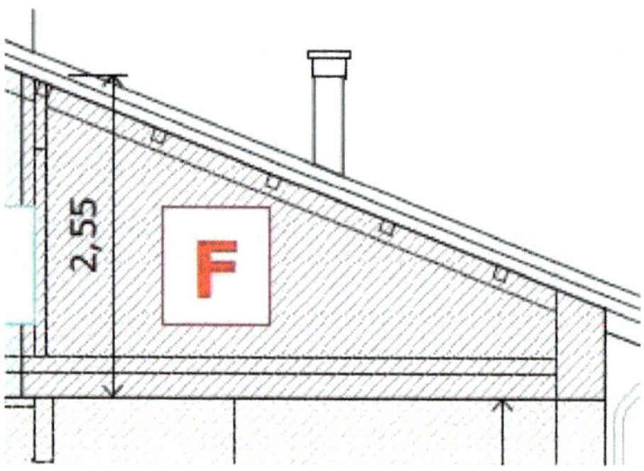

Tratto

Tratto definisce *Colore*, *Spessore*, *Motivo* ed estremità delle linee della figura.

1. Selezionare una campitura

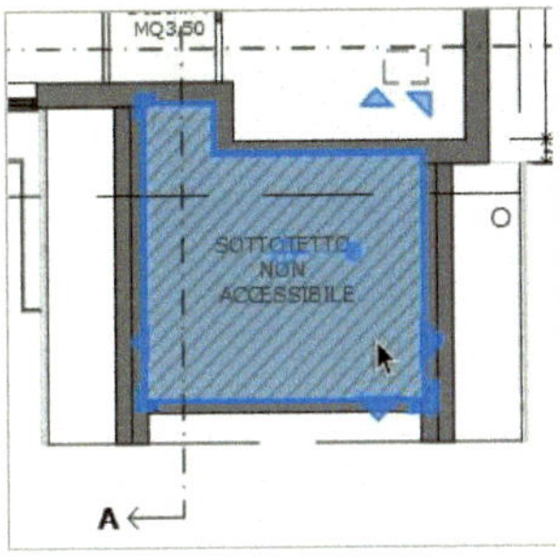

2. Cliccare sul pulsante *Tratto* e sulle altre impostazioni.

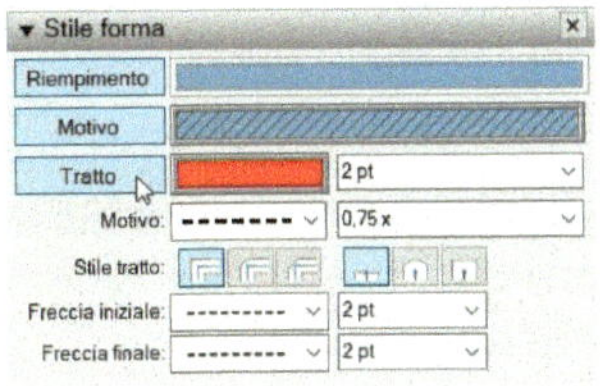

3. Campitura con linee di contorno modificate.

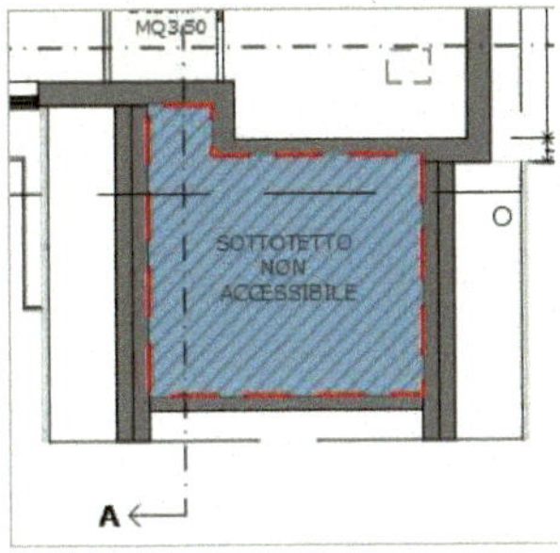

Impostazioni del Tratto

Colore	Rimanda alla finestra *Colori* per definire il colore delle linee della figura selezionata.	
Spessore di linea	Espresso in pt (1 pt ≈ 0,35 mm).	
Motivo	Elenca diversi di tipi di linea: continua, tratteggiata, puntinata, ecc.	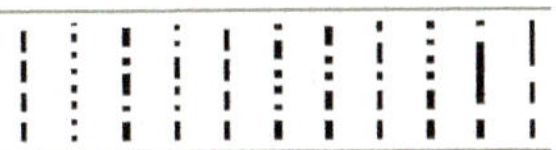
Stile tratto	Definisce la forma delle estremità e nei gomiti della linea.	
Freccia iniziale/finale	Forma e dimensioni delle estremità libere della linea.	

Maschera di ritaglio

Le scene hanno forma rettangolare o quadrata, ma con le maschere di ritaglio si può conferire loro una qualsiasi altra forma. Per realizzare una maschera di ritaglio seguire le indicazioni in basso. È possibile separare i due elementi per apportare eventuali modifiche (ad esempio per centrare meglio la scena rispetto alla forma): cliccare tasto destro sulla scena ritagliata e nel menu contestuale scegliere *Rilascia maschera di ritaglio*.

1. Sovrapporre la scena e la forma con cui verrà ritagliata.

2. Selezionare > tasto destro > *Crea maschera di ritaglio*.

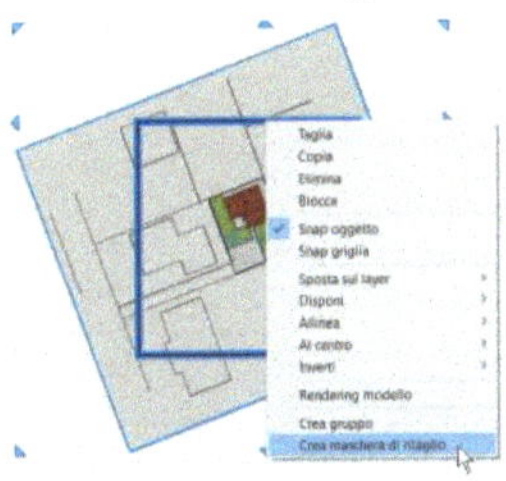

3. L'esito del ritaglio.

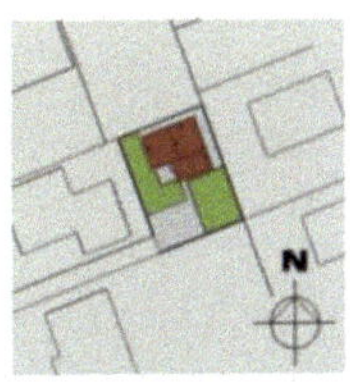

Disegno in scala

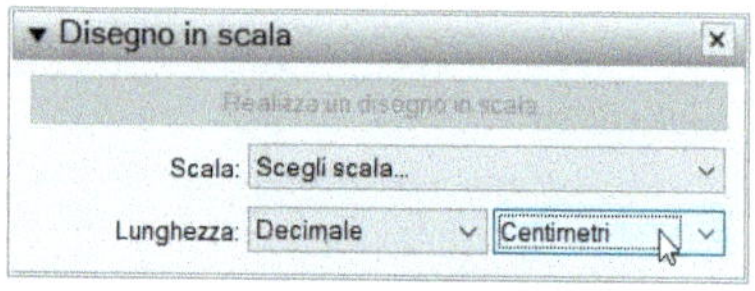

Figura 15.23 - La finestra *Disegno in scala.*

Lo strumento di disegno in scala è pensato per poter disegnare sulle viste elementi direttamente alla scala appropriata senza dover calcolare riduzioni/ingrandimenti.

Il modello 3D può essere sviluppato ad un grado di dettaglio piuttosto basso in virtù del completamento che si può fare direttamente sulle viste bidimensionali. In questo modo il modello può rimanere leggero e nello spazio carta si aggiungono dettagli, schemi e informazioni di cui il progetto necessita.

Come disegnare in scala:

1. Selezionare la scala e l'unità di misura da utilizzare per il disegno.

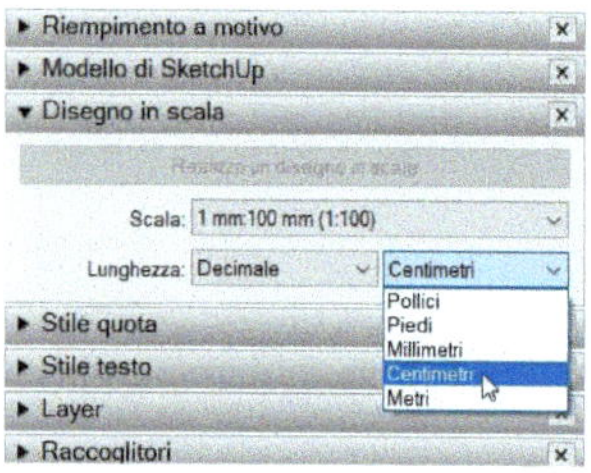

2. Disegnare digitando le misure reali.

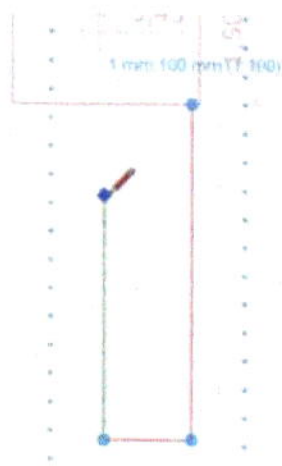

3. Completare il disegno in scala con altri elementi di annotazione.

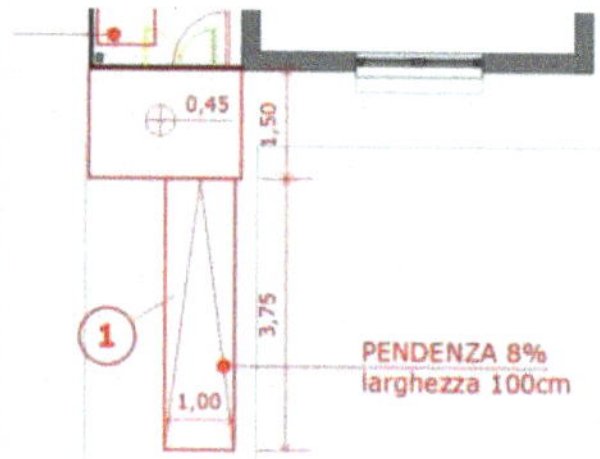

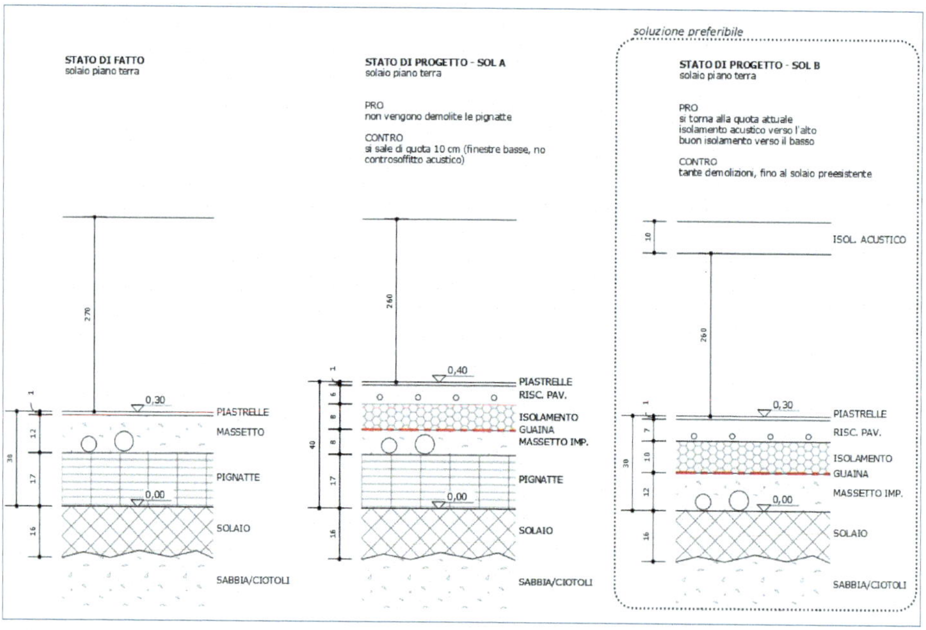

Figura 15.24 - Esempio di studio delle stratigrafie dei solai di un edificio.

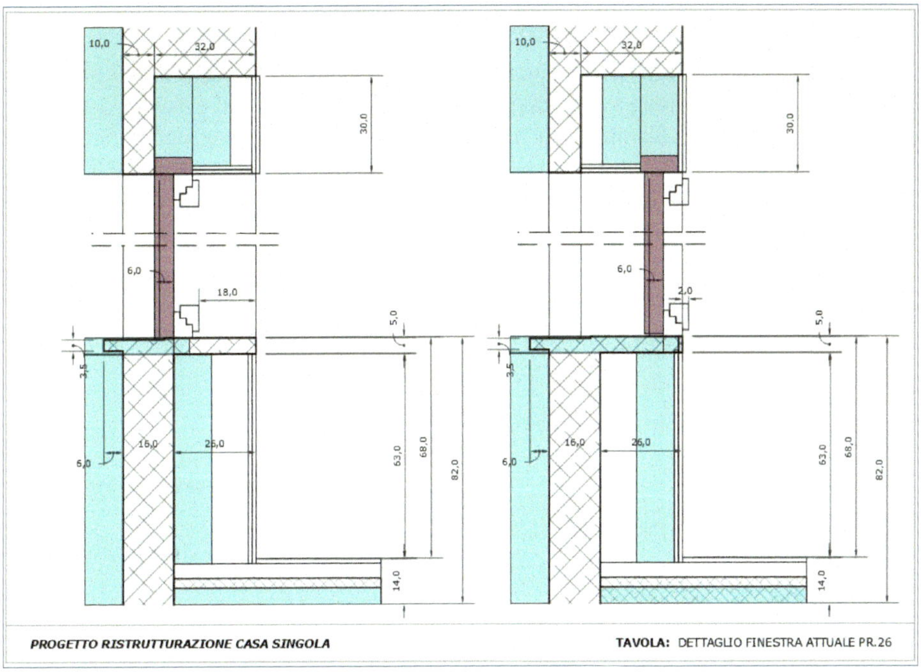

Figura 15.25 - Studio di dettagli di finestre disegnato in scala al di sopra della vista del modello.

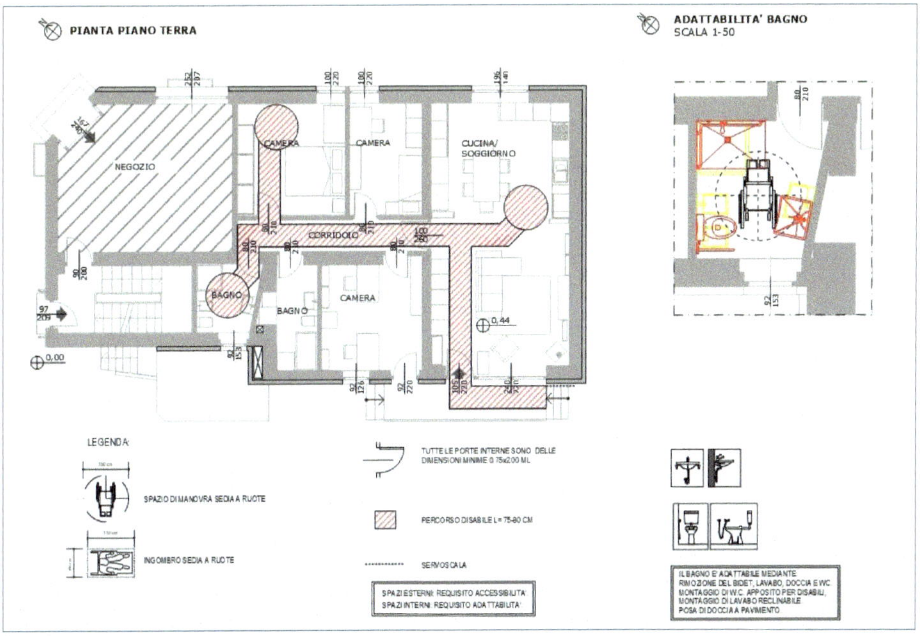

Figura 15.26 - Tavola dell'adattabilità: il percorso rosso e i simboli in bagno sono disegnati direttamente in scala 1:100 e 1:50.

Raccoglitori

I *Raccoglitori* offrono una moltitudine di oggetti, come ad esempio alberi e automobili, per l'inserimento nello spazio carta di elementi che altrimenti avrebbero appesantito il modello in modo significativo. In LayOut si trovano varie figure precaricate; altre possono essere aggiunte a piacere come ad esempio simboli, scale metriche, estremità di sezione, serramenti a vari gradi di dettaglio, ecc.

Inserire un elemento dalla finestra **Raccoglitori**

1. Nella finestra *Raccoglitori* selezionare dal menu a tendina la categoria;
2. cliccare sulla figura da posizionare;
3. cliccare nell'area di disegno per posizionare la figura;
4. la figura può essere modificata a piacere.

Alberi (vista di pianta):

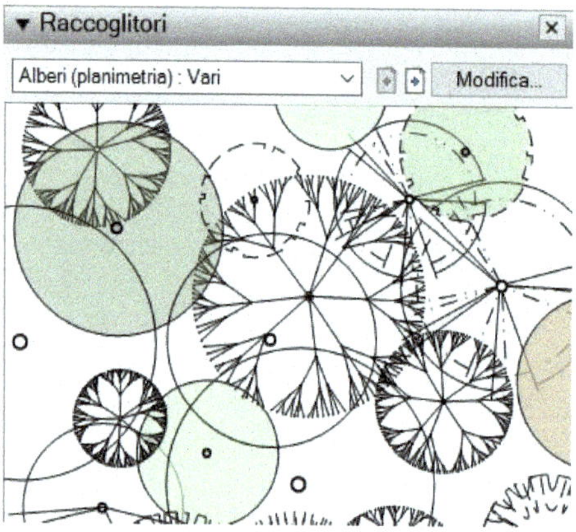

Auto (varie viste a varie scale):

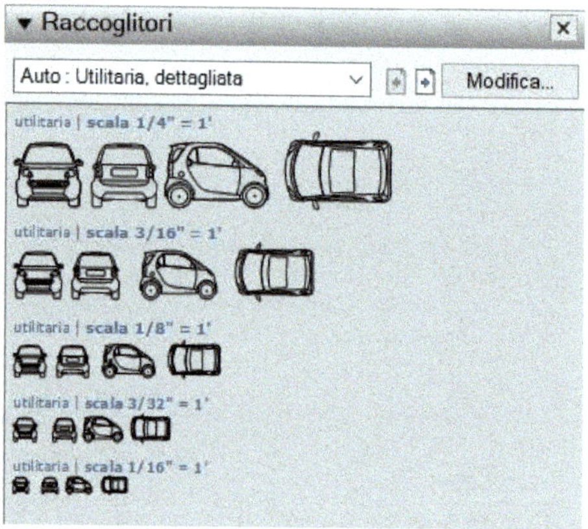

Raccoglitore con simboli personalizzati.

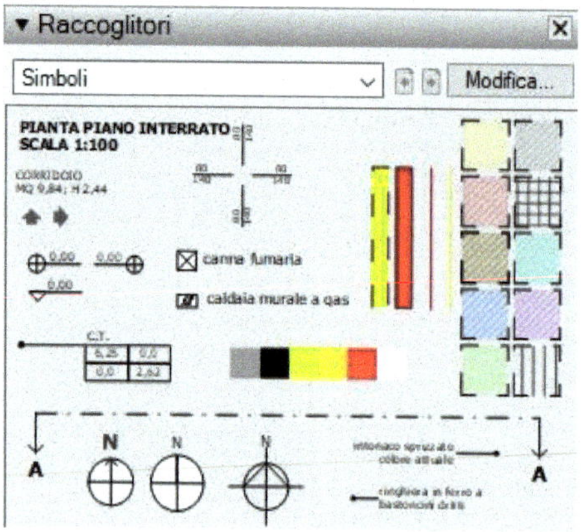

Raccoglitore con simboli personalizzati.

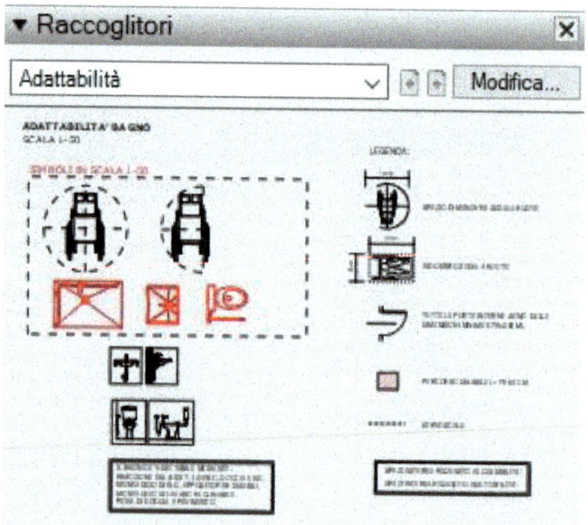

Aggiungere Raccoglitori personalizzati

Aggiungere *Raccoglitori* è utile per collezionare i simboli che si utilizzano più frequentemente, come ad esempio simbolo del Nord, estremità di sezione, quote altimetriche. Per aggiungere simboli tra i *Raccoglitori* aprire un nuovo file (dal menu *File*) e procedere come segue:

1. Disegnare i simboli e le figure, oppure importare file CAD, oppure inserire viste di un file di SketchUp.

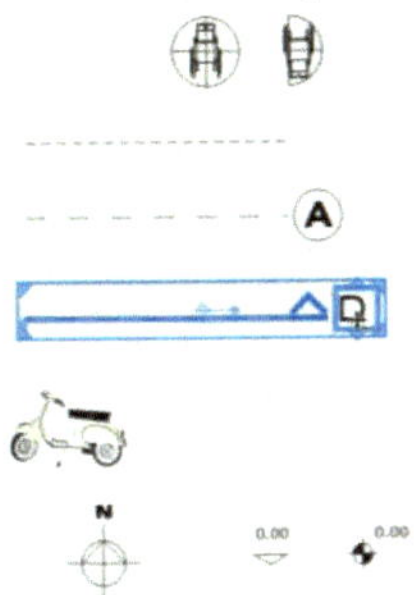

2. Dal menu *File* salvare come raccoglitore.

3. Indicare un nome per il raccoglitore.

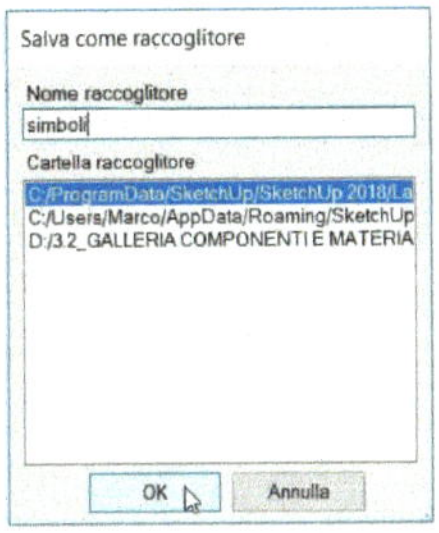

4. Il raccoglitore è ora disponibile nell'elenco assieme agli altri.

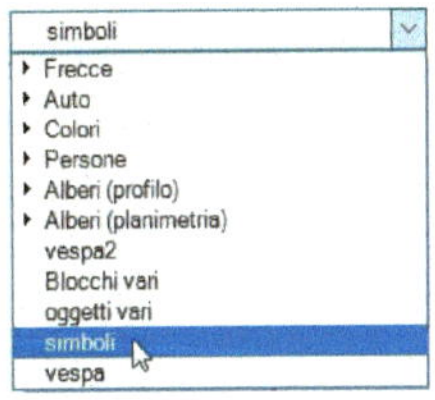

Suggerimento. La posizione delle cartelle dei *Raccoglitori* è impostata nella finestra delle *Preferenze* (menu *Modifica*), sezione *Cartelle*. Cliccando sul simbolo "+" si possono aggiungere posizioni personalizzate per collezionare raccoglitori da riutilizzare e condividere.

15.4 Strumenti di modifica

Gli strumenti per modificare gli elementi del disegno in LayOut sono estremamente semplificati e, come accade in SketchUp, alcuni di questi permettono di fare cose differenti. Di seguito vengono esposti gli strumenti e le modalità di modifica a partire dal concetto di *Snap all'Oggetto* e *Snap alla Griglia*.

Snap all'Oggetto / Snap alla Griglia

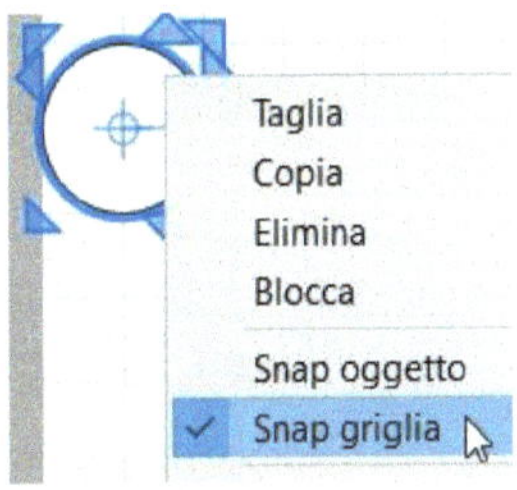

Per operazioni quali la copia, lo spostamento o anche il semplice disegno in LayOut si ricorre ai seguenti tipi di snap:

→ **agli oggetti** presenti nel disegno;

→ **alla griglia** di sfondo.

Le impostazioni di visibilità della *Griglia* si trovano nel menu *File* > *Impostazioni documento* > *Sezione Griglia*; è possibile applicare spaziatura e colori a piacere (uguale per tutte le pagine). Gli snap possono essere attivati/disattivati in modo indipendente uno dall'altro in uno dei seguenti modi: dal menu *Disponi* oppure cliccando tasto destro.

Gli Snap attivati:

Gli Snap disattivati:

Sposta

Ci sono tre metodi per spostare gli oggetti:

A. **Trascinamento:** tenere premuto il tasto sinistro sull'oggetto e trascinarlo. Tenere premuto il tasto Shift per bloccare la direzione sugli assi verticale/orizzontale. Per realizzare uno spostamento con riferimento spostare il punto baricentrico della figura in una delle estremità. Attivare uno o entrambi gli snap per terminare lo spostamento con precisione.

1. Selezionare l'oggetto (nell'esempio un simbolo di quota altimetrica) e il simbolo al centro di questo.

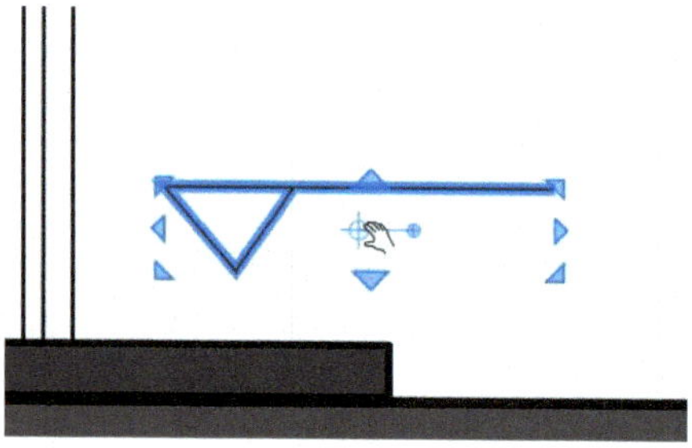

2. Posizionare il punto di riferimento nell'estremità che si intende usare come base nello spostamento.

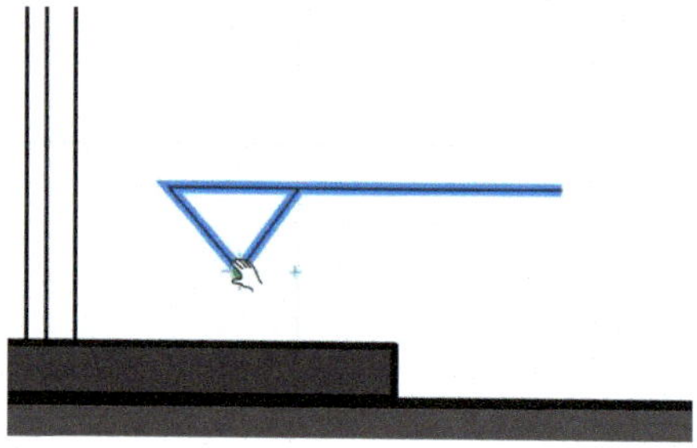

3. Trascinare fino ad un oggetto (*Snap ad Oggetto* attivato) oppure...

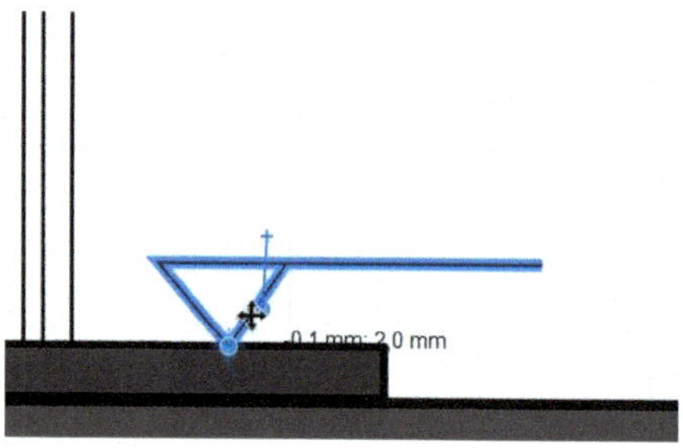

... trascinare fino ad un incrocio nella *Griglia* (*Snap Griglia* attivato).

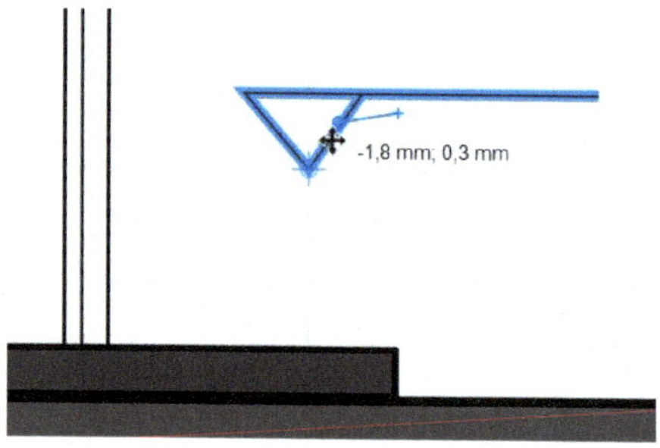

B. **Con misure:** spostare l'oggetto con il metodo del trascinamento (punto A) e successivamente indicare la quantità, seguita da Invio (oppure indicando coordinate "x;y" seguite da Invio).

C. **Tasti freccia:** cliccare sui tasti freccia per spostamenti approssimativi ma veloci.

Ruota

La rotazione avviene attraverso la maniglia di controllo a fianco del punto baricentrico alla figura: tenendo premuto e spostando il cursore la figura viene ruotata. Per realizzare una rotazione di valore preciso, una volta rilasciata la maniglia di controllo si può indicare un valore in gradi seguito da Invio. In alternativa, sempre tenendo premuto sulla maniglia di controllo è possibile allungarla fino ad un punto di riferimento per derivare la rotazione da un elemento presente nel modello. Premendo Shift durante la rotazione della maniglia di controllo si possono può eseguire lo snap ad un riferimento presente nella tavola.

1. Trascinare il punto di riferimento nell'estremità rispetto alla quale si vuol far avvenire la rotazione

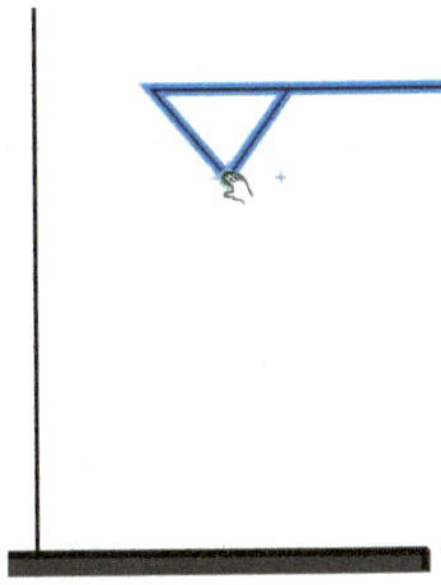

2. Selezionare la maniglia di controllo della rotazione

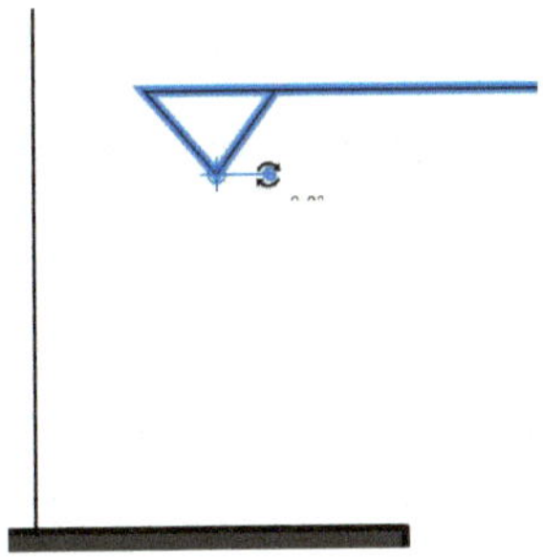

3. Ruotare la maniglia di controllo e quindi della figura selezionata

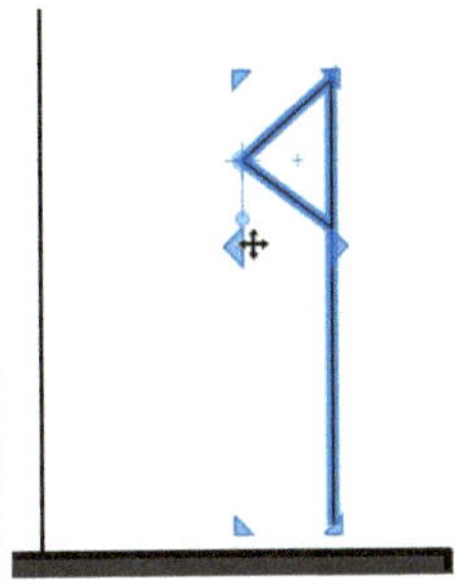

Scala

La scalatura avviene mediante le frecce azzurre che compaiono ai lati degli elementi selezionati. Dopo aver stirato l'oggetto è possibile scalarlo usando un fattore: selezionare l'oggetto, stirarlo con una maniglia e rilasciare il cursore, digitare un fattore di scala e cliccare Invio.

Scalatura lungo l'asse X.

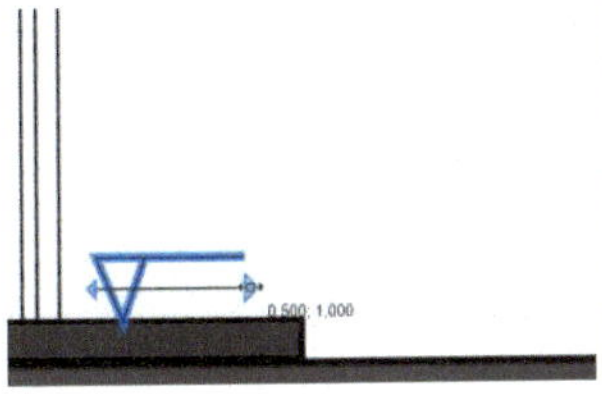

Scalatura lungo l'asse Y.

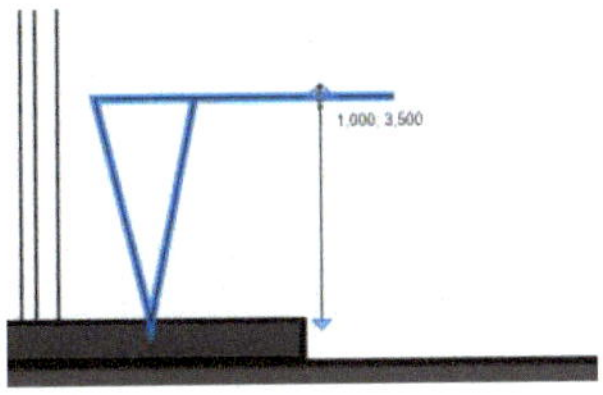

Scalatura lungo la diagonale. Shift mantiene le proporzioni, Ctrl realizza una copia.

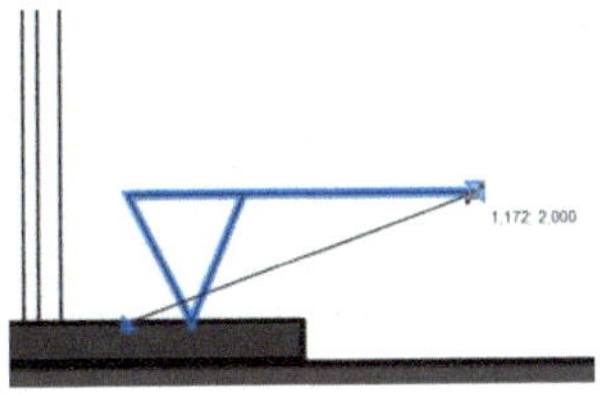

Copia/Incolla

Gli oggetti possono essere copiati in modo pratico e veloce con il metodo del trascinamento tenendo premuto Ctrl. Per realizzare una copia ad una distanza precisa indicare la misura dopo aver terminato la copia e confermare con Invio.

Copie in serie: dopo aver realizzato la copia digitare "*" per la moltiplicazione oppure "/" per la divisione, seguito dal numero di copie e quindi da Invio.

1. Selezionare l'elemento da copiare e clic su Ctrl per attivare la copia.

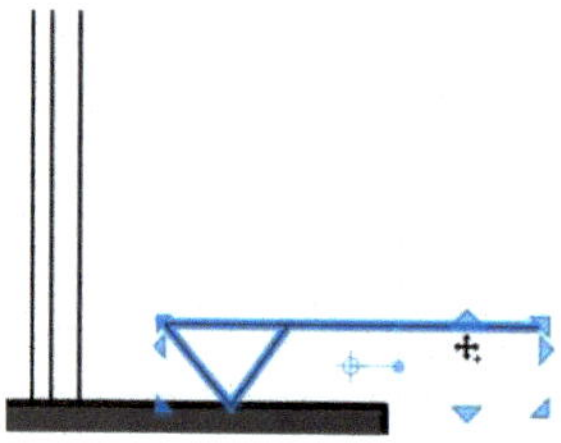

2. Spostare il cursore, l'elemento viene duplicato (ev. indicare una misura e Invio).

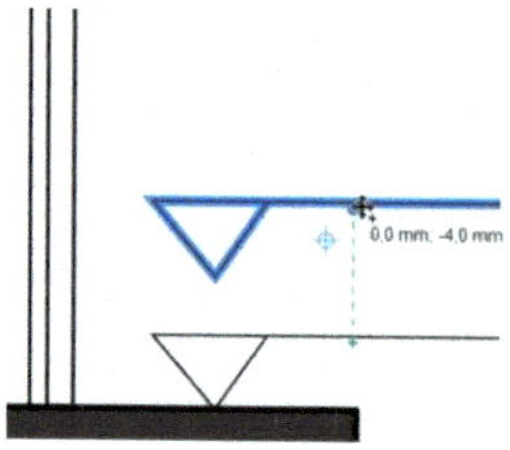

3. Digitare "*" e il numero di copie desiderate seguito da Invio.

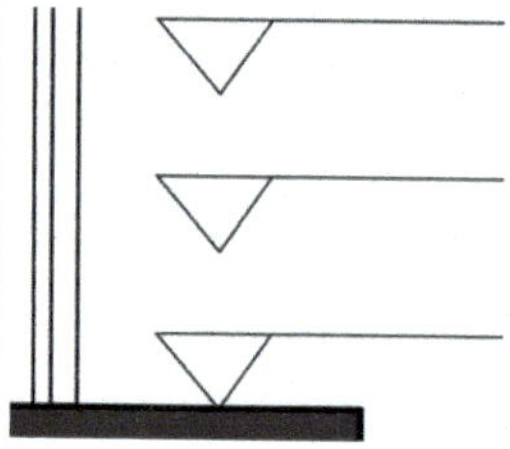

Modificare una figura bidimensionale

Le modifiche agli elementi di disegno avvengono cliccando due volte sulla linea o polilinea e selezionando l'elemento da spostare: vertice o segmento.

Disegno di una serie di segmenti con *Linea*.

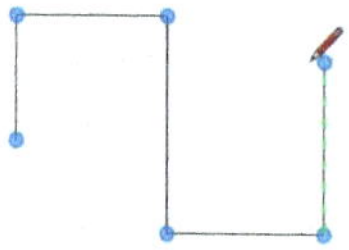

La scalatura della polilinea deforma tutto il contenuto.

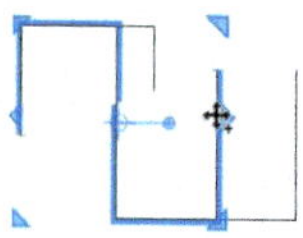

Selezione e spostamento di un singolo segmento.

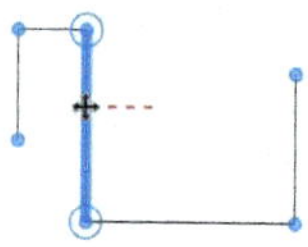

Selezione e spostamento di un singolo vertice.

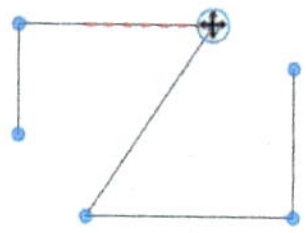

Stile

Stile consente di copiare le impostazioni grafiche da un oggetto ad un altro.

1. Selezionare lo strumento *Stile* e cliccare sull'oggetto da cui copiare le impostazioni.

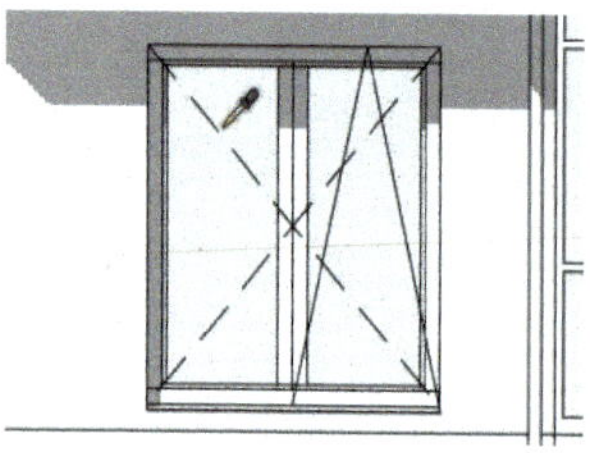

2. Cliccare sull'oggetto su cui copiare le impostazioni.

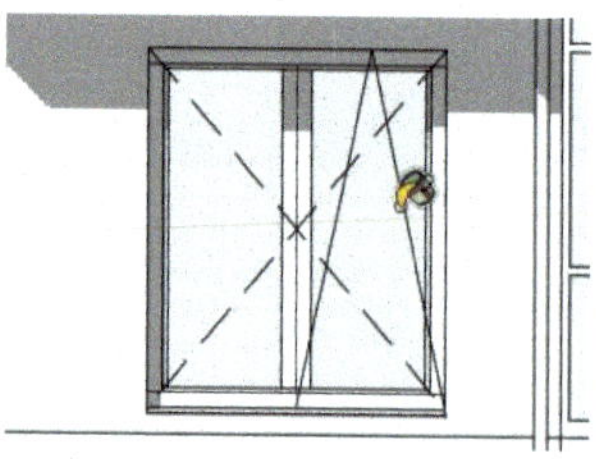

3. Le linee del simbolo di apertura della finestra sono modificate.

Dividi

Dividi spezza una linea in un punto. Se più linee sono sovrapposte in uno stesso punto, utilizzando dividi in quel punto tutte le linee vengono spezzate.

Nell'esempio un simbolo di risalita.

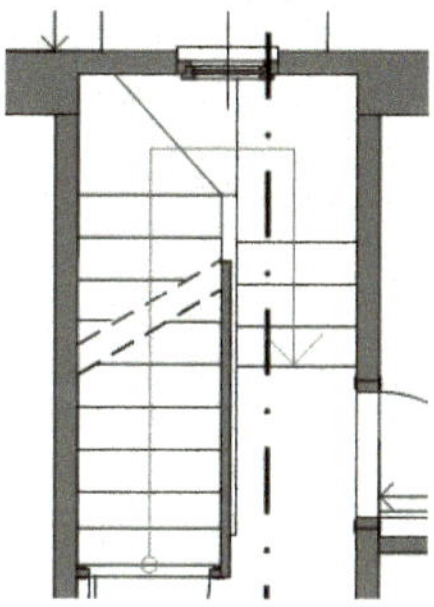

Taglio della linea con *Dividi*.

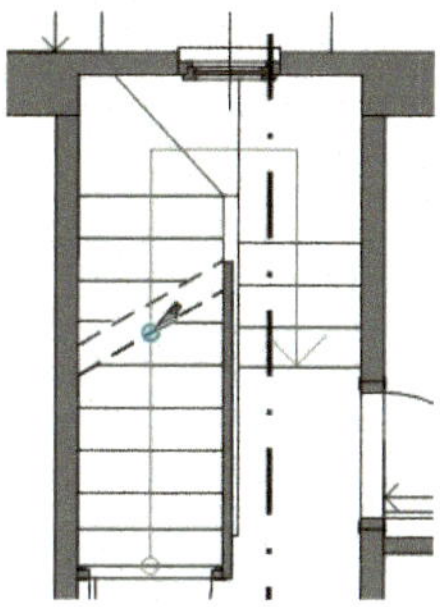

Nel punto di divisione la linea viene stirata.

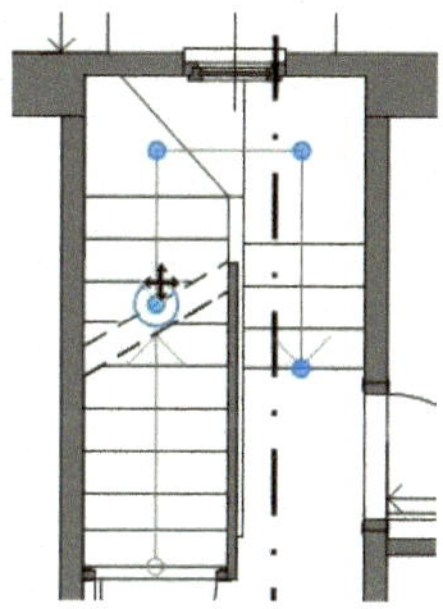

Il simbolo di salita corretto.

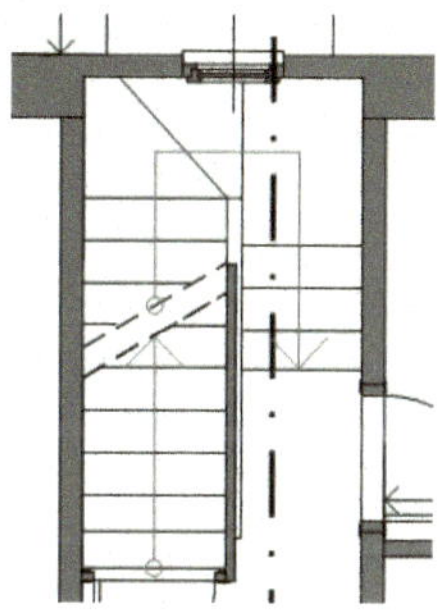

Unisci

Per unire segmenti o polilinee tra loro, essi devono avere un vertice in comune. Se le due entità da unire hanno caratteristiche grafiche differenti rimarranno quelle della prima entità su cui si clicca con *Unisci*.

Offset

Offset realizza copie concentriche di linee.

Attivare *Offset*, cliccare su di una linea.

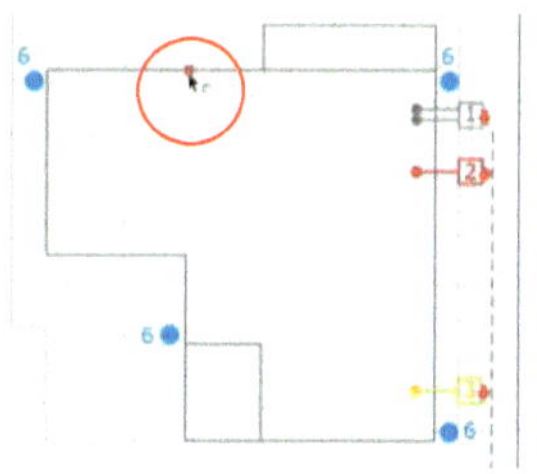

Spostare nella direzione e quantità desiderate.

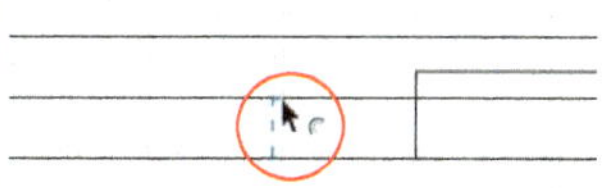

Cambiare *Motivo*, ad esempio, per indicare uno sporto di un tetto.

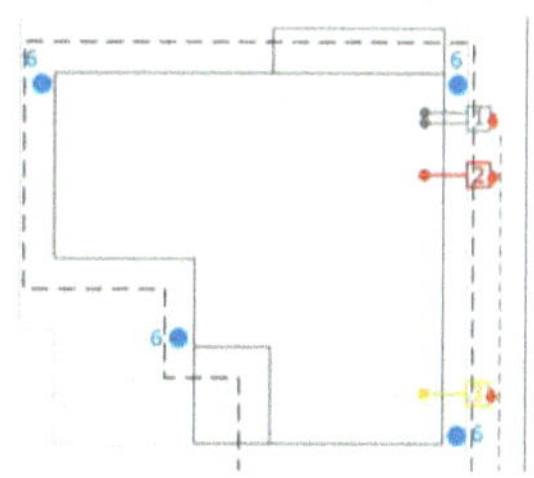

15.5 Importare file di immagini, CAD, SKP

Nello spazio carta si possono importare immagini e file DWG. È inoltre possibile caricare altri file di SketchUp per realizzare un'impaginazione unitaria, sovrapponendo viste e contenuti provenienti da modelli differenti: in questo modo si possono avere file di SketchUp leggeri e separati per non averne uno solo pesante.

Importare immagini

Dal menu *File* > *Inserisci* > scegliere l'immagine (sono supportati i comuni file immagine, tra cui JPG, PNG, TIF, BMP). L'immagine diventa un oggetto nello spazio carta ed è quindi possibile modificarne a piacere la posizione, le dimensioni o l'orientamento.

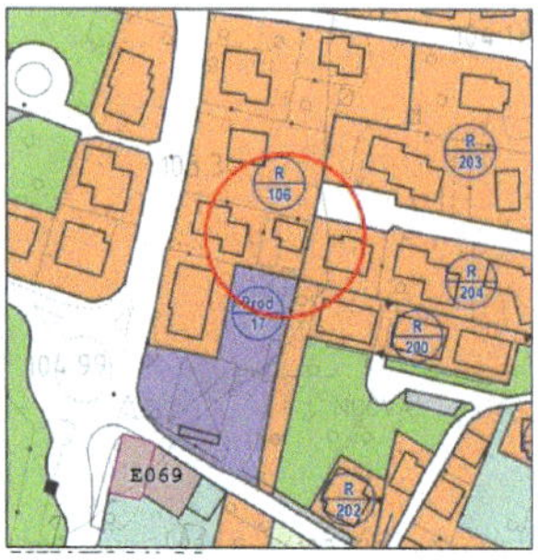

Figura 15.27 - Estratto dal P.I.

L'immagine conserva il collegamento con il file di origine ed è quindi aggiornabile cliccando tasto destro > *Aggiorna riferimento immagine*.

Apri con editor immagini (presente nel menu cliccando tasto destro) apre il software di modifica di immagini predefinito per apportare eventuali adeguamenti direttamente da LayOut. Una volta realizzate le modifiche e salvato il file lo si troverà automaticamente aggiornato in LayOut.

Importare file CAD

Importare file CAD permette di inserire, ad esempio, blocchi 2D, simboli, dettagli costruttivi, il cartiglio, planimetrie direttamente nello spazio carta.

Come importare file CAD (Spazio modello)

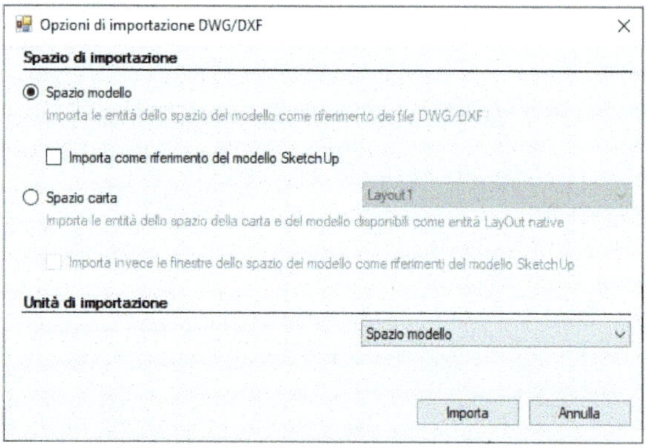

Figura 15.28 - Le opzioni di importazione dei file CAD.

1. Menu *File* > *Inserisci...* > selezionare un file DWG o DXF (nota: il file CAD deve essere salvato in una versione precedente a quella di LayOut), quindi cliccare *Apri*;
2. appare la finestra *Opzioni di importazione DWG/DXF* che permette di scegliere se importare lo spazio carta o lo spazio modello e se creare un riferimento attraverso un file SKP (in cui viene automaticamente inserito il CAD):
   a. **File CAD importato SENZA riferimento del modello SketchUp:** viene importato il file CAD come riferimento esterno: se il file CAD viene modificato è possibile aggiornarlo nel foglio LayOut;
   b. **File CAD importato CON riferimento del modello SketchUp:** viene realizzata una finestra che inquadra il contenuto del file SKP contenente il file CAD. La finestra può essere modificata come una normale finestra in LayOut: scala, posizione, stile, ombreggiatura;

3. quindi cliccare *Importa*;
4. il file CAD viene posizionato nello spazio del foglio.

Esempio di file CAD contenente simboli 2D: Nord, estremità di sezione, quote altimetriche.

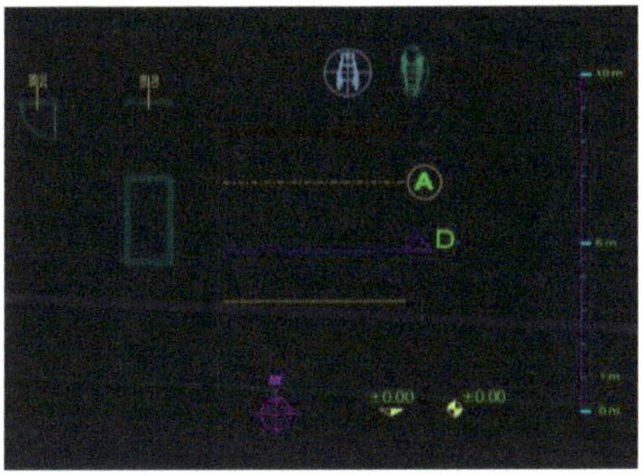

Il file CAD importato in LayOut (senza riferimento) per ricavarne *Raccoglitori* da utilizzare nelle tavole.

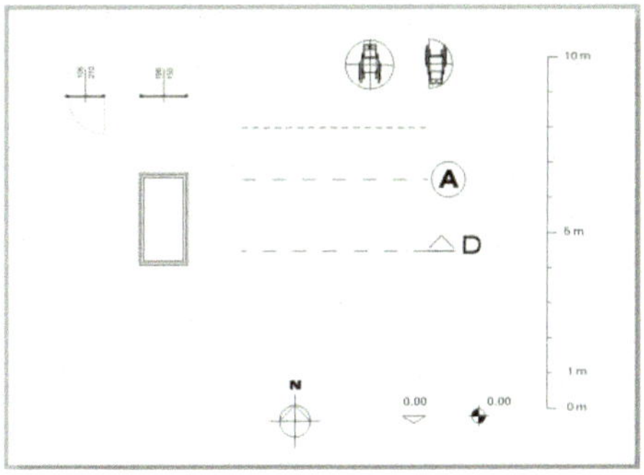

Importare file SketchUp

Nello spazio carta si possono affiancare viste provenienti da più file SKP differenti: ad esempio il file di progetto di un'abitazione e il file in cui è stato studiato un determinato particolare costruttivo. Per importare file SKP:

1. dal menu *File* > *Inserisci...* > selezionare il file SKP e cliccare *Apri*;
2. viene realizzata una normale finestra di LayOut che è possibile scalare, spostare, ruotare, ecc.

15.6 Riferimenti esterni

I riferimenti alle risorse esterne sono gestiti nella finestra *Impostazioni documento* (menu *File*) nella sezione *Riferimenti*.

Qui sono elencati i riferimenti con indicati gli indirizzi, lo stato e la data di inserimento. Lo *Stato* esprime la necessità o meno di aggiornare i riferimenti esterni (ad esempio dopo che si sono apportate modifiche al modello di SketchUp e si vogliono aggiornare le viste nelle tavole in LayOut):

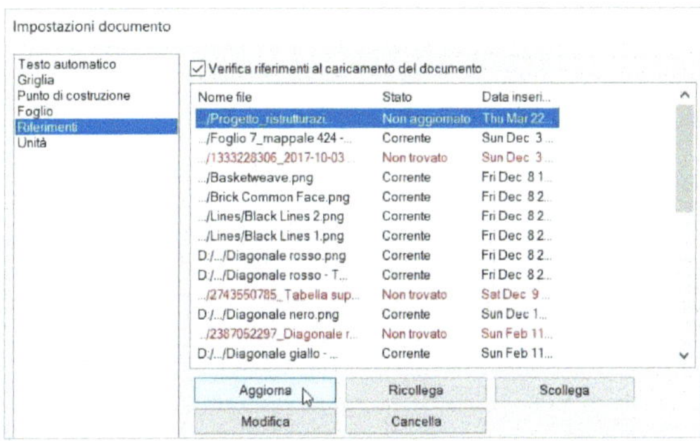

Figura 15.29 - L'elenco dei riferimenti di un progetto.

→ **Corrente:** il file è aggiornato, nelle tavole è visualizzata la versione più recente del riferimento;

- → **Non aggiornato:** il riferimento è stato modificato e salvato e necessita di aggiornamento. Cliccare *Aggiorna*;
- → **Non trovato:** il file di riferimento è stato spostato o rinominato, LayOut non lo trova. Cliccare *Ricollega* per indicare la nuova posizione o il nuovo nome del file;
- → **Incorporato:** cliccando *Scollega* viene interrotto il collegamento e il file viene incorporato in LayOut. Non sarà più possibile aggiornarlo.

I rimanenti pulsanti in basso:

- → **Modifica:** per aprire il file di riferimento per eventuali modifiche;
- → **Cancella:** per eliminare il riferimento a contenuti che siano già stati cancellati dalle tavole.

Suggerimento. È consuetudine lavorare mantenendo aperti sia il file SKP del modello che il file LAYOUT delle tavole ed apportare modifiche nel primo per aggiornare le viste nel secondo. Questo processo può essere condotto anche da persone differenti che lavorano su file condivisi rendendo efficiente e veloce la prosecuzione del progetto.

15.7 Stampare, esportare immagini, PDF, DWG e presentazioni

Stampa

La stampa può essere effettuata da menu *File* > *Stampa* impostando le caratteristiche di stampa da *Formato di stampa* e *Anteprima di stampa*.

Esportare immagini

Dal menu *File* > *Esporta* > *Immagini*. Permette di ottenere un'immagine PNG o JPG delle tavole. Le impostazioni sono relative alle dimensioni in pixel e risoluzione in pixel/pollice.

- → **Pagine:** selezionare *Tutte* oppure un intervallo a piacere;
- → **Dimensione:** indicare le dimensioni in pixel o la risoluzione;
- → **Finitura:** se attivo, il file viene aperto dal visualizzatore di immagini predefinito, una volta esportato.

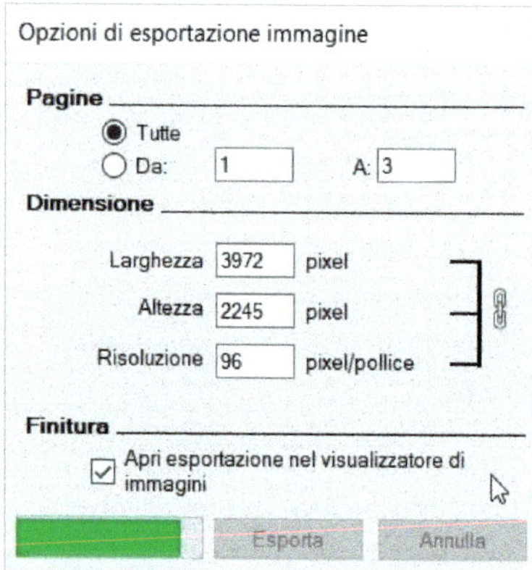

Figura 15.30 – La finestra *Opzioni di esportazione immagini*.

Esportare PDF

Dal menu *File* > *Esporta* > PDF. Realizza file PDF leggeri grazie alla compressione.

→ **Risoluzione immagine:** alta, media o bassa;

→ **Compressione immagine:** spostando il cursore verso *File più piccolo*, si può ridurre fino a 1/20 il peso del file a scapito della qualità; si consiglia di impostare su *Qualità migliore* o a metà strada tra i due;

→ **Layer:** se attivato, permette di trovare i layer utilizzati in LayOut nel PDF esportato; è utile, ad esempio, per attivarne/disattivarne la visibilità prima della stampa vera e propria.

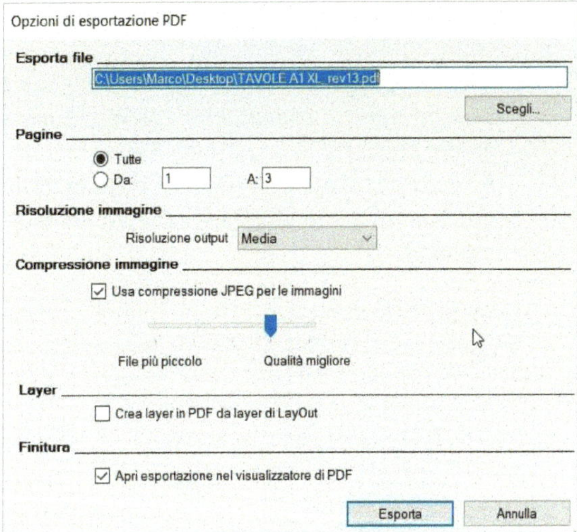

Figura 15.31 - *Opzioni di esportazione PDF.*

Esportare DWG

Dal menu *File* > *Esporta* > *DWG/DXF*. Consente di esportare in formato CAD 2D il contenuto delle tavole di LayOut (ad esempio per inviare il progetto ad un collega che non utilizza SketchUp).

Le impostazioni relative all'esportazione sono:

→ **Formato:** imposta la versione in base alla versione in AutoCAD* in cui si intende importare (da AutoCAD* R12 a AutoCAD* 2013);

→ **Pagine:** imposta le pagine da esportare, tutte o per intervallo; ogni pagina diventa un foglio dello spazio carta del CAD esportato;

→ **Layer:** definisce i layer da esportare;

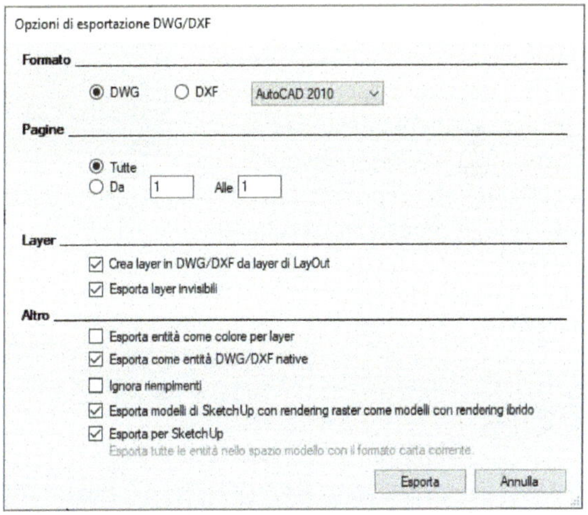

Figura 15.32 - Opzioni di esportazione DWG.

→ **Altro**: opzioni varie:

- *Esporta entità come colore da layer*: se attivo, il colore delle entità sarà impostato su DaLayer;

- *Esporta come entità DWG/DXF native*: se attivo, esporta quote, cerchi o tabelle come entità native del CAD;
- *Ignora riempimenti*: se attivo, non vengono esportate le campiture;
- *Esporta modelli di SketchUp con rendering raster come modelli con rendering ibrido*: converte le finestre da *Raster* in *Ibride* per migliorarne la qualità;
- *Esporta per SketchUp*: esporta tutte le entità nello spazio modello; utile a chi non è abituato ad utilizzare il Layout del CAD e preferisce stampare dallo spazio modello.

Nota. Le entità di LayOut vengono esportate nello spazio carta. Le entità del modello di SketchUp (ad eccezione delle viste in prospettiva) vengono esportate nello spazio modello. Le viste presenti nelle tavole vengono esportate come immagini contenute in una cartella apposita (realizzata automaticamente durante l'esportazione denominata NOMEDELFILE.images). Queste immagini sono collegate al file CAD come riferimenti esterni e visualizzate sullo sfondo di ciascun elaborato.

Presentazione

Un'interessante possibilità per presentare il lavoro è offerta dalla modalità di visualizzazione *Presentazione* che si può avviare con il pulsante nella barra di strumenti *Principale* (oppure nel menu *Visualizza > Avvia la presentazione*). La modalità *Presentazione* visualizza a pieno schermo le tavole e dà la possibilità di schizzare appunti e indicazioni al di sopra di queste (ad esempio durante una presentazione con il pc collegato ad un proiettore). Uscendo dalla modalità *Presentazione* un avviso chiede se salvare le modifiche. Scegliendo Sì gli schizzi diventano figure presenti nello spazio carta utili come appunti.

Per approfondire: videocorso *"LayOut: impaginazione di progetti 3D"*. Durata 5,5 ore, 33 videolezioni dedicate all'impaginazione in LayOut > www.scuola-3d.it/layout

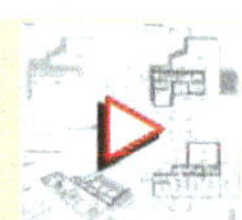

Nelle pagine seguenti alcuni esempi di progetti realizzati con SketchUp ed impaginati con LayOut.

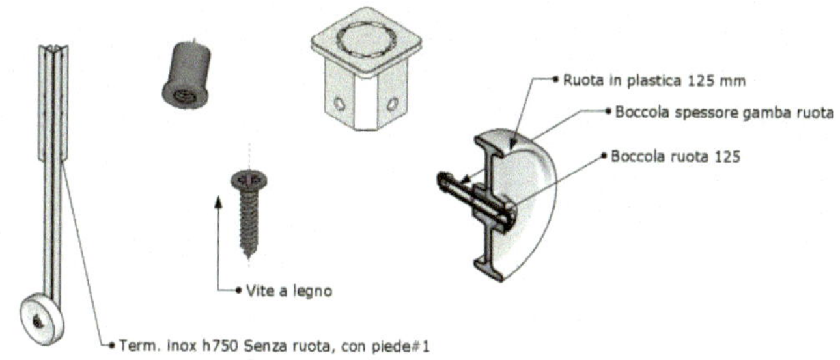

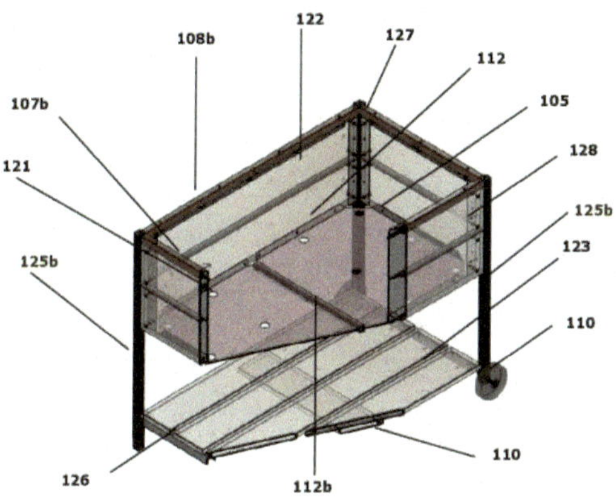

COD.	Definition Name	Legno	Meta.	Altro
108	Cornice sup legno Piccolla 9900#1	A		
110	Fondo vasca centrale rinforzo#2	A		
121	Tavola 550x170x25 smussata#1	A		
122	Tavola 990x170x25 smussata	A		
123	Rip legno sp 20mm#2	A		
108b	Cornice sup legno Piccolla 550#1	A		
108c	Cornice sup legno Piccolla 9900#6	A		
111c	Barra congiunzione lineare	A		
112b	listello congiunzio fondo lamiera#3	A		
112c	Maniglia#1	A		
101	Angolare inox 340mm#2		B	
103	Boccola ruota 125#1		B	
104	Boccola spessore gamba ruota#1		B	
109	Distanziere 340mm inox orto vert.#2		B	
112	Fondo vasca lamiera#2		B	
114	Piede inox per gamba alta senza ruota#8		B	
116	Prolunga inox 340mm#2		B	
126	Tubo ripiano 550#6		B	
107c	Angolare 550 fissaggio vasca tela#9		B	
111b	Angolare x barra congiunzione		B	
125b	Term. inox h750 Senza ruota; con piede#12		B	
115	Tappo plastica x piede#2			C
117	Rivetto filettato inox M6#2			C
118	Ruota in plastica 125 mm#3			C
119	sacco plastica fondo vasca			C
127	Tornillo 2#5			C
128	Vite m6x40#2			C
129	Vite x ruota M8x80#2			C
130	Tubi PVC x copertura 550x1000			C
131	Rete anti insetti 550x1000#2			C
132	Telo celofan 550x1000#2			C
127b	Vite a legno 2#1			C
130b	Tubi PVC x copertura 1000x2000			C
131b	Rete anti insetti 1000x2000			C
132b	Telo celofan 1000x2000			C

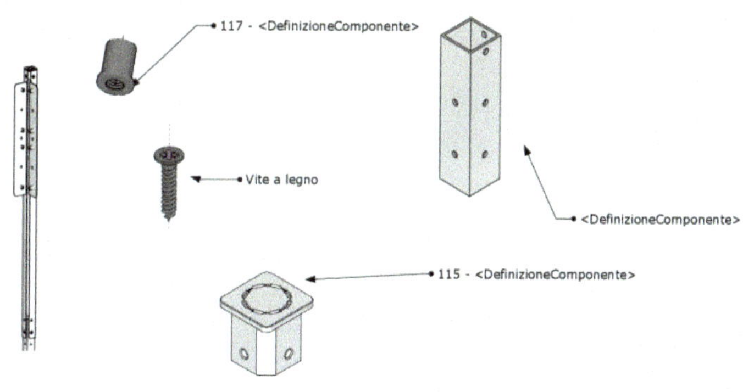

DISEGNATORE	PROGETTO N°	DATA	NUMERO PAGINA
Nome autore	Nome autore	maggio 30, 2023	
DESCRIZIONE	PROGETTO	DATA REVISIONE	NOME FILE
®	Ortomio	maggio 30, 2023	Ortomio

Figura 15.33 - Progetto “Orto mio”; Roberto Bolletta.

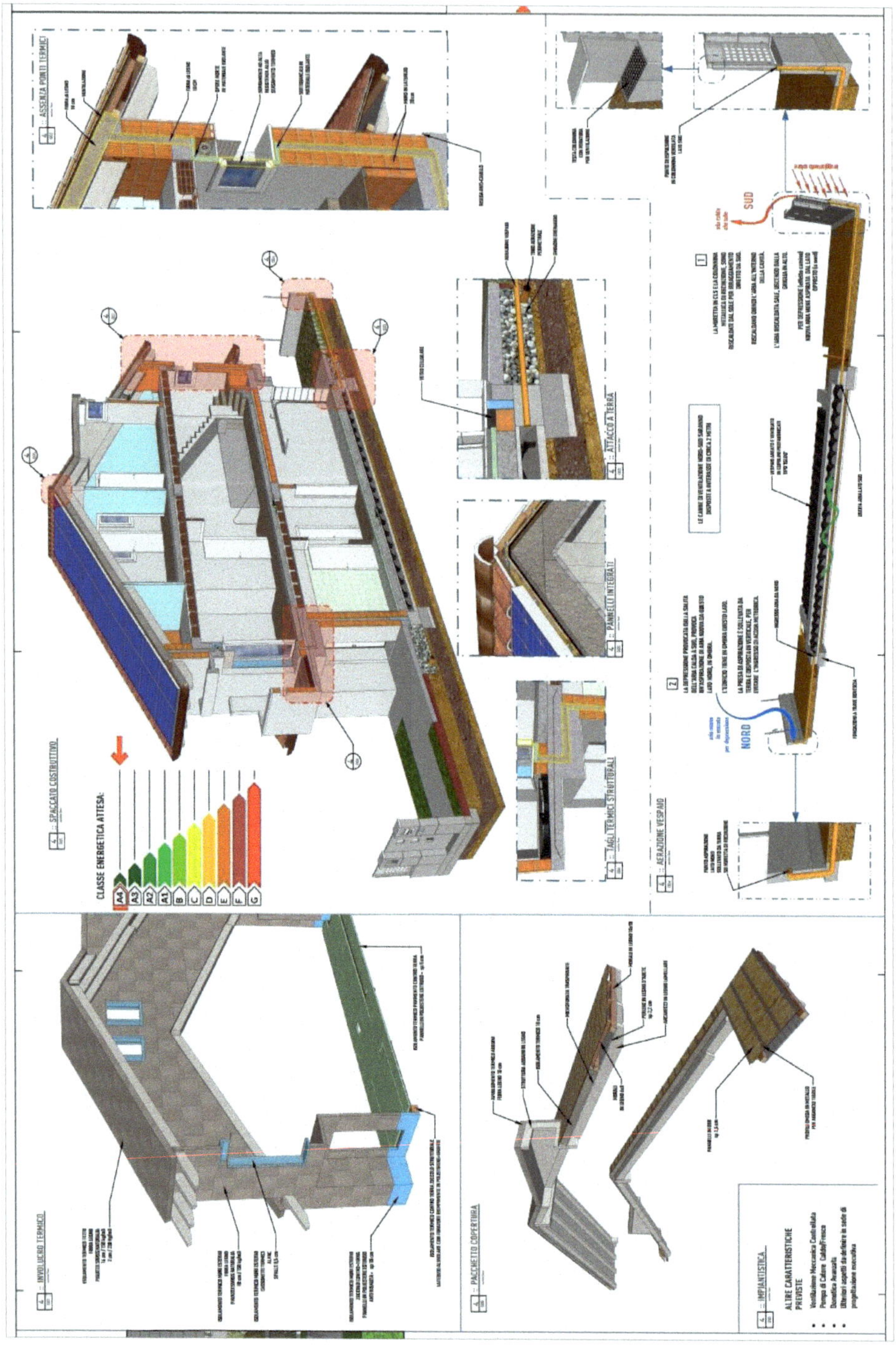

Figura 15.34 – Progetto nuova costruzione; geom. Antonio Martini.

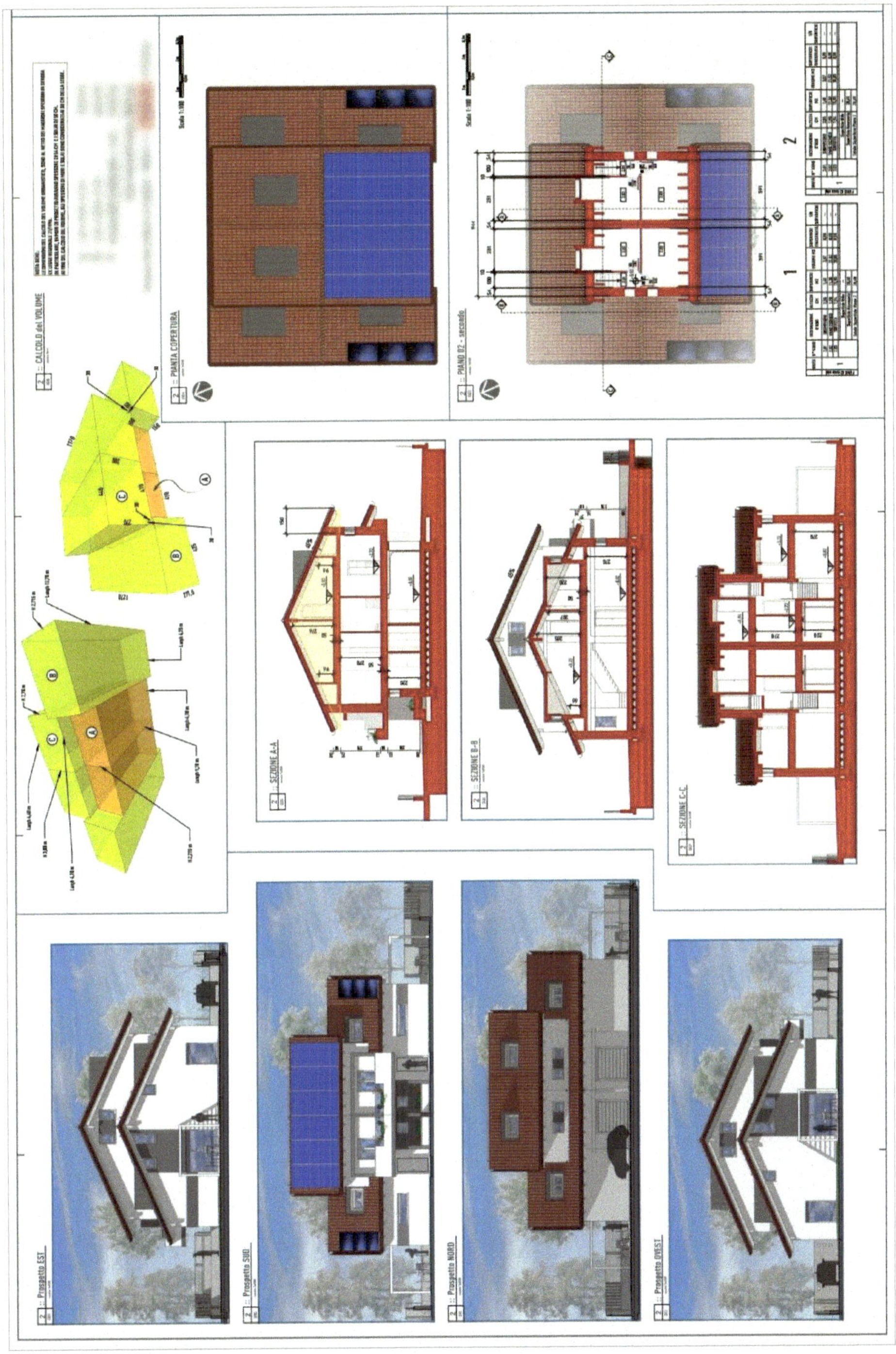

Figura 15.35 - Progetto nuova costruzione; geom. Antonio Martini.

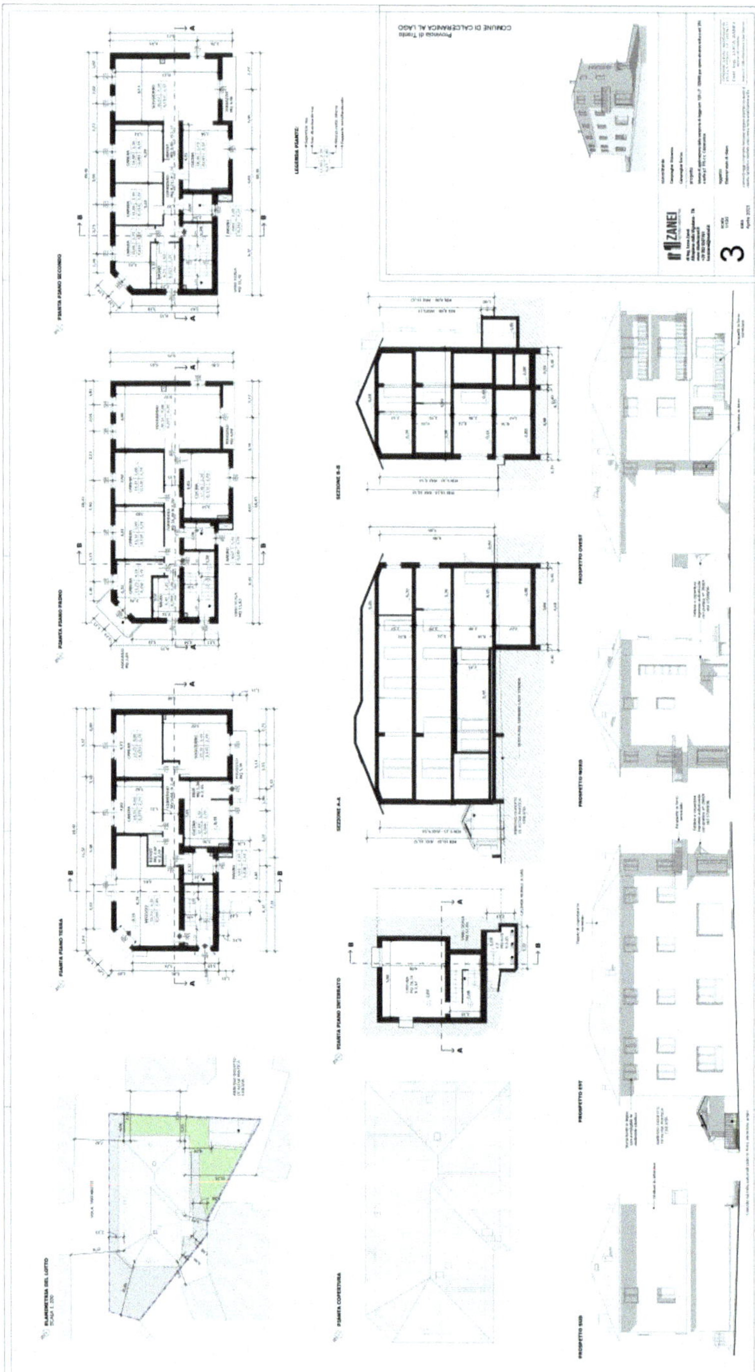

Figura 15.36 - Progetto di ristrutturazione; arch. Chiarello e Murari.

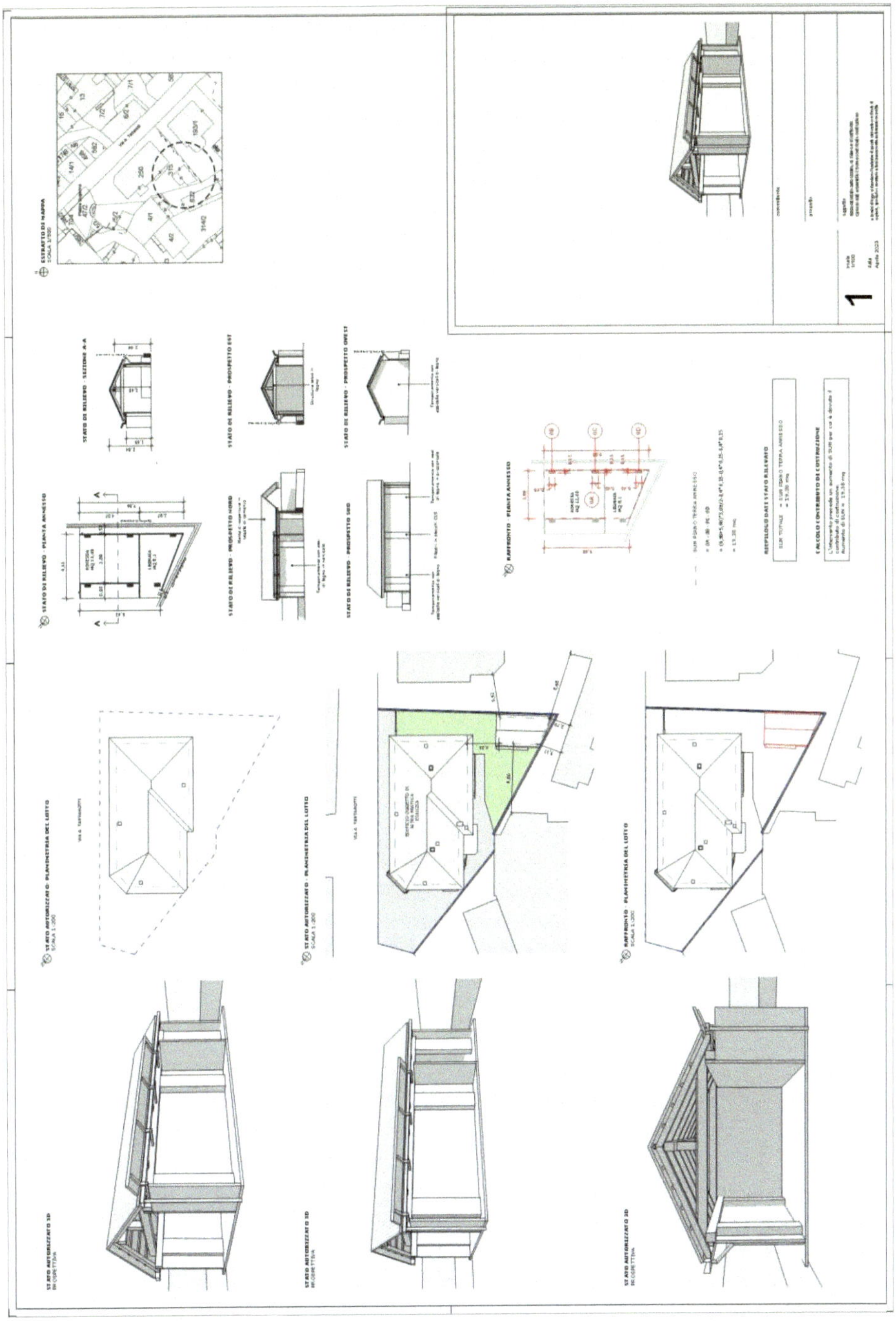

Figura 15.37 - Progetto di ristrutturazione; arch. Chiarello e Murari.

Figura 15.38 - Progetto di interior design; Damiano Corradini.

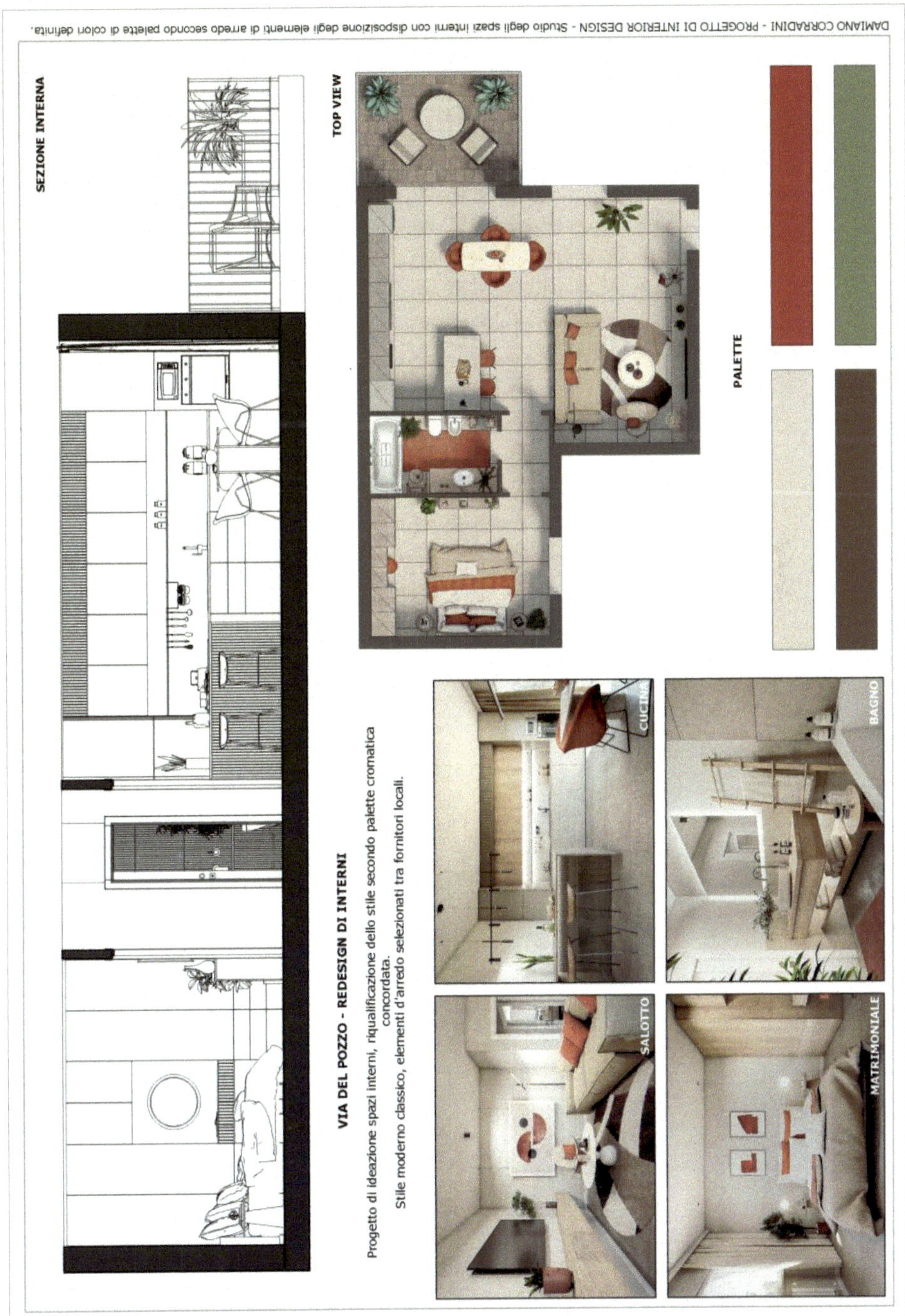

Figura 15.39 - Progetto di interior design; Damiano Corradini.

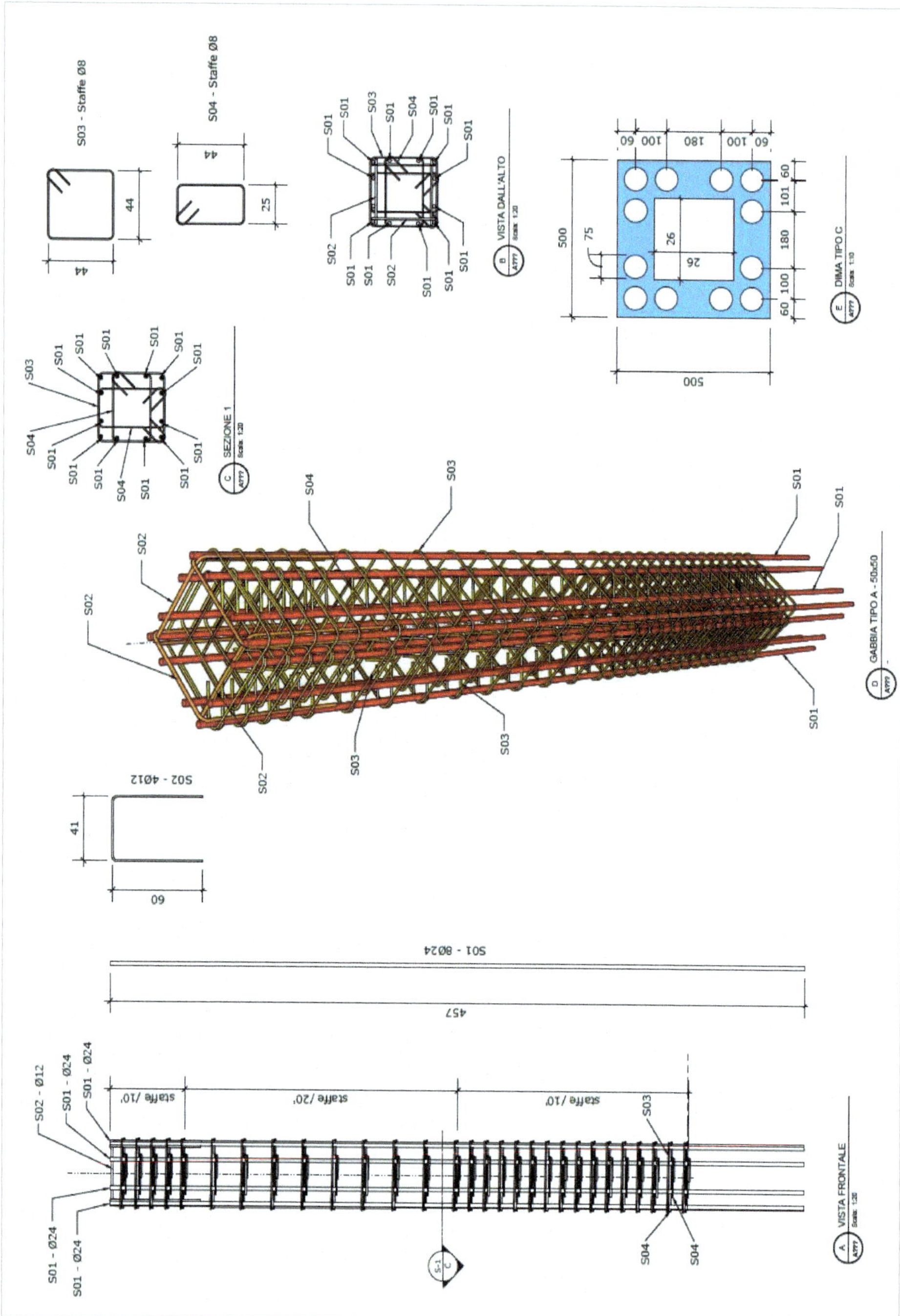

Figura 15.40 - Dettaglio pilastro; ing. Massimiliano Pratelli.

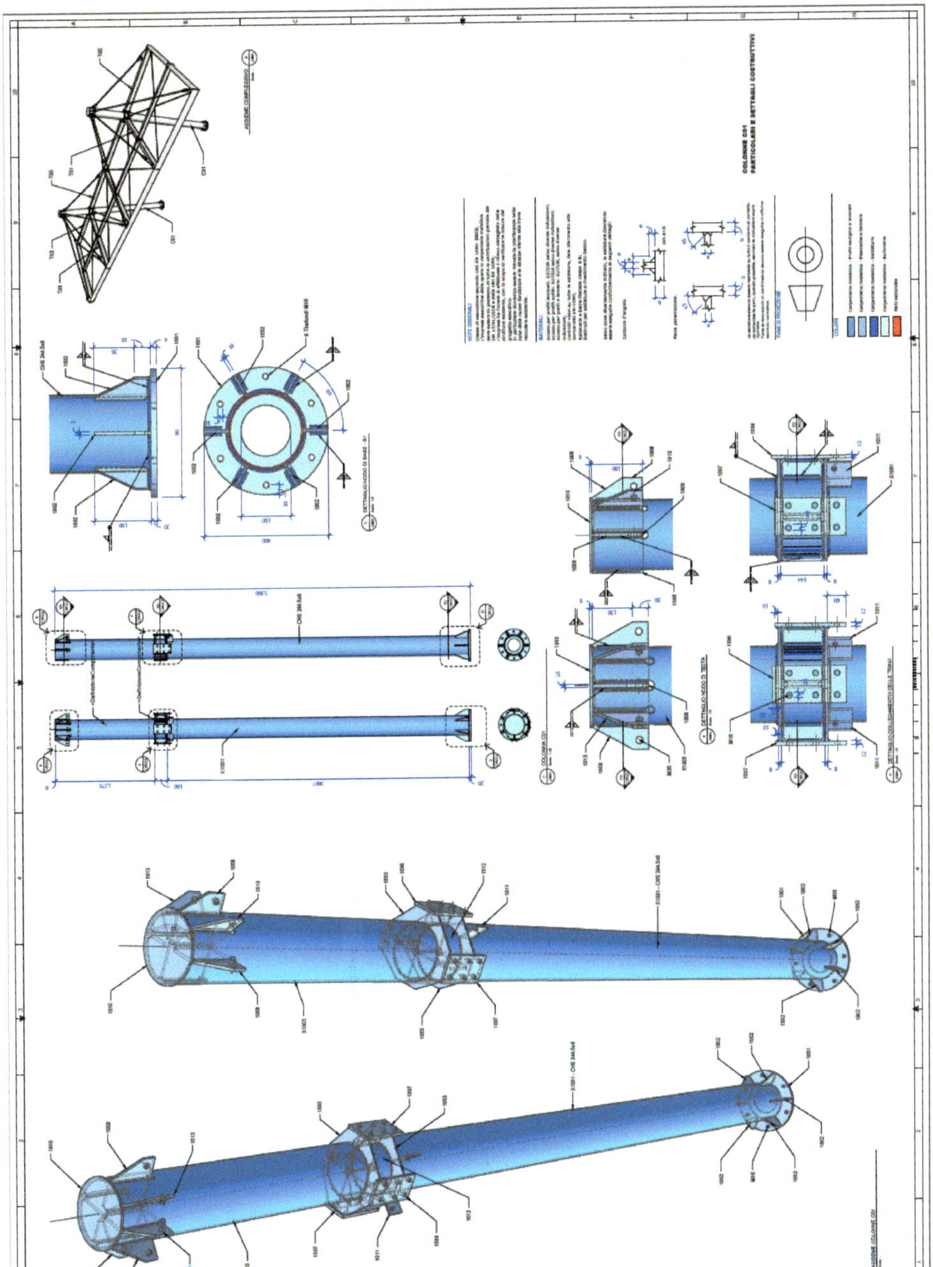

Figura 15.41 - Pilastro metallico; ing. Massimiliano Pratelli.

PARTE 3: **ESERCIZI ED ESEMPI**

ESERCITAZIONI PER FARE PRATICA

Informazioni sugli esercizi

La parte pratica di questo libro contiene una serie di esercizi ed esempi appositamente studiati dall'autore con due scopi:

→ **fare pratica**: dare spunti per l'applicazione di quanto esposto nella parte teorica del libro, suggerire metodi di applicazione specifici per ambiti differenti, accompagnare il lettore che vuole esercitarsi verso risultati concreti;

→ **fornire esempi di applicazione di SketchUp in vari settori**: nascono dall'esperienza dell'autore come consulente e formatore sull'utilizzo di SketchUp presso aziende e professionisti di vari settori (costruzioni, arredo, moda, rivestimenti, serramenti, carpentieri, falegnami, lattonieri e altri).

Dove trovare i file degli esercizi

I file di tutti gli esercizi vengono messi a disposizione del lettore, per dare modo di accelerare l'apprendimento e poter toccare con mano quanto esposto nel libro. Si dovrà accedere alla **Scuola 3D**: il sito, curato dall'autore, dedicato al mondo del 3d e del rendering. Accedere al sito www.scuola-3d.it > cliccare su *Area Download* (la registrazione al sito è gratuita) > *Contenuti manuale SketchUp 2ª ed.* La password di accesso è la seguente: *3dpertutti7870.*

Video svolgimento degli esercizi passo-passo

Tutti gli esercizi sono accompagnati da un video che ne mostra passo passo lo svolgimento pratico. I video sono disponibili assieme al materiale a corredo del manuale nel sito all'indirizzo indicato nel precedente paragrafo. Alcuni video sono stati realizzati durante il periodo del lockdown del 2020. Si tratta di video in diretta su Facebook che ho tenuto come metodo di socializzazione durante un periodo duro per tutti. Altri sono esclusivi dei possessori della presente edizione del manuale.

Nelle pagine seguenti ogni esercizio riporta un codice QR per la visualizzazione su smartphone o tablet della pagina ad esso dedicata nel sito. Ogni pagina contiene anche il video dello svolgimento dell'esercizio stesso: in questo modo chi vuole può seguire le indicazioni del video nello smartphone e allo stesso tempo sperimentare l'esercizio nel proprio pc.

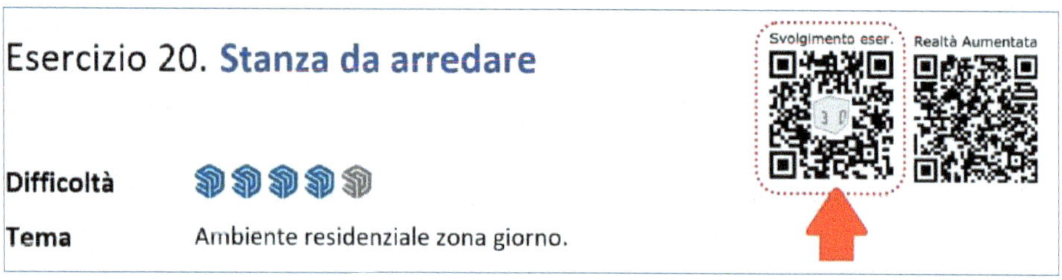

Figura 1 - Esempio di codice QR di accesso alla pagina dedicata all'esercizio, nella Scuola 3D.

Visualizzare gli esercizi in Realtà Aumentata

Alcuni modelli 3D degli esercizi sono visualizzabili in Realtà Aumentata: inquadrare con la fotocamera dello smartphone il codice QR presente nella pagina e visualizzare il modello nel tuo spazio (vedere ad esempio il video di introduzione alla RA dal codice QR qui a fianco). Questo contenuto vuole essere un'occasione per sperimentare la Realtà Aumentata come strumento per comunicare meglio i propri progetti. Nota: non tutti gli smartphone supportano la visualizzazione in AR; verifica nel sito del produttore del tuo smartphone eventuali limitazioni.

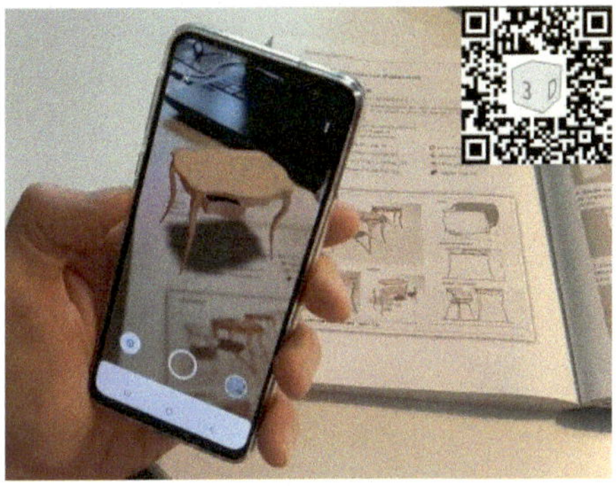

Figura 2 - Visualizzazione in RA e il codice QR del video che parla di come avviare la RA.

Esercizio 20. **Stanza da arredare**

Svolgimento eser.

Realtà Aumentata

Difficoltà

Tema Ambiente residenziale zona giorno.

Figura 3 - Esempio di codice QR per la visualizzazione in Realtà Aumentata dell'oggetto 3D.

Indice degli esercizi

1. **Piastra metallica** > pag. 271

2. **Componente front face** > pag. 274

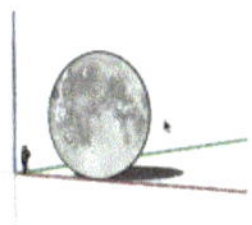

3. **Le 4 combinazioni di annidamento** > pag. 276

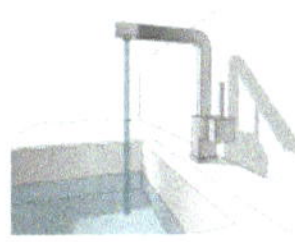

4. **Rubinetto** > pag. 282

5. **Finestra ad un'anta** > pag. 287

6. **Scrittoio con modanature** > pag. 291

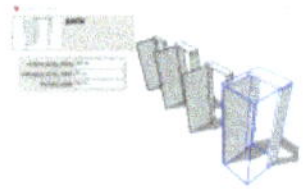

7. **Porta dinamica** > pag. 297

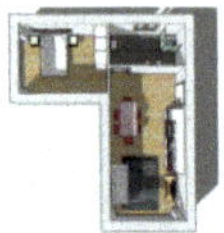

8. **Piccola abitazione** > pag. 305

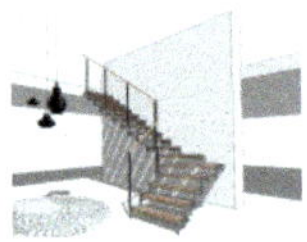

9. **Scala interna** > pag. 309

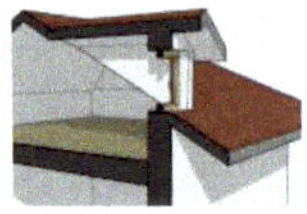

10. **Tetto con abbaino** > pag. 318

11. **Carpenteria tetto** > pag. 325

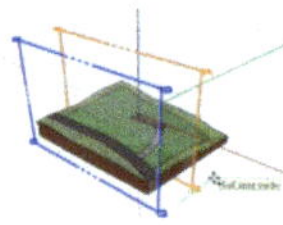

12. **Superficie topografica e profili** > pag. 333

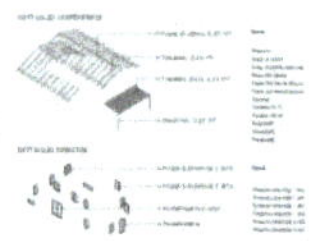

13. **Computi di dettaglio e generali** > pag. 339

14. **Fotoinserimento per ristrutturazione** > pag. 348

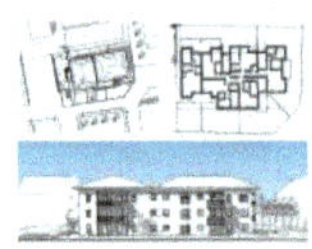

15. **Procedure per realizzare elaborati** > pag. 358

16. **Sedia stilizzata** > pag. 366

17. **Pompeiana in legno** > pag. 367

18. **Scrivania con pensili** > pag. 368

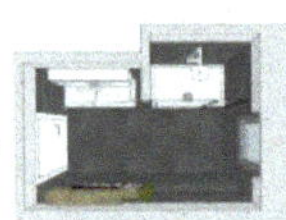

19. **Interno bagno** > pag. 369

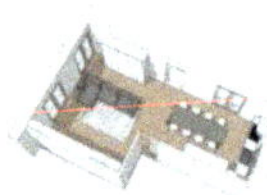

20. **Stanza da arredare** > pag. 370

Esercizio 1. **Piastra metallica**

Svolgimento eser. Realtà Aumentata

Difficoltà

Tema Disegno di un elemento metallico.

Descrizione L'esercizio mira all'utilizzo degli strumenti di base di disegno quali il *Rettangolo* e *Spingi/tira* supportati dall'inserimento di linee di guida. L'unità di misura utilizzata è il millimetro. Gli argomenti trattati sono:

- disegno di figure bidimensionali e inserimento di linee di guida;
- utilizzo di *Spingi/tira*;
- ammorbidire bordi per rendere omogenee le superfici.

Strumenti

- Rettangolo (pag. 48)
- Cerchio (pag. 49)
- Spingi/tira (pag. 58)
- Offset (pag. 72)
- Misura > Guide (pag. 40)
- Ammorbidisci bordi (pag. 118)

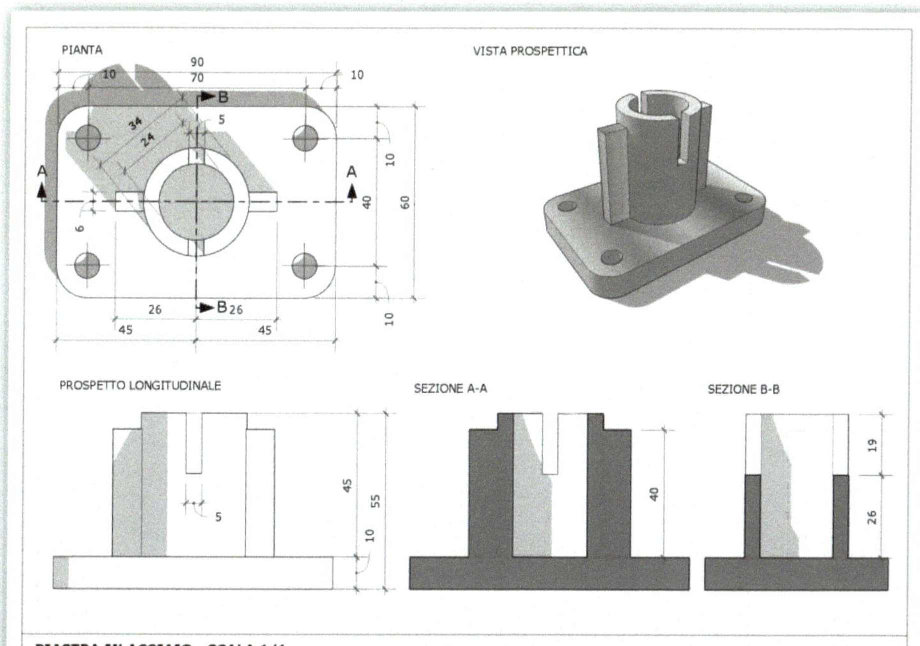

PIASTRA IN ACCIAIO - SCALA 1/1

Svolgimento

1. Disegnare il rettangolo di base: dimensioni 90x60 mm.

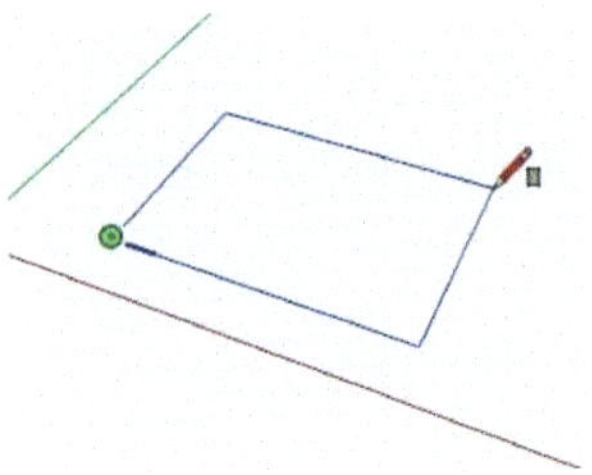

2. Estrudere con *Spingi/tira*: spessore 10 mm.

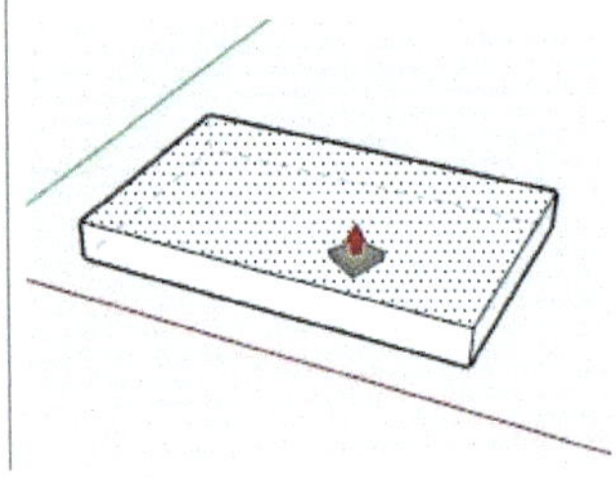

3. Posizionare le guide di riferimento con *Misura* per identificare i centri dei fori.

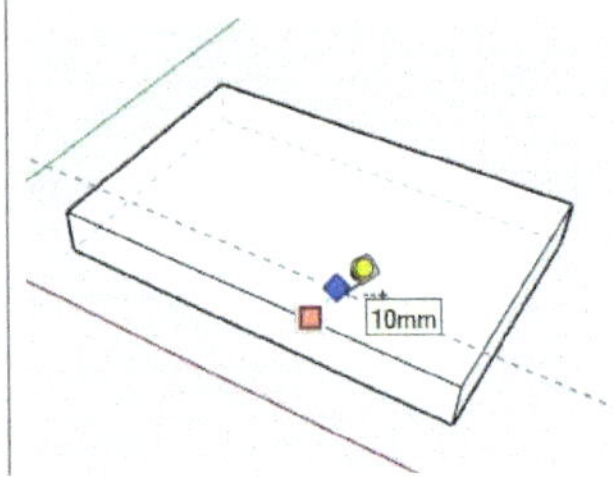

4. Inserire le linee di guida sui 4 lati ad una distanza pari a 10 mm dai bordi.

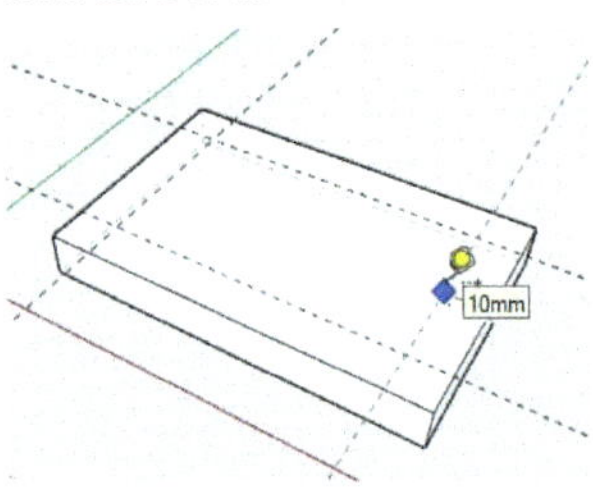

5. Disegnare i cerchi: numero di lati 20 (vedere note a fine esercizio), raggio 4 mm.

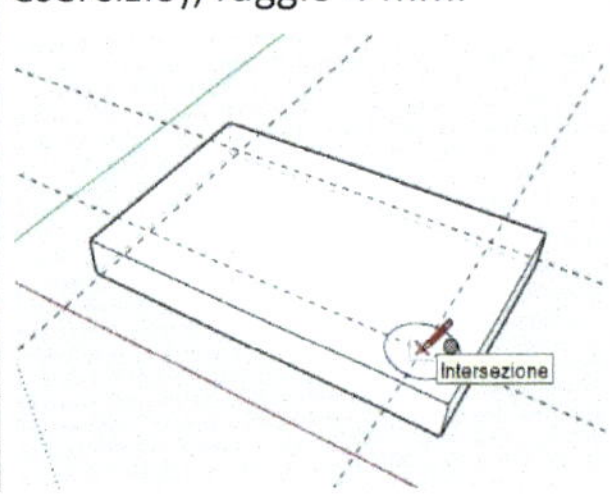

6. Realizzare i fori con *Spingi/tira*.

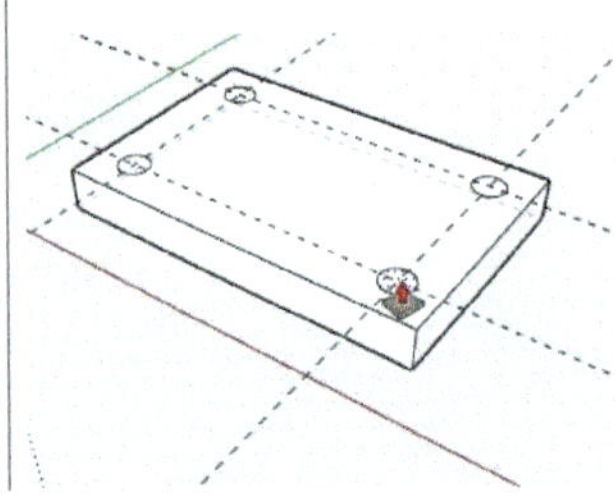

7. Disegnare angoli smussati con *Arco* (inferenza Su).

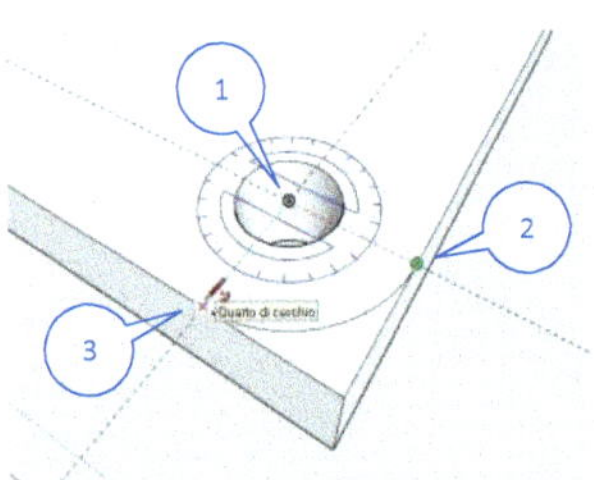

8. Togliere l'angolo con *Spingi/tira*.

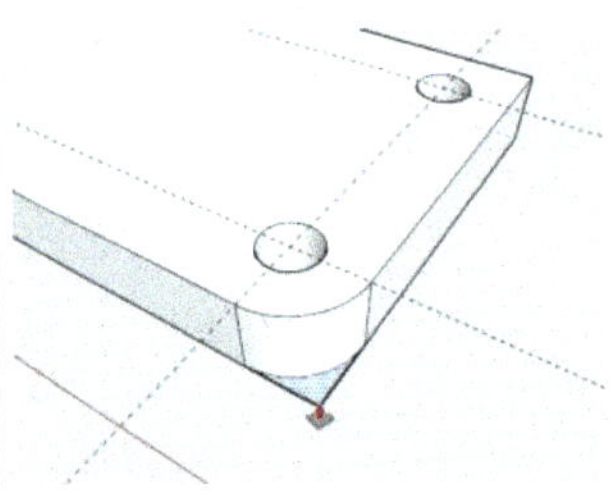

9. Eliminare le guide presenti prima di proseguire: menu *Modifica > Elimina guide*.

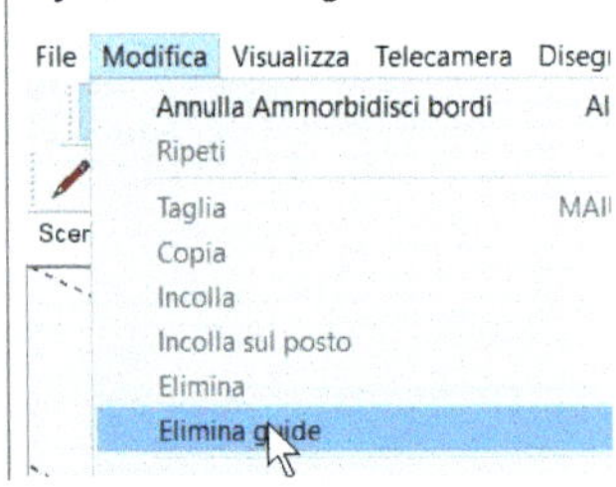

10. Inserire nuove guide baricentriche usando come riferimento i punti medi dei bordi.

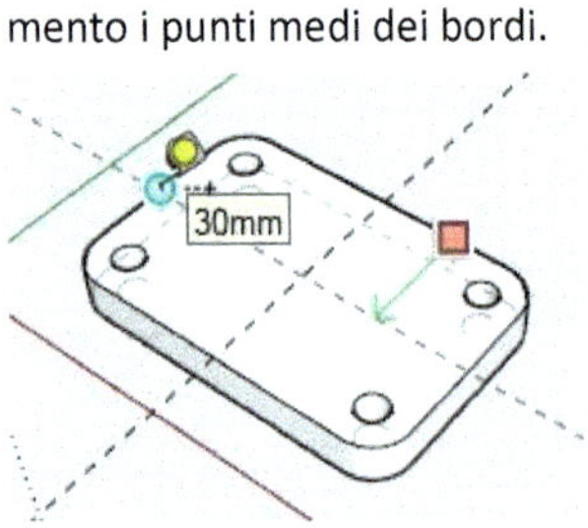

11. Disegnare il cerchio al centro della figura: raggio 17 mm, n. lati 60.

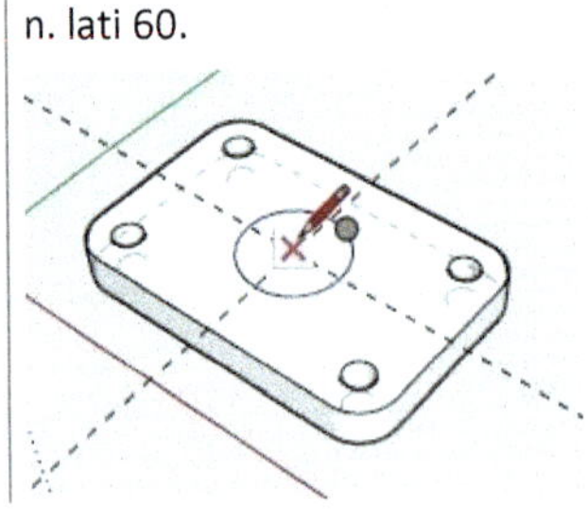

12. *Offset* verso l'interno di 5 mm.

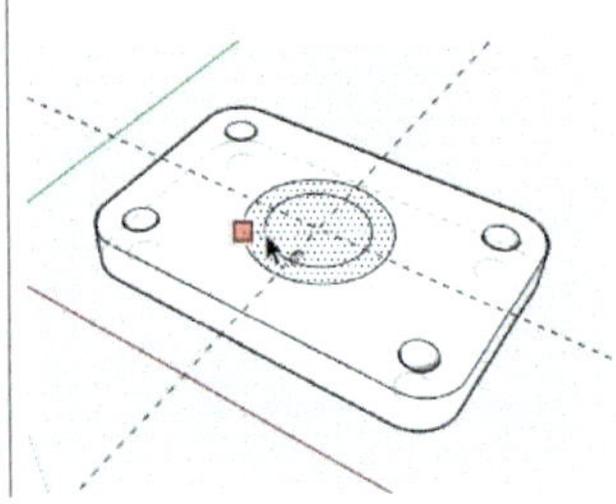

13. Disegnare altre linee di guida: distanze come in figura.

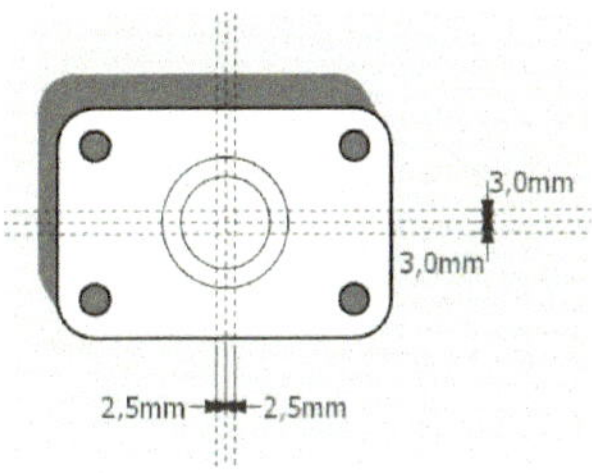

14. Disegnare le linee di demarcazione per suddividere la superficie circolare.

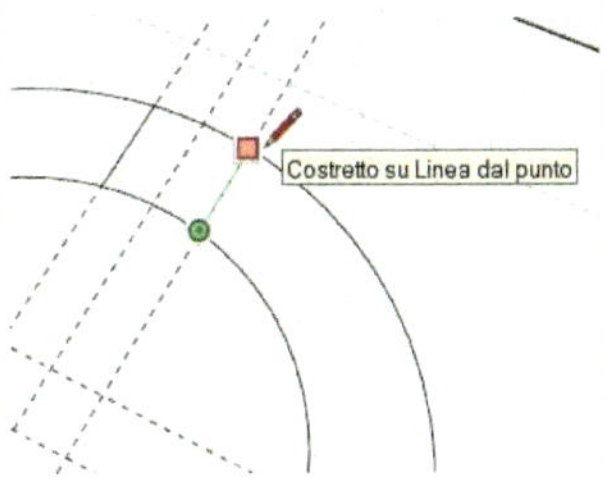

15. Estrudere le parti curve altezza 45 mm.

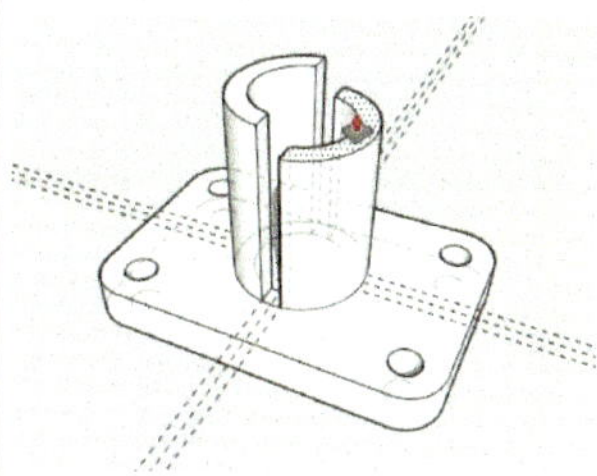

16. Estrudere le scanalature 26 mm.

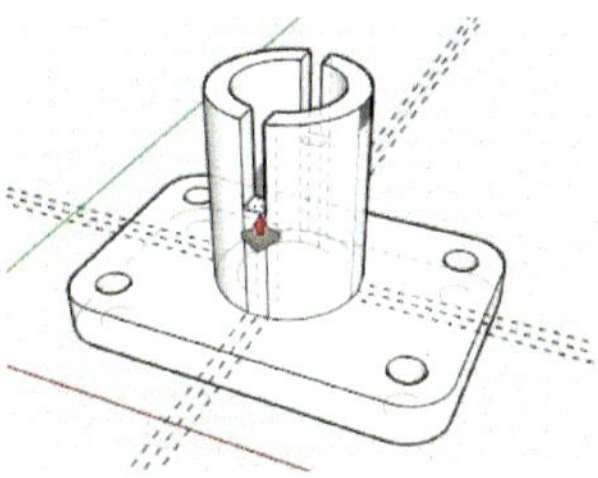

17. Posizionare le guide delle parti alettate: distanza dall'asse 26 mm.

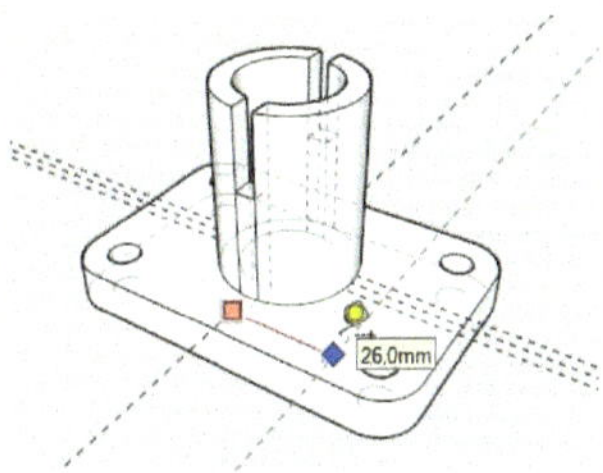

18. Ricalcare con linee la base delle parti alettate.

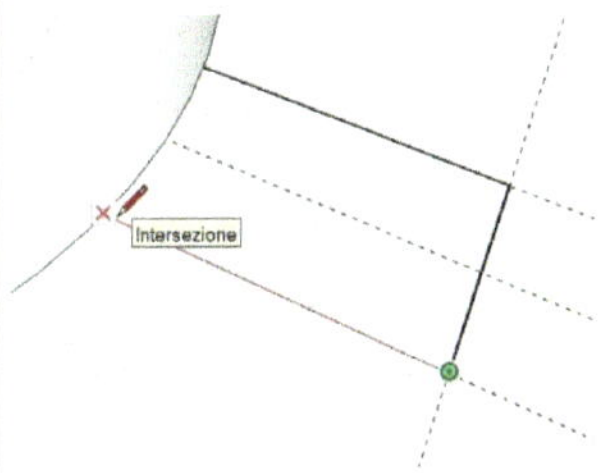

19. Estrudere per un'altezza di 40 mm.

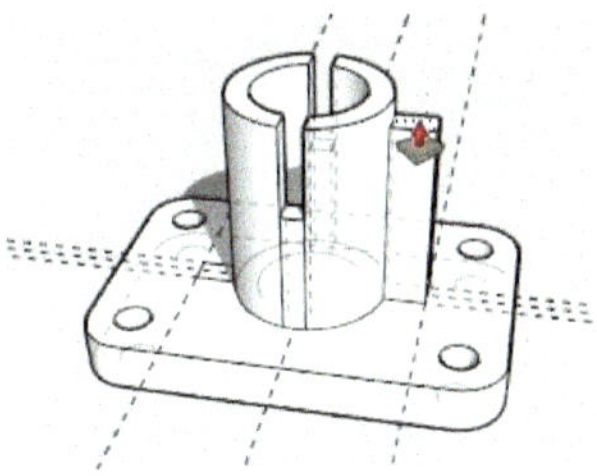

20. Ammorbidire le forme per nascondere i bordi.

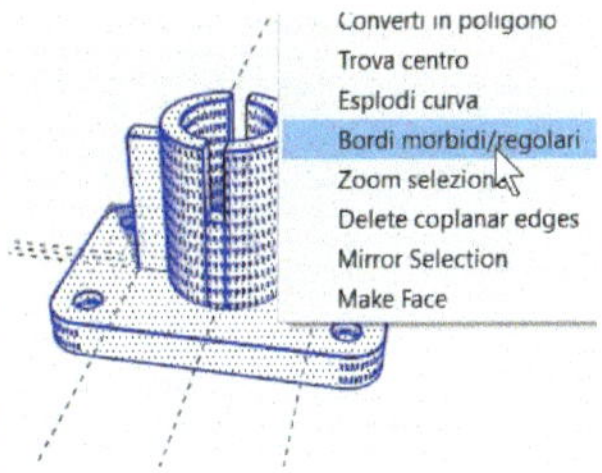

21. Selezionare tutto e realizzare un *gruppo* o un *componente* e applicare un materiale.

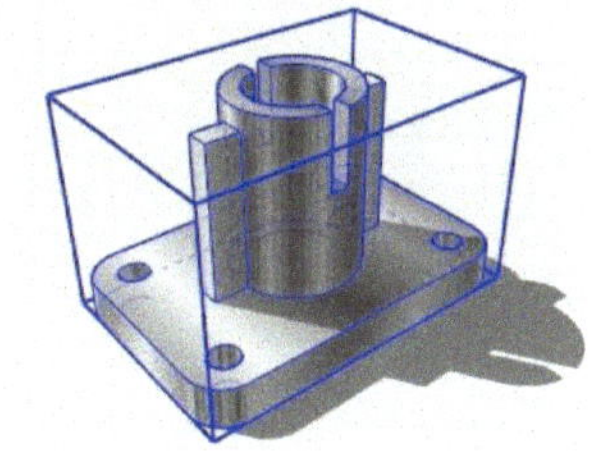

Note

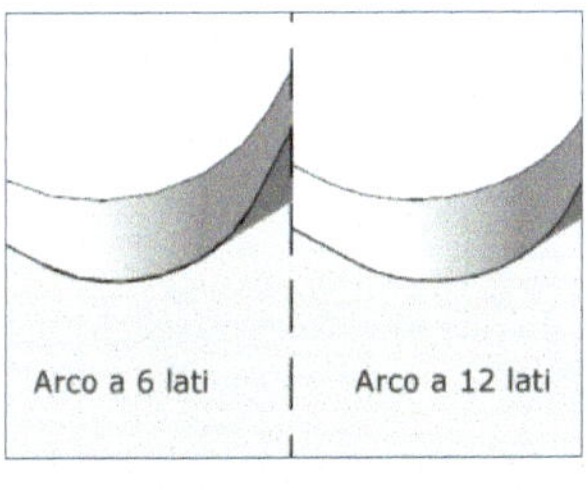

Quale numero di lati scegliere per archi e cerchi?

In SketchUp archi e cerchi sono rappresentati attraverso poligoni (vedere pagina 49). Per le parti curve dell'esercizio si è scelto di aumentare leggermente il numero predefinito tenendo conto che è bene scegliere un numero divisibile per quattro in modo che alle estremità ci sia il vertice di un segmento e non il punto medio che andrebbe a sfalsare l'effettivo diametro della figura.

Esercizio 2. **Componente front face**

Svolgimento eser.

Difficoltà

Tema *Componente Sempre rivolto alla telecamera.*

Descrizione Esercizio sulla realizzazione di un *componente* con l'impostazione front face attivata: in questo modo il *componente* è sempre rivolto all'osservatore nel modello. Questo tema è stato trattato nel *Capitolo 6.* Argomenti:

- realizzare un *componente* basato su un'immagine importata;
- attivare l'impostazione *Sempre rivolto alla telecamera* (o front face);
- impostazione *Ombre di fronte al sole.*

Strumenti

Rettangolo (pag. 48)

Misura > Guide (pag. 40)

- Importazione immagini (pag. 135)
- Impostazione front face (pag. 84)

Peculiarità dell'impostazione Front face

Questa impostazione è utile nel caso in cui un oggetto debba essere sempre rivolto all'osservatore in modo da essere ben visibile e dare l'impressione di essere tridimensionale. Non si presta ad essere utilizzato con qualsiasi tipo di oggetto, ma solo nel caso in cui si voglia dare l'impressione di tridimensionalità di un elemento che in realtà è piano o comunque visibile solo da un'angolazione ben precisa. Questa funzione si presta ad essere usata per elementi di contesto come alberi, persone, cartelloni, al posto di elementi 3D che appesantiscono di molto il modello. Come esempio si è scelto il nostro satellite, la Luna, che, come è noto, rivolge sempre la stessa faccia al nostro pianeta. L'immagine importata è in formato PNG, che permette di conservare la trasparenza dello sfondo.

Svolgimento

1. Disegnare una superficie con dimensioni approssimative.

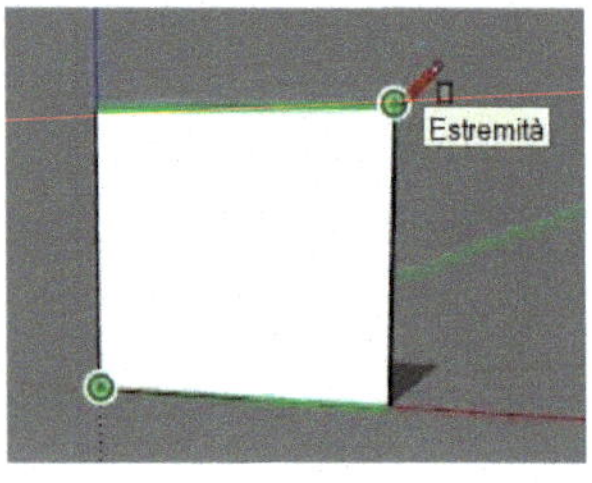

2. Importare un'immagine come texture dal menu *File > Importa*.

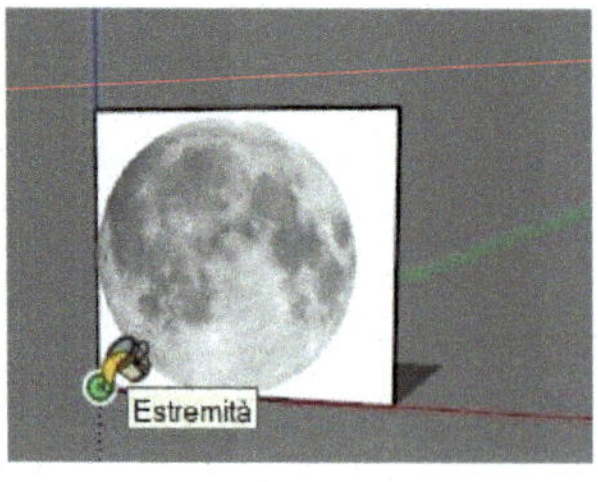

3. Con due clic dimensionare l'immagine sulla superficie.

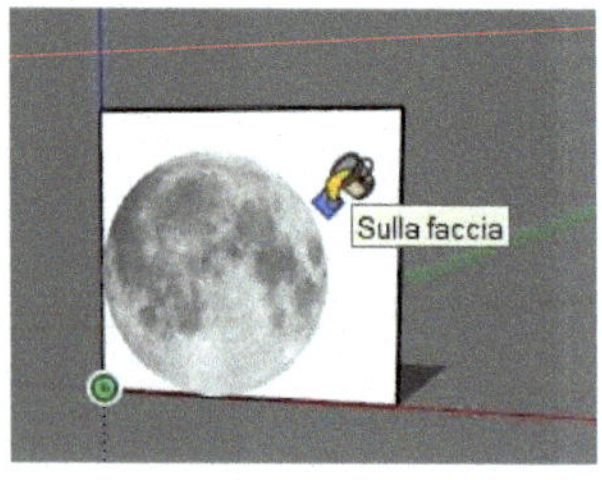

4. L'immagine importata si ripete sulla superficie in direzione orizzontale e verticale.

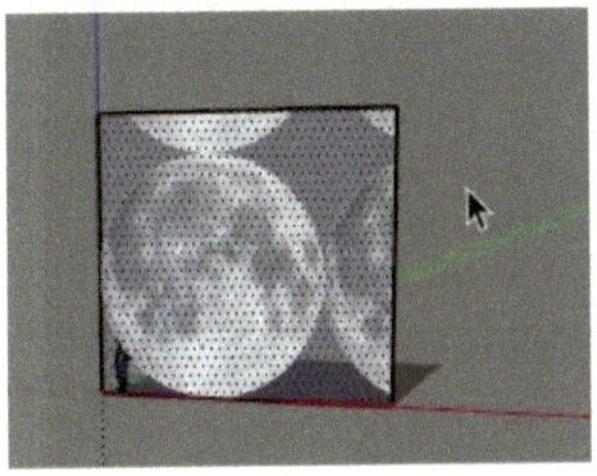

5. Disegnare un cerchio per ritagliare la figura, con linee di guida individuarne il centro.

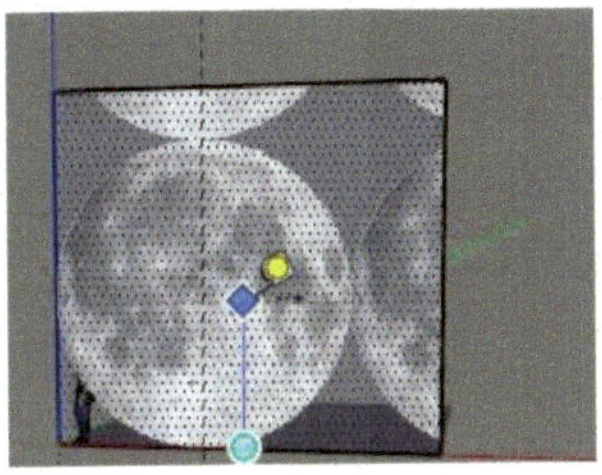

6. Tracciare un cerchio delle dimensioni approssimative della luna dell'immagine.

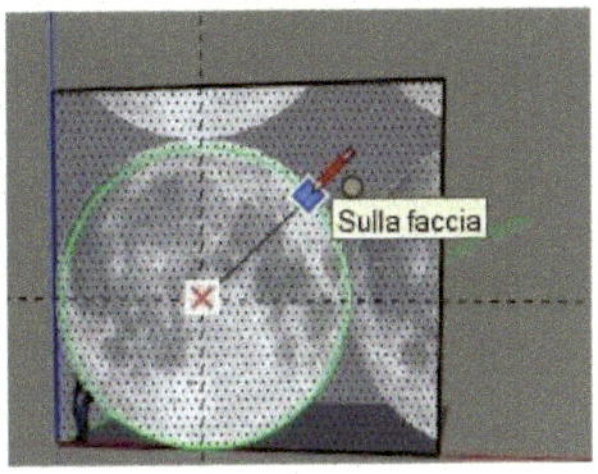

7. Spostare se necessario la circonferenza fino a ricalcare la posizione della luna.

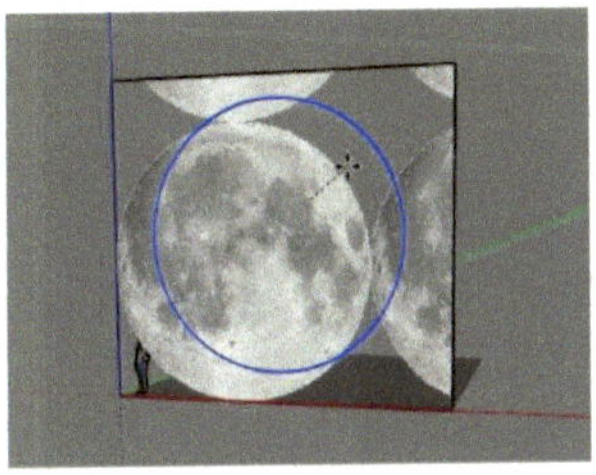

8. Cancellare le linee e le superfici in eccesso: rimane il cerchio con la texture.

9. Selezionare la faccia e la circonferenza e farne un *componente*.

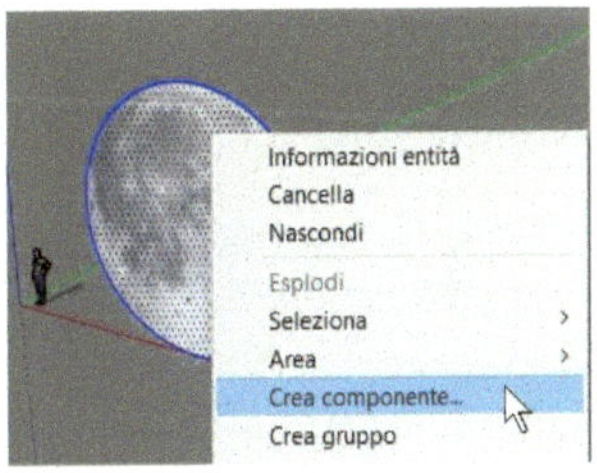

10. Attivare *Sempre rivolto alla telecamera* e *Ombre di fronte al sole*.

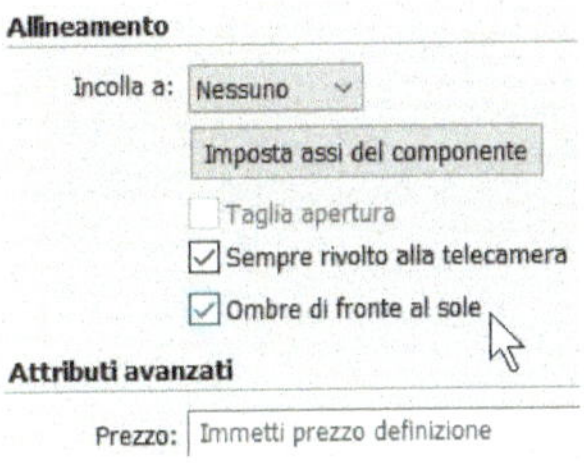

11. La luna ora segue la posizione dell'osservatore.

12. La luna sulla destra ha l'impostazione *Ombre di fronte al sole* disattivata.

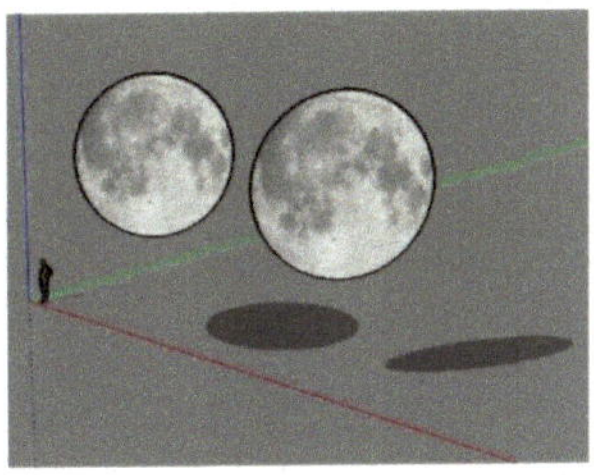

Suggerimento. Se l'impostazione *Ombre di fronte al sole* è attiva il *componente* proietta un'ombra che simula la tridimensionalità dell'oggetto.

Figura 4 - Il componente front face in un'ambientazione notturna.

Esercizio 3. **Le 4 combinazioni di annidamento**

Svolgimento eser.

Difficoltà

Tema Confronto fra oggetti con diverse combinazioni di annidamento

Descrizione Esercitazione con esempi pratici relativi alle combinazioni di annidamento fra *gruppi* e *componenti* così come sono state trattate nel *Capitolo 6*. Gli argomenti trattati sono:

- esercizio di analisi delle quattro combinazioni di annidamento;
- esempi pratici per ciascuna delle combinazioni.

Strumenti Rettangolo (pag. 48) Spingi/tira (pag. 58)

Introduzione

La gestione ragionata di un modello 3D non può prescindere dall'uso corretto di *gruppi*, *componenti* e dei relativi annidamenti. Il tema è stato trattato nella prima parte del libro nel capitolo sull'organizzazione del modello. In questa sezione del manuale si vogliono mostrare alcuni esempi che valorizzano le potenzialità insite in queste combinazioni. I vantaggi nell'utilizzare combinazioni di *gruppi* e *componenti* sono svariati e coprono casi differenti e ricorrenti in ogni modello tridimensionale. Gli esempi seguenti sono studiati per rendere chiari ed evidenti questi vantaggi e come sfruttarli al meglio.

Nota. Come evidenziato nel capitolo su *gruppi* e *componenti* nella prima parte del libro ci possono essere geometrie "libere" tra un livello di annidamento e l'altro. Gli esempi seguenti contemplano casi in cui tutti gli elementi sono raggruppati e non ci sono geometrie libere.

Oltre alle quattro già citate combinazioni "pure", si possono includere in modo misto *gruppi* e *componenti* dentro ad altri *gruppi* o *componenti*. Per capire con chiarezza quali implicazioni ci siano nell'effettuare gli annidamenti si tratteranno le quattro combinazioni di base per far emergere le loro differenze. Una volta capite queste, si potranno incrociare tra di loro a seconda delle necessità. Per analizzare le quattro combinazioni si propone un esempio semplice ma esplicativo: una serie di pilastri su più piani. A seguire alcuni esempi di applicazione delle varie combinazioni su tipi differenti di oggetti.

Esercizio di analisi: una serie di pilastri su più piani

L'obiettivo è confrontare gli esiti delle modifiche apportate su ciascuna di queste combinazioni per evidenziare la varietà e versatilità delle varie soluzioni. Si tenga presente che non c'è una soluzione che sia *a priori* migliore delle altre, ma la scelta fra una o l'altra dipende dalle specifiche necessità del progetto.

Un sistema a telaio su più piani.

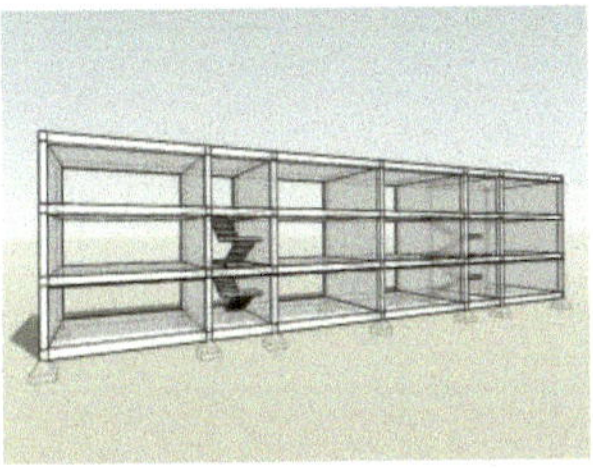

La scomposizione delle sue parti: struttura a telaio, pareti, solai.

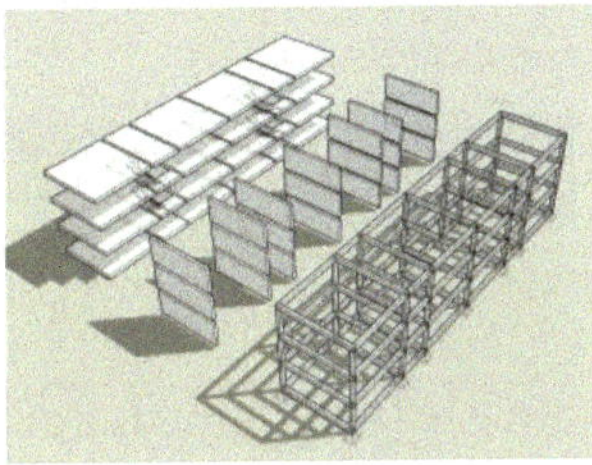

L'esempio si concentra sui pilastri e sulle possibilità di annidamento per le varie copie.

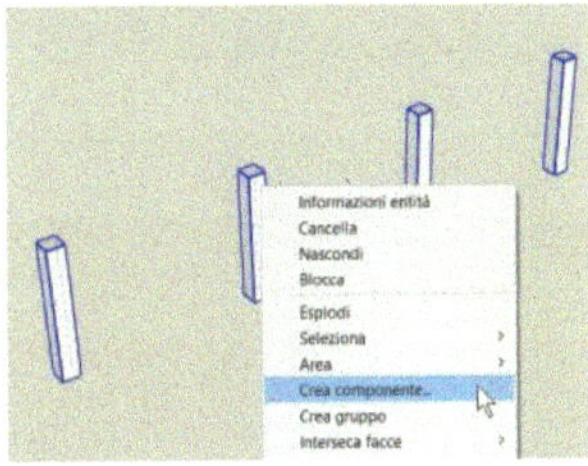

Una volta realizzato il primo pilastro (con *Spingi/tira*) lo si può raggruppare sia come *gruppo* che come *componente*. Dopo averne fatto alcune copie le si potrebbe raggruppare, per una maggiore facilità di copia nei piani superiori, a loro volta come *gruppo* o *componente* (contenente i pilastri). Di seguito l'analisi delle quattro combinazioni condotta attraverso modifiche di:

→ **dimensione** dei pilastri;

→ **posizione** del pilastro all'interno del raggruppamento.

A. *Gruppi* all'interno di un *gruppo*

Il singolo pilastro è un ***gruppo***; la serie di pilastri è un ***gruppo***. Le modifiche alle dimensioni ed alla posizione di uno dei pilastri non vengono estese né alle altre copie del pilastro né alla copia del *gruppo* di pilastri. Considerazioni: minima propagazione delle modifiche, la modifica interessa solo l'elemento su cui viene eseguita, gli oggetti hanno poche informazioni.

I due *gruppi* di pilastri prima della modifica.

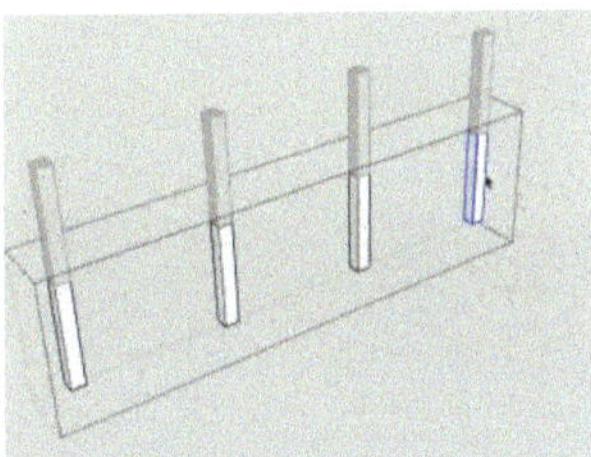

Le modifiche ad uno dei pilastri: è stato allungato e spostato all'indietro.

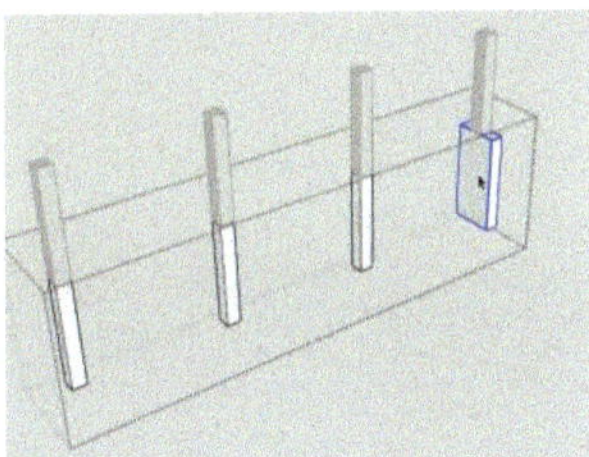

La finestra *Struttura* con evidenziata la selezione di uno dei *gruppi* pilastro.

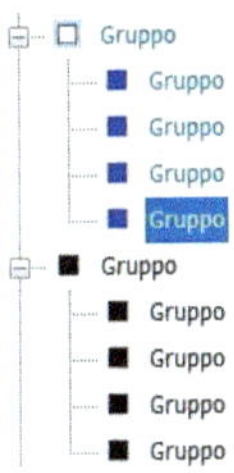

B. *Componenti* all'interno di un *gruppo*

Il singolo pilastro è un ***componente***, la serie di pilastri è un ***gruppo***. La modifica di dimensione viene estesa alle altre copie sia all'interno del *gruppo* attivo che nell'altro. La modifica alla posizione invece non si ripercuote sugli altri elementi: i due *gruppi* di pilastri hanno al loro interno oggetti uguali ma in posizioni differenti. Considerazioni:

velocità nelle modifiche alle copie dei pilastri, flessibilità nella disposizione delle copie all'interno dei *gruppi*.

I due *gruppi* di *componenti* prima della modifica.

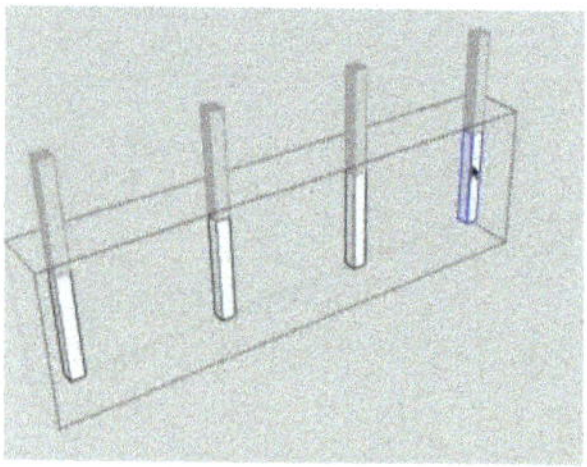

I *componenti* modificati; uno di questi viene spostato.

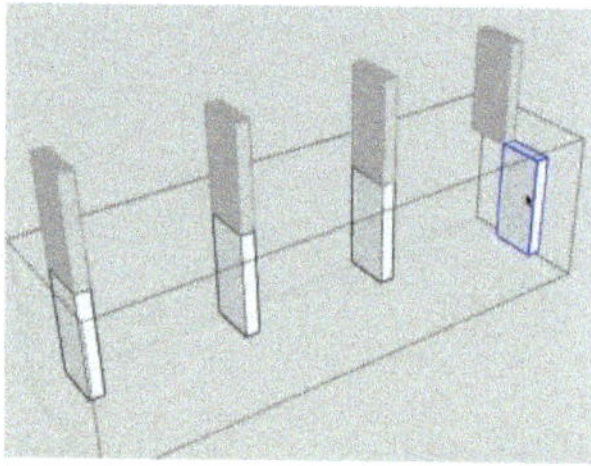

La finestra *Struttura* evidenzia i nomi dei *componenti*.

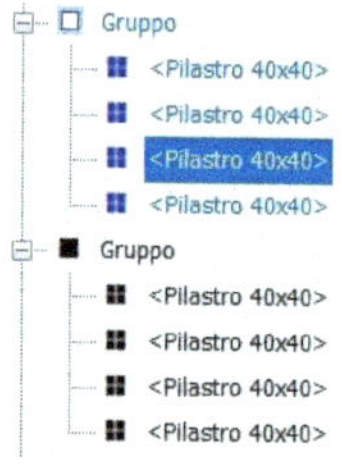

Suggerimento. Anche i *gruppi* possono avere nomi: selezionare il *gruppo* e indicare il nome nella finestra *Informazioni entità*. Su questo aspetto i *componenti* sono più comodi perché il nome viene richiesto direttamente al momento della loro creazione (assieme agli attributi avanzati e ad altre opzioni).

C. *Gruppi* all'interno di un *componente*

Il singolo pilastro è un ***gruppo***, la serie di pilastri è un **componente**. La modifica di forma e posizione ad uno dei pilastri viene estesa fra le due serie di *componenti*. La modifica ad uno dei *gruppi* non viene estesa alle altre copie se non a quella omologa all'interno dell'altro *componente*. Considerazioni: sincronizzazione delle posizioni ma non dei singoli elementi; le serie di pilastri sono uguali tra loro ma lo stesso non vale per gli elementi della serie.

I due *componenti* (contenenti i pilastri) prima della modifica.

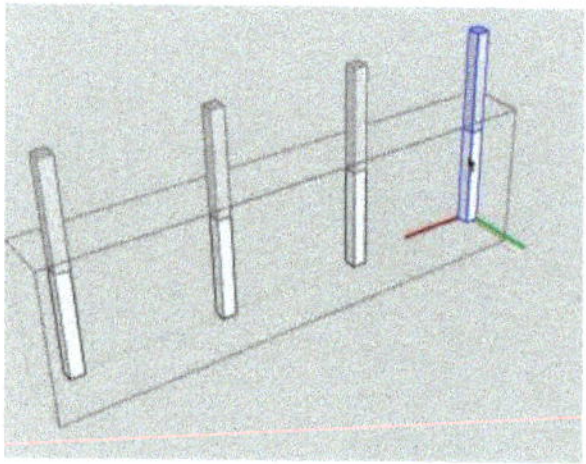

Le modifiche sincronizzate fra i due *componenti*: solo uno dei pilastri della serie viene modificato.

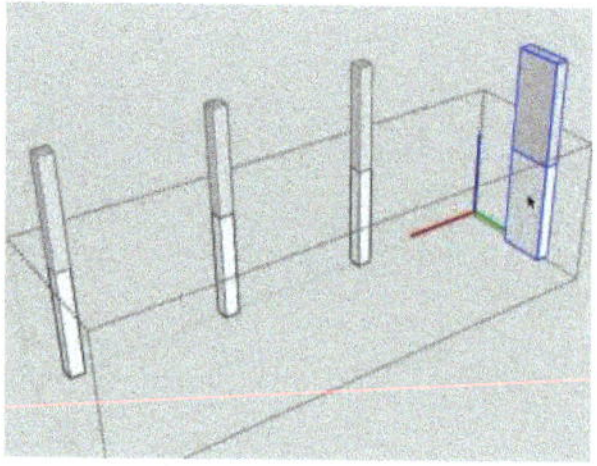

La finestra *Struttura* evidenzia la selezione di uno stesso elemento all'interno di *componenti* simili.

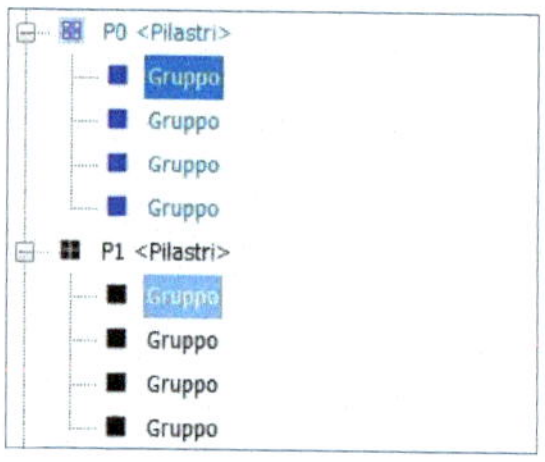

D. *Componenti* all'interno di un *componente*

Il singolo pilastro è un ***componente***, la serie di pilastri è un ***componente***. Sia le modifiche di dimensione che di posizione si propagano ai *componenti* su entrambi i livelli di annidamento. Considerazioni: massima sincronizzazione sia dei singoli elementi pilastro che dei loro raggruppamenti.

I due *componenti* prima della modifica.

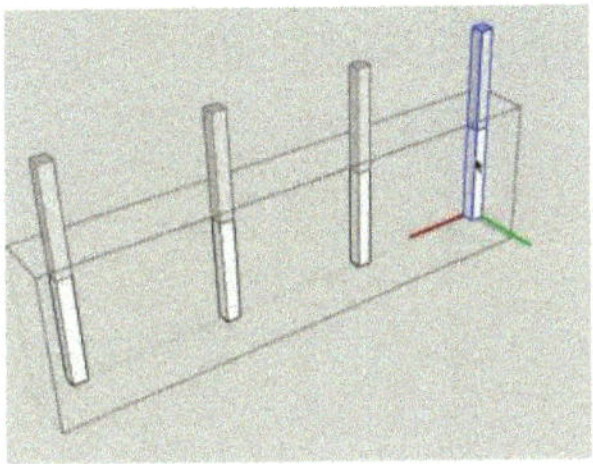

Sono sincronizzate sia le modifiche ai singoli pilastri che agli insiemi di pilastri.

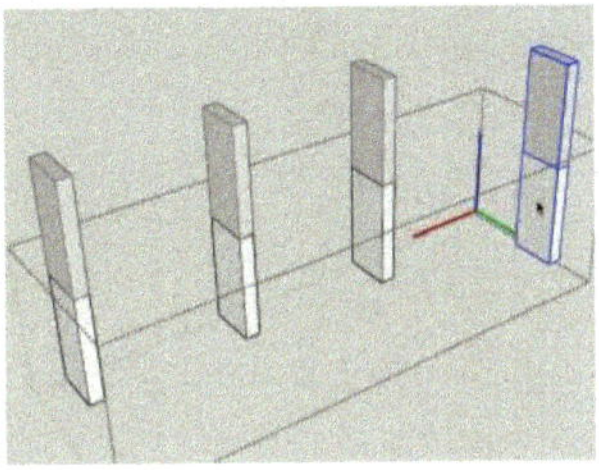

La finestra *Struttura* evidenzia i nomi sia dell'elemento padre che dell'elemento figlio.

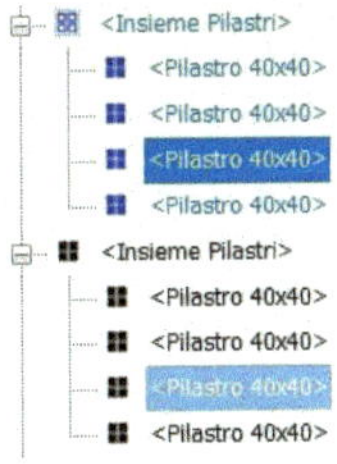

Considerazioni finali

Dalla comparazione tra le quattro combinazioni emerge che si possono ottenere vari gradi di sincronizzazione relativi alla forma del singolo elemento e/o alla sua posizione all'interno del raggruppamento, o entrambe le cose. A seconda delle necessità imposte dal progetto si potrà dunque optare per una massima sincronizzazione tra i piani dell'edificio (soluzione D) oppure vari gradi di indipendenza, per arrivare fino alla totale assenza di sincronizzazione (soluzione A).

A. **Nessuna sincronizzazione.** Pilastri e piani differenziati.

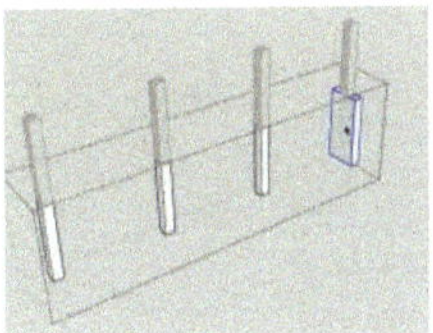

B. **Sincronizzazione di dimensione su tutti gli elementi.** Pilastri tutti uguali, piani differenti.

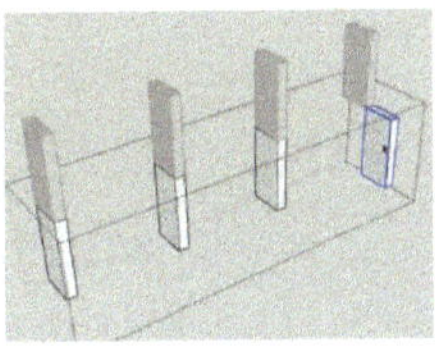

C. **Sincronizzazione sul singolo elemento.** Pilastri differenti, piani uguali.

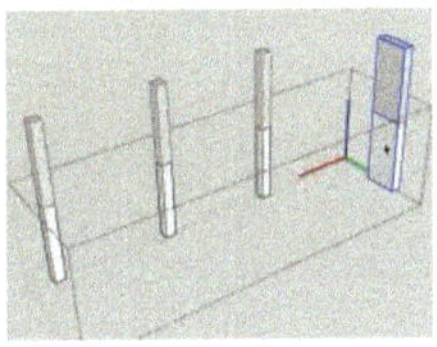

D. **Sincronizzazione sia di dimensione che di posizione.** Pilastri e piani sincronizzati.

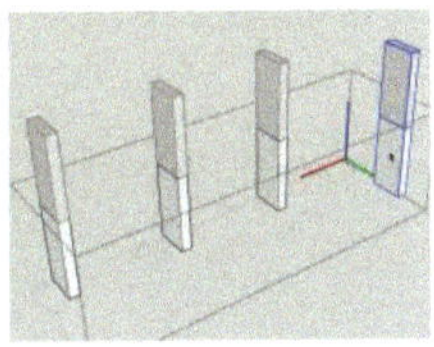

Esempi per le quattro combinazioni

Se si applica la stessa analisi ad altri oggetti si può constatare che ciascuna di queste combinazioni è adatta in contesti differenti.

Si elencano pertanto alcuni oggetti in cui emerge in particolare l'utilità di una specifica combinazione rispetto alle altre: si tratta di esempi puramente indicativi. Il progettista deve valutare di volta in volta le necessità poste dal progetto e dalla sua gestione.

A. Esempi di *gruppi* all'interno di un *gruppo*

***Gruppo* di partizioni orizzontali e verticali di un edificio.**

Il *gruppo* contenente le partizioni del fabbricato.

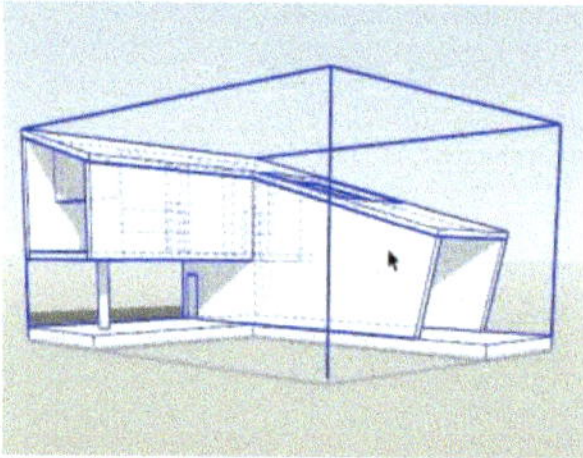

Un esploso che evidenzia i vari elementi.

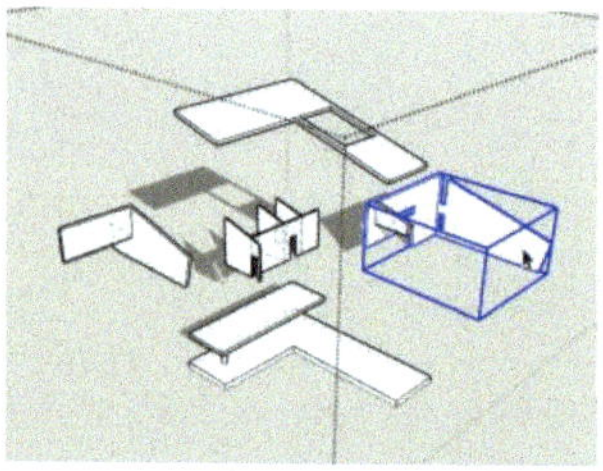

La finestra *Struttura* con i nomi dei *gruppi* nidificati.

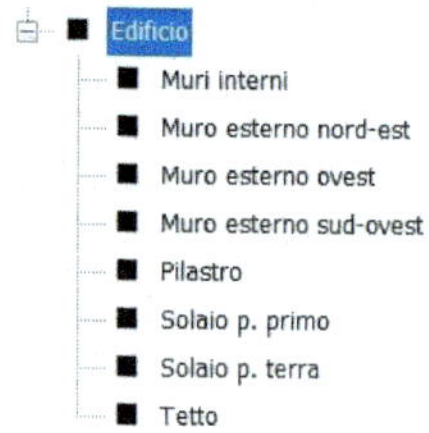

***Gruppo* con gli strati di un muro.**

Il muro con gli strati raggruppati.

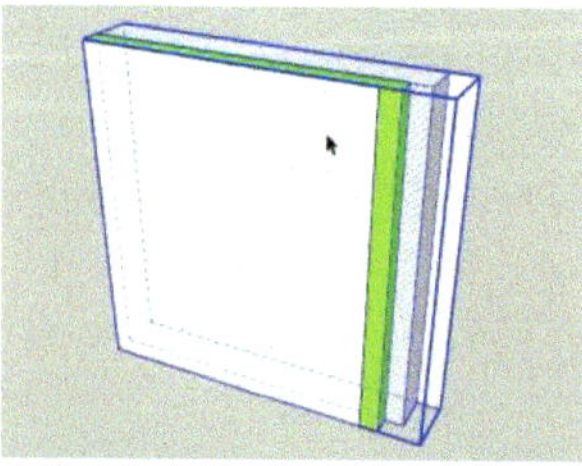

I vari elementi della stratigrafia.

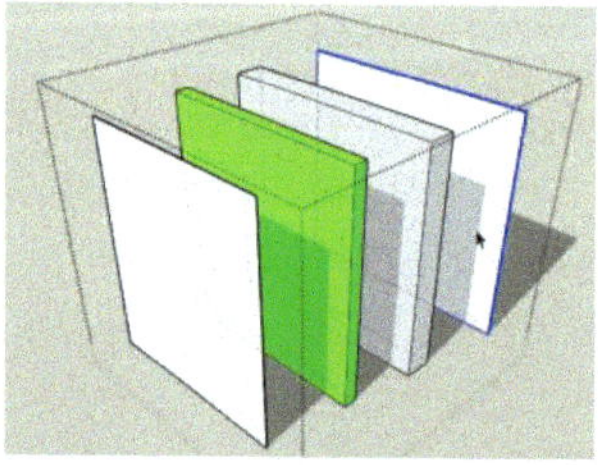

Elementi pronti per l'applicazione di materiali e il computo.

B. Esempi di *componenti* all'interno di un *gruppo*

Scala

La scala da interni con cosciali laterali e gradini modulari.

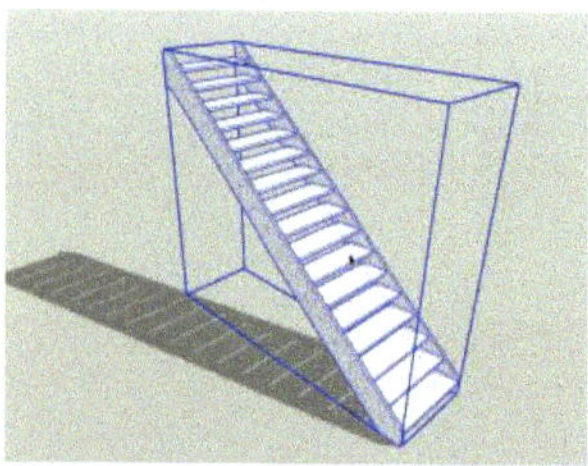

La serie di *componenti* è raccolta all'interno di un *gruppo*.

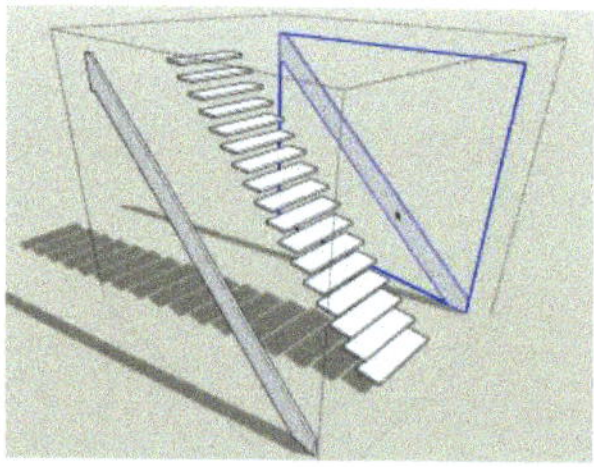

Nella struttura c'è l'elenco di *componenti*.

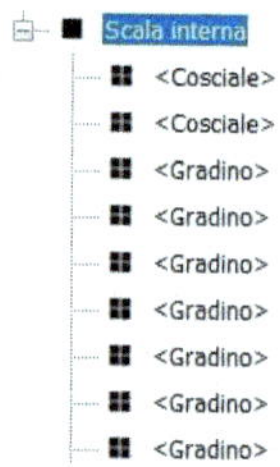

Tetto ventilato

Un modello di studio per un tetto ventilato.

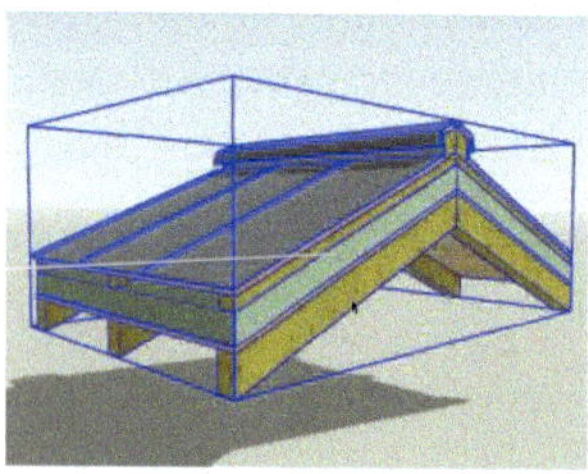

L'esploso che evidenzia i vari moduli.

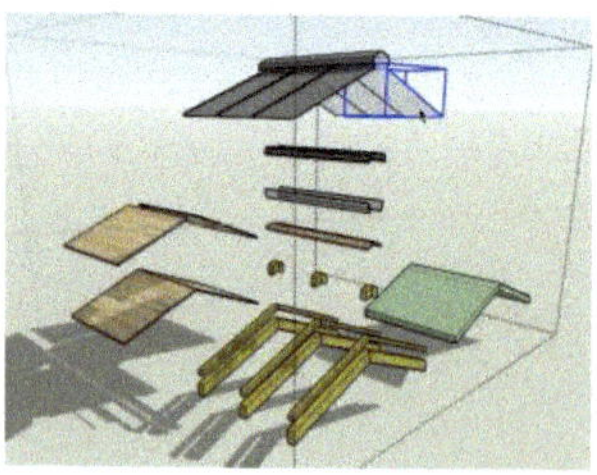

Si tratta di un *gruppo* per facilitare la selezione.

C. Esempi di *gruppi* all'interno di un *componente*

Finestra ad un'anta

La finestra ad un'anta dell'esercizio n. 5.

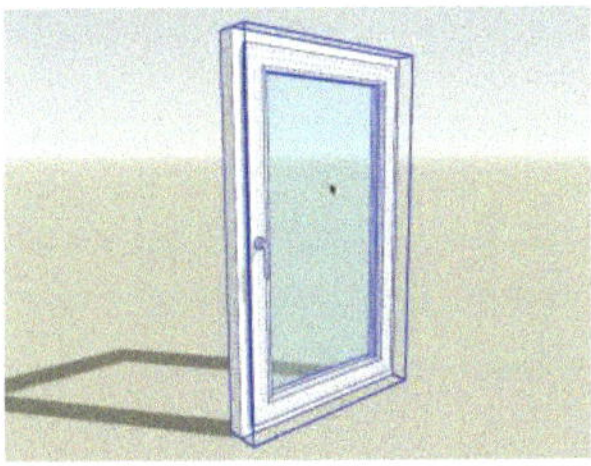

L'esploso dei vari elementi telaio, anta, vetro, maniglia.

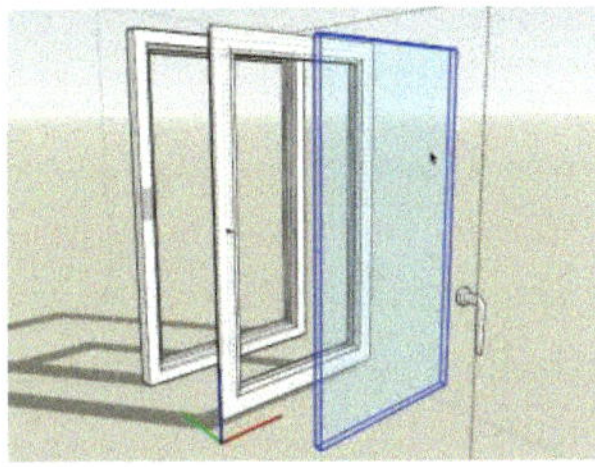

La struttura del *componente* con i *gruppi* con nomi.

Sedia

La sedia composta da struttura metallica e schienale.

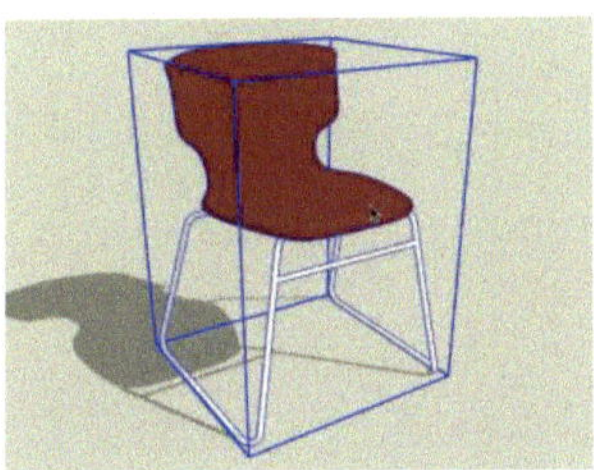

I due elementi spostati, sono entrambi *gruppi*.

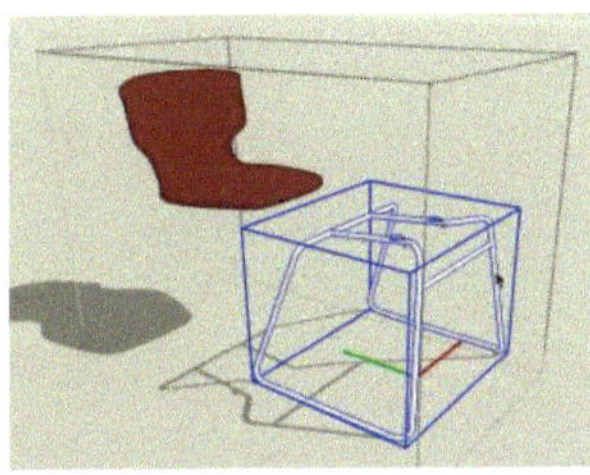

La semplice struttura del *componente* con i due *gruppi*.

D. Esempi di *componenti* all'interno di un *componente*

Mobile con ripiani

Il modulo d'arredo con ripiani...

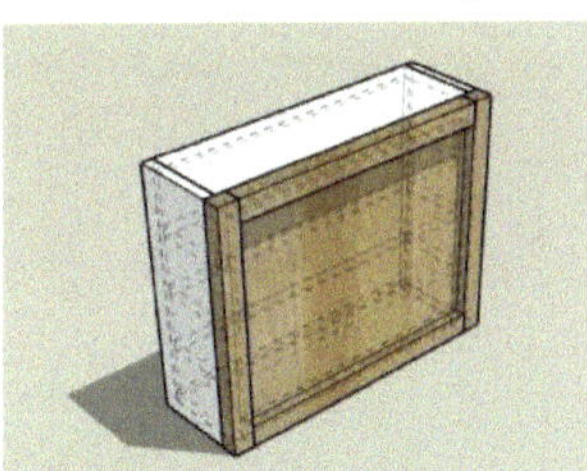

... contiene elementi ripetuti

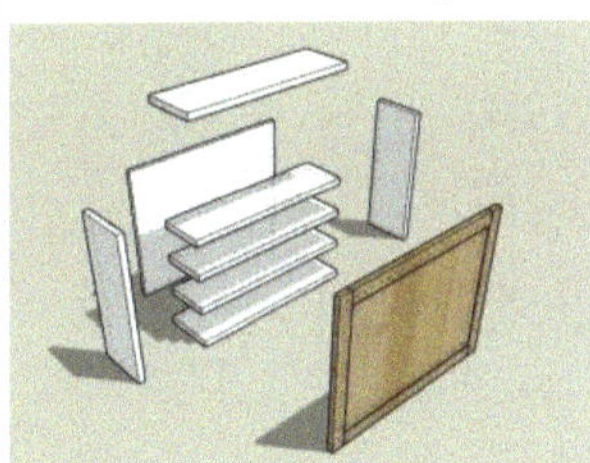

La struttura con le nidificazioni.

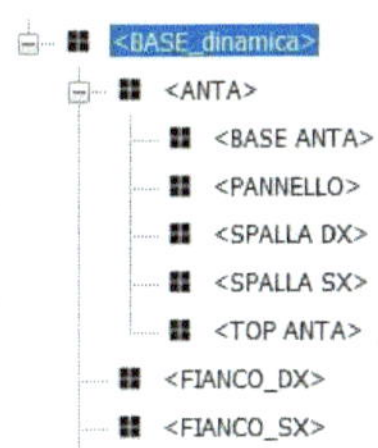

Divano simmetrico

Un elemento simmetrico costruito con *componenti*.

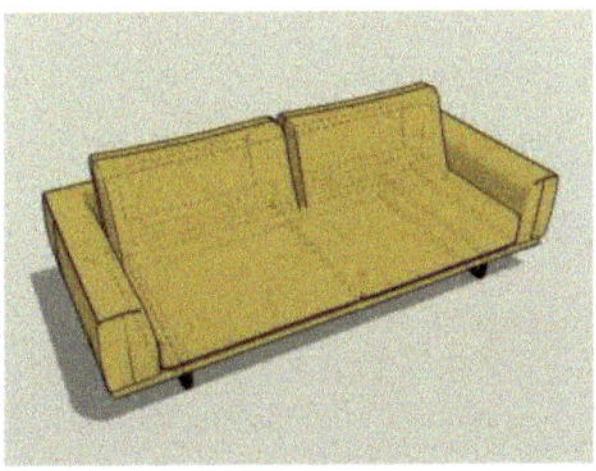

Questo riduce circa a metà il "peso" del file.

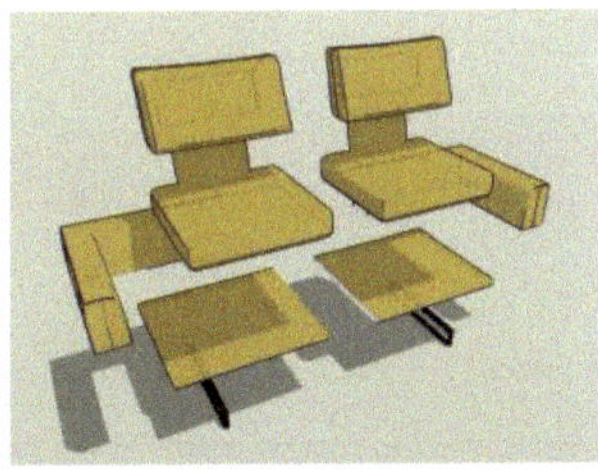

La struttura con la ripetizione dei *componenti* doppi.

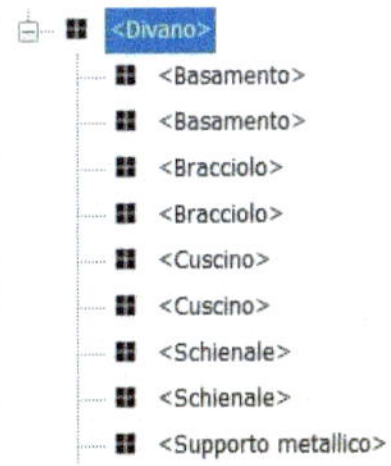

Esercizio 4. Rubinetto

Svolgimento eser. Realtà Aumentata

Difficoltà

Tema Costruzione di un rubinetto dal design essenziale.

Descrizione Approfondire l'utilizzo delle guide e la combinazione di strumenti *Spingi/tira*, *Offset* e *Seguimi*. Viene utilizzato un raggruppamento per ogni parte per fare in modo che ciascuna di queste sia autonoma. Gli argomenti trattati sono:

- disegno di figure bidimensionali e utilizzo delle guide di riferimento;
- estrusione ed estrusione su percorso;
- annidamento di *gruppi* in un *componente*.

Strumenti

- Rettangolo (pag. 48)
- Spingi/tira (pag. 58)
- Offset (pag. 72)
- Misura > Guide (pag. 40)
- Arco (pag. 51)
- Seguimi (pag. 64)

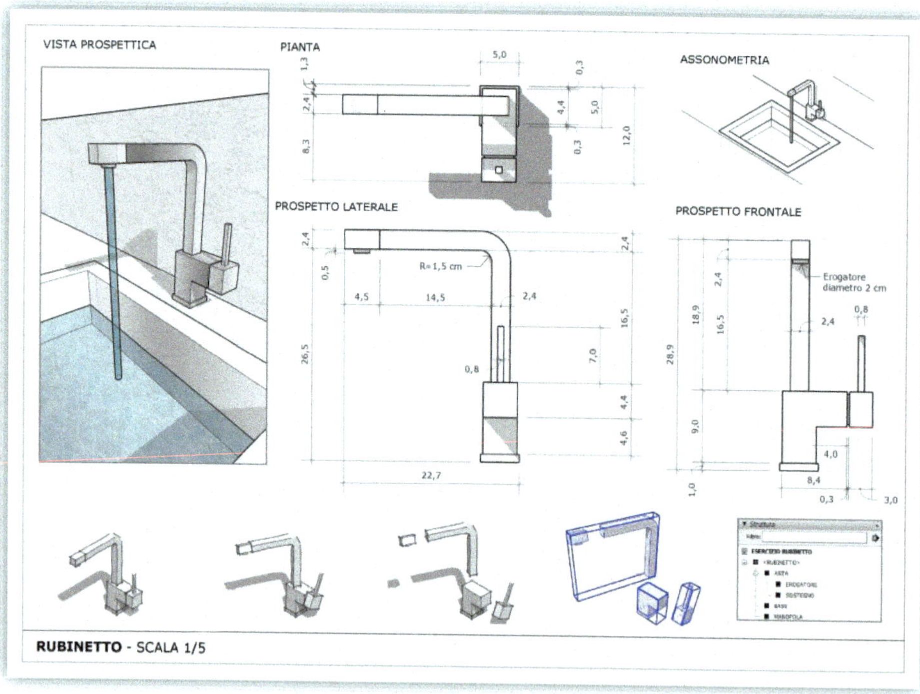

Svolgimento

1. **Base:** disegnare il quadrato di base con lo strumento *Rettangolo*.

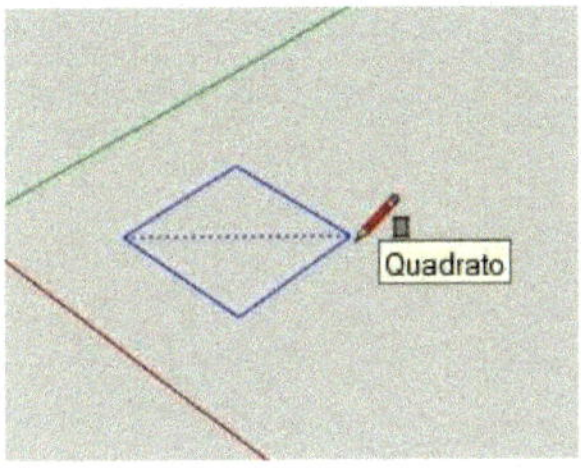

2. Digitare le misure 5x5 separate da punto e virgola e cliccare Invio.

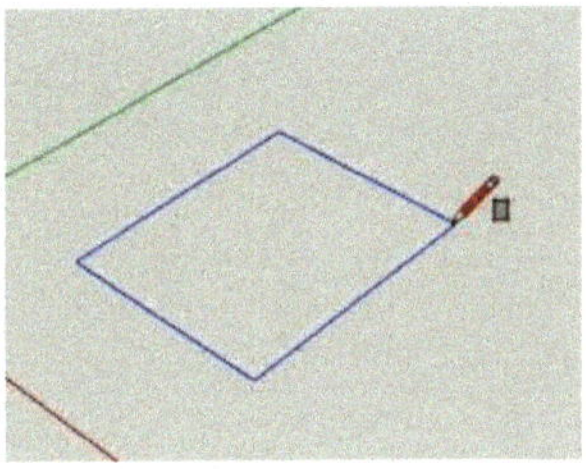

3. Estrudere 1 cm verso l'alto con *Spingi/tira*.

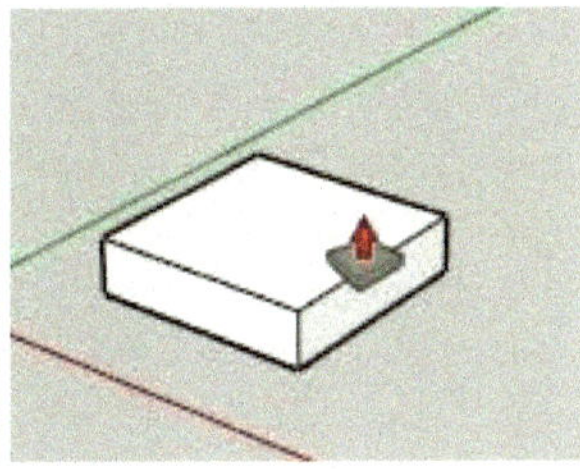

4. Con Offset copiare le linee perimetrali verso l'interno 0,3 cm.

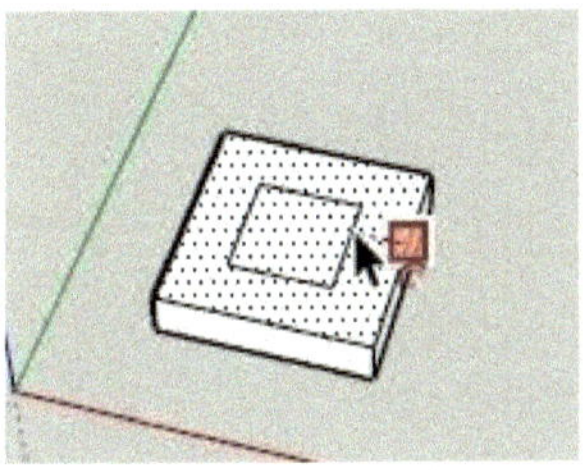

5. Estrudere la faccia interna 9 cm verso l'alto.

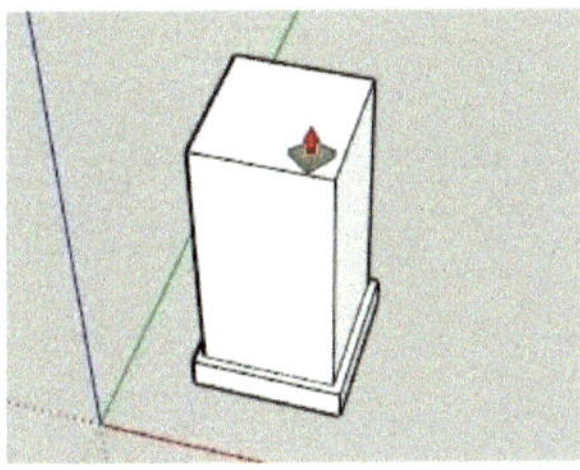

6. Selezionare la linea e copiarla con *Sposta* + Ctrl verso il basso 4,4 cm.

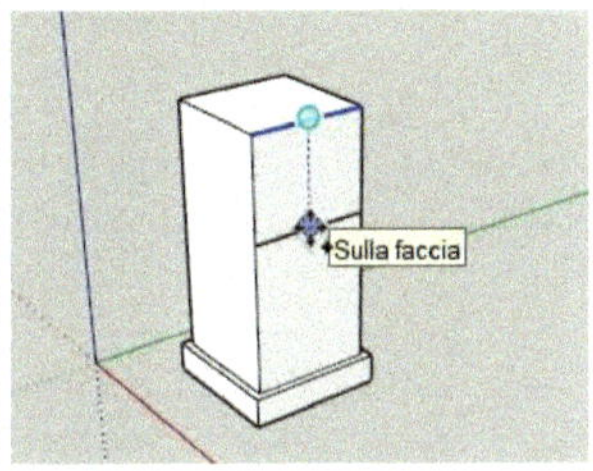

7. Estrudere la faccia lateralmente 4 cm con *Spingi/tira*.

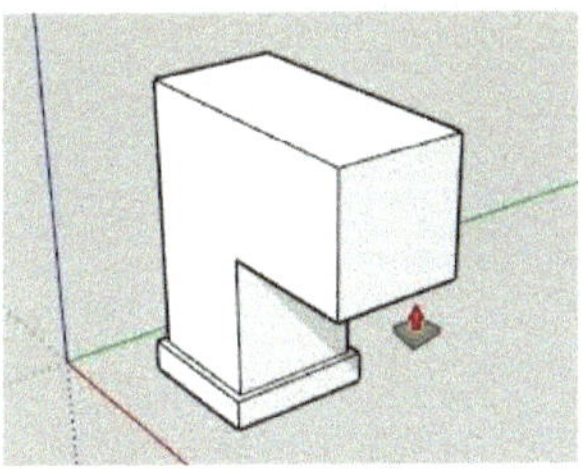

8. Triplo clic sulle superfici > tasto destro > *Crea gruppo* (vedere note a fine esercizio).

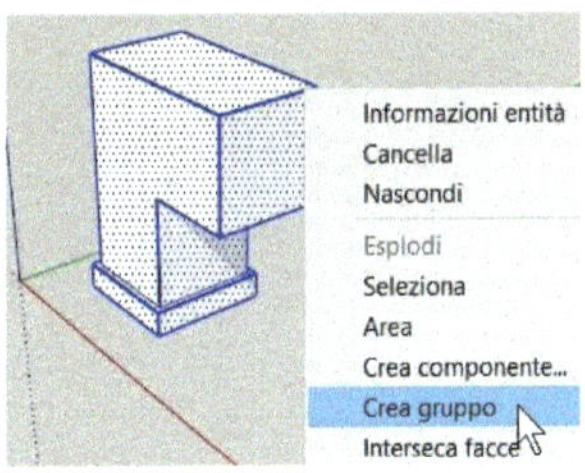

9. **Miscelatore:** disegnare un rettangolo ricalcando la faccia laterale del *gruppo* base.

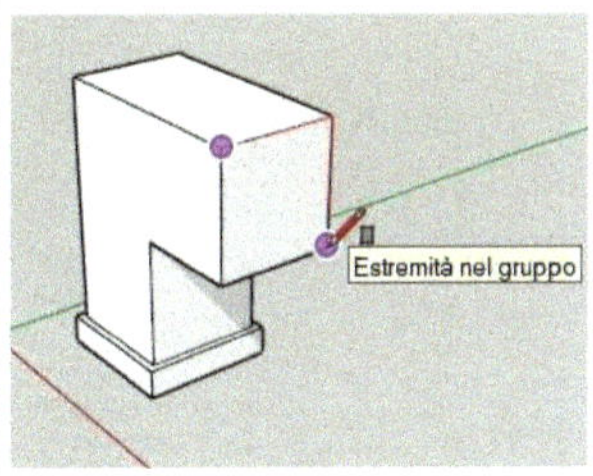

10. Con Offset copiare le linee perimetrali verso l'interno 0,3 cm.

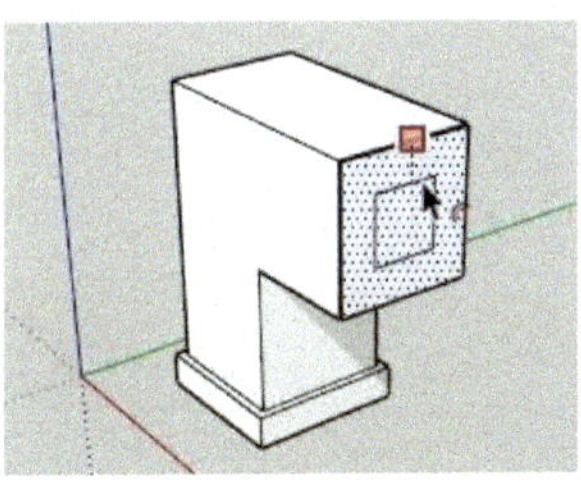

11. Estrudere la faccia interna 0,3 cm verso l'esterno.

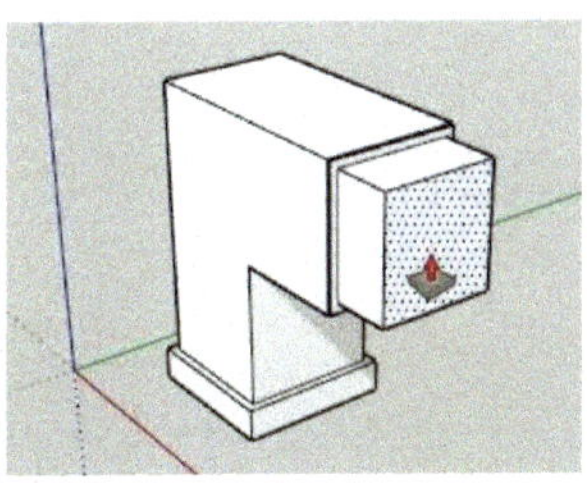

12. Con Offset copiare le linee perimetrali verso l'esterno 0,3 cm.

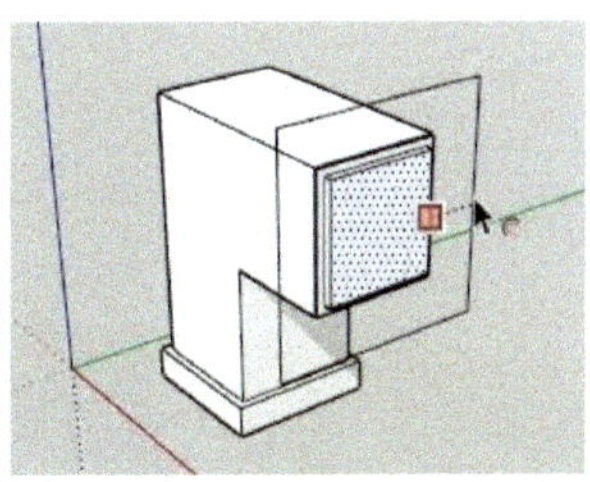

13. Disegnare un quadrato centrato (cliccando Ctrl) 0,8x0,8 cm.

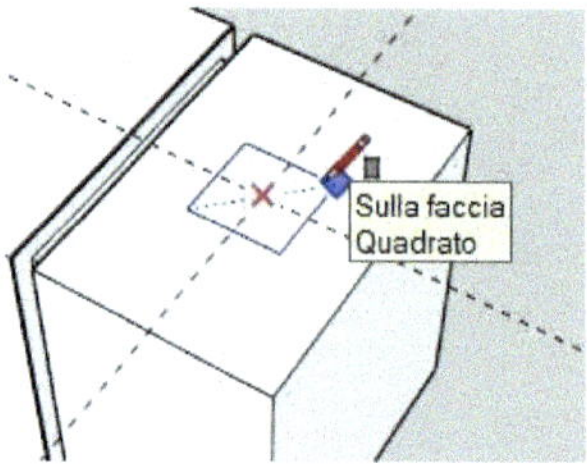

14. Estrudere la faccia 7 cm.

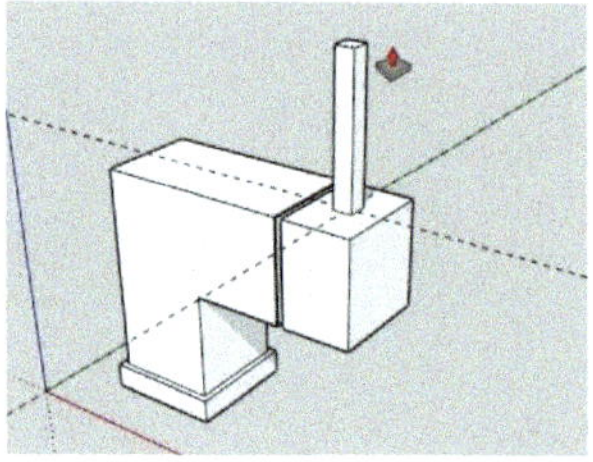

15. Triplo clic > tasto destro > *Crea gruppo*.

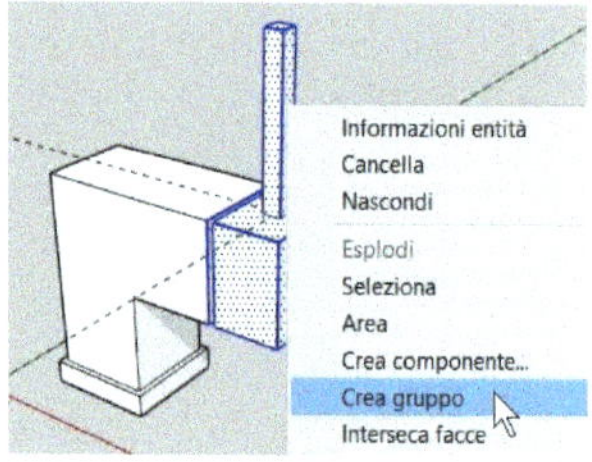

16. Asta: disegnare linee di guida baricentriche sfruttando le inferenze da tastiera.

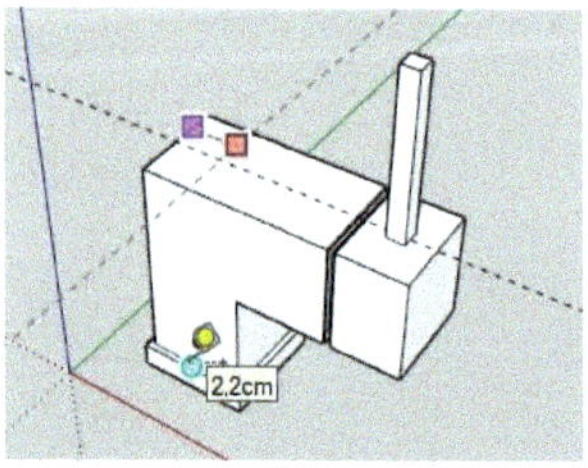

17. Disegnare un quadrato centrato (cliccando Ctrl) 2,4x2,4 cm.

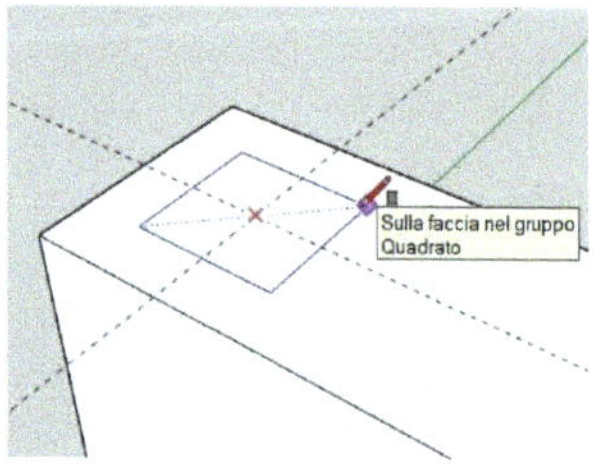

18. Disegnare il percorso per l'estrusione a partire da una linea verticale lunga 15 cm.

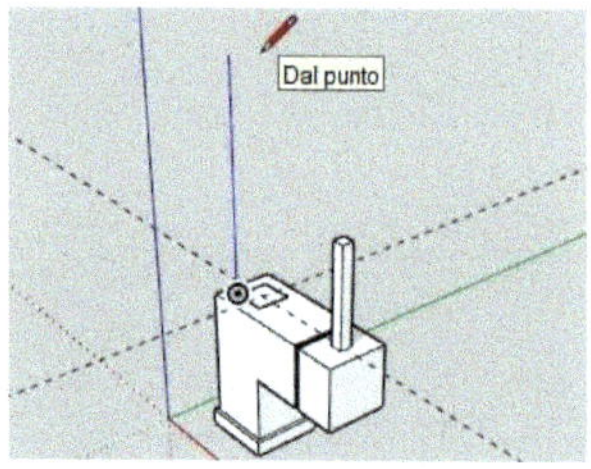

19. Disegnare un semicerchio con lo strumento *Arco* a partire dalla sommità della linea.

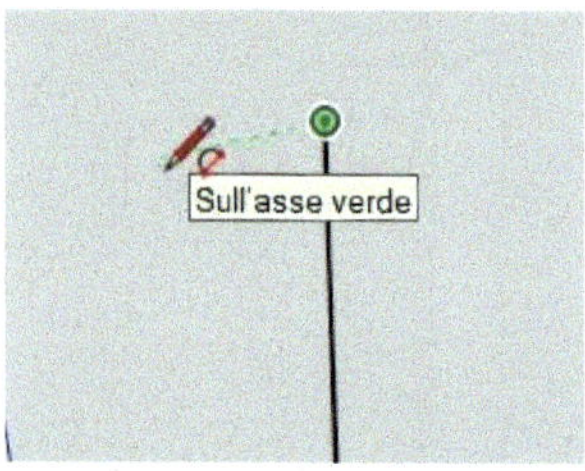

20. Disegnare l'arco con raggio 1,5 cm.

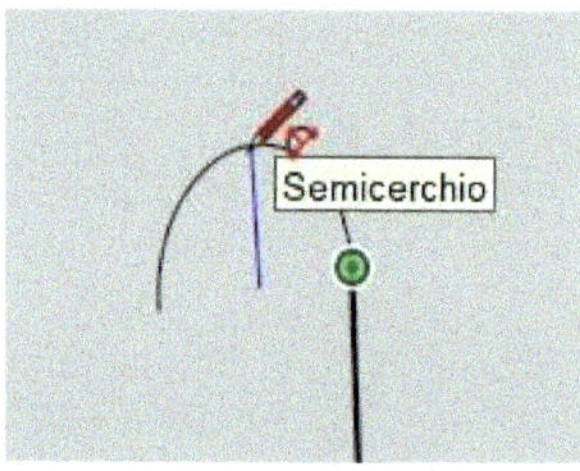

21. Aggiungere una linea per chiudere la faccia del semicerchio.

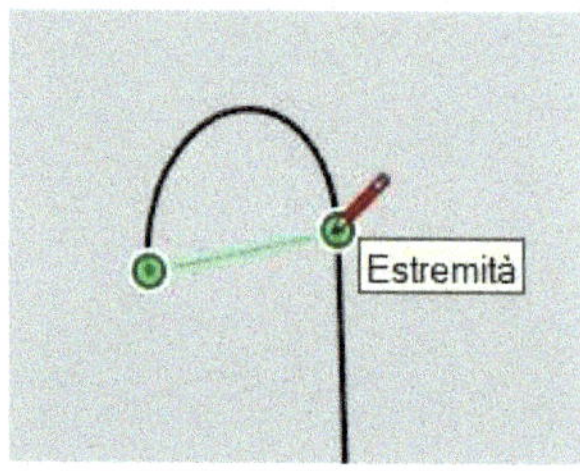

22. Tracciare una linea dal punto medio per individuare l'esatta metà dell'arco.

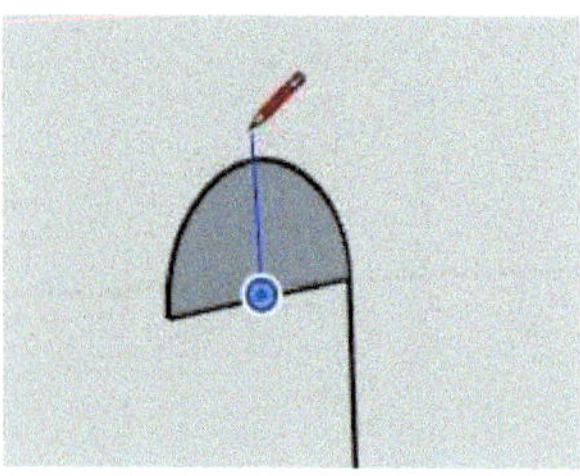

23. La linea deve essere verticale per dividere a metà l'arco.

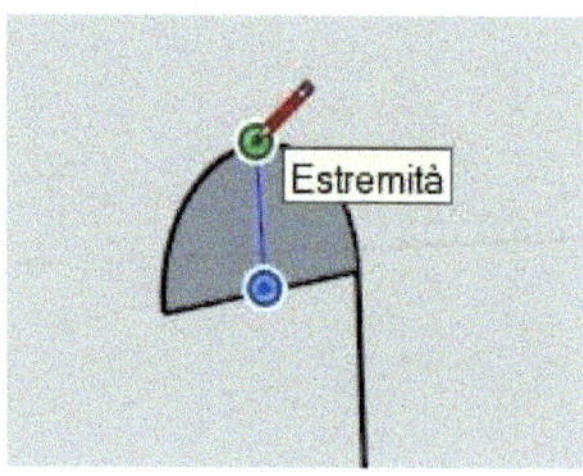

24. Cancellare le linee in eccesso, lasciare solo il quarto di cerchio.

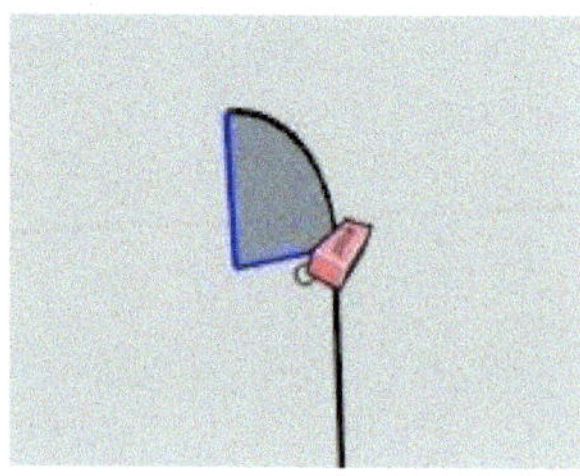

25. Proseguire il percorso con una linea orizzontale di 13 cm.

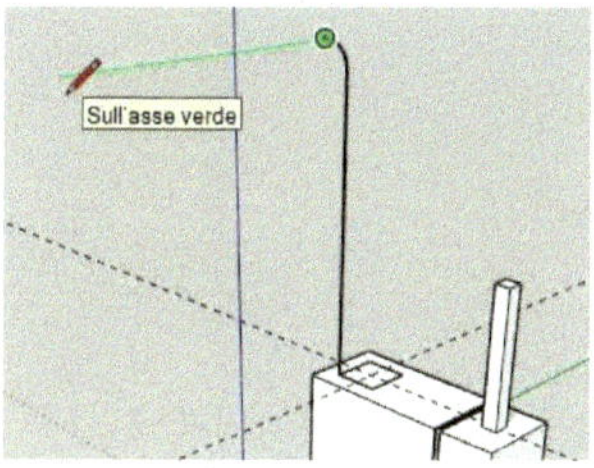

26. Selezionare le tre linee > cliccare *Seguimi* > cliccare all'interno della faccia di base.

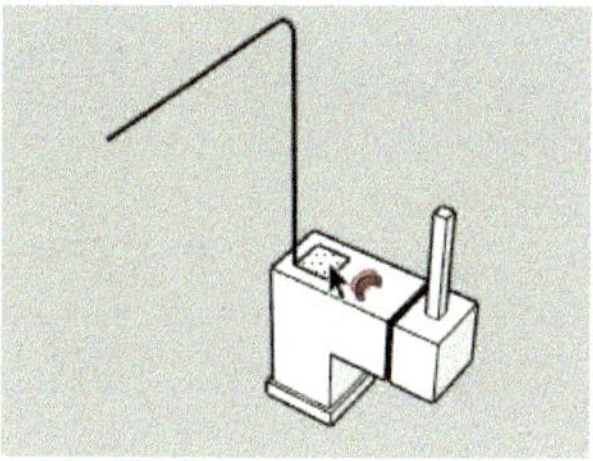

27. L'estrusione su percorso completata.

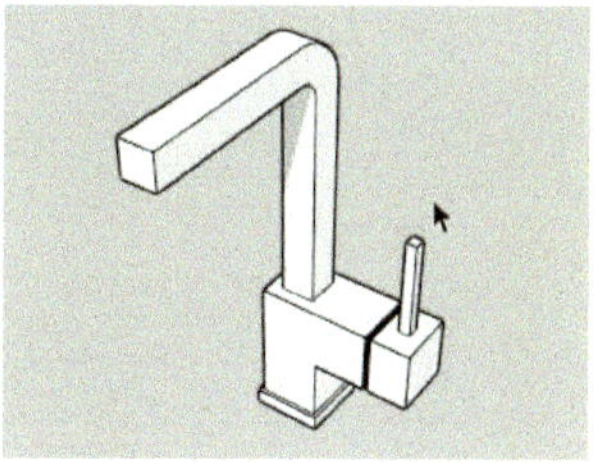

28. Triplo clic > tasto destro > *Crea gruppo*.

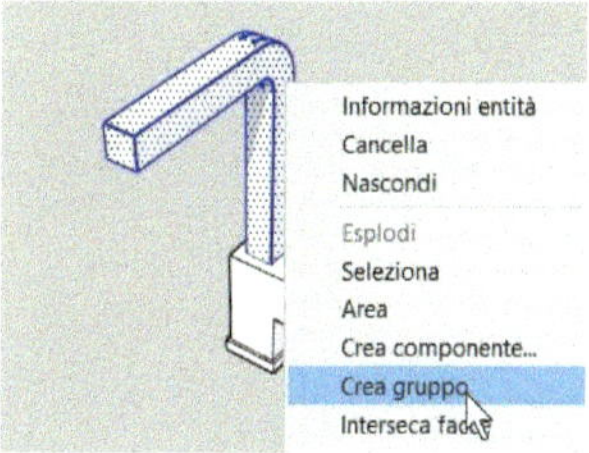

29. **Erogatore:** disegnare un rettangolo sulla faccia laterale dell'asta.

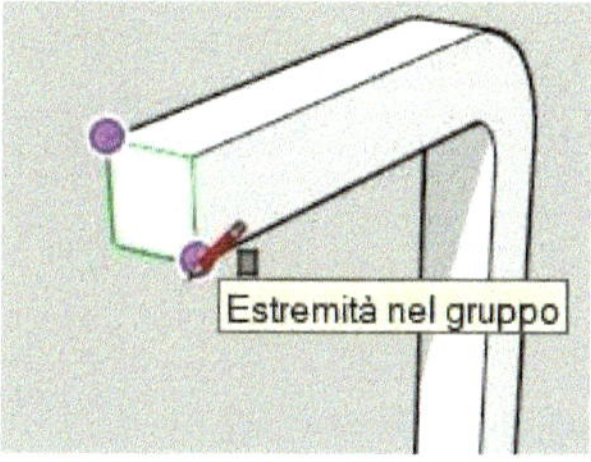

30. Estrudere con *Spingi/tira* 4,5 cm.

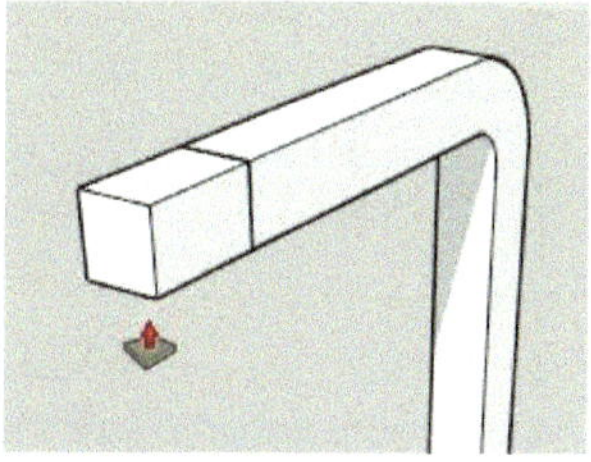

31. Per individuare il centro del cerchio dell'erogatore disegnare una linea.

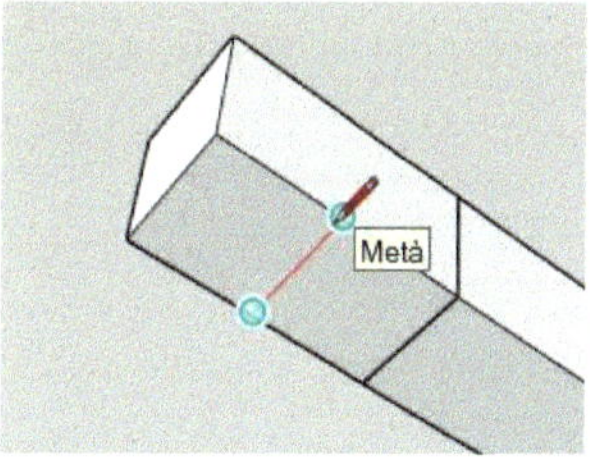

32. Disegnare un cerchio a partire dal punto medio della linea disegnata in precedenza.

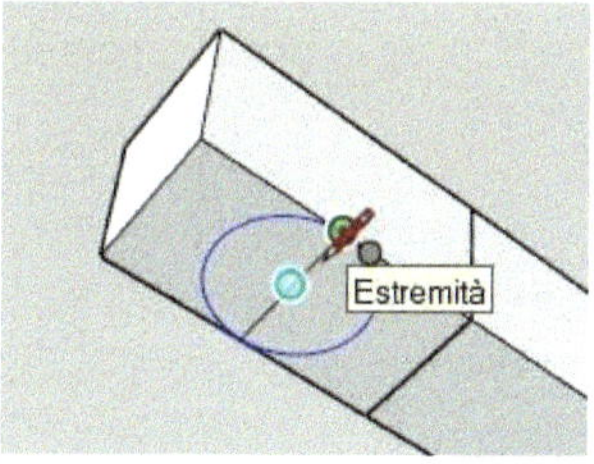

33. Cancellare le linee in eccesso, lasciare solo la circonferenza.

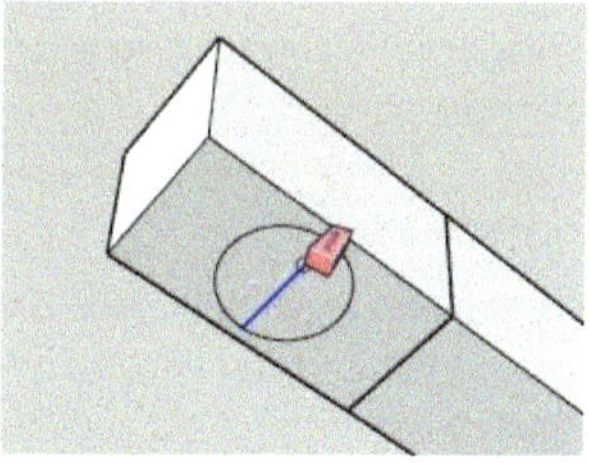

34. Estrudere con *Spingi/tira* per 0,5 cm.

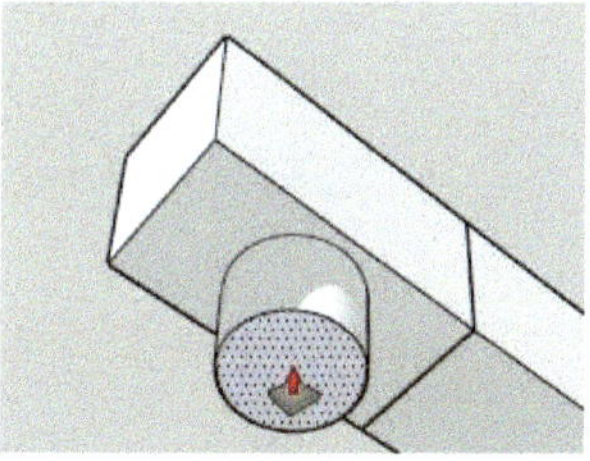

35. Triplo clic > tasto destro > *Crea gruppo*.

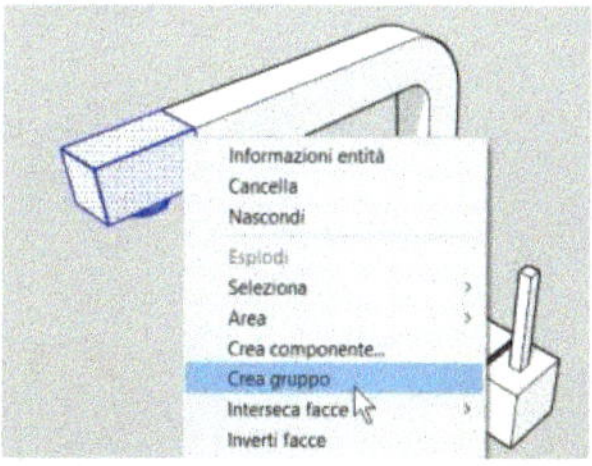

36. Selezionare i *gruppi* realizzati > tasto destro > *Crea componente.*

37. Denominare il *componente* "Rubinetto" e cliccare *Crea*.

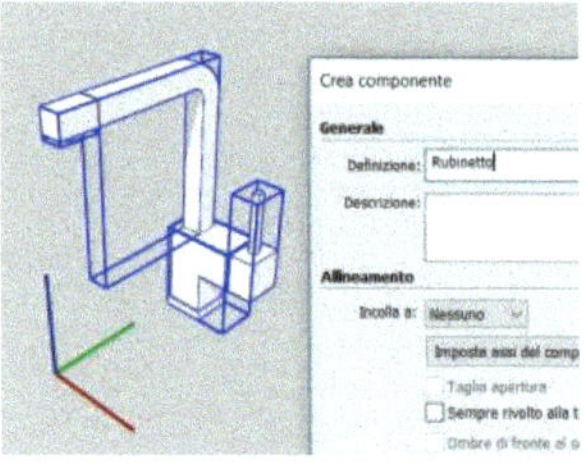

38. Applicare il materiale "Metallo ondulato chiaro" scalato 50 cm.

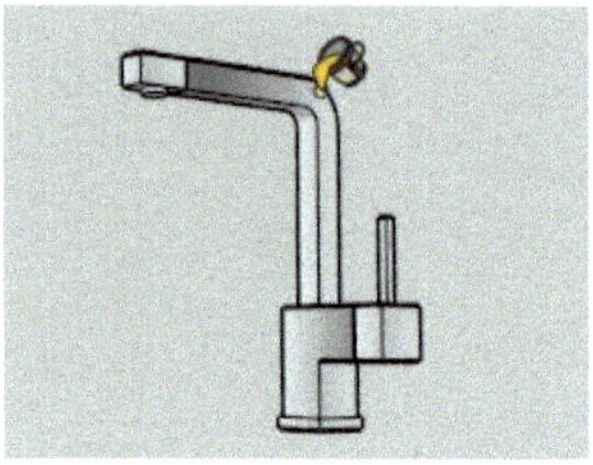

39. Il rubinetto terminato con un'ambientazione di esempio.

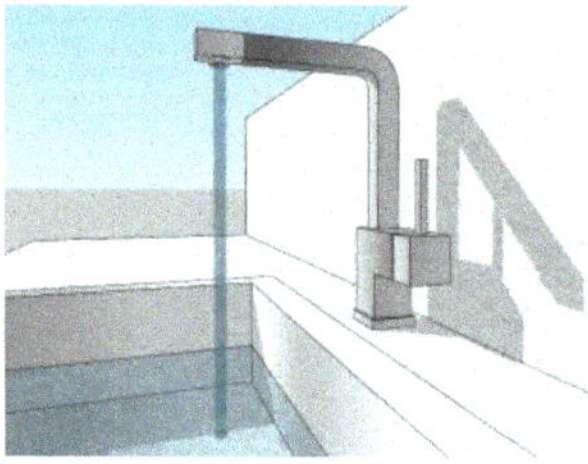

Note

Perché realizzare *gruppi* all'interno del *componente*?

Il fatto che ciascun elemento sia un oggetto a sé stante (in questo caso *gruppi*) permette, oltre ad avere una struttura logica nelle fasi di costruzione, anche precisi vantaggi in termini di configurazione futura. Nelle immagini seguenti si vede come sia facile ruotare alcuni dei *gruppi*, aiutandosi eventualmente con linee di guida opportunamente posizionate lungo l'asse dell'elemento. Le stesse modifiche fatte su geometrie non raggruppate generano deformazioni incontrollate di superfici e bordi.

Con gruppi

Ogni parte è indipendente dalle altre. Inserire un *gruppo* dentro l'altro permette tra l'altro di realizzare gerarchie tra i cinematismi.

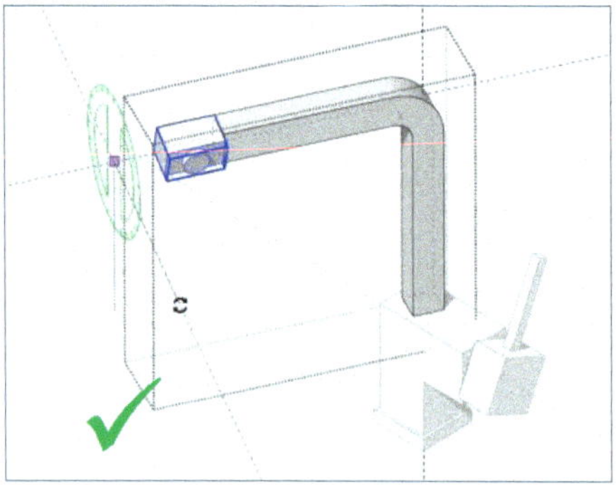

Senza gruppi

Superfici incollate che vengono ruotate le une rispetto alle altre si deformano in modo incontrollato.

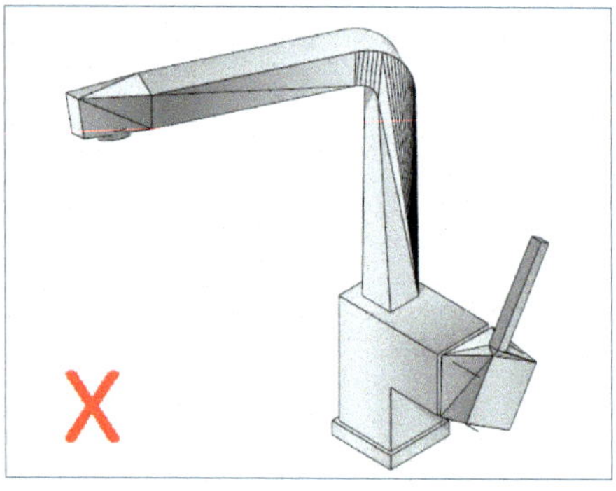

Esercizio 5. **Finestra ad un'anta**

Svolgimento eser.

Difficoltà

Tema Finestra ad un'anta con grado di dettaglio medio.

Descrizione Approfondire l'utilizzo dello strumento *Seguimi* e la nidificazione di *gruppi* all'interno di un *componente*. Impostare l'unità di misura in millimetri (menu *Finestra* > *Informazioni modello* > *Unità* > *Formato Millimetri*). Gli argomenti trattati sono:

- disegno di una sezione semplificata di un serramento;
- realizzare estrusioni su percorso con *Seguimi*;
- strutturare in *gruppi* un *componente*.

Strumenti

- Linea (pag. 47)
- Sposta > Copia (pag. 57)
- Offset (pag. 72)
- Seguimi (pag. 64)
- Arco (pag. 51)
- Inverti (pag. 70)
- Cerchio (pag. 49)
- Scala (pag. 67)

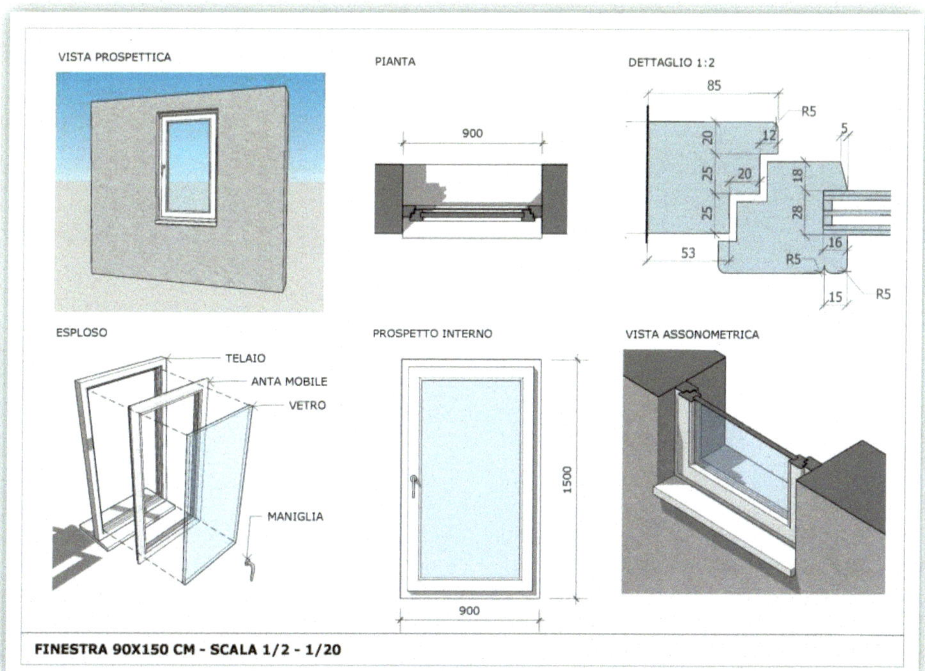

Svolgimento

1. Telaio e anta: tracciare in pianta la sezione con le misure indicate in figura.

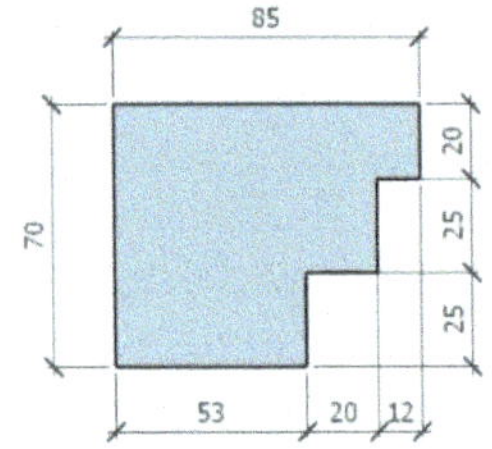

2. Con lo strumento *Arco* realizzare lo smusso: raggio 5 mm.

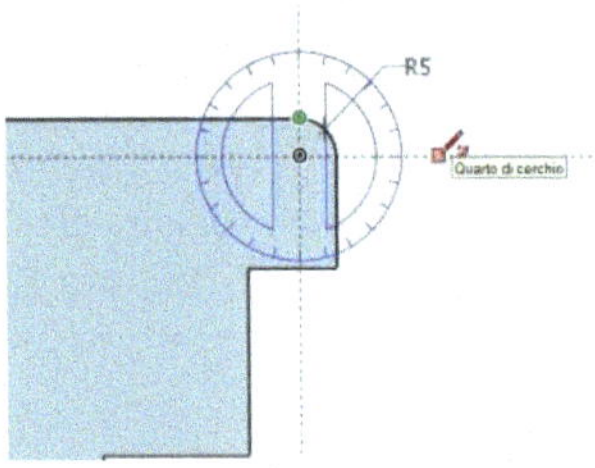

3. Copiare la sezione 90 mm verso destra.

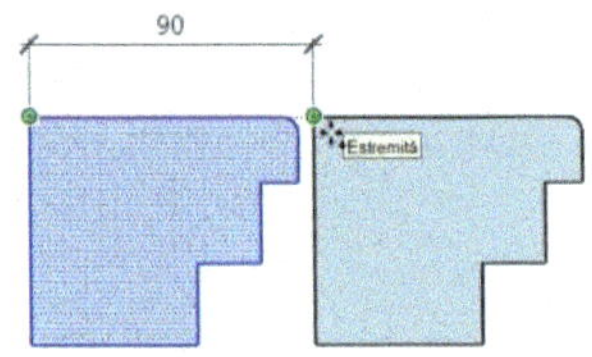

4. Invertire la figura copiata lungo gli assi verde e rosso.

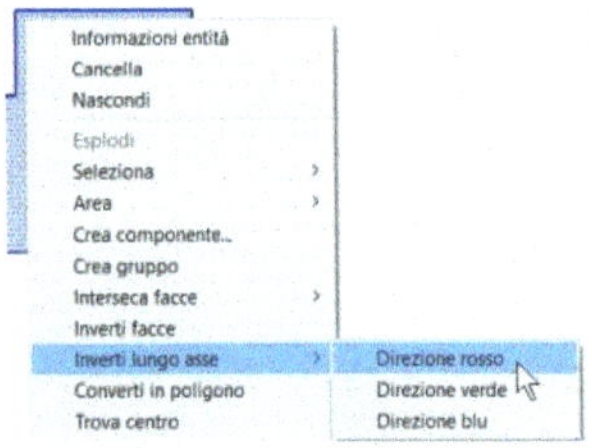

5. Spostare la figura delle quantità indicate in figura (44 mm a sx e 25 mm in basso).

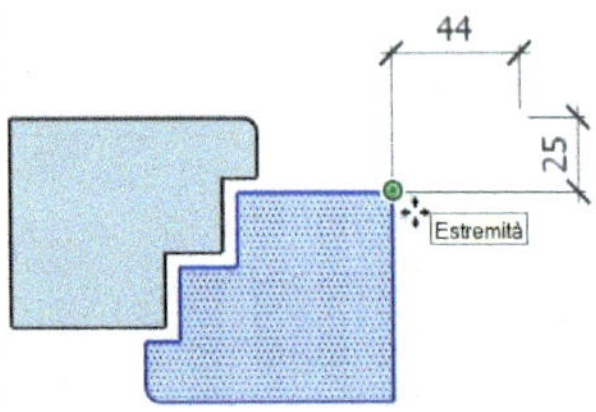

6. Modifica la sezione con le misure indicate.

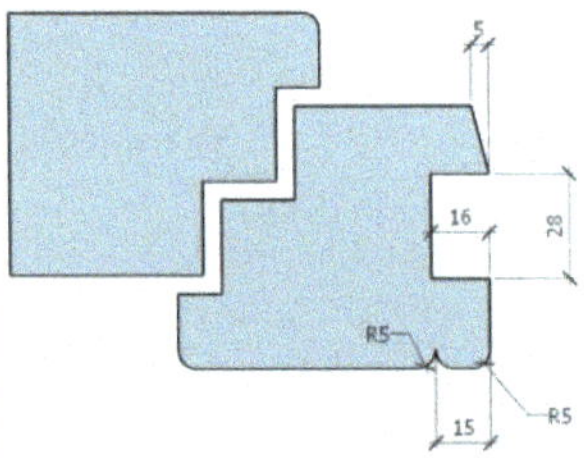

7. Disegnare il percorso di estrusione in prospetto: un rettangolo 900x1500 mm.

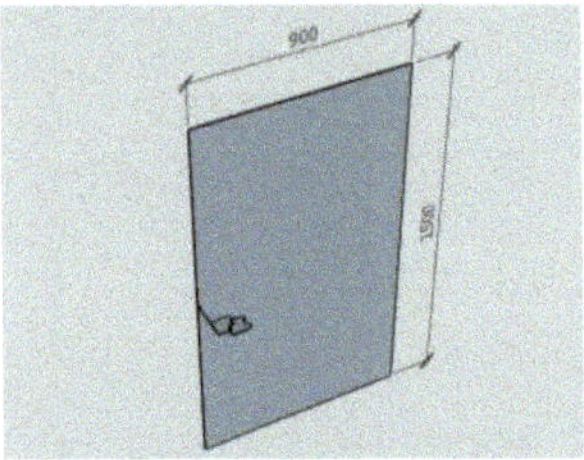

8. Se il rettangolo è spostato non si avranno difficoltà a separarlo in seguito.

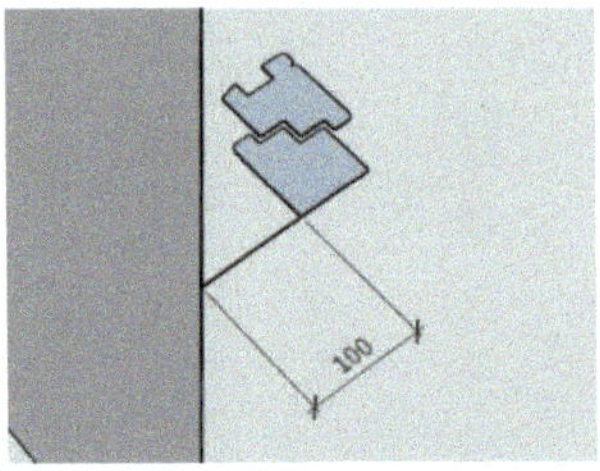

9. Verificare la misura della distanza dal vetro al bordo del serramento (115 mm).

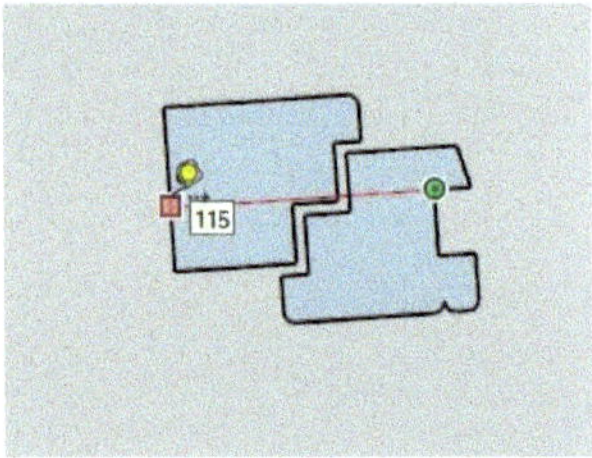

10. Eseguire l'offset del rettangolo da utilizzare in seguito per realizzare il vetro.

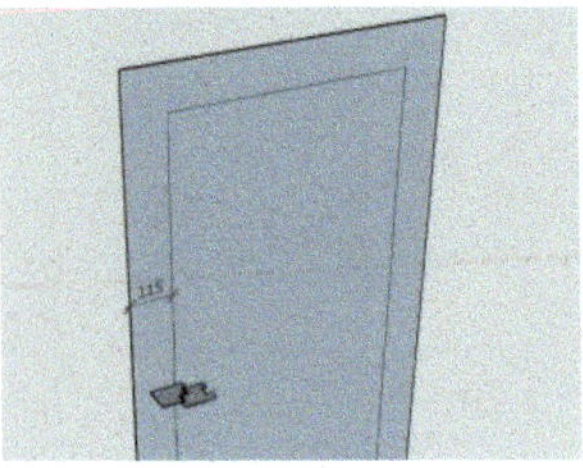

11. Se necessario invertire le facce prima di realizzare le estrusioni.

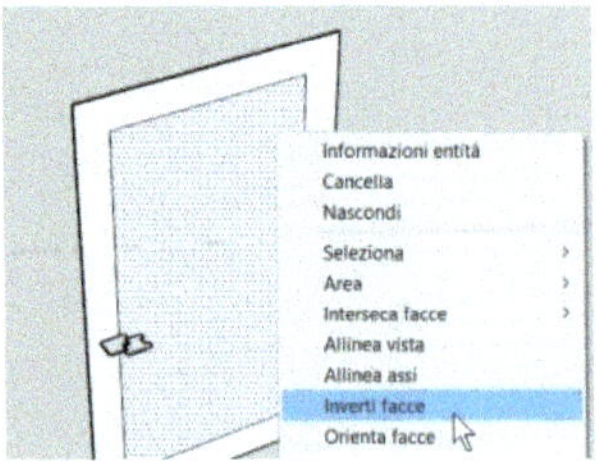

12. Eseguire le estrusioni su percorso del telaio e dell'anta utilizzando *Seguimi*.

13. Raggruppare il telaio e l'anta separatamente.

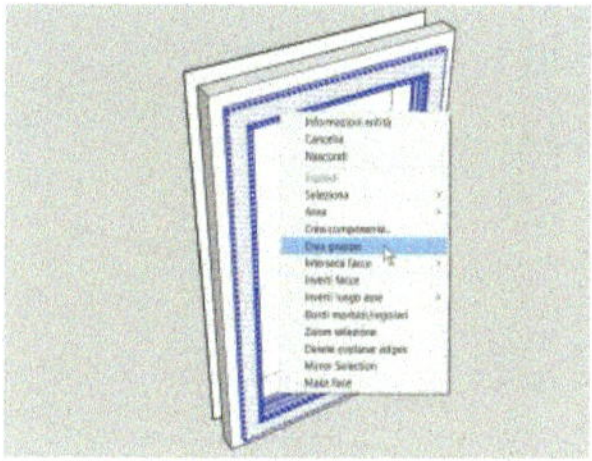

14. Cancellare le linee esterne del rettangolo ed eseguire l'estrusione del vetro.

15. Attivare le trasparenze per vedere i bordi interni.

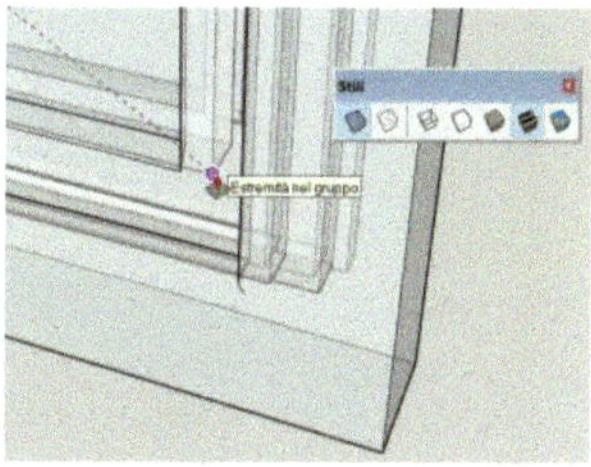

16. Selezionare il volume del vetro e realizzare un *gruppo*.

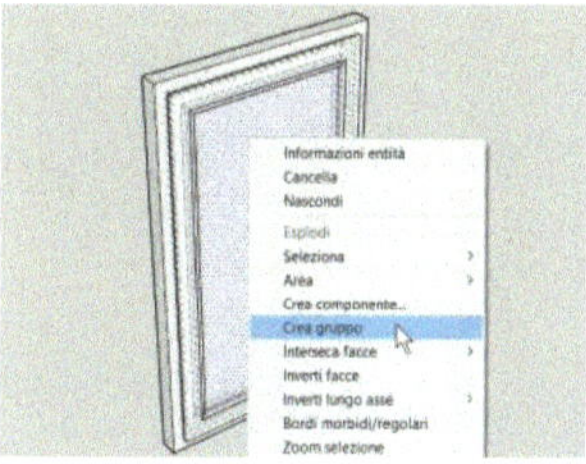

17. **Maniglia:** per realizzare la maniglia attivare la visibilità delle *Geometrie nascoste*.

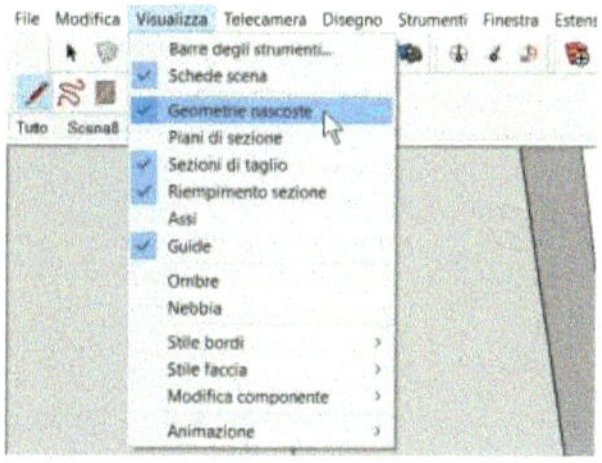

18. Tracciare una linea tra i punti medi dei bordi da usare come riferimento.

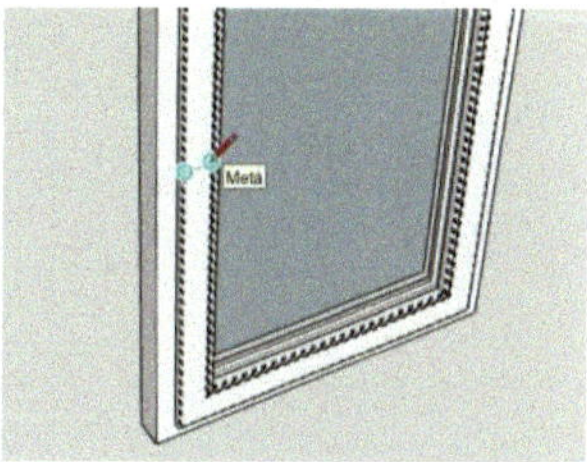

19. Disegnare il cerchio della rosetta utilizzando il punto medio del bordo di riferimento.

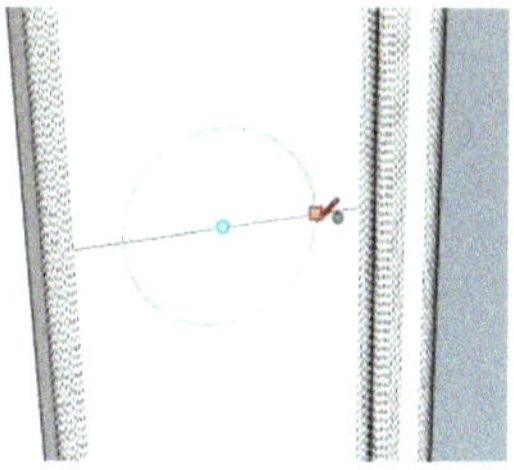

20. Cancellare le linee in eccesso.

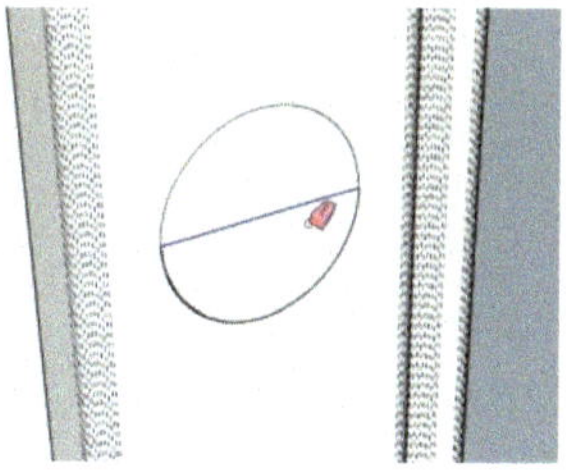

21. Estrudere la rosetta 10 mm con *Spingi/tira*.

22. Con Offset realizzare un cerchio 10 mm verso l'interno.

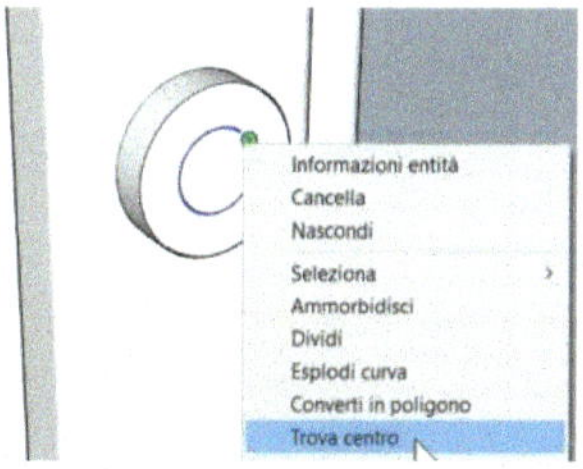

23. Disegnare il percorso della maniglia: 50 mm verso l'esterno.

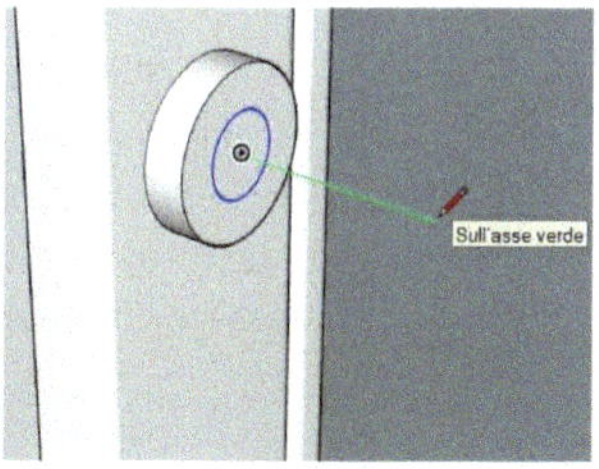

24. Proseguire disegnando una linea 120 mm verso il basso.

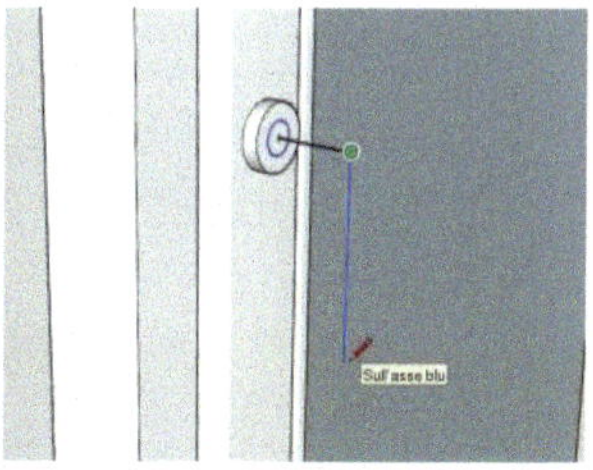

25. Smussare l'angolo con un arco e cancellare le linee dello spigolo.

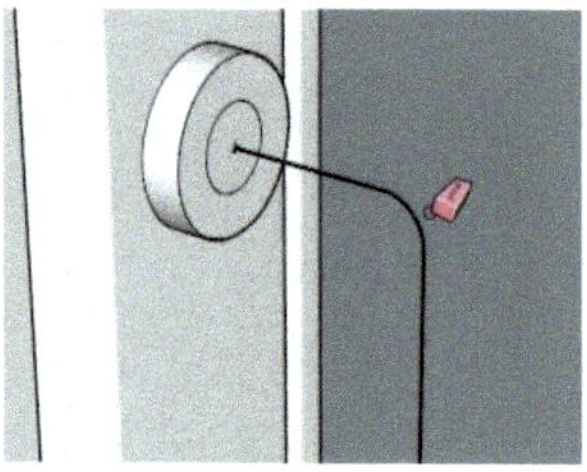

26. Estrudere la maniglia con *Seguimi*.

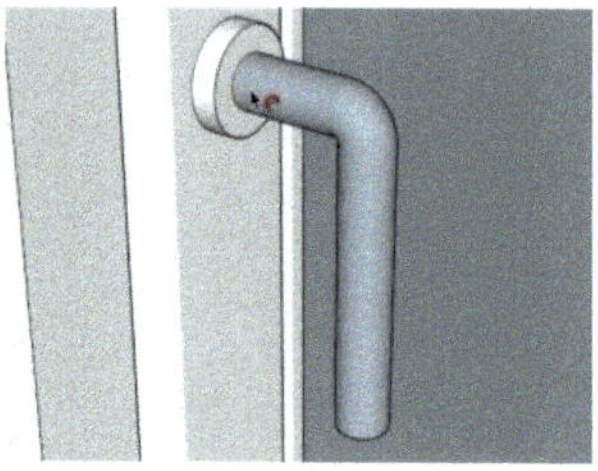

27. Se necessario invertire le facce della superficie.

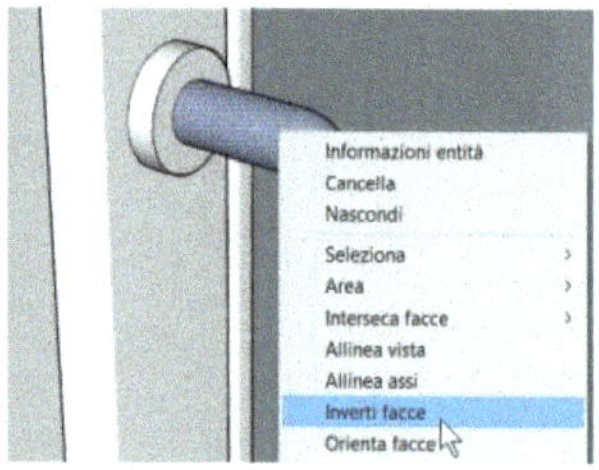

28. Scalare la faccia inferiore per rendere più ergonomica la maniglia.

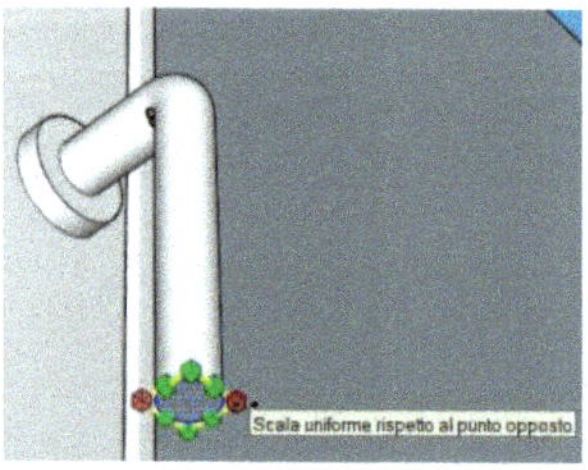

29. Scalare lateralmente con Ctrl per deformare in modo baricentrico.

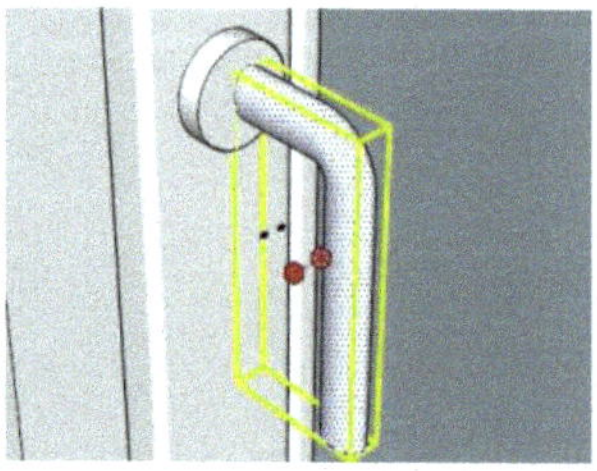

30. Selezionare il volume della maniglia e realizzare un *gruppo* (vedere nota a fine esercizio).

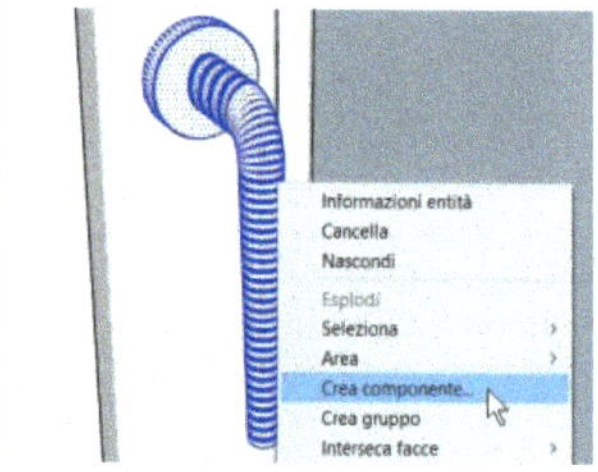

31. Selezionare tutti gli oggetti e realizzare un *componente*.

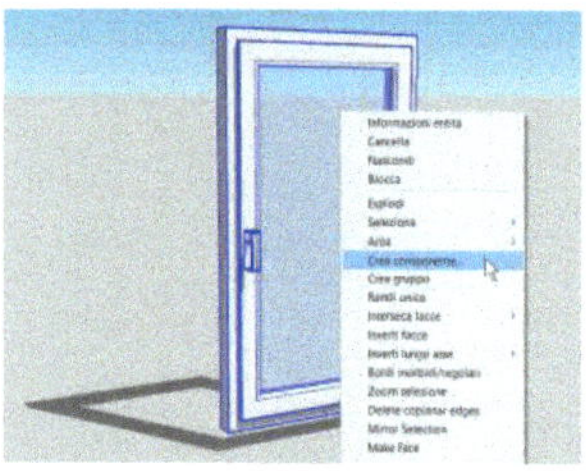

32. Assegnare al *componente* il nome "Finestra 90x150 cm".

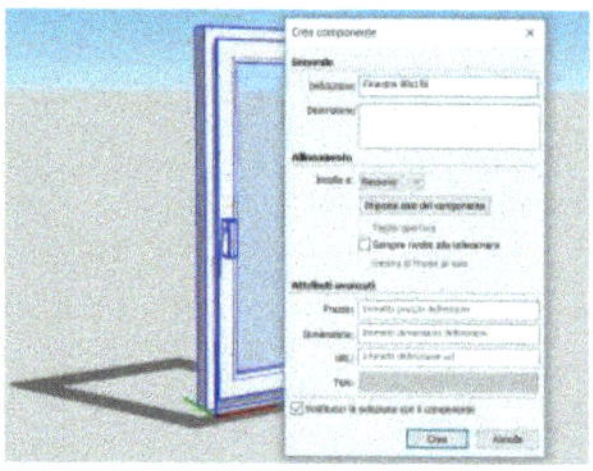

33. La finestra è terminata.

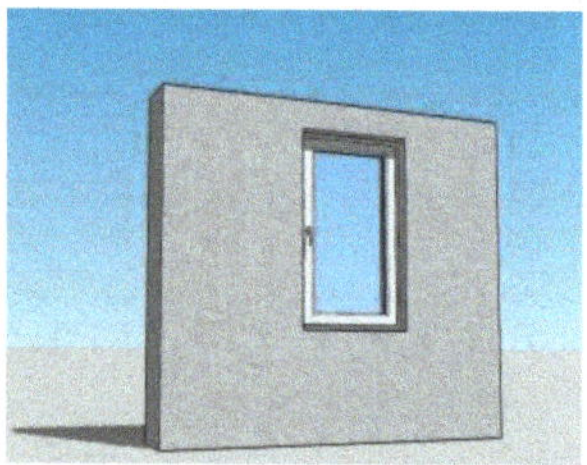

Note

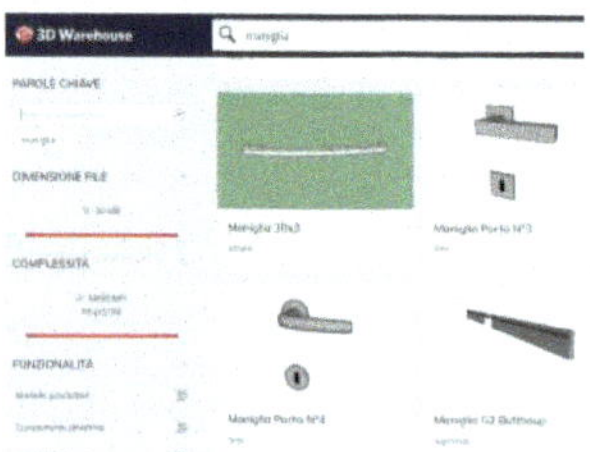

Ci sono *componenti* maniglie nella galleria 3DWarehouse?

Sì, nella galleria 3DWarehouse ormai c'è qualsiasi tipo di oggetto, comprese maniglie di ogni tipo e materiale. In questo caso la maniglia è un elemento di completamento e quindi per velocizzare il disegno può essere conveniente trovarne una già pronta.

Svolgimento eser. Realtà Aumentata

Esercizio 6. **Scrittoio con modanature**

Difficoltà

Tema Scrittoio classico con modanature.

Descrizione Approfondire l'utilizzo di *Seguimi* per realizzare modanature e intersecare facce per "scolpire" forme sinuose a partire da sagome 2D. Gli argomenti trattati sono:

- copie ruotate;
- estrusioni ed estrusioni su percorso;
- specchiatura di oggetti e intersezione di geometrie.

Strumenti

- Spingi/tira (pag. 58)
- Interseca facce (pag. 78)
- Misura > Guide (pag. 40)
- Ruota e copia ruotata (pag. 61)
- Sposta > Copia (pag. 57)
- Seguimi (pag. 64)

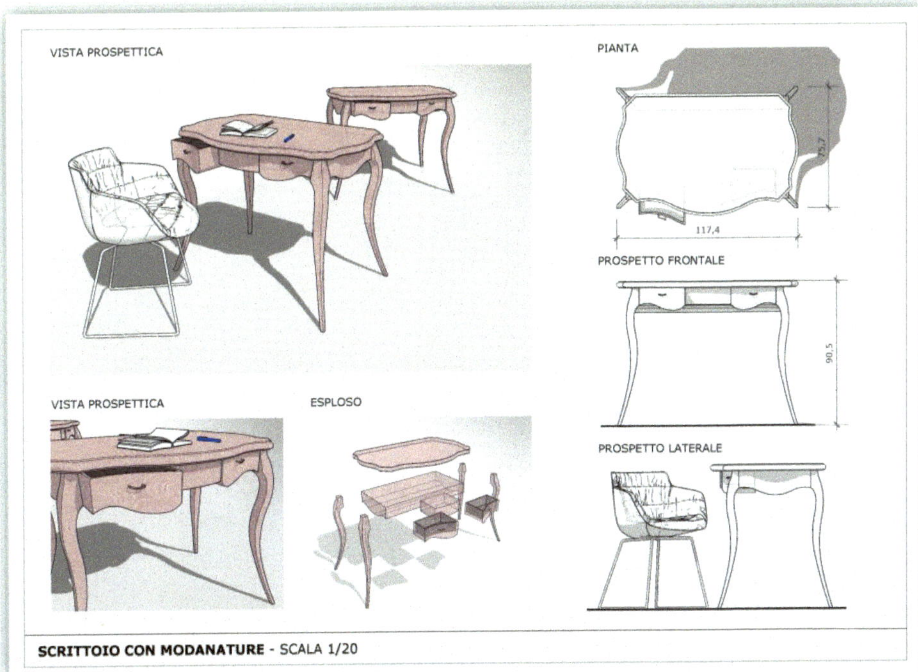

SCRITTOIO CON MODANATURE - SCALA 1/20

Svolgimento

Le forme particolarmente sinuose di questo tipo di mobile hanno richiesto uno schizzo preparatorio realizzato a mano che è stato successivamente importato come immagine in SketchUp e ricalcato con gli strumenti di disegno 2D. Ne sono derivate una serie di sagome bidimensionali.

L'esercizio parte da questo punto, pertanto si consiglia di scaricare il file d'inizio dal sito, come indicato nella pagina introduttiva agli esercizi.

1. Lo schizzo preparatorio importato e ricalcato in SketchUp.

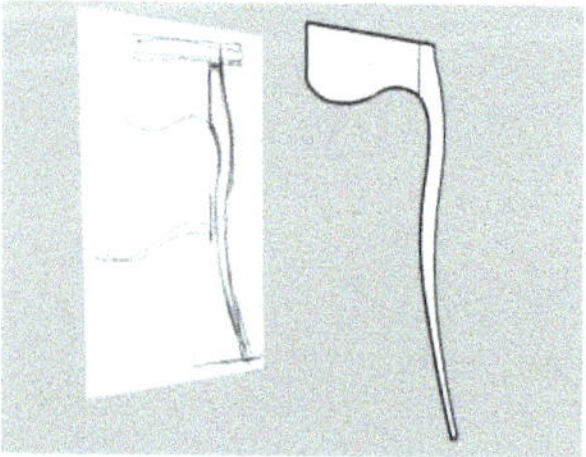

2. Gli elementi principali: Gamba (1), Cassetto (2), Frontale (3), Ripiano (4), Fianco (5).

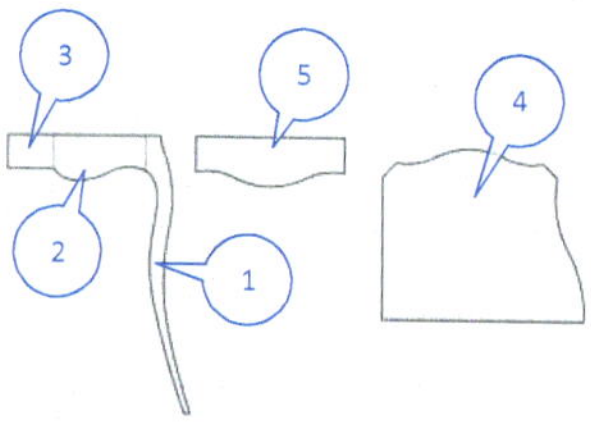

3. Le sagome disposte in 3D per iniziare la modellazione.

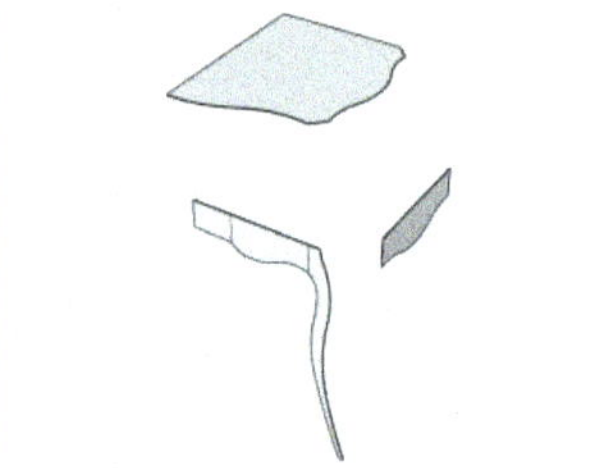

4. Gamba: estrudere la sezione (la lunghezza non è determinante).

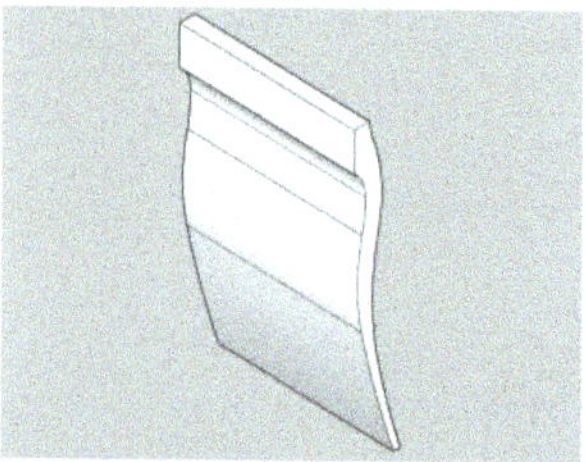

5. Realizzare una copia ruotata per sovrapporre l'estrusione nelle 2 direzioni.

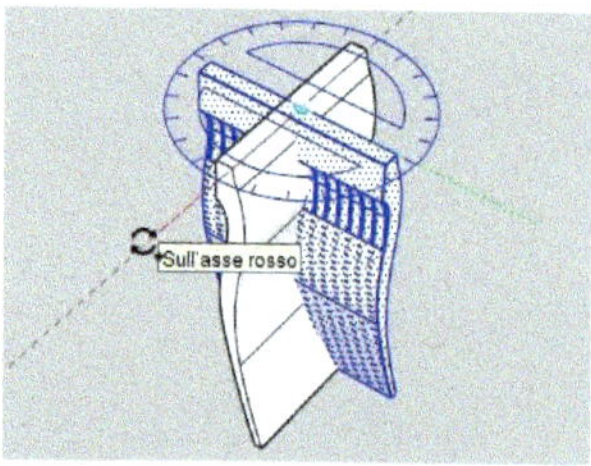

6. Selezionare i volumi ed utilizzare *Interseca facce* per far comparire i bordi comuni.

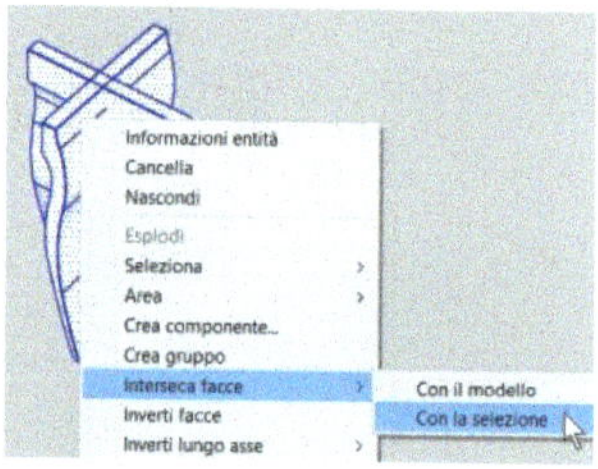

7. Eliminare gli elementi in eccesso dopo l'intersezione: il volume della gamba è completo.

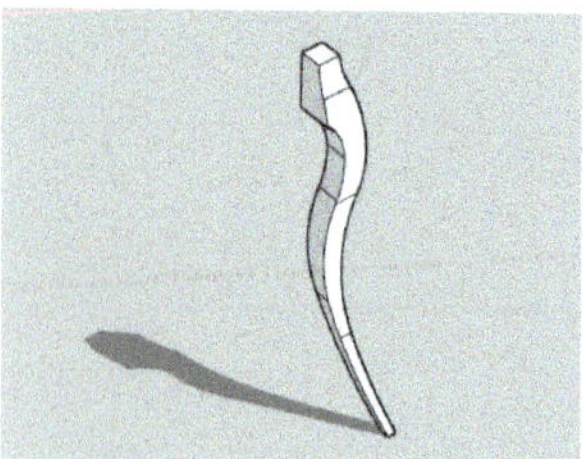

8. Selezionare il volume e realizzare un *componente*.

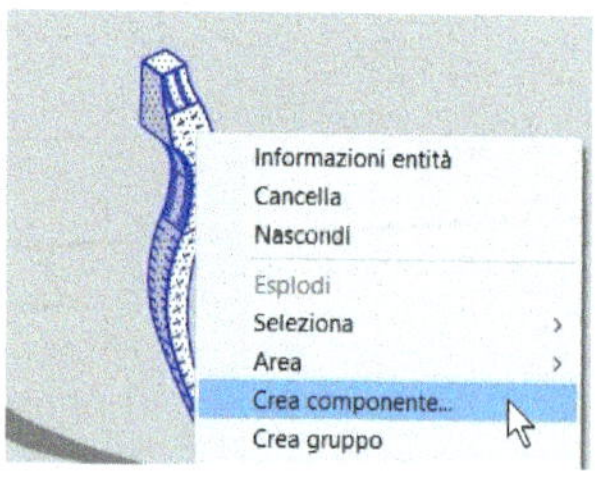

9. Cassetto: viene realizzato dall'intersezione dei volumi del ripiano e del cassetto.

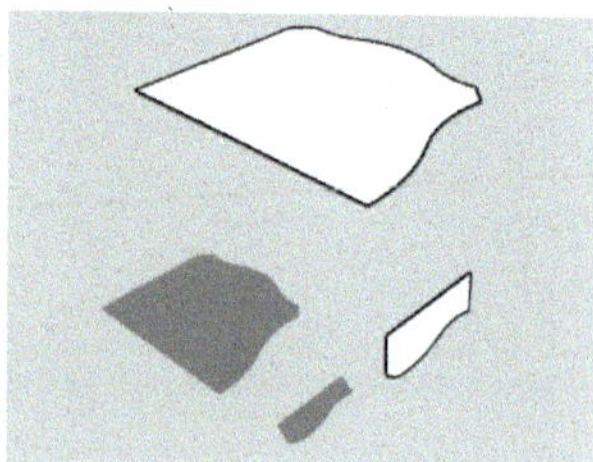

10. Estrudere le sagome del ripiano e del cassetto in modo che si sovrappongano.

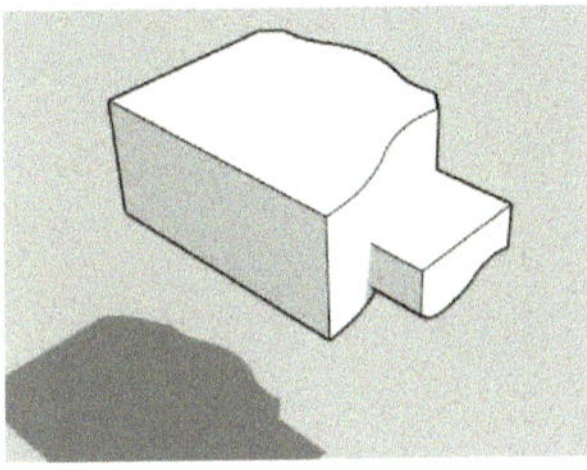

11. Intersecare le superfici con *Interseca facce* (vedere nota fine esercizio).

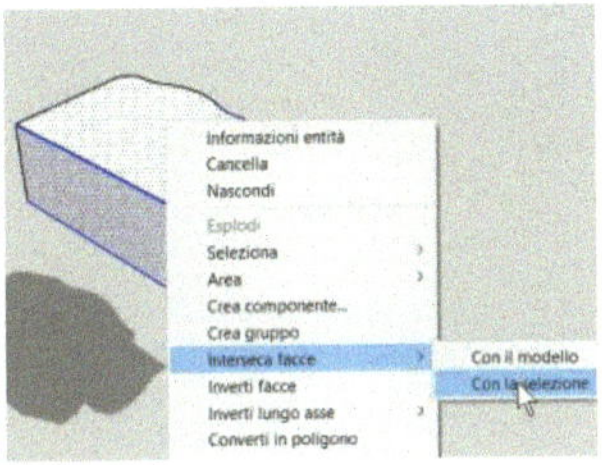

12. Eliminare gli elementi in eccesso dopo l'intersezione: il volume del cassetto è completo.

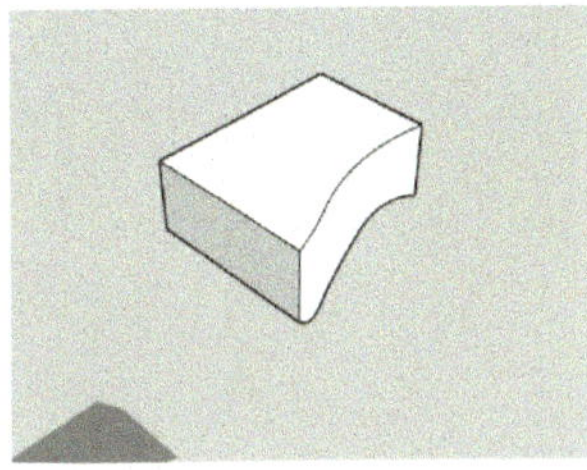

13. Selezionare il volume e realizzare un *componente*.

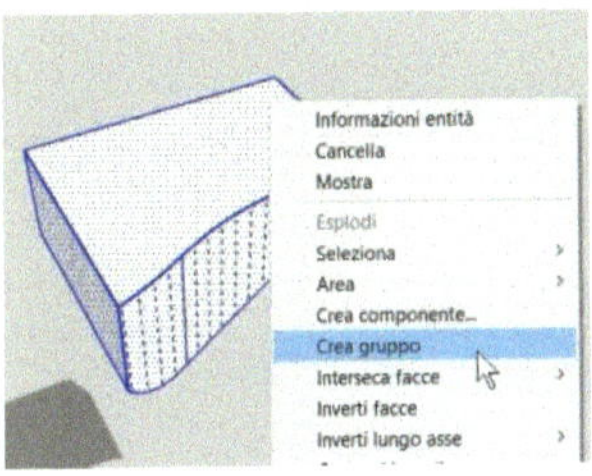

14. **Frontale**: Estrudere il frontale e il ripiano in modo che si sovrappongano.

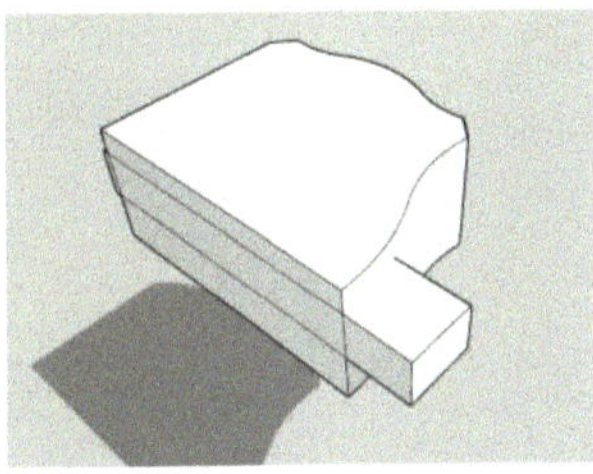

15. Eliminare gli elementi in eccesso dopo l'intersezione: il volume del frontale è completo.

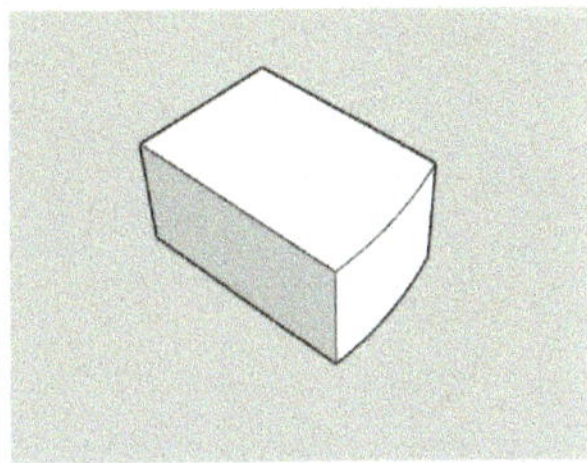

16. Selezionare il volume e realizzare un *componente*.

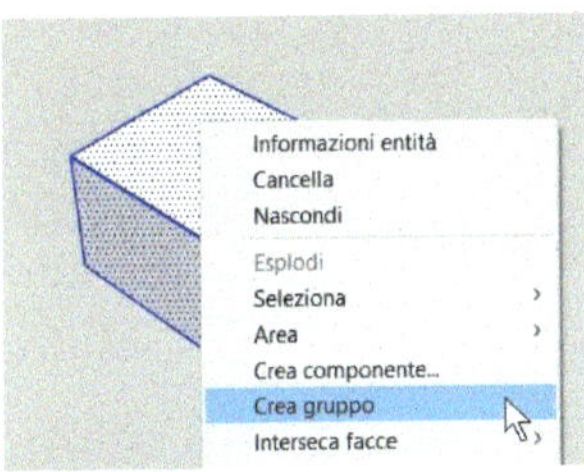

17. Avvicinare i 3 elementi (il cassetto sporge di 1 cm).

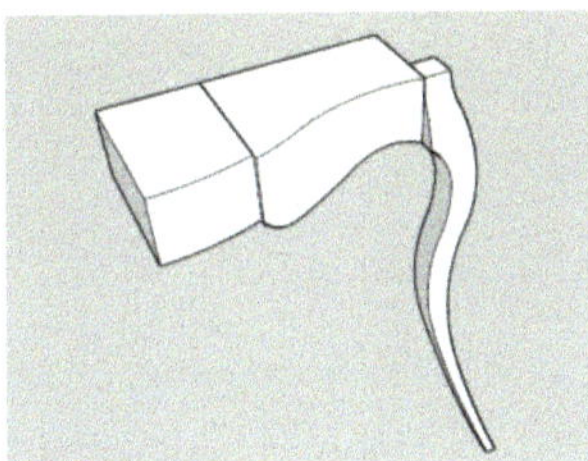

18. Copiare con *Sposta* + Ctrl gli elementi per realizzare l'altra metà del mobile.

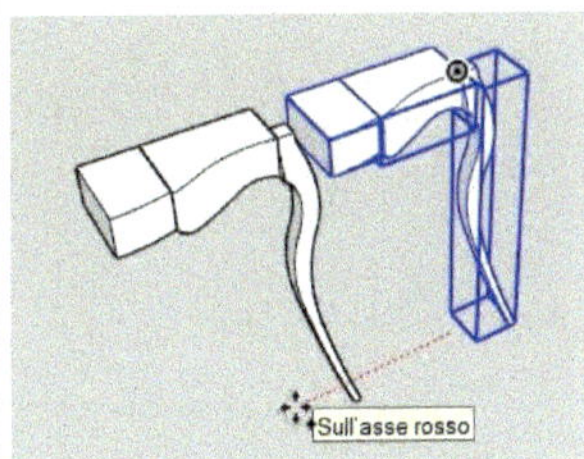

19. Con *Inverti* specchiare gli elementi selezionati.

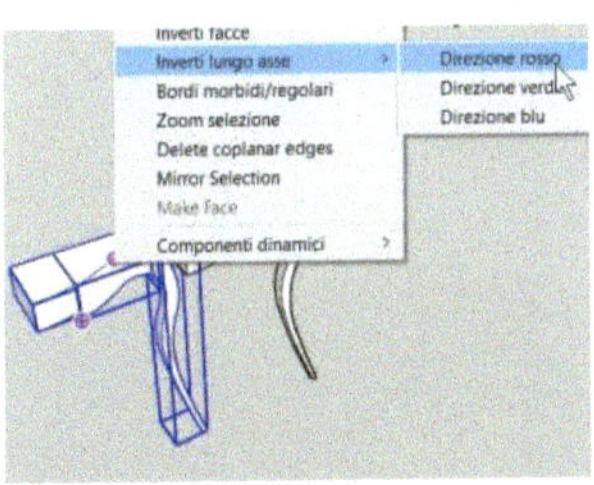

20. Avvicinare la copia specchiata accanto alla copia originale.

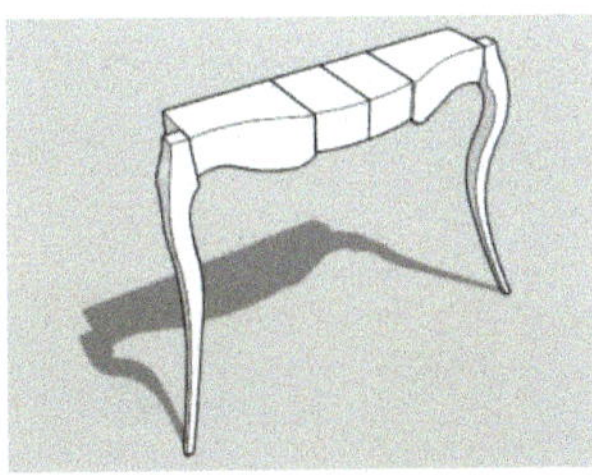

21. **Ripiano**: spostare la sagoma nella posizione corretta sul mobile.

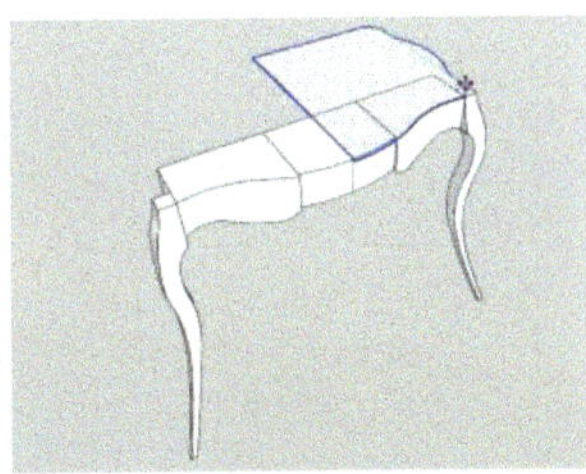

22. Realizzare un offset delle linee rivolte verso l'esterno di 6 centimetri.

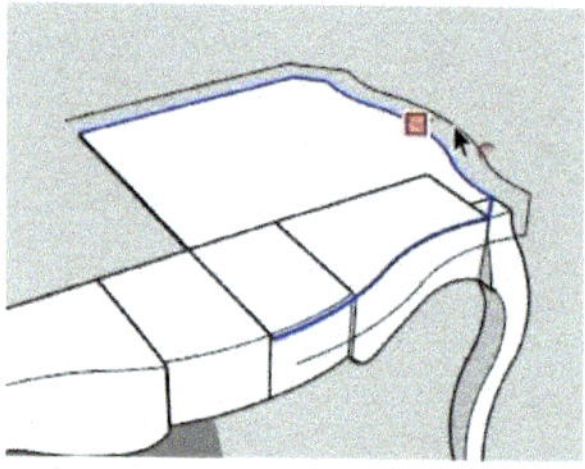

23. Realizzare un *gruppo* ed entrare nell'editor. Disegnare i segmenti alle estremità.

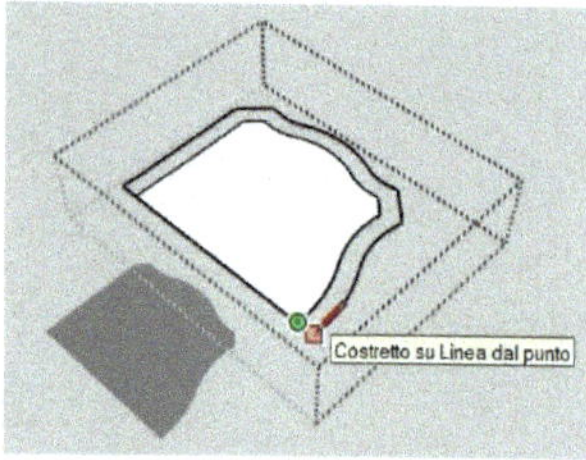

24. Appare la superficie, cancellare le linee interne non più utili al disegno.

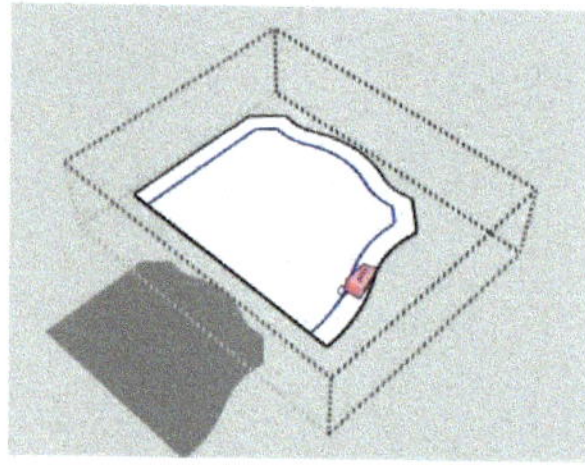

25. Estrudere il ripiano di 4 centimetri con *Spingi/tira* verso l'alto.

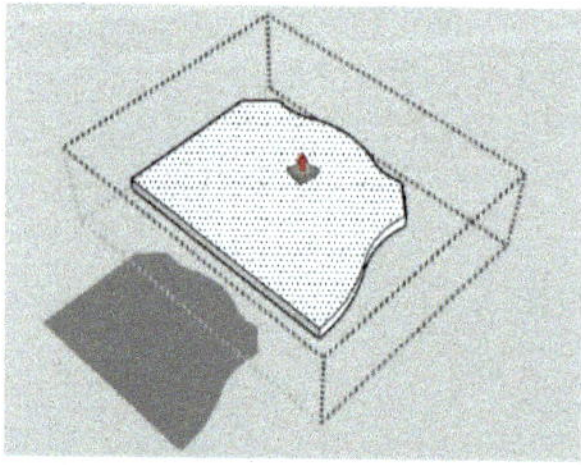

26. Disegnare la sezione che andrà estrusa lungo il perimetro esterno del ripiano.

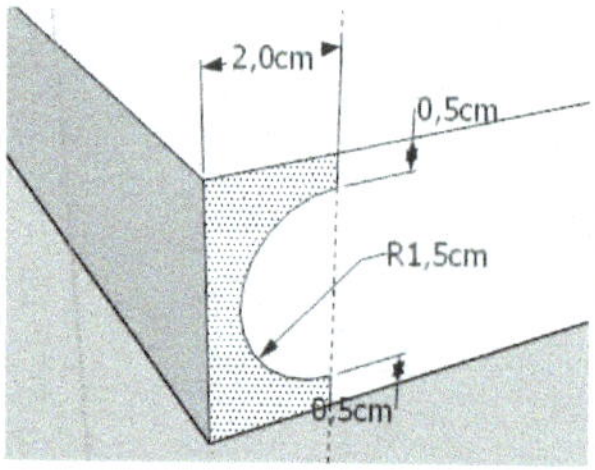

27. Realizzare l'estrusione con *Seguimi* su tutti i lati escluso quello di mezzeria.

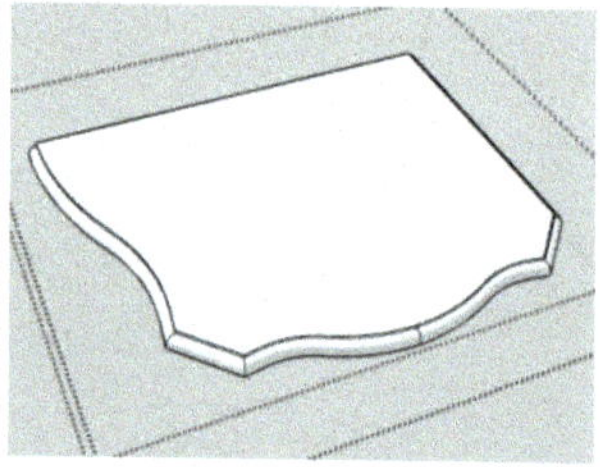

28. Copiare la porzione di ripiano lateralmente di una misura a piacere.

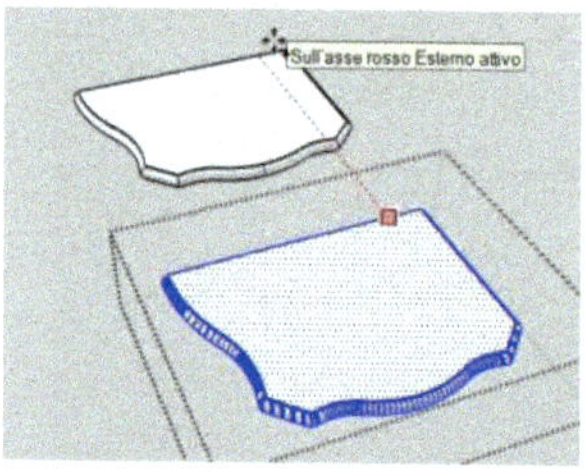

29. Invertire la copia per realizzare la copia specchiata del ripiano.

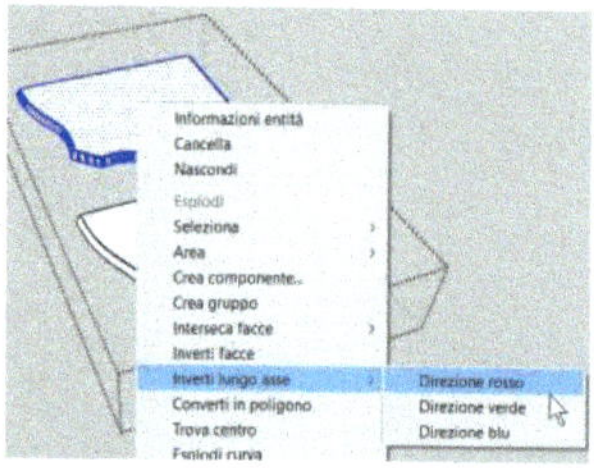

30. Spostare la copia speculare a ridosso della copia originaria.

31. Utilizzare *Ammorbidisci bordi* se necessario per nascondere bordi superflui.

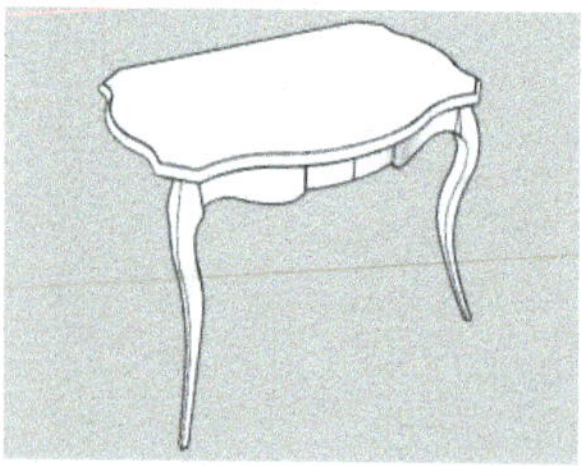

32. **Fianco**: posizionare la sezione del fianco a ridosso del mobile.

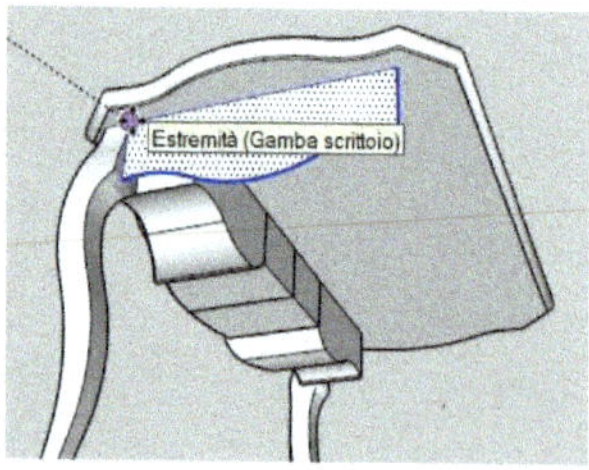

33. Estrudere tale sezione fino al lato opposto del mobile.

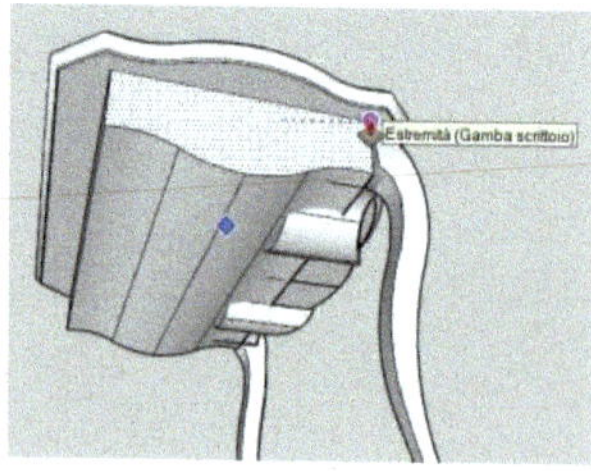

34. Selezionare il volume e realizzare un *gruppo*.

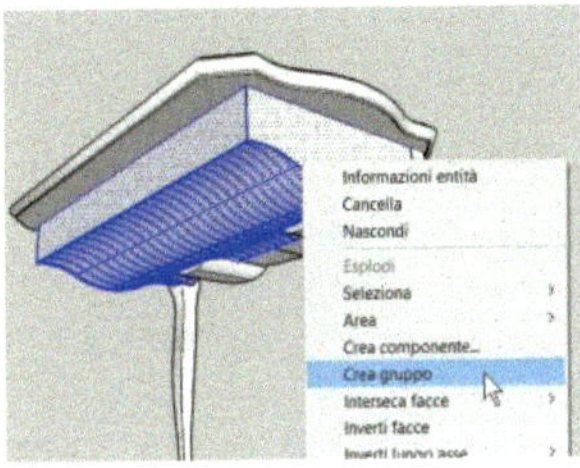

35. Copiare le gambe verso il retro del mobile con *Sposta* + Ctrl.

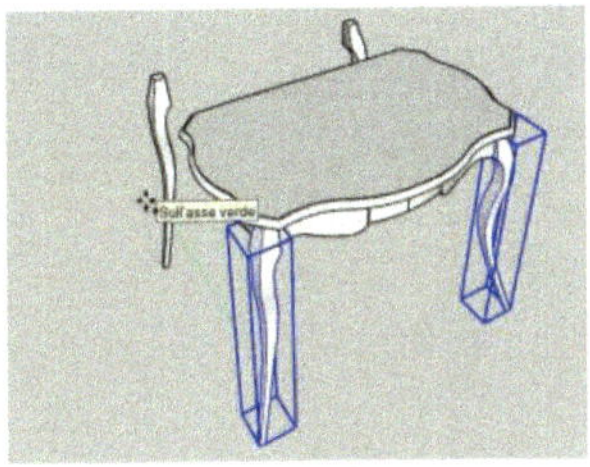

36. Specchiare le gambe con *Inverti*.

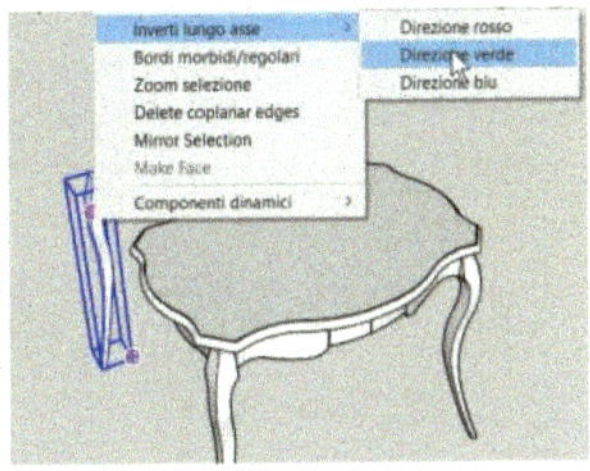

37. Spostare le gambe sul retro del mobile in posizione corretta.

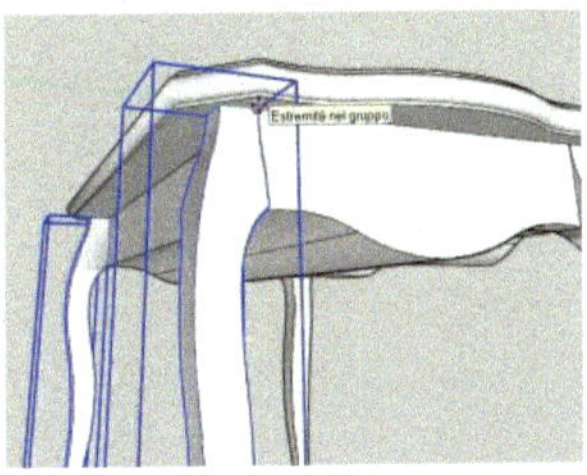

38. Con *Unisci* (*Strumenti solidi*) fondere i due *gruppi* dei frontali in un unico elemento.

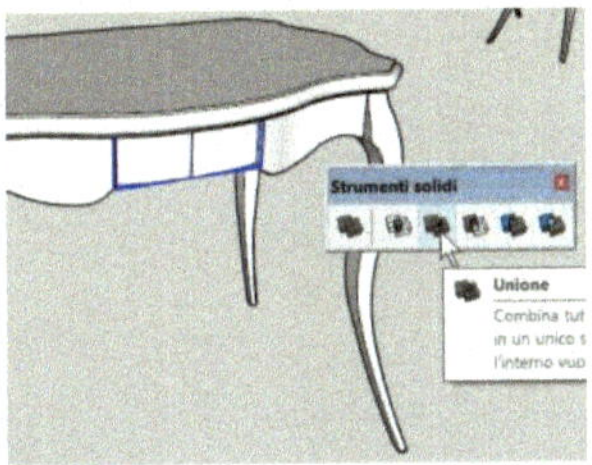

39. Nascondere la linea di demarcazione tra i 2 volumi.

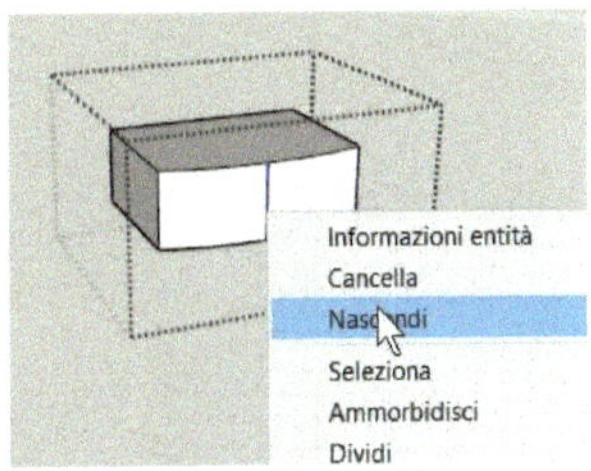

40. Con Offset copiare verso l'interno il perimetro di uno dei *componenti* cassetto.

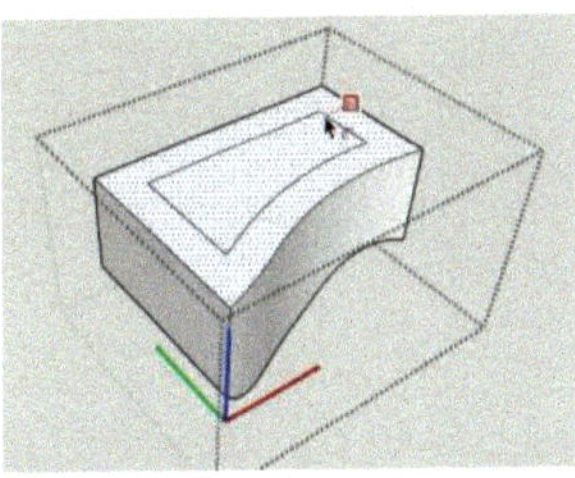

41. Estrudere verso il basso per realizzare il fondo del cassetto.

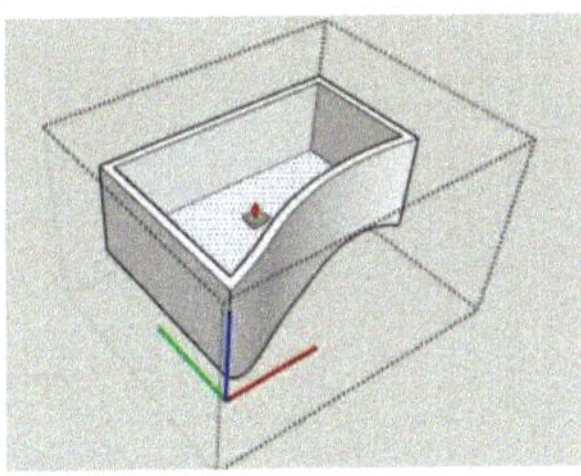

42. **Maniglia** (stilizzata): copiare il lato di fondo del cassetto in avanti.

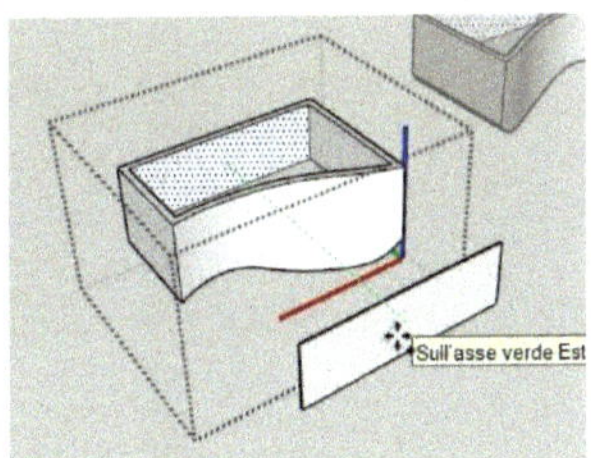

43. Utilizzare tale superficie come piano di lavoro per la maniglia realizzata con *Arco*.

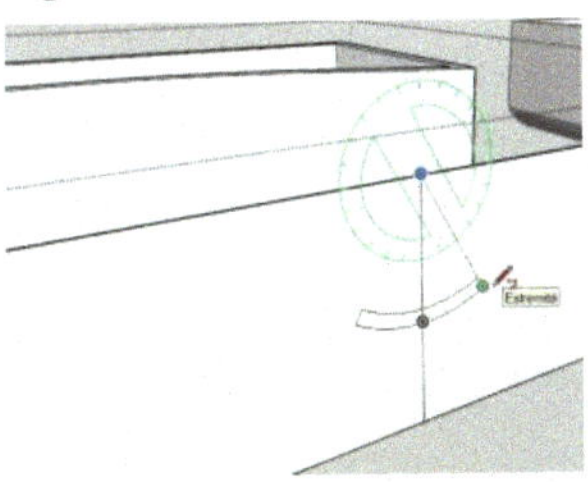

44. Cancellare le eventuali linee in eccesso.

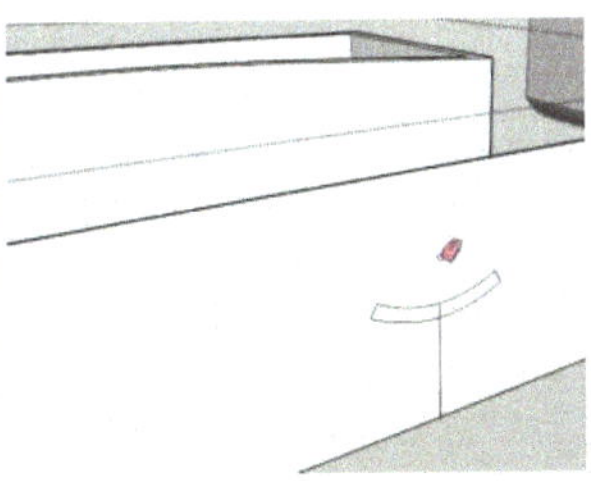

45. Estrudere la sezione della maniglia verso il cassetto per conferirgli volume.

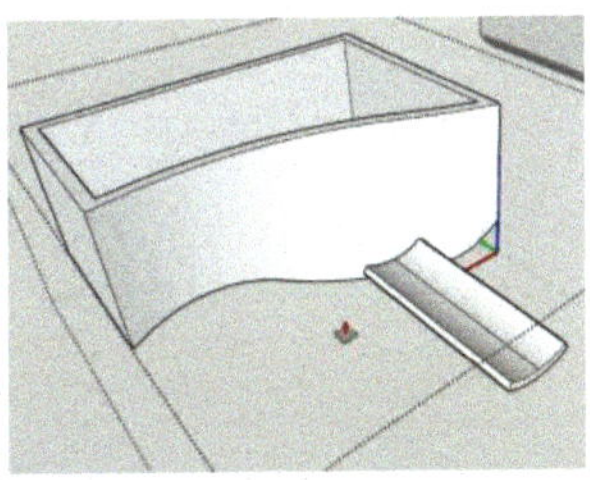

46. Copiare la superficie curva frontale del cassetto sopra al volume della maniglia.

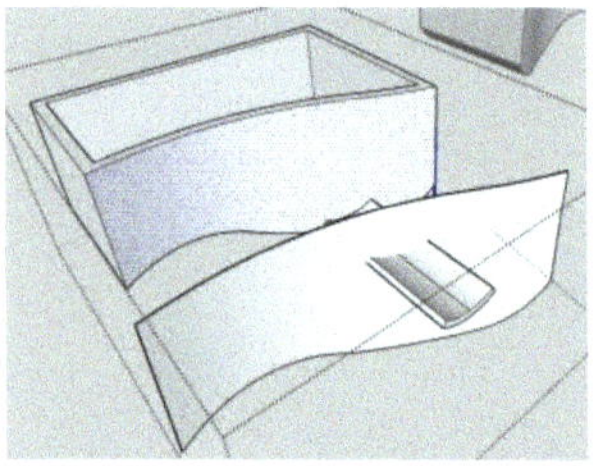

47. Intersecare le geometrie con lo strumento *Interseca facce > Con la selezione*.

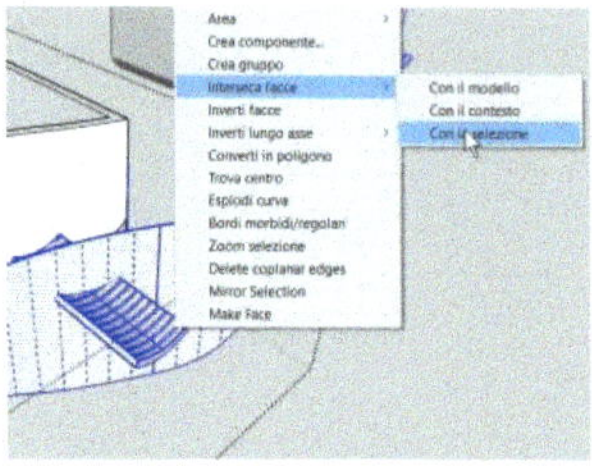

48. Isolare la superficie che si viene così a creare e spostarla verso il cassetto.

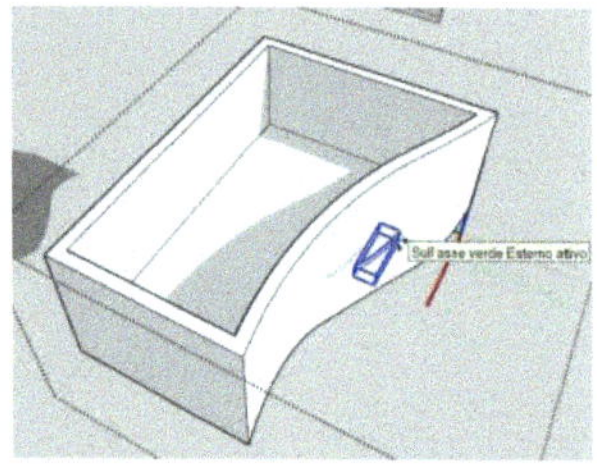

49. Aggiungere supporti semplificati per la maniglia: due cilindri nell'esempio.

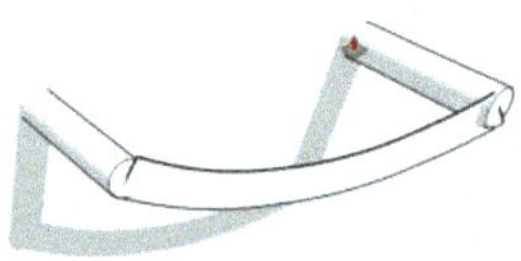

50. Selezionare il volume e realizzare un *componente*.

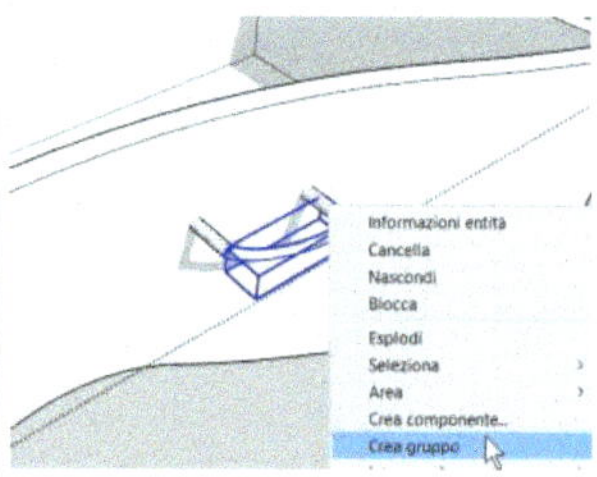

51. Applicare i materiali, selezionare gli oggetti e realizzare un *componente*.

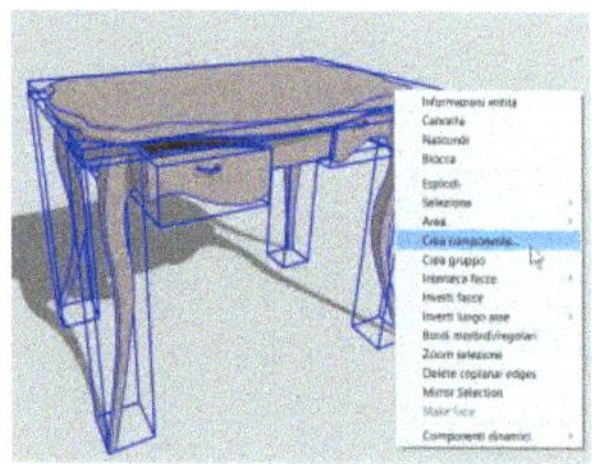

Note

Si possono utilizzare anche gli Strumenti solidi?

Sì, si possono utilizzare anche gli *Strumenti solidi* per intersecare i volumi. Si è scelto di usare *Interseca facce* perché in questo contesto risulta più veloce. Gli *Strumenti solidi* rendono necessario realizzare un *gruppo* per ciascuno degli elementi coinvolti per poi ritrovarsi comunque con un unico elemento dopo l'intersezione.

Esercizio 7. **Porta dinamica**

Svolgimento eser.

Difficoltà

Tema *Componente* dinamico "Porta da interni".

Descrizione Esercitazione che mostra passo passo le considerazioni, le motivazioni e la costruzione di un *componente* dinamico di una porta da interni con tre opzioni: Altezza, Larghezza e Spessore muro. Gli argomenti trattati sono:

- confronto fra oggetto normale e oggetto dinamico;
- struttura di annidamento del *componente*;
- individuazione, inserimento e correlazione tra gli *attributi*;
- regole di visualizzazione delle *opzioni*.

Strumenti

- Rettangolo (pag. 48)
- Spingi/tira (pag. 58)
- Assi (pag. 53)
- *Componenti* dinamici (pag. 98)

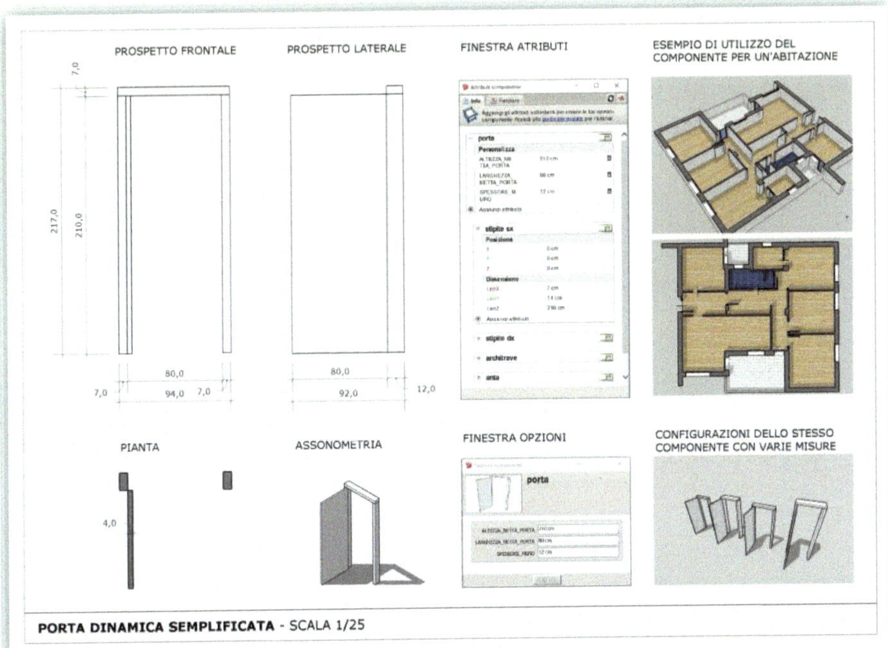

Confronto oggetto dinamico vs non dinamico

Un confronto fra due oggetti, di cui uno dinamico e l'altro no, permette di evidenziare le differenze che intercorrono tra loro. Ad esempio, utilizzando lo strumento *Scala* sui due oggetti si può constatare che quello dinamico non perde le proporzioni tra le sue parti (salvo che non sia espressamente previsto per quel tipo di oggetto), mentre l'altro si deforma in modo incontrollato.

Non dinamico: deformazioni incontrollate

Scalando l'oggetto non dinamico si deformano le sue parti in modo incontrollato. Ad esempio: i montanti si stirano proporzionalmente.

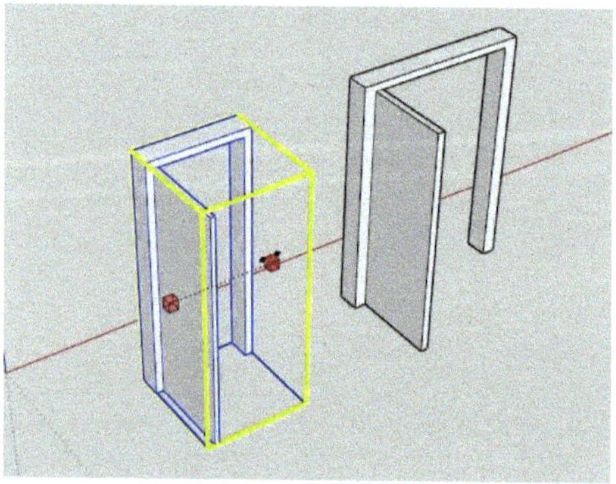

Dinamico: le proporzioni vengono mantenute

La scalatura in un oggetto dinamico non ha effetti indesiderati, le proporzioni tra le parti rimangono inalterate.

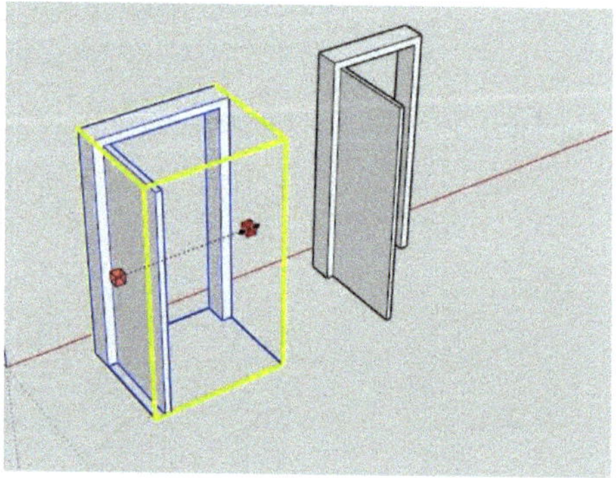

Per modificare gli oggetti si devono prendere strade differenti:

Non dinamico: molte modifiche manuali

Per modificare le dimensioni degli oggetti non dinamici si deve entrare nell'editor e variare manualmente una ad una le dimensioni di ciascuno degli elementi (**Anta** e **Telaio** nell'esempio) che li compongono.

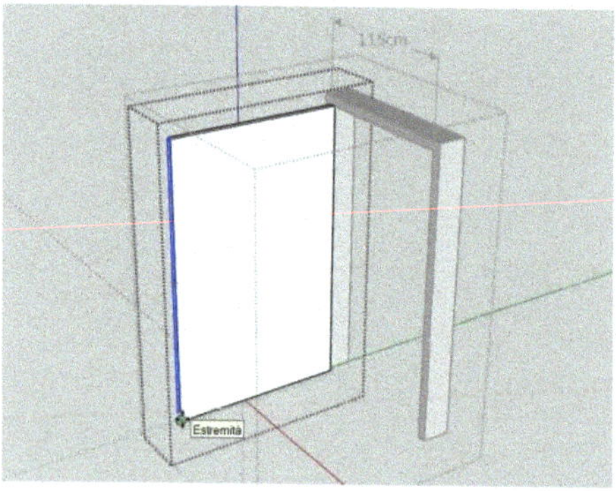

Dinamico: configurabilità delle *Opzioni*

Per modificare le dimensioni basta indicare nuovi valori nelle *Opzioni* dell'oggetto e quindi cliccare *Applica*. L'oggetto si aggiorna in modo automatico.

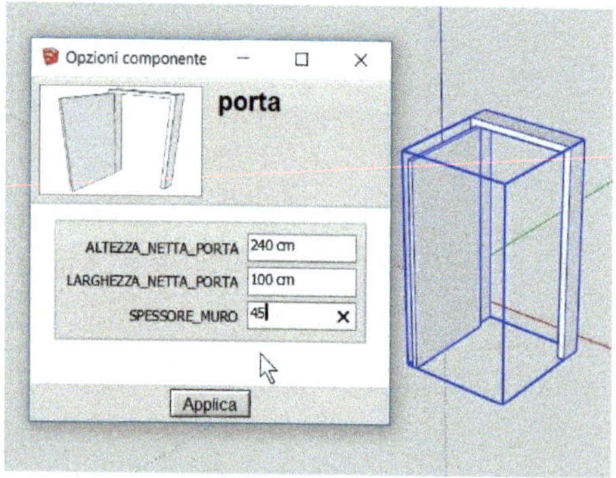

Gli elementi annidati all'interno di questi due tipi di *componenti* sono differenti. Nel *componente* dinamico l'oggetto deve essere scomposto con un livello di dettaglio tale da poter controllare le caratteristiche di ogni singola parte.

Non dinamico: pochi elementi annidati

Nell'oggetto non dinamico l'annidamento di *gruppi* o *componenti* all'interno di oggetti è facoltativo e soggettivo. Nell'esempio il *componente* Porta contiene i *gruppi* Anta e Telaio.

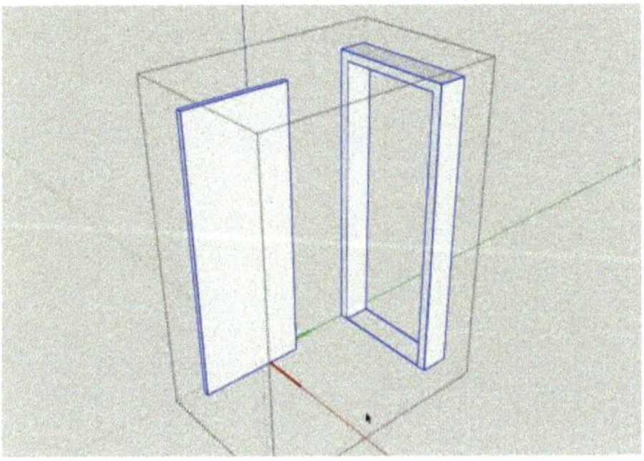

Dinamico: scomposizione sistematica

Nei *componenti dinamici* ogni parte è controllata da *attributi* che ne regolano le caratteristiche (posizione, dimensioni...) ed è quindi necessario un maggiore livello di scomposizione.

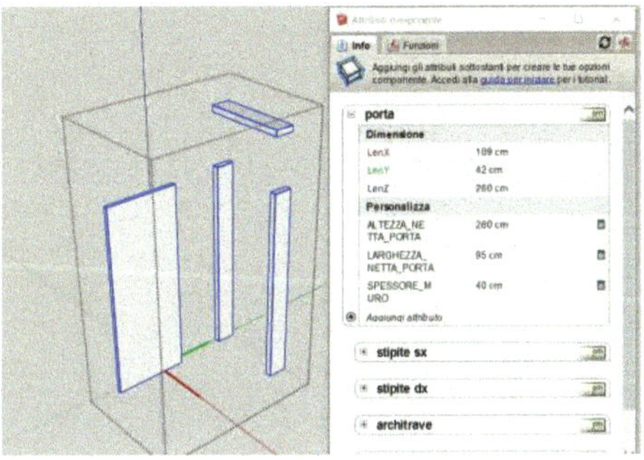

Visto quanto trattato emergono tre punti da cui iniziare per impostare il *componente* dinamico:

1. individuazione e costruzione delle sue parti (*gruppi/componenti*);
2. inserimento degli *attributi;*
3. correlazione tra gli *attributi.*

Il passaggio finale è quello di impostare regole di visualizzazione per rendere visibili e pronte per l'uso le variabili nella finestra *Opzioni componente*, da cui configurare l'oggetto a proprio piacimento.

1. Individuazione e costruzione delle parti (*gruppi/componenti*)

Gli elementi che costituiscono la porta sono quattro: anta, architrave, stipite destro, stipite sinistro (si tralascia qui la maniglia per semplificare l'esempio). Per realizzare questi volumi basta lo strumento *Spingi/tira*:

Anta

Misure: 4x80x210 cm

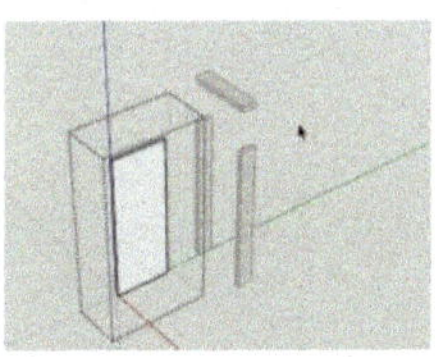

Architrave

Misure: 94x15x7 cm

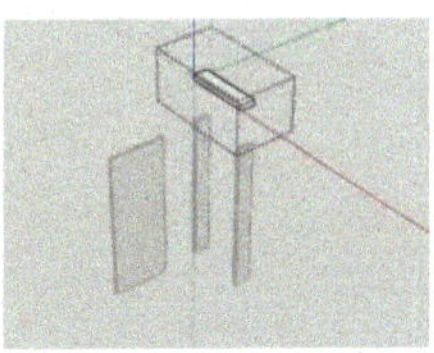

Stipite destro

Misure: 7x15x217 cm

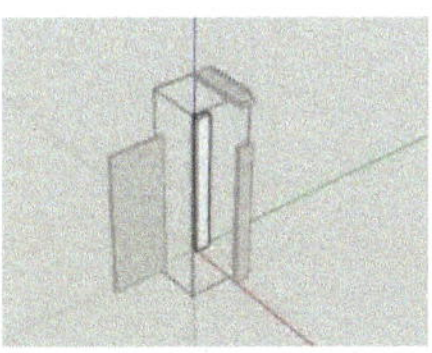

Stipite sinistro

Misure: 7x15x217 cm

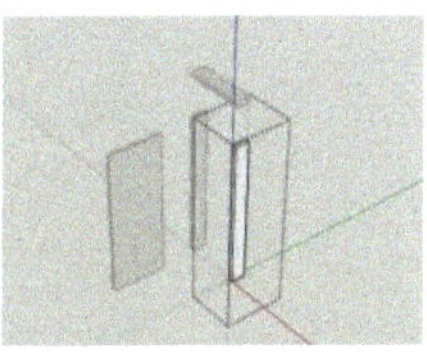

Suggerimento. Le misure sono del tutto indicative in quanto la parametrizzazione mediante *attributi* e *opzioni* rende modificabili a piacere tali misure in modo dinamico.

Un aspetto di particolare importanza sono gli assi: si consiglia di fare in modo che le posizioni delle origini degli assi e l'orientamento degli assi stessi siano gli stessi per tutti gli oggetti nidificati. Questo consente una maggiore facilità di inserimento degli attributi e una coerenza generale nel funzionamento dell'oggetto. Tutti questi elementi devono essere riuniti nel *componente* "Porta dinamica".

Posizionare correttamente i quattro elementi.

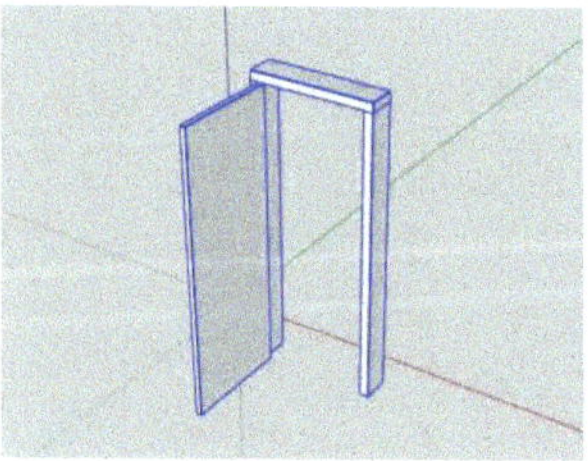

Realizzare il *componente* "Porta dinamica".

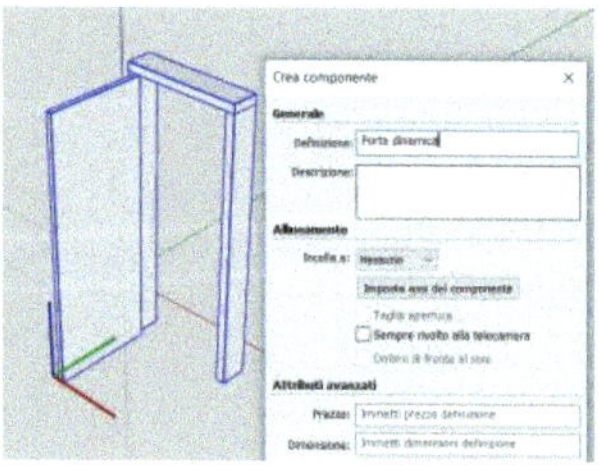

La finestra *Struttura* evidenzia la gerarchia.

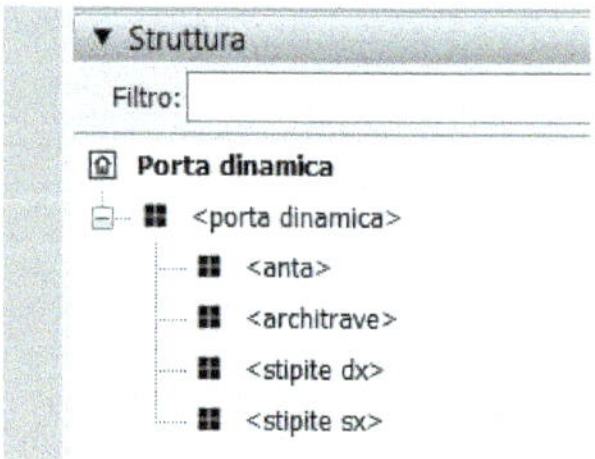

Nota. Non è importante che la posizione dell'origine degli assi sia a destra o a sinistra oppure in alto o in basso quanto invece il fatto che sia uguale per tutti. Può essere utile attivare la visibilità della terna di assi anche dall'esterno dell'editor; tale funzione si trova nel menu *Finestra > Informazioni modello > componenti > Mostra gli assi del componente*.

L'origine degli assi del *componente* "padre" (in questo caso il *componente* "Porta dinamica") determina il punto di inserimento dell'oggetto e rappresenta il sistema di riferimento a cui fanno capo i quattro elementi annidati al suo interno. Può essere riposizionato in modo da trovarsi in un punto significativo, comodo da individuare quando si dovranno inserire le coordinate di posizione e di dimensione degli elementi costituenti la porta.

La posizione dell'origine degli assi dopo aver realizzato il *componente* padre.

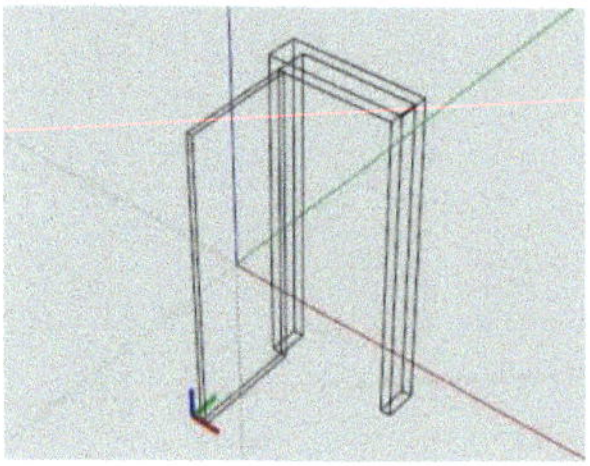

Riposizionare gli assi con l'apposito strumento *Assi* nella barra di strumenti *Costruzione*.

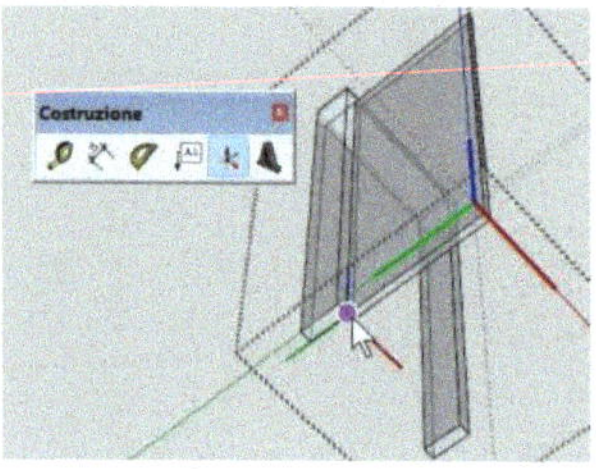

Gli assi riposizionati nel vertice tra l'Anta e lo Stipite destro.

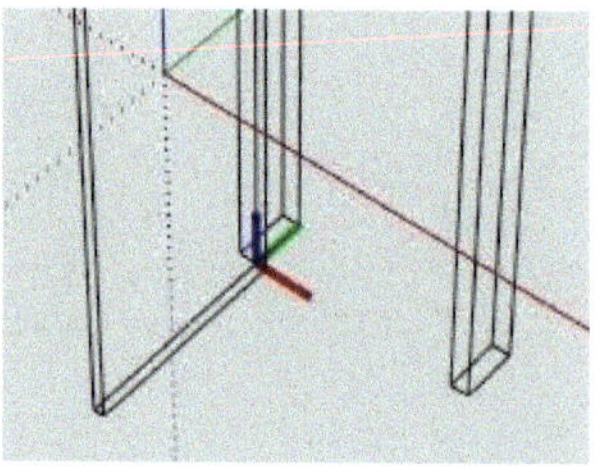

2. Inserimento degli *attributi*

Gli *attributi* vanno inseriti nella finestra *Attributi componente* (menu *Finestra*): selezionando il *componente* da modificare appare uno schema ad albero che elenca gli oggetti presenti. Per inserire attributi cliccare sul simbolo "+" sotto al nome dell'oggetto. Appare una lista di attributi predefiniti: per aggiungerli si clicca sul nome del singolo attributo, oppure si clicca sul nome della sezione per aggiungere tutti quelli della sezione in una sola volta.

La finestra *Attributi componente* con lo schema degli oggetti annidati e l'elenco di attributi predefinito con evidenziata la sezione *Posizione*.

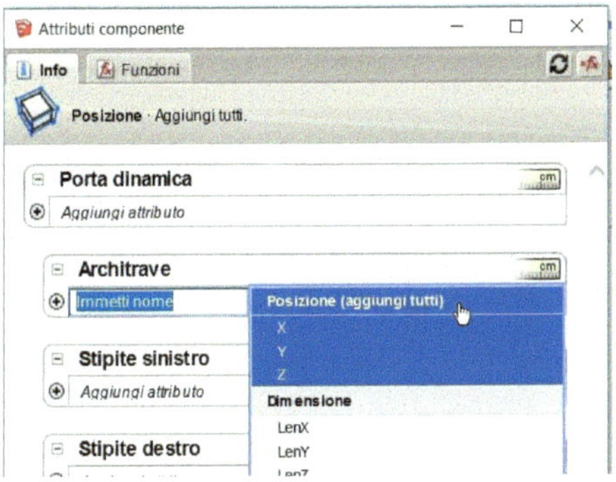

Gli attributi *Posizione X, Y* e *Z* aggiunti al *componente* "Architrave".

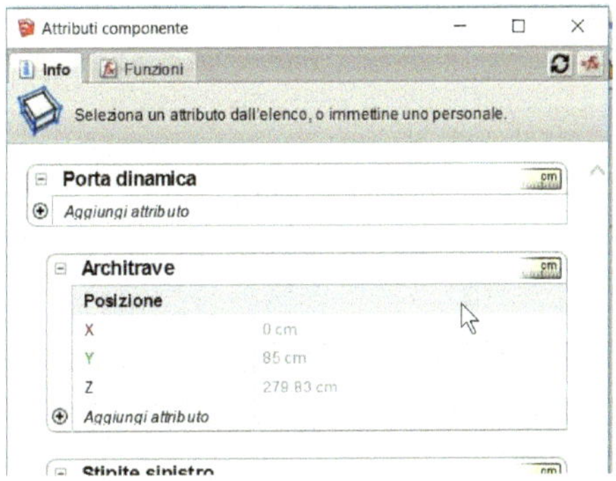

Suggerimento. Gli attributi possono essere tolti portando il cursore a fianco del loro nome e cliccando sul simbolo "-".

Si possono aggiungere anche attributi con nomi personalizzati, scrivendoli direttamente all'interno della cella del nome dell'attributo. Non si possono lasciare spazi, eventuali nomi composti possono essere separati dal simbolo "_" come ad esempio "LARGHEZZA_NETTA". Le *opzioni* che si vogliono implementare nel *componente* "Porta dinamica" sono:

A. **Larghezza netta**;

B. **Altezza netta**;

C. **Spessore muro**.

È evidente che, al variare di una sola di queste caratteristiche all'interno della porta, alcuni elementi si devono ridimensionare mentre altri si devono solo spostare, a seconda dei valori che si andranno ad inserire. Queste variazioni geometriche devono essere indicate all'interno degli attributi di ciascun elemento in modo che, al variare dei valori delle *opzioni*, tutti si aggiornino in modo sincronizzato. Le istruzioni sono impartite da funzioni di vario tipo: da semplici operatori come =, +, – ad altri più sofisticati come le funzioni logiche IF, AND e OR (se, e, oppure). L'elenco completo di queste funzioni si trova nella scheda *Funzioni* presente nella parte alta della finestra *Attributi componente*.

Le funzioni vanno inserite in formule all'interno delle celle a fianco del nome dell'attributo. Nell'esempio seguente la dimensione in X sarà uguale al valore indicato: anche se l'oggetto dovesse essere scalato, la sua dimensione in X rimarrà fissa al valore 5 cm.

Clic all'interno della cella dell'attributo *LenX* (dimensione lungo l'asse X).

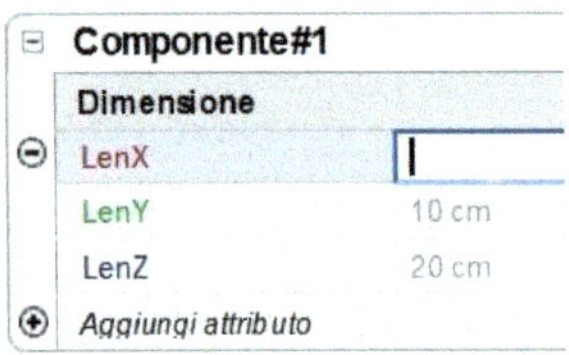

Digitare la formula "=5" e confermare con Invio oppure Tab.

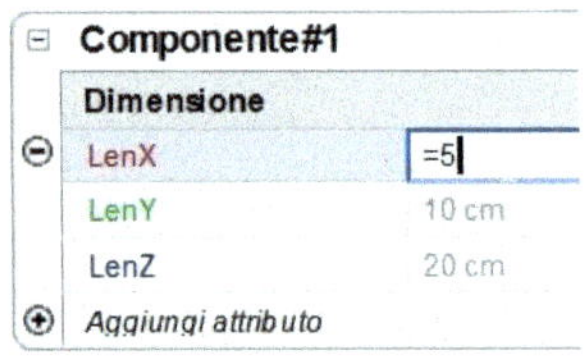

L'esito della formula nella cella.

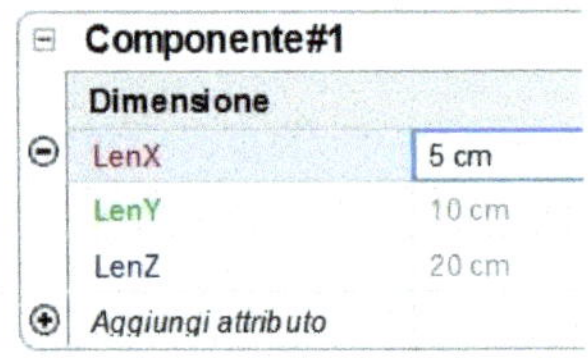

3. Correlazione tra *attributi*

Per relazionare tra loro gli attributi è necessario inserire all'interno delle formule i nomi degli attributi a cui fare riferimento. Nell'esempio si vuole relazionare la posizione in altezza dell'"Architrave" all'attributo personalizzato *Altezza* del *componente* padre.

Inserire un attributo personalizzato digitando all'interno della cella.

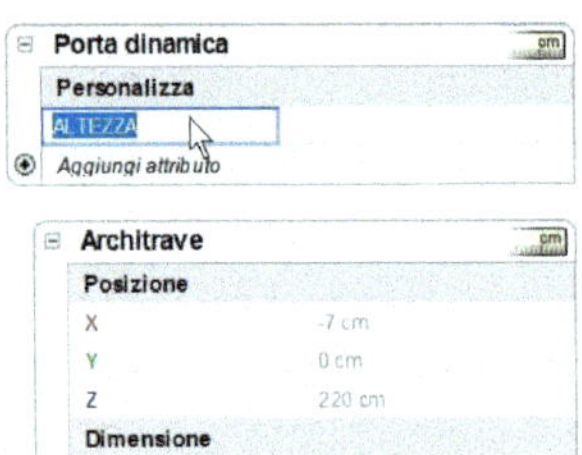

Iniziare la formula nell'attributo posizione in Z dell'elemento "Architrave".

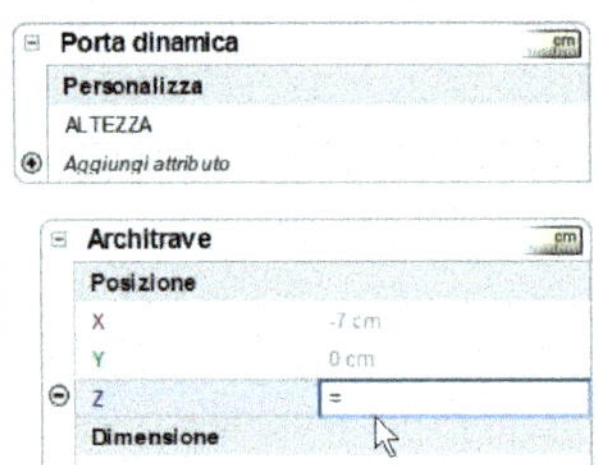

Cliccare sul nome dell'attributo da cui la formula deve dipendere.

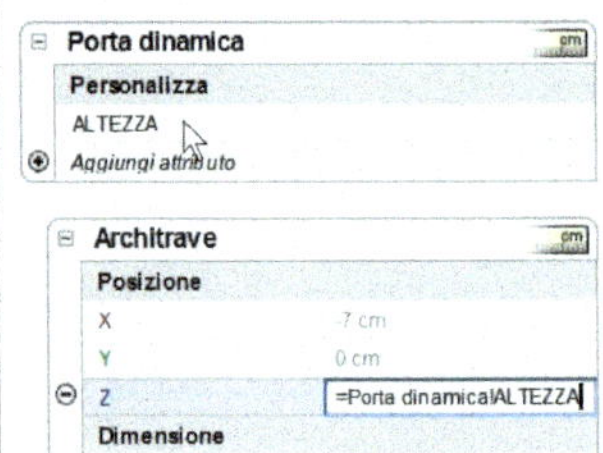

Così facendo, al variare del valore dell'attributo *Altezza*, varierà automaticamente anche il valore Z della posizione dell'"Architrave". Il testo della formula può essere scritto anche a mano ma è più veloce e pratico selezionare il nome dell'attributo come indicato sopra. A questo punto si tratta di inserire gli attributi personalizzati nel *componente* padre e tutti gli attributi posizione e dimensione con le relative formule negli oggetti nidificati.

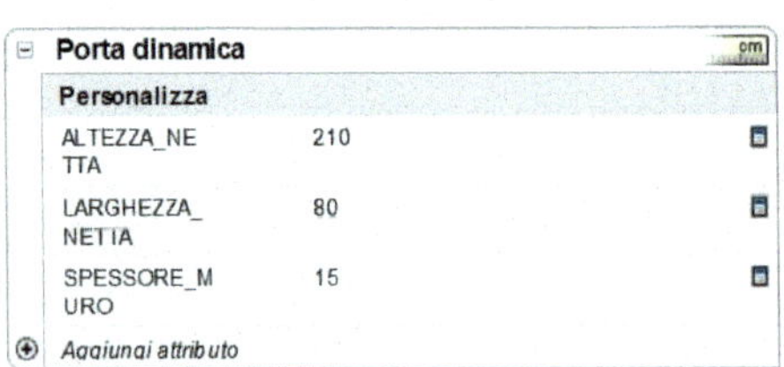

Porta dinamica. Il *componente* padre deve avere gli attributi personalizzati che controllano le dimensioni previste. Inserire valori indicativi aiuta nella costruzione delle formule. Saranno resi disponibili nella finestra *Opzioni componente*.

Architrave	
Posizione	
X	=-7
Y	=0
Z	=Porta dinamica!ALTEZZA_NETTA
Dimensione	
LenX	=Porta dinamica!LARGHEZZA_NETTA+14
LenY	=Porta dinamica!SPESSORE_MURO
LenZ	=7
Aggiungi attributo	

L'**Architrave** si dovrà spostare in altezza (posizione Z), pertanto andrà indicata la dipendenza dall'attributo *Altezza*. Le dimensioni in X e Y dipendono dai relativi attributi *Larghezza* e *Spessore del muro.* Gli altri attributi devono rimanere bloccati a valori fissi con il simbolo "=". Questo garantisce che non ci siano spostamenti o deformazioni indesiderati.

Stipite sinistro	
Posizione	
X	=Porta dinamica!LARGHEZZA_NETTA
Y	=0
Z	=0
Dimensione	
LenX	=7
LenY	=Porta dinamica!SPESSORE_MURO
LenZ	=Porta dinamica!ALTEZZA_NETTA
Aggiungi attributo	

Lo **Stipite sinistro** si dovrà spostare in accordo con la larghezza della porta (Posizione X) e varierà dimensioni in Y e Z in accordo con lo spessore e l'altezza.

Stipite destro	
Posizione	
X	=-7
Y	=0
Z	=0
Dimensione	
LenX	=7
LenY	=Porta dinamica!SPESSORE_MURO
LenZ	=Porta dinamica!ALTEZZA_NETTA
Aggiungi attributo	

Lo **Stipite destro** deve rimanere bloccato in posizione fissa, quindi le formule di posizione hanno tutte il simbolo "=" seguito da valori ben precisi. Gli attributi dimensionali variano invece in accordo con gli attributi di spessore e altezza come visto per l'altro stipite.

Anta	
Posizione	
X	=0
Y	=-Porta dinamica!LARGHEZZA_NETTA
Z	=0
Dimensione	
LenX	=4
LenY	=Porta dinamica!LARGHEZZA_NETTA
LenZ	=Porta dinamica!ALTEZZA_NETTA
Aggiungi attributo	

L'**Anta** deve avere posizione pari alla larghezza della porta: in pratica si sposta di un valore pari alla sua stessa larghezza. Deve avere formule correlate agli attributi di spessore e altezza come visto per gli stipiti.

Regole di visualizzazione

Gli attributi personalizzati devono ora essere resi disponibili nella finestra *Opzioni componente*, in cui si possono modificare i valori e configurare l'oggetto a piacere senza più dover pensare alla finestra *Attributi componente* e a tutto il suo contenuto di formule, oggetti, attributi...

Cliccare sulla freccia nera a fianco del singolo attributo.

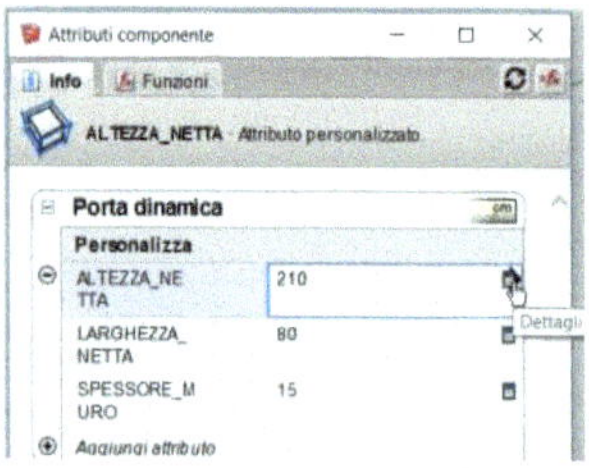

Impostare la regola *Gli utenti modificano come casella di testo*.

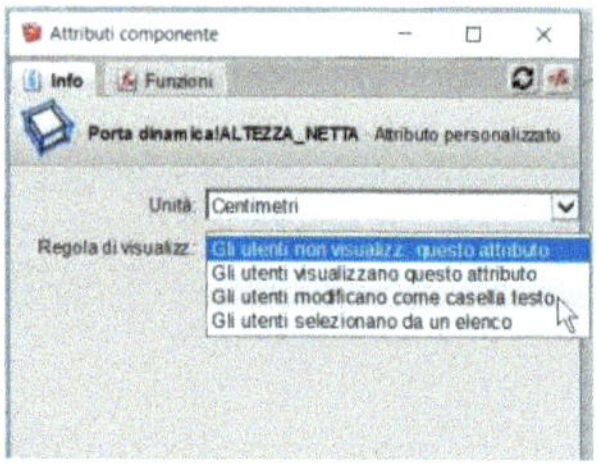

Impostare *Etichetta* e *Unità di misura*.

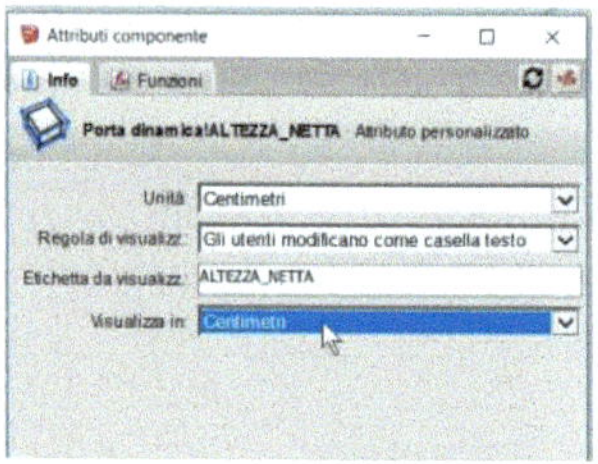

Visualizzare la finestra *Opzioni componente* (dal menu *Finestra* o dalla barra di strumenti *Componenti dinamici*): gli attributi sono diventati opzioni disponibili all'utente finale. Basta modificare i valori per configurare l'oggetto in una moltitudine di forme differenti.

Il *componente* **Porta dinamica** configurato come porta da interni.

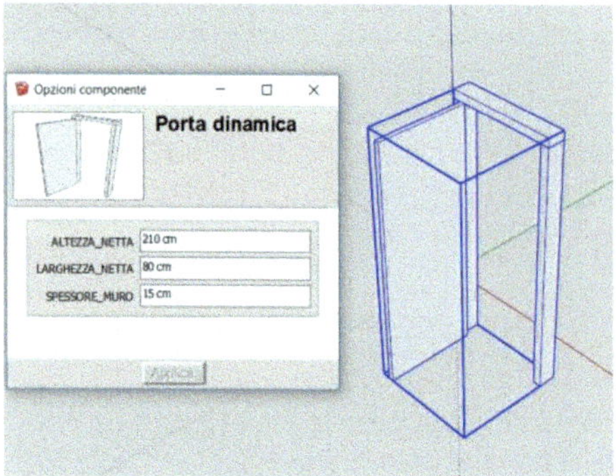

Lo stesso *componente* configurato con dimensioni da portoncino d'ingresso.

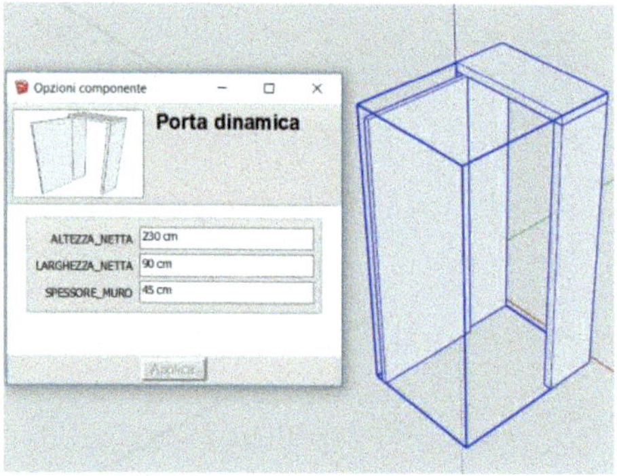

Conclusioni

I *componenti* dinamici affascinano con le loro potenzialità: ci sono ad esempio funzioni che fanno muovere l'oggetto (*Animate*), altre che fanno scattare interazioni tutte da inventare (*OnClick*). Sono più complessi da realizzare di normali *componenti* ma consentono di risparmiare molto tempo, ed è quindi opportuno chiedersi se non sia il caso di realizzare in forma dinamica almeno gli oggetti che si utilizzano più spesso (oppure li si può cercare nella 3DWarehouse!).

Esercizio 8. **Piccola abitazione**

Svolgimento eser. Realtà Aumentata

Difficoltà

Tema Modellazione di un'abitazione ad un piano.

Descrizione Costruire le geometrie di un'ambientazione con particolare attenzione alla realizzazione dei muri, al posizionamento di porte e finestre e ai materiali. Tra gli oggetti posizionati nell'abitazione ci sono *componenti dinamici* reperibili online nella galleria 3DWarehouse (pag. 91). Gli argomenti trattati sono:

- disegno di pianta ed alzato di muri perimetrali ed interni;
- modalità di realizzazione di vani per porte e finestre;
- applicazione di materiali all'interno e all'esterno dei *gruppi*;
- configurazione di *componenti dinamici*.

Strumenti

- Rettangolo (pag. 48)
- Spingi/tira (pag. 58)
- Offset (pag. 72)
- Misura > Guide (pag. 40)
- Materiali (pag. 125)
- 3DWarehouse (pag. 91)
- *Componenti dinamici* (pag. 98)
- Nascondi il resto del modello (pag. 87)

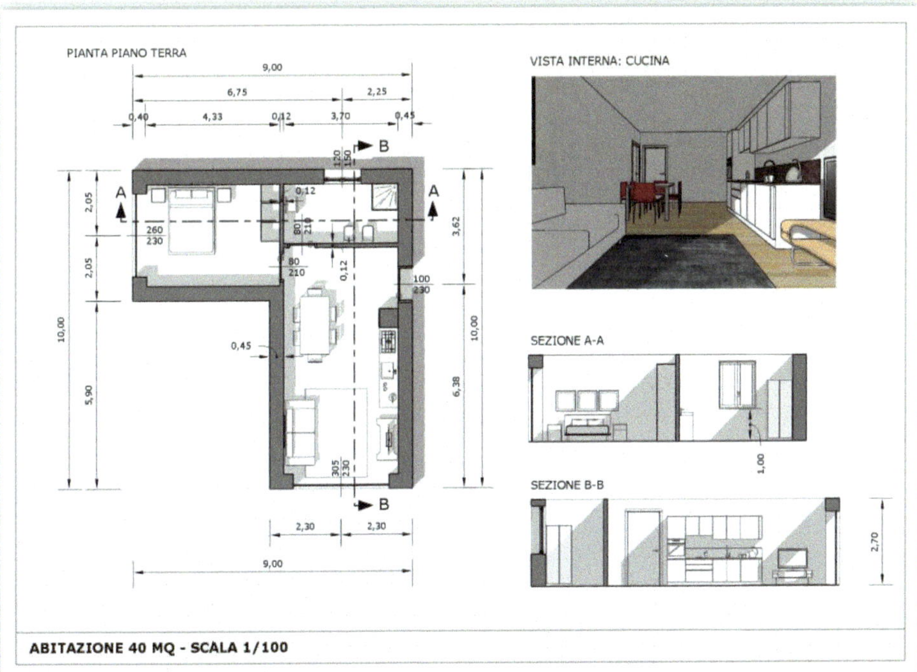

Svolgimento

1. Tracciare la pianta con le misure indicate in figura (unità di misura metri).

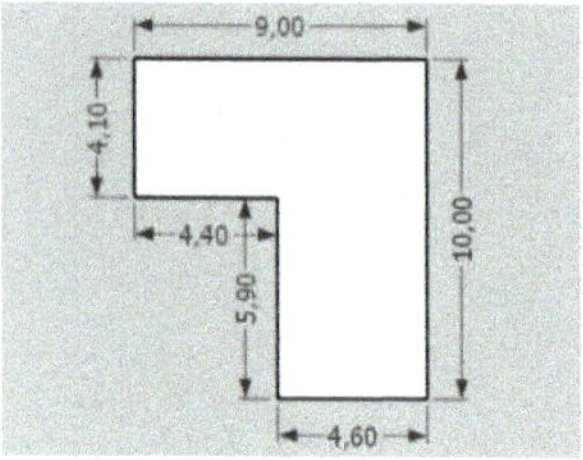

2. Con Offset realizzare i muri perimetrali: spessore 0,45 m.

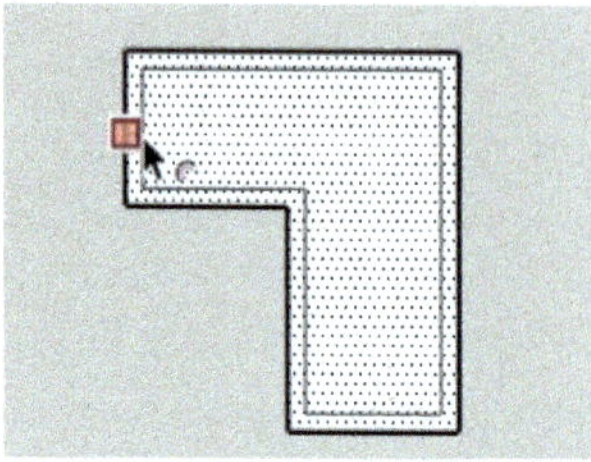

3. Tracciare i muri interni con le misure indicate in figura (vedere nota A a fine esercizio).

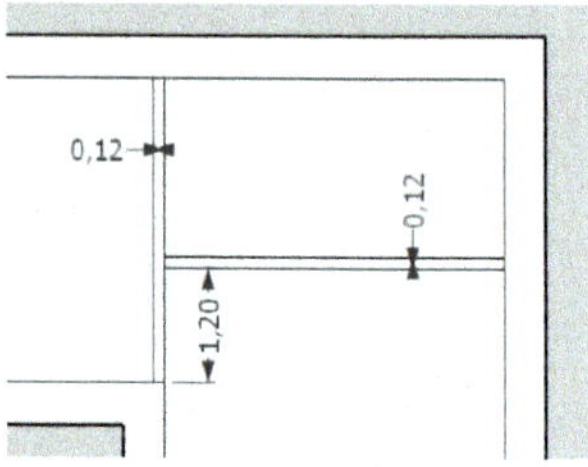

4. Disegnare il vano per la porta in pianta.

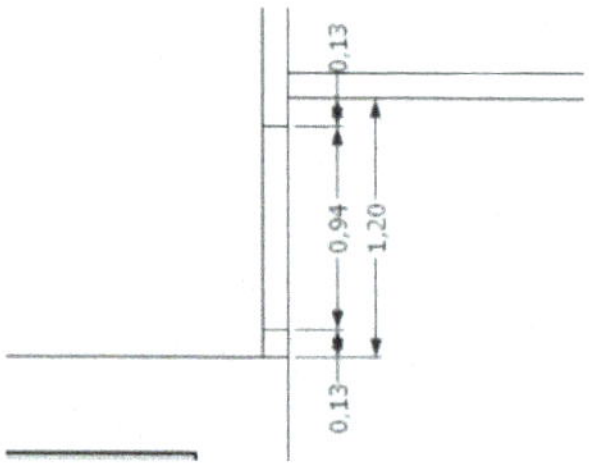

5. Eliminare le linee tra le facce dei muri in pianta ed estrudere verso l'alto i muri.

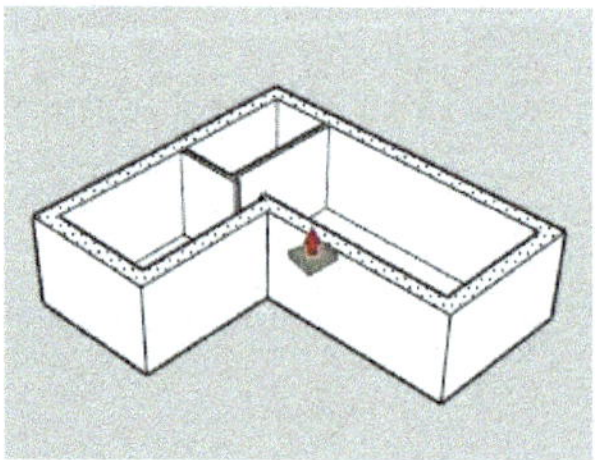

6. Copiare con Sposta + Ctrl la linea di base verso l'alto.

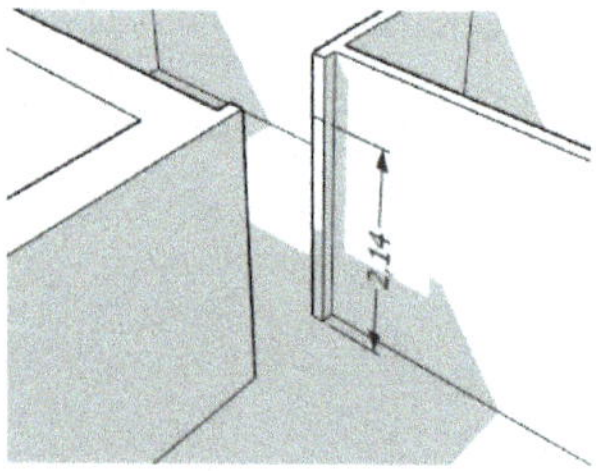

7. Estrudere l'architrave della porta fino al lato opposto.

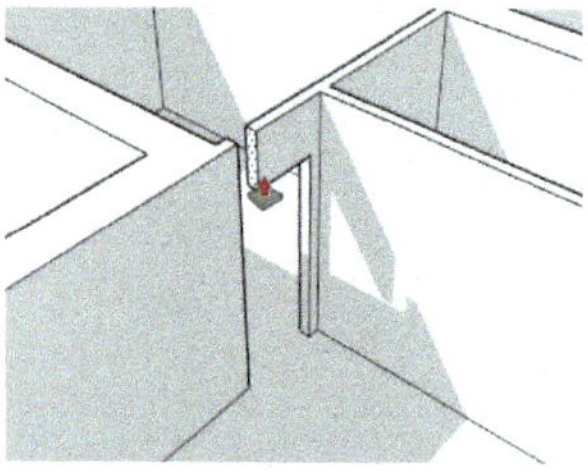

8. Posizionare una linea di guida a 0,13 m dallo spigolo.

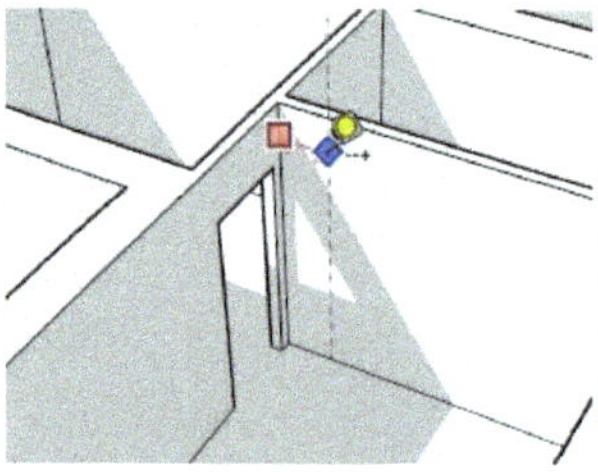

9. Disegnare il rettangolo del vano porta in prospetto con misure 2,14x0,94 metri.

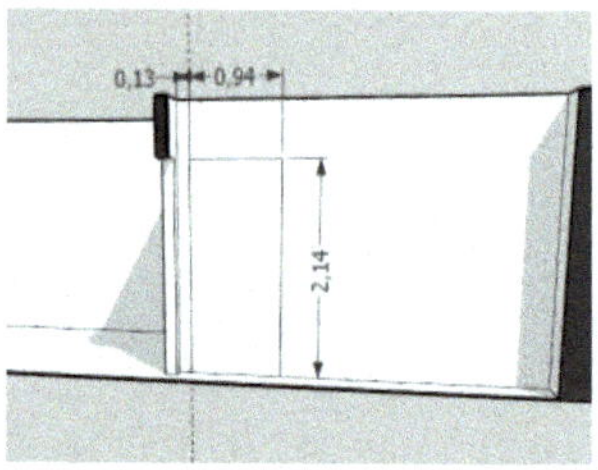

10. Estrudere il prospetto della porta fino al lato opposto per realizzare l'apertura nel muro.

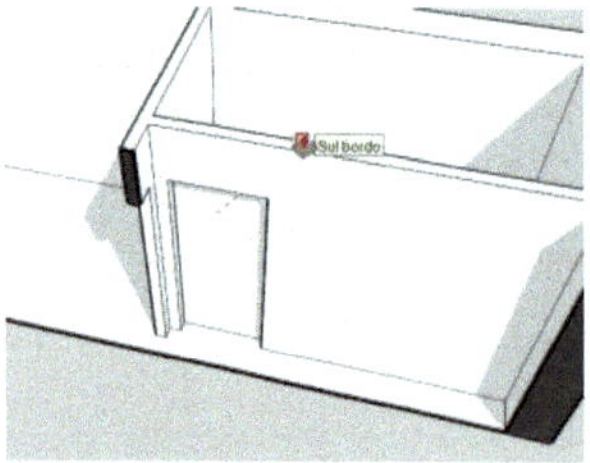

11. Realizzare allo stesso modo la porta di ingresso.

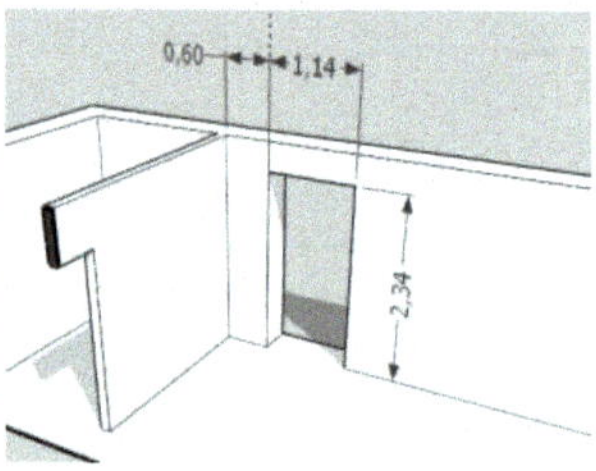

12. Realizzare allo stesso modo la finestra in bagno.

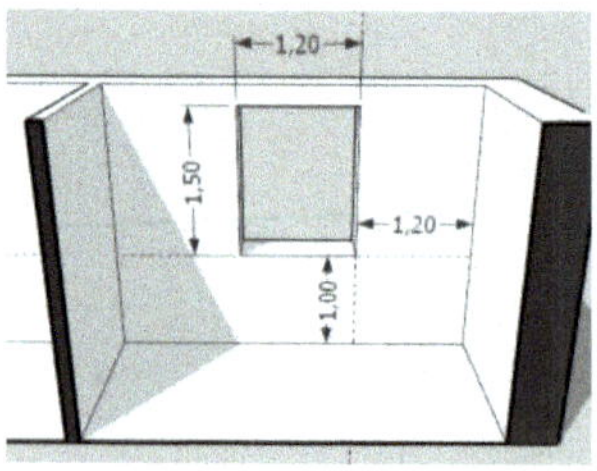

13. Realizzare le portefinestre di soggiorno e camera.

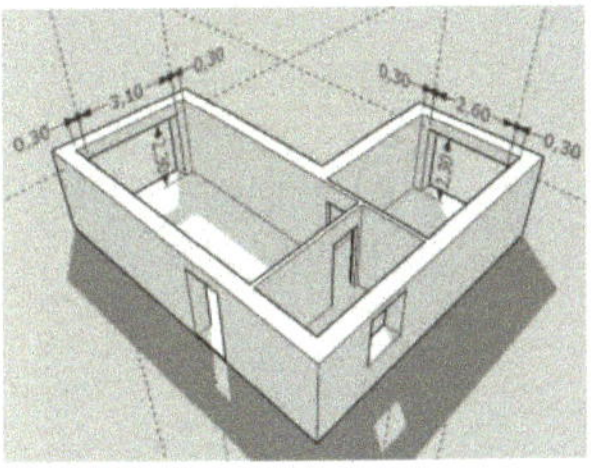

14. Selezionare con doppio clic la superficie del pavimento e farne un *gruppo*.

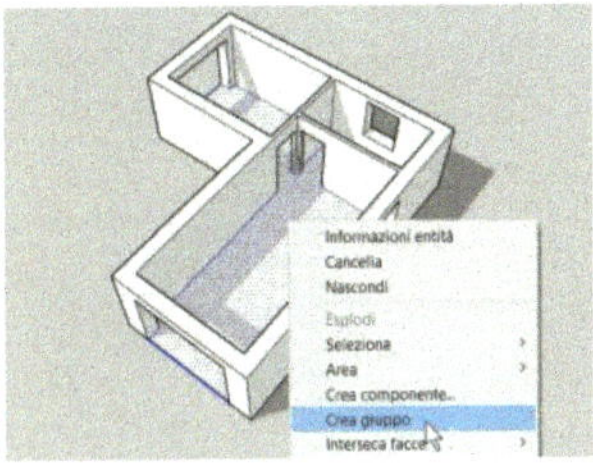

15. Selezionare con triplo clic i muri e farne un *gruppo* (vedere nota B a fine esercizio).

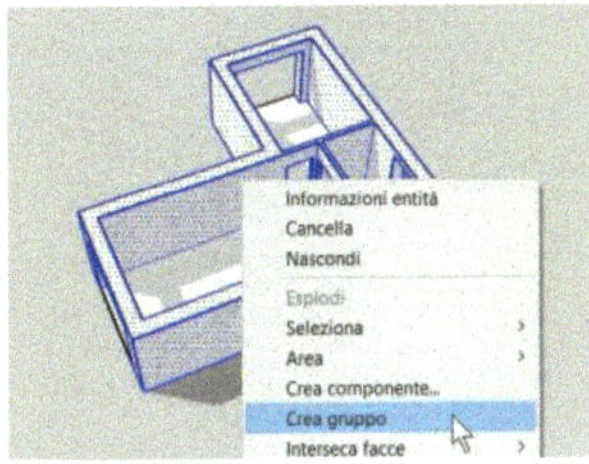

16. Tracciare una linea per separare la superficie del bagno dal resto della pavimentazione.

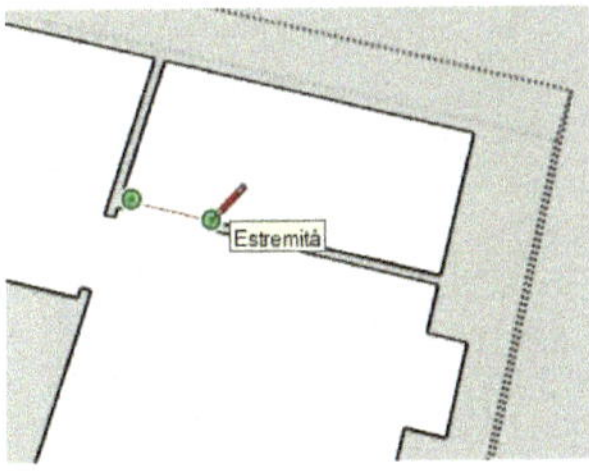

17. Applicare i materiali: clic sull'anteprima del materiale e quindi sulla superficie.

18. Uscire dal *gruppo* e dipingere il *gruppo* delle murature dall'esterno.

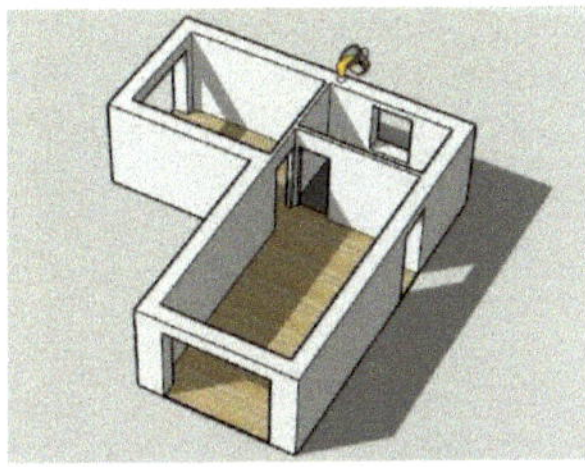

19. Per cercare oggetti come porte e finestre accedere alla galleria 3DWarehouse.

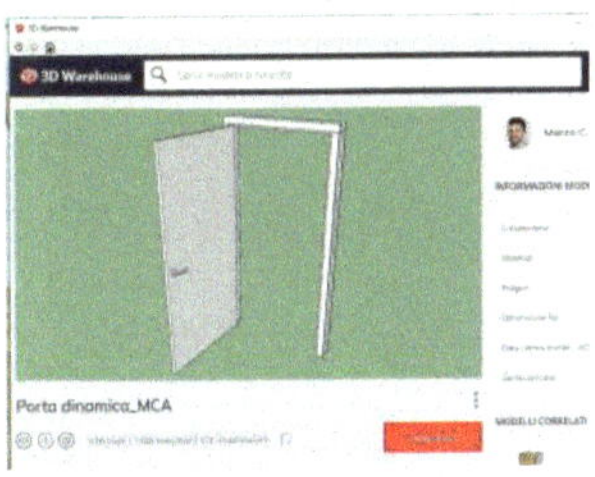

20. Individuare l'oggetto da scaricare e posizionarlo nel modello.

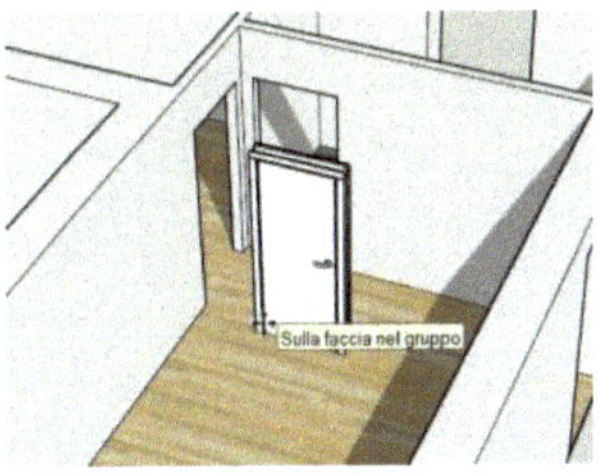

21. Se si tratta di un *componente* dinamico modificarne le *Opzioni* per dimensionarlo.

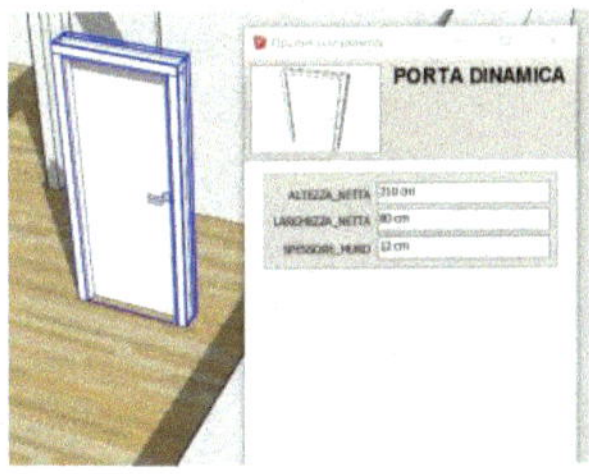

22. Eventualmente visualizzare il modello da sotto per facilitare il posizionamento.

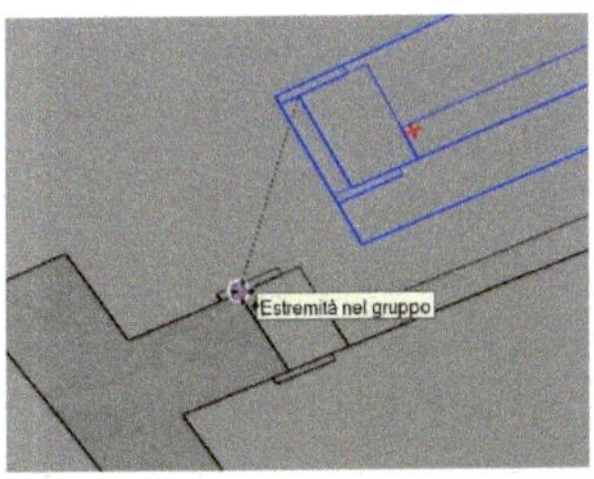

23. Posizionare tutte le porte.

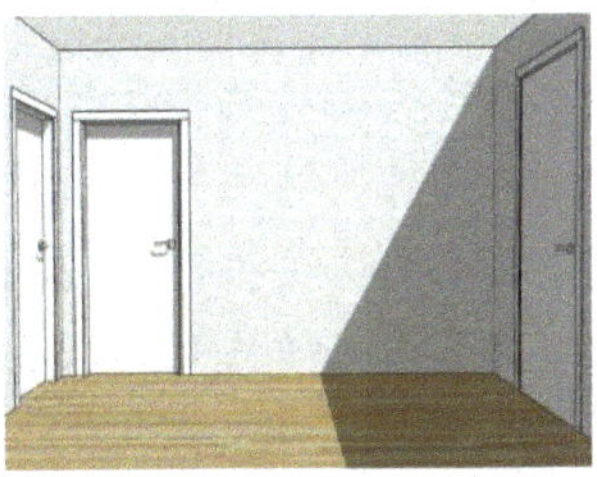

24. Posizionare la finestra del bagno, anche in questo caso un *componente* dinamico.

25. Alcune finestre possono essere semplificate come semplici parallelepipedi.

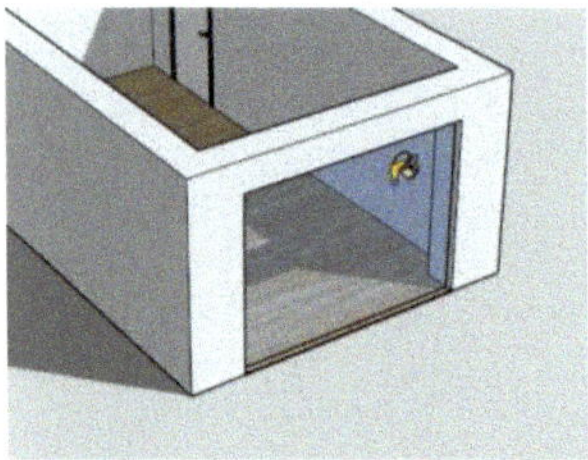

26. Vista di pianta prospettica del modello completato.

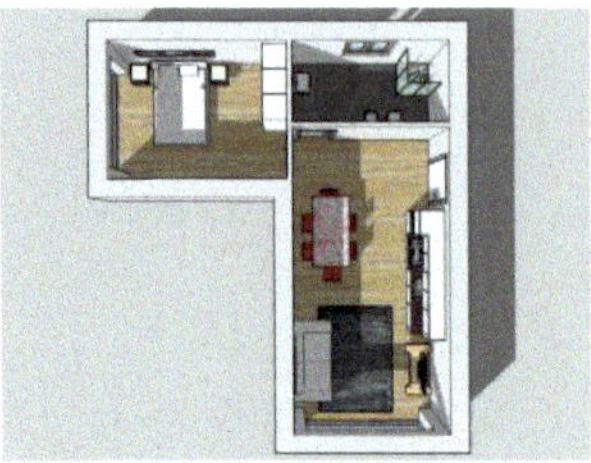

27. Aggiungere un soffitto. Vista interna (campo visivo 65°, menu *Telecamera*).

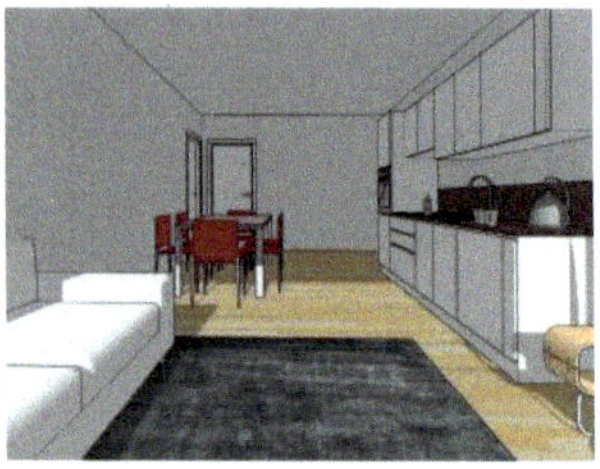

28. Vista interna del soggiorno.

29. Vista della camera.

30. Vista prospettica del fronte della cucina con piano di sezione attivo.

Note

A. I vani di porte e finestre vanno disegnati in pianta o in prospetto?

La scelta tra questi due approcci è soggettiva in quanto portano allo stesso risultato e comportano lo stesso numero di passaggi. Qui vengono adottati entrambi: prima il disegno della porta in pianta completata poi in prospetto e successivamente la porta disegnata direttamente sulla parete verticale (in prospetto).

B. Come nascondere ciò che è all'esterno dell'editor dell'oggetto a cui si sta lavorando?

Nei passaggi seguenti in cui si tratta di posizionare materiali e fare modifiche all'interno dell'editor dei *gruppi* realizzati finora è utile attivare l'opzione *Nascondi il resto del modello*: menu *Visualizza > Modifica componente > Nascondi il resto del modello* (trattato a pagina 87).

Esercizio 9. **Scala interna**

Svolgimento eser. Realtà Aumentata

Difficoltà

Tema Scala modulare da interni.

Descrizione Approfondire strategie e strumenti quali la nidificazione di *gruppi* e *componenti* (per realizzare il modulo gradino-cosciale), lo strumento *Seguimi* per realizzare il corrimano, la copia in serie per i gradini ed i montanti. Gli argomenti trattati sono:

- impostare l'ingombro in pianta ed in alzato;
- copia in serie di elementi modulari;
- uso delle guide di riferimento;
- utilizzo di *gruppi* e *componenti* in un elemento complesso.

Strumenti

- Dividi (pag. 47)
- Copia lineare (pag. 57)
- Rendi unico (pag. 87)
- Misura > Guide (pag. 40)
- Spingi/tira (pag. 58)
- Serie radiale (pag. 63)
- Sposta > Copia (pag. 57)
- Seguimi (pag. 64)

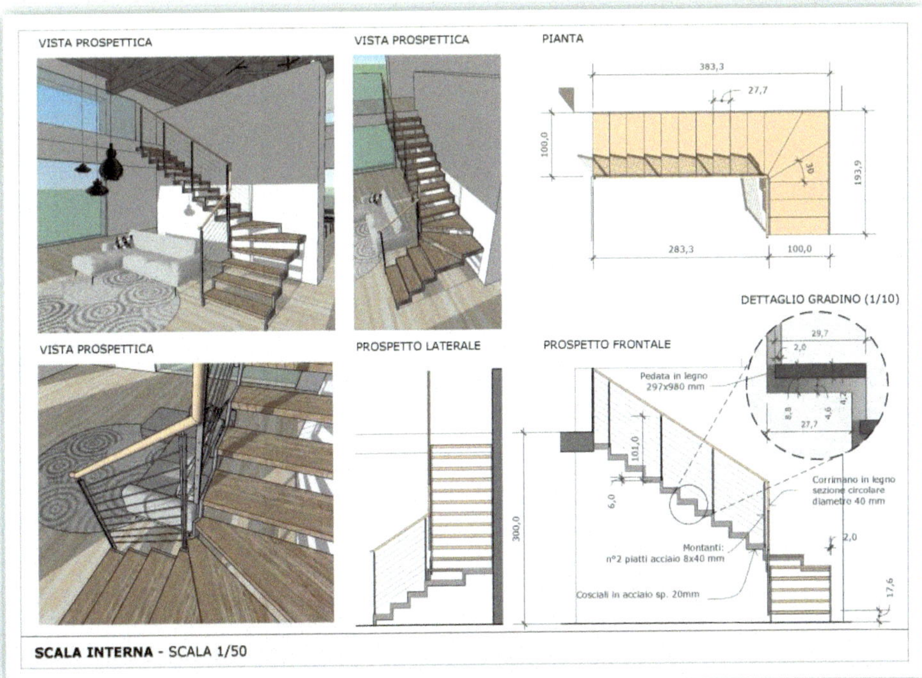

Svolgimento

Dati della scala:

→ dislivello: 300 cm

→ numero alzate: 17 (altezza circa 17,7 cm)

→ numero pedate: 16 (lunghezza 27,7 cm + sormonto)

→ gradini a piè d'oca con angolo 30°

1. Tracciare una linea pari all'altezza della scala, quindi clic destro > *Dividi* in 17 parti.

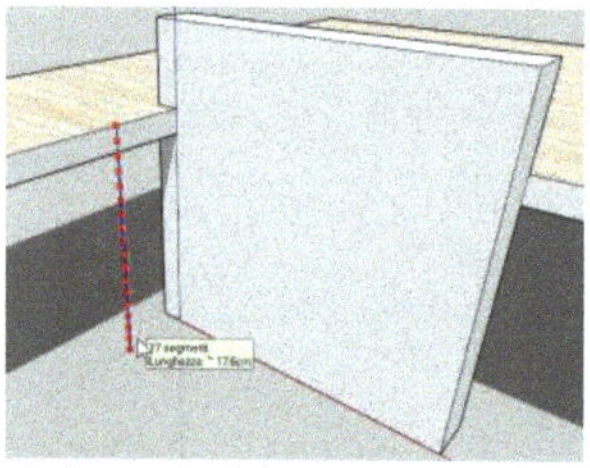

2. Tracciare lo sviluppo in pianta della scala da utilizzare come riferimento.

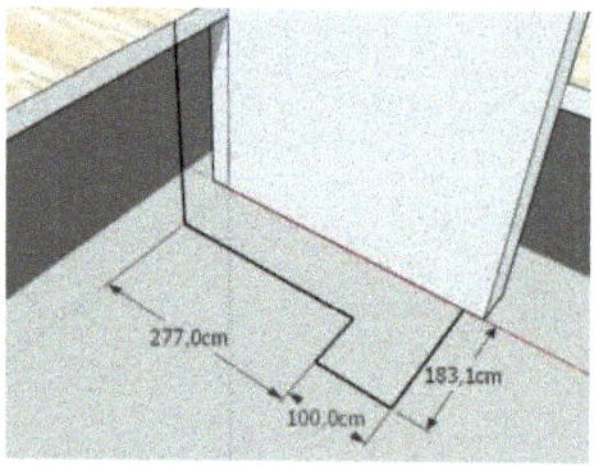

3. Selezionare le linee e realizzare un *gruppo*.

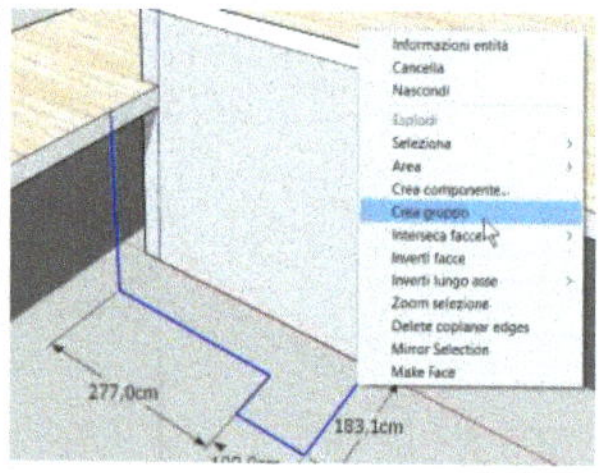

4. **Gradino:** disegnare un gradino 100x27,7 cm ed estrudere fino alla prima linea divisa.

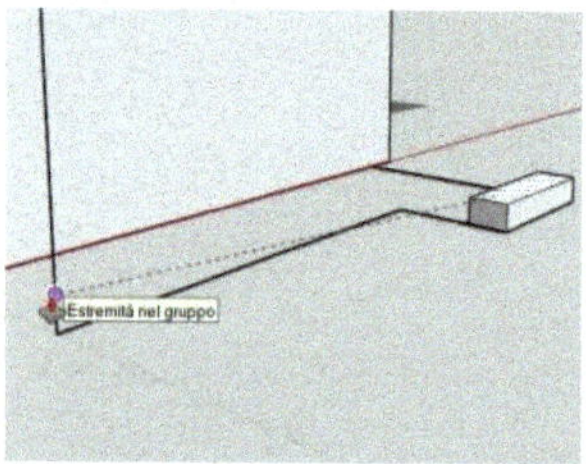

5. Selezionare il volume e realizzare un *componente*; nominarlo "Gradino".

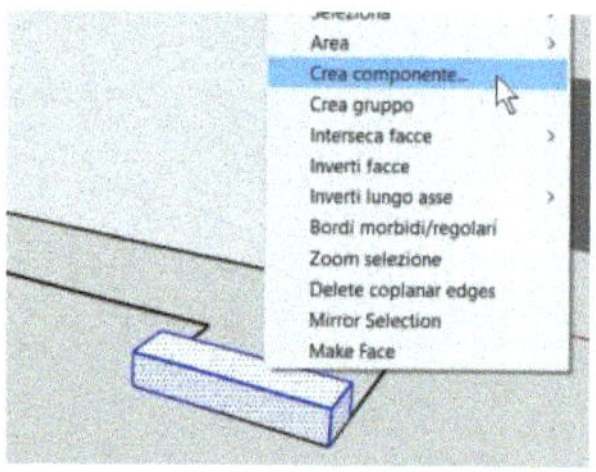

6. Copiare in serie i gradini della rampa iniziale e della svolta (*Sposta* + Ctrl > nr copie).

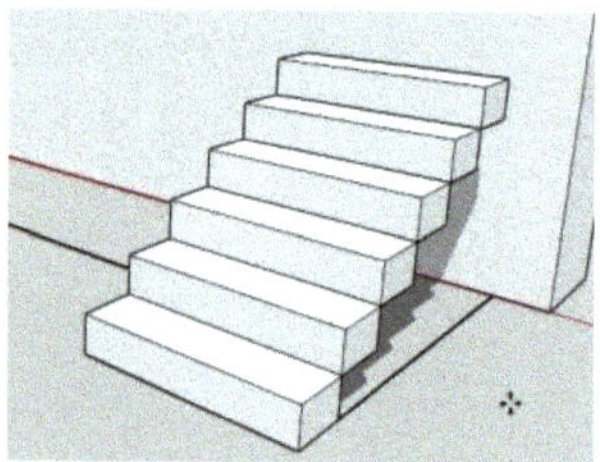

7. Ruotare i gradini 5 e 6 di 30 gradi.

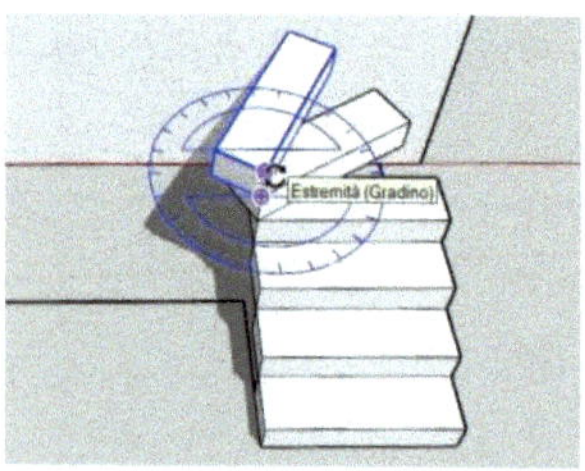

8. Copiare e ruotare il primo gradino della rampa finale.

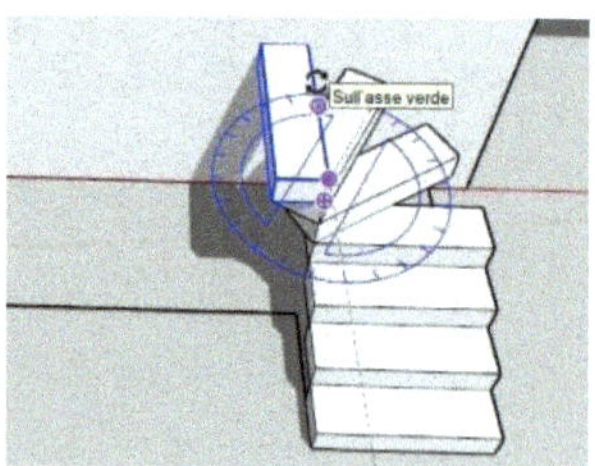

9. Copiare il gradino 7 con *Sposta* + Ctrl per la successiva copia in serie.

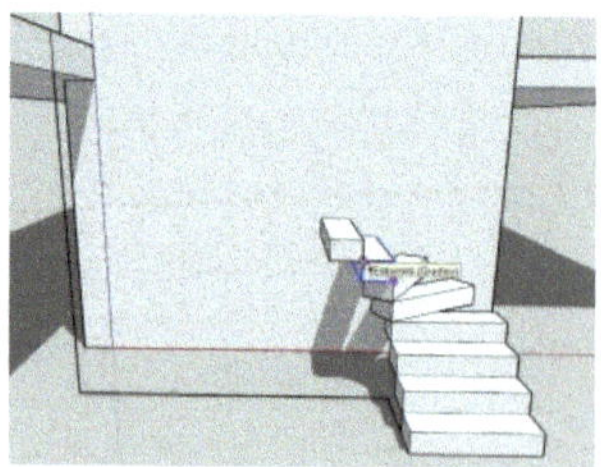

10. Dopo la copia digitare il numero di pedate da realizzare (9).

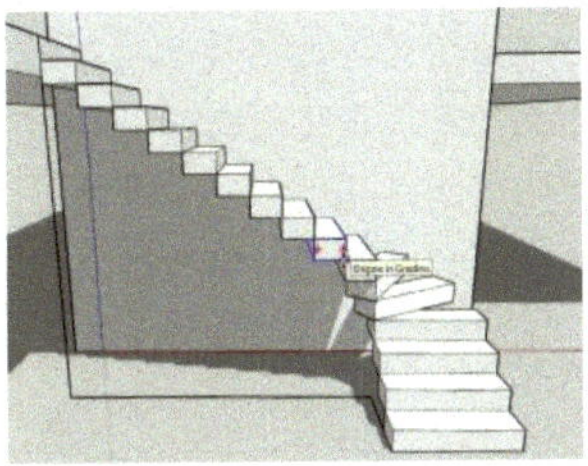

11. All'interno del *componente* "Gradino" realizzare un *gruppo* "Pedata" (nota A).

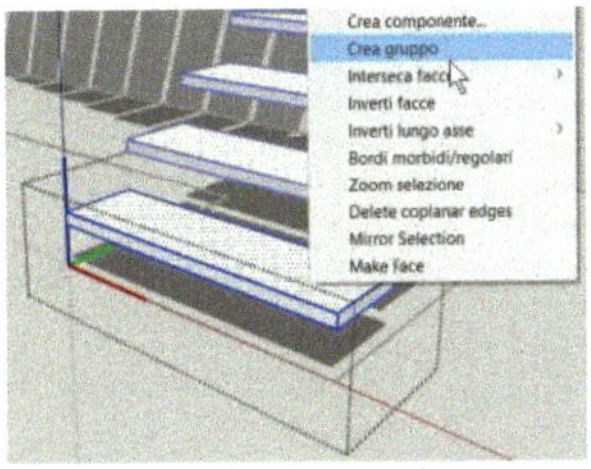

12. Entrare nell'editor del *gruppo* "Pedata" e restringerlo di 2 cm sui lati corti.

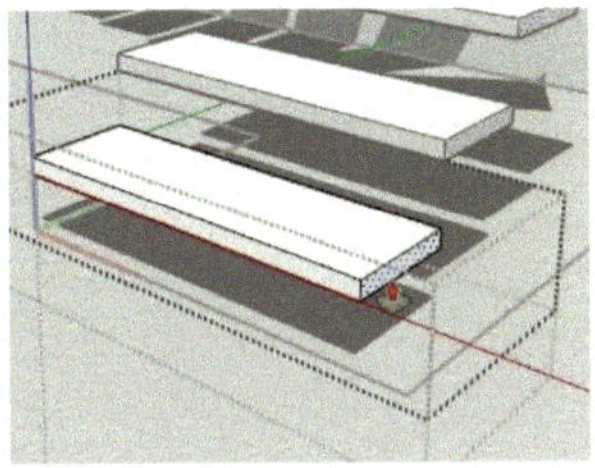

13. Allungare la pedata 2 cm al di sotto dell'alzata.

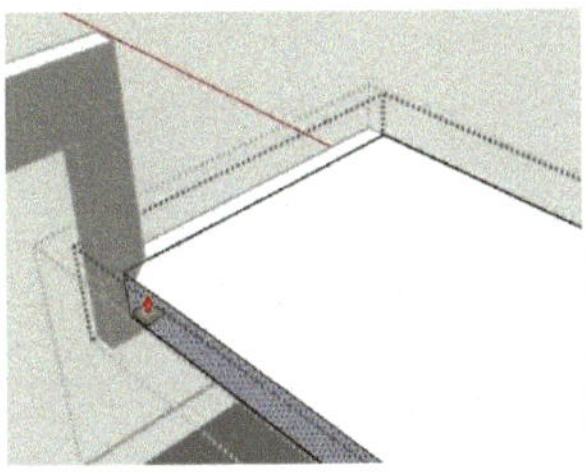

14. Cosciale: uscire dal *gruppo* e rimanere nel *componente* (vedere nota B).

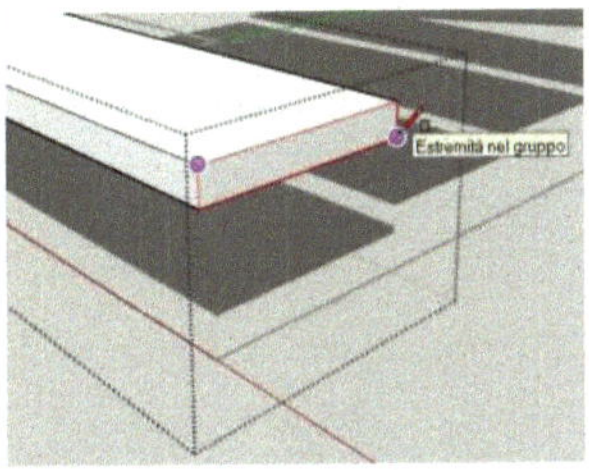

15. Disegnare il modulo di cosciale con le misure in millimetri riportate in figura.

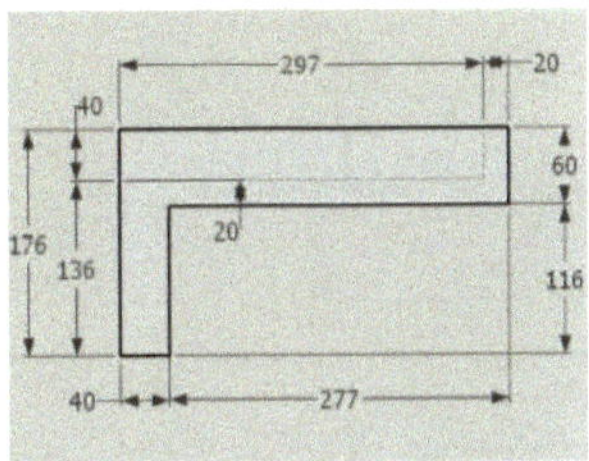

16. Selezionare il volume e realizzare un *componente*, nominarlo "Cosciale".

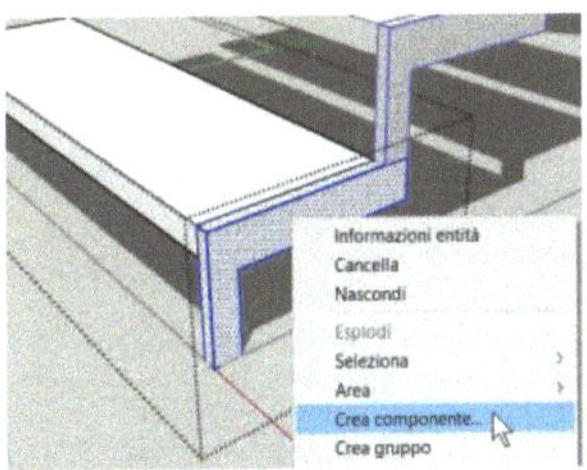

17. Copiare il *componente* "Cosciale" sul lato opposto della pedata.

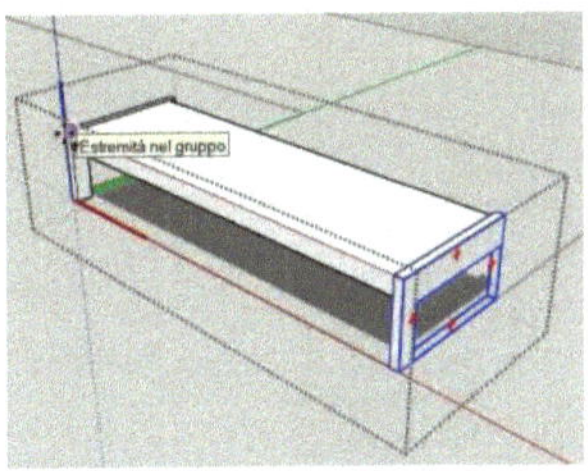

18. Nell'editor del *componente* "Cosciale" aggiungere una linea...

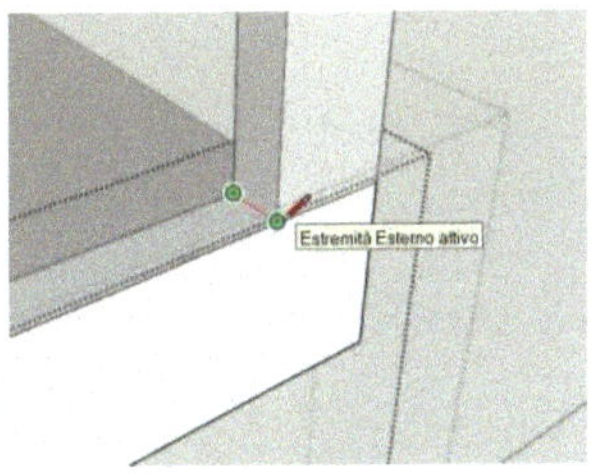

19. ... per suddividere quella laterale e quindi riuscire a nascondere il tratto corto.

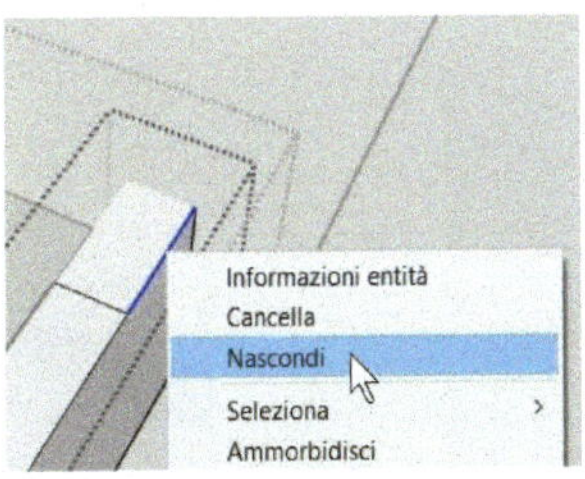

20. Il cosciale è terminato: non si vedono le linee di demarcazione tra i *componenti*.

21. Rendere unici i gradini della svolta uno ad uno.

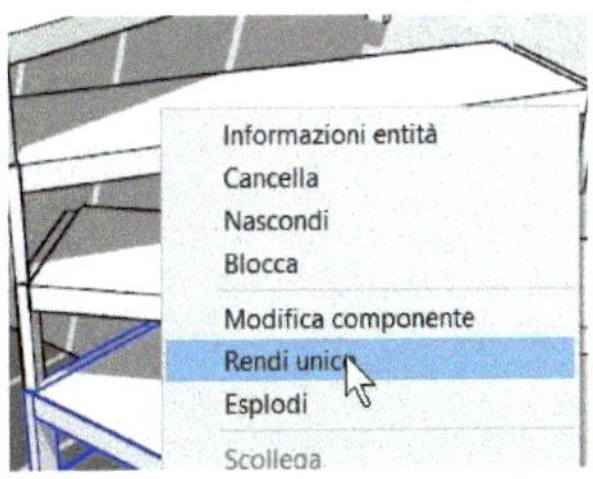

22. Rendere unici i *componenti* "Cosciale" all'interno; cancellare il cosciale sul lato interno.

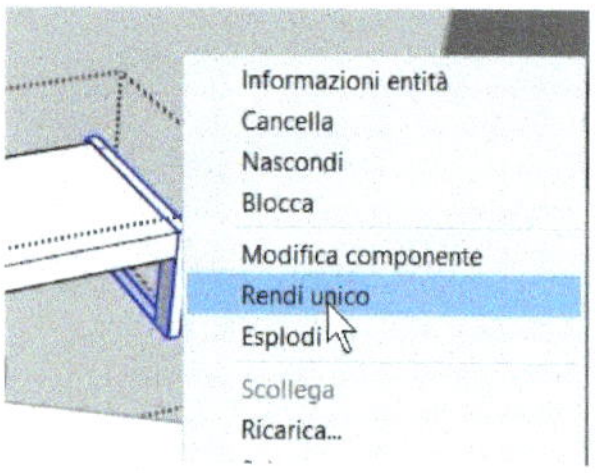

23. Uscire dal gradino e tracciare un rettangolo alla base del cosciale superiore.

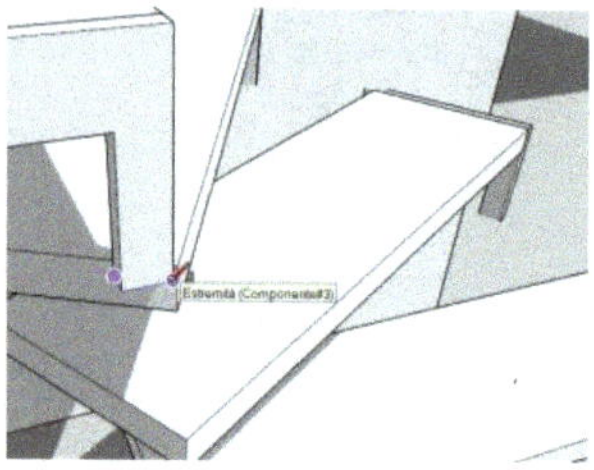

24. Copiare il rettangolo (ev. nascondendo il cosciale preso come riferimento).

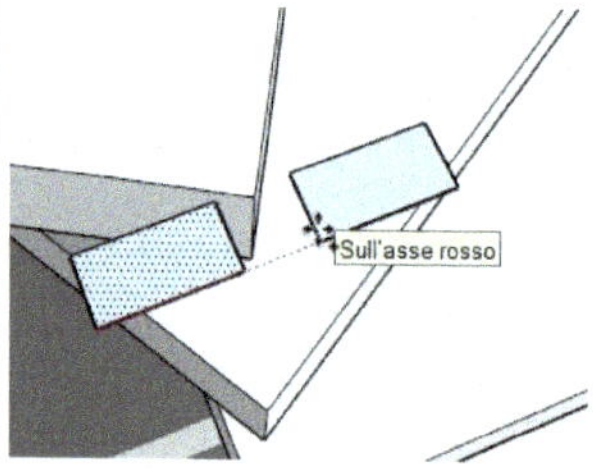

25. Ruotare il rettangolo copiato di 30°.

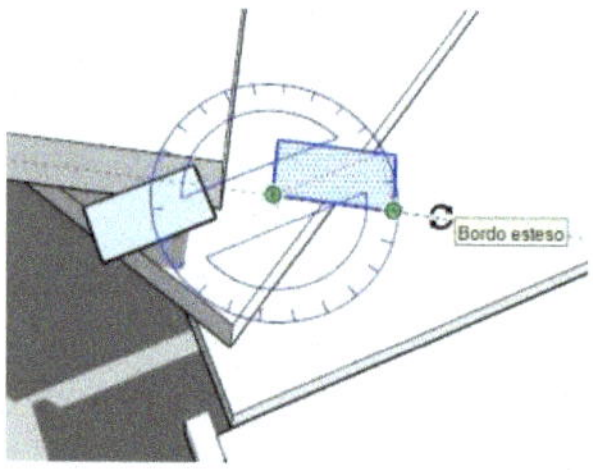

26. Riposizionare il rettangolo a ridosso del rettangolo originale.

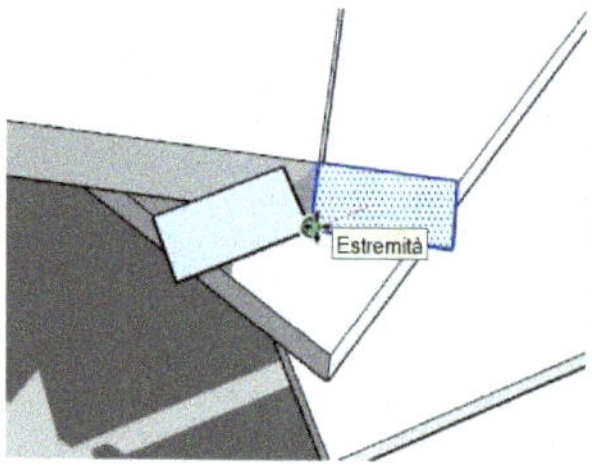

27. Chiudere con linee lo spazio che separa i due rettangoli e chiudere la faccia.

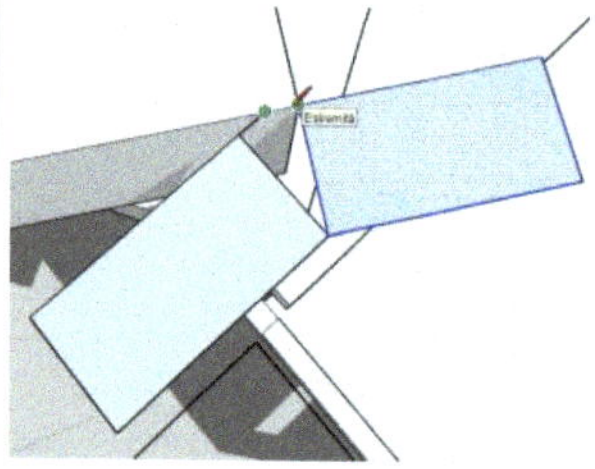

28. Cancellare la linea di demarcazione a destra.

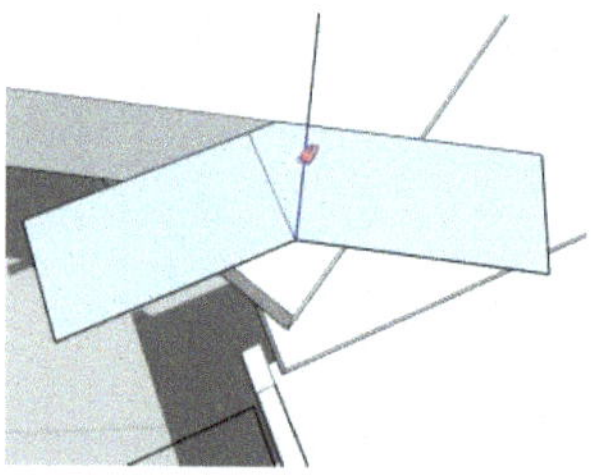

29. Estrudere verso il basso la parte a monte del cosciale per 4 cm.

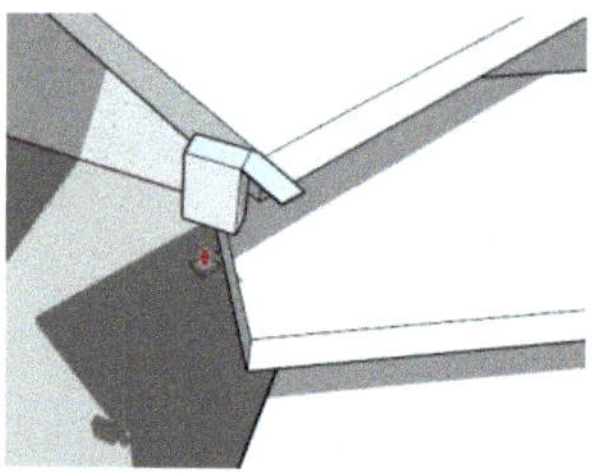

30. Estrudere la parte a valle del cosciale fino a raggiungere la pedata inferiore.

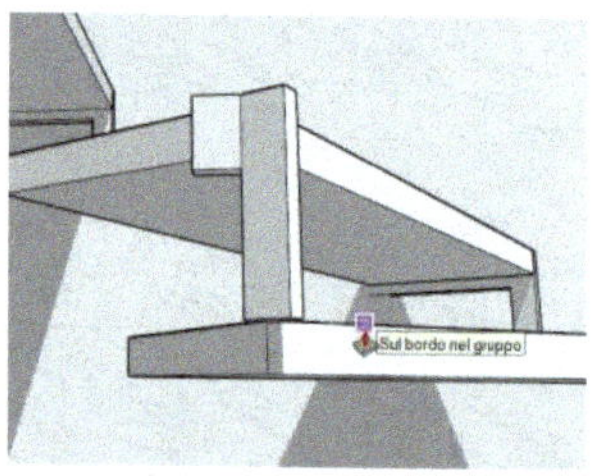

31. Selezionare gli elementi e realizzare un *componente*, nominare "Cosciale speciale".

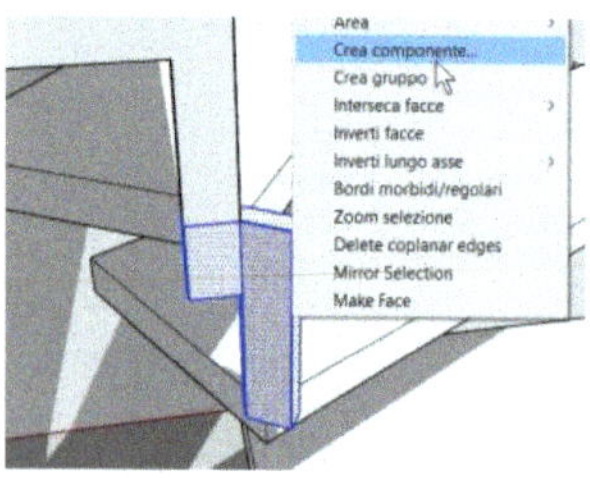

32. Nascondere alcune linee come fatto per l'altro tipo di cosciale.

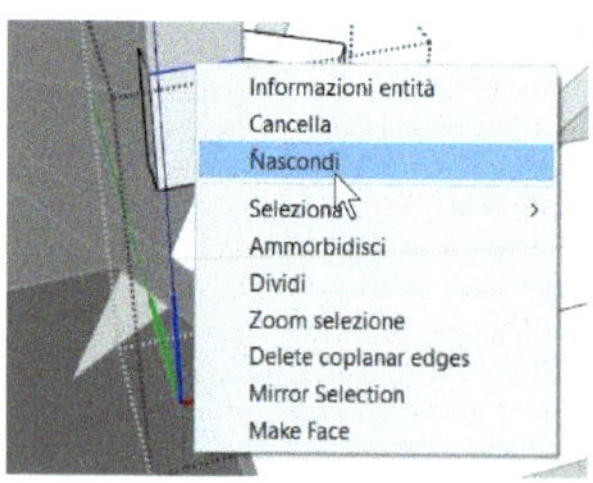

33. Copiare e ruotare il *componente* "Cosciale speciale" negli altri gradini.

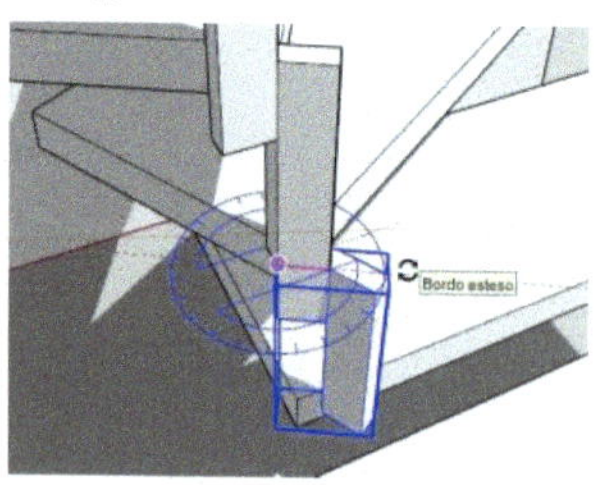

34. Modificare l'intradosso per dare continuità alla parte a monte del cosciale.

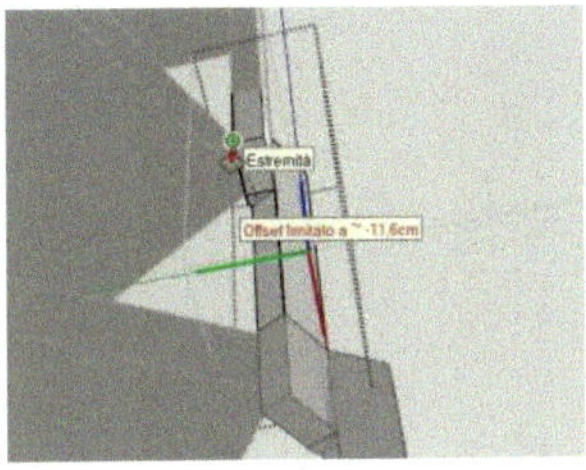

35. Spostare i primi gradini in corrispondenza dei cosciali speciali appena terminati.

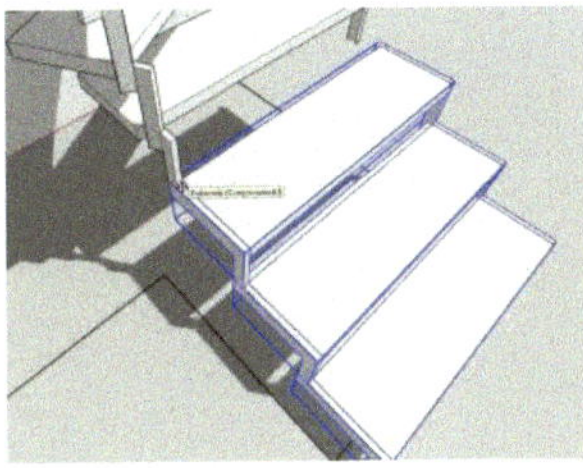

36. Spostare i gradini della svolta a ridosso dei cosciali speciali.

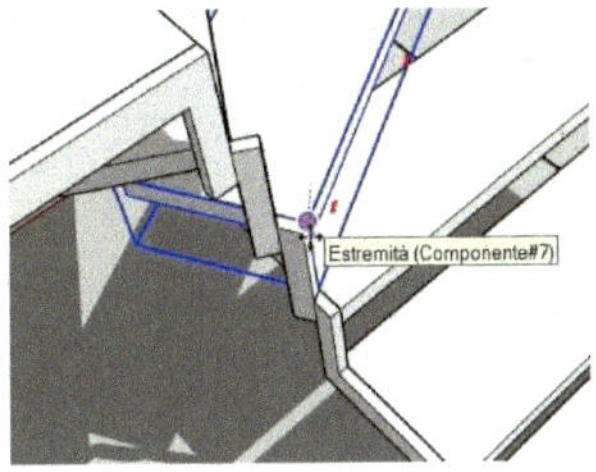

37. **Pedate speciali:** allungare la pedata per la sagomatura in pianta verso l'esterno...

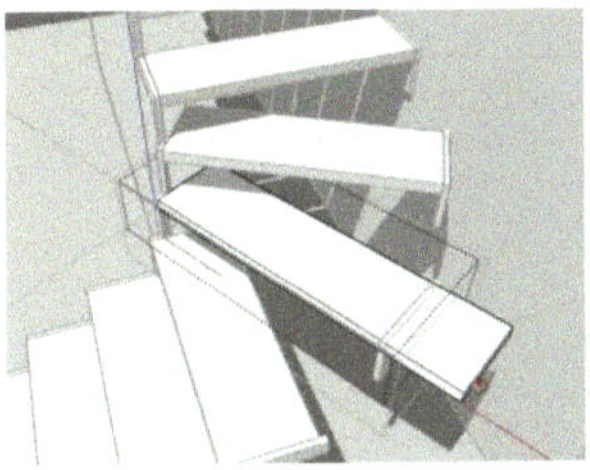

38. ... verso l'interno...

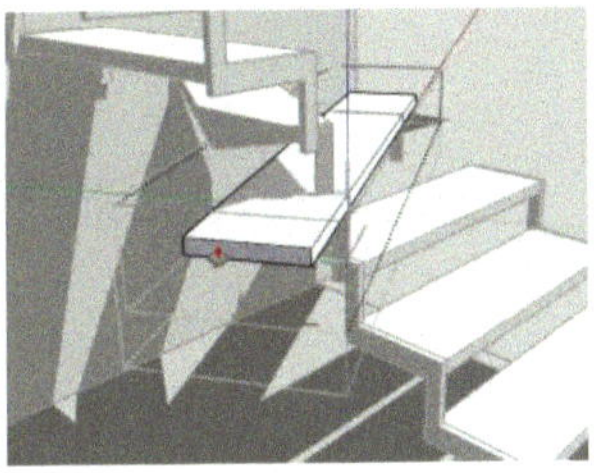

39. ... e in profondità con misure a piacere.

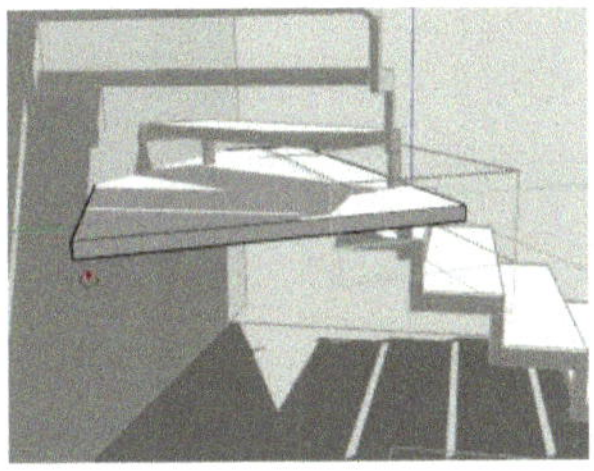

40. Realizzare riferimenti con linee guida per la successiva sagomatura della pedata.

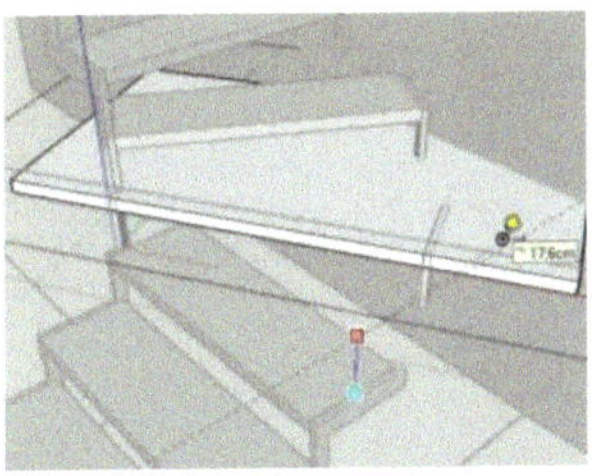

41. Tracciare una linea di guida dal gradino superiore verso il basso.

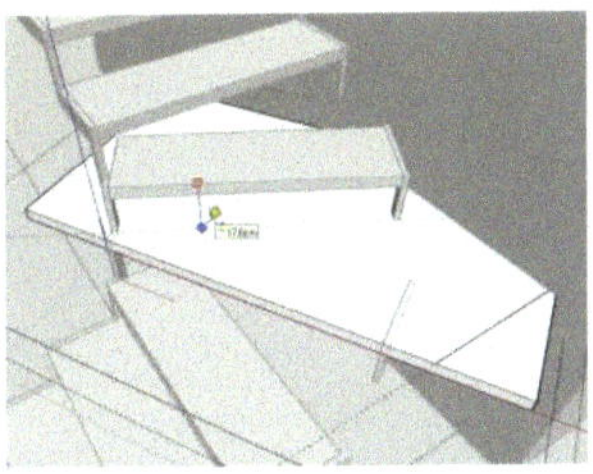

42. Realizzare un'altra guida a partire da quella precedente verso l'interno di 2 cm.

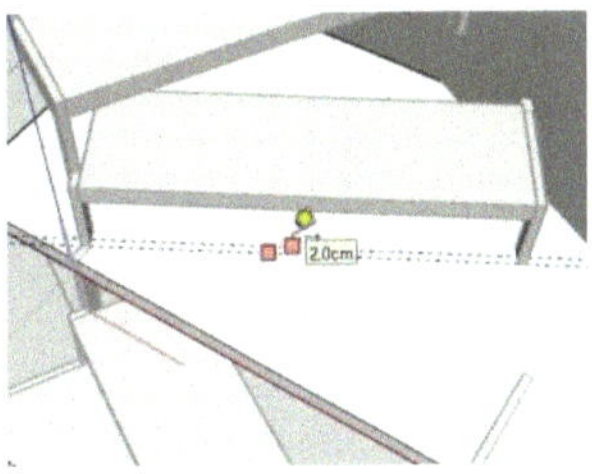

43. Rifinire la forma in pianta della pedata con altre linee in corrispondenza del cosciale.

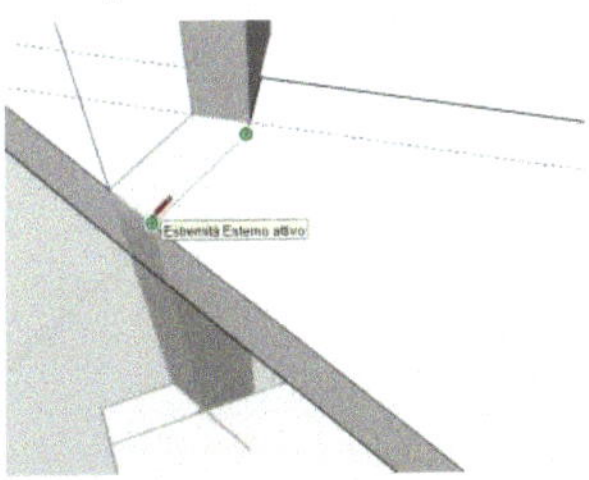

44. Con *Spingi/tira* estrudere verso il basso la parte eccedente di pedata.

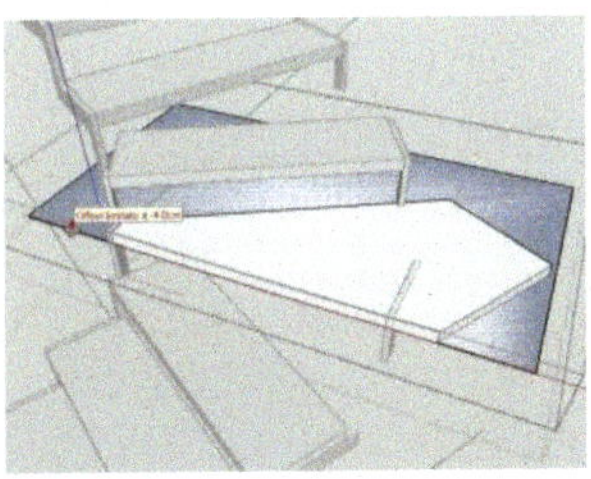

45. Spostare e ruotare il cosciale esterno sulla pedata terminata.

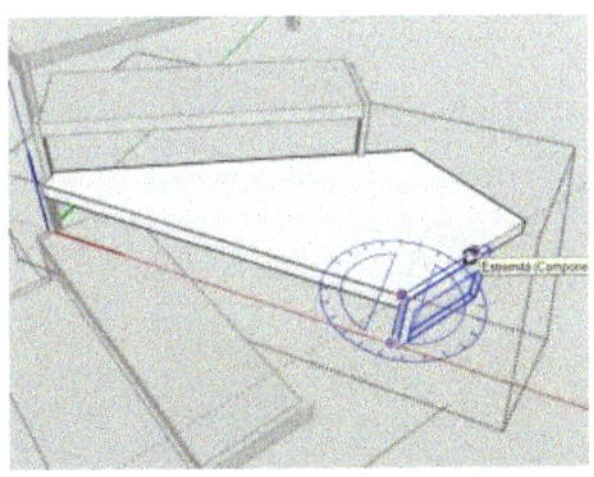

46. Allungare il cosciale fino all'estremità della pedata...

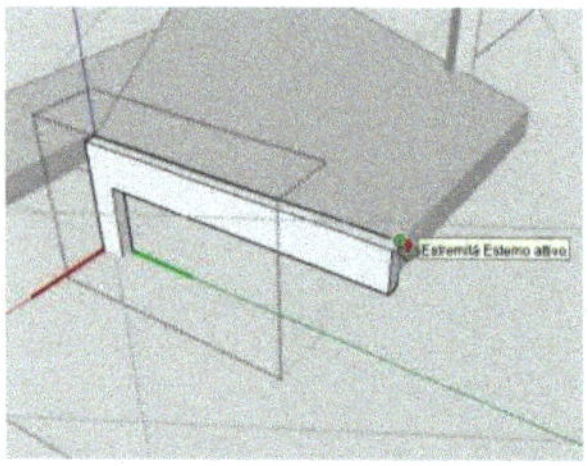

47. ... e lungo l'angolo fino al gradino superiore.

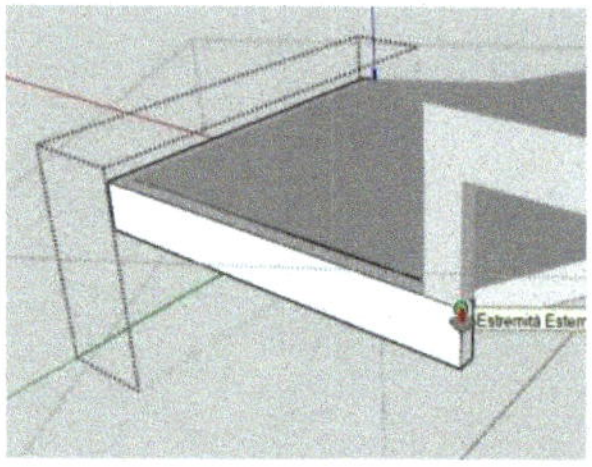

48. Modellare in questo modo le altre pedate speciali (gradini 4, 5 e 6).

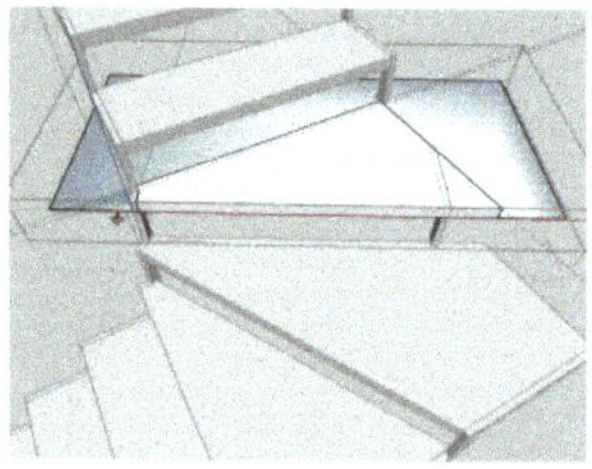

49. Spostare e ruotare gli altri cosciali.

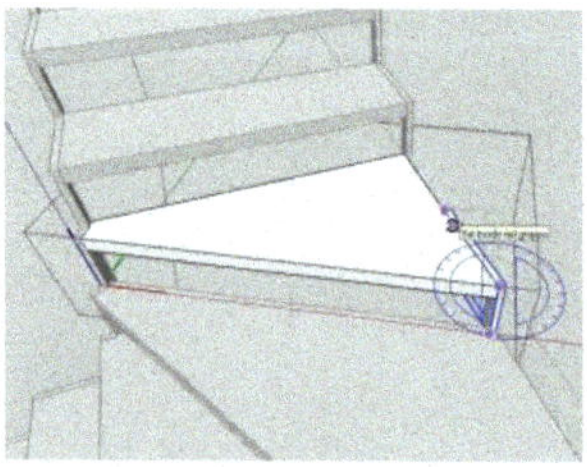

50. Allungare gli altri cosciali a misura, fino al gradino successivo.

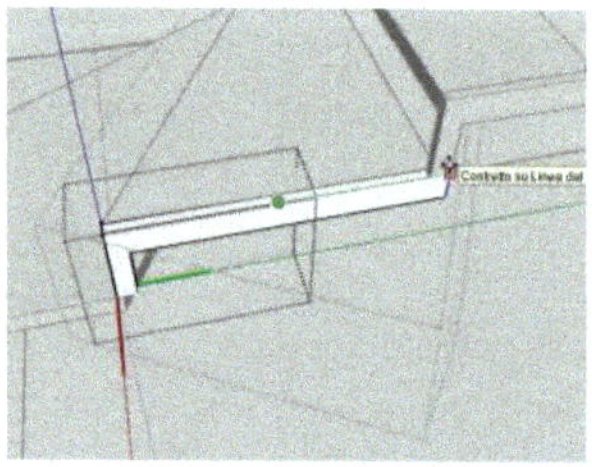

51. **Montanti**: modellare un profilo 0,8x4x100 cm e realizzare un *componente*.

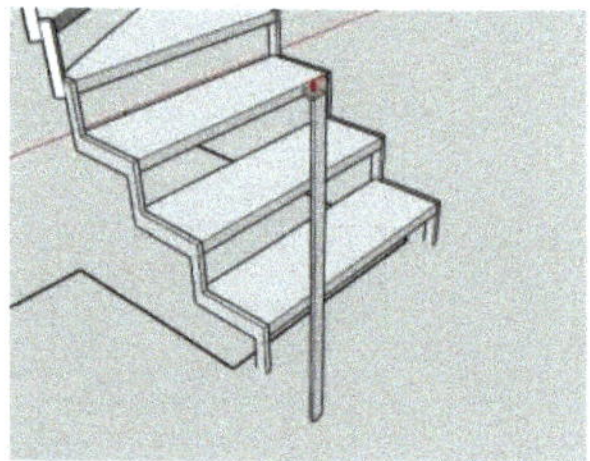

52. Copiare il *componente* lasciando 0,8 cm di spazio interposto.

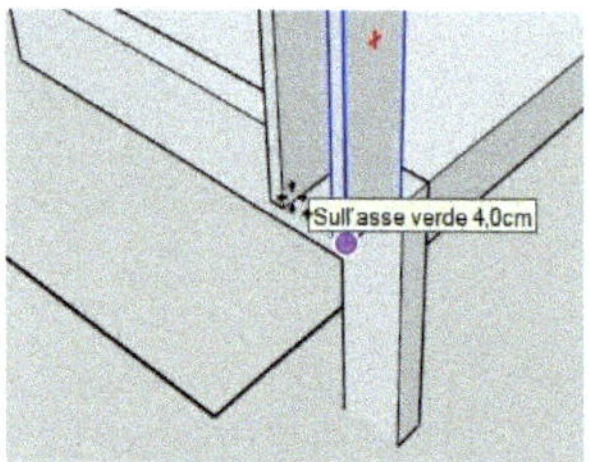

53. Modellare il profilo di supporto come parallelepipedo.

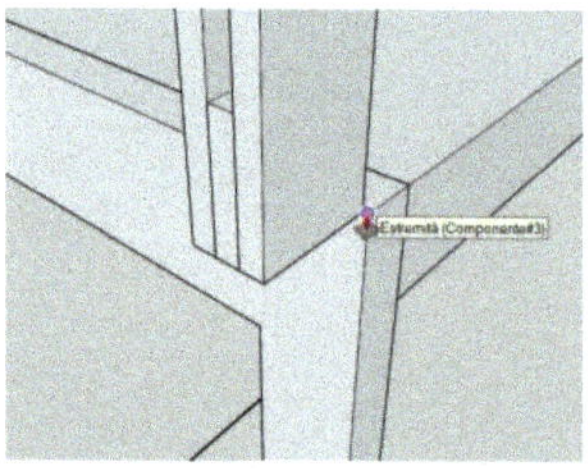

54. Selezionare il volume e realizzare un *gruppo*.

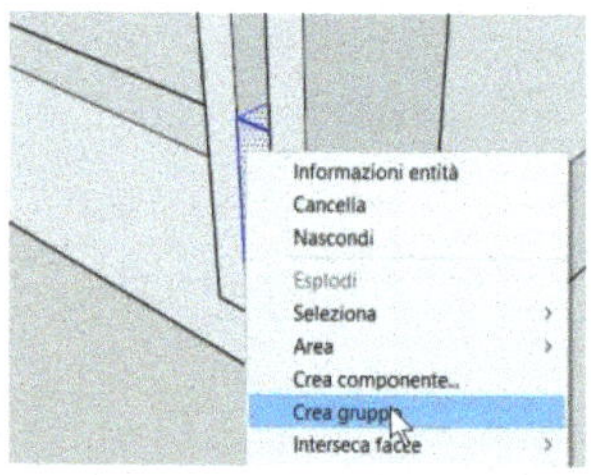

55. Raggruppare i profili come *componente* "Montante".

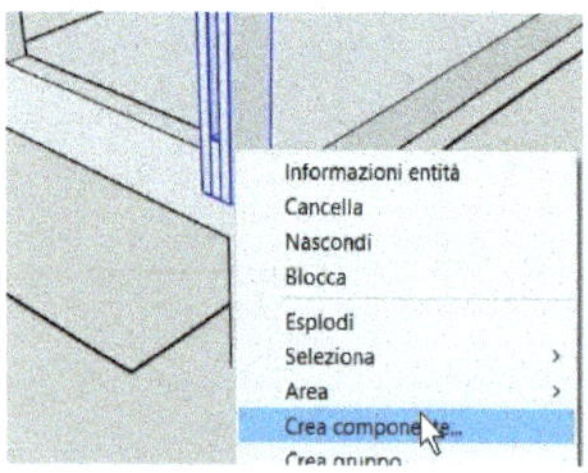

56. Spostare il *componente* in basso di 10 cm e in profondità di 1 cm.

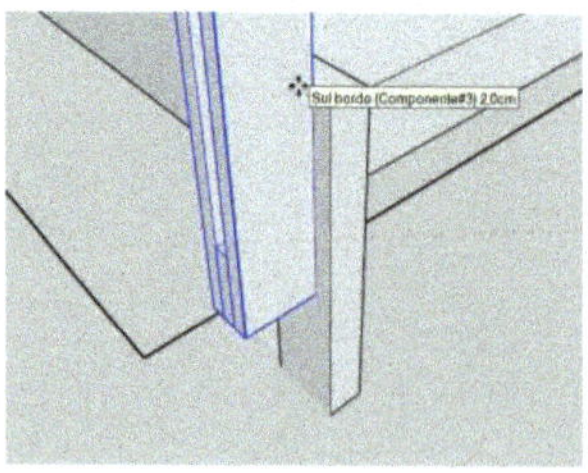

57. All'interno del *componente* spostare i montanti verso l'esterno di 1 cm.

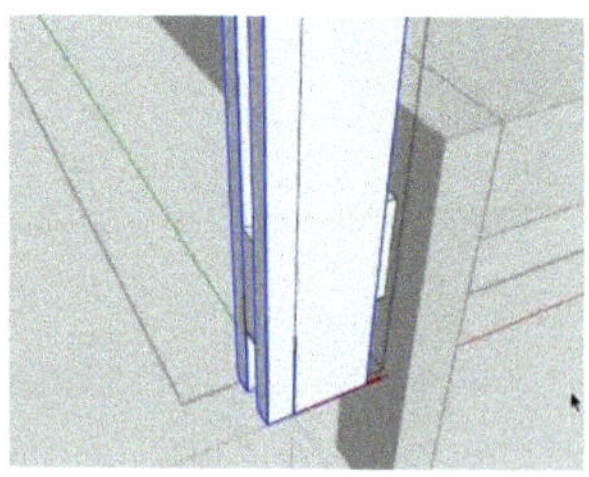

58. Iniziare la copia del montante scegliendo come punto di partenza uno spigolo.

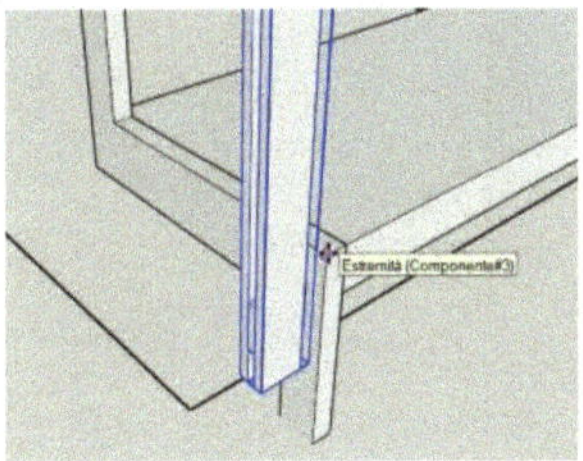

59. Terminare la copia sullo stesso spigolo 3 gradini sopra.

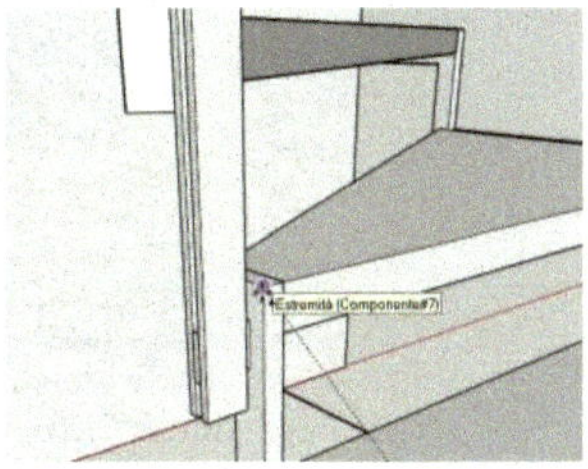

60. Copiare il montante sulla parte superiore della rampa.

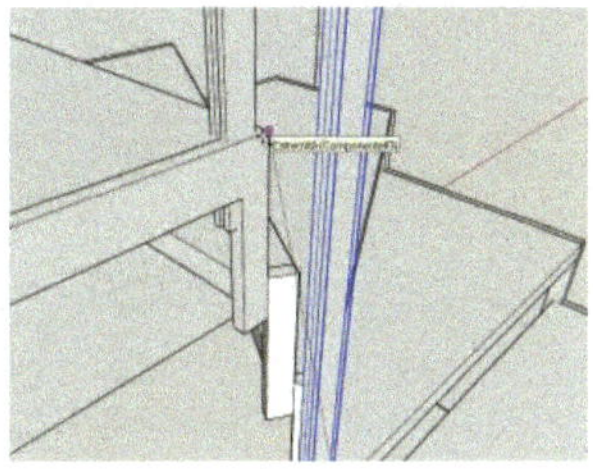

61. Ruotare di 90° il montante.

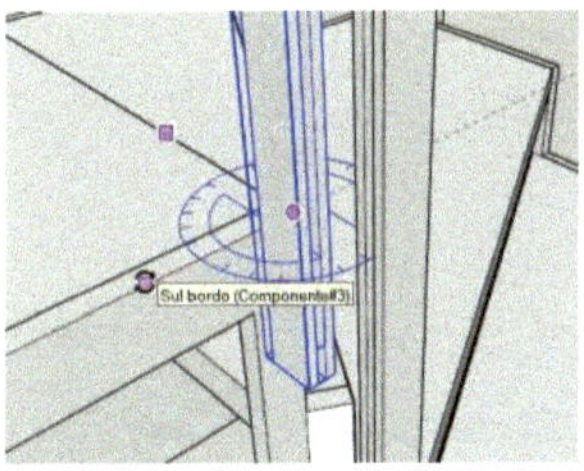

62. Scegliere uno spigolo per la copia successiva.

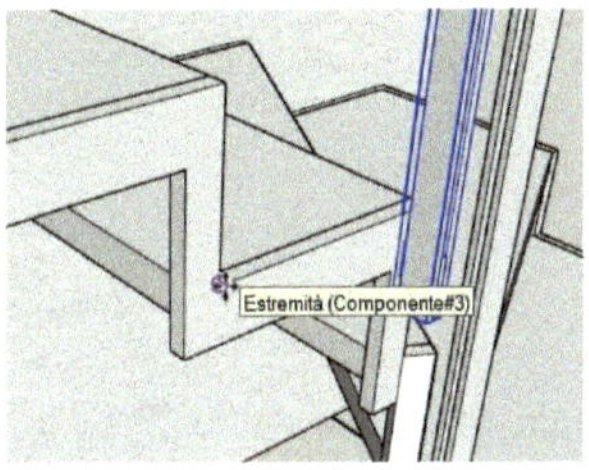

63. Copiare in serie il montante con intervallo di 3 gradini per iniziare la copia in serie.

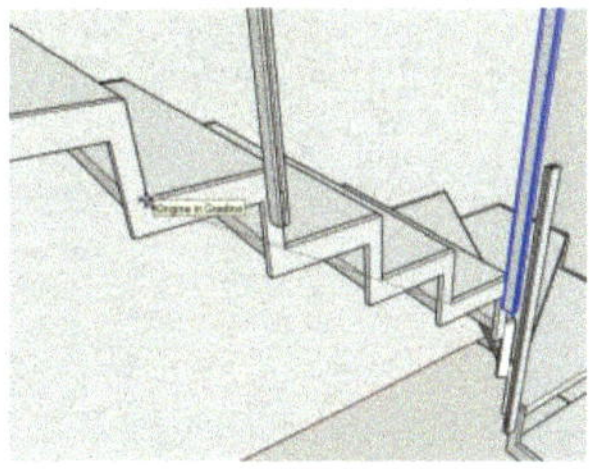

64. La serie di montanti è terminata.

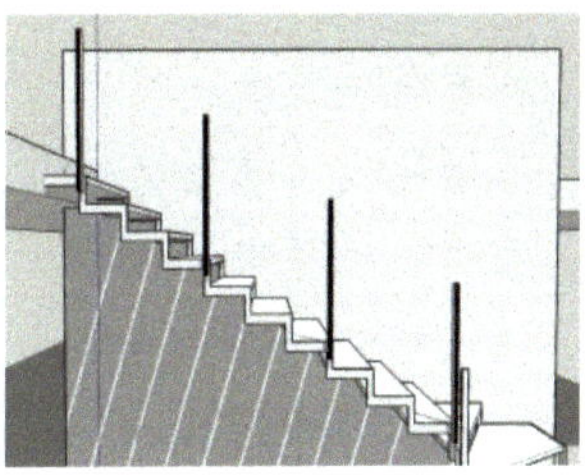

65. **Corrimano:** unire con linee le estremità superiori dei montanti della prima rampa...

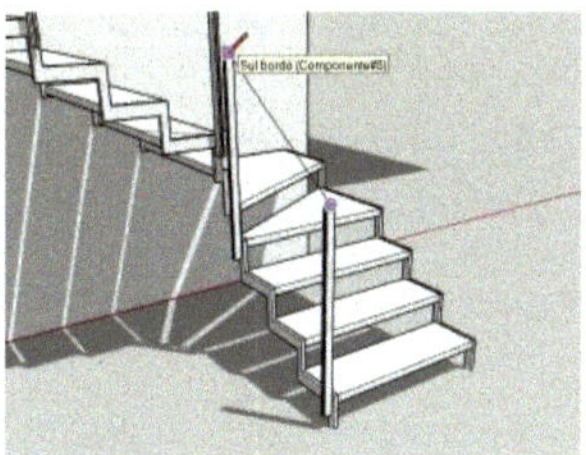

66. ... e della successiva.

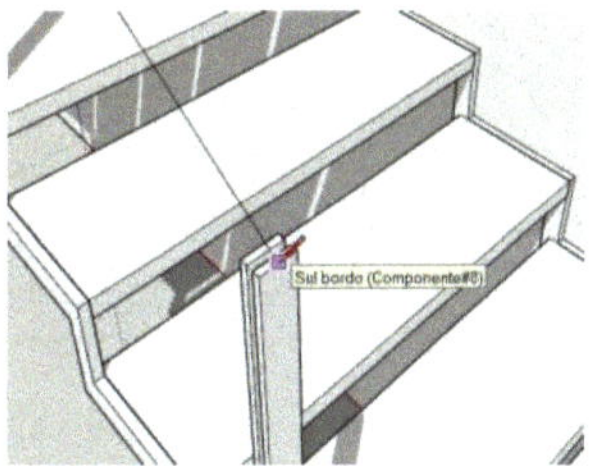

67. Posizionare linee di guida per ricostruire il gomito del percorso nella svolta.

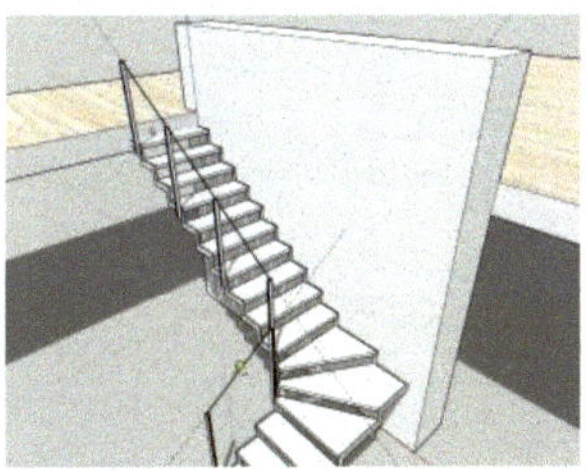

68. Disegnare un rettangolo verticale per individuare i punti di allineamento delle guide.

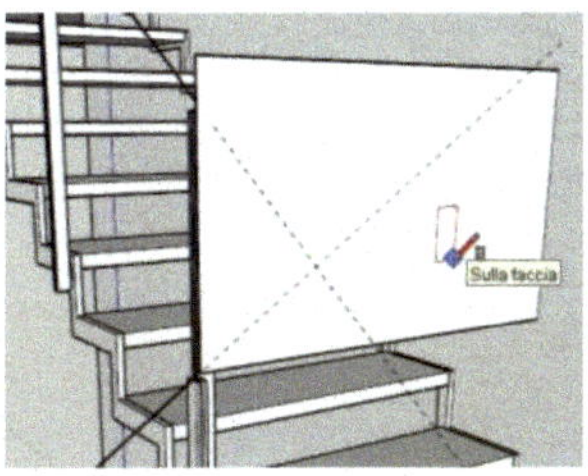

69. Tracciare una linea verticale. Il percorso deve comporsi di linee consecutive.

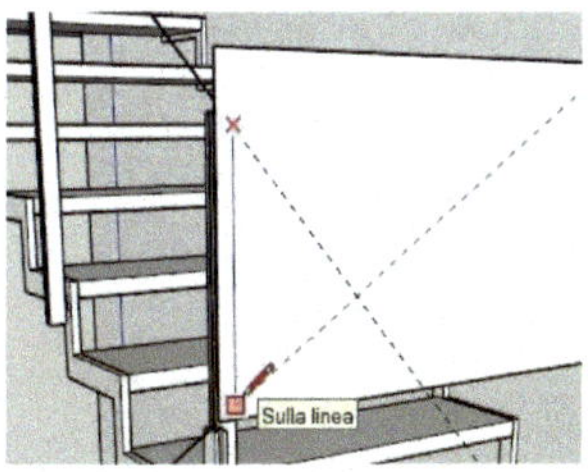

70. Aggiungere un tratto orizzontale al percorso nell'estremità inferiore.

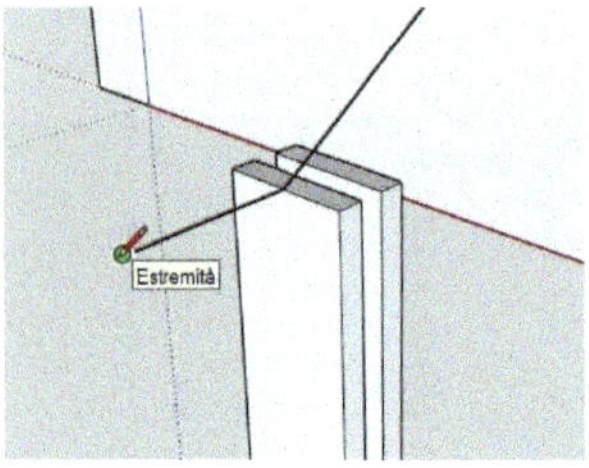

71. Spostare verso l'alto il percorso per il corrimano di 10 cm.

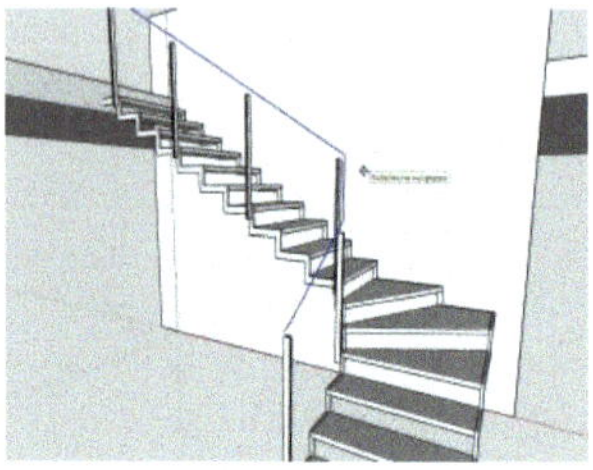

72. Disegnare un cerchio raggio 2 cm nell'estremità inferiore del percorso.

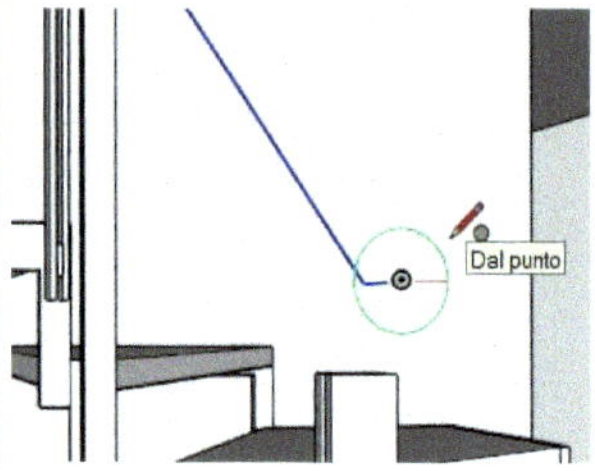

73. Selezionare il percorso, attivare *Seguimi* e cliccare all'interno del cerchio.

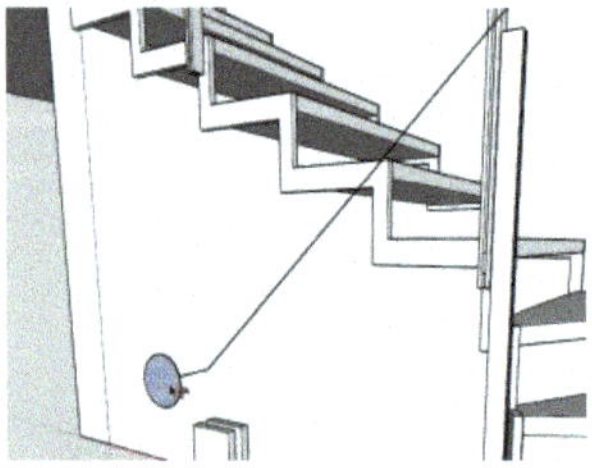

74. Il corrimano viene estruso lungo il percorso.

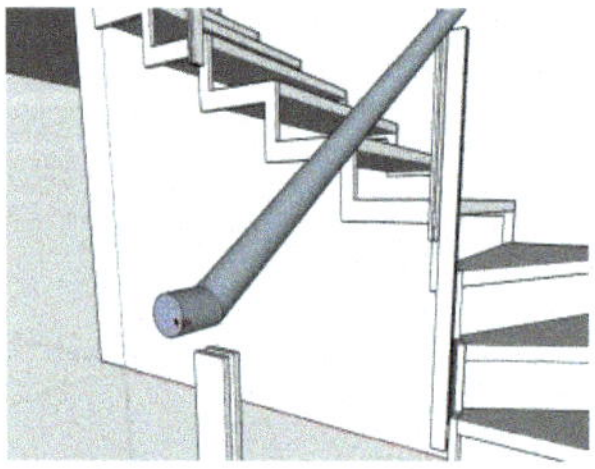

75. Invertire le facce se necessario.

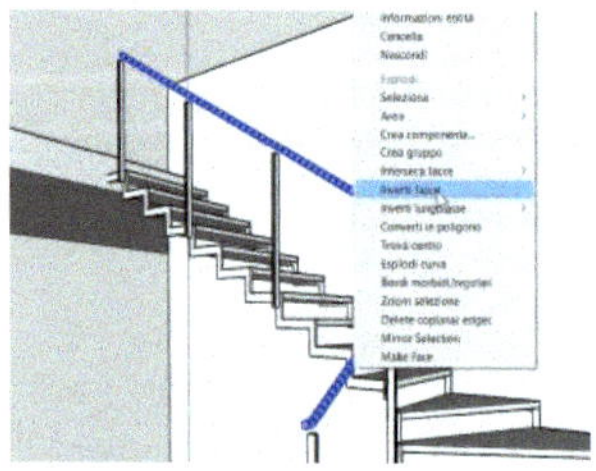

76. Selezionare il volume e realizzare un *gruppo*.

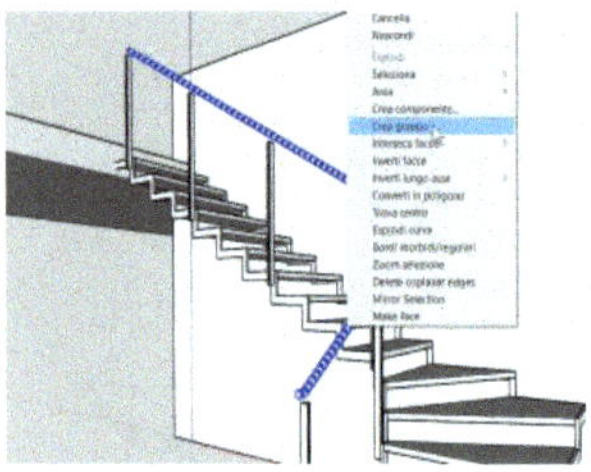

77. Nascondere il *gruppo* per rendere visibile il percorso che è rimasto nascosto.

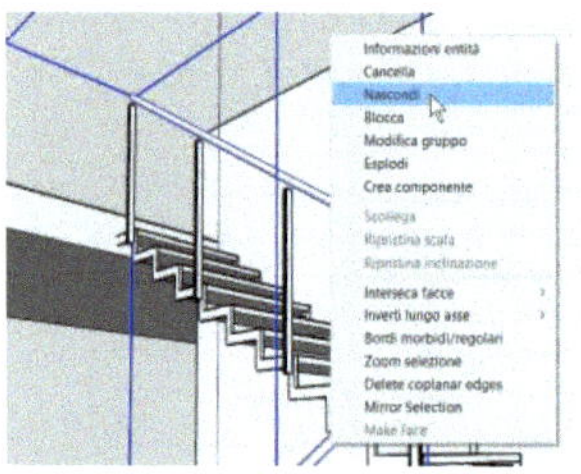

78. Selezionare il percorso e spostarlo verso il basso.

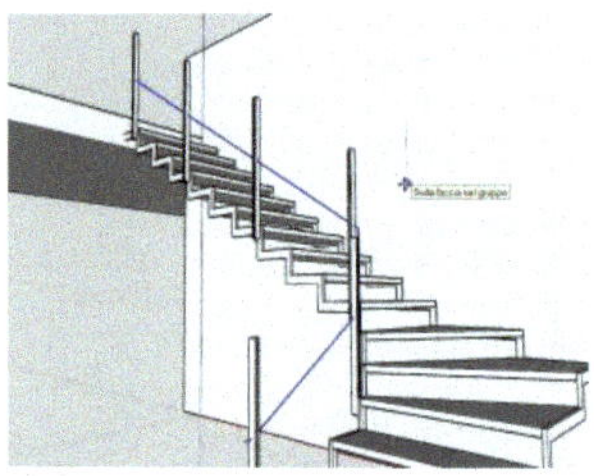

79. Disegnare un cerchio raggio 0,3 cm in verticale all'estremità inferiore.

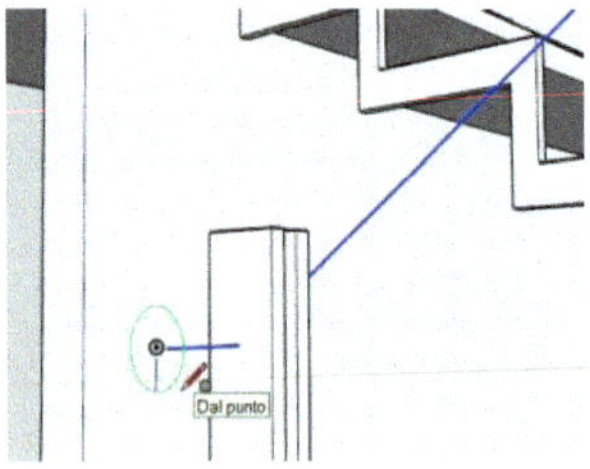

80. Estrudere con *Seguimi* il corrente lungo tutto il percorso.

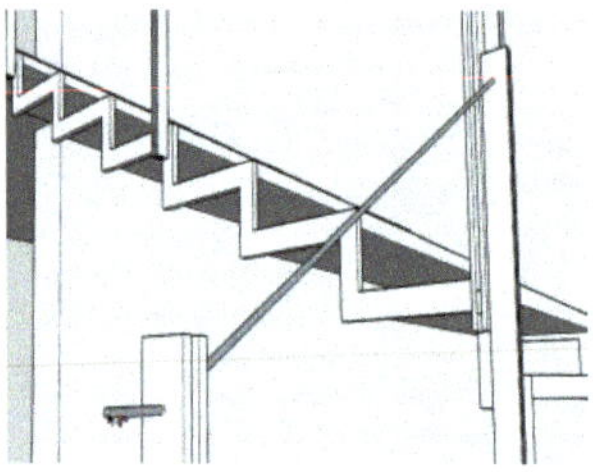

81. Selezionare il volume e realizzare un *componente*, nominarlo "Corrente".

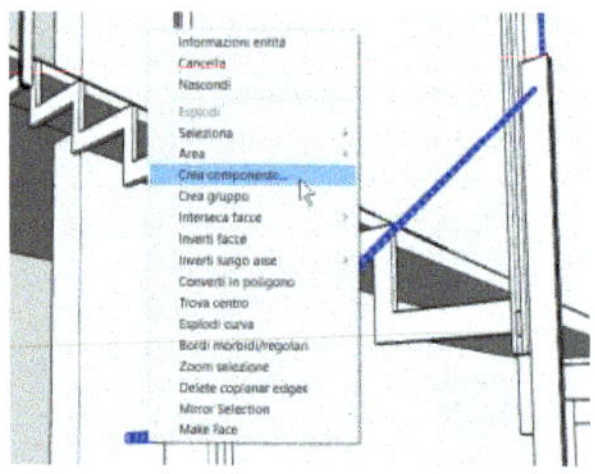

82. Selezionare le superfici dentro all'editor e scegliere *Interseca facce > Con il modello.*

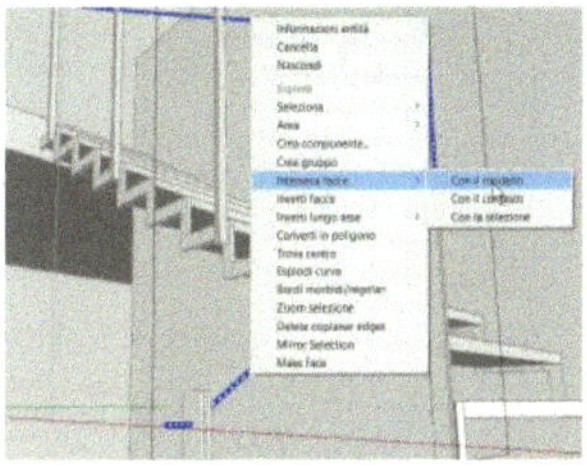

83. Cancellare le facce superflue (ad esempio nel gomito della svolta).

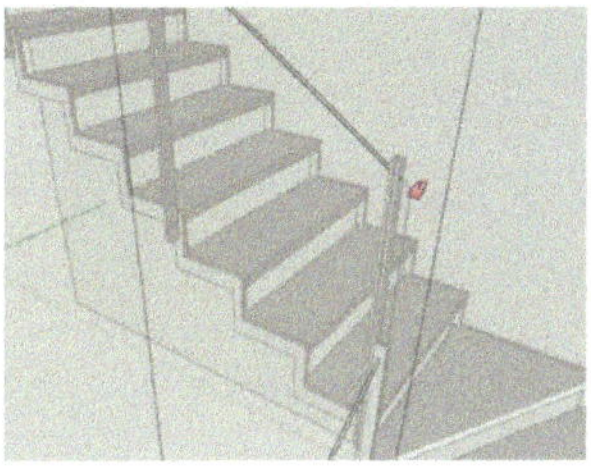

84. Disegnare un supporto per il corrimano all'interno del *componente* "Montante".

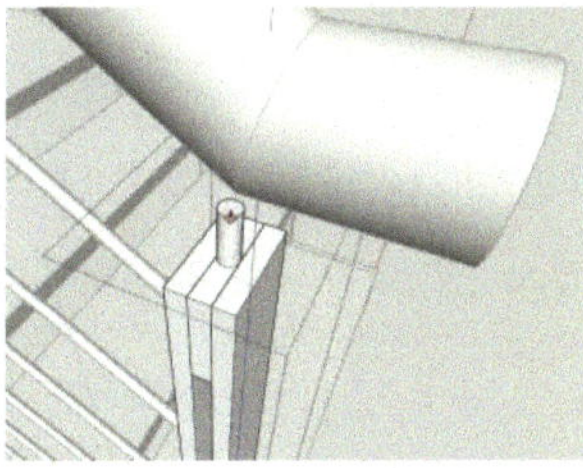

85. Il modello tridimensionale della scala è terminato.

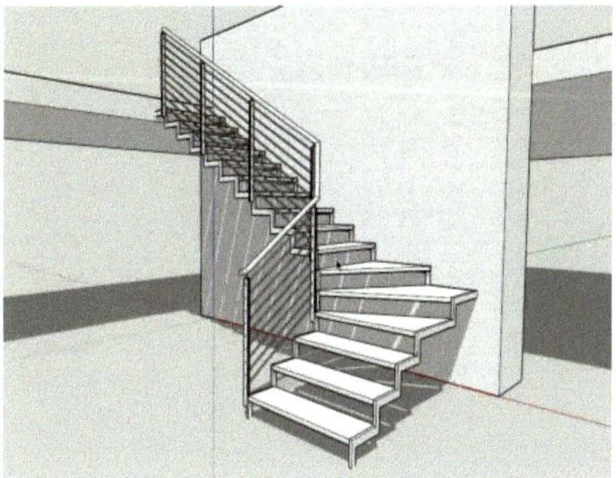

86. La scala dopo l'applicazione di materiali e oggetti di contesto.

Note

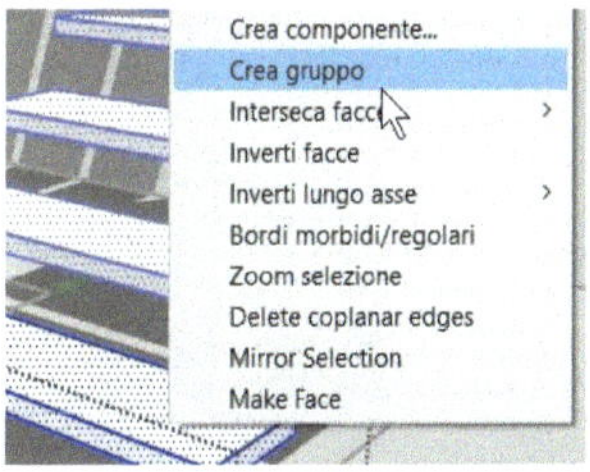

A. Perché realizzare un *gruppo* all'interno di un *componente*?

Un *componente* che inizialmente è solo una bozza (gradino fino al punto 10) può essere arricchito al suo interno di altri elementi di dettaglio che trovandosi in un *componente* compaiono automaticamente anche nelle altre copie del *componente* stesso. All'interno del *componente* "Gradino" verrà aggiunto ad esempio il *componente* "Cosciale".

B. Perché realizzare il cosciale all'interno del modulo gradino?

Si è ritenuto più comodo ed efficiente incorporare il tratto di cosciale che si affianca al gradino all'interno del *componente* "Gradino". Si sarebbe altrimenti potuto procedere in modo differente realizzando l'intero cosciale come elemento a sé stante ma questo avrebbe reso meno veloci eventuali modifiche. Mentre in questo modo il cosciale viene suddiviso in moduli sincronizzati.

Esercizio 10. **Tetto con abbaino**

Svolgimento eser. Realtà Aumentata

Difficoltà

Tema Tetto a 4 falde inclinate con un abbaino allineato alla muratura perimetrale.

Descrizione Approfondire la tecnica di intersezione tra facce per delimitare superfici e volumi inclinati altrimenti difficili da disegnare. L'unità di misura utilizzata è metri (menu *Finestra* > *Informazioni modello* > *Unità* > *Formato*). Gli argomenti sono:

- disegno di superfici inclinate;
- intersezione tra superfici.

Strumenti

- Rettangolo ruotato (pag. 49)
- Interseca facce (pag. 78)
- Spingi/tira (pag. 58)
- Offset (pag. 72)

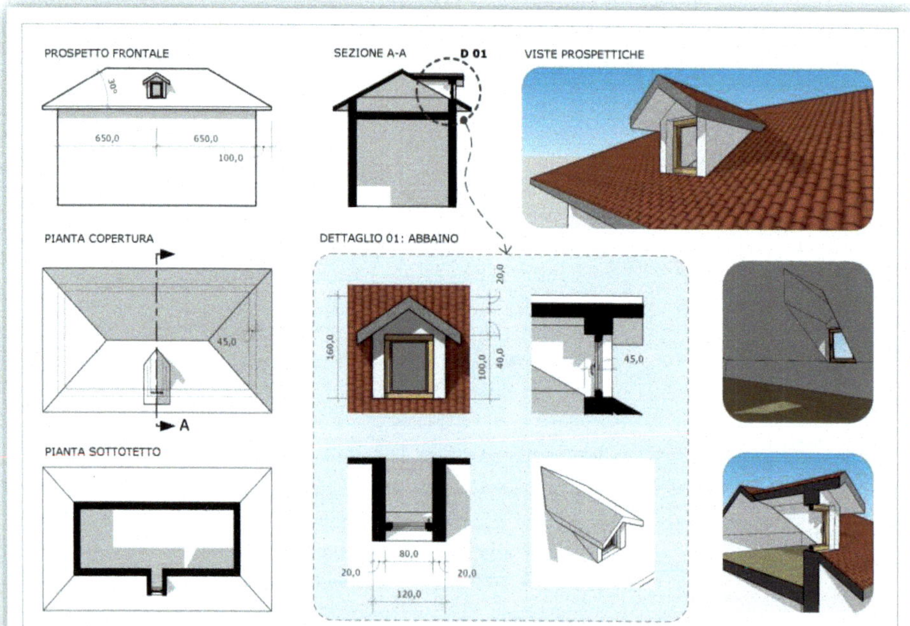

TETTO CON ABBAINO - SCALA 1/200-1/50

Svolgimento

1. Iniziare con *Rettangolo*: clic in un punto e digitare le misure 15x9 seguite da Invio.

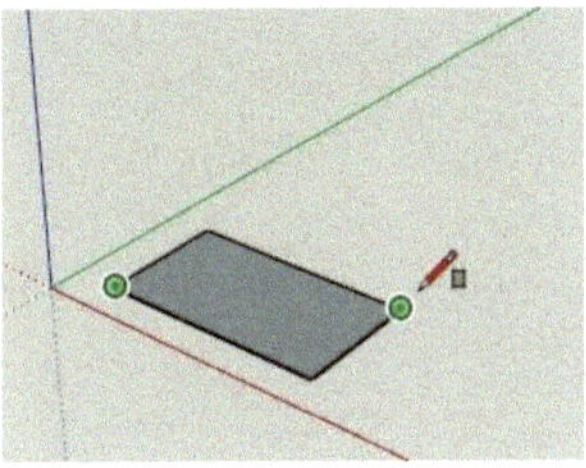

2. Realizzare le falde con Rettangolo ruotato: clic in un punto.

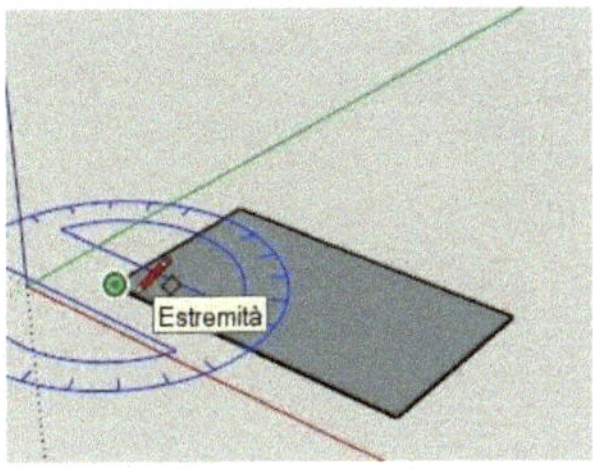

3. Clic nel 2° punto determinando la larghezza del rettangolo.

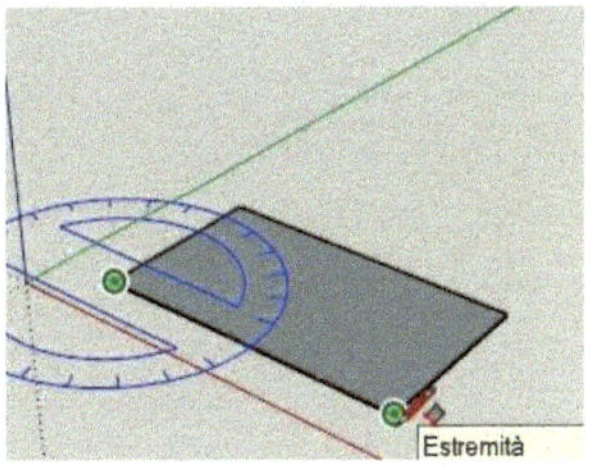

4. Digitare le misure 7;28 seguite da Invio (pari a 7 metri e 28° di angolazione).

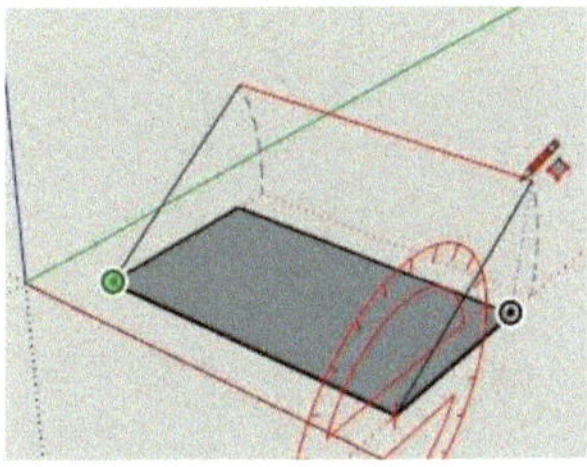

5. Il rettangolo ruotato è terminato.

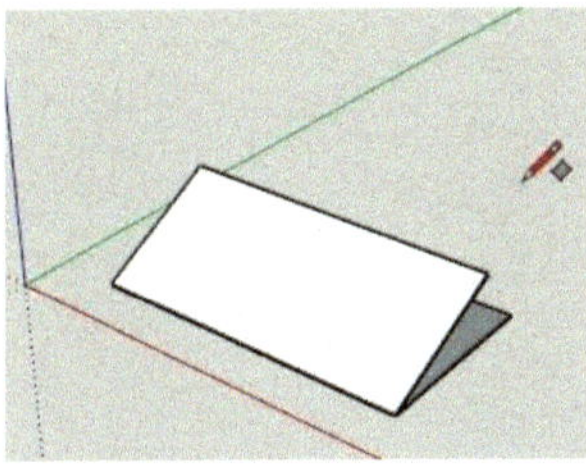

6. Realizzare l'altra falda con le stesse modalità della prima.

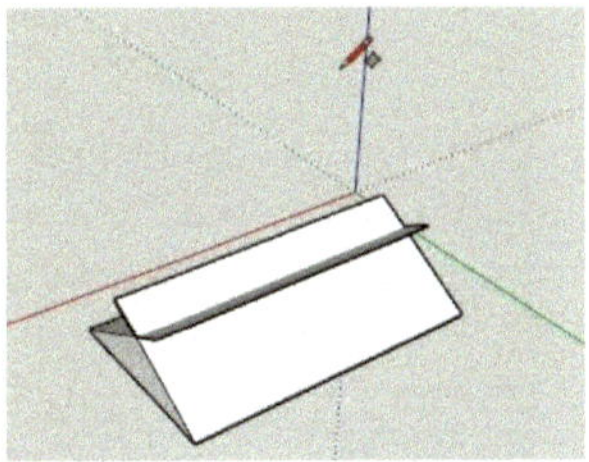

7. Realizzare le falde corte con misure 7;30° (7 metri e 30° di angolazione.)

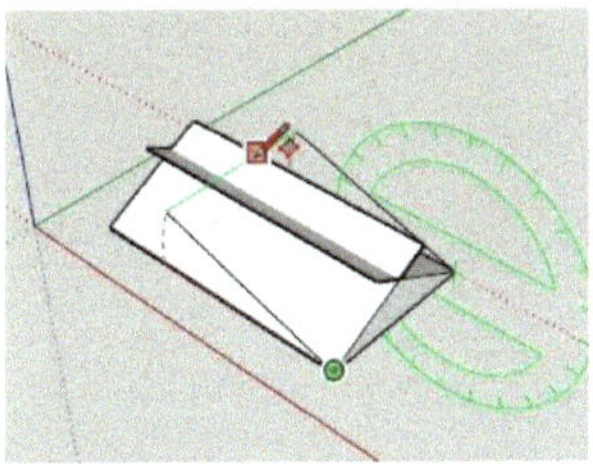

8. Si ottengono i quattro rettangoli ruotati da cui ricavare le falde del tetto.

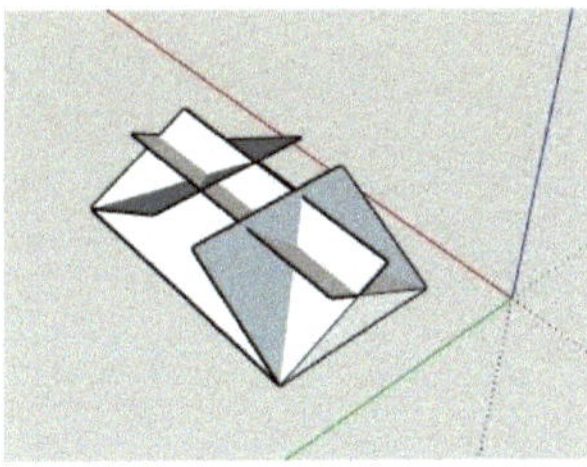

9. Per intersecare tra loro i rettangoli selezionare tutte le superfici...

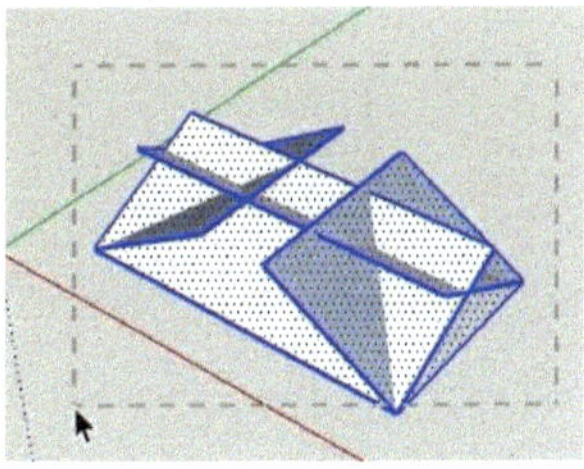

10. ... clic destro > *Interseca facce* > *Con la selezione*.

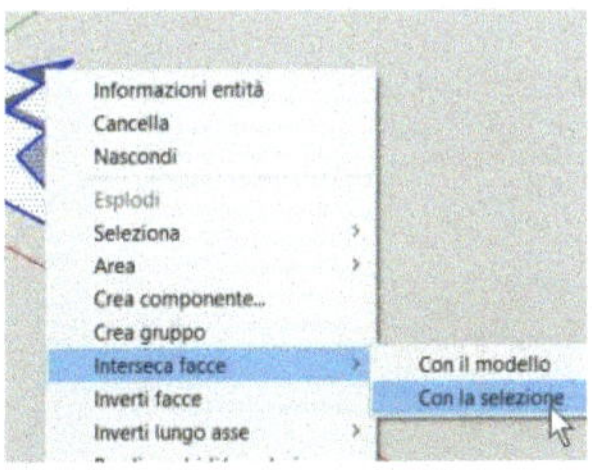

11. Compaiono in questo modo le linee di delimitazione tra le superfici intersecate.

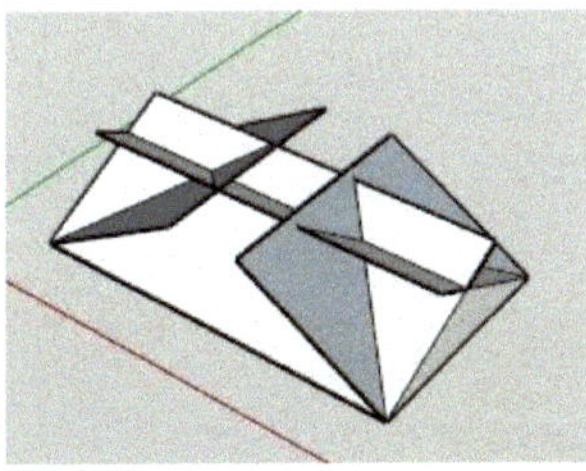

12. Cancellare le facce in eccesso.

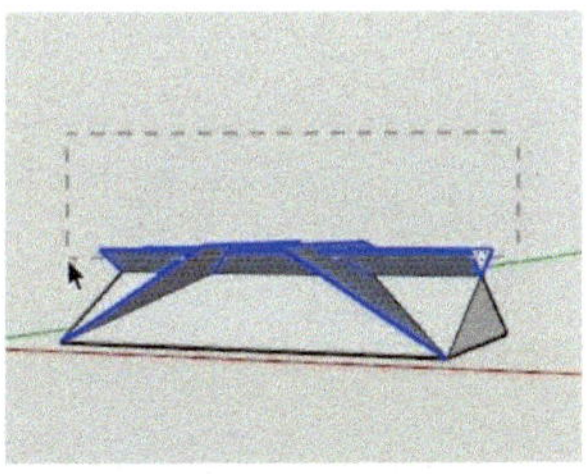

13. Si ottengono le falde inclinate terminate (vedere nota a fine esercizio).

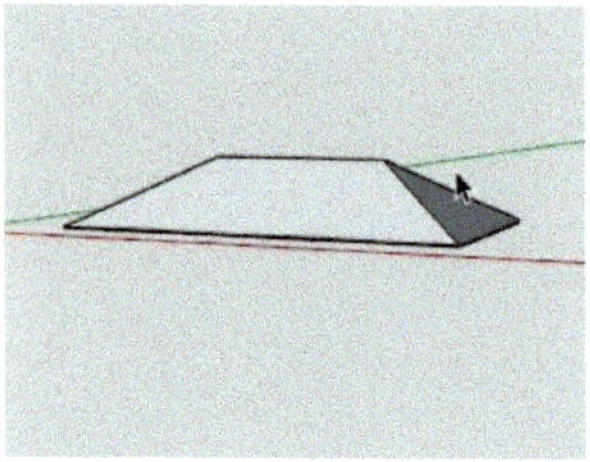

14. Invertire le facce se si presentano rovesciate.

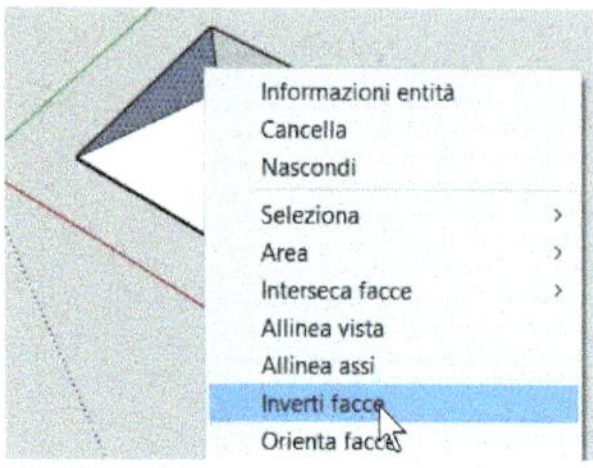

15. Selezionare le facce del tetto e copiarle verso l'alto usando *Sposta* e cliccando Ctrl.

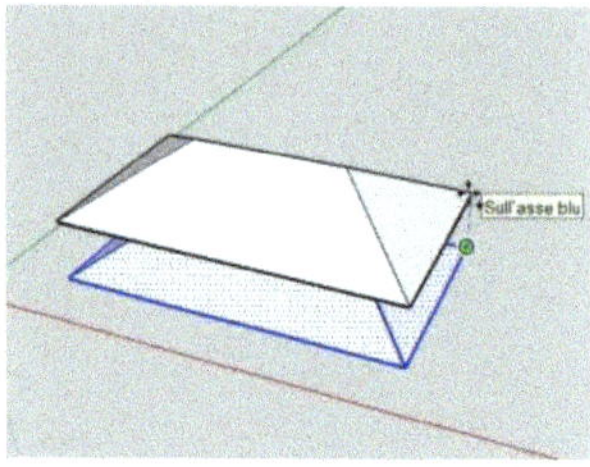

16. Indicare la misura a cui realizzare la copia (20 cm) e cliccare Invio.

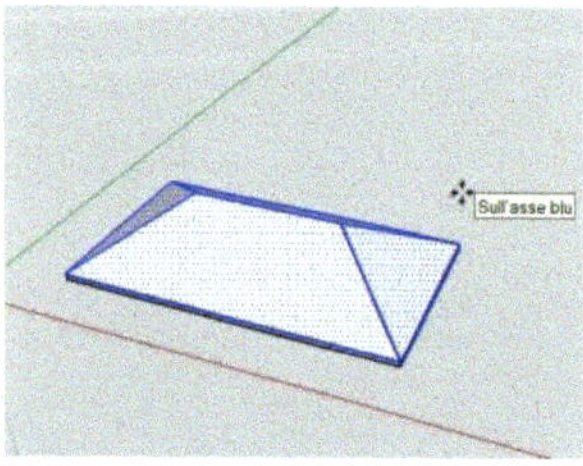

17. Nascondere le superfici dell'estradosso del tetto, serviranno più tardi.

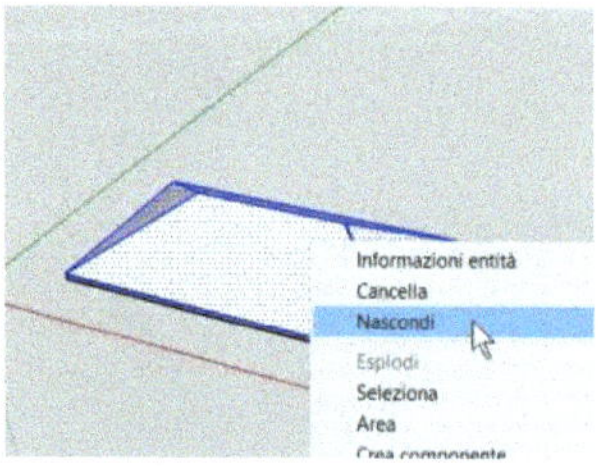

18. **Muri perimetrali:** con Offset realizzare una copia concentrica a 100 cm.

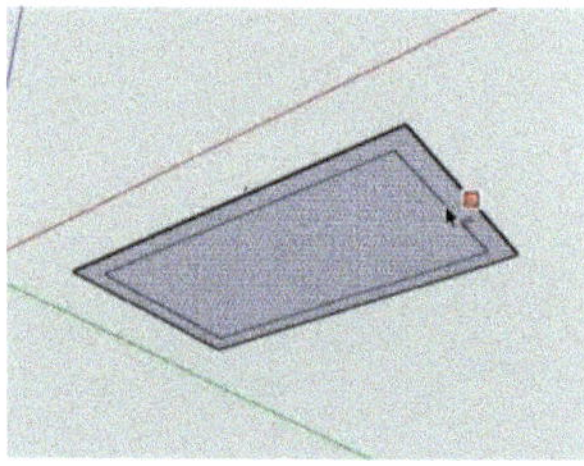

19. Realizzare una ulteriore copia a 45 cm, pari allo spessore del muro.

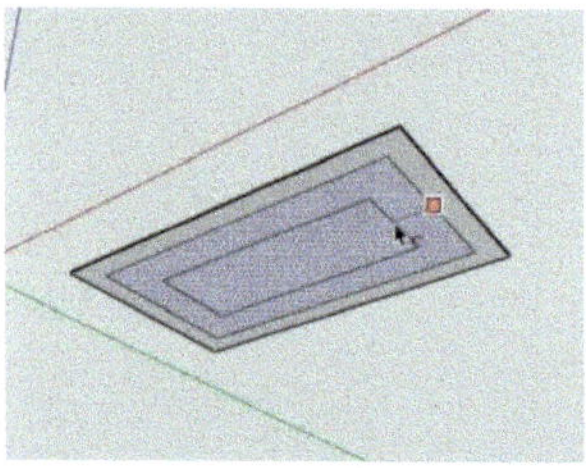

20. Si ottengono le superfici da cui ricavare i muri perimetrali.

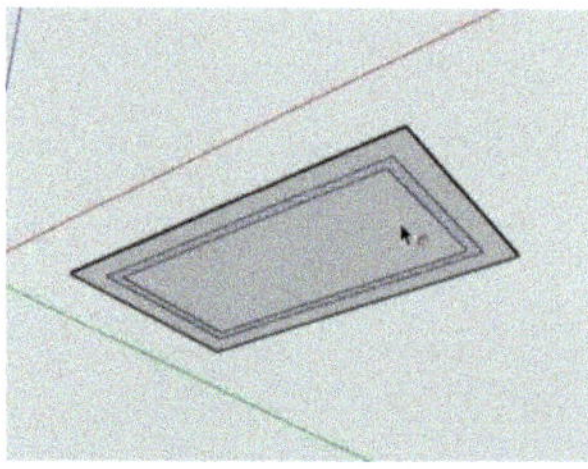

21. Cancellare le facce inutilizzate della parte orizzontale dello sporto.

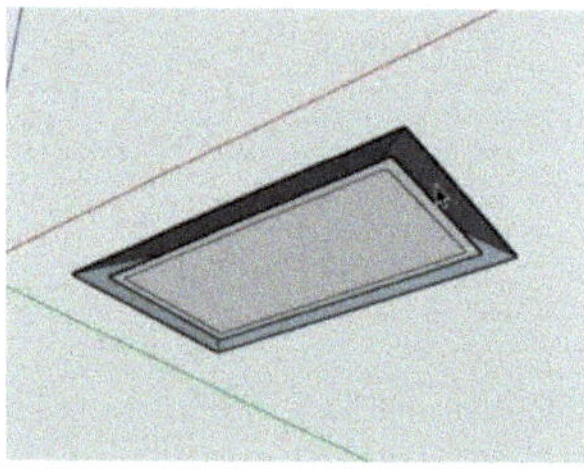

22. Si ottiene la superficie piana orizzontale rimasta dal rettangolo iniziale.

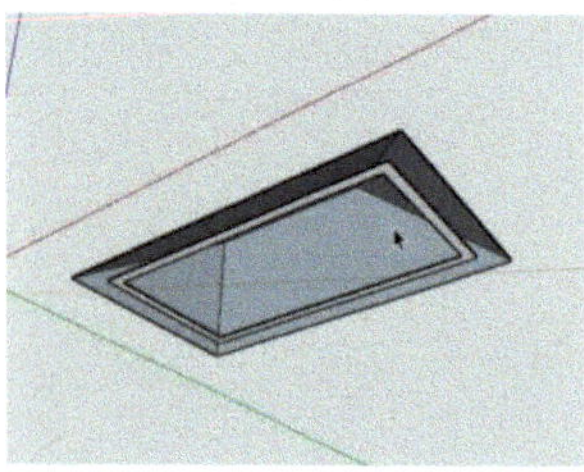

23. Estrudere la superficie dei muri perimetrali verso l'alto di una misura a piacere.

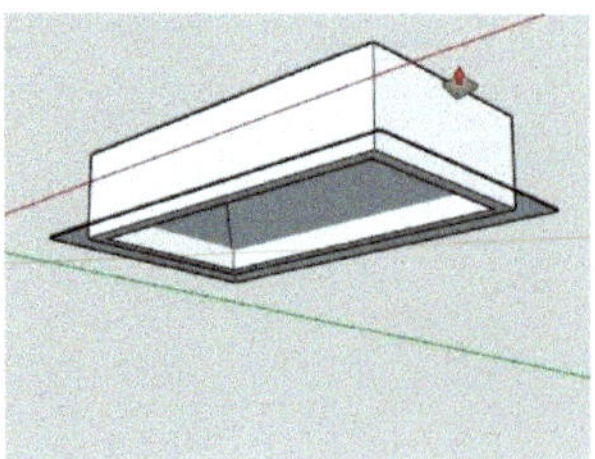

24. Estrudere anche verso il basso (600 cm).

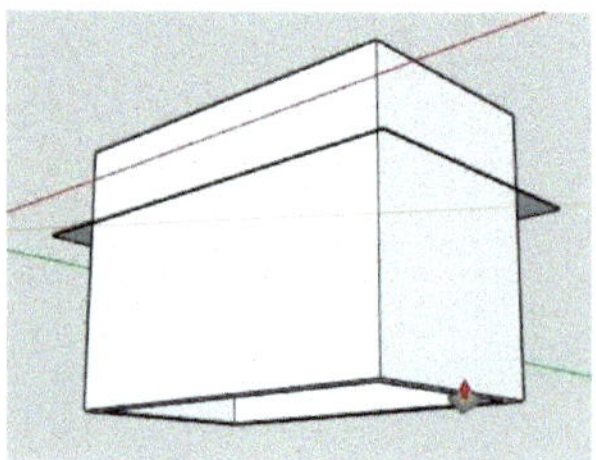

25. Tagliare la sommità dei muri intersecandoli con il tetto: selezionare tutto...

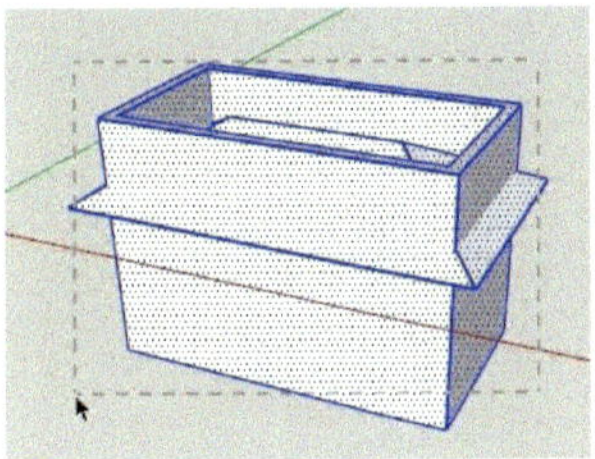

26. ... clic destro > *Interseca facce* > *Con la selezione*.

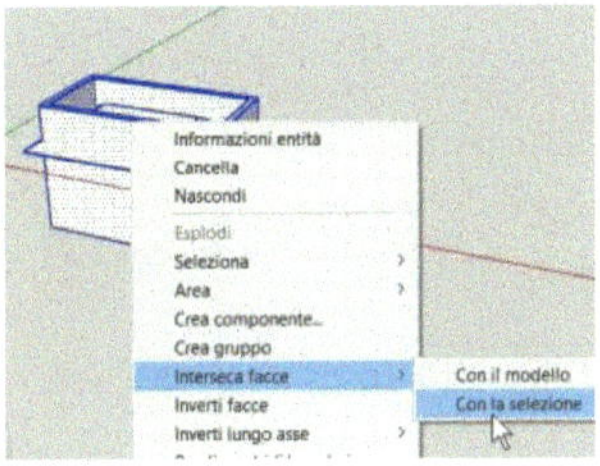

27. Cancellare la sommità dei muri che eccede oltre il tetto.

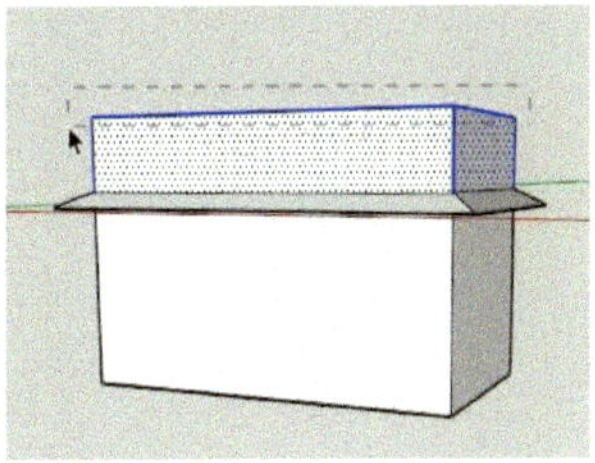

28. Rendere visibile l'estradosso del tetto con *Modifica* > *Mostra* > *Tutte*.

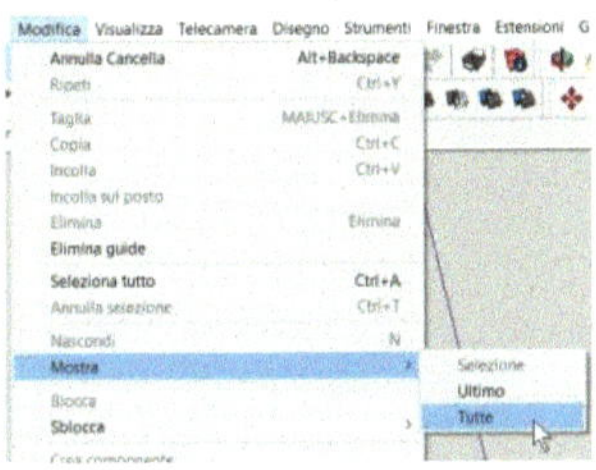

29. In questo modo solo l'estradosso è stato interessato dall'intersezione.

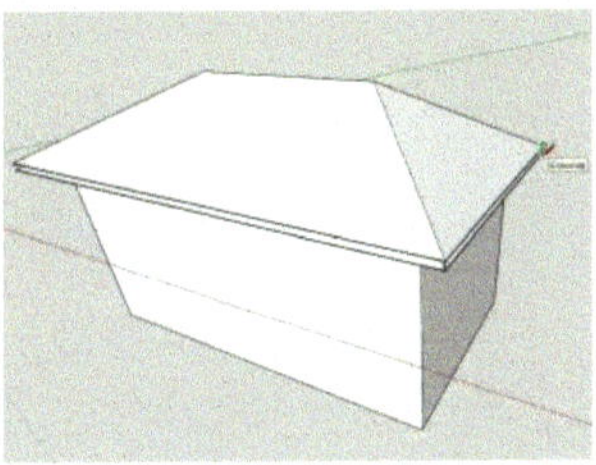

30. Collegare con alcune linee le superfici dei tetti per far apparire le facce di bordo.

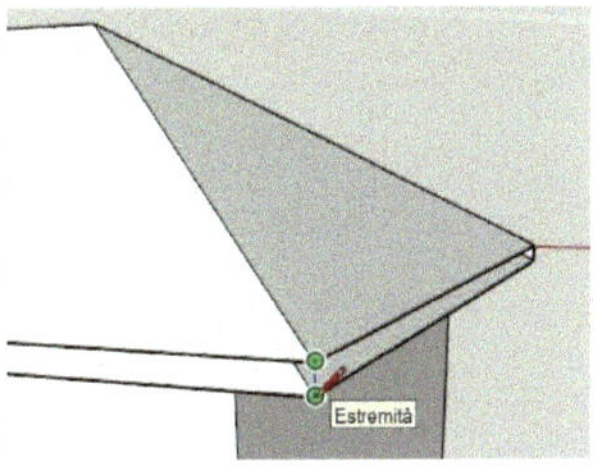

31. **Abbaino**: tracciare una linea dal punto medio del muro...

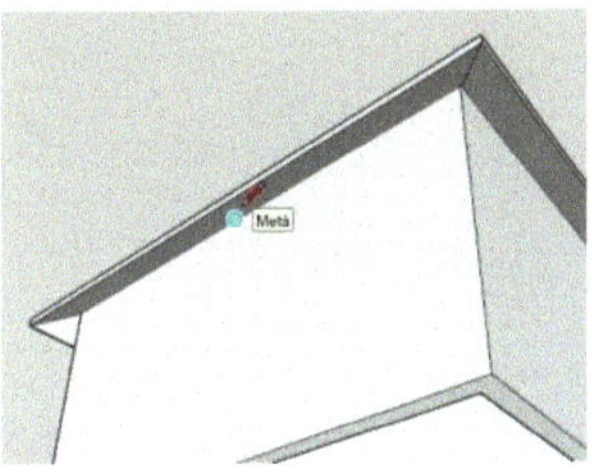

32. ... fin sulla superficie superiore del tetto.

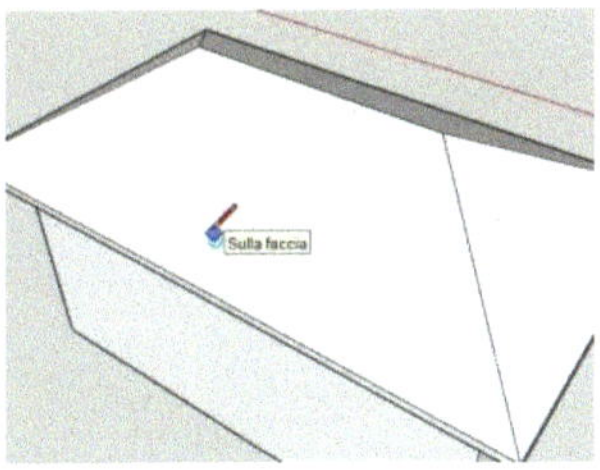

33. Tracciare un bordo lateralmente 60 cm.

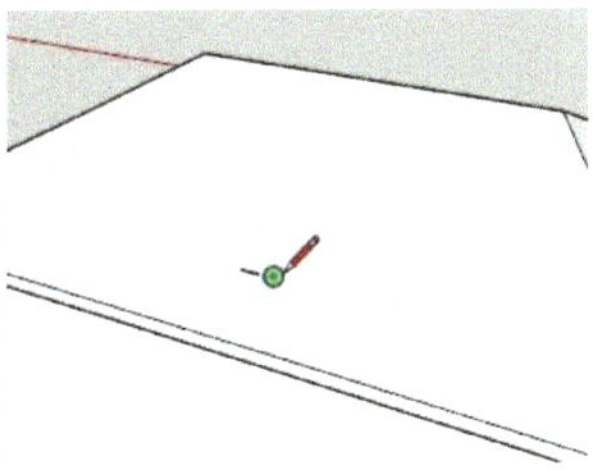

34. Tracciare un bordo verso l'alto di 100 cm.

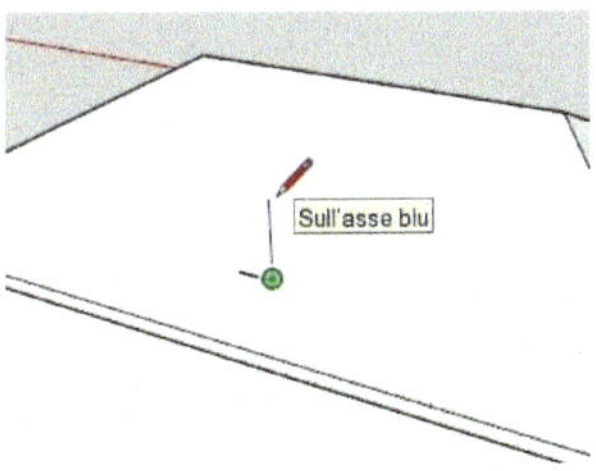

35. Tracciare un bordo lateralmente di 120 cm.

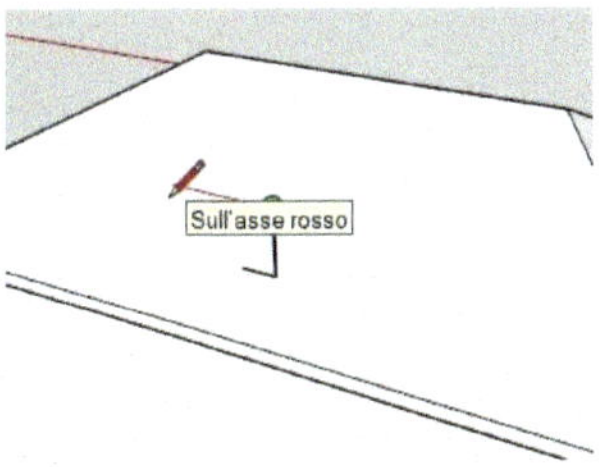

36. Chiudere il perimetro di linee che costituisce il fronte dell'abbaino.

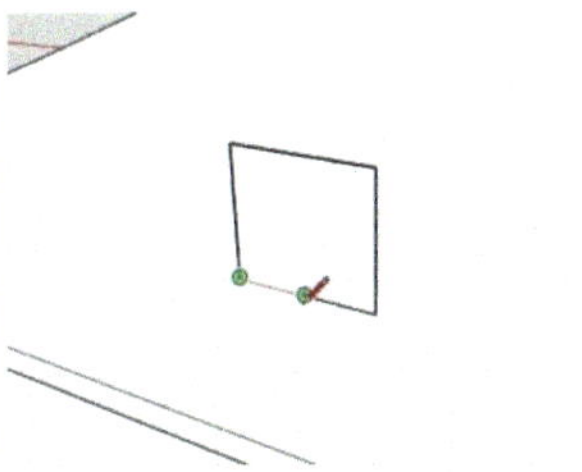

37. Tracciare un bordo dal punto medio superiore verso l'alto di 40 cm.

38. Chiudere lateralmente con un bordo fin sullo spigolo della figura verticale.

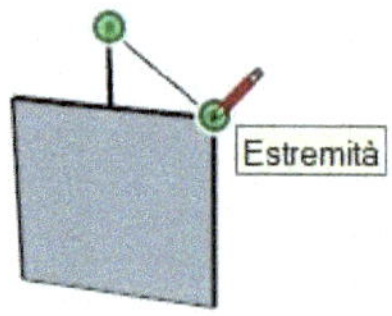

39. Proseguire il bordo: viene evidenziata l'inferenza con la stessa inclinazione.

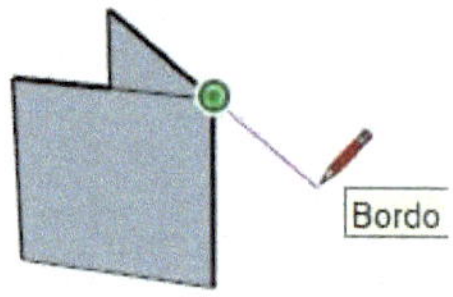

40. Dare al bordo sporgente una lunghezza di 30 cm.

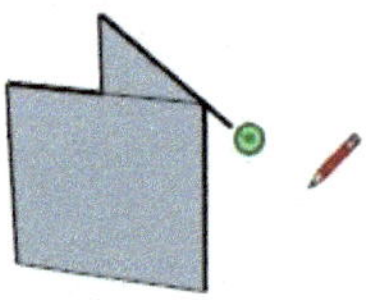

41. Proseguire verso l'alto di 20 cm.

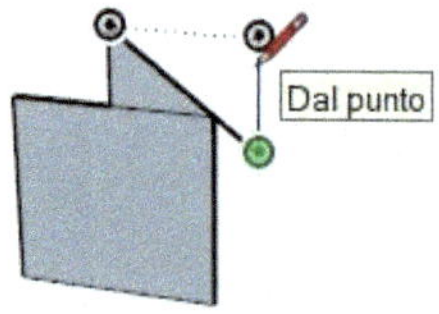

42. Tracciare una parallela al bordo inclinato anche qui con l'inferenza libera (Freccia Giù).

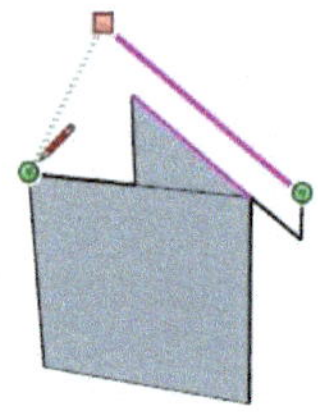

43. Ripetere il disegno sul lato opposto dell'abbaino.

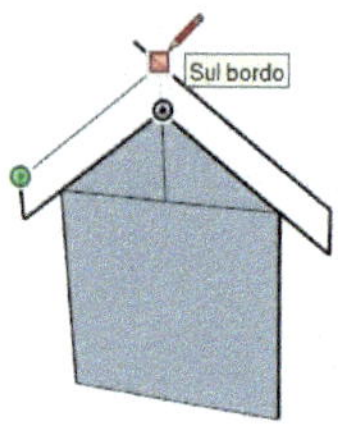

44. Si ottiene il fronte dell'abbaino pronto per la modellazione.

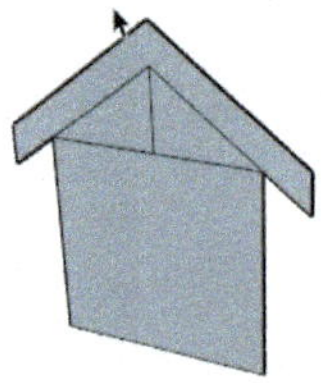

45. Copiare verso l'interno le linee verticali che determinano i muri laterali...

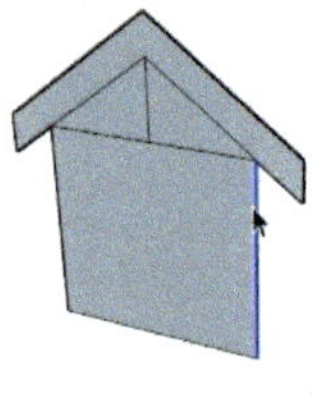

46. ... di 20 centimetri da entrambi i lati.

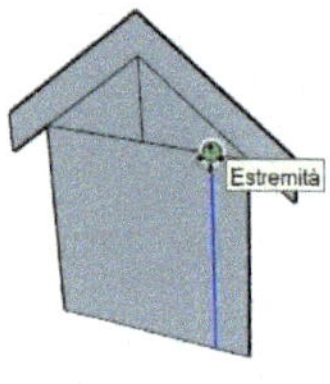

47. Estrudere il tetto dell'abbaino fin dentro al tetto principale sovrapponendolo.

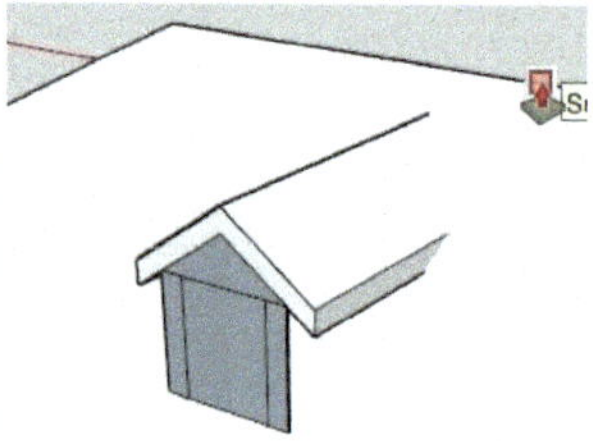

48. Estrudere il fronte del tetto di 50 cm verso l'esterno.

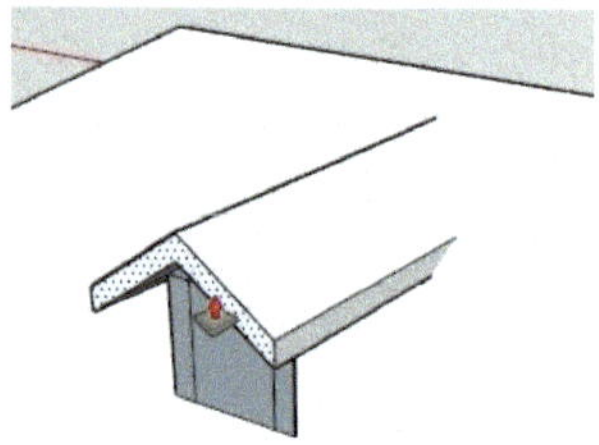

49. Aggiustare i muri laterali dell'abbaino proseguendo le linee verticali.

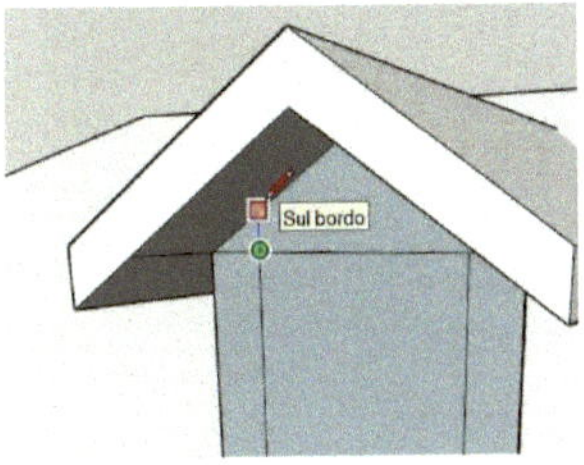

50. Cancellare le linee orizzontali rimaste.

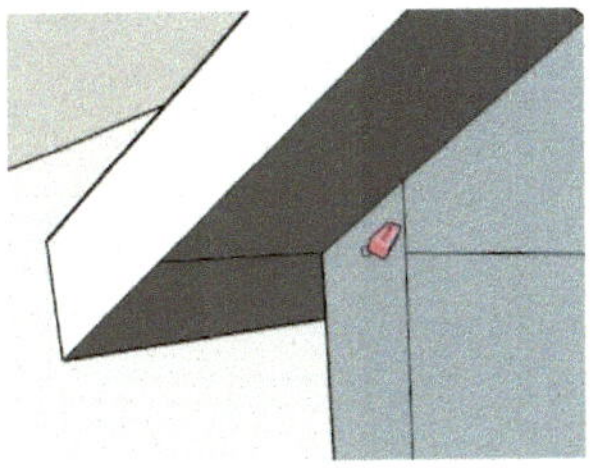

51. Ripetere la modifica anche sull'altro lato del fronte dell'abbaino.

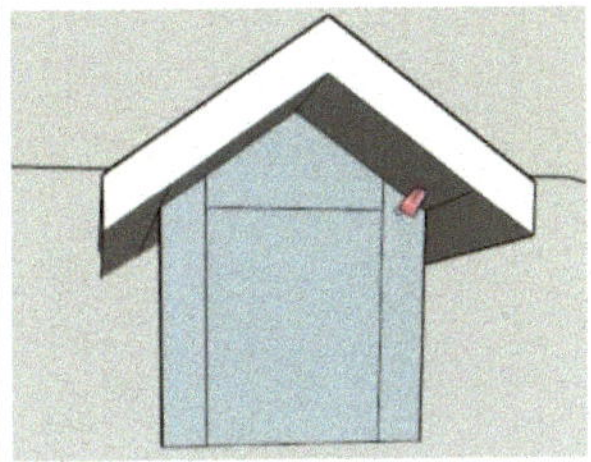

52. Estrudere i muri laterali fin dentro al tetto principale.

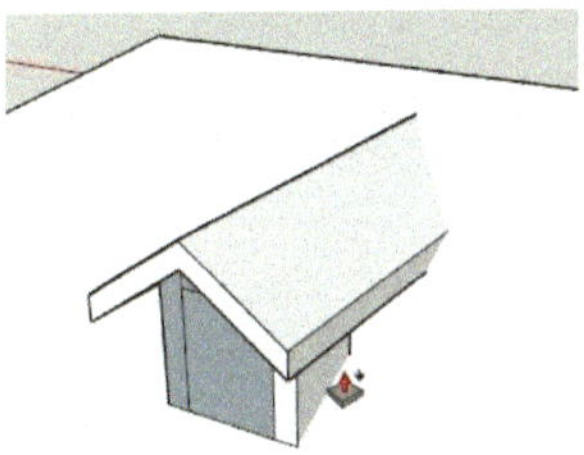

53. Cliccare Ctrl durante l'estrusione per copiare la faccia.

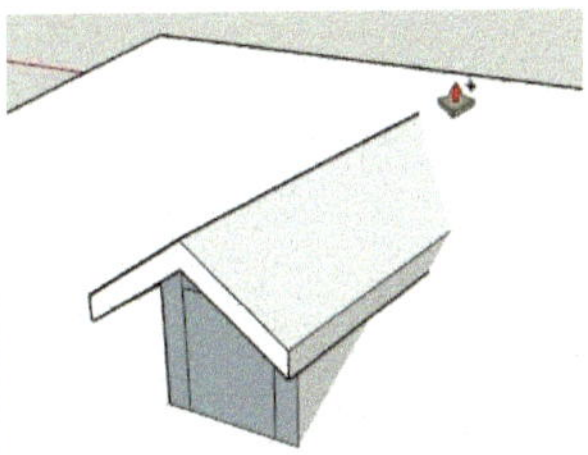

54. Cancellare la faccia che chiude frontalmente l'abbaino.

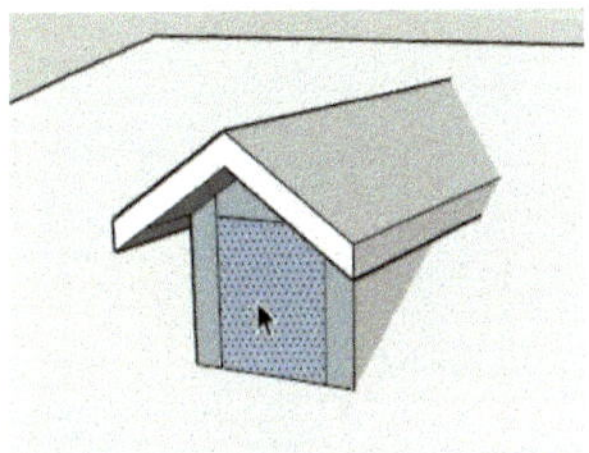

55. Estrudere il timpano del fronte verso il retro di 45 cm (come i muri perimetrali).

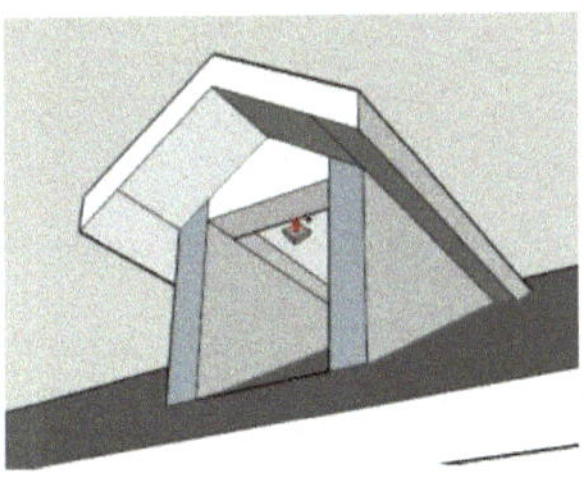

56. Intersecare la serie di superfici con il tetto principale: selezionare tutto.

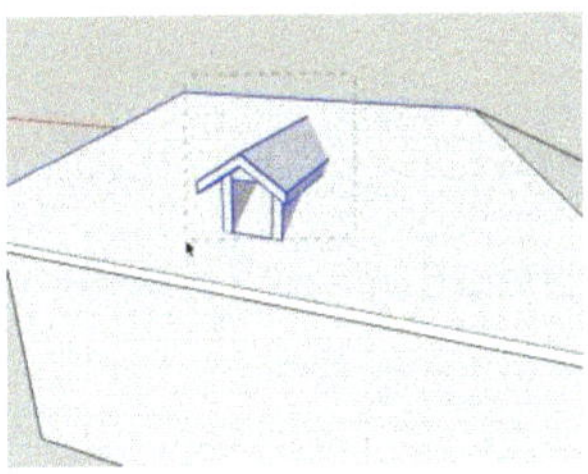

57. Clic destro > *Interseca facce* > *Con la selezione*.

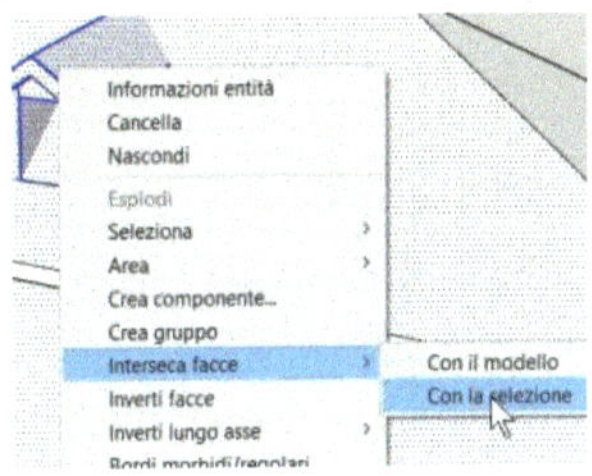

58. Spostarsi all'interno del volume per visualizzare le facce in eccesso da cancellare.

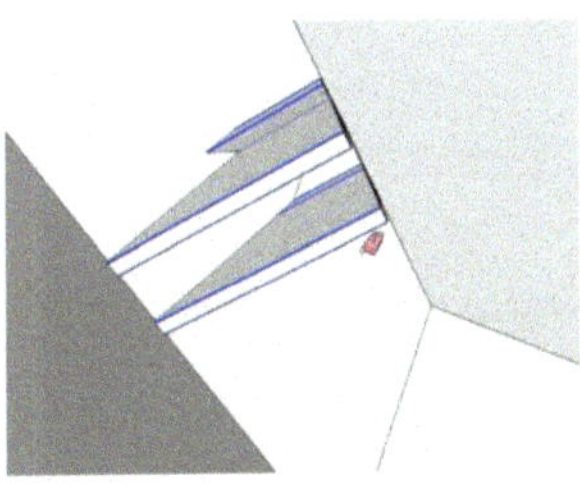

59. Se necessario attivare la trasparenza delle superfici per visualizzare i bordi nascosti.

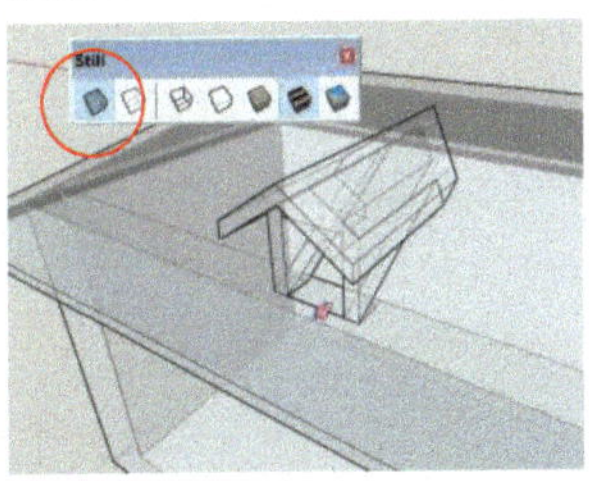

60. Completare nel dettaglio il davanzale raccordandolo con lo spessore del muro inferiore.

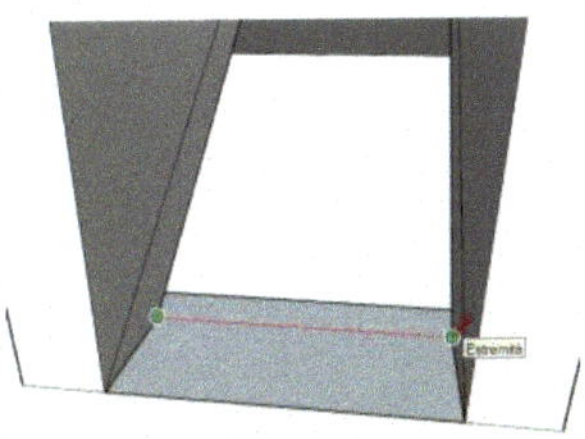

61. Aggiungere linee lateralmente in orizzontale...

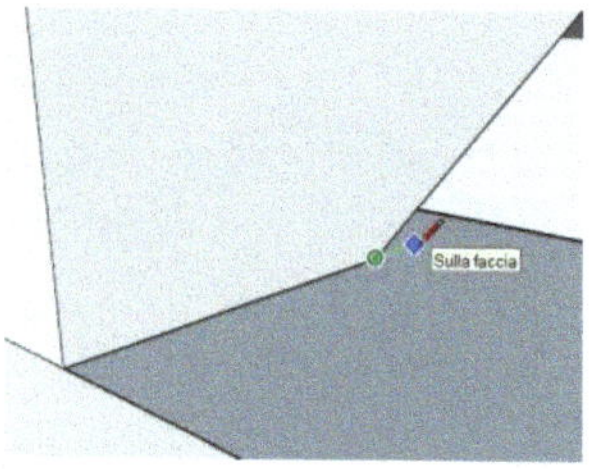

62. ...e in verticale...

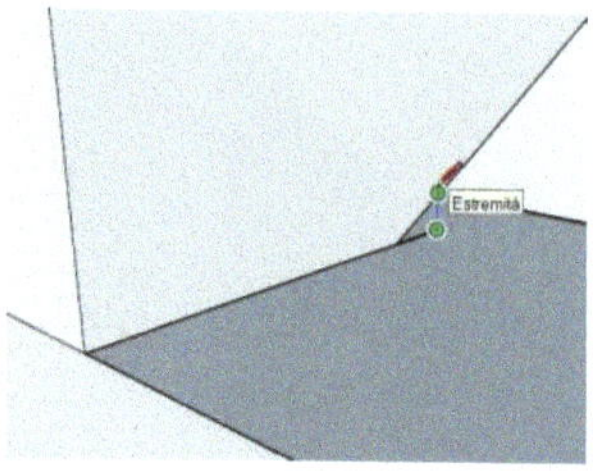

63. ...chiudere con una linea orizzontale di raccordo fra i due lati del davanzale.

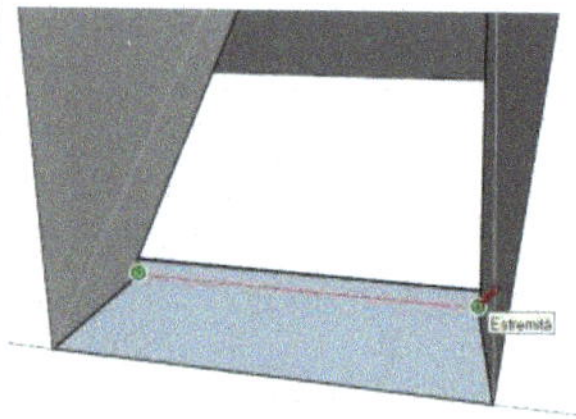

64. Il tetto terminato con l'aggiunta di materiali ed elementi di completamento.

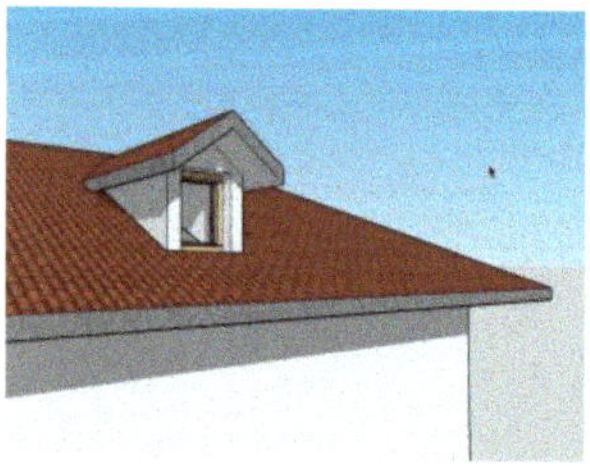

65. Un dettaglio ravvicinato dell'abbaino.

66. Una sezione prospettica del disegno terminato.

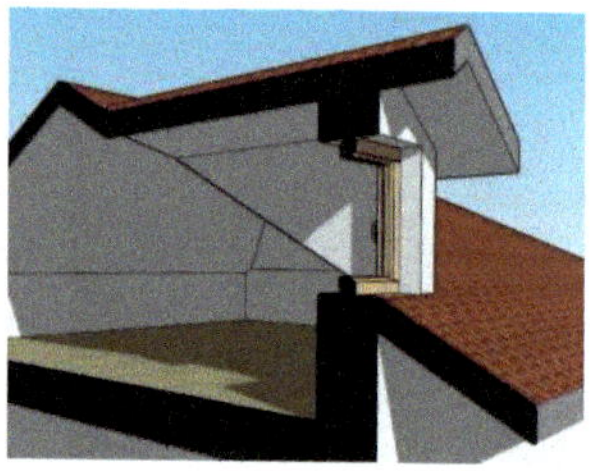

Note

Perché non disegnare una linea al centro e spostarla verso l'alto?

Si potrebbero realizzare le falde inclinate anche disegnando una linea centrale e spostandola verso l'alto sfruttando il 3° principio per cui le linee e le facce sono incollate, ma in questo modo si controllerebbe in modo meno preciso l'inclinazione in gradi delle falde.

La superficie con disegnate all'interno le linee delle falde del tetto.

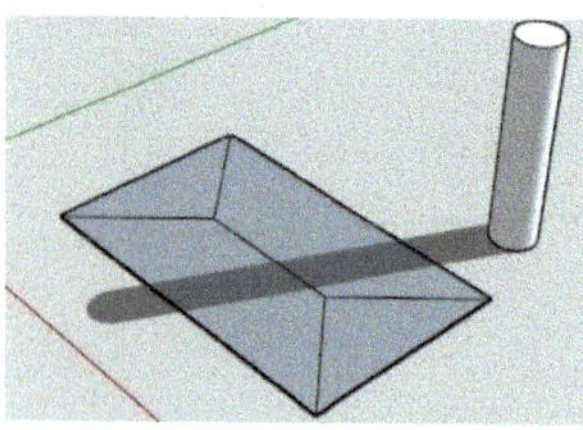

La linea centrale spostata verso l'alto deforma la superficie e realizza le falde.

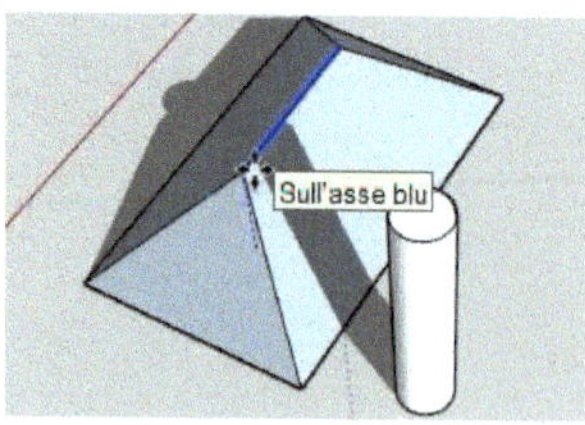

In questo modo è poco pratico calcolare l'inclinazione delle falde.

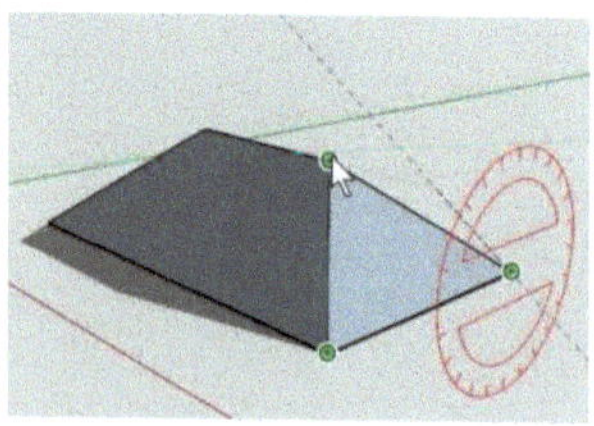

Esercizio 11. **Carpenteria tetto**

Svolgimento eser. Realtà Aumentata

Difficoltà

Tema Travi di carpenteria di un tetto a tre falde.

Descrizione L'esercizio pone particolare attenzione al disegno di elementi inclinati e in particolar modo ad elementi quali le diagonali di un tetto che sono inclinate rispetto a tutti e tre gli assi del modello. Vengono analizzate le modalità di modifica quali la specchiatura e l'intersezione con altri volumi. Gli argomenti sono:

- disegno di elementi inclinati;
- utilizzo di *componenti*;
- perfezionamento di volumi inclinati con intersezioni e Strumenti Solidi;
- specchiatura di parti simmetriche.

Strumenti

- Ruota e copia ruotata (pag. 61)
- Sposta > Copia (pag. 57)
- Interseca facce (pag. 78)
- Finitura (pag. 77)
- Serie lineare (pag. 57)
- Rendi unico (pag. 87)
- Inverti (pag. 70)

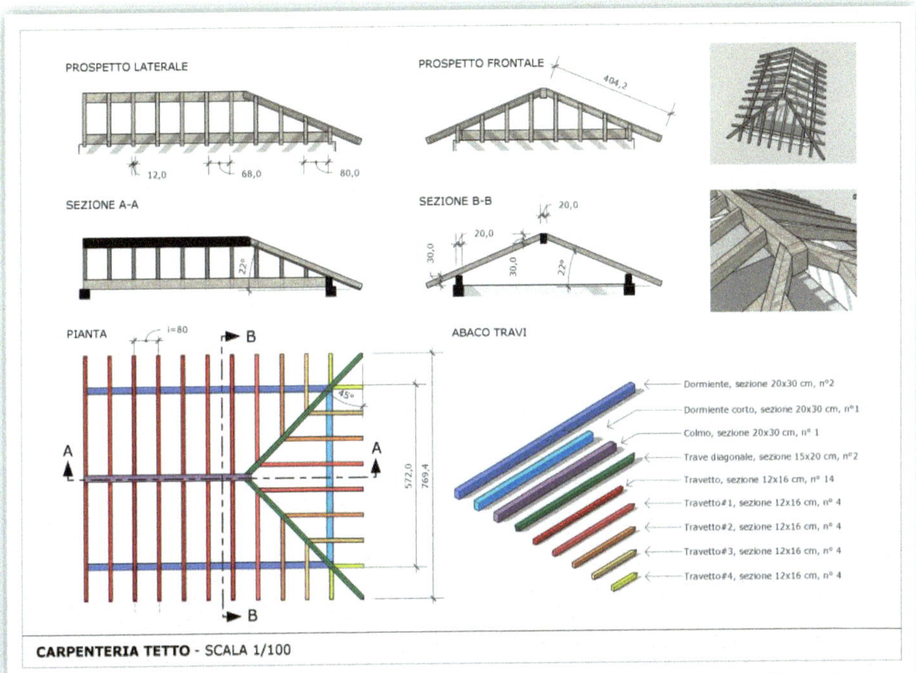

Svolgimento

1. Travetto: disegnare un rettangolo 12x16 cm (eventualmente usando le inferenze).

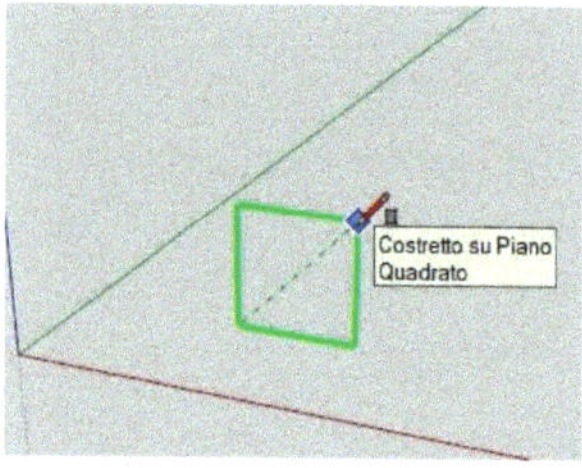

2. Estrudere con *Spingi/tira* 500 cm.

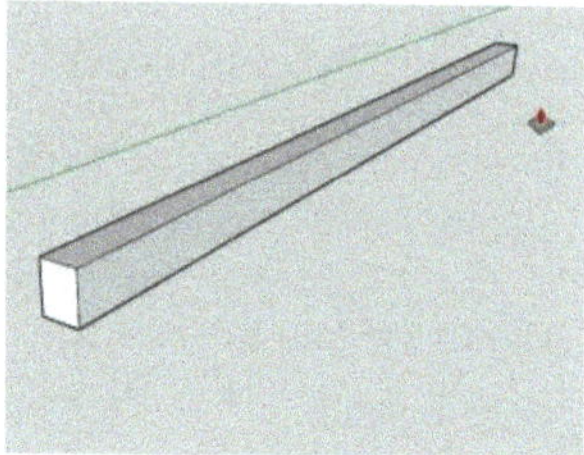

3. Selezionare le superfici e realizzare un *componente* "Travetto".

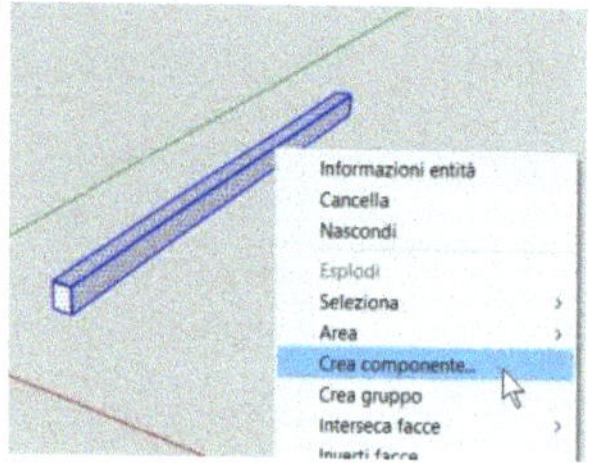

4. Attivare Ruota e appoggiare il goniometro con un clic allo spigolo in basso...

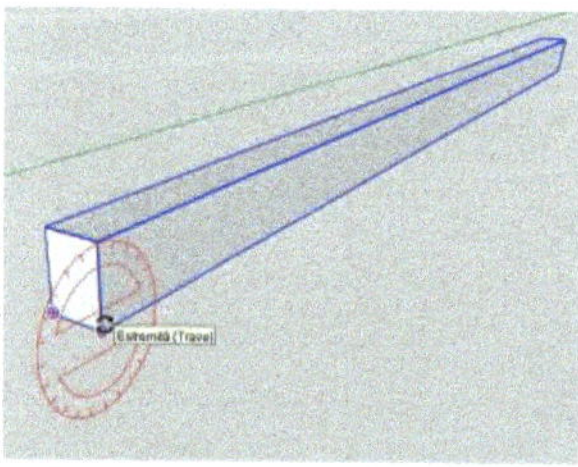

5. ... secondo clic in orizzontale per iniziare la rotazione...

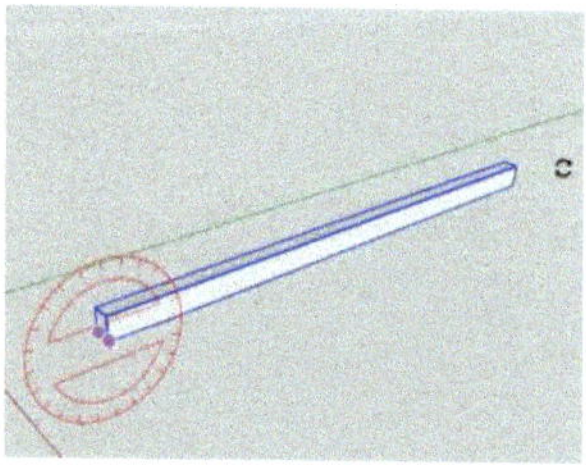

6. ... indicare la misura 22 gradi seguita da Invio.

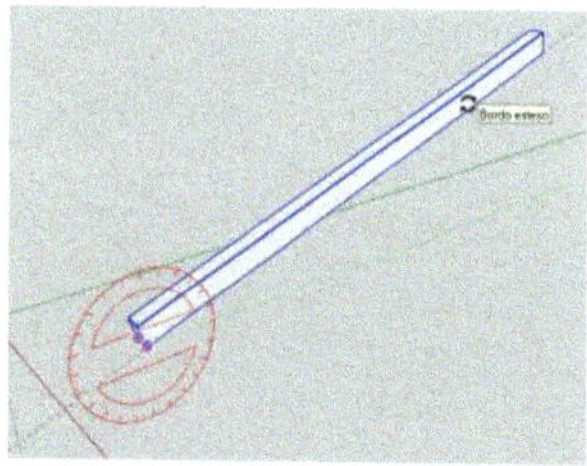

7. Realizzare la copia in serie selezionando il travetto, attivare *Sposta* e cliccare Ctrl.

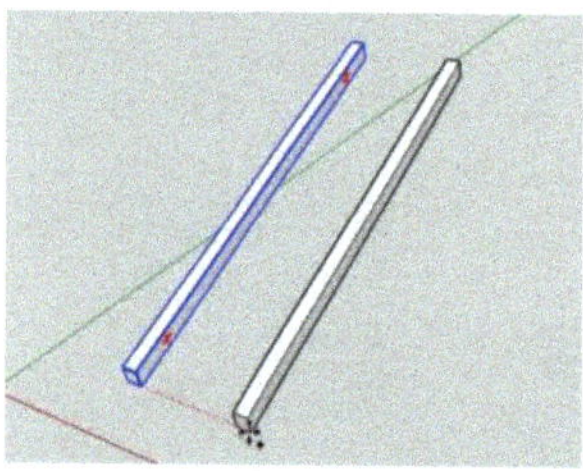

8. Terminare la prima copia del travetto indicando l'interasse 80 cm seguito da Invio.

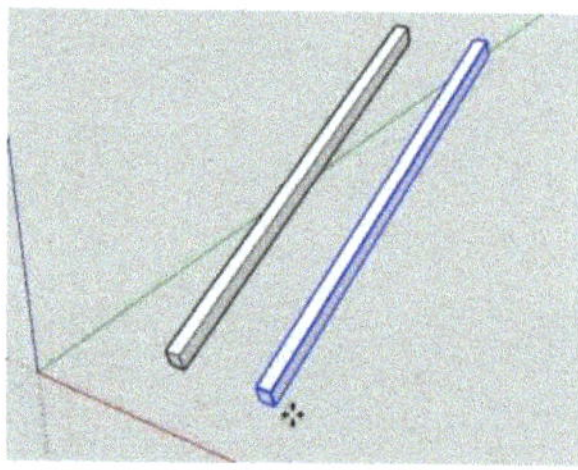

9. Indicare il simbolo di moltiplicazione * (asterisco) seguito da 10 e Invio.

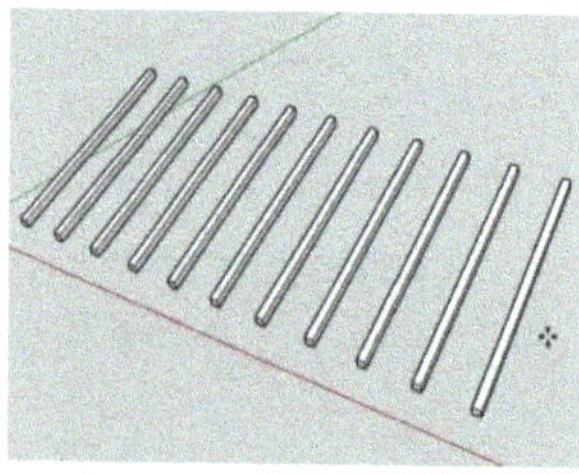

10. Copiare la falda di travetti con *Sposta* + Ctrl, oppure utilizzare direttamente *Inverti.*

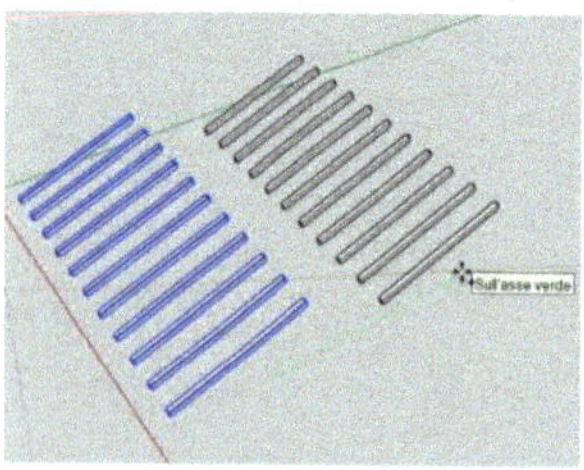

11. Utilizzare *Inverti* per specchiare i travetti.

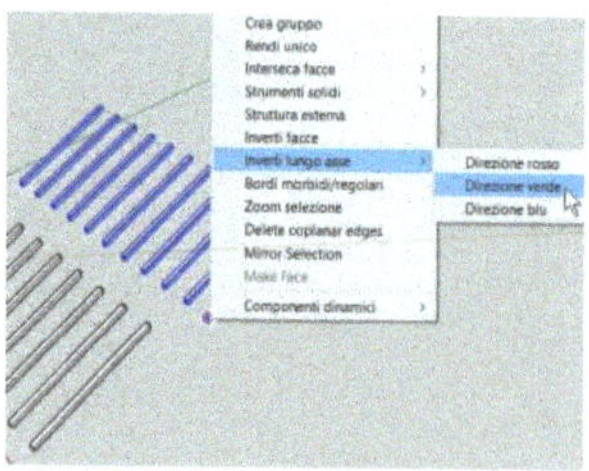

12. I travetti delle due falde sono pronti.

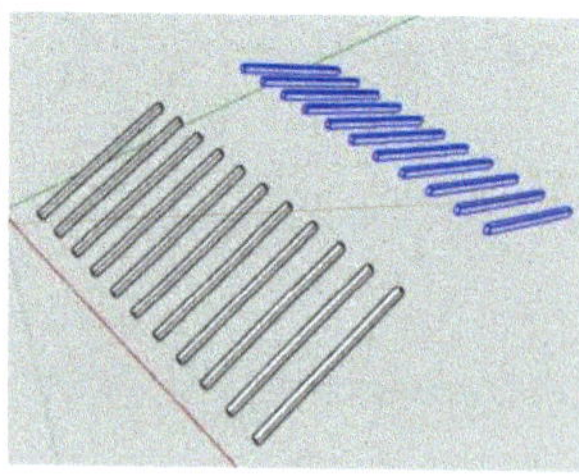

13. Spostare i travetti a ridosso degli originali.

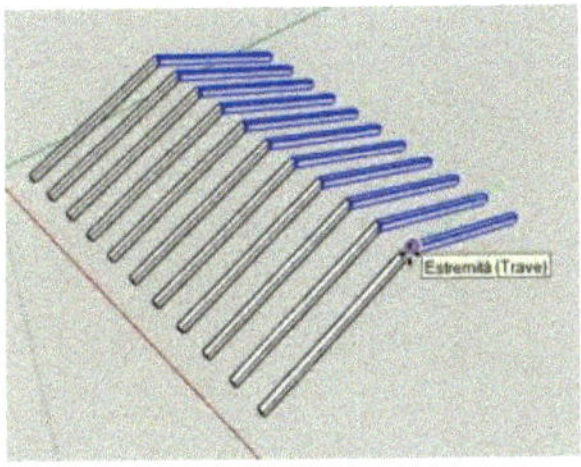

14. Un altro modo per specchiare sarebbe realizzare una copia ruotata (vedi nota A).

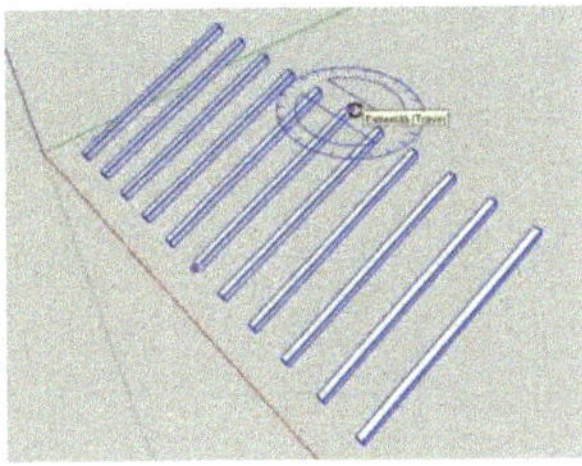

15. Per aggiustare la sommità dei travetti entrare con due clic nell'editor di uno di questi...

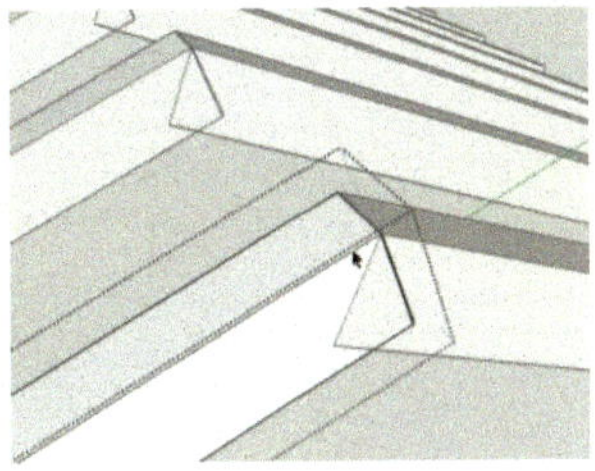

16. ... tracciare una linea verticale...

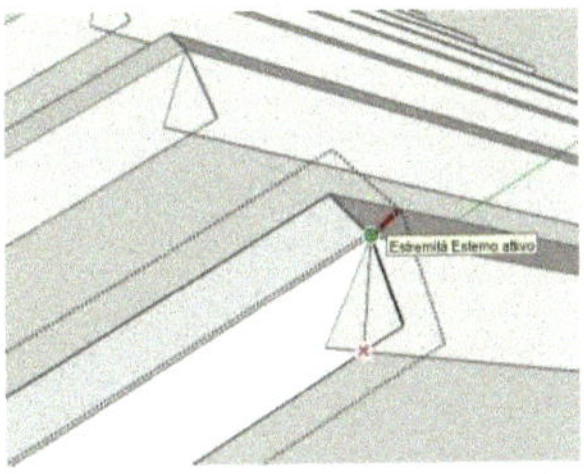

17. ... ed estrudere con Spingi/tira da un lato...

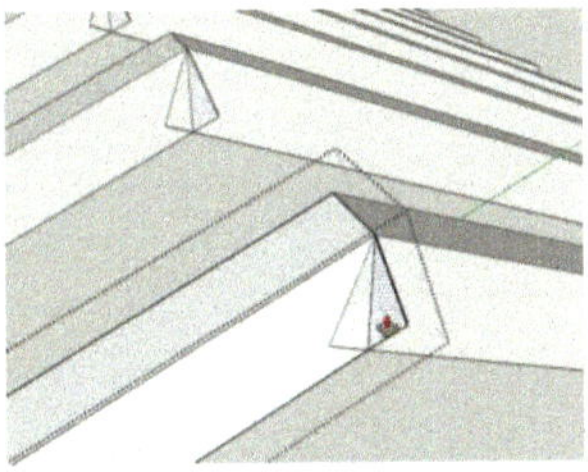

18. ... fino al lato opposto per tagliare la sommità del travetto.

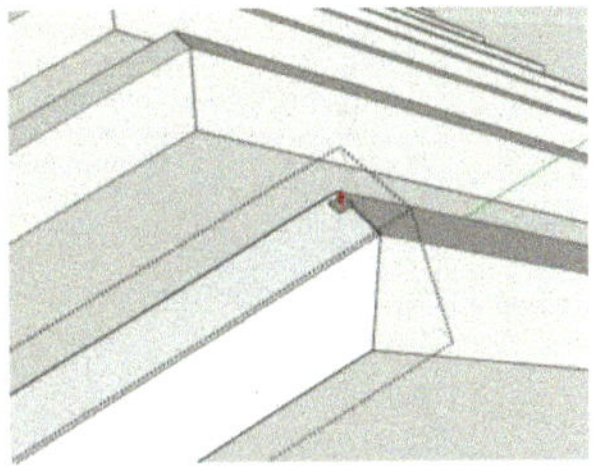

19. Uscire dall'editor e spostare i travetti per fare posto alla trave di colmo.

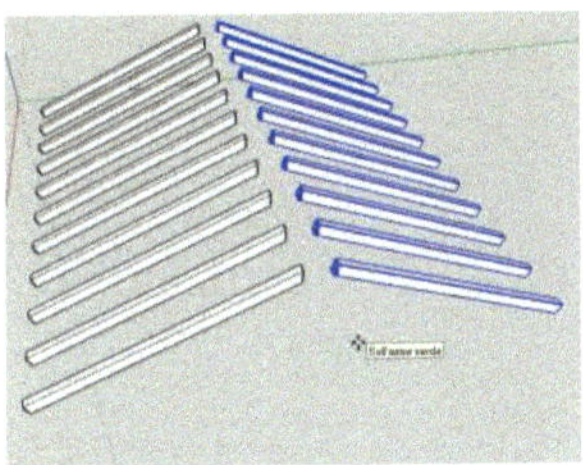

20. **Trave di colmo:** orientare il disegno del rettangolo con le inferenze.

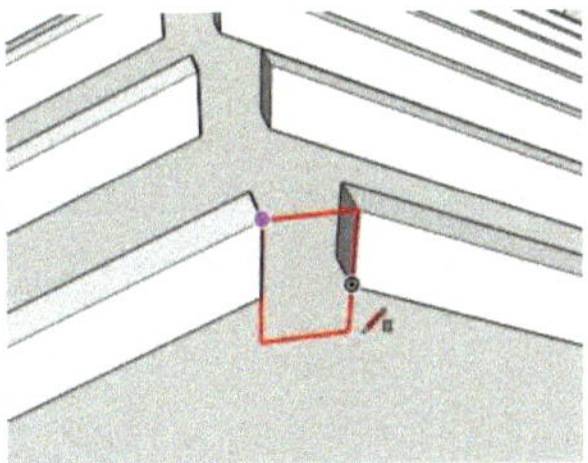

21. Disegnare un rettangolo 20x30 cm.

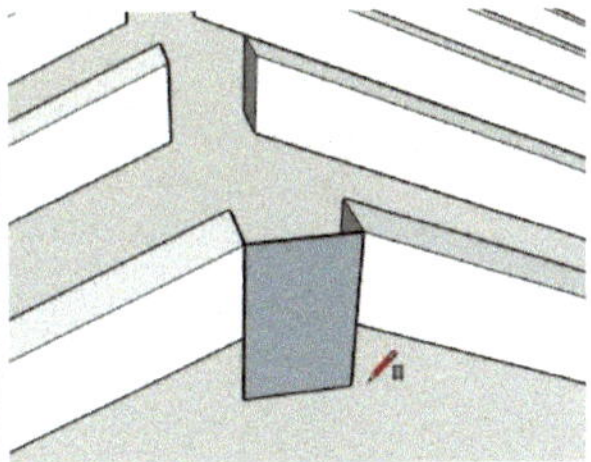

22. Estrudere con *Spingi/tira* fino all'altra estremità del tetto.

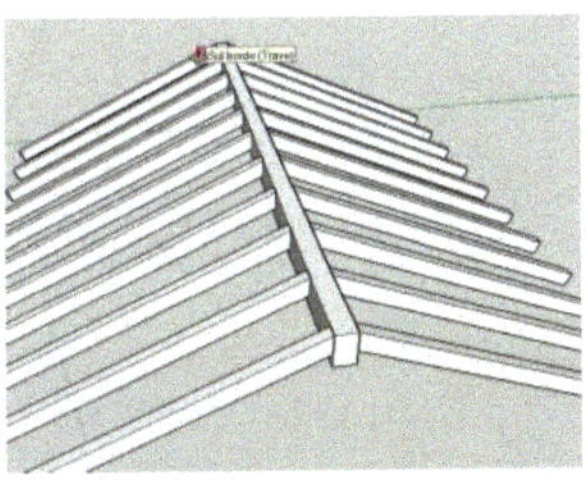

23. Selezionare le superfici e realizzare un *componente* "Colmo".

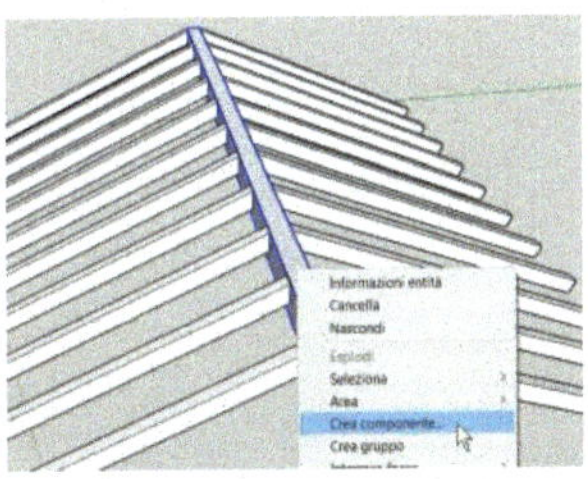

24. **Dormiente:** copiare con *Sposta* + Ctrl il colmo sull'estremità inferiore del tetto.

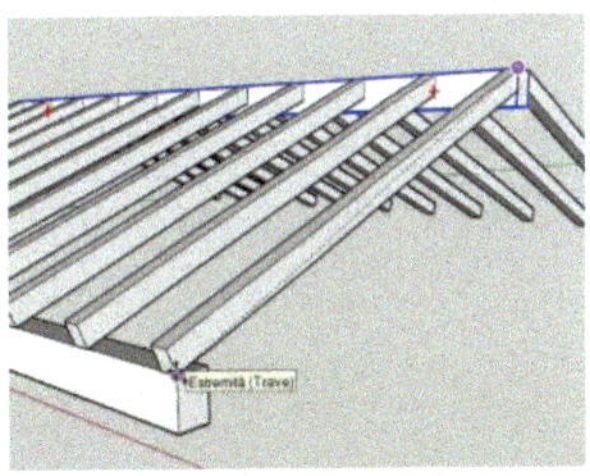

25. Spostare l'elemento lungo il travetto di 100 cm.

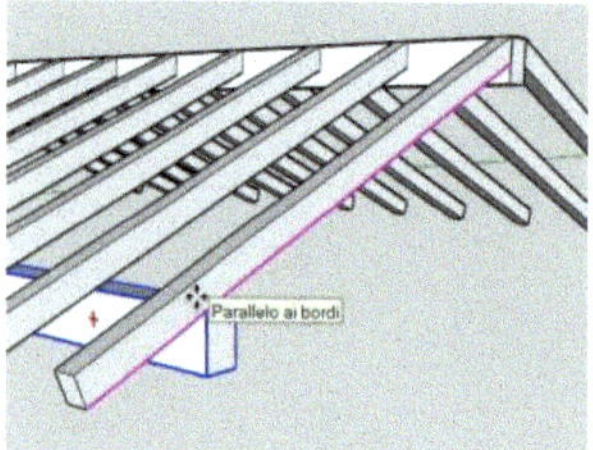

26. Copiare in orizzontale l'elemento fino all'estremità opposta.

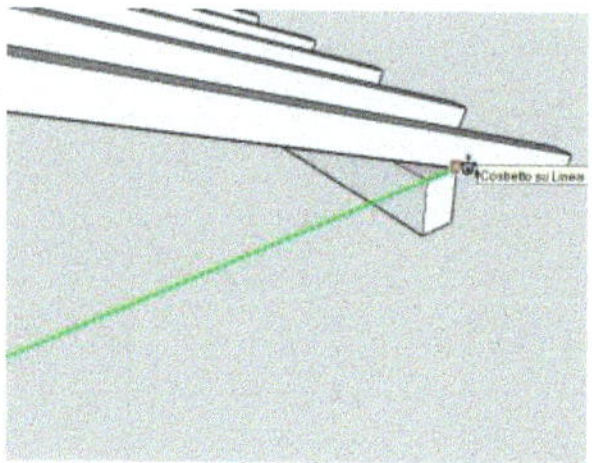

27. Copiare una falda per realizzare il lato corto del tetto.

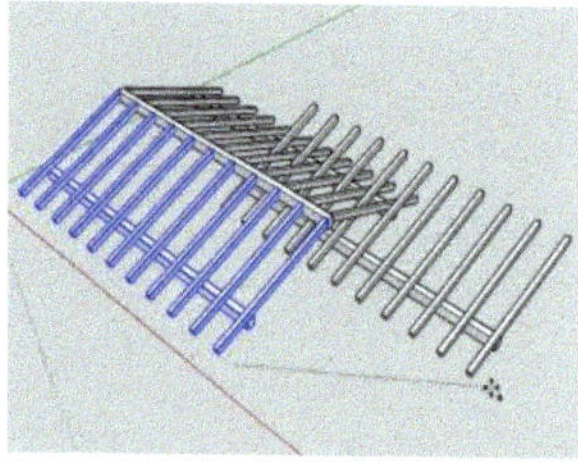

28. Ruotare tutti gli elementi selezionati di 90°.

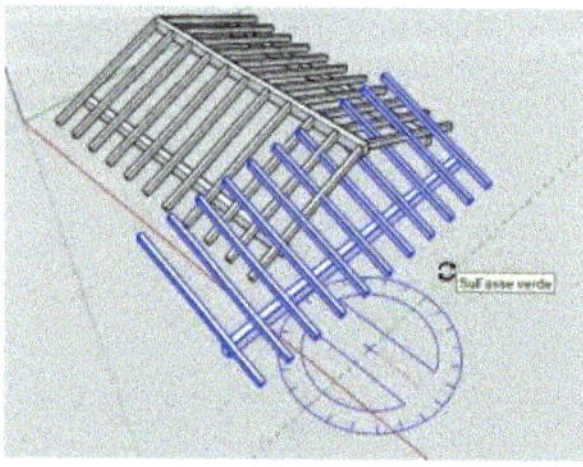

29. Spostare la serie di elementi all'incrocio dei travetti e dei dormienti.

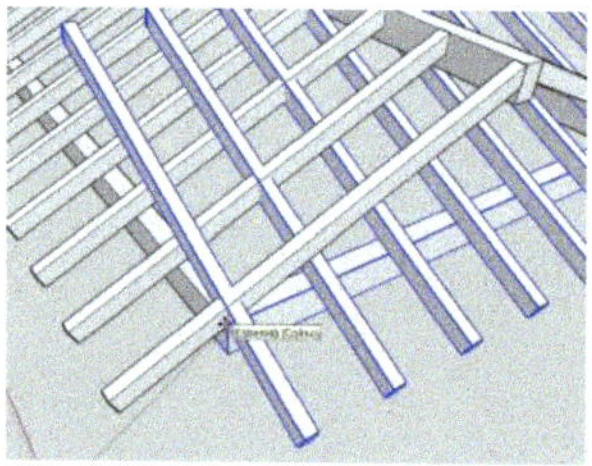

30. Cancellare i travetti che eccedono la larghezza del tetto.

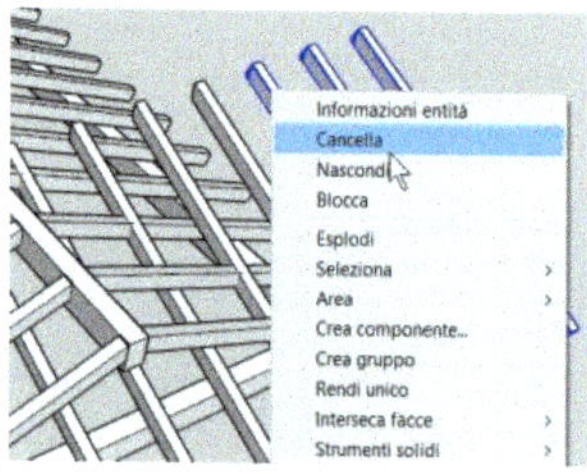

31. Rendere unico il *componente* "Dormiente" che andrà accorciato.

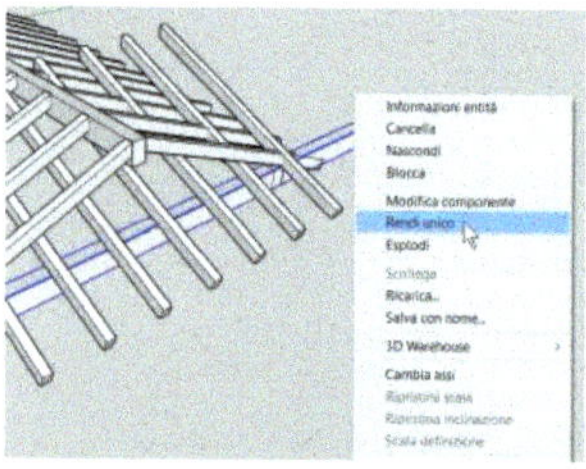

32. Entrare con due clic nel suo editor ed accorciare l'estrusione...

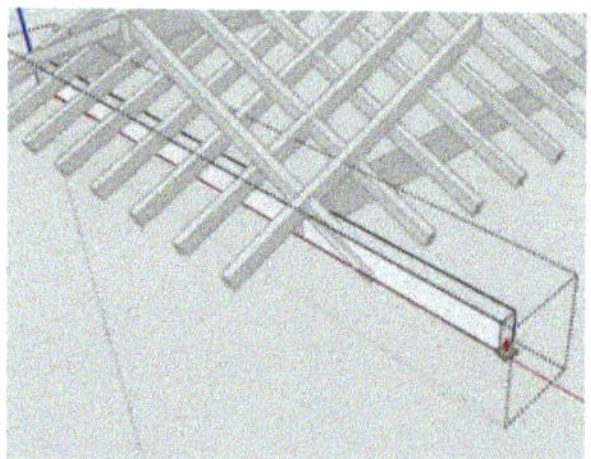

33. ... fino al lato interno del dormiente laterale.

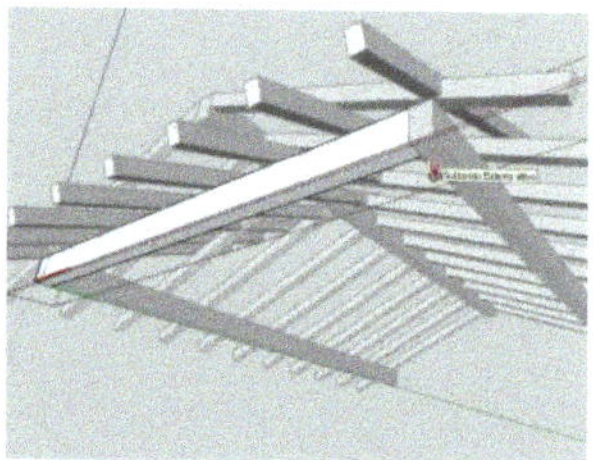

34. **Diagonale:** modellare un parallelepipedo 15x20x500 cm e ruotarlo di 45° in pianta.

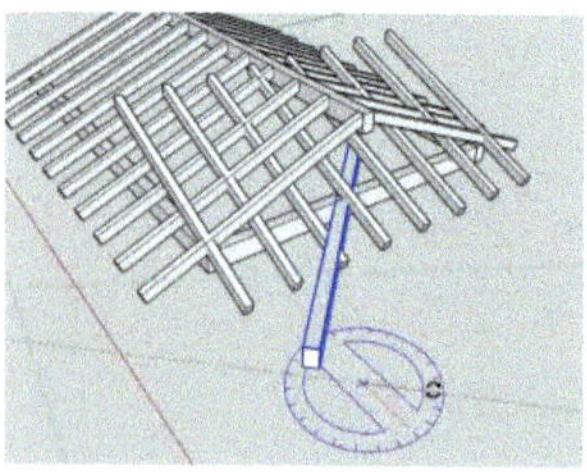

35. Selezionare le superfici e realizzare un *componente* "Trave diagonale".

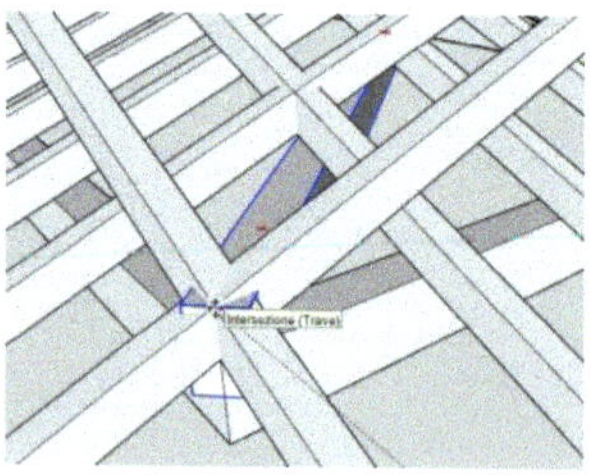

36. Ruotarlo appoggiando il goniometro di rotazione alla sua faccia laterale...

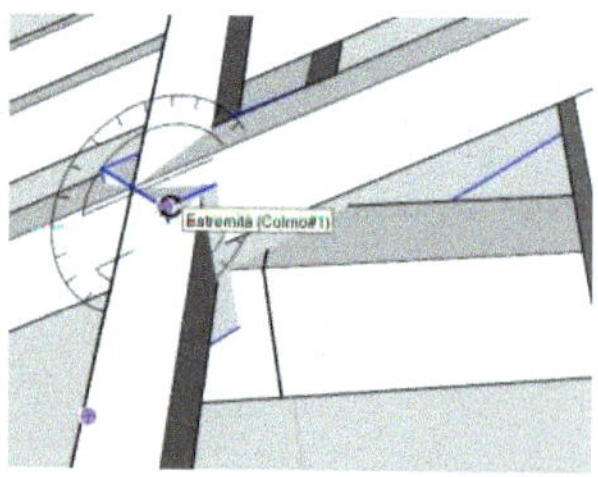

37. ... iniziare la rotazione dal piano orizzontale...

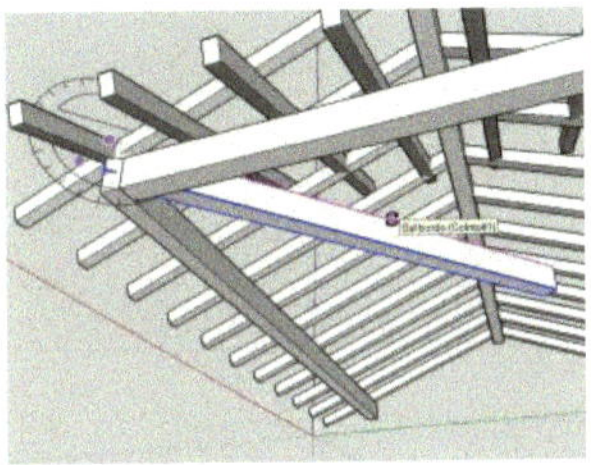

38. ... terminare la rotazione all'incrocio dei travetti.

39. Allungare da entrambe le estremità la trave diagonale per la successiva modellazione.

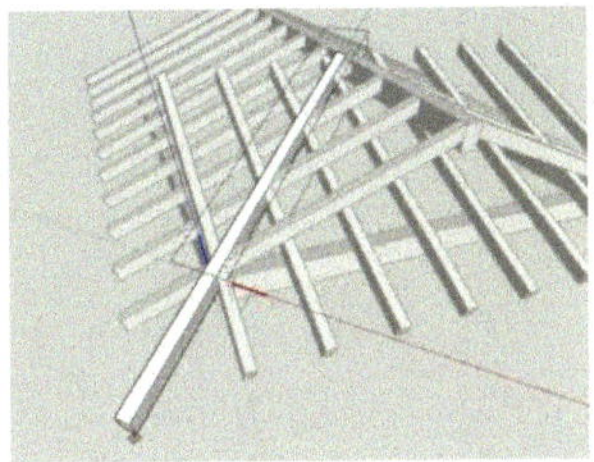

40. Rendere unici i travetti con uguale posizione per slegarli dagli altri *componenti* presenti.

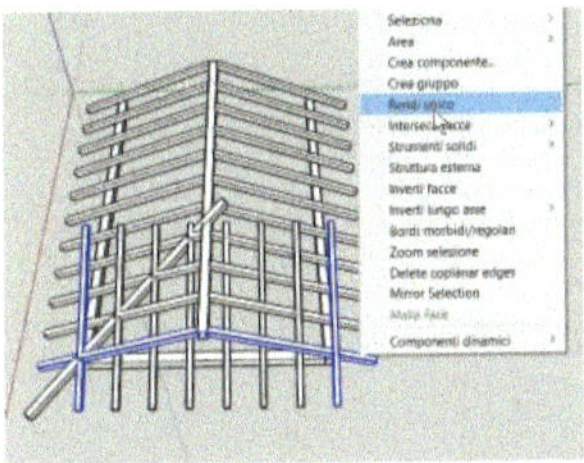

41. Entrare nell'editor di uno di questi e selezionare le facce presenti.

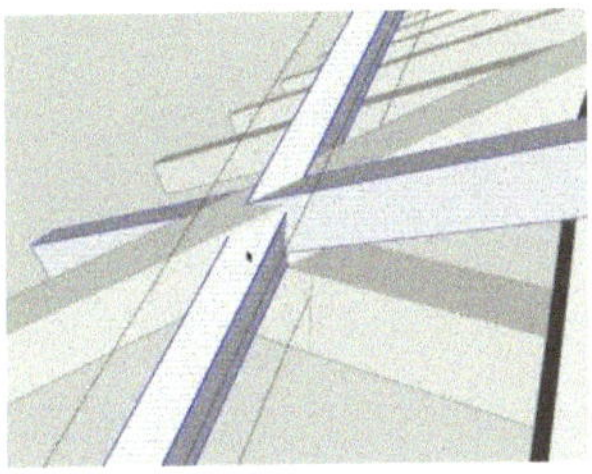

42. Clic destro > *Interseca facce* con il modello (vedere nota B a fine esercizio).

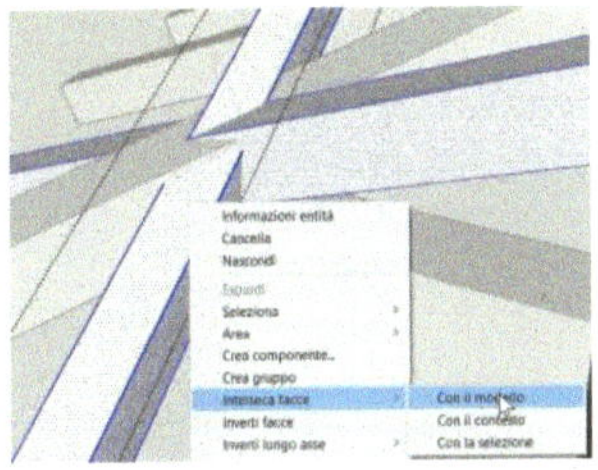

43. Attivare *Nascondi il resto del modello* per vedere meglio le linee.

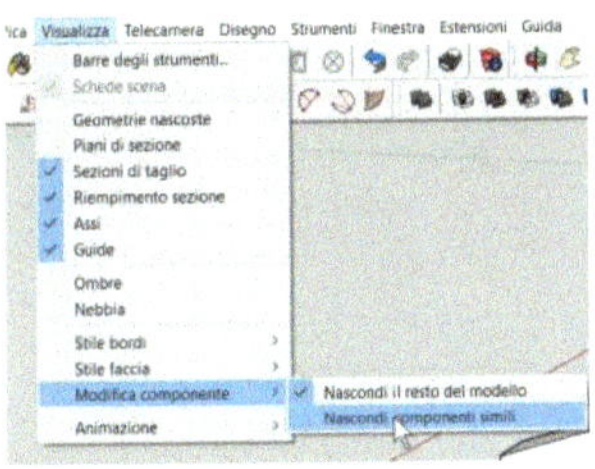

44. Cancellare le linee e le facce in eccesso.

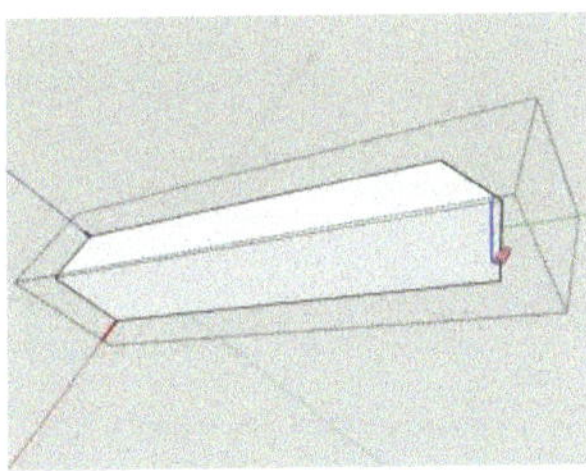

45. Se la trave appare aperta da un lato ricalcare un bordo...

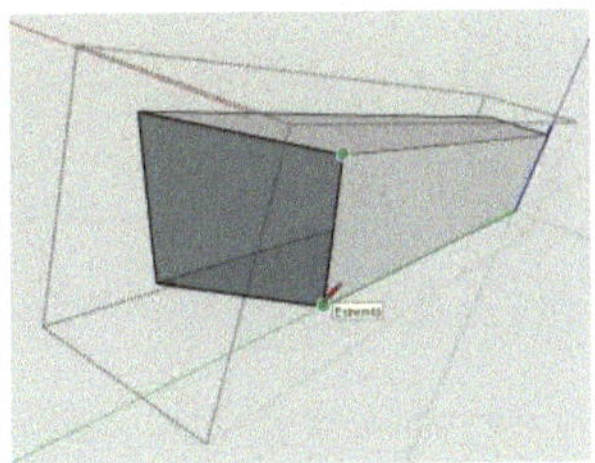

46. ... per far comparire la faccia di chiusura del volume.

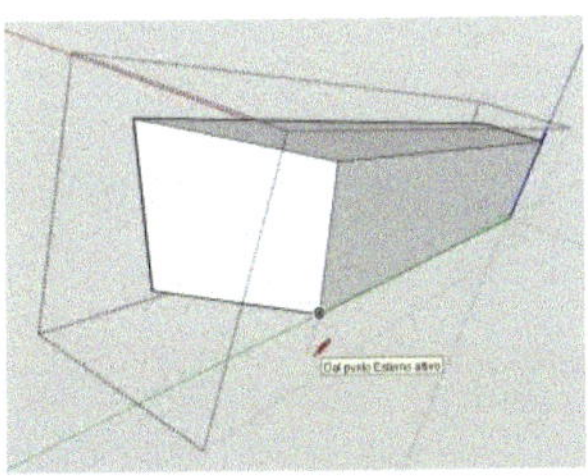

47. Specchiare i travetti alle estremità con *Inverti*.

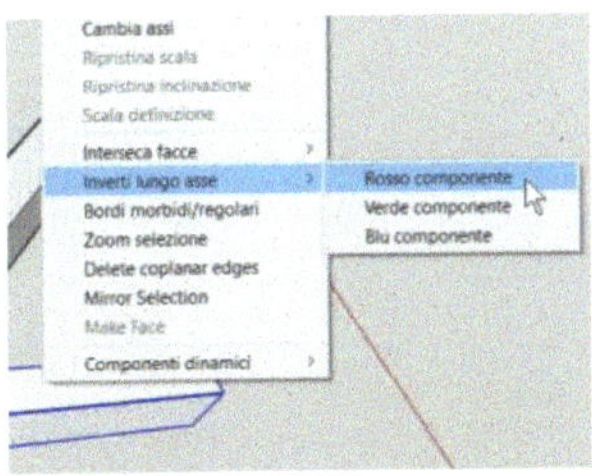

48. Il travetto è specchiato (o meglio invertito).

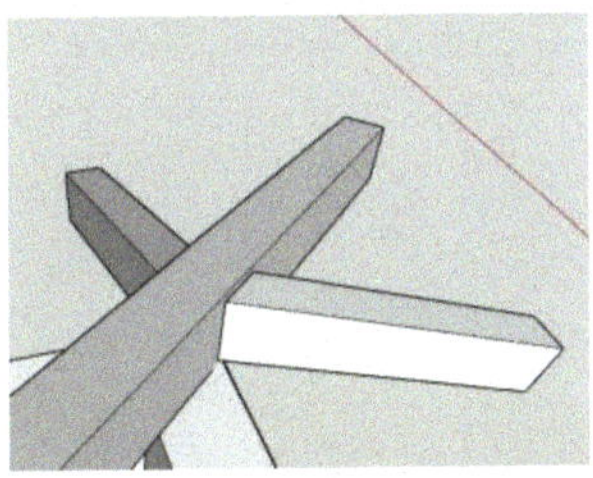

49. Ripetere l'operazione anche sugli altri travetti che occupano posizioni simili.

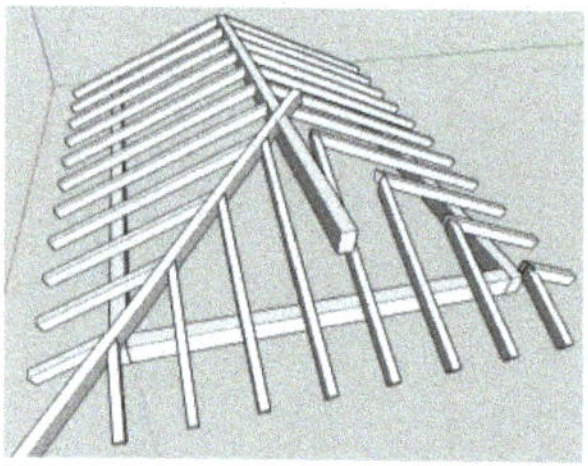

50. Inserire una linea in mezzeria per dividere la faccia superiore della diagonale.

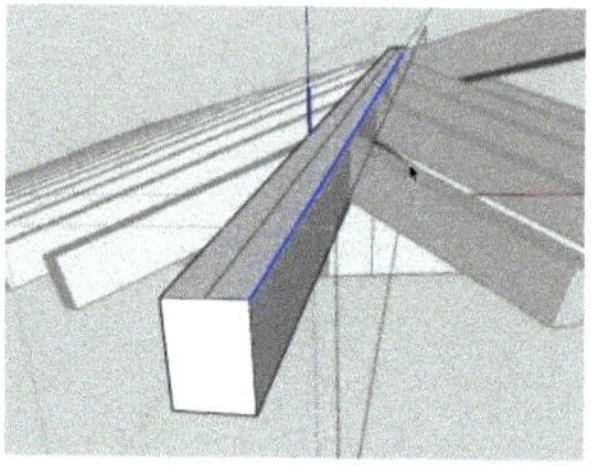

51. Modellare l'estradosso della trave spostando le linee di bordo fino al travetto.

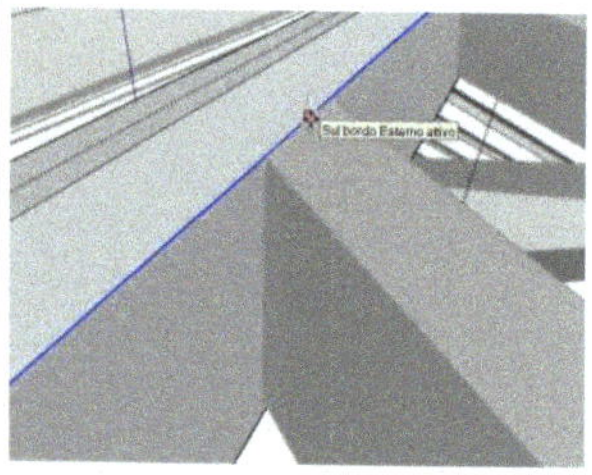

52. Sagomare il Colmo disegnando le linee di intersezione con le diagonali.

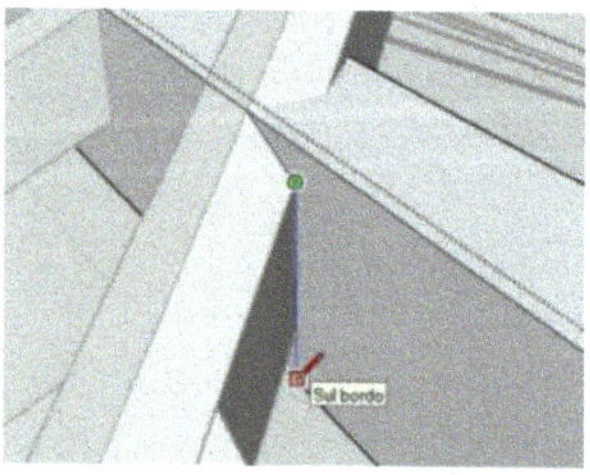

53. Togliere l'estremità del Colmo in eccesso.

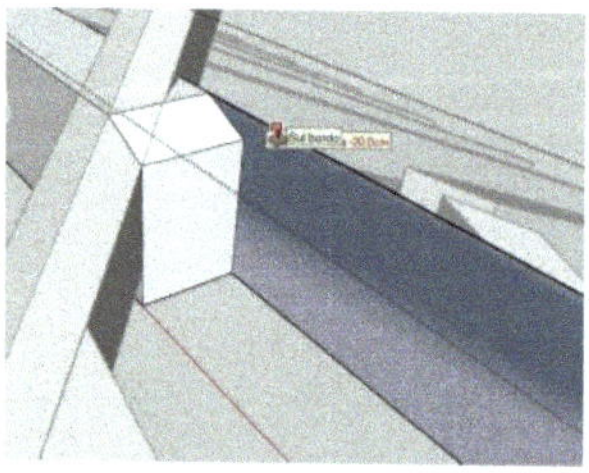

54. Usare lo strumento solido *Interseca* per scolpire il colmo sulla diagonale.

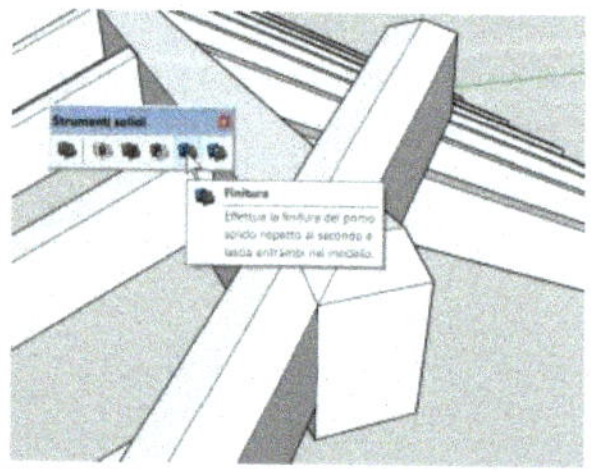

55. Primo clic sul Colmo...

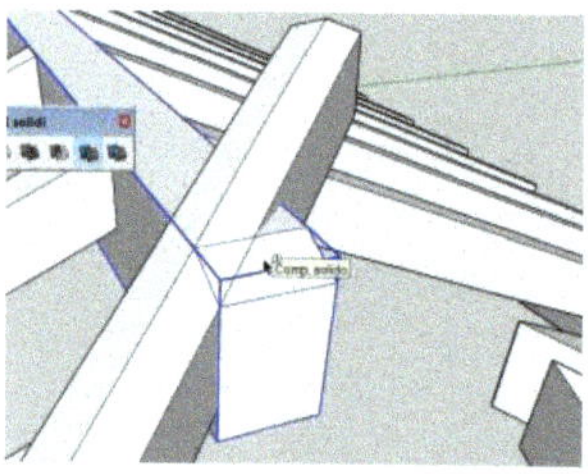

56. ... secondo clic sulla diagonale.

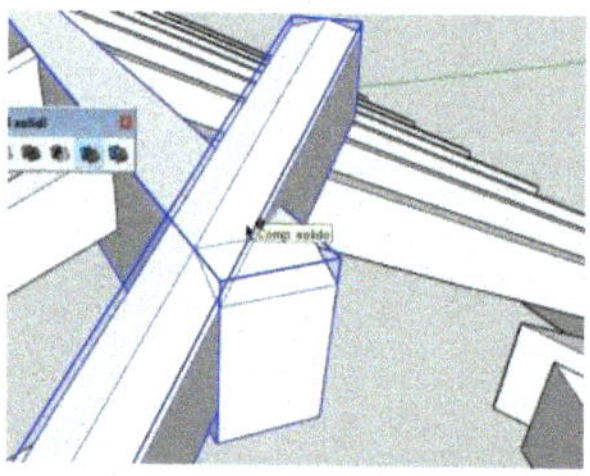

57. Entrare nell'editor della diagonale e cancellare le facce in eccesso.

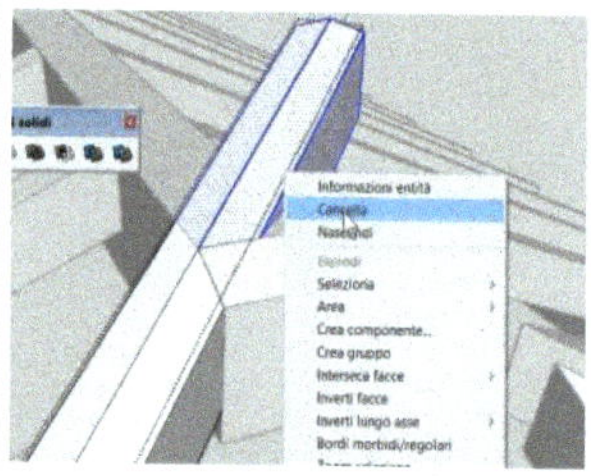

58. La trave diagonale sagomata pronta per farne una copia.

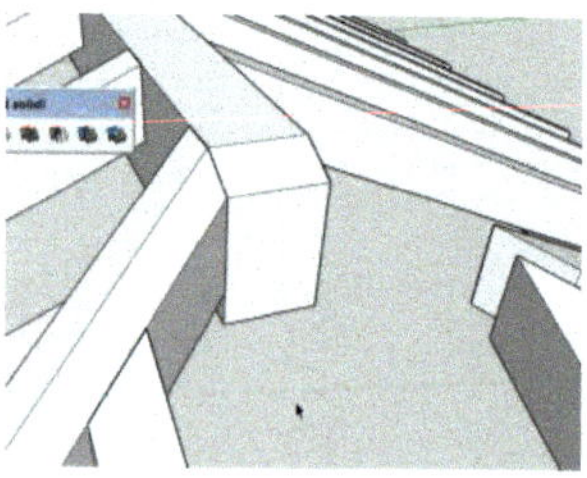

59. Per invertire in modo corretto e veloce si consiglia di esplodere il *componente*...

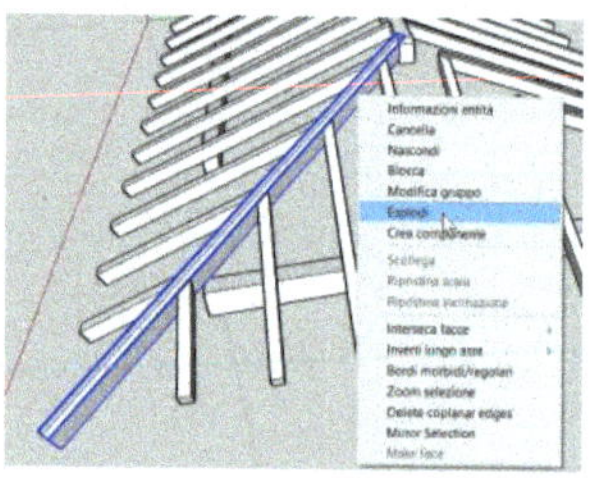

60. ... e raggrupparlo nuovamente come *componente*...

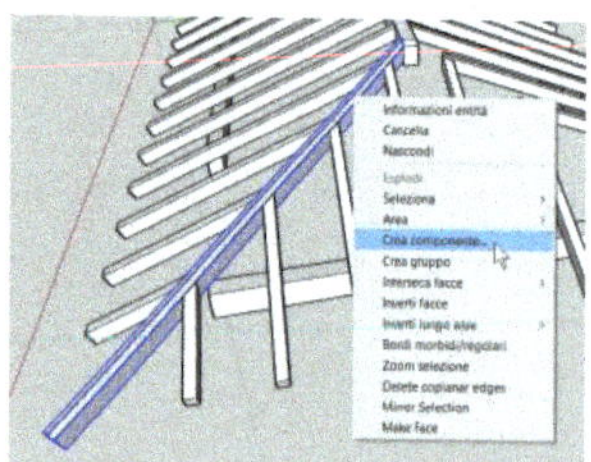

61. ... con lo stesso nome di prima, sovrascrivendo quello esistente (vedere nota C)

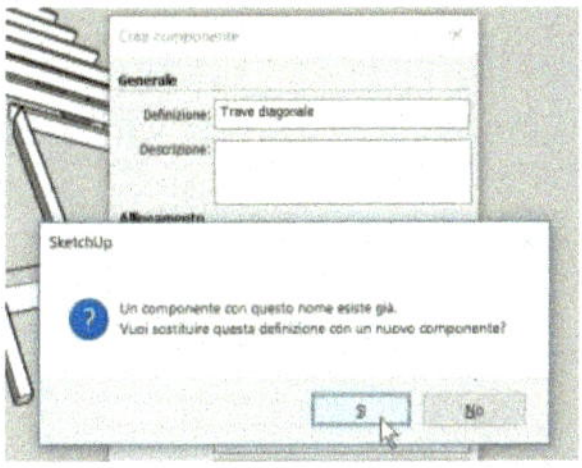

62. In questo modo il box d'ingombro della diagonale ha gli stessi assi del modello.

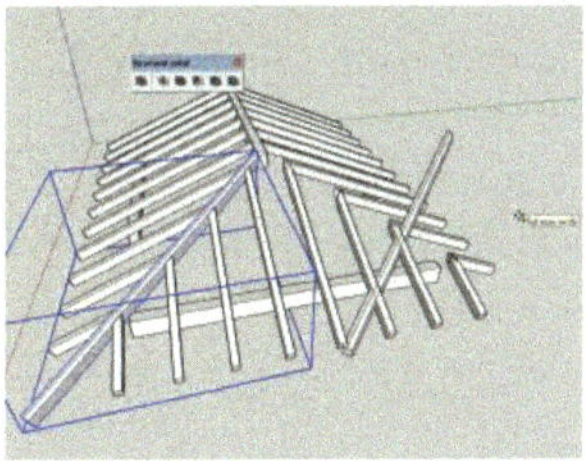

63. Specchiare l'oggetto: *Inverti* (oppure fino alla versione 2022 usare *Inverti lungo l'asse*)

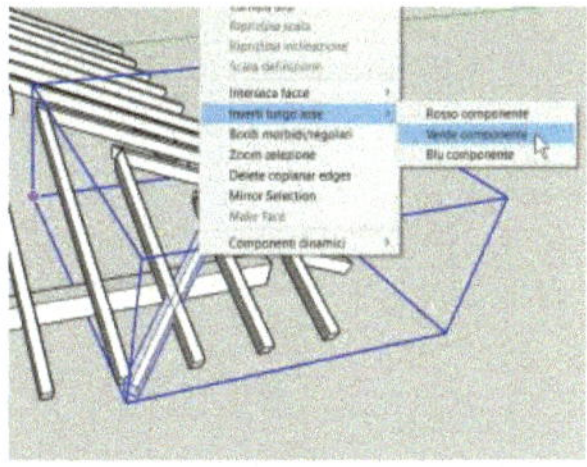

64. La copia della diagonale è correttamente specchiata e pronta per il posizionamento.

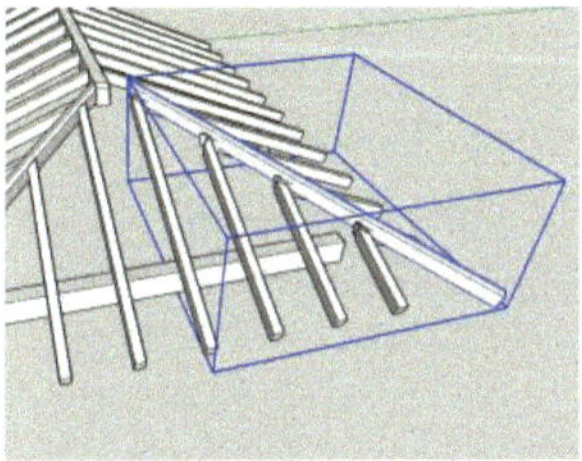

65. Spostare la copia della diagonale a ridosso del colmo.

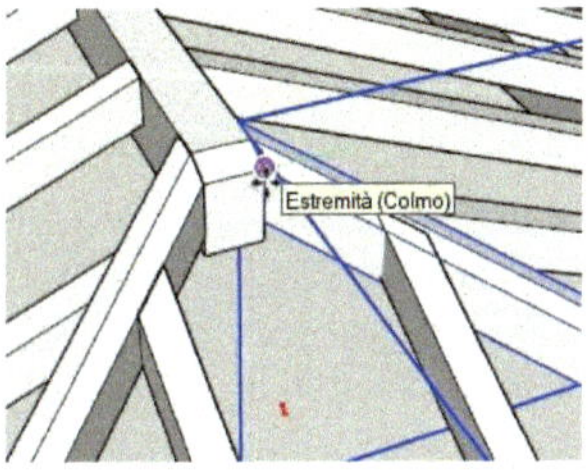

66. Per modificare l'estremità inferiore della diagonale entrare nell'editor con due clic.

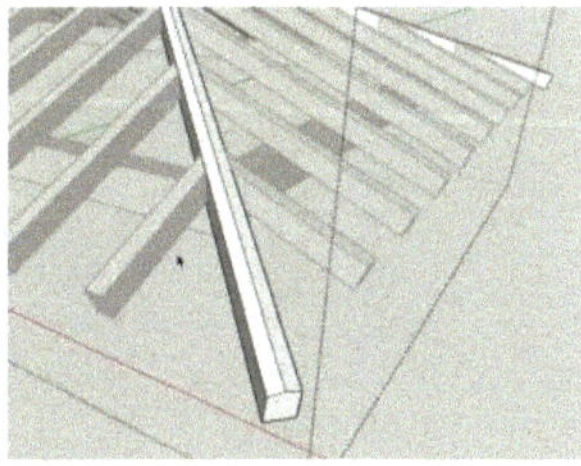

67. Disegnare rettangoli inclinati con l'inferenza libera (freccia da tastiera Giù).

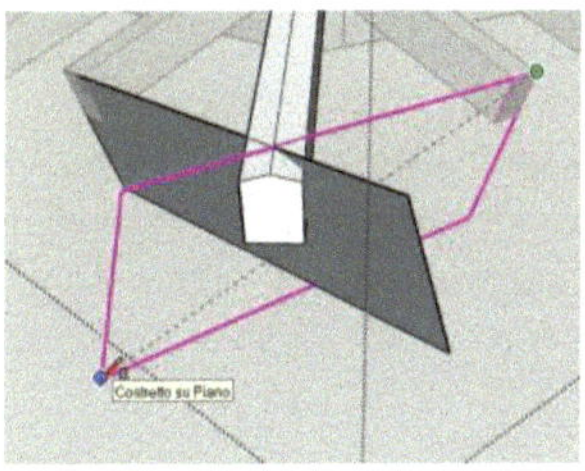

68. Selezionare le superfici e intersecarle con Interseca facce con la selezione.

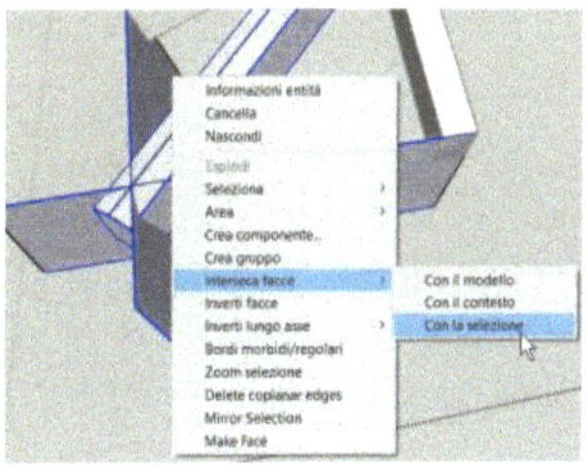

69. L'estremità inferiore delle diagonali è terminata.

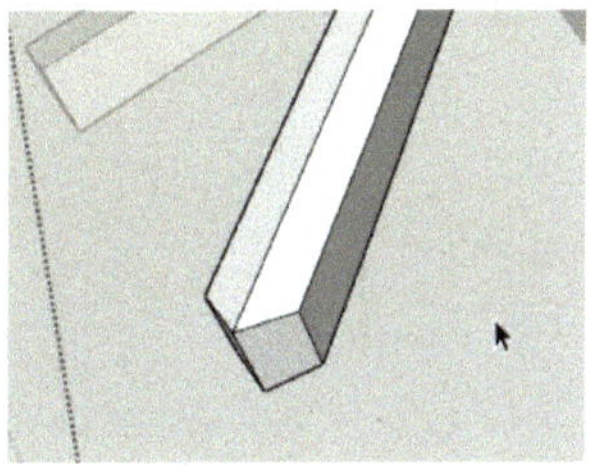

Gli elementi di carpenteria sono terminati, prospettiva dall'alto con i materiali applicati.

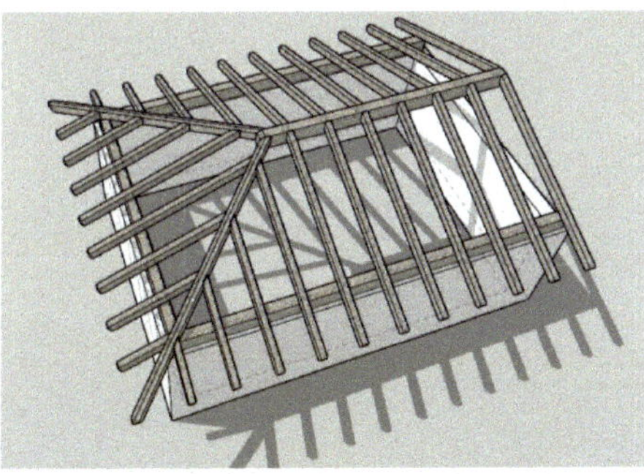

Vista dall'interno che evidenzia le connessioni tra gli elementi di carpenteria.

Note

A. Come realizzare la copia ruotata dei travetti?

1. Appoggiare il goniometro nel punto medio del travetto centrale.

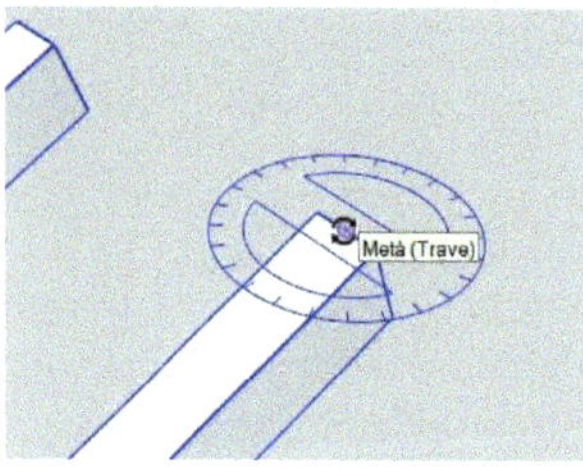

2. Cliccando Ctrl la rotazione realizza una copia della selezione corrente.

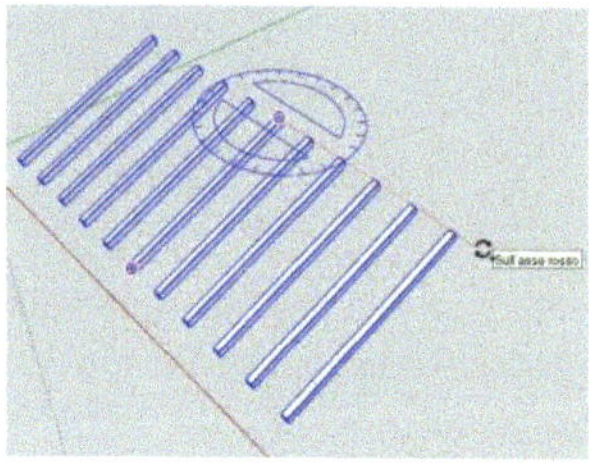

3. Terminando la rotazione si avrebbero i travetti in modo analogo a quanto sopra.

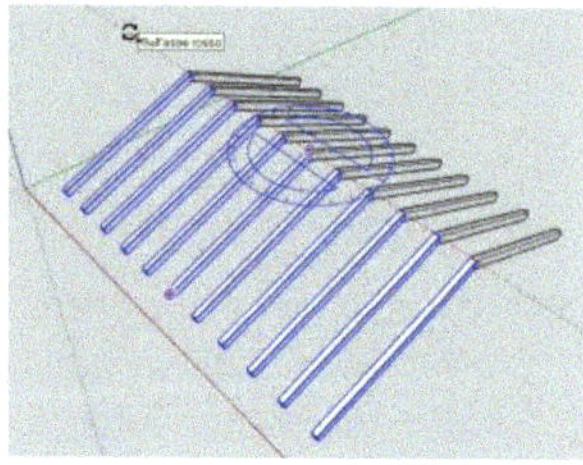

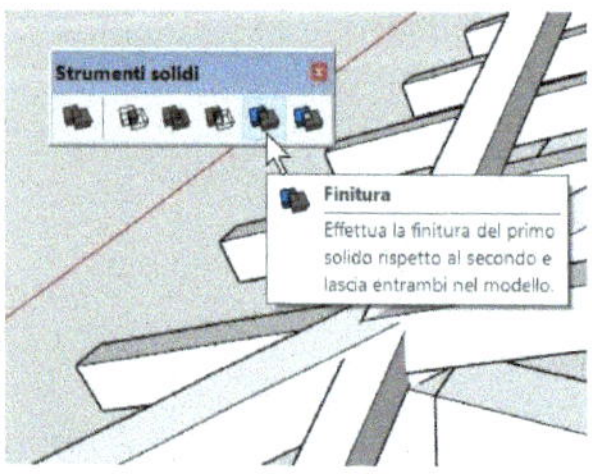

B. Perché non usare gli strumenti solidi in questo contesto?

Perché gli elementi coinvolti dalle modifiche fatte con gli Strumenti solidi diventano *gruppi*. Pertanto, i *componenti* "Travetto" coinvolti nell'operazione perdono la sincronizzazione con gli altri *componenti*. Un modo per aggirare questo limite è descritto nei *Suggerimenti, trucchi ed errori comuni* alla fine del libro.

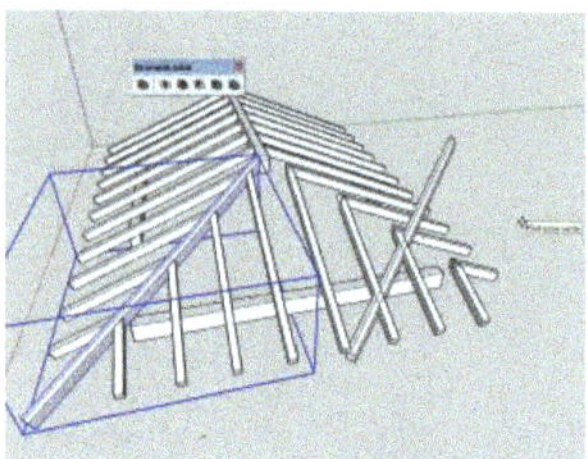

C. Perché esplodere un *componente*?

Potrebbe sembrare una contraddizione, ma serve a modificare l'orientamento del sistema di riferimento del *componente* la quale, in questo modo, è riferita agli assi del modello (vedere come cambia il box blu del *componente*). Un ulteriore metodo è riposizionare il sistema di riferimento con lo strumento *Assi* (barra di strumenti *Costruzione*).

Esercizio 12. **Superficie topografica e profili**

Svolgimento eser.

Difficoltà

Tema Estrazione di profili bidimensionali da una superficie topografica.

Descrizione In questo esercizio si analizzano varie tecniche per lavorare su superfici topografiche, e in particolare l'estrazione di profili bidimensionali dell'andamento del terreno. Gli argomenti trattati sono:

- realizzare superfici topografiche da linee di livello;
- organizzare il modello separando la superficie su layer dedicato;
- caratterizzare la superficie con linee e volumi;
- estrarre dei profili bidimensionali con piani di sezione.

Strumenti

- Importazione file CAD (pag. 109)
- Sabbiera da contorni (pag. 115)
- Proietta (pag. 120)
- Spingi/tira (pag. 58)
- Piano di sezione (pag. 153)
- Esportazione CAD (pag. 179)

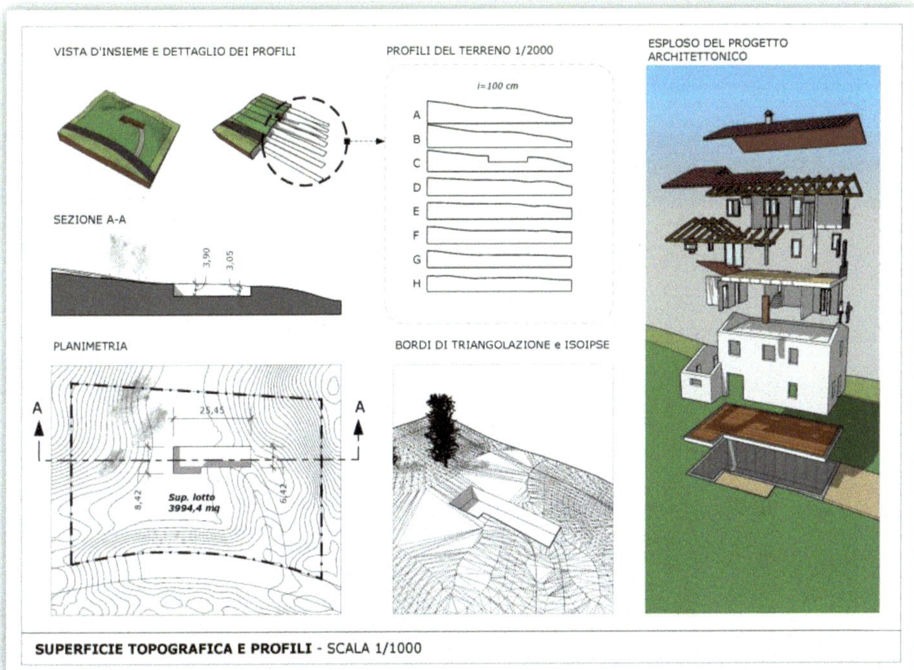

Svolgimento

1. Aprire un file nuovo ed importare il file CAD dal menu *File > Importa...*

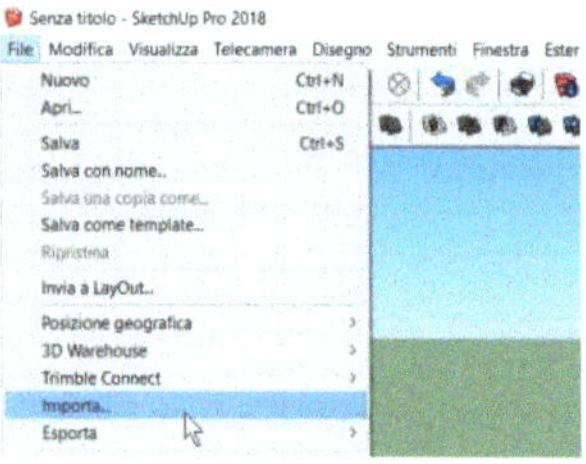

2. Scegliere il file CAD e su *Opzioni* impostare l'unità di misura del file da importare.

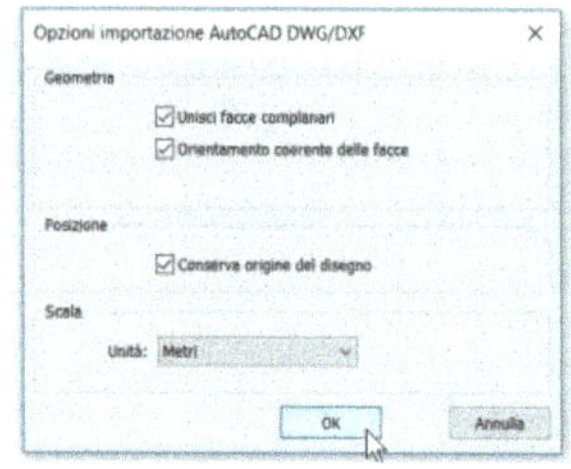

3. La finestra *Risultati importazione* comunica il buon esito dell'importazione.

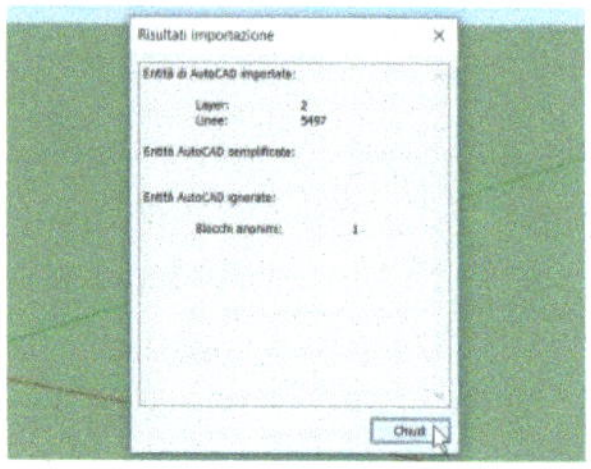

4. Il file CAD è importato: le linee di livello sono disposte in 3D lungo l'asse Z.

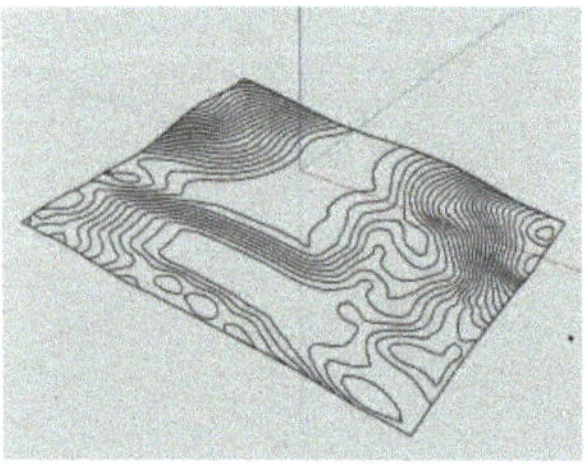

5. Il file diventa un *componente* con i layer del file di origine.

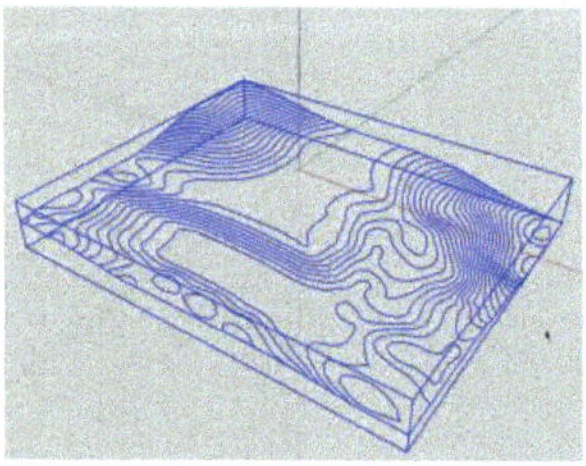

6. **Superficie topografica:** entrare con due clic nell'editor e selezionare tutti i bordi.

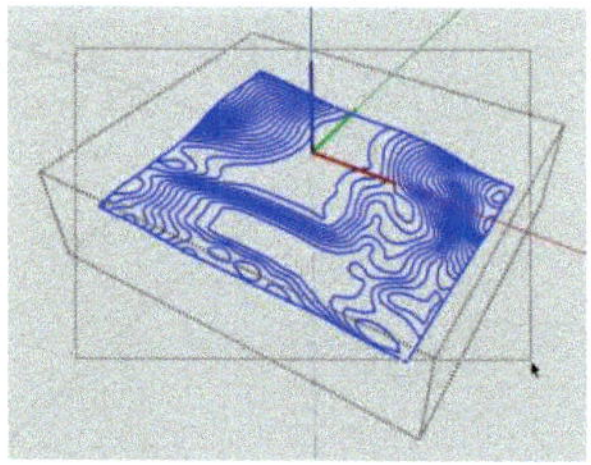

7. Dopo aver selezionato le curve di livello cliccare *Sabbiera da contorni*.

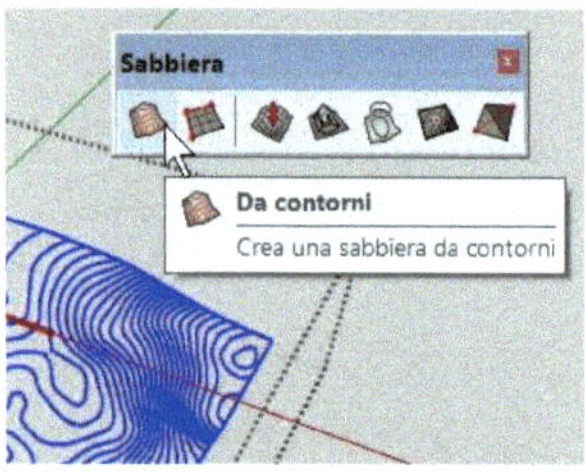

8. Viene realizzata la superficie passante per le linee selezionate.

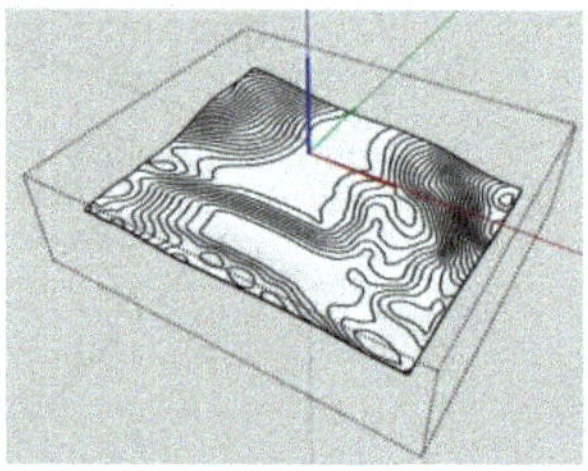

9. La nuova superficie creatasi è un oggetto a sé stante...

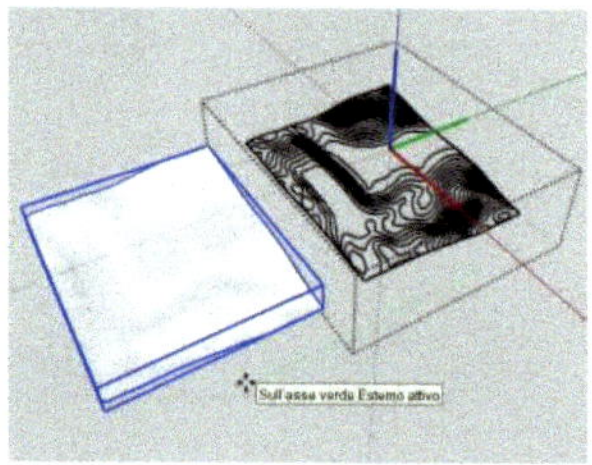

10. ... conviene dunque spostarla fuori dal *componente* selezionandola e tagliandola.

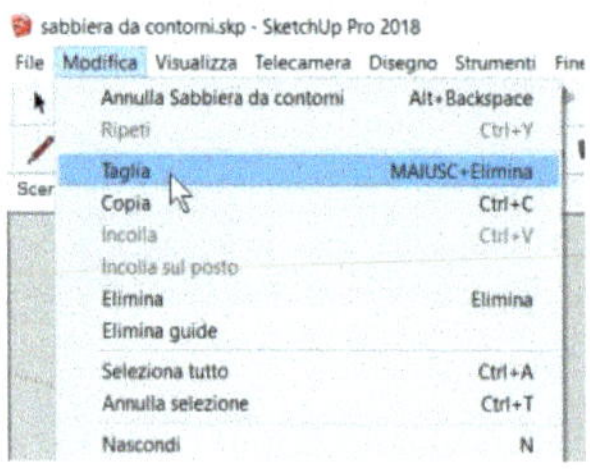

11. Uscire dall'editor del *componente*.

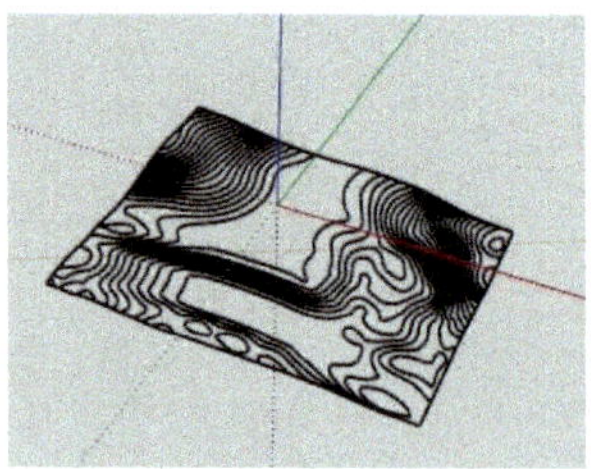

12. Incollarla sul posto (menu *Modifica*).

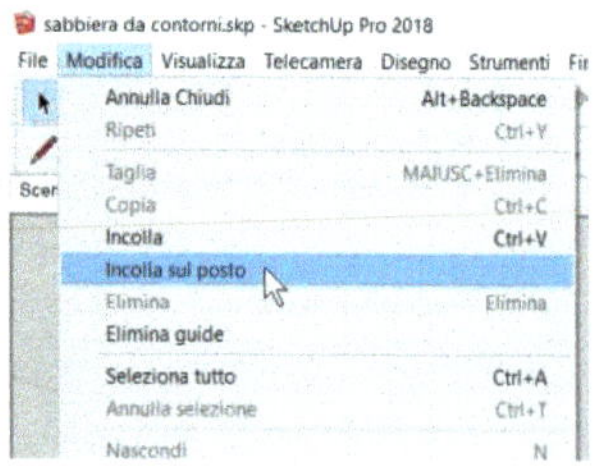

13. In questo modo la superficie è indipendente dalle linee di livello.

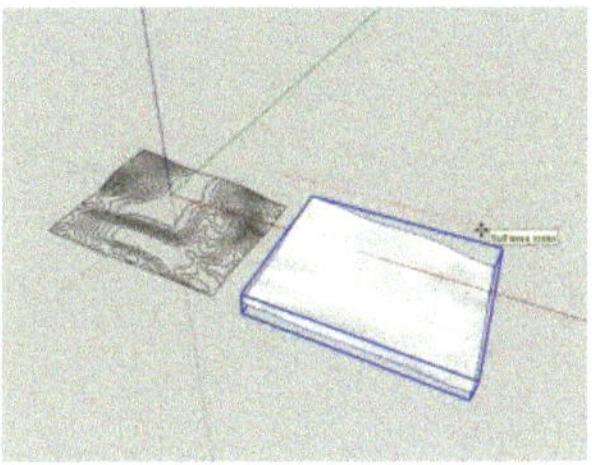

14. Aggiungere un layer dedicato per gestire separatamente i due elementi.

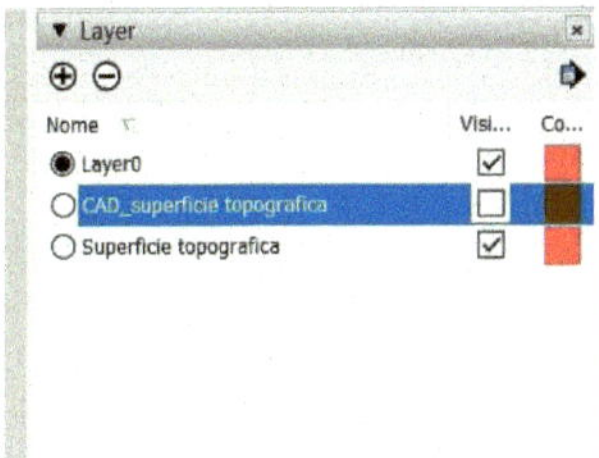

15. La superficie è un oggetto complesso fatto di moltissimi poligoni.

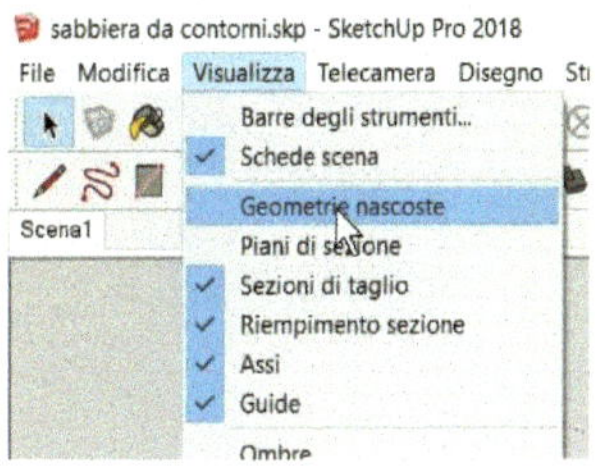

16. Per visualizzare i bordi di triangolazione menu *Visualizza* > *Geometrie nascoste*.

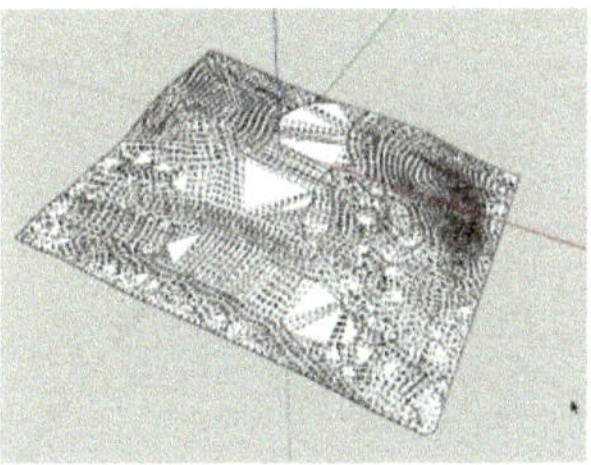

17. Importare la planimetria CAD (con unità di misura centimetri).

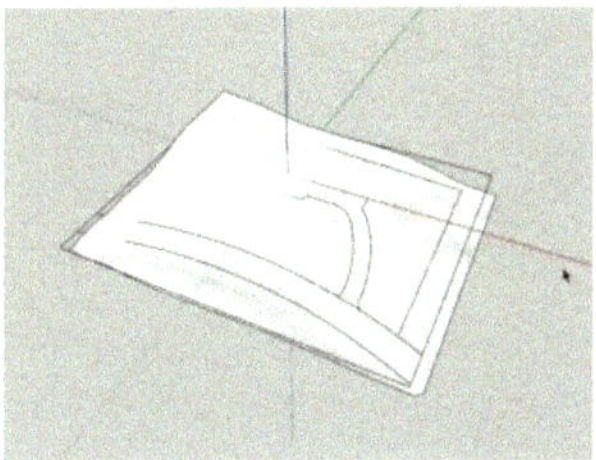

18. Spostare la planimetria verso l'alto per renderla interamente visibile.

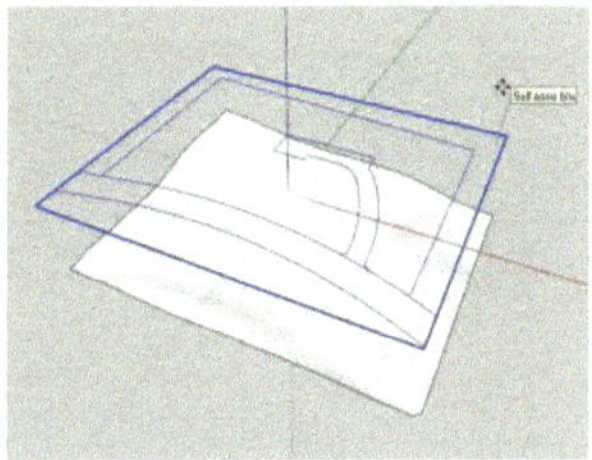

19. Proiettare le linee della planimetria selezionando il *componente*...

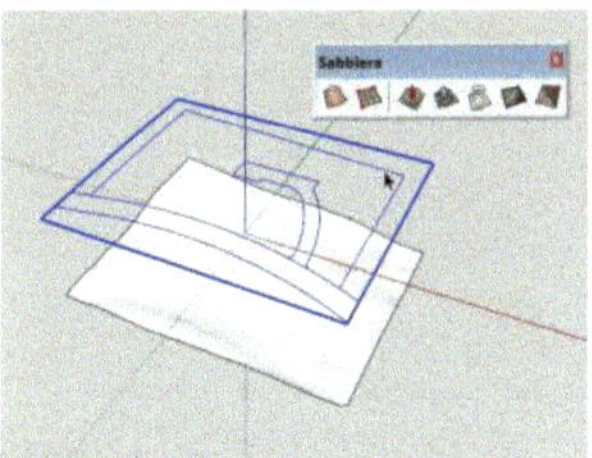

20. ... cliccare *Proietta* nella barra di strumenti *Sabbiera*...

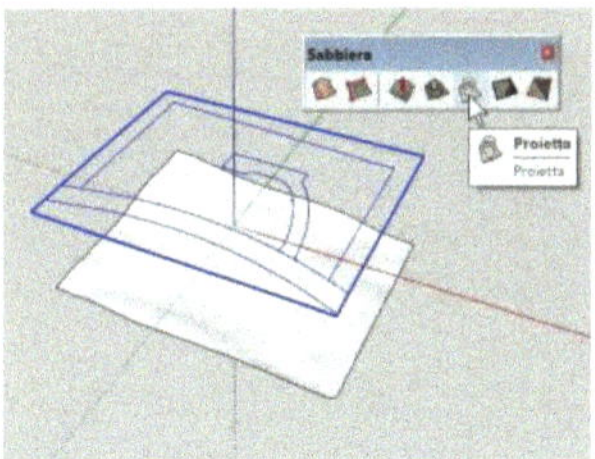

21. ... e cliccare sulla superficie topografica.

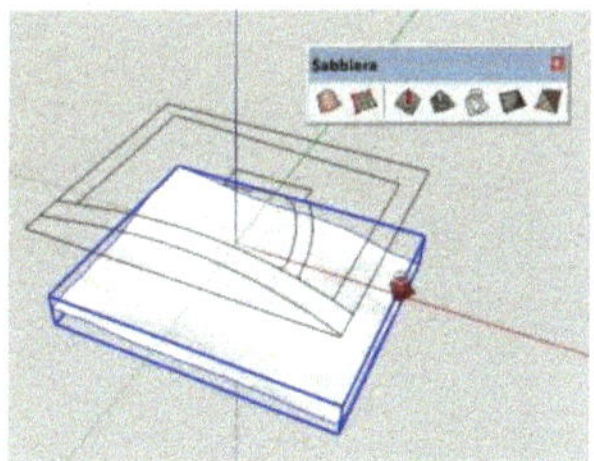

22. Le linee planimetriche vengono in questo modo disegnate sulla superficie 3D.

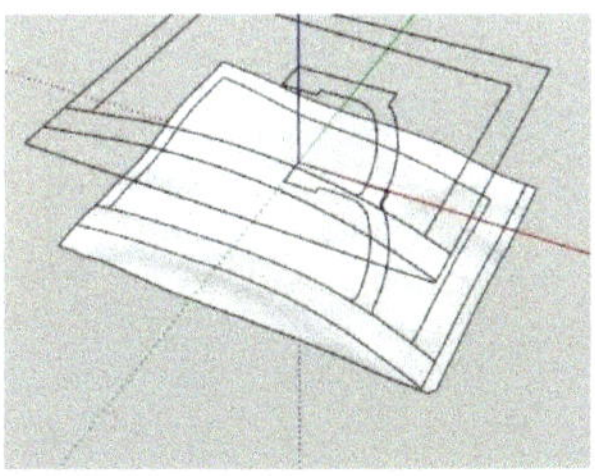

23. Le linee proiettate hanno suddiviso la superficie, quindi si possono applicare i materiali.

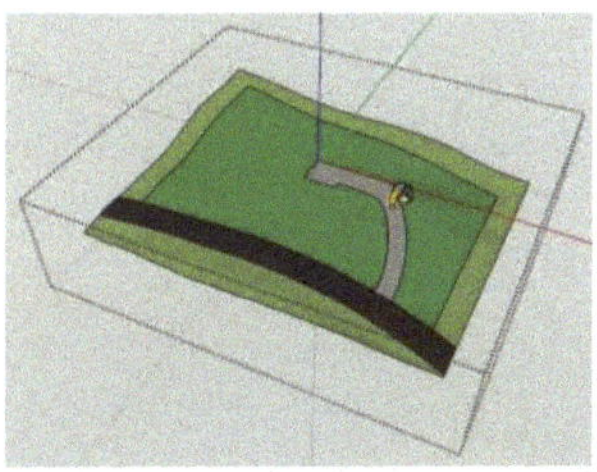

24. Dare volume alla porzione di territorio disegnando alcuni bordi al perimetro.

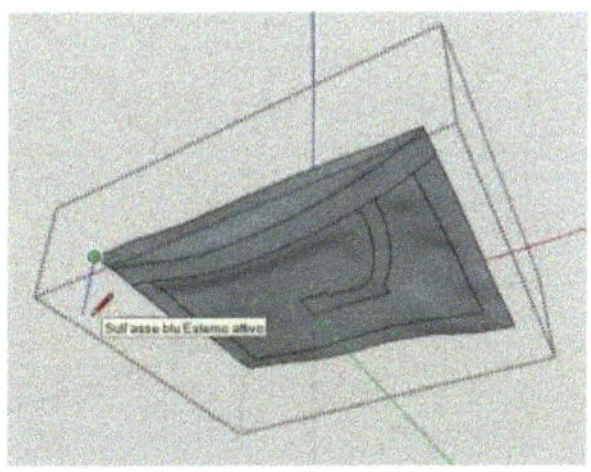

25. Unire i bordi verticali alle estremità con altri bordi orizzontali.

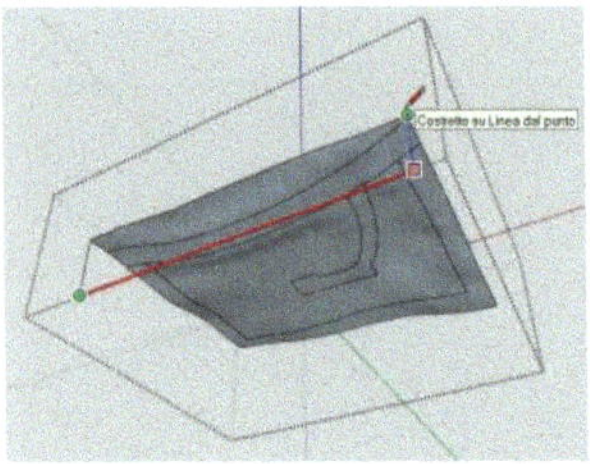

26. In questo modo appaiono superfici verticali su tutti i lati della superficie.

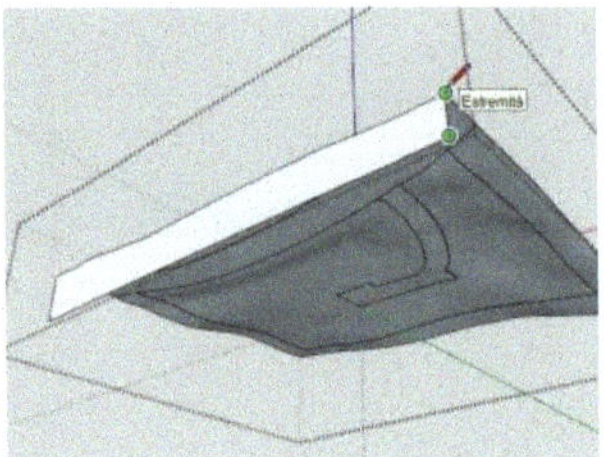

27. Chiudere la "scatola" su tutti e quattro i lati della superficie.

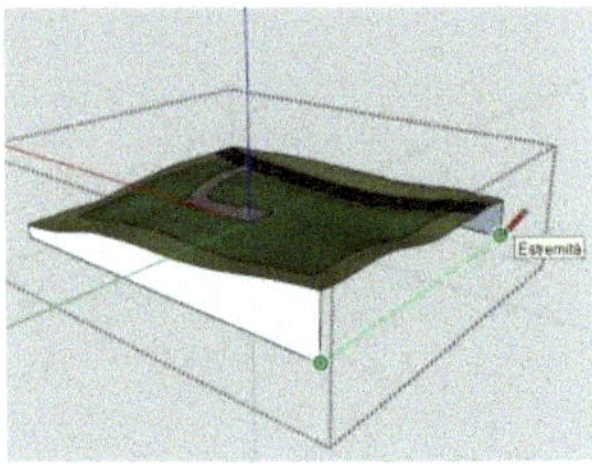

28. Applicare un materiale a piacere sui lati, ad esempio un retino.

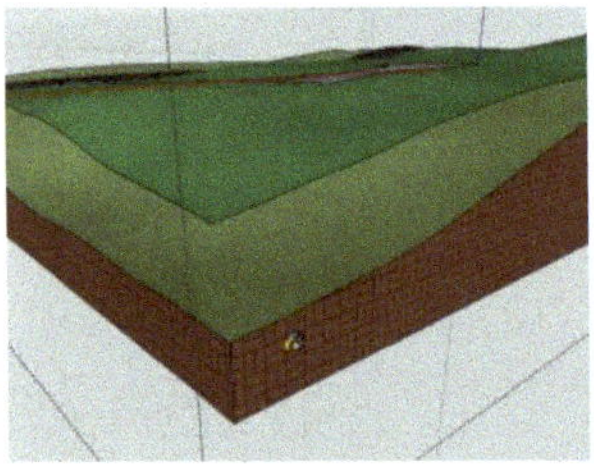

29. **Scavo:** disegnare la pianta dell'edificio con una serie di bordi.

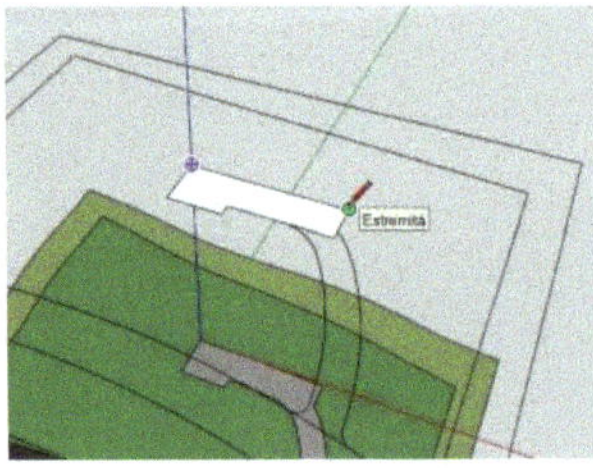

30. Selezionare la superficie...

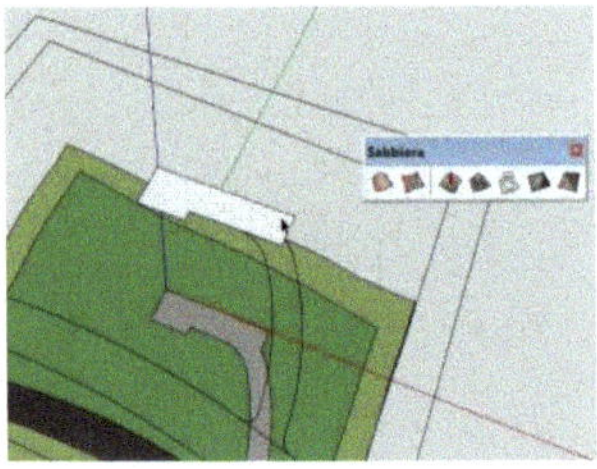

31. ... cliccare *Proietta* nella barra di strumenti *Sabbiera*...

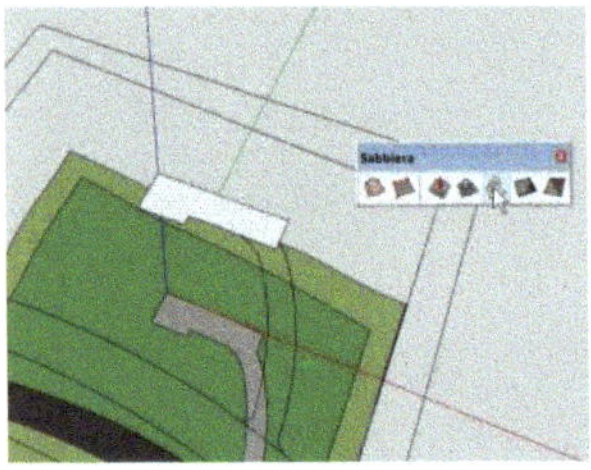

32. ... e cliccare sulla superficie topografica.

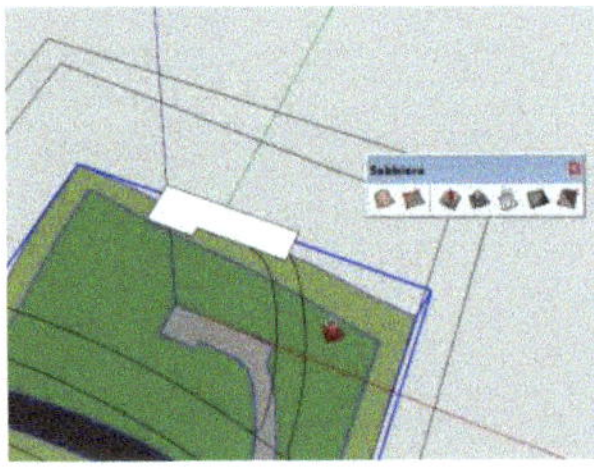

33. In questo modo si è disegnata la sagoma dell'edificio sulla superficie 3D.

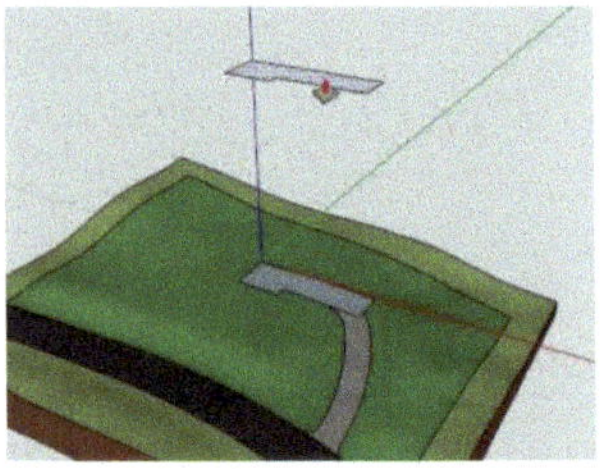

34. Estrudere verso il basso la superficie di pianta fino ad "entrare" nel terreno.

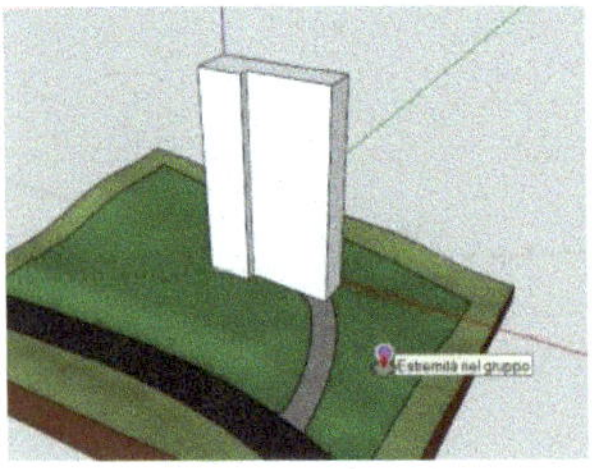

35. Attivare la trasparenza delle superfici per visualizzare la zona di sovrapposizione.

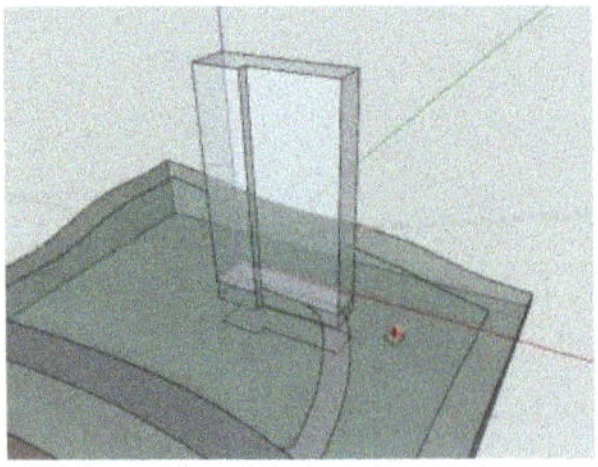

36. Ridurre l'altezza dell'estrusione a piacere.

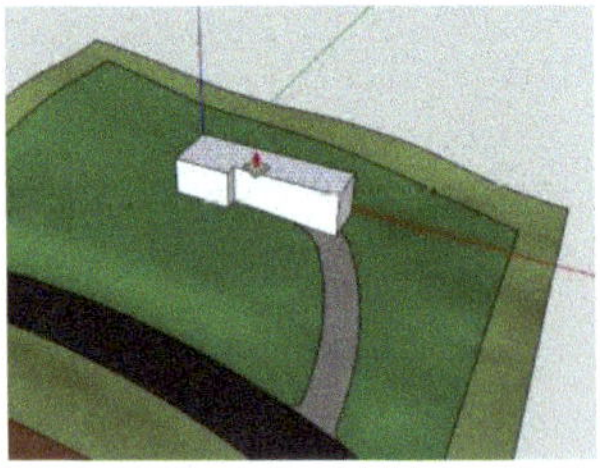

37. Selezionare con triplo clic il volume dell'edificio.

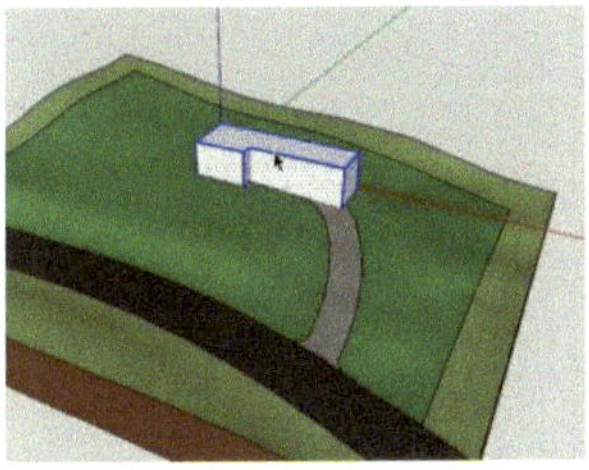

38. Tagliare la selezione ed entrare nell'editor della superficie topografica.

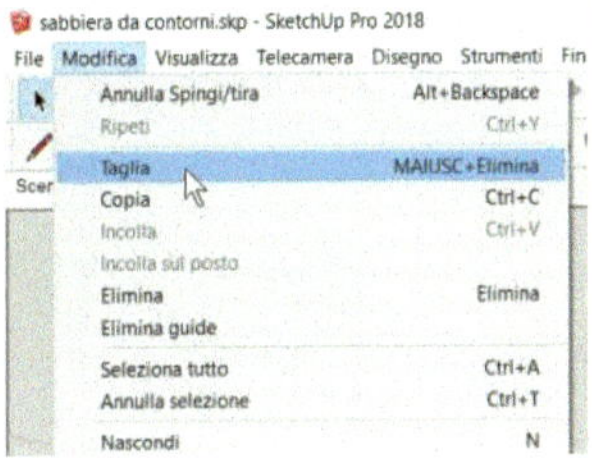

39. Incollare sul posto (menu *Modifica*) le superfici.

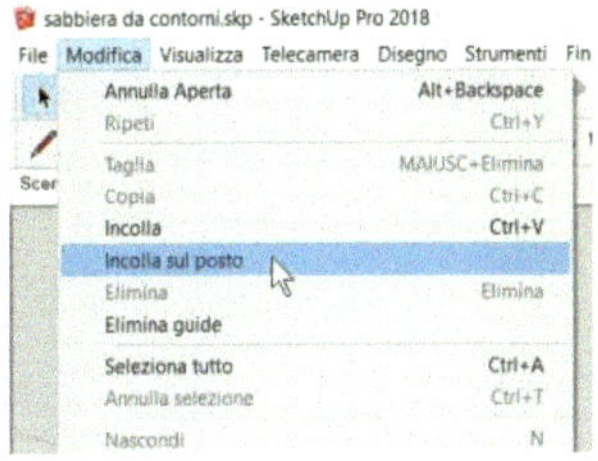

40. In questo modo le superfici si sono intersecate e si possono facilmente cancellare...

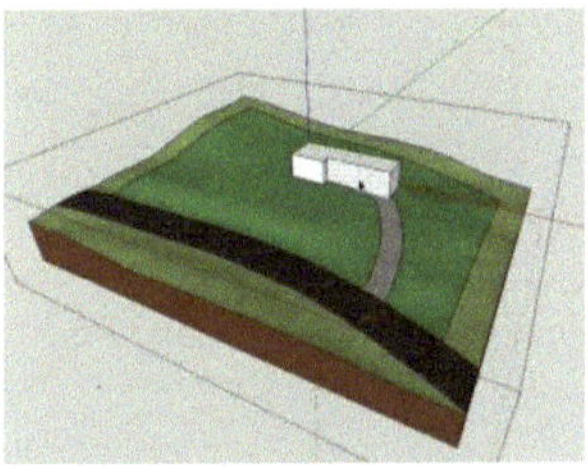

41. ... quelle in eccesso che emergono dal terreno.

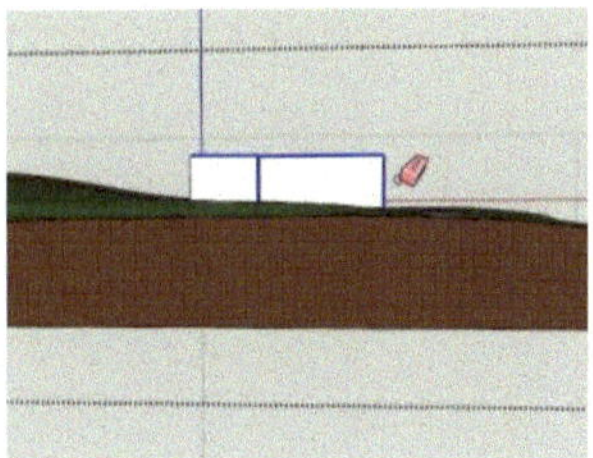

42. Quelle che rimangono al di sotto della superficie sono le pareti dello scavo.

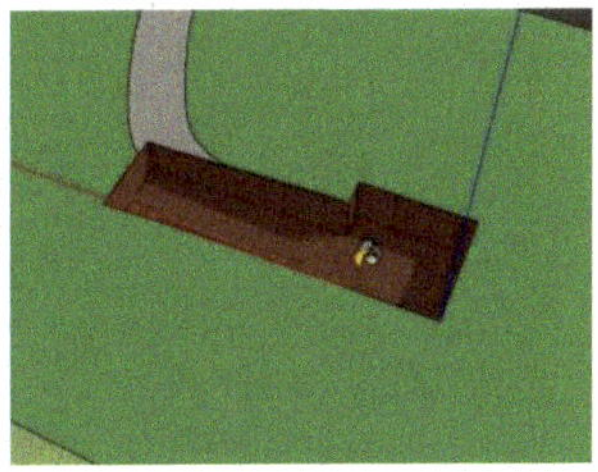

43. **Profili del terreno:** inserire un piano di sezione con il primo pulsante della barra apposita.

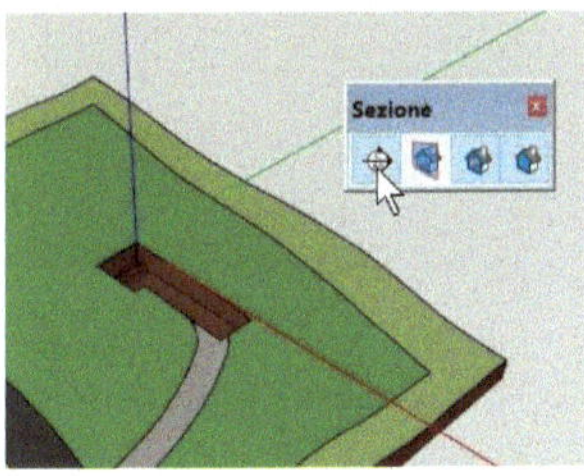

44. Cliccare sulla parete verticale del terreno.

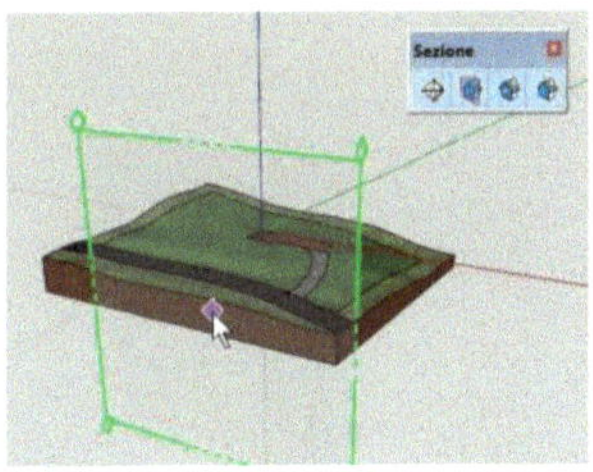

45. Selezionare il piano di sezione per effettuarne una copia in serie.

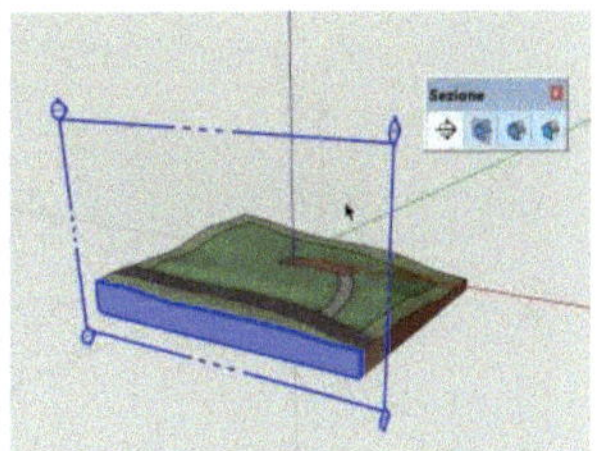

46. Selezionare *Sposta* e spostare il cursore ortogonalmente al piano.

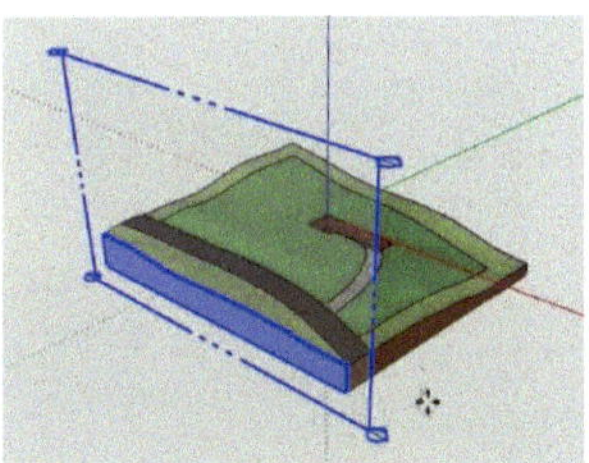

47. Cliccare una sola volta Ctrl per attivare la modalità di copia.

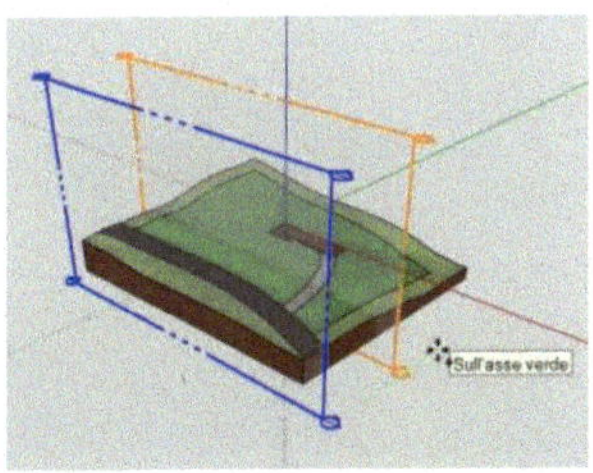

48. Indicare una misura, 10 m nell'esempio, e selezionare *Invio*.

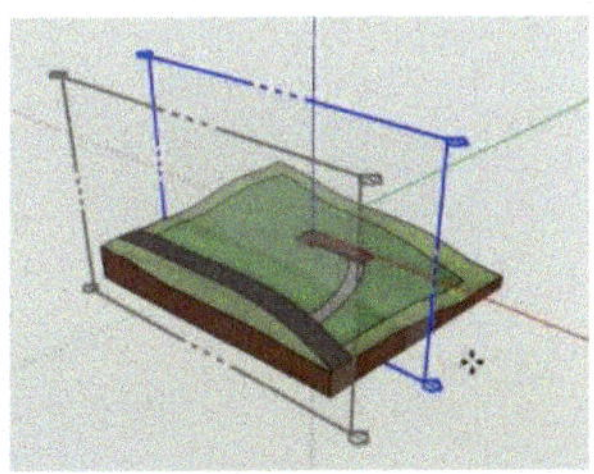

49. Al termine della copia indicare * (asterisco) e un numero di copie, cliccare Invio.

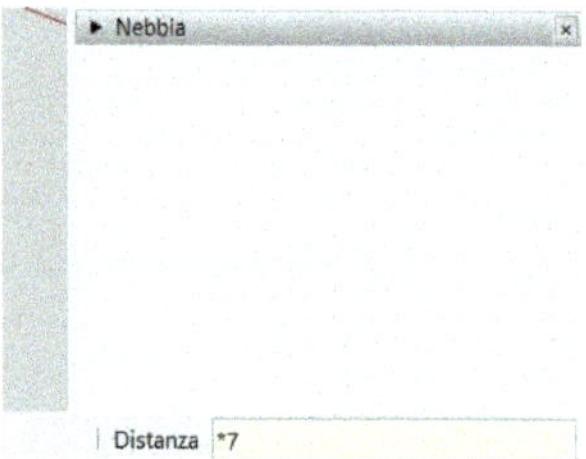

50. I piani di sezione vengono copiati in serie ogni 10 metri.

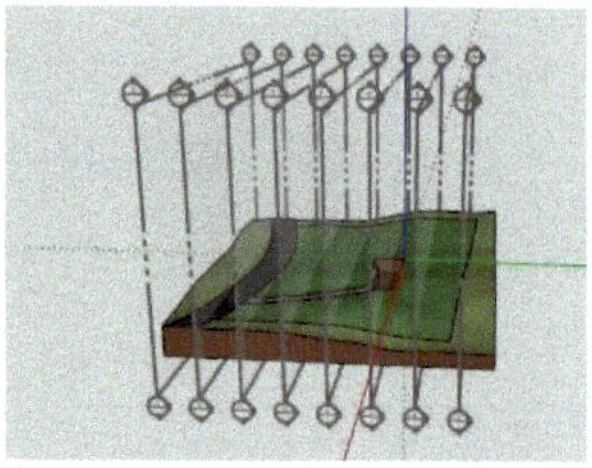

51. Cliccare tasto destro su ciascun piano > *Crea gruppo dalla sezione*.

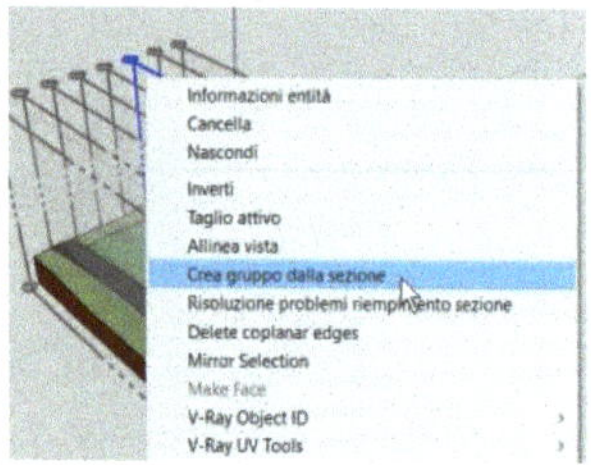

52. In questo modo viene realizzato un profilo per ogni sezione.

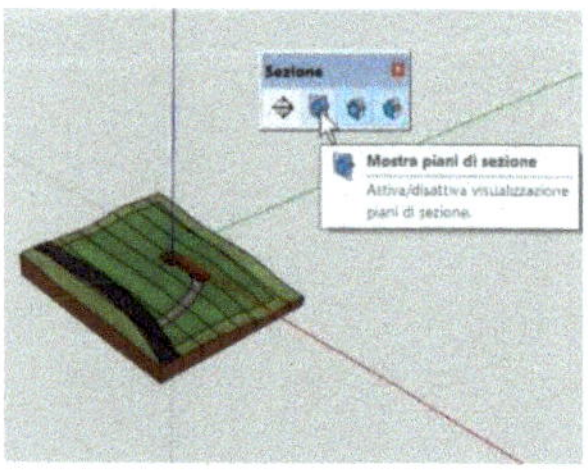

53. Spegnendo gli altri layer si possono vedere i profili affiancati.

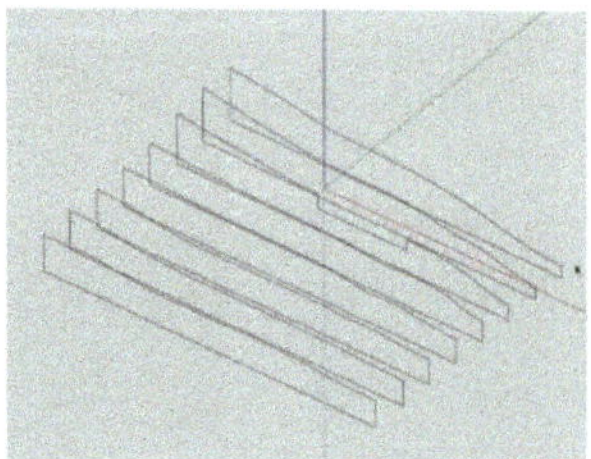

54. **Esportazione profili:** realizzare diverse scene attivando le sezioni una alla volta.

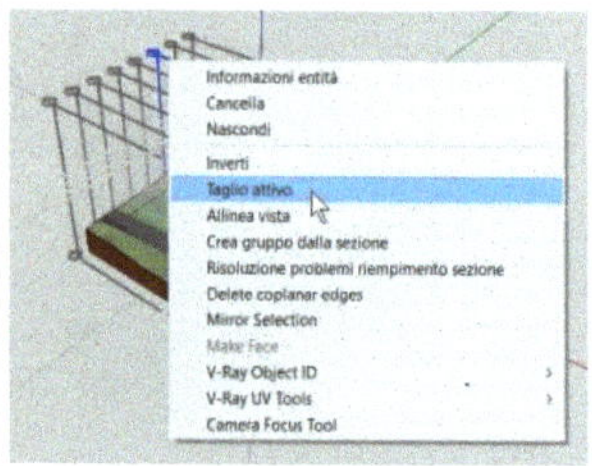

55. Impostare la telecamera su Proiezione parallela.

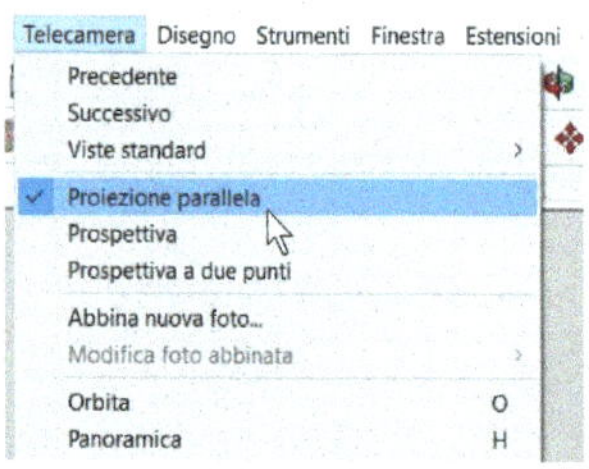

56. Orientare la vista e aggiungere la scena (menu *Visualizza*).

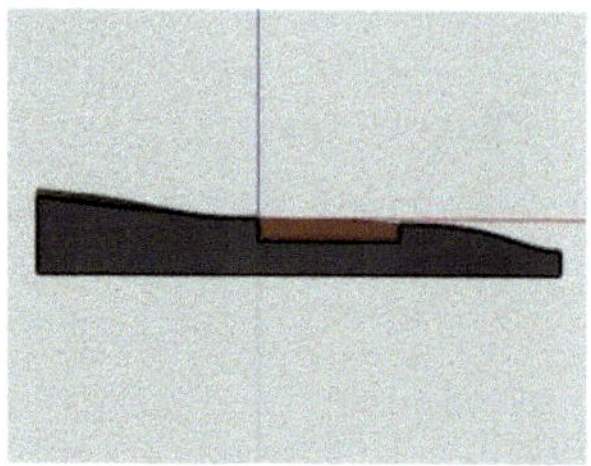

57. In alternativa lasciare visibile solo il singolo profilo ed aggiungere la scena.

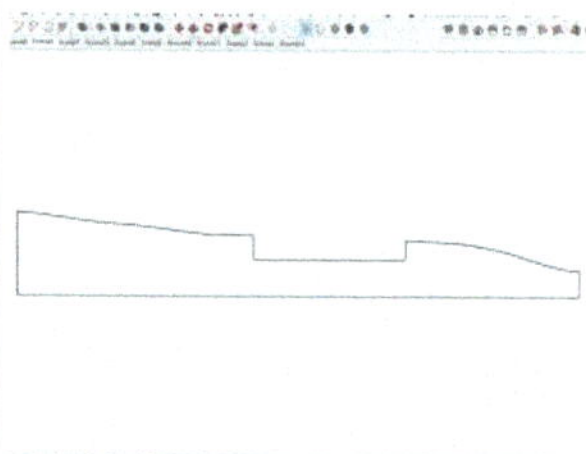

58. Procedere all'esportazione 2D del profilo da menu *File* > *Esporta* > *Immagine 2D*.

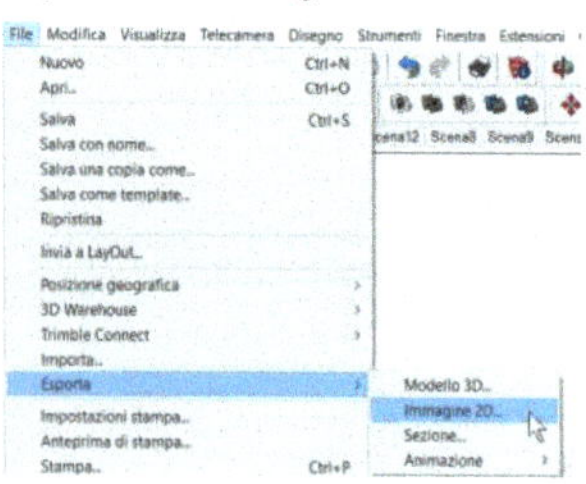

59. Scegliere il formato CAD (ad esempio DWG o DXF).

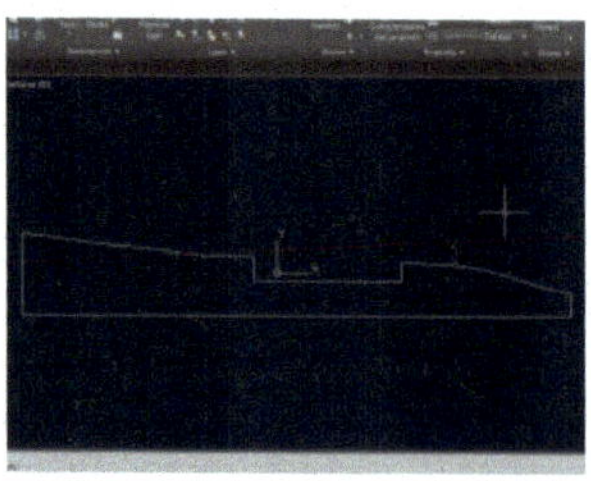

60. I profili e le viste possono essere impaginati in LayOut.

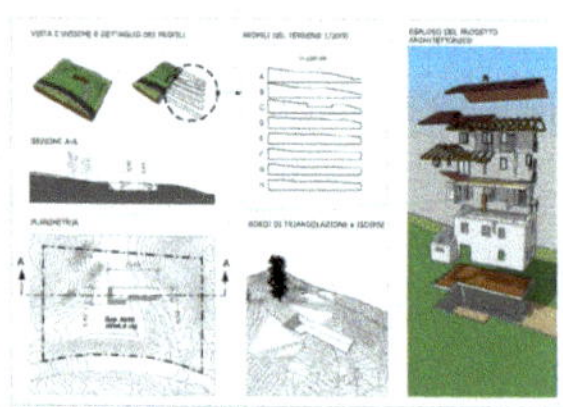

Esercizio 13. **Computi di dettaglio e generali**

Svolgimento eser.

Difficoltà

Tema Realizzare un computo della carpenteria di un tetto e dei serramenti.

Descrizione In questo esercizio si approfondiscono i passi da compiere e le accortezze necessarie per realizzare computi in SketchUp. Il caso proposto è il modello di un'abitazione a due piani da cui si vogliono estrapolare alcune quantità. Le indicazioni fornite valgono in generale per qualsiasi tipo di progetto. Gli argomenti trattati sono:

- preparativi per il computo;
- computo di dettaglio;
- attributi avanzati e dinamici;
- riutilizzo dei report;
- calcolo dei totali;
- esportazione del report.

Strumenti

- Informazioni entità (pag. 39)
- Layer (pag. 99)
- Scene (pag. 156)
- Genera rapporto (pag. 185)

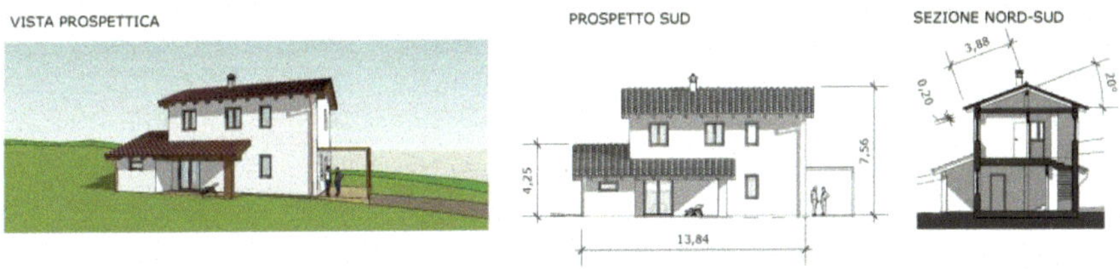

DETTAGLIO CARPENTERIA

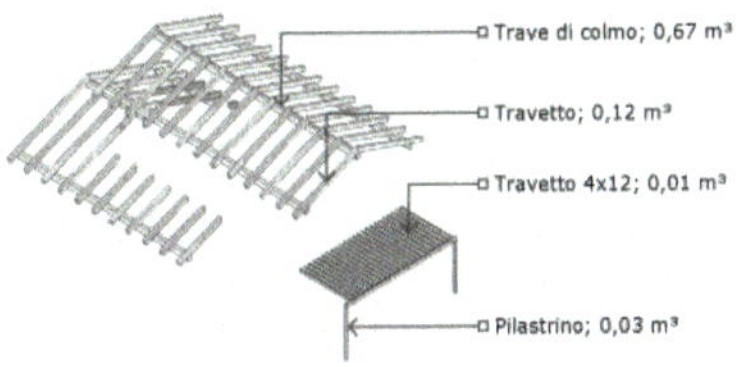

Nome	Quantità	Volume	H	B	Lunghezza	Materiale
Pilastrino	2	0,03 cubic m	0,1 m	0,1 m	2,52 m	LARICE
Trave di colmo	1	0,67 cubic m	0,3 m	0,2 m	11,86 m	ABETE
Trave di colmo tetto basso	1	0,2 cubic m	0,2 m	0,3 m	3,48 m	ABETE
Trave dormiente	2	0,53 cubic m	0,18 m	0,25 m	11,86 m	ABETE
Trave dormiente tetto basso fronte	1	0,45 cubic m	0,18 m	0,25 m	9,98 m	ABETE
Trave dormiente tetto basso retro	1	0,16 cubic m	0,18 m	0,25 m	3,48 m	ABETE
Travetto	26	0,12 cubic m	0,15 m	0,2 m	3,95 m	ABETE
Travetto 4x12	24	0,01 cubic m	0,12 m	0,04 m	2,95 m	LARICE
Travetto 6X16	1	0,06 cubic m	0,16 m	0,06 m	6,42 m	LARICE
Travetto#1	8	0,15 cubic m	0,15 m	0,2 m	4,97 m	ABETE
Travetto#2	1	0,01 cubic m	0,15 m	0,2 m	0,49 m	ABETE
Travetto#3	7	0,08 cubic m	0,15 m	0,2 m	2,62 m	ABETE

DETTAGLIO FINESTRE

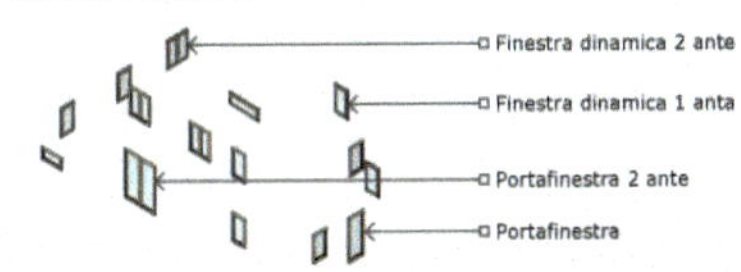

Nome	Altezza	Larghezza	Altezza maniglia	Quantità	Prezzo unitario
Finestra dinamica 1 anta	140 cm	80 cm	50	8	250,00
Finestra dinamica 1 anta lunga	60 cm	180 cm	25	1	200,00
Finestra dinamica 1 anta piccola	60 cm	120 cm	50	1	220,00
Finestra dinamica 1 anta_portafinestra	220 cm	90 cm	100	1	350,00
Finestra dinamica 2 ante	140 cm	120 cm	50	3	350,00
Finestra dinamica 2 ante_portafinestra	235 cm	180 cm	100	1	450,00

COMPUTO CARPENTERIA E FINESTRE - SCALA 1/250

Svolgimento

Preparativi per il computo

Gli accorgimenti da mettere in atto per estrapolare comodamente il computo delle quantità posso essere riassunti con i seguenti punti:

A. definizione delle informazioni;
B. classificazione con layer;
C. creazione scene dedicate.

A. Informazioni (nome, materiale, prezzo...)

È necessario controllare correttezza e completezza delle informazioni negli oggetti attraverso la finestra *Struttura*. Da questa finestra si possono verificare velocemente i nomi di una moltitudine di oggetti, indipendentemente dalla loro posizione nel modello, e quindi si può scorrere l'elenco in cerca di nomi generici come *"gruppo"* o *"componente"*: questi nomi non dicono molto sulla natura dell'oggetto e vanno quindi corretti nella finestra *Informazioni entità*.

Minimizza tutto (nel menu *Dettagli* ➡) comprime l'elenco di voci della finestra *Struttura*.

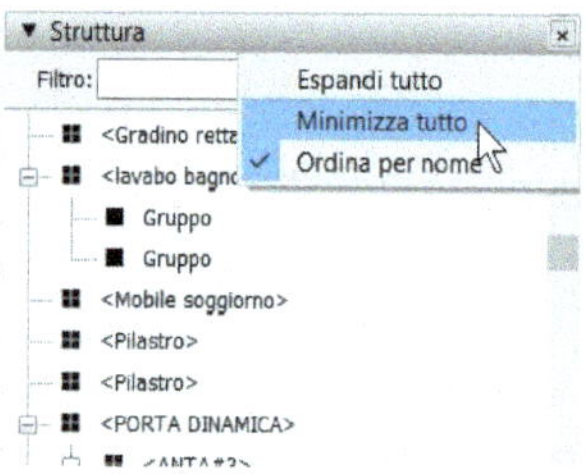

Individuare oggetti con nomi generici come quelli evidenziati.

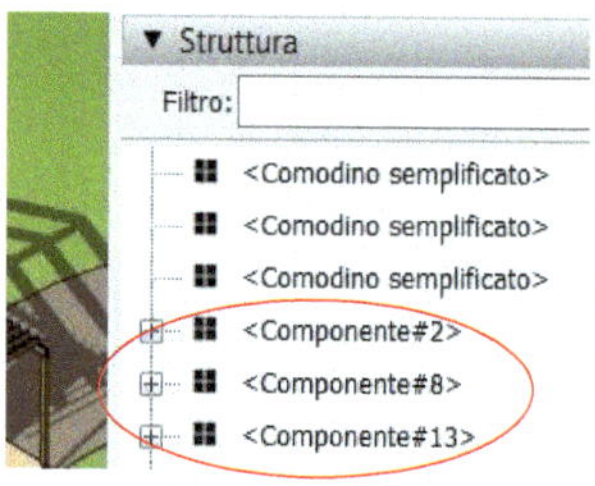

Selezionare l'oggetto e inserire le sue caratteristiche nella finestra Informazioni entità.

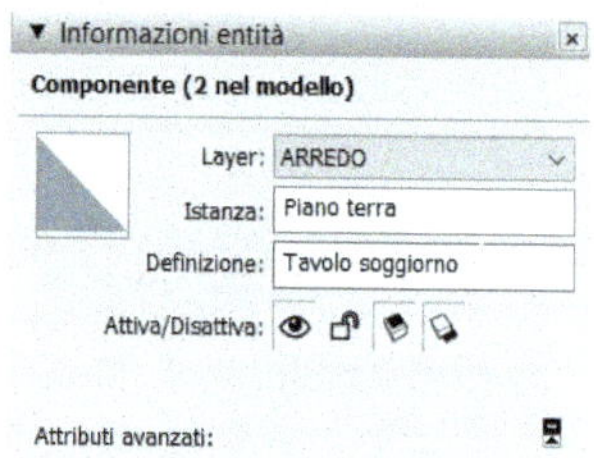

Si ricorda che il volume compare solo se chiuso da tutti i lati (una trave, ad esempio) e il materiale deve essere assegnato dall'esterno dell'editor dell'oggetto.

B. Layer

Classificare gli oggetti con i layer permette di isolare, attivando e disattivandone la visibilità, alcuni oggetti dal resto del modello. Questo è molto utile ai fini del computo in quanto permette di selezionare facilmente oggetti dello stesso layer e realizzare computi separati e diversificati a seconda del tipo di oggetto selezionato.

Suggerimento. *Colore da layer* attiva la visualizzazione a colori basati sui layer. Per attivare questa funzione cliccare *Dettagli* nella parte alta a destra della finestra *Layer*. Questa visualizzazione può far parte delle impostazioni dello Stile, sezione Impostazioni modellazione (pagina 150).

Vista con materiali: non viene evidenziata la classificazione degli oggetti.

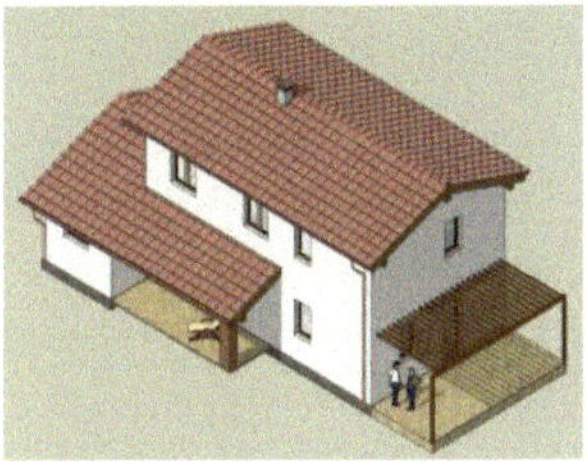

Attivando *Colore da layer* si nota che alcuni travetti sono sul layer Muri esterni (viola).

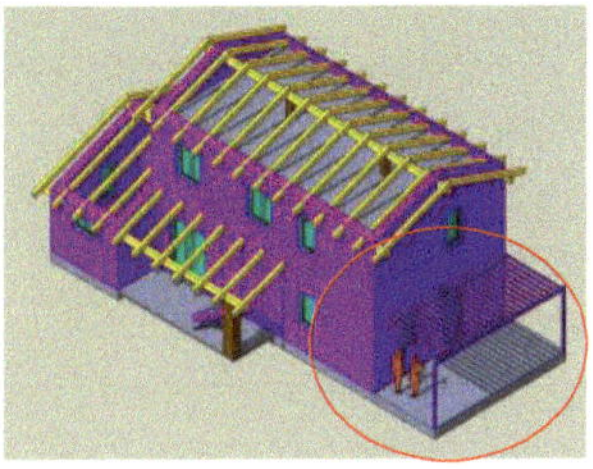

I travetti correttamente riposizionati sul layer Carpenteria (giallo).

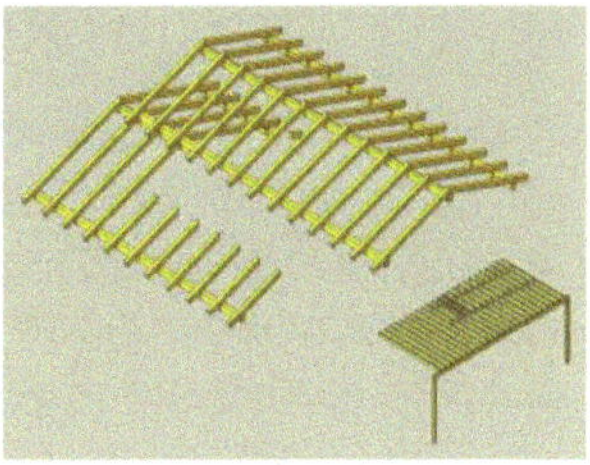

C. Scene

Le Scene possono essere utilizzate per riuscire a selezionare rapidamente una determinata serie di oggetti: ad esempio, una scena può mostrare un solo layer oppure attivare un piano di sezione in modo da isolare gli elementi di un determinato piano dell'edificio dal resto del modello.

Scena "Finestre" con il solo layer Finestre attivo e tutti gli altri spenti.

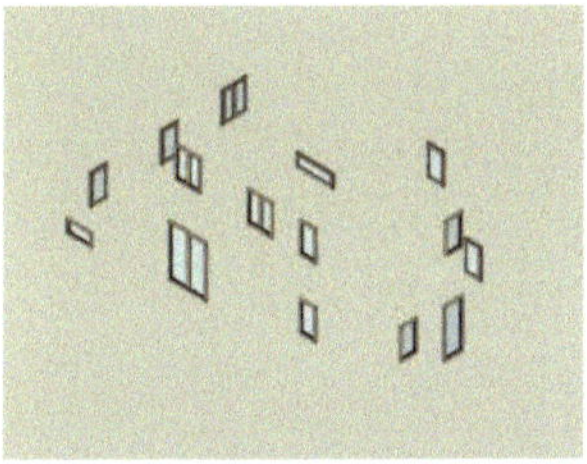

Scena "Murature" con attivati solamente i layer Muri interni e Muri esterni.

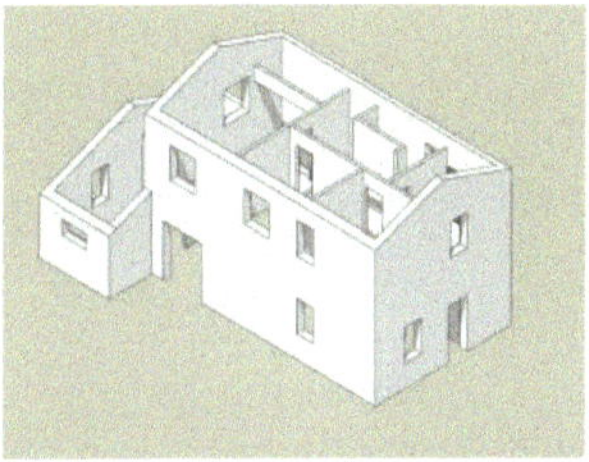

Scena "Arredo" con attivato solamente il layer Arredo.

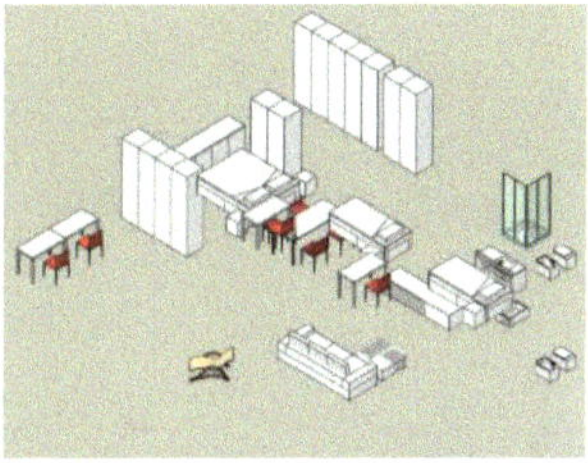

Si può realizzare una scena vuota (con tutti i layer disattivati) e attivare di volta in volta il layer contenente gli oggetti da computare. Questa scena evidenzia gli oggetti a cui non è stato ancora attribuito un layer specifico ma risiedono ancora sul layer predefinito (Layer 0).

Computi di dettaglio e di calcolo dei totali

L'esempio seguente mostra i passaggi per realizzare due tipi di computo (*Report* come viene chiamato in SketchUp):

- → distinta con caratteristiche dei singoli elementi;
- → calcolo dei totali.

Questi report sono relativi agli elementi di carpenteria del tetto del progetto di abitazione a due piani ma possono essere applicati a qualsiasi altro tipo di oggetto. Nell'esempio è stato realizzato un layer "Carpenteria" (assegnato agli elementi dei due tetti e della copertura orizzontale del terrazzo sul lato ovest) e una scena "Carpenteria" in cui questo è l'unico layer visibile.

Impostare computi di dettaglio

Selezionare tutti gli elementi presenti con una finestra di selezione oppure con Ctrl+A. Quindi aprire la finestra *Genera rapporto* nel menu *File* (**Figura 5**) dove si trova un report di esempio con nome e caratteristiche generiche che possono essere sostituite con le informazioni specifiche del report che si sta per realizzare. Cliccare *Modifica* per accedere alla finestra di definizione delle caratteristiche del report (**Figura 6**).

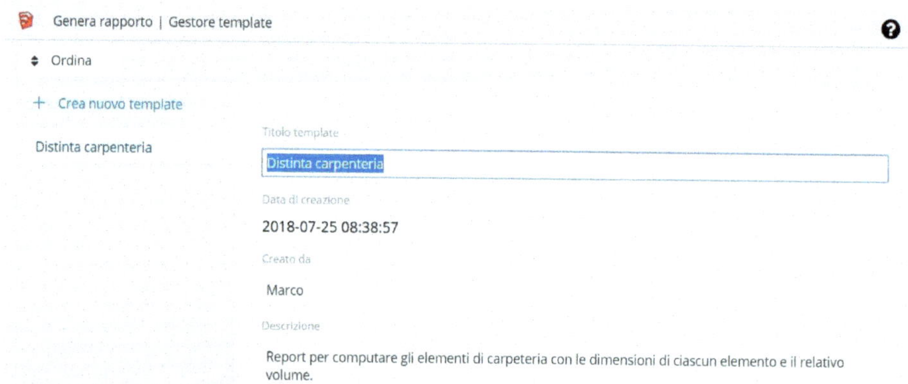

Figura 5 - La finestra *Genera rapporto* con il report personalizzato.

Figura 6 - La finestra di definizione delle caratteristiche del report.

Queste dovranno essere impostate in funzione del tipo di oggetto da computare: nel caso proposto si tratta di elementi lignei di cui si vogliono conoscere nome, quantità, dimensioni e materiale. Devono quindi essere spostati sulla destra gli attributi evidenziati nell'immagine. Vanno inoltre impostati sulla sinistra i filtri *Selezione corrente* e l'eventuale annidamento. Sulla destra si scelgono le unità di misura, quindi si esegue il report con il pulsante in basso a destra.

Questo primo risultato fa emergere alcuni aggiustamenti da apportare (**Figura 7**):

- → oggetti con nomi generici (sfuggiti alla prima verifica fatta nella finestra *Struttura*);
- → oggetti con materiale non assegnato correttamente (vedere voci vuote nella colonna *Material*);
- → nomi degli attributi (titoli delle colonne) poco significativi;
- → le caratteristiche geometriche (base, altezza, lunghezza) non sono orientate allo stesso modo per tutti gli elementi: le colonne LenX, Y e Z sono di difficile lettura.

Definition Name	Quantity	Entity Volume	LenX	LenY	LenZ	Material
Componente#1	2	0,03 cubic m	0,1 m	0,1 m	2,52 m	LARICE
Group	2	0 cubic m	14,84 m, 17,29 m	8,88 m, 9,39 m	5,22 m, 7,32 m	
Trave di colmo	1	0,67 cubic m	11,86 m	0,2 m	0,3 m	ABETE
Trave di colmo_2	1	0,2 cubic m	3,48 m	0,2 m	0,3 m	ABETE
Trave dormiente	2	0,53 cubic m	11,86 m	0,18 m	0,25 m	ABETE
Trave dormiente#1	1	0,45 cubic m	9,98 m	0,18 m	0,25 m	ABETE
Trave dormiente#2	1	0,16 cubic m	3,48 m	0,18 m	0,25 m	ABETE
Travetto	26	0,12 cubic m	0,15 m	3,95 m	0,2 m	ABETE
Travetto 4x12	24	0,01 cubic m	2,95 m	0,04 m	0,12 m	LARICE
Travetto 4x12#1	1	0,06 cubic m	6,42 m	0,06 m	0,16 m	LARICE
Travetto#1	8	0,15 cubic m	0,15 m	4,97 m	0,2 m	ABETE

Figura 7 - Il report con alcune modifiche da implementare.

Per procedere con le correzioni necessarie cliccare *Salva modifiche* e quindi *Salva nel modello* (altrimenti il lavoro fatto fino ad ora viene cancellato). Apportare le modifiche che si ritengono necessarie, come ad esempio la correzione di nomi e materiali e l'orientamento del sistema di riferimento all'interno delle travi: è questo infatti che determina la definizione di base, altezza e lunghezza all'interno dell'editor dei vari volumi.

Suggerimento. Per rendere evidenti i sistemi di riferimento degli oggetti attivare *Mostra gli assi del componente* nella finestra *Informazioni modello* sezione *Componenti*. In questo modo viene attivata la visibilità delle terne di assi senza dover entrare nell'editor di ciascun oggetto per conoscerne l'orientamento.

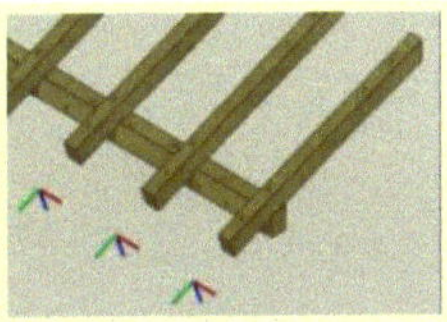

Per correggere l'orientamento degli assi entrare nell'editor del *componente* e utilizzare lo strumento *Assi* presente nella barra di strumenti *Costruzione*. Per convenzione si possono orientare gli assi verde e rosso sulla testa della trave (altezza H e base B della sezione) e l'asse Z (blu) per la lunghezza.

Lo strumento *Assi* nella barra di strumenti *Costruzione*.

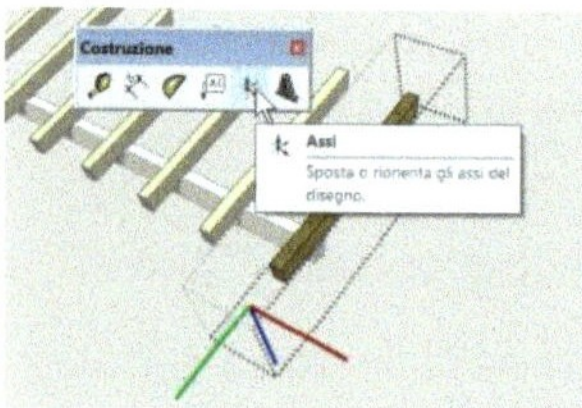

Con tre clic riposizionare gli assi allo stesso modo per tutte le travi presenti.

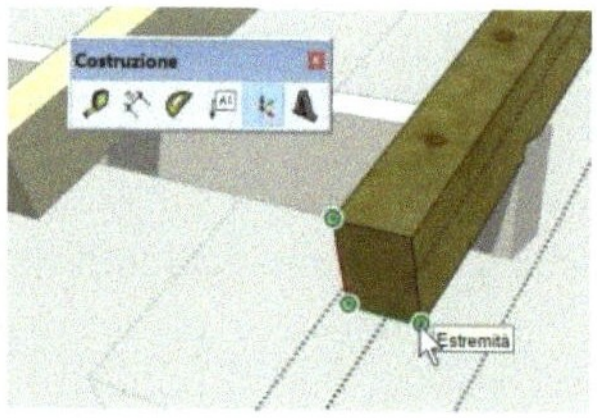

I sistemi di riferimento riorientati coerentemente per tutte le travi nel modello.

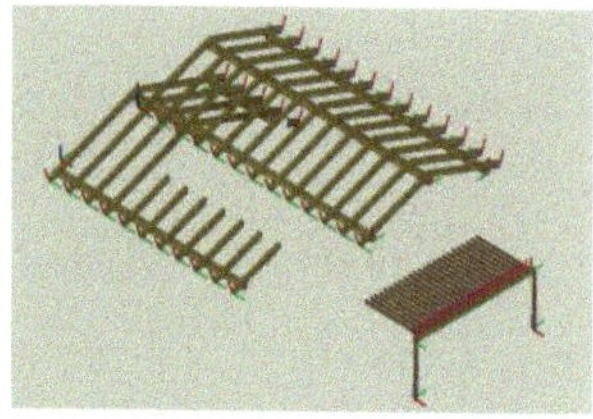

Riselezionare quindi tutti gli elementi e tornare alla finestra di definizione degli attributi. Selezionare il simbolo ⚙ a fianco degli attributi per accedere alla finestra *Modifica attributo*. Qui è possibile indicare un nuovo nome per l'attributo e rendere maggiormente leggibile la tabella finale. Il report così terminato può essere esportato per essere elaborato in fogli di calcolo oppure importato in LayOut, come descritto alla fine dell'esercizio.

Nome	Quantità	Volume	H	B	Lunghezza	Materiale
Trave di colmo	1	0,67 cubic m	0,3 m	0,2 m	11,86 m	ABETE
Trave di colmo tetto basso	1	0,2 cubic m	0,3 m	0,2 m	3,48 m	ABETE
Trave dormiente	2	0,53 cubic m	0,25 m	0,18 m	11,86 m	ABETE
Trave dormiente tetto basso fronte	1	0,45 cubic m	0,25 m	0,18 m	9,98 m	ABETE
Trave dormiente tetto basso retro	1	0,16 cubic m	0,25 m	0,18 m	3,48 m	ABETE
Travetto	26	0,12 cubic m	0,2 m	0,15 m	3,95 m	ABETE
Travetto#1	8	0,15 cubic m	0,2 m	0,15 m	4,97 m	ABETE
Travetto#2	1	0,01 cubic m	0,2 m	0,15 m	0,49 m	ABETE
Travetto#3	7	0,08 cubic m	0,2 m	0,15 m	2,62 m	ABETE
Pilastrino	2	0,03 cubic m	0,1 m	0,1 m	2,52 m	LARICE
Travetto 4x12	24	0,01 cubic m	0,12 m	0,04 m	2,95 m	LARICE

Figura 8 - Il report con le correzioni effettuate.

Attributi avanzati e dinamici

Nei report possono comparire anche attributi avanzati e attributi dinamici.

Le *Informazioni entità* di un *componente* "Finestra" con indicato il prezzo.

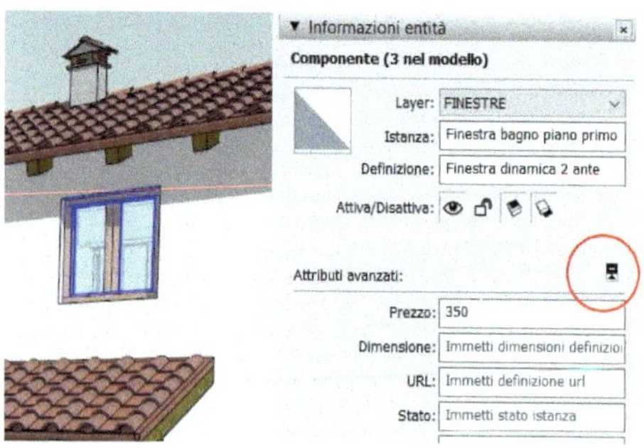

La finestra *Opzioni componente* per la stessa finestra con indicate le misure dinamiche.

Gli attributi avanzati possono essere indicati in un *componente* al momento della sua creazione oppure nella finestra *Informazioni entità*.

> **Nota.** Gli attributi avanzati di istanza e di definizione. Gli attributi di istanza (*Istanza e Stato*) sono un'informazione relativa alla sola copia di *componente* che si sta selezionando, mentre quelli di definizione (*Prezzo, Dimensioni, URL, Proprietario e Tipo*) sono un'informazione che fa parte del *componente*. Questi ultimi si copiano automaticamente aggiornati fra tutte le istanze di quel *componente*. Questa diversità dà modo di inserire informazioni che possono essere condivise fra tutte le copie (di definizione) oppure specifiche per la copia che si sta selezionando (di Istanza, come ad esempio *Finestra bagno piano primo* nelle immagini precedenti).

Gli attributi dinamici compaiono nella finestra *Opzioni componente* se l'oggetto selezionato è un *componente* dinamico. Nell'esempio si riporta un serramento che presenta entrambi questi tipi di attributi. Nella finestra di configurazione dei report compaiono tra gli attributi anche questi due tipi; quelli dinamici in particolare sono contraddistinti dal simbolo ⊟▷. Nessuna informazione del modello viene persa e tutte le informazioni possono essere recuperate in forma tabellare.

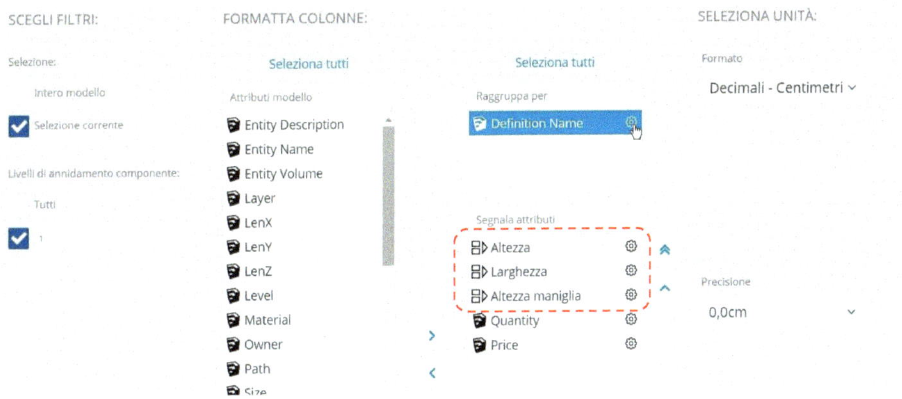

Figura 9 - L'elenco attributi disponibili nel modello con evidenziati quelli dinamici.

Calcolo dei totali

Nell'esempio proposto si vuole conoscere il volume totale del legname suddiviso per essenze: ci sono infatti alcuni elementi in abete ed altri in larice. È innanzitutto necessario realizzare un nuovo computo nella finestra principale di *Genera rapporto* cliccando *Crea nuovo template* in alto a sinistra. Accedere alla finestra di definizione del report con il pulsante *Modifica*. Per ottenere la somma degli oggetti si deve individuare una caratteristica comune con cui filtrarli: in questo caso sarà il materiale. Nella tabella compariranno solo le informazioni utili al report e i totali generali per queste caratteristiche.

Trascinare a destra gli attributi *Material* nella sezione "Raggruppa per" ed *Entity volume* nella sezione "Segnala attributi". Per quest'ultimo va impostata una regola di calcolo ben precisa: accedere con il simbolo ⚙ alla finestra *Modifica attributo* ed impostare l'aggregazione su Somma totale (**Figura 10**). Eseguendo il report si avrà un riassunto delle caratteristiche desiderate (**Figura 11**).

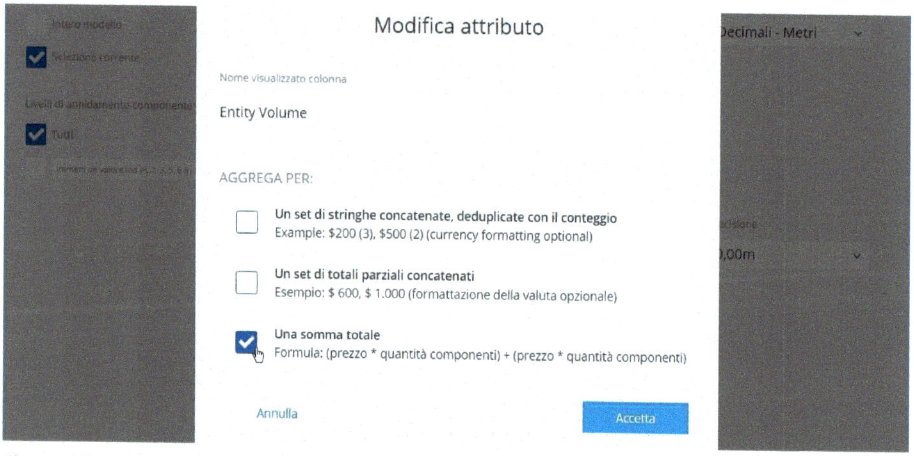

Figura 10 - La finestra *Modifica attributo* con le opzioni di aggregazione dei valori.

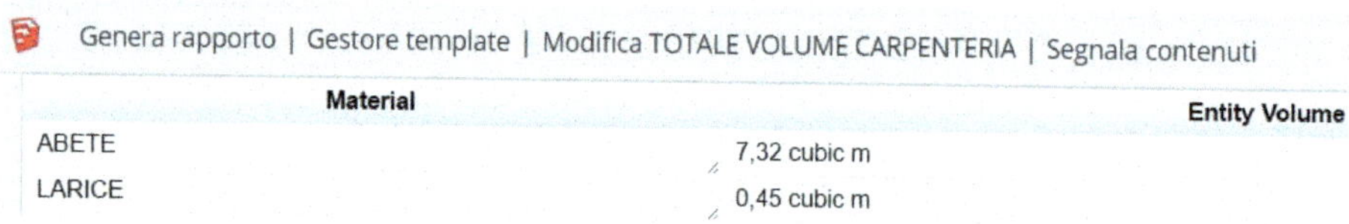
Genera rapporto | Gestore template | Modifica TOTALE VOLUME CARPENTERIA | Segnala contenuti

Material	Entity Volume
ABETE	7,32 cubic m
LARICE	0,45 cubic m

Figura 11 - Il report con i valori totali di cubatura suddivisi per essenza.

Riutilizzare i report in altri progetti

Configurare un report comporta alcune modifiche di dettaglio, ed è utile quindi poterlo riutilizzare in altri progetti come modello per non dover rifare il lavoro da capo.

Il pulsante *Esporta* di esportazione del template nella finestra *Genera rapporto*.

Il nuovo progetto con gli stessi *componenti* finestra del precedente.

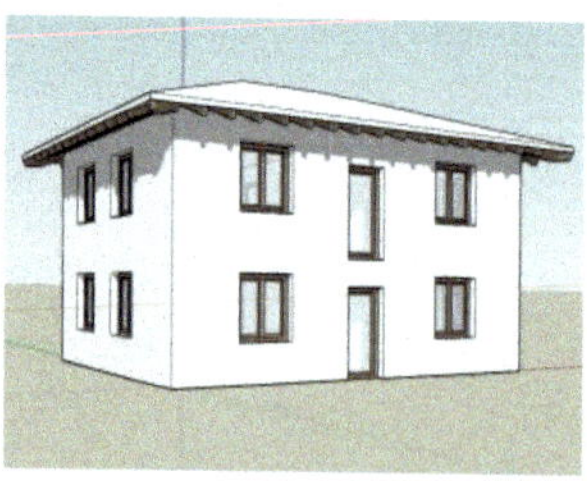

L'importazione del template con il pulsante apposito Importa.

Per esportare un template di report selezionare *Esporta* nella finestra che elenca i report. Il template viene salvato nel formato GRT. Questo file andrà posizionato in una propria libreria di template pronto per essere riutilizzato in altri progetti così come si fa con *componenti*, stili, ecc. Per importare il template aprire il nuovo progetto e nella finestra *Genera rapporto* scegliere *Importa*. Il template viene in questo modo aggiunto agli altri modelli pronto per essere utilizzato nel nuovo progetto. Si dovrà in alcuni casi avere l'accortezza di utilizzare *componenti* con attributi simili in modo che la tabella si compili nei campi corretti con i dati presenti nel modello.

Nome	Altezza	Larghezza	Altezza maniglia	Quantità	Prezzo unitario
Finestra dinamica 1 anta	140 cm	80 cm	50	2	250,00
Finestra dinamica 1 anta_portafinestra	220 cm	90 cm	100	2	350,00
Finestra dinamica 2 ante	140 cm	120 cm	50	10	350,00

Figura 12 - Il report finestre eseguito nel nuovo progetto.

Esportazione del report ed importazione in LayOut

È importante sottolineare che realizzare i report come visto finora è semplicemente un modo di interrogare il modello. Questo significa che il report è soltanto una visualizzazione temporanea in forma tabellare degli oggetti e delle loro caratteristiche. Pertanto, se si vorranno salvare le informazioni, è necessario esportarle con il pulsante apposito in basso a destra *Download*. Il formato di esportazione è il CSV, che può essere importato in fogli di calcolo per modifiche oppure in LayOut per l'impaginazione.

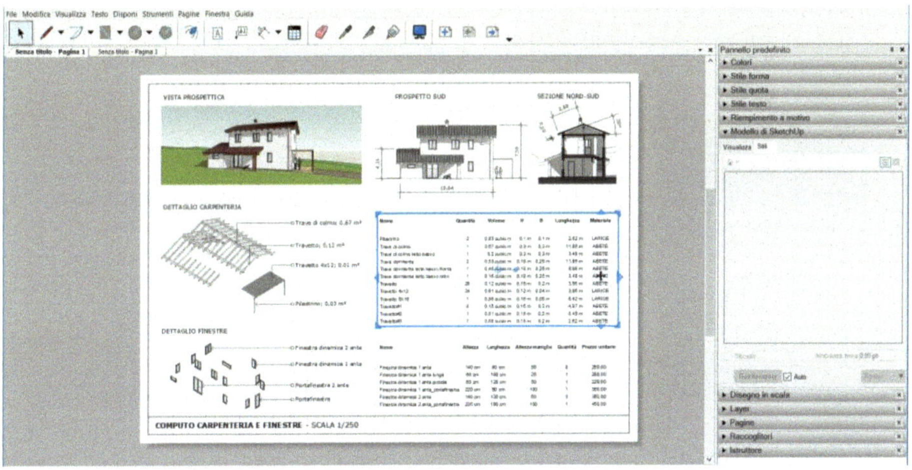

Figura 13 - La tabella personalizzata e inserita in tavola.

Esercizio 14. Fotoinserimento per ristrutturazione

Svolgimento eser.

Difficoltà

Tema Fotoinserimento e modellazione da foto di un'abitazione singola a due piani.

Descrizione L'esercitazione è dedicata all'abbinamento di più foto relative ad un'abitazione degli anni '60 di cui si ipotizza il progetto di ristrutturazione. Si vogliono ricavare dalle fotografie le immagini di foto-inserimento e gli elaborati di massima del progetto. Gli argomenti trattati sono:

- scelta delle foto più appropriate;
- scelta della foto iniziale e abbinamento;
- abbinamento delle rimanenti foto;
- modellazione dalle foto;
- impostazioni delle scene.

Strumenti

- Abbina foto (pag. 191)
- Spingi/tira (pag. 58)
- Assi (pag. 53)
- Rettangolo (pag. 48)
- Misura > Guide (pag. 40)
- Proprietà delle Scene (pag. 158)

Svolgimento

Abbinare più foto consente di ricostruire una porzione più ampia dell'ambientazione rispetto ad una singola foto ed allo stesso tempo di verificare, passando da una foto all'altra, la correttezza del modello che si sta disegnando. Avendo a disposizione più viste da angolazioni differenti si perverrà con buone probabilità ad un modello più fedele rispetto a quello che può essere realizzato da una sola foto: le proporzioni e le misure delle parti possono infatti essere verificate da più posizioni.

Nota. Questo metodo non sostituisce un rilievo vero e proprio, quindi le misure andranno verificate prima di dare corso alla progettazione definitiva dell'opera.

L'esempio proposto è relativo ad un'abitazione degli anni '60 di cui si vuole valutare la ristrutturazione. *Abbina foto* consente di ottenere da poche foto (ed almeno una misura di rilievo) molto rapidamente un modello e una serie di viste che possono dare un valido supporto nelle fasi iniziali del progetto. Le foto realizzate nel primo sopralluogo:

N. 1

N. 2

N. 3

N. 4

N. 5

N. 6

N. 7

N. 8

Alcune di queste immagini sono poco adatte per l'abbinamento perché inquadrano il soggetto troppo da vicino (foto da n. 4 a n. 7), altre hanno oggetti che occludono la vista (foto n. 8). Quelle ritenute più adatte, che inquadrano il soggetto per intero da una buona distanza, sono le prime tre. In particolare, si è scelto di abbinare per prima la n. 1, in quanto si tratta di quella da cui si vede meglio il volume nella sua totalità. Le altre due, che hanno qualche svantaggio (la n. 2 è di scorcio ravvicinato e la n. 3 ha la vegetazione che occlude la vista in più punti), possono essere usate per completare le parti non visibili nella prima: la n. 2 servirà a stabilire la posizione delle finestre (viste molto di scorcio nella n. 1) e la n. 3 per quantificare la rientranza della facciata sul lato est.

L'abbinamento della foto n. 1 utilizza un punto comune alle prime due immagini (spigolo a terra tra le facciate sud e ovest), mentre per la foto n. 3 sarà necessario eseguire un passaggio preparatorio: spostare l'origine degli assi.

Disposizione planimetrica delle foto n. 1, 2 e 3: si evidenzia come la foto 1 inquadri pareti comuni con la n. 2 a sinistra e la n. 3 a destra.

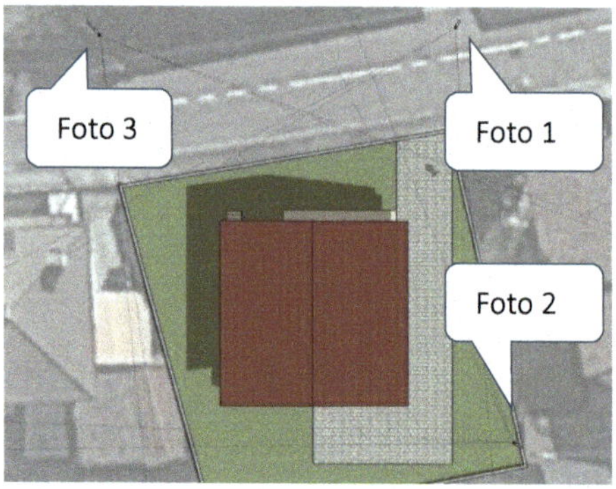

Coni visuali delle foto evidenziati mediante gli strumenti avanzati telecamera (*Mostra i volumi a tronco delle telecamere*).

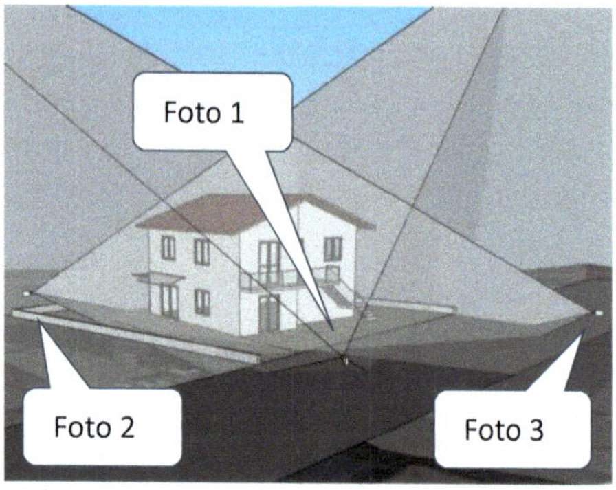

Si inizia abbinando la prima foto eseguendo i tre passaggi esposti nella prima parte del libro (pag. 191). La misura rilevata durante il sopralluogo è di 6 metri dalla pavimentazione esterna allo sporto del tetto.

1. Selezionare *Abbina foto* (menu *Telecamera*) e scegliere la Foto n. 1.

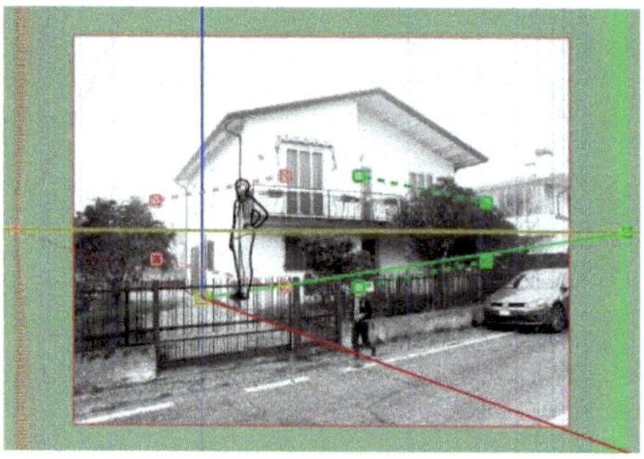

2. Spostare l'origine del modello nello spigolo a terra tra le facciate sud e ovest.

3. Avvicinarsi zoomando per posizionare precisamente le barre verdi e rosse.

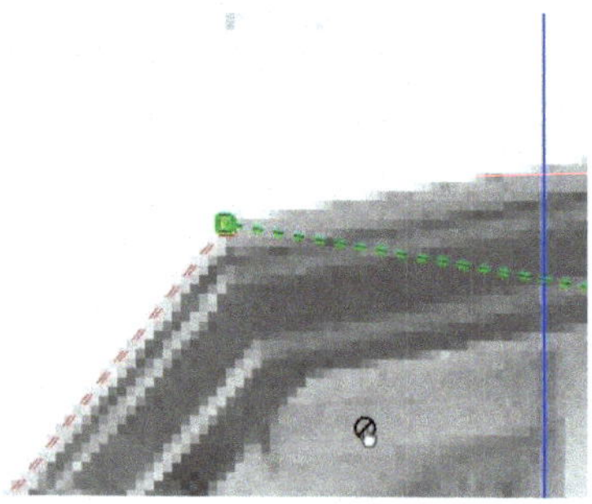

4. Spostare le barre verdi e rosse lungo le linee di fuga della foto.

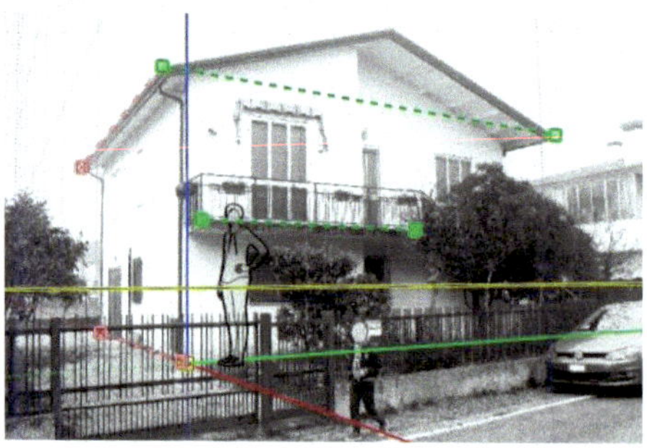

5. Indicare nella finestra Abbina foto la misura conosciuta: 6 metri.

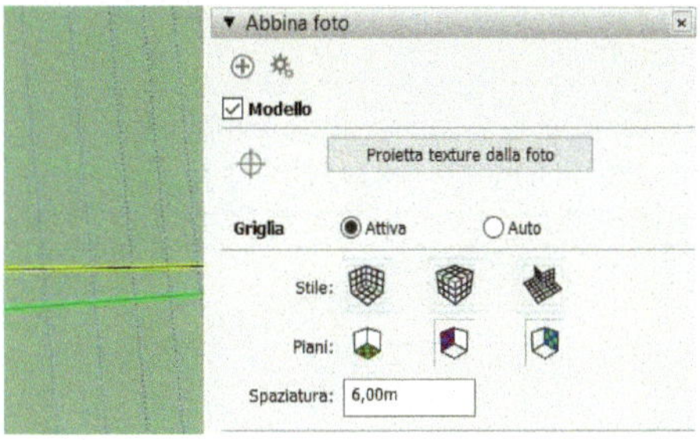

6. Trascinare uno degli assi per far combaciare la linea di griglia con l'altezza della facciata.

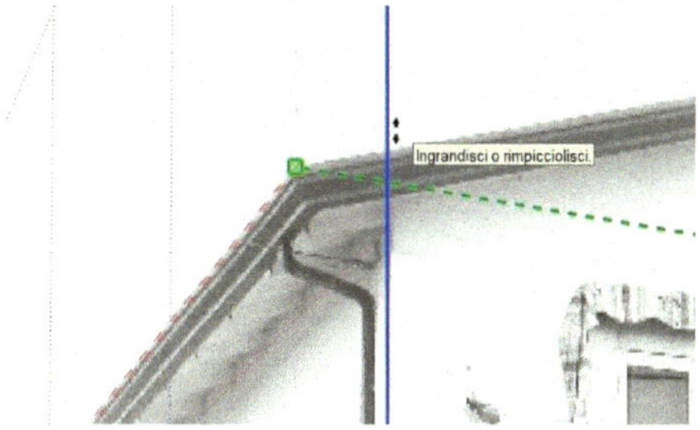

Uscire dall'editor di abbinamento cliccando all'esterno della foto (se si è usciti accidentalmente prima del previsto cliccare sul nome della scena in alto, quindi tasto destro sull'immagine > *Modifica foto abbinata*). Si prosegue disegnando alcuni elementi inquadrati da questa prima foto: la parte occidentale dell'abitazione (la facciata rientrante sarà maggiormente visibile dalla foto n. 3).

7. Disegnare la facciata in primo piano con lo strumento *Rettangolo*.

8. Estrudere con *Spingi/tira* la superficie fino al lato opposto dell'edificio.

Si aggiungono dettagli che saranno utili ai fini dell'abbinamento delle altre foto (ad esempio il poggiolo al primo piano).

9. Disegnare una serie di linee che definiscono il lato corto del poggiolo.

10. Estrudere la faccia sulla destra fin dove il poggiolo risulta visibile.

Prima di abbinare la foto n. 2 ci si può spostare nel modello fino ad assumere un'angolazione simile a quella presente nella foto che si sta per abbinare, in modo da facilitare il riconoscimento della visuale per procedere con l'abbinamento stesso.

11. Orbitare fino a visualizzare dal retro il volume realizzato.

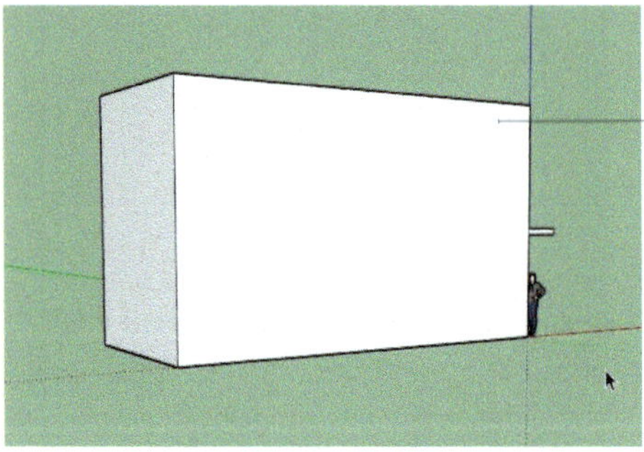

12. La foto n. 2 subito dopo l'abbinamento: la visuale tra il modello e la foto è simile.

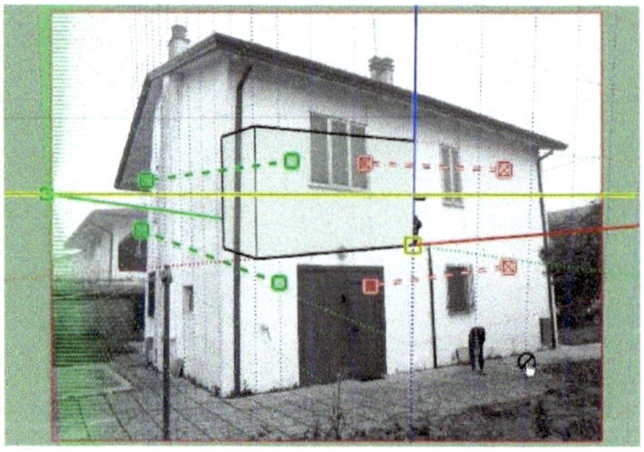

Il punto in comune che si è scelto tra queste prime due foto è lo spigolo della parete a terra verso sud, ben visibile in entrambe le foto.

13. Posizionare l'origine, e quindi il modello, in corrispondenza dello spigolo a terra.

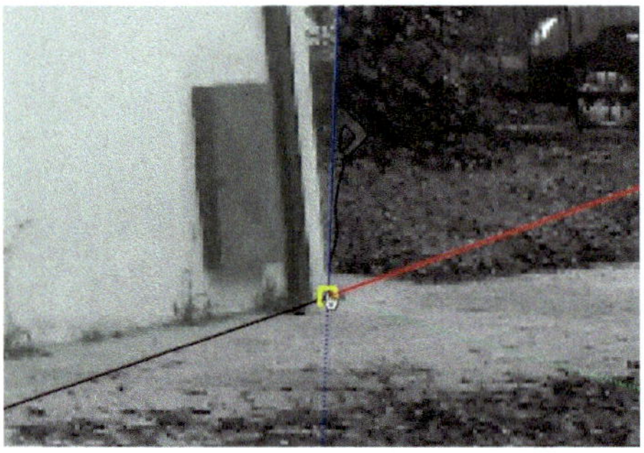

14. Spostare le barre verdi e rosse lungo le linee di fuga della foto.

15. Scalare il modello facendo corrispondere quanto modellato finora con la foto n. 2.

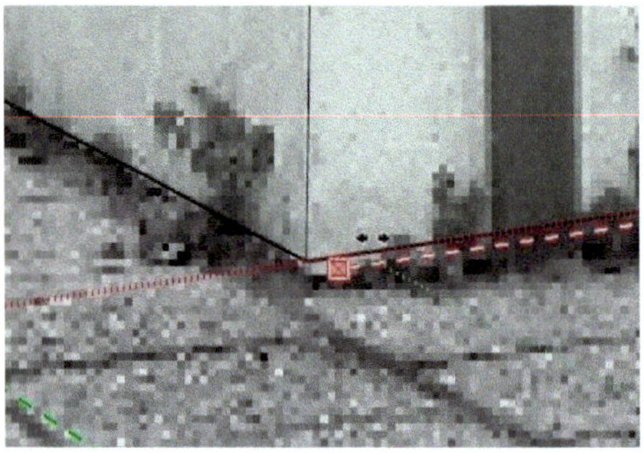

16. Ecco come si presenta il modello dopo l'abbinamento della foto n. 2.

Gli elementi della facciata ovest sono ora ben visibili: per disegnarli si può far uso delle linee di guida.

17. Disegnare una serie di linee di guida orizzontali e verticali (strumento *Misura*).

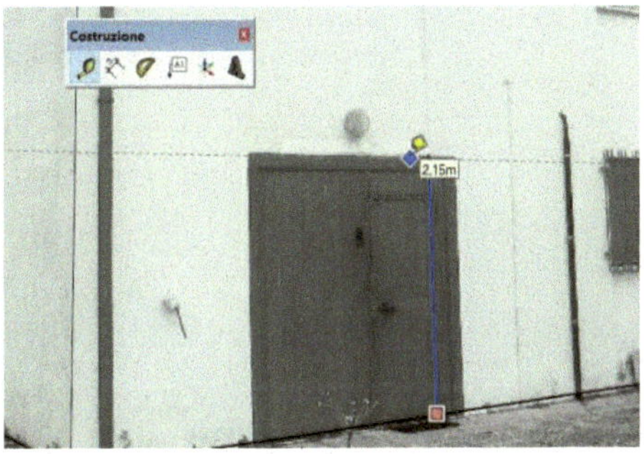

18. Disegnare linee di guida per verificare l'allineamento dei serramenti.

19. Disegnare rettangoli in corrispondenza delle linee di guida.

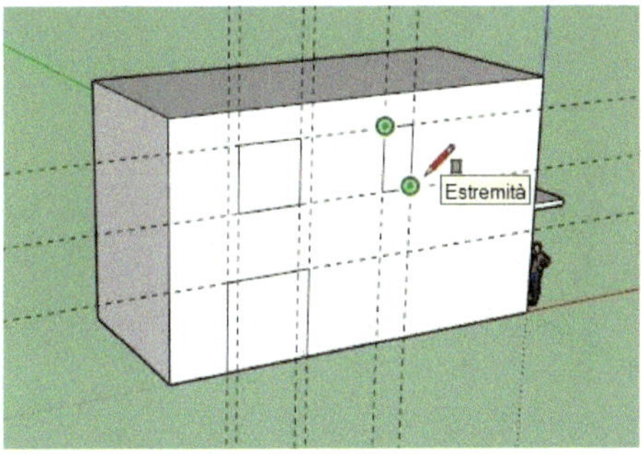

20. Spostandosi alla foto n. 1 si può verificare quanto realizzato dalla foto n. 2.

Nel procedere all'abbinamento della foto n. 3 si potrebbe inavvertitamente lasciare l'origine del modello dove è rimasta fino ad ora: nei passaggi seguenti si evidenzia a quali inconvenienti si potrebbe andare incontro in questo modo.

21. Cambio dell'inquadratura verso destra prima di abbinare la foto n. 3.

22. Il punto di origine è nascosto ed è quindi impossibile procedere con l'abbinamento.

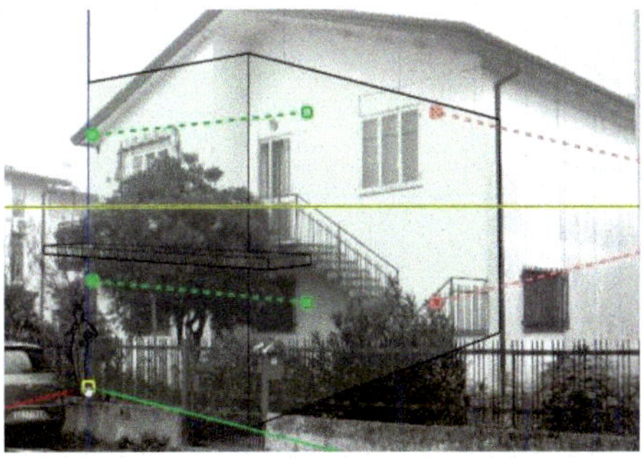

23. Per annullare l'operazione cliccare tasto destro > *Annulla abbinamento* e confermare.

24. Spostare l'origine con l'apposito strumento in un punto del modello ben visibile nella foto n. 3 (*Assi* è trattato a pagina 53).

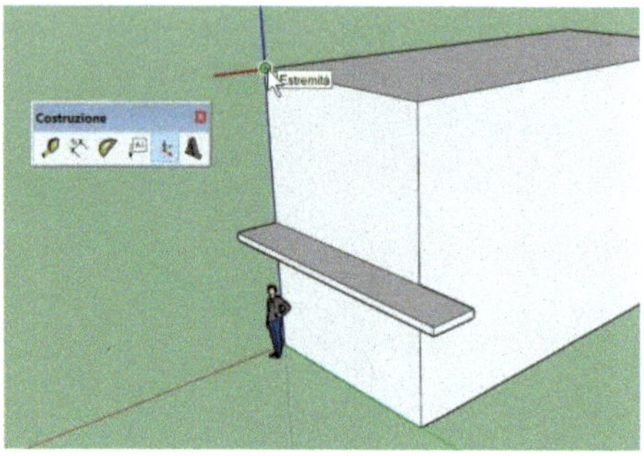

25. Ora l'abbinamento può procedere correttamente.

26. L'origine, e quindi il modello, spostata nel punto in comune con le altre foto.

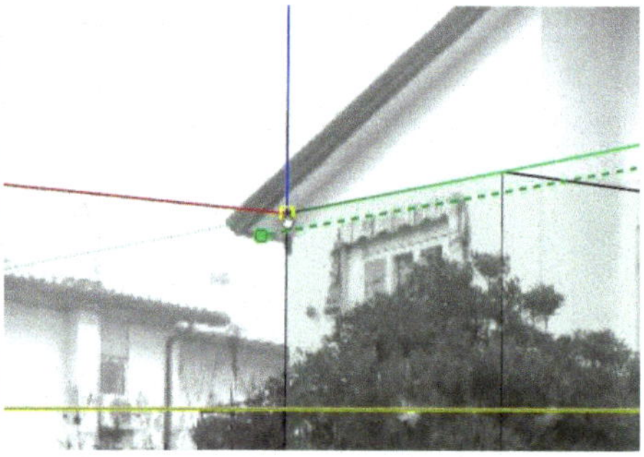

Suggerimento. È possibile usare questo punto di partenza per tutto l'esercizio? No, utilizzando questo punto il modello dell'edificio si trova spostato in basso, al di sotto della quota campagna dello spazio tridimensionale. Questo rende necessario spostare verso l'alto il volume alla fine della modellazione facendo perdere l'abbinamento con le foto stesse.

27. Spostare le barre ed effettuare la scalatura.

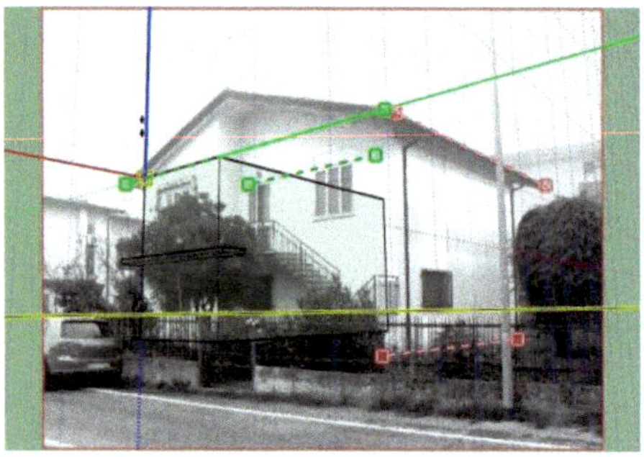

28. Disegnare una linea in corrispondenza della facciata rientrante.

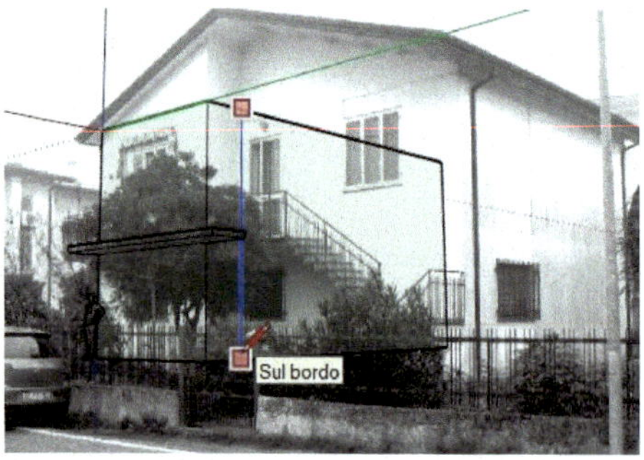

29. Estrudere la faccia di destra fino a ricalcare la parete ad est.

30. Verificare dalla foto n. 1 le dimensioni del volume realizzato.

31. Il modello tridimensionale dopo l'abbinamento della foto n. 3.

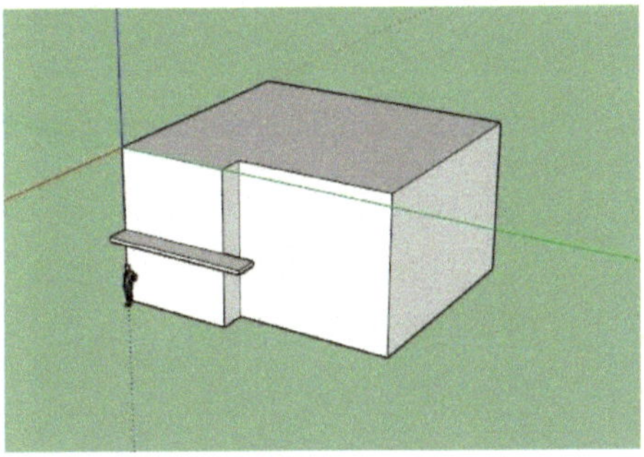

32. Si prosegue spostandosi tra una foto e l'altra modellando quanto ritenuto necessario.

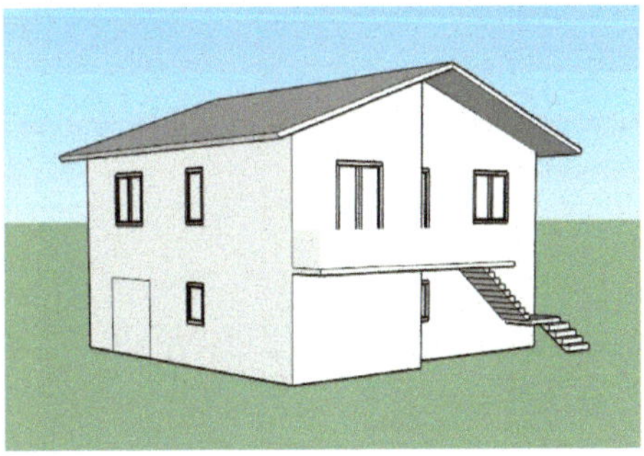

Un ulteriore elemento per completare l'ambientazione può derivare dallo strumento *Posizione* (trattato a pagina 121) che consente di importare la foto satellitare del lotto. Non è detto che il lotto sia orientato allo stesso modo del modello realizzato fino ad ora, quindi si potrebbe rendere necessario sbloccare e ruotare la foto satellitare una volta importata.

33. La finestra *Aggiungi posizione* per ricercare la località del lotto.

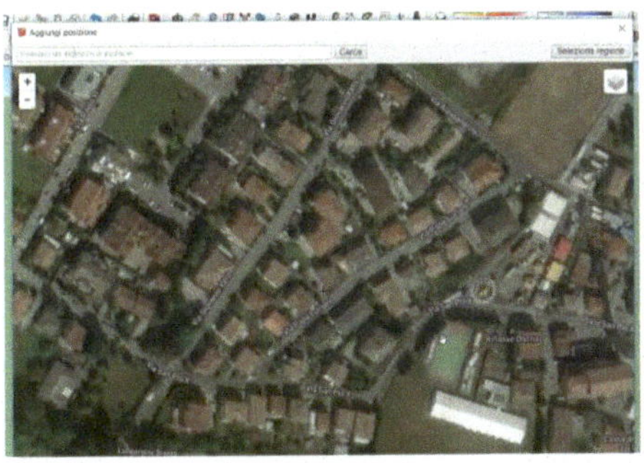

34. La foto satellitare sbloccata (cliccando tasto destro > *Sblocca*) e ruotata.

Nota. Non è possibile ruotare le scene insieme al modello: per questo motivo, se si prevede l'importazione del terreno, va eseguita come prima operazione. In seguito si procede all'abbinamento delle foto. In questo modo non si incorre nella perdita di collegamento con la georeferenziazione dovuta allo sblocco della foto satellitare.

35. Il modello dello stato attuale con materiali ed oggetti di contesto.

36. Per procedere si può realizzare una copia da posizionare su di un layer dedicato.

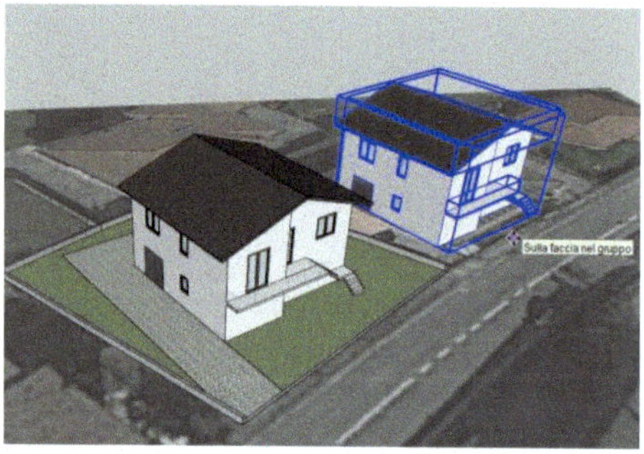

37. Oppure realizzare solamente gli elementi di progetto...

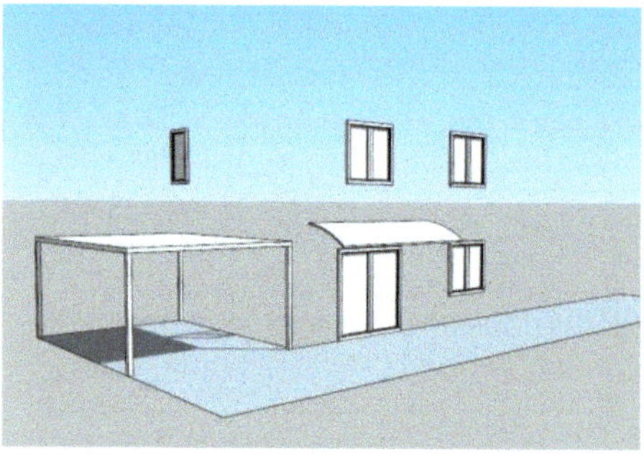

38. ... ed effettuare un foto-inserimento vincolato all'angolazione della foto stessa.

La modellazione dell'intero edificio consente di spostare liberamente la visuale nel modello e quindi di estrapolare viste sia in prospettiva che in proiezione parallela.

39. L'elenco delle impostazioni delle scene abbinate: alcune vanno attivate manualmente.

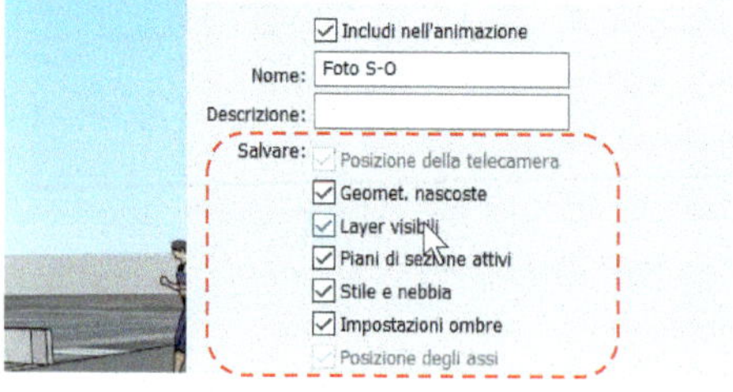

40. Il foto-inserimento con modellazione dell'edifico dalla scena della foto n. 1.

Si dovrà avere l'accortezza di implementare nelle scene delle foto abbinate tutte le impostazioni di salvataggio, in modo che mantengano le modifiche che si faranno nel prepararle per l'impaginazione in LayOut.

41. La scena della foto n. 2: si vedono in primo piano alcune modifiche all'edificio come la copertura per auto e la pensilina.

42. La scena della foto n. 3: si evidenziano le nuove finestre sul lato est.

Prima di inviare a LayOut il modello si possono predisporre scene di prospetto e di planimetria del progetto.

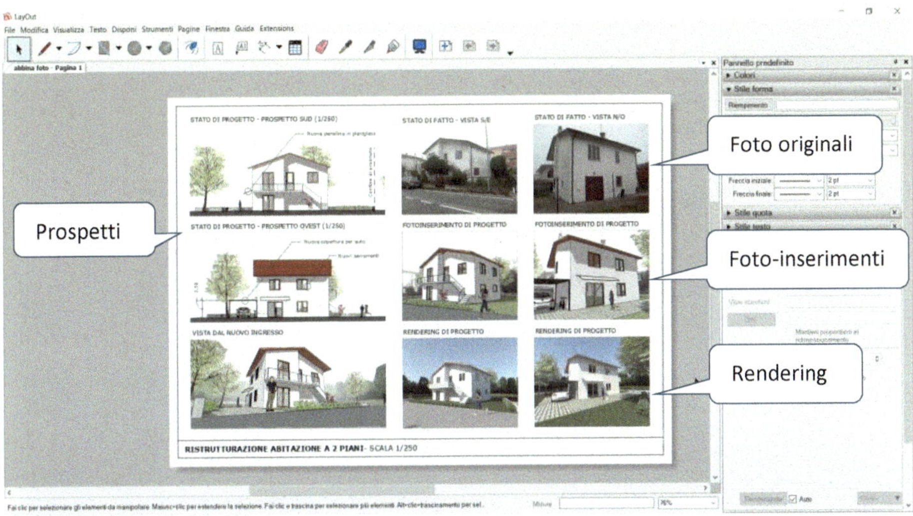

Figura 14 - Le scene posizionate in scala nella tavola di progetto in LayOut. Sono presenti alcuni rendering importati come immagini e posizionati insieme alle altre viste.

Esercizio 15. **Procedure per realizzare elaborati**

Svolgimento eser.

Difficoltà

Tema Procedure per realizzare gli elaborati di progetto.

Descrizione L'esercitazione mostra le procedure passo passo per realizzare i classici elaborati di progetto con particolare attenzione all'aggiunta di scene con sezioni attive. Gli argomenti sono:

- viste esterne;
- viste d'interno;
- piante;
- sezioni;
- prospetti.

Strumenti

Strumenti telecamera (pag. 32)

- Prospettiva/pro. parallela (pag. 31)

Ombreggiatura (pag. 139)

- Stili (pag. 143)

Viste standard (pag. 32)

- Nebbia (pag. 141)

Piano di sezione (pag. 153)

- Scena (pag. 156)

Svolgimento

L'esercizio mostra le tecniche da adottare per realizzare le classiche viste di progetto: piante, prospetti, sezioni, prospettive interne ed esterne. Il tema è stato trattato nel capitolo sulle *Scene*; qui si vogliono analizzare nel dettaglio i passaggi da seguire per un ipotetico progetto di un complesso residenziale a tre piani.

Viste in prospettiva del complesso residenziale.

Si immagini di aver terminato la modellazione dell'edificio in tutte le sue parti (il lettore può provare ad applicare i passaggi ad un proprio progetto) e di voler impostare le Scene in modo da estrapolare gli elaborati che successivamente potranno essere esportati come immagini, stampati o inviati a LayOut per l'impaginazione. Quest'ultima alternativa conduce alla realizzazione delle tavole con gli elaborati in scala, arricchiti di annotazioni quali quote e testi.

Viste esterne

Le viste esterne sono le più facili da realizzare, in quanto non pongono problemi di visibilità, come può accadere negli spazi interni angusti e affollati di oggetti, e tendenzialmente non necessitano di piani di sezione.

1. Il punto di partenza: il modello terminato visto in assonometria.

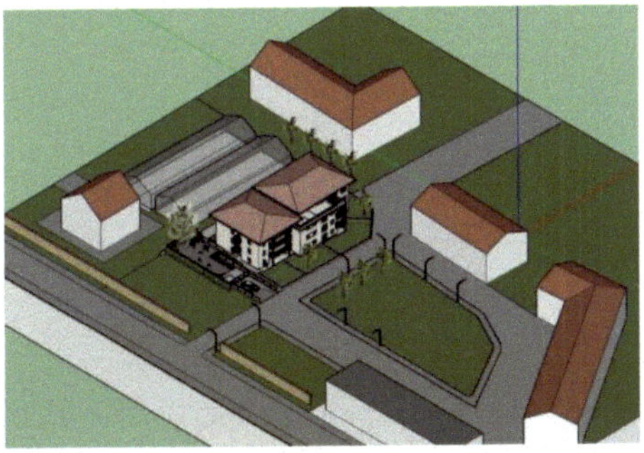

2. Se ci sono piani di sezione attivi vanno disattivati.

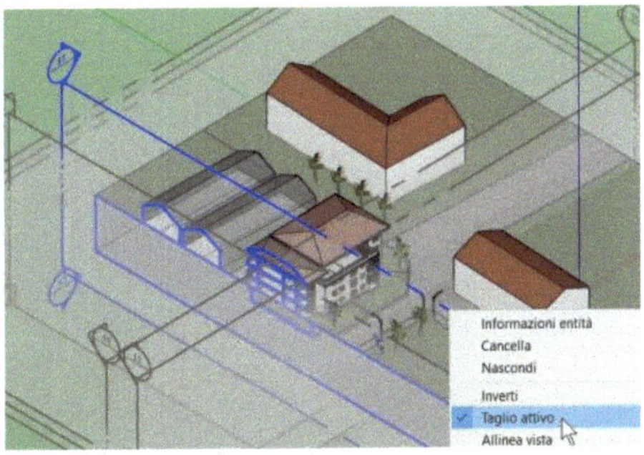

3. Spostare il punto di osservazione a piacere. Utilizzare gli strumenti della barra di strumenti Telecamera, in particolare *Posiziona telecamera* e *Guarda attorno* .

4. Nascondere oggetti in primo piano che occludono la vista cliccando tasto destro sull'oggetto e quindi *Nascondi*. Questo permette di nascondere singoli elementi.

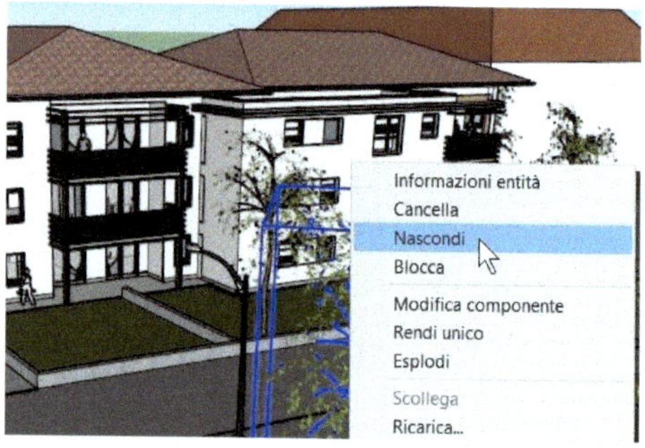

5. Nascondere intere categorie di oggetti attraverso i layer come, ad esempio, i file CAD se sono stati importati all'inizio del progetto e posizionati su un apposito layer.

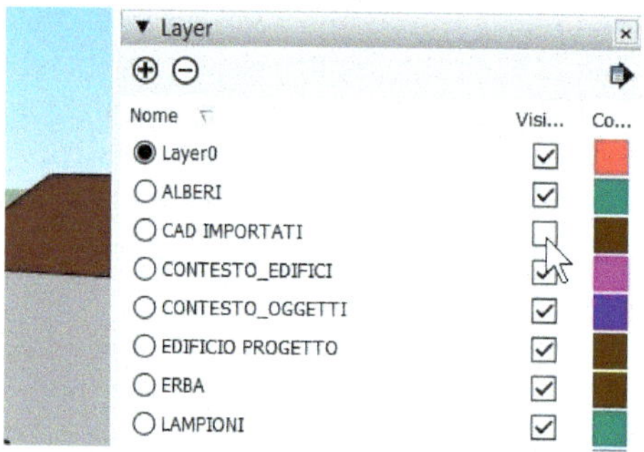

6. Selezionare lo Stile che si intende impostare per la scena.

7. Apportare eventuali modifiche: ad esempio ridurre lo spessore dei *Profili* nelle impostazioni dello *stile*. Aggiornare lo *stile* cliccando sulle frecce nell'anteprima.

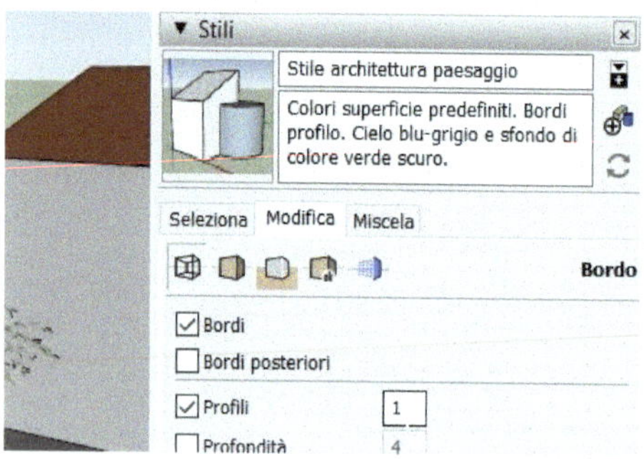

8. Se necessario attivare la *Nebbia* per simulare l'effetto di prospettiva aerea.

9. Attivare le *ombre* e orientarle cambiando data e ora in modo che il sole illumini il soggetto valorizzandone i volumi.

10. Aggiungere la *scena* (menu *Visualizza > Animazione > Aggiungi scena*).

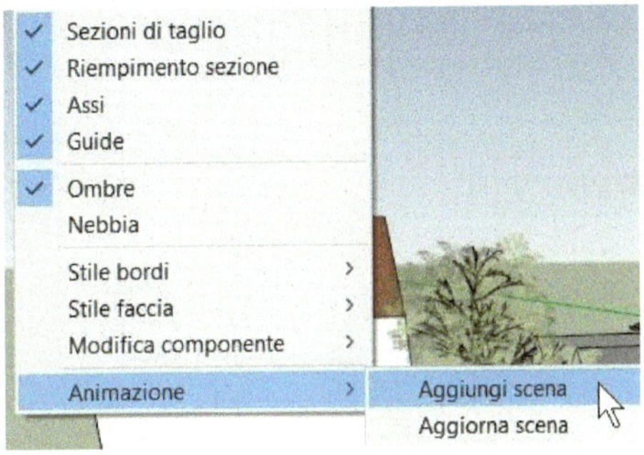

Suggerimento. L'attivazione delle *ombre* viene eseguita per ultima perché può comportare un rallentamento nella visualizzazione (specialmente se ci sono elementi complessi come la vegetazione).

Realizzare una vista d'interno

Le procedure da seguire sono le stesse indicate per la vista d'esterno; in aggiunta si consiglia di modificare il *Campo visivo* (menu *Telecamera*). Si consiglia di aumentare il *Campo visivo* che determina la larghezza della visuale, per rendere più espressiva la prospettiva, e in ogni caso negli spazi ristretti. Il valore preimpostato è 35°: più viene aumentato, più ampia diventa la visuale. Oltre gli 80° circa l'immagine viene distorta in modo eccessivo.

Campo visivo = 35°

Campo visivo = 65°

Realizzare una vista di pianta

Per realizzare viste di pianta sono fondamentali i seguenti elementi: il posizionamento dei piani di sezione, la loro attivazione e l'impostazione della telecamera su proiezione parallela.

1. Posizionare il piano di sezione sul pavimento; andrà successivamente spostato verso l'alto.

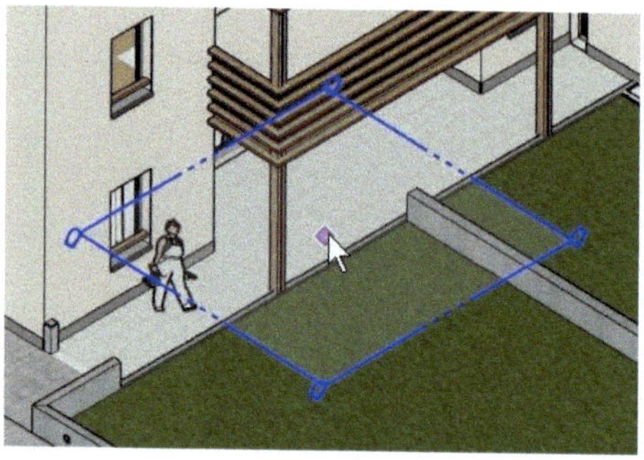

2. Arretrare per vedere la sezione nel suo insieme e riuscire a selezionarla comodamente.

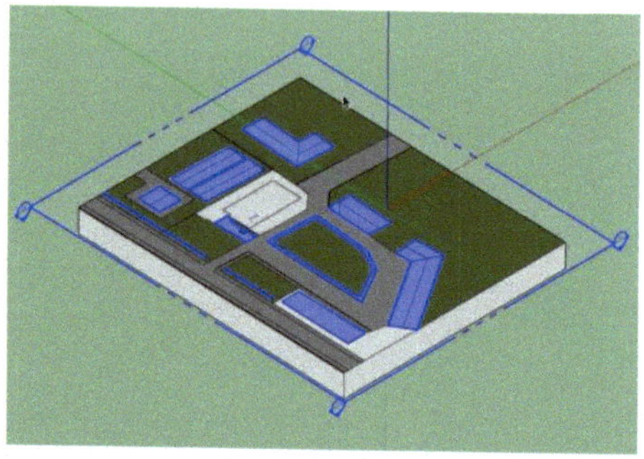

3. Spostare il piano di sezione verso l'alto di 120 cm.

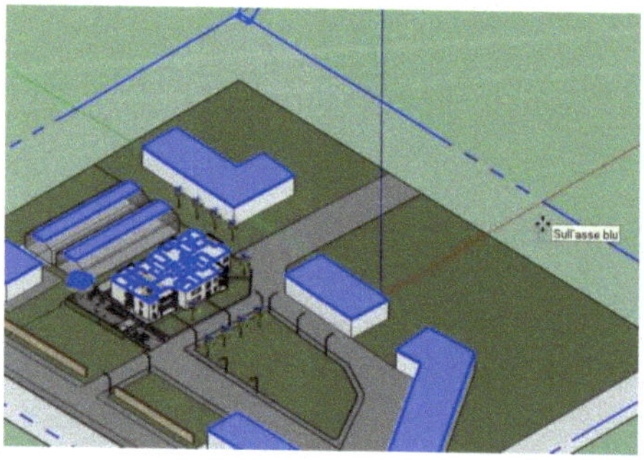

4. Impostare la vista standard dall'alto e disattivare la visibilità dei piani di sezione.

5. Perfezionare la scena scegliendo uno *stile*, nascondendo eventuali oggetti o layer.

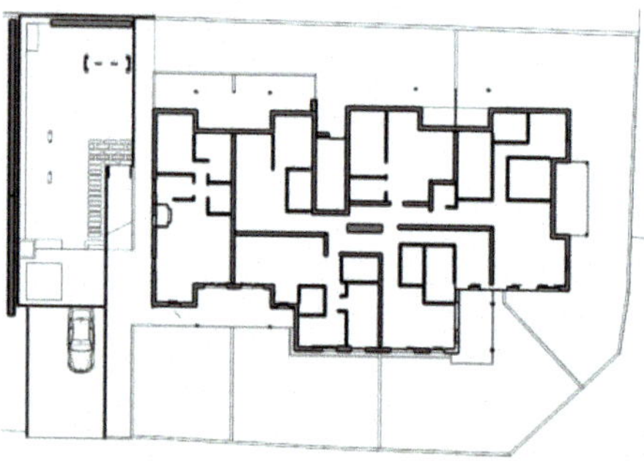

6. Attivare le *ombre* in modo che si proiettino a 45° sul piano ed aggiungere la scena.

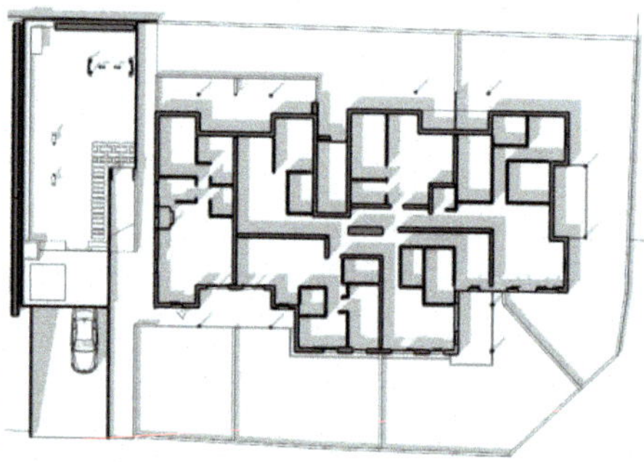

Suggerimento. Le sezioni possono avere nomi e numerazione. La finestra *Struttura* aiuta nel tenere traccia delle sezioni presenti nel modello ed eventualmente apportare loro modifiche. Cliccando tasto destro su una di queste si hanno a disposizione una serie di funzioni quali l'attivazione/disattivazione, la risoluzione di problemi alle campiture, ecc.

Realizzare le piante ai piani superiori

Il piano di sezione del piano terra non deve essere spostato, se ne dovranno piuttosto aggiungere altri per i piani superiori. I passaggi successivi sono identici a quelli visti per la pianta del piano terra. In questo caso è opportuno nascondere gli oggetti dei piani inferiori (ad esempio: vegetazione, pertinenze esterne, ecc.).

1. Posizionare un nuovo piano di sezione, questa volta sul pavimento del primo piano.

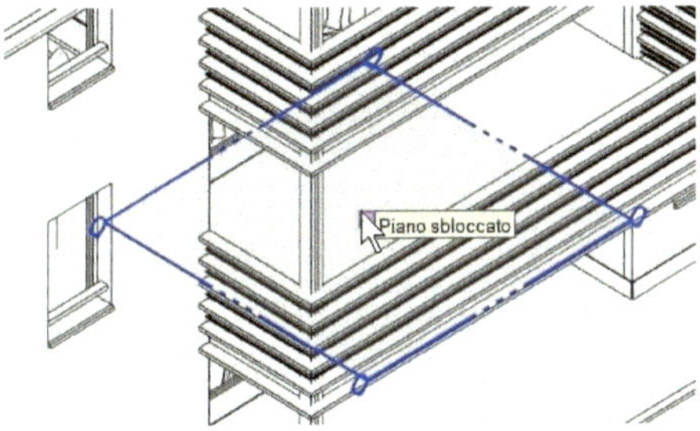

2. In alternativa copiare il piano di sezione del piano inferiore con *Sposta* + Ctrl verso l'alto.

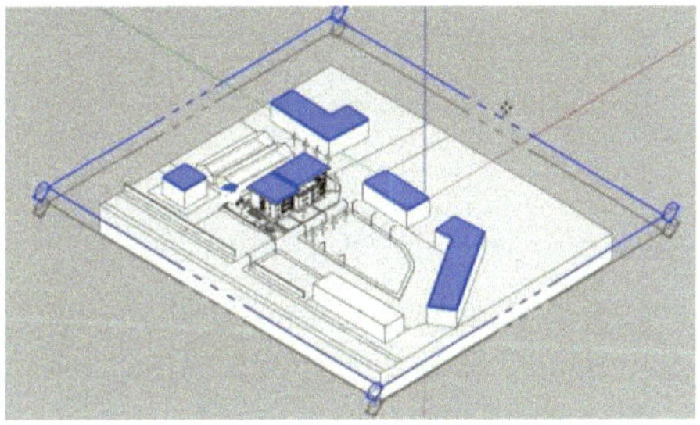

Realizzare le sezioni

Le sezioni vengono realizzate con piani di sezione verticali con procedura simile a quanto visto per le piante.

1. Posizionare il piano di sezione appoggiandolo ad una superficie verticale come un muro.

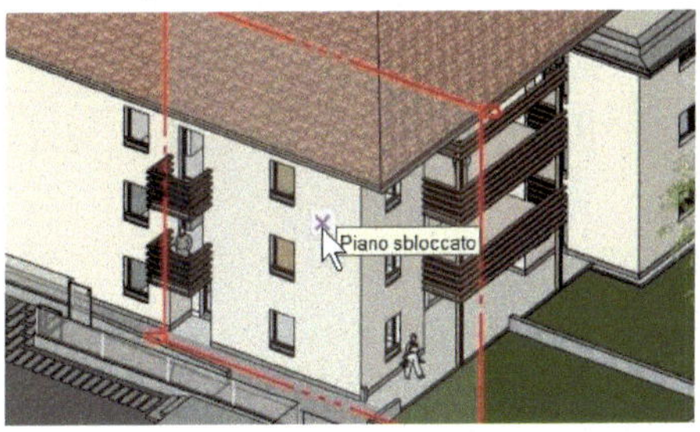

2. Selezionare il piano di sezione.

3. Spostare il piano di sezione nel punto desiderato.

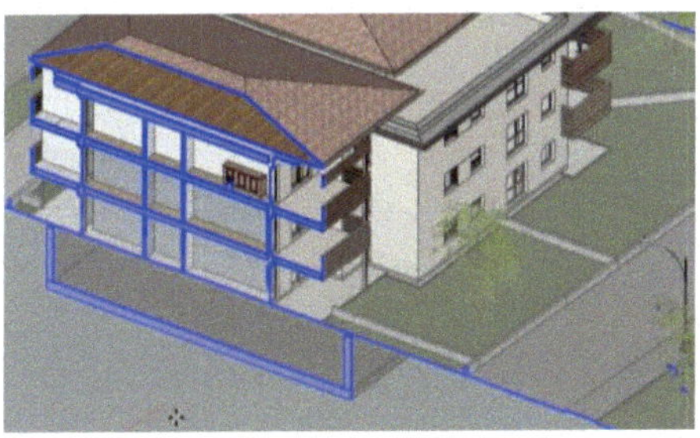

4. Disattivare la visibilità dei piani di sezione.

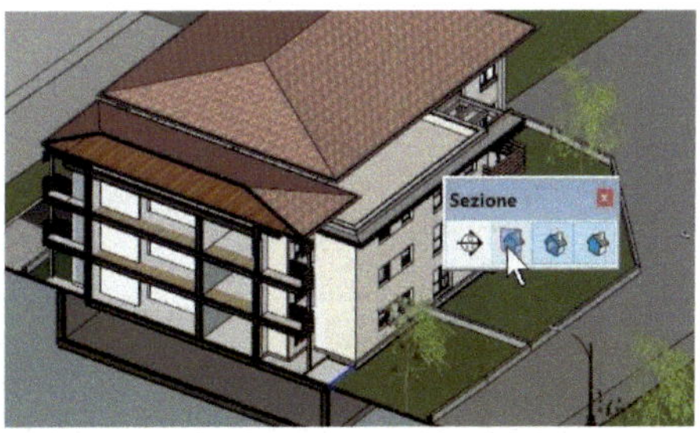

5. Impostare l'inquadratura frontalmente con le viste standard. Scegliere lo *stile*.

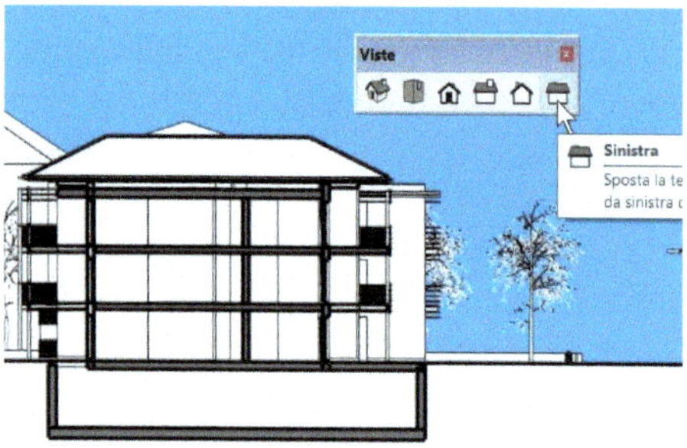

6. Attivare le *ombre* ed aggiungere la *scena*.

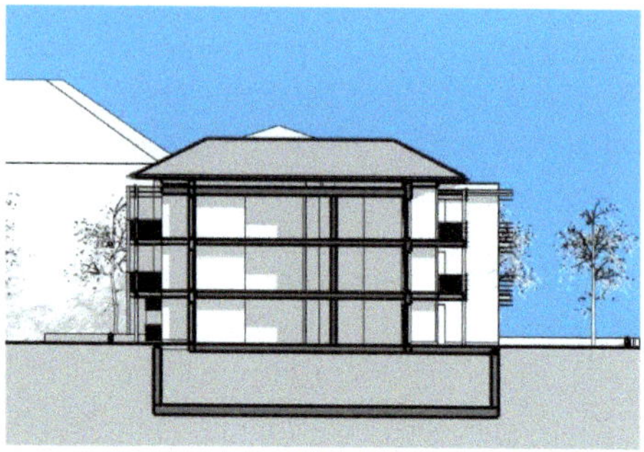

Realizzare le viste di prospetto

Per realizzare le viste di prospetto si deve valutare la possibilità di aggiungere piani di sezione che escludano gli edifici vicini in modo da visualizzare meglio il soggetto ed inoltre avere una campitura che rappresenti il terreno.

1. Anche nascondendo gli edifici vicini...

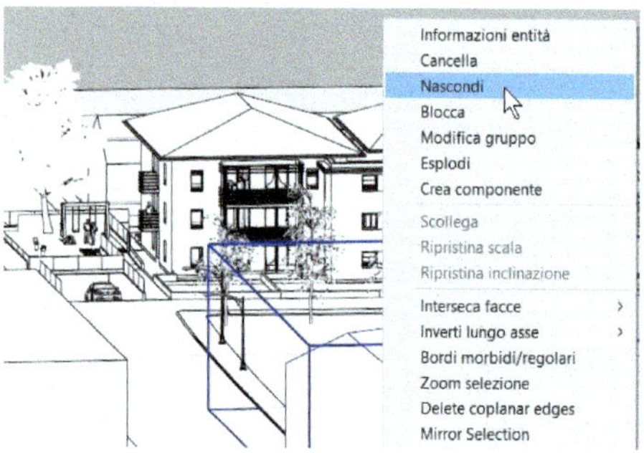

2. ... si rischia di avere molti altri elementi che occludono la vista (alberi, lampioni...).

3. Conviene allora inserire piani di sezione attorno all'edificio.

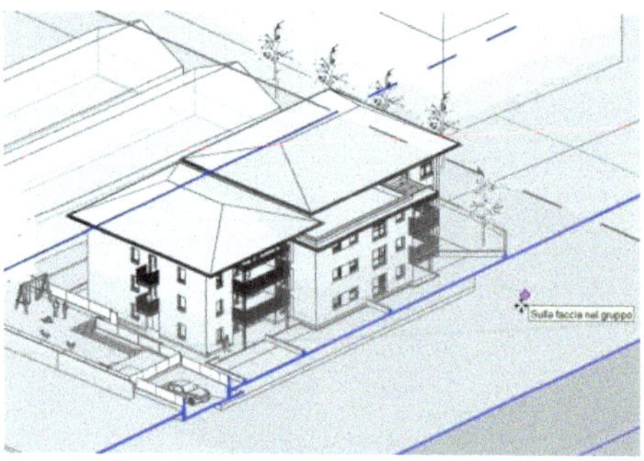

4. Spostare il piano di sezione all'esterno del lotto. Al di sotto dell'edificio realizzare un volume che rappresenta il terreno.

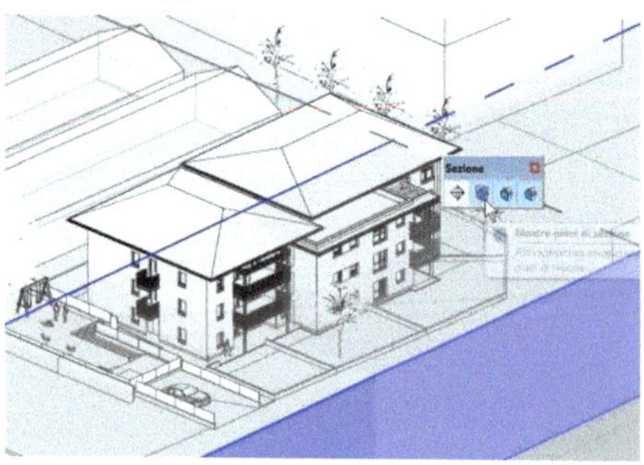

5. Impostare l'inquadratura con le viste standard, scegliere lo *stile*.

6. Attivare le *ombre* ed aggiungere la *scena*.

Suggerimento. Può capitare di aggiungere layer all'ultimo momento (ad esempio per via dell'importazione di nuovi oggetti e dei relativi layer) che sarebbero visibili in tutte le scene accuratamente preparate. Per far fronte a questo inconveniente è utile l'estensione *Auto invisible layer* (pag. 215) perché fa in modo di rendere disattivati i nuovi layer per tutte le scene presenti, in modo da poter attivare quelli strettamente necessari solo nelle scene che lo richiedono.

Conclusioni

Preparare accuratamente le scene è fondamentale per procedere successivamente all'impaginazione in LayOut. Si tenga presente che è comunque possibile aggiornare in qualsiasi momento il file contenente le tavole in modo che si compili con le eventuali modifiche apportate al file del modello. È prassi lavorare ad un progetto mantenendo aperti contemporaneamente il file SKP e LAYOUT mettendo mano ad entrambi salvando di tanto in tanto il file del modello ed aggiornando il riferimento esterno nelle tavole.

Note

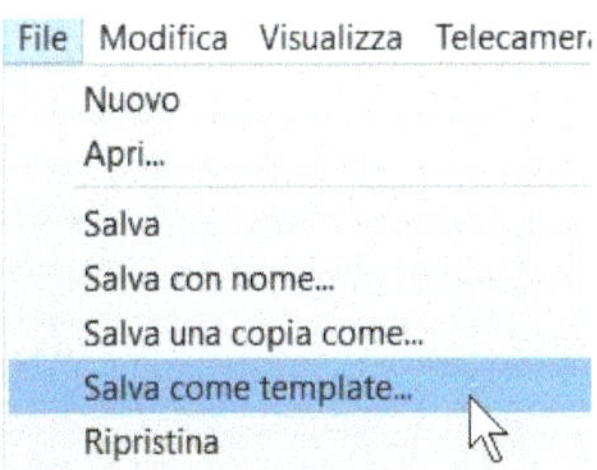

Si può realizzare un template con le scene preimpostate?

Può essere una buona idea salvare il file come *Template* (menu *File > Salva come template...*) in modo da partire con il prossimo progetto già con scene e sezioni preimpostate: andranno con buone probabilità spostate o rinominate, ma la maggior parte del lavoro sarebbe già pronta all'uso.

Esercizio 16. **Sedia stilizzata**

Svolgimento eser. Realtà Aumentata

Difficoltà

Tema Procedure per realizzare una sedia semplificata.

Descrizione Il video nella pagina dedicata all'esercizio mostra le procedure passo passo per realizzare una semplice sedia dalle forme stilizzate e spigolose. Si parte dalla realizzazione di elementi di riferimento fino ai volumi finali. Gli argomenti sono:

- realizzare forme con misure precise;
- disegnare elementi di riferimento come guide;
- realizzare volumi e fori.

Strumenti

- Linea (pag. 47)
- Rettangolo (pag. 48)
- Spingi/tira (pag. 58)
- Offset (pag. 72)
- Misura > Guide (pag. 40)
- Quote (pag. 167)

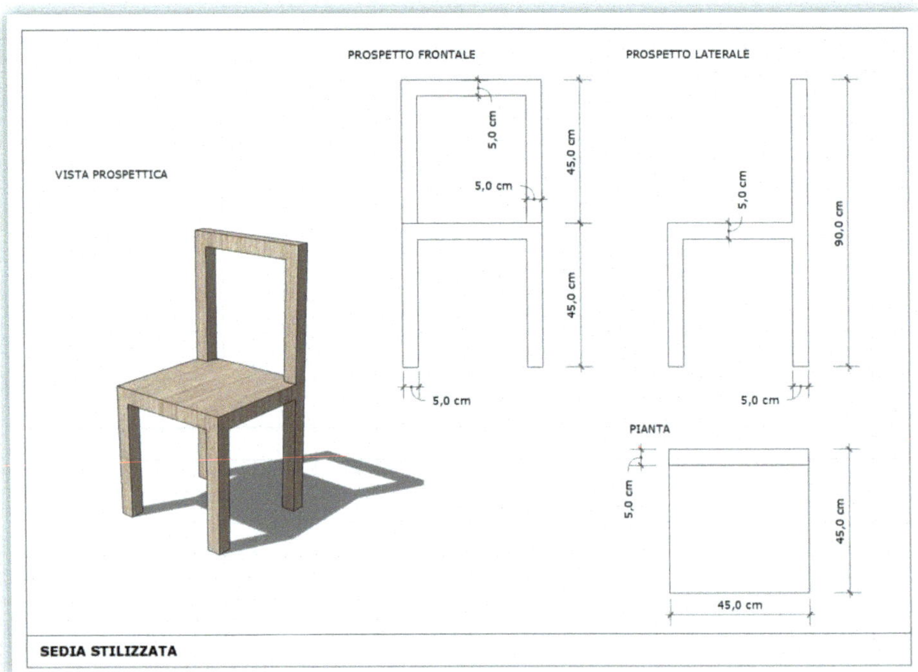

Svolgimento eser. Realtà Aumentata

Esercizio 17. **Pompeiana in legno**

Difficoltà

Tema Realizzare una struttura in legno con travi e pilastri.

Descrizione Il video nella pagina dedicata all'esercizio propone la realizzazione di una struttura con elementi ripetuti e si propone di sperimentare il posizionamento di elementi orizzontali e verticali. Gli argomenti trattati sono:

- realizzazione di volumi ripetuti;
- organizzazione del modello attraverso *componenti*;
- spostamento e rotazione di precisione.

Strumenti

- Linea (pag. 47)
- Rettangolo (pag. 48)
- Spingi/tira (pag. 58)
- Sposta (pag. 55)
- *Gruppi* e *Componenti* (pag. 81)
- Ruota (pag. 61)

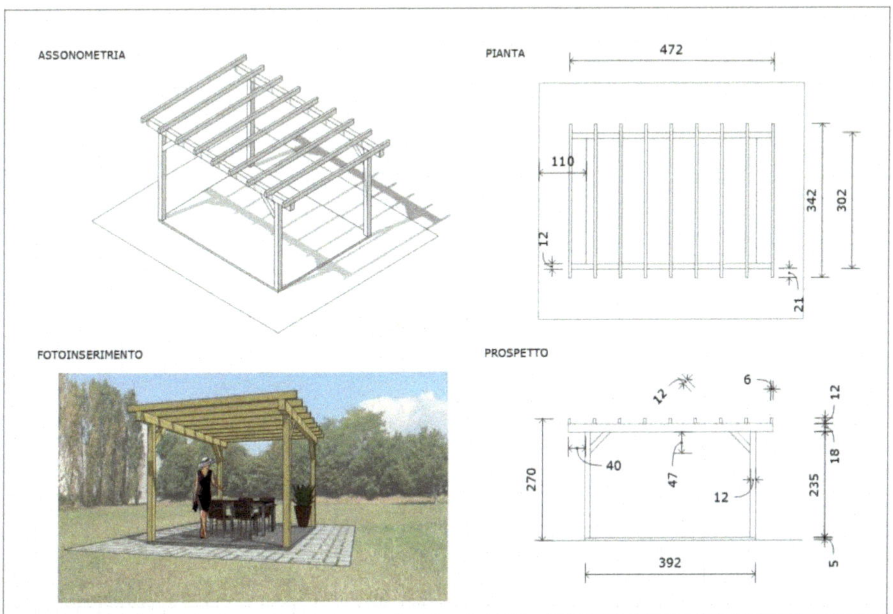

POMPEIANA IN LEGNO

Svolgimento eser.

Esercizio 18. Scrivania con pensili

Difficoltà

Tema Piccolo angolo di studio con scrivania, sedia e pensili.

Descrizione Il video nella pagina dedicata all'esercizio mostra come realizzare alcuni elementi di arredo semplificati. Vengono inoltre inseriti oggetti derivanti dalla galleria online 3DWarehouse per contestualizzare l'ambiente. Gli argomenti sono:

- realizzare elementi di arredo;
- cercare, scaricare e posizionare oggetti da 3DWarehouse;
- posizionare materiali e colori a piacere.

Strumenti

- Linea (pag. 47)
- Rettangolo (pag. 48)
- Spingi/tira (pag. 58)
- Sposta (pag. 55)
- *Gruppi* e *Componenti* (pag. 81)
- 3DWarehouse (pag. 91)

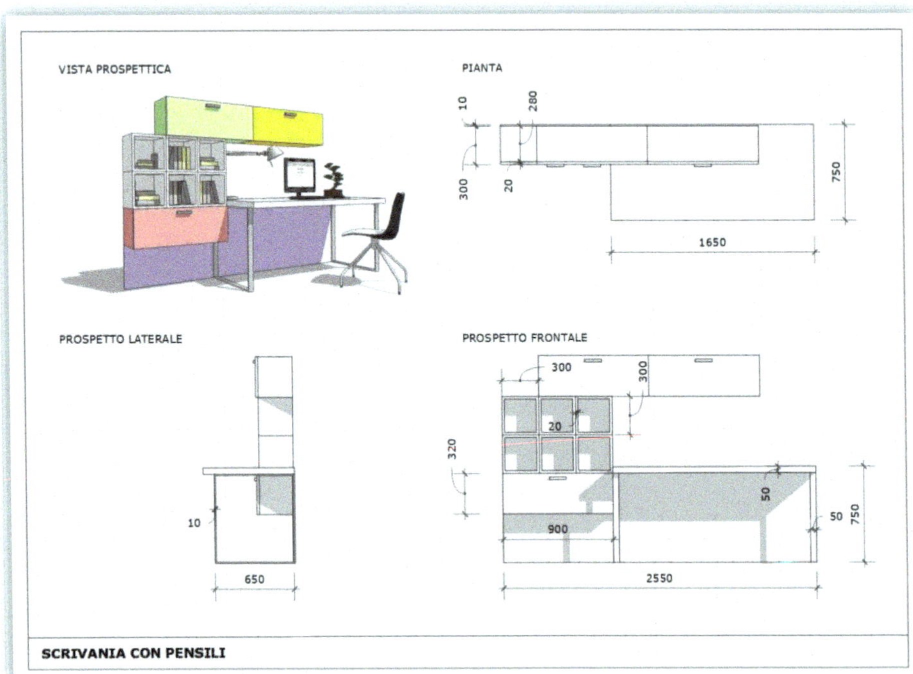

Esercizio 19. **Interno bagno**

Svolgimento eser. Realtà Aumentata

Difficoltà

Tema Ambiente bagno con oggetti.

Descrizione Il video nella pagina dedicata all'esercizio mostra le procedure passo passo per realizzare un ambiente d'interno ed in particolare un bagno con tutti gli elementi che lo caratterizzano. Gli argomenti trattati sono:

- realizzare la pianta di un ambiente;
- modellare muri;
- posizionare oggetti e materiali.

Strumenti

- Linea (pag. 47)
- Rettangolo (pag. 48)
- Offset (pag. 72)
- Materiali (pag. 125)
- *Gruppi* e *Componenti* (pag. 81)
- 3DWarehouse (pag. 91)

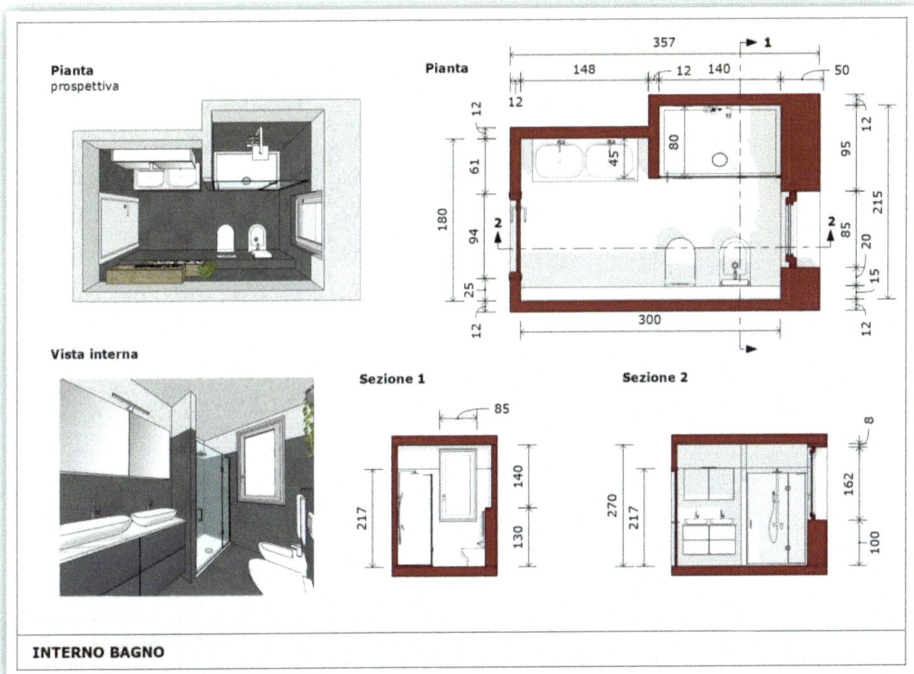

Esercizio 20. **Stanza da arredare**

Svolgimento eser. Realtà Aumentata

Difficoltà

Tema Ambiente residenziale zona giorno.

Descrizione Il video nella pagina dedicata all'esercizio mostra le procedure passo passo per realizzare un ambiente d'interno zona giorno residenziale con alcuni oggetti che lo caratterizzano. Gli argomenti trattati sono:

- realizzare la pianta di un ambiente;
- modellare muri;
- posizionare oggetti e materiali.

Strumenti

- Linea (pag. 47)
- Materiali (pag. 125)
- *Gruppi* e *Componenti* (pag. 81)
- Offset (pag. 72)
- Sposta (pag. 55)
- 3DWarehouse (pag. 91)

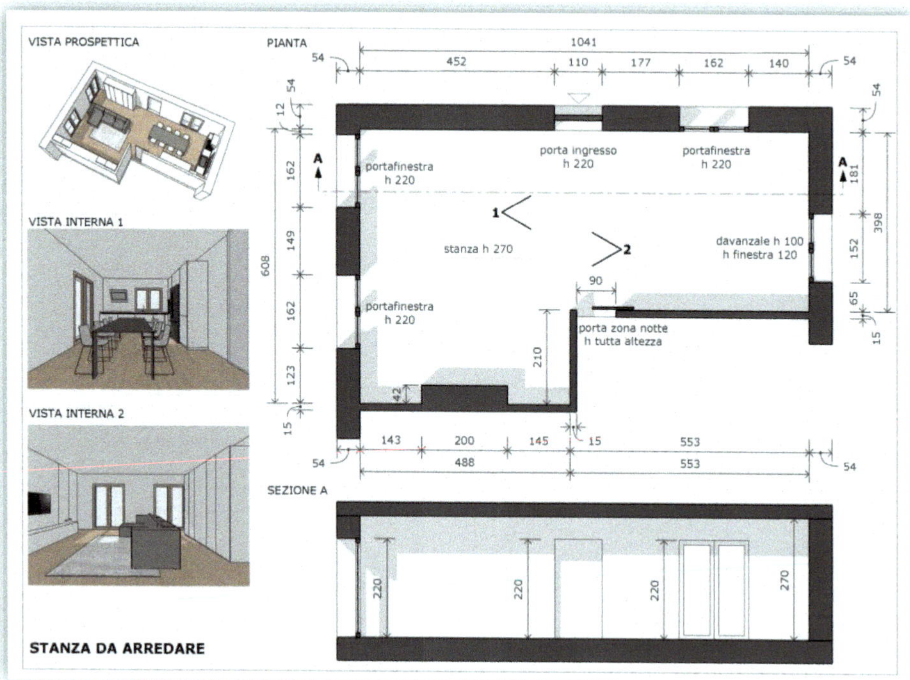

STANZA DA ARREDARE

Suggerimenti, trucchi ed errori comuni

Spostare strumenti da una barra di strumenti ad un'altra

Questa esigenza nasce ad esempio dal fatto che lo strumento Inverti è presente nella barra di strumenti Per iniziare, ma non nella barra di strumenti Modifica, che contiene tutti gli altri strumenti di modifica di base. Per spostare questo strumento, e renderlo accessibile anche in questa seconda barra, seguire le indicazioni:

→ aprire la finestra Barre di strumenti;
→ visualizzare entrambe le barre di strumenti coinvolte dallo spostamento del tasto;
→ tenere premuto nell'icona e trascinarla da una barra di strumenti all'altra;
→ chiudere la finestra Barre di strumenti; la modifica è permanente.

SketchUp lento

Se l'avvio risulta lento molto probabilmente è per via di una qualche estensione il cui caricamento comporta un ritardo: si consiglia di provare a disabilitarne qualcuna nella finestra *Gestione estensioni* fino ad individuare quella che causa il problema.

Rallentamenti durante l'uso possono essere causati da:

→ modello molto pesante > ridurre il numero di geometrie, usare oggetti semplificati oppure separare il progetto in modelli coordinati con *Trimble Connect*;

→ disattivare l'ombreggiatura > il calcolo delle ombre rallenta la visualizzazione;

→ ridurre le risorse richieste > sezione *Grafica* (finestra *Preferenze*): ridurre il valore di antialias e disattivare le opzioni presenti.

Per un'analisi del software scaricare Checkup (menu *Guida* > *Verifica il sistema* e scaricare il software di monitoraggio)

Alleggerire il file

→ Cancellare i *componenti* non utilizzati: finestra *Componenti* > sezione *Nel modello* > *Dettagli* (freccia nera a destra) > *Cancella non usati*;

→ eliminare tutte le risorse non utilizzate (*Componenti*, *stili*, materiali, layer...): menu *Finestra* > *Informazioni modello* > *Statistiche* > *Cancella non usati*;

- → cancellare i *componenti* pesanti: per individuarli cliccare *Salva come raccolta locale* (finestra *Componenti > Dettagli*) e controllare quali sono gli oggetti più pesanti, cancellarli dal modello e cliccare *Cancella non usati*;
- → sostituire i *componenti* pesanti: individuare *componenti* semplificati con cui sostituirli; clic destro sul *componente* da sostituire > *Ricarica*, e selezionare il nuovo *componente* (può servire una verifica della posizione e dell'orientamento degli assi prima di eseguire l'operazione). In alternativa:

  1. selezionare nell'area di disegno i *componenti* da sostituire, oppure per selezionare tutte le istanze di un *componente* presenti nel modello cliccare tasto destro sul *componente > Seleziona > Tutte le istanze* oppure nella sezione *Nel modello* clic destro sul *componente > Seleziona istanze*;
  2. visualizzare nella finestra *Componenti* quello sostitutivo (*Dettagli > Apri o crea una raccolta locale*);
  3. cliccare sul nuovo *componente* tasto destro *Sostituisci selezione*;
- → alleggerire i *componenti* pesanti: parti interne al *componente* ripetute o simmetriche possono diventare esse stesse *componenti*; le molteplici istanze pesano nel file come se fossero una soltanto (utilizzare *Mirror*, pagina 219).

Salvare il file modello come template

È utile per avere a disposizione le impostazioni preferite direttamente all'avvio di un nuovo file. Il template può contenere oggetti, quindi può costituire una base da cui iniziare il modello (ad esempio un lotto generico con alberi e strade, su cui studiare una serie di abitazioni prefabbricate). Cliccare *Salva come modello* nel menu *File*: vengono richiesti un nome e una descrizione. Scegliere se impostare il template come predefinito (viene utilizzato all'apertura di un nuovo file). Per impostare un template predefinito: menu *Finestra > Preferenze > Template* (su Mac: *SketchUp > Preferenze > Template*), selezionarne uno dall'elenco. I template vengono salvati nella cartella indicata nella sezione *File* (finestra *Preferenze*).

Salvare la configurazione delle barre di strumenti

Aprire SketchUp, disporre le barre di strumenti e i pannelli a piacere, chiudere SketchUp. Al riavvio sarà mantenuta la configurazione personalizzata.

Taglia-incolla sul posto

Per copiare un elemento alle stesse coordinate di quello originario, selezionare le geometrie o gli oggetti da copiare, e cliccare *Copia* (menu *Modifica*) oppure *Taglia* seguito da *Incolla sul posto*. Può servire per:

- → copiare un elemento in posizione precisa fra un file e un altro;
- → spostare geometrie dall'interno all'esterno (o viceversa) del *gruppo/componente* in cui si trova (ad esempio parte di un file CAD su cui lavorare);

→ posizionare una copia della selezione su uno specifico layer e rispettare la posizione dell'elemento.

Ottimizzare i *componenti* per la 3DWarehouse: **Checklist review form**

Il team di sviluppo di SketchUp ha predisposto una lista con tutti gli accorgimenti e controlli da fare prima di caricare un *componente* per verificarne la qualità. Questa lista prende il nome di **Checklist review form** e si trova nel sito: https://contentdeveloper.sketchup.com/en. I content developer che sviluppano oggetti per le aziende la utilizzano come banco di prova prima di caricare interi cataloghi di prodotti online.

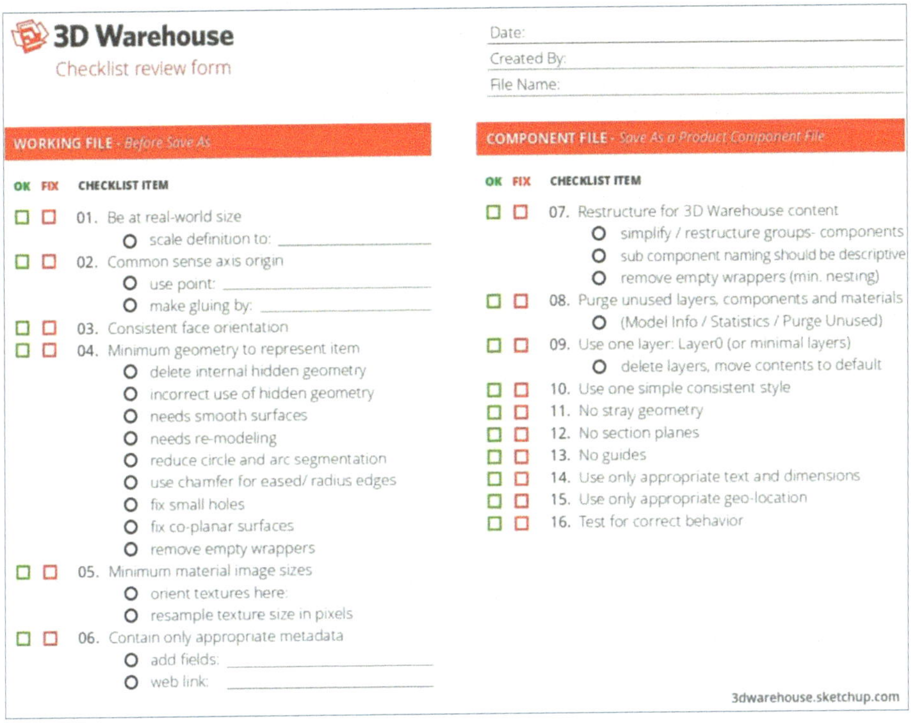
3D Warehouse
Checklist review form

Date:
Created By:
File Name:

WORKING FILE - *Before Save As*

OK FIX CHECKLIST ITEM

- 01. Be at real-world size
  - scale definition to:
- 02. Common sense axis origin
  - use point:
  - make gluing by:
- 03. Consistent face orientation
- 04. Minimum geometry to represent item
  - delete internal hidden geometry
  - incorrect use of hidden geometry
  - needs smooth surfaces
  - needs re-modeling
  - reduce circle and arc segmentation
  - use chamfer for eased/ radius edges
  - fix small holes
  - fix co-planar surfaces
  - remove empty wrappers
- 05. Minimum material image sizes
  - orient textures here:
  - resample texture size in pixels
- 06. Contain only appropriate metadata
  - add fields:
  - web link:

COMPONENT FILE - *Save As a Product Component File*

OK FIX CHECKLIST ITEM

- 07. Restructure for 3D Warehouse content
  - simplify / restructure groups- components
  - sub component naming should be descriptive
  - remove empty wrappers (min. nesting)
- 08. Purge unused layers, components and materials
  - (Model Info / Statistics / Purge Unused)
- 09. Use one layer: Layer0 (or minimal layers)
  - delete layers, move contents to default
- 10. Use one simple consistent style
- 11. No stray geometry
- 12. No section planes
- 13. No guides
- 14. Use only appropriate text and dimensions
- 15. Use only appropriate geo-location
- 16. Test for correct behavior

3dwarehouse.sketchup.com

Copiare la posizione di una scena fra file differenti

Realizzare una *Telecamera avanzata*, sbloccarla (tasto destro), selezionarla e copiarla alle stesse coordinate nel nuovo file (per copiare alle stesse coordinate vedere paragrafo precedente). Le *Telecamere avanzate* sono trattate a pag. 163.

Esportare serie di immagini (scene) in automatico

Può servire per accelerare l'esportazione di immagini dalle inquadrature predisposte attraverso le scene. Al posto di esportare una scena alla volta si possono esportare tutte contemporaneamente impostando nella finestra *Informazioni modello*, sezione *Animazione*, *Ritardo di scena* = 0 e disattivando la transizione di scena. Quindi cliccare il menu

File > *Esporta* > *Animazione* > *Serie di immagini...* Impostare le *Opzioni* e procedere con l'esportazione.

Nascondere o cancellare tutte le linee o le superfici di un oggetto

Per nascondere o cancellare tutte le linee (bordi) o le superfici di un oggetto impostare lo stile di visualizzazione *Wireframe*, selezionare le linee o le superfici da nascondere e cliccare *Nascondi* (menu *Modifica*); successivamente impostare un altro stile di visualizzazione.

Scena con tutti i bordi visibili: sedie e pianta hanno molti bordi, l'immagine confusa.

Dopo aver nascosto i bordi delle sedie e della pianta le geometrie sono più chiare e leggibili.

Stampa in scala non funziona

Verificare che:

→ la vista sia in proiezione parallela (menu *Telecamera*);

→ l'inquadratura sia in vista standard (pianta, prospetto o assonometria isometrica);

→ nella finestra di stampa *Adatta alla pagina* sia disattivato.

Pareti trasparenti

Per visualizzare l'interno di un volume come se le pareti fossero trasparenti applicare un materiale con opacità 0% sulle facce esterne, mentre sulle facce interne è presente un qualsiasi altro materiale.

Vista esterna di una stanza: si vede attraverso il muro in primo piano.

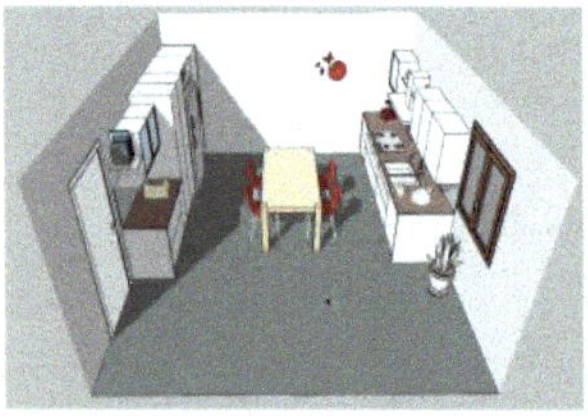

Vista esterna dal lato opposto: il muro che era in primo piano è ora visibile.

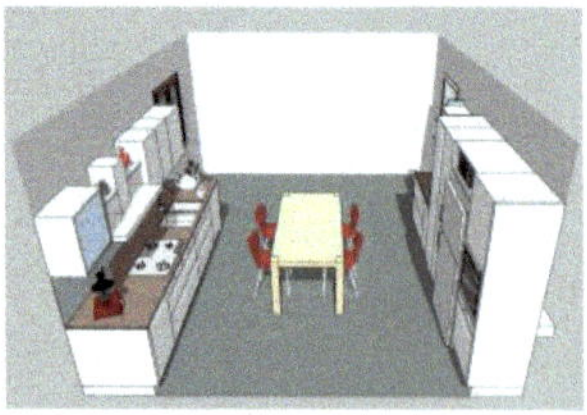

Vista interna alla stanza: il soffitto è visibile, al contrario delle immagini precedenti.

Strumenti solidi e *componenti*

L'elemento risultante dalle operazioni degli *Strumenti solidi* è un gruppo anche nel caso in cui i volumi iniziali siano *componenti*: si perde pertanto la sincronizzazione fra gli elementi. Un metodo per risolvere questo limite consiste nello spostare all'interno del *componente* l'operazione, in modo che venga estesa anche a tutte le sue copie. Nell'esempio che segue ci sono tre copie del *componente* "Travetto" e un *gruppo* "Dormiente".

1. I tre *componenti "Travetto"* e il *gruppo* "Dormiente" su cui appoggiano.

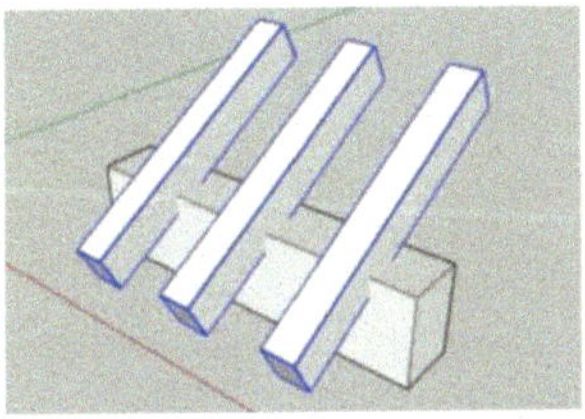

2. Se si utilizza *Interseca* viene modificato un solo *componente* e diventa un *gruppo*.

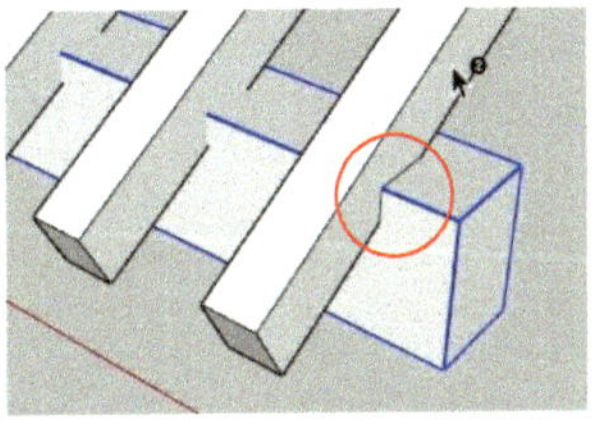

3. Per risolvere selezionare il *gruppo* "Dormiente" e copiarlo con Ctrl+C.

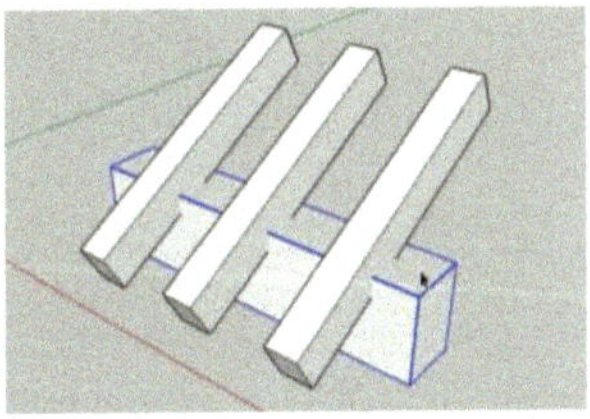

4. Entrare nell'editor di un travetto e incollare il "Dormiente" sul posto (menu *Modifica*).

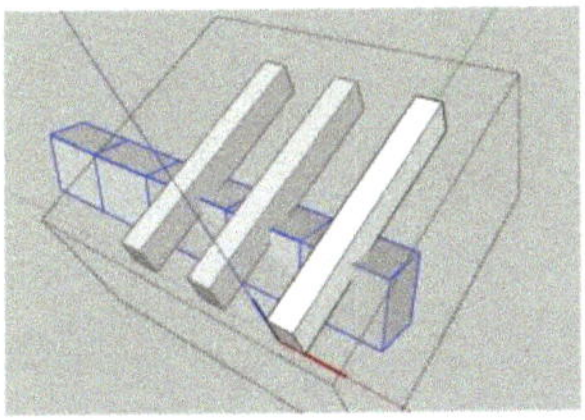

5. Se necessario nascondere gli altri *componenti* simili (menu *Visualizza > Modifica*).

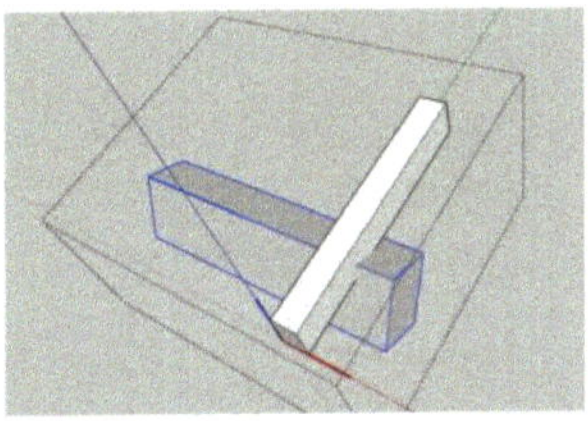

6. Selezionare le facce presenti all'interno dell'editor e farne un *gruppo*.

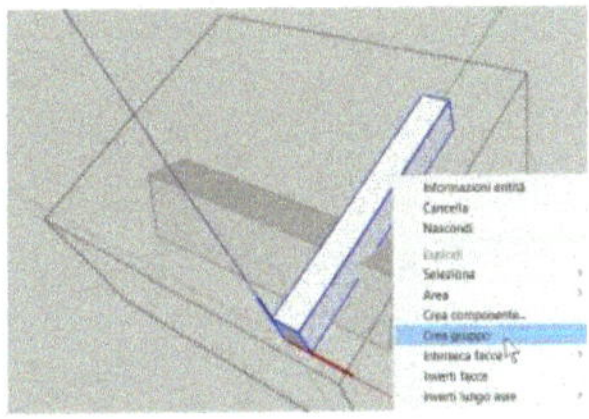

7. Intersecare il *gruppo* "Dormiente" e il nuovo *gruppo* realizzato.

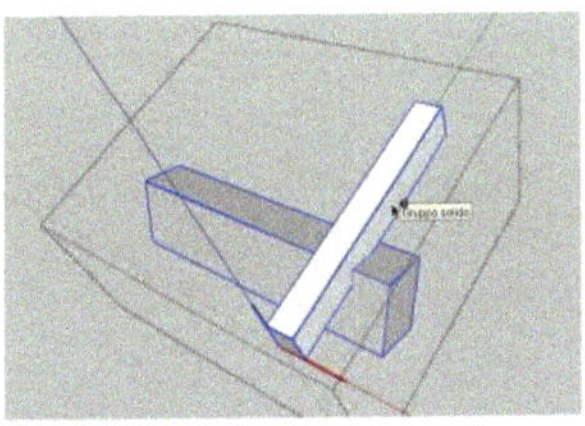

8. Cancellare il *gruppo* "Dormiente".

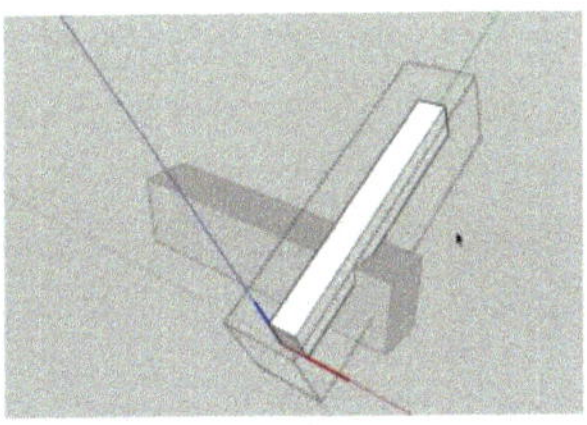

9. Se necessario esplodere il *gruppo* interno al "Travetto".

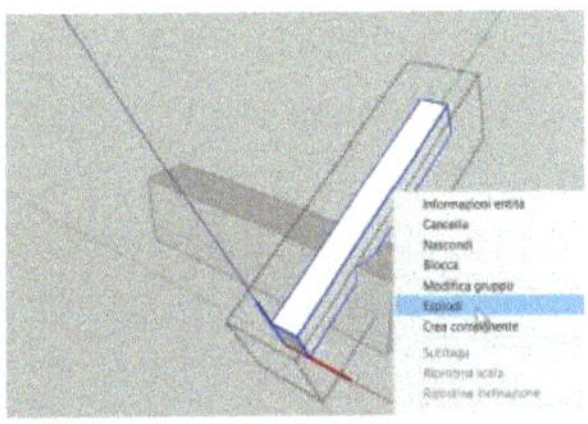

10. Uscendo dall'editor del *componente* "Travetto" si avranno le copie uguali a quella al cui interno è avvenuta l'operazione di modellazione. Come si vede nell'immagine tutti e tre i *componenti* hanno l'intersezione con il *gruppo* "Dormiente" ed è quindi stata preservata la sincronizzazione tra questi oggetti (che possono essere molti di più).

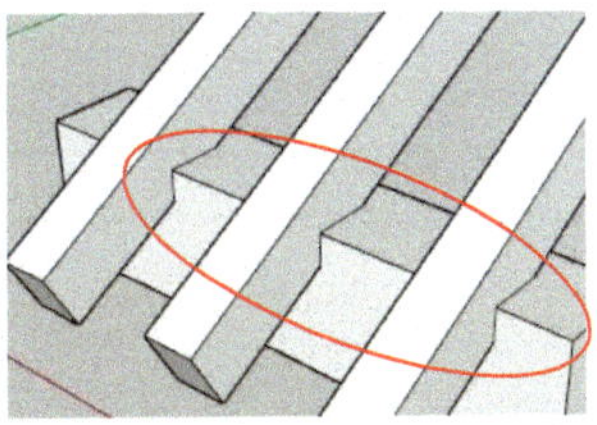

Modificare i tasti rapidi

Per impostare i tasti rapidi selezionare menu *Finestra* > *Preferenze* > *Tasti rapidi* (su Mac: *SketchUp* > *Preferenze* > *Tasti rapidi*). Nel campo *Filtra* indicare una chiave di ricerca per trovare il comando (oppure scorrere la lista); selezionare il comando, aggiungere il tasto di scelta rapida nell'apposito campo e cliccare il simbolo "+". Utilizzare *Importa* ed *Esporta* per salvare e ricaricare configurazioni personalizzate.

Far tornare visibile un elemento

Attivare *Geometrie nascoste* (menu *Visualizza*), cliccare tasto destro sull'oggetto da rendere visibile > *Mostra*. In questo modo si evita di rendere visibili tutti gli oggetti nascosti come accade utilizzando *Mostra tutti* (menu *Modifica*), ma si può scegliere esattamente quale elemento rendere visibile.

File SKB di backup

Per impostazione predefinita SketchUp salva in modo incrementale un backup con estensione SKB (SketchUp Backup) del file a cui si sta lavorando (analogo ai file BAK del CAD). Le relative impostazioni si trovano nella sezione *Salvataggio* della scheda *Generale* della finestra *Preferenze*.

Trimble Connect non si aggiorna

All'avvio di SketchUp un messaggio avverte della possibilità di aggiornare l'estensione Trimble Connect, e pur seguendo la procedura di aggiornamento il messaggio si ripresenta ad ogni avvio. Per risolvere eseguire log-out dal software (o dall'Extension Warehouse), rieseguire il login e procedere con l'aggiornamento di Trimble Connect.

Attendibilità delle ombre in un modello georeferenziato

In SketchUp è possibile georeferenziare il modello (vedi *Aggiungi posizione* a pag. 121), ma quanto attendibile è l'illuminazione ottenuta attivando le ombre? Mosso da questa curiosità un giorno ho fatto una verifica a partire dal modello di casa mia e ho controllato uscendo in giardino la precisione delle ombre proiettate dal garage... Ho poi raccontato il risultato in un mio video nel mio canale YouTube (il video si chiama "Verifica in giardino delle ombre in SketchUp!). Ebbene, l'esito è che la precisione è elevata, avendo riscontrato una imprecisione di soli pochi centimetri.

Linee colorate come nel CAD

Per chi sentisse la mancanza del disegno cad classico suggerisco una combinazione di impostazioni che permette di visualizzare le linee in base al tag di appartenenza: nelle impostazioni dello Stile attivare il colore dai bordi *Per materiale* e *Colore in base al tag*.

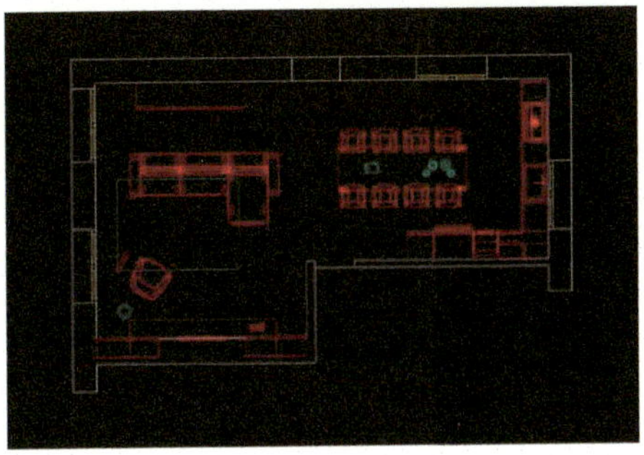

In questo modo le linee appariranno del colore dell'oggetto cui appartengono. Rimanendo attivata l'impostazione del colore da tag questo fa sì che il colore dell'oggetto sia appunto il colore del tag di appartenenza, conferendo tale colore pure alle linee. Se la vista viene impostata in modalità wireframe e con sfondo nero sembrerà in qualche modo di lavorare nel cad classico.

Limitare profondità viste

A volte capita di dover limitare la profondità delle viste, ad esempio in prospetto per non far vedere elementi che sono posti in lontananza. Va detto che il metodo più semplice per non vedere questi elementi è nasconderli. Ma ci sono situazioni in cui tale soluzione non è praticabile. Le soluzioni che quindi si possono valutare sono, ad esempio:

→ inserire un piano di sezione rivolto verso la scena, in posizione opposta a quella dell'inquadratura, in modo da "tagliare" gli elementi dal piano di sezione in poi;

→ attivare la nebbia, in modo da far scomparire nella nebbia gli elementi che non devono essere visualizzati;

→ posizionare piani "di lavoro" bianchi e di dimensioni ampie, in modo tale da non vedere ciò che sta dietro di loro.

Novità SketchUp anno per anno

SketchUp è nato nel 2000 e da allora ha visto un costante miglioramento fatto di releases rilasciate di tanto in tanto. Ho tenuto traccia delle novità dal 2013 in poi, anno in cui ho iniziato a tenere corsi su SketchUp ed in modo particolarmente dettagliato ed approfondito dal 2015 per preparare le presentazioni che ho tenuto, e tengo, al pubblico italiano grazie ai webinar organizzati dal distributore italiano Tecnobit, con cui collaboro. Questa serie di voci mi ha permesso di dare sostegno mirato, durante i miei corsi e le mie consulenze, anche a chi aveva una versione non recente del software e in qualche modo, contemporaneamente, di tenere traccia della sua evoluzione. Si tratta di un elenco fatto a mio modo, in cui le voci sono tradotte in italiano quando possibile, e con una certa priorità agli strumenti più interessanti, omettendo le novità meno interessanti e i tecnicismi. Spero quindi che possa servire al lettore come traccia dell'evoluzione dello strumento in modo agile e sensato. Un elenco completo e dettagliato delle novità è inoltre disponibile nel sito ufficiale all'indirizzo https://help.sketchup.com/en/release-notes

Infine, nella Scuola 3D (www.scuola-3d.it) > *Area Download*, trovi un foglio di calcolo in cui pubblico tutte le novità anno per anno, sempre aggiornato, e i link ai video in cui commento le novità introdotte.

Elenco delle principali novità dal 2018 al 2023

Nell'elenco ho evidenziato in grassetto le voci che a mio parere hanno segnato i miglioramenti più significativi in assoluto in SketchUp e LayOut.

SketchUp 2023 (rilasciato il 20-02-2023)

- → Revit Importer (solo per SketchUp Studio);
- → salvataggio multi-threaded (non si blocca il software salvando modelli pesanti);
- → sistemato problema causato dai *componenti* che contenevano piani di sezione;
- → miglioramenti a Trimble Creator e ai Live Components;
- → nuovo pulsante "Inverti" nella barra di strumenti Per iniziare;
- → deseleziona bordi e deseleziona facce nel menu contestuale (tasto destro);

- → posizionare assi con doppio clic;
- → importando un'immagine facendo clic destro si può creare un *gruppo* o *componente* con dentro l'immagine;
- → importazione IFC 2x3 migliorato, esportazione IFC 4 migliorata;
- → aggiunta finestra "Coperture" di supporto per alcune estensioni

LayOut

- → DWG come riferimenti esterni;
- → rotazione con riferimento, usando Shift;
- → sovrascrittura separata per Tag visibilità e Tag styling;
- → testo automatico Sequenza ora è anche "per pagina";
- → quando si entra in una finestra ora c'è Pan e non Orbita.

SketchUp 2022 (rilasciato il 26-01-2022)

- → Corretto l'errore di cambio di nome delle scene;
- → **clipping box sistemato** (il piano di taglio apparente che compariva in particolari situazioni, come ad esempio nel passaggio fra proiezione parallela e prospettiva);
- → Cerca in SketchUp, strumento con cui cercare strumenti grazie a parole chiave;
- → selezione Lazo e le altre nuove forme di selezione (tasto destro: tutti con lo stesso tag, tutte le istanze, tutti i contrassegnati);
- → pulsante per attivare Colore dal Tag, introdotto strumento per taggare;
- → ricerca Scene;
- → tolti Strumenti Avanzati Telecamera;
- → blocco tangenza archi;
- → viste standard si allineano agli assi;
- → fuso orario preimpostato nella versione italiana su +01 (su mio suggerimento).

LayOut

- → Zoom selezione;
- → testi automatici delle finestre: nome scena, descrizione scena, scala, proporzioni, nome sezione, coordinate;
- → nuovo testo automatico Conteggio pagine e Numerazione di pagina;
- → nuovo testo automatico Sequenza.

SketchUp 2021.1 (rilasciato il 09-06-2021)

- → Spingi e tira con ALT fa lo stretch come ad usare Sposta;
- → migliore gestione di mesh molto grandi, sopra i 20'00 poligoni;
- → nuove facce vengono disegnate con il lato bianco in alto;
- → orientamento corretto delle facce adiacenti;
- → inferenze pre-bloccate: c'era già la possibilità con ruota, rettangolo e cerchio e ora anche con linea, misura e sposta;
- → classificazione e esportazione IFC 4;
- → Live Components, ora con unità di misura del modello, e ora sono anche più veloci.

LayOut

- → Scale grafiche si possono scrivere direttamente a mano nella casella delle scale (ad esempio 1:50, 1/50, ecc.).

SketchUp 2021.0 (rilasciato il 18-11-2020)

- → Nuovo logo;
- → viene introdotto PreDesign;
- → cartelle di Tag e filtri di Tag;
- → Live Components.

SketchUp 2020.2 (rilasciato il 11-08-2020)

- → Bordi saldati;
- → disattivazione dell'inferenza della linea premendo Alt finché si disegna.

LayOut

- → **Spessori di linea gestibili in base al Tag.**

SketchUp 2020.1 (rilasciato il 01-03-2020)

- → Creare *gruppi* e *componenti* da spazio vuoto (cliccando tasto dx in un punto vuoto).

SketchUp 2020.0 (rilasciato il 29-01-2020)

- → Tags al posto dei layer;
- → icona a forma di occhio a fianco del nome in finestra Struttura;
- → oggetti su layer spenti ora sono visibili in grigio nella finestra Struttura (prima scomparivano e basta);
- → cliccando tasto destro su un oggetto nascosto da layer compare c'è la voce "mostra tag nascosti";
- → doppio clic su un oggetto nell'elenco Struttura permette di rinominarlo;
- → introdotta possibilità di nascondere sub-*componenti* scena per scena (precedentemente si poteva mostrare o nascondere l'intero *gruppo/componente*, non i singoli sub-*componenti* annidati).

LayOut

- → **Rivista la finestra "Modello di SketchUp" con possibilità di attivare/disattivare i tags (ex layers);**
- → in grigio scuro viene evidenziato che ci sono modifiche rispetto alla scena;
- → possibilità di linkare una finestra ad un altro file SketchUp.

SketchUp 2019.3 (rilasciato il 14-10-2019)

- → Inverti selezione: tasto destro oppure Ctrl+Shift+i (cmd+shift+i in Mac);
- → da novembre 2019 obbligatorio eseguire il login anche in 3DWarehouse (oltre che in SketchUp, introdotto con SketchUp 2019).

SketchUp 2019.2 (rilasciato il 18-07-2019)

- → Diverse unità di misura nelle informazioni modello;
- → nella barra Set grande strumenti c'è un pulsante Invia a LayOut;
- → finestra Sezione: ora la finestra per indicare nome e numero compare dopo aver posizionato la sezione;
- → togliere elementi dalla selezione con Cancella tenendo premuto Alt (cmd in Mac): Cancella > passare sugli oggetti > tenere premuto Alt > passare sugli oggetti da togliere dalla selezione > rilasciare Cancella;
- → moltiplicatore scala linee, nella finestra di esportazione immagini;
- → esportazione PNG, ora c'è opzione per salvare o no trasparenza.

LayOut

- → **Lunghezza delle linee di quotatura fisse;**
- → possibilità di quotare una vista isometrica; le quote si allineano correttamente alle geometrie (e non solo in orizzontale/verticale);
- → possibilità di inserire testi nei campi delle quote, le quali si aggiornano lo stesso se vengono modificate.

SketchUp 2019.1 (rilasciato il 08-04-2019)

- → Risolti vari bug.

SketchUp 2019.0 (rilasciato il 05-02-2019)

- → Nuova finestra di Welcome, login necessario;
- → da febbraio 2019 si può scegliere la licenza in abbonamento o perpetua;
- → layer con tratteggi;
- → Misura riporta le informazioni in una casella di testo in sovraimpressione;
- → campitura in sezione visibile anche se una delle facce limitrofe è nascosta;
- → introdotti filtri categorie e sottocategorie.

LayOut

- → Introdotta esportazione per SketchUp, che esporta il contenuto della tavola nello spazio modello;
- → velocità zoom mouse regolabile

SketchUp 2018

- → dismesso Make, introdotto my.sketchup (attualmente SketchUp Free Web) e Shop;
- → Misura dice subito lunghezza e area, nella casella Misure in basso;
- → attributi Avanzati dei *componenti*: Prezzo, Taglia, URL, Status, Owner;
- → *componenti*: pulsanti visibilità, blocca, ombre;
- → **sezioni: campitura in sezione, con nome e simbolo che compaiono nella Struttura;**
- → disegno di rettangolo dal centro con ctrl e option su Mac;
- → import ed export STL integrata;

→ **Genera Rapporto con possibilità di organizzare la tabella con raggruppamenti e totali.**

LayOut

→ Importazione DWG;
→ disegno in scala;
→ quote tra viste affiancate;
→ etichette con attributi avanzati;
→ nascondi il resto del disegno, quando si entra in un *gruppo*.

SketchUp 2017

→ motore Grafico 2.0, stessi algoritmi grafici per Skp, LayOut, my.sketchup, Trimble Connect, 3D Warehouse;
→ modellazione ad alti DPI, ritoccato snap e inferenza per monitor alta definizione;
→ gestione colori assi;
→ finestra gestione estensioni;
→ offset intelligenti, no auto-intersezioni delle geometrie;
→ inferenza facce perpendicolari;
→ rettangoli allineati da tasti freccia;
→ trasparenza (20-80%) nello Stile.

LayOut

→ Tabelle da file CSV o XLS (quindi anche da Genera rapporto);
→ export DWG varie pagine in vari layout cad;
→ export entità DWG native (ad es. le quote);
→ export di etichette e poligoni alla scala di spazio carta o modello;
→ export da cad colore da layer.

SketchUp 2016

→ pannelli personalizzabili;
→ icone ad alta risoluzione;
→ inferenze da tastiera;
→ nuovi materiali;
→ **genera rapporto come tabella in SketchUp;**
→ "ricarica *Componente*" da 3D Warehouse;
→ Trimble Connect 2.0 preinstallata;
→ sicurezza delle estensioni.

LayOut

→ Riferimenti nel cloud;
→ quote piccole;
→ nuove funzionalità: *gruppi* multilayer, layer mantenuti durante il copia/incolla, sposta a layer con clic destro, layer condivisi in rosso;

→ ottimizzazione export su PDF.

SketchUp 2015

→ rettangolo ruotato;
→ arco 3 punti;
→ nuova importazione IFC;
→ stili rapidi;
→ Trimble Connect.

SketchUp 2014

→ Nuovi archi: Torta;
→ classificatore BIM;
→ migliorata esportazione animazioni;
→ migliorate ombreggiature;
→ nuova interfaccia.

LayOut

→ Testi automatici, etichette auto compilate;
→ nuovi retini-motivi;
→ miglioramenti alla grafica.

SketchUp 2013

→ SketchUp passa a Trimble;
→ nuovo Zoom finestra.

LayOut

→ Copia in serie;
→ introdotti retini materiali;
→ testi etichetta curvilinei.

SketchUp 8 (2010)

→ Disattivare anteprima scene;
→ Strumenti Solidi;
→ caratteristiche fotoinserimento nella finestra Stili.

LayOut

→ Inserita esportazione dwg/dxf.

SketchUp 7 (2008)

→ ***Componenti dinamici***

SketchUp 6 (2007)

→ **LayOut: viene introdotto l'ambiente di impaginazione dei progetti**

Canale YouTube e Scuola 3D

Canale YouTube Marco Chiarello dedicato al disegno 3d e rendering

Nel 2019 ho iniziato a pubblicare video settimanalmente sul mio canale YouTube. Trovo che i video siano veramente efficaci nel trasmettere concetti ed esempi; quindi, dopo la pubblicazione della prima edizione del presente manuale nel 2018 e di quello su V-Ray l'anno seguente, sentivo che dovevo avere un canale tutto mio per rimanere in contatto con chi utilizza SketchUp ed è interessato a trucchi, novità, tutorial e ogni altro approfondimento sul tema.

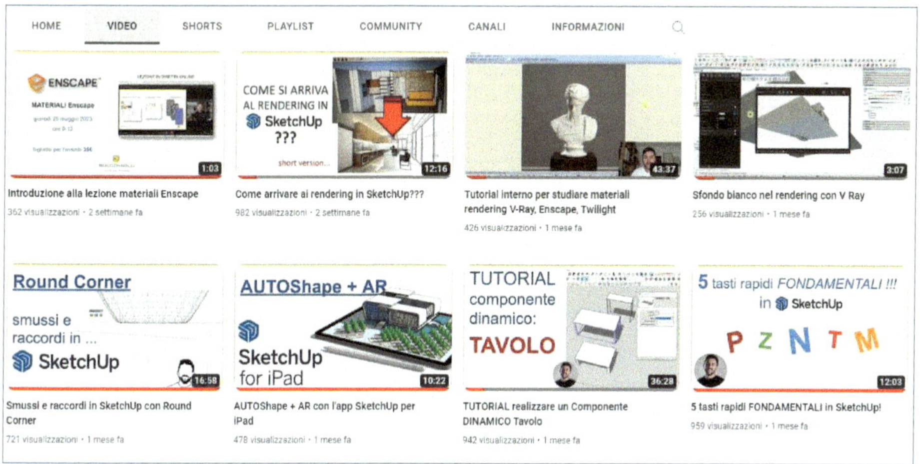

Ricevo quotidianamente richieste di assistenza e supporto, che molte volte si trasformano in veri e propri corsi personalizzati, ma che in prima istanza mi danno spesso occasione e spunto per nuovi video, con cui rispondo non solo alla persona che mi ha contattato, ma anche ad un più ampio pubblico potenzialmente interessato allo stesso tema/soluzione. Quindi se vuoi iscriverti al canale non devi fare altro che inquadrare il codice QR con il tuo smartphone e iniziare a navigare fra i video e le playlist presenti!

Nella **Scuola 3D**, Area Download, trovi gratuitamente l'elenco completo dei video, aggiornato settimanalmente: puoi in questo modo scorrere rapidamente fra i temi presenti e trovare quello che fa al caso tuo. Ogni video è corredato da un link che ti permette di andare al video immediatamente e scaricare il materiale correlato, se si tratta di un tutorial. Fra i video presenti nel canale ci sono, ad esempio, i seguenti video di approfondimento:

- → "Foto-inserimento di un progetto esistente con Abbina foto";
- → "5 errori da non fare in SketchUp";
- → "Quali estensioni uso tutti i giorni?";
- → "3 metodi per alleggerire un file SketchUp";
- → "Cosa FARE e NON fare quando si importano CAD in SketchUp".

Scuola 3D

Nel 2020 ho avviato la piattaforma **Scuola 3D** (www.scuola-3d.it) con l'obiettivo di realizzare uno spazio che potesse contenere risorse di vario tipo: video, videocorsi, blog, forum, link utili, materiale da scaricare e altro ancora. Ho scelto questo nome per la vocazione prettamente formativa del materiale che condivido, frutto della mia esperienza non solo come professionista ma anche come formatore, consulente e creatore di contenuti. Mi piace aggiungere nuovo materiale come articoli testuali nel blog, nuovi videocorsi, rispondere nel forum e quindi rimanere in contatto con chi sta approfondendo SketchUp e il rendering, in un ambiente che mi permette grande personalizzazione e continua sperimentazione.

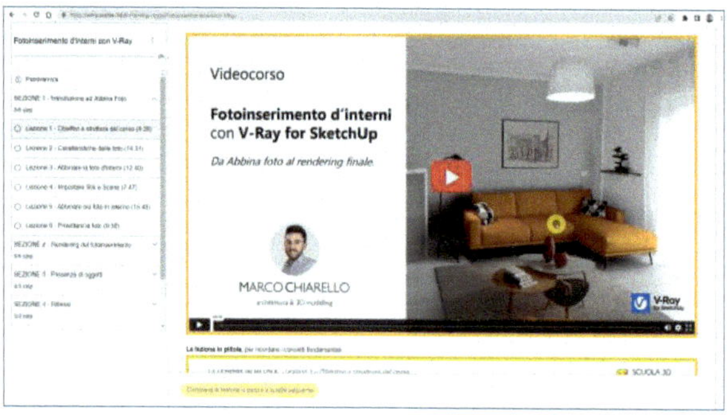

Oltre all'Area Download, che contiene molto materiale gratuito e anche i file a corredo del libro, sono presenti alcuni videocorsi: sono composti di lezioni videoregistrate che mostrano passo-passo l'approfondimento di vari argomenti. Adoro scomporre e analizzare le tematiche e inventare i percorsi d'apprendimento più logici e veloci possibili: è un'attività che permette, secondo me, di esprimere al massimo grado creatività, competenza e formazione, attraverso strumenti, i video, che ognuno può vedere quando vuole. Ecco alcuni dei videocorsi presenti nella **Scuola 3D**:

Videocorso SketchUp Base: principi fondamentali del disegno 3D

I videocorso essenziale per il disegno 3D: dalla modellazione alle viste finali.

4 ore - 23 videolezioni

35€ (1 anno)

Videocorso Scene ed esportazioni: ottenere il 100% dal 3D

Come coordinare Scene, Stili e Sezioni per ottenere esportazioni 2D e 3D.

6 ore - 29 videolezioni

45€ (1 anno)

Videocorso LayOut per SketchUp: impaginazione di progetti 3D!

Per impaginare tavole con spessori di linea, etichette e cartigli personalizzati.

5,5 ore - 33 videolezioni

45€ (1 anno)

Fasi e raffronto con SketchUp! (gialli e rossi dal modello 3D)

Come realizzare in automatico la tavola del raffronto con gialli e rossi dal 3D!

4 ore - 17 videolezioni

35€ (1 anno)

V-Ray for SketchUp Base: rendering di qualità

Il corso essenziale per il rendering con V-Ray! Dalle basi alla post-produzione.

6 ore - 36 lezioni

55€ (1 anno)

Fotoinserimento di interni con V-Ray for Sketchup

Da Abbina foto al rendering finale, passando da luci e materiali.

4,5 ore - 24 videolezioni

45€ (1 anno)

Enscape Base per SketchUp, rendering facile e veloce!

Per realizzare ottimi rendering senza attese e parametri complicati.

2 ore - 12 lezioni

25€ (1 anno)

Enscape Avanzato: ottenere il massimo dal rendering real-time

L'approfondimento a 360°... nel rendering in tempo reale di Enscape.

5,5 ore - 21 videolezioni

55€ (1 anno)

Scan Essentials: nuvole di punti in SketchUp

Importazione delle nuvole di punti direttamente in SketchUp!

2 ore - 14 lezioni

35€ (1 anno)

Accesso 1 mese a tutti i corsi presenti nella Scuola 3D

Abbonamento senza obbligo di rinnovo a tutti i corsi presenti

85€ (1 mese)

Lezione online render gratis con Twilight

Registrazione della lezione in diretta online workshop su Twilight Render.

3 ore - 3 videolezioni

25€ (1 anno)

Test e certificazione SketchUp Specialist

Se vuoi metterti alla prova e verificare il tuo apprendimento in materia di disegno 3D con SketchUp puoi approfittare di alcuni test che ho predisposto assieme al distributore italiano. Si tratta di test di vari livelli, che rilasciano un attestato e ti danno modo di dimostrare le competenze che hai acquisito attraverso lo studio e la pratica. I primi tre sono aperti a tutti e possono essere svolti un numero indefinito di tentativi online a qualsiasi ora del giorno. L'ultimo dei test elencati è il test ufficiale italiano di certificazione di livello professionale: serve un'ampia e approfondita preparazione per superarlo. Coloro che lo superano compaiono nell'albo ufficiale nel sito italiano e dimostrano di poter essere contattati con fiducia dai professionisti o aziende che ne sentono l'esigenza per lo svolgimento di corsi e consulenze.

Di seguito alcune informazioni sui test SketchUp. Scansiona i codici QR per provare subito i test online, oppure visita il sito per raggiungere i test attraverso gli appositi link: *www.scuola-3D.it* > *Area Download* > *Contenuti manuale SketchUp 2ª ed.* (password 3dpertutti7870) > *Test*

Test SketchUp Per Iniziare

Gratuito, disponibile per chiunque online, percentuale minima superamento test: 80% di risposte corrette, pari a 12 su 15.

Test SketchUp Base User

Gratuito, disponibile per chiunque online, percentuale minima superamento test: 80% di risposte corrette, pari a 12 su 15.

Test SketchUp Intermedio

Gratuito, disponibile per chiunque online, percentuale minima superamento test: 80% di risposte corrette, pari a 12 su 15.

Test di certificazione SketchUp Specialist

Il test ufficiale italiano di certificazione professionale di più alto livello. Le modalità per prenotare una sessione vengono rilasciate contattando il distributore italiano. È composto di 33 domande, sempre diverse ad ogni sessione; vengono infatti pescate in modo casuale da un bacino di 99 domande equipollenti.

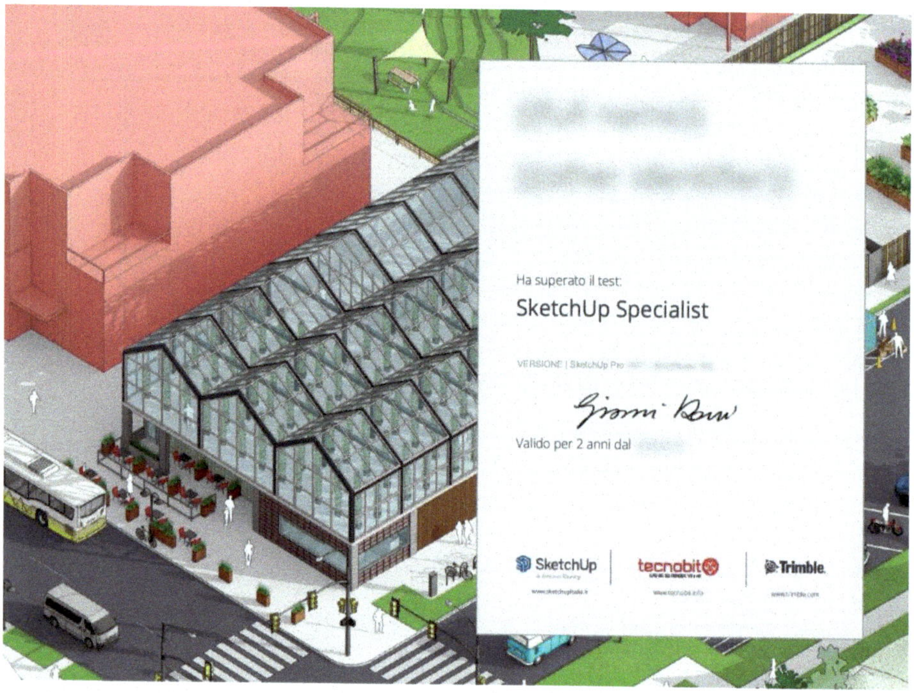

Bibliografia

Di seguito trovi una selezione di libri che approfondiscono SketchUp e il rendering. Prediligo manuali in italiano, ma alcuni sono disponibili solo in inglese. Alcuni degli autori sono amici e colleghi, conosco personalmente la qualità delle loro competenze e li consiglio con doppio piacere.

Andreucci Giacomo, *SketchUp modellazione 3D e geomodellazione*, Edizioni FAG, 2012.

Ballarin Matteo, *Software gratuito per l'Architettura*, Maggioli Editore, 2014.

Barracco Alessandro, *SketchUp per l'architettura*, Grafill, 2017.

Brightman Michael, *The SketchUp Workflow for Architecture*, Wiley, 2013.

Chiarello Marco, *V-Ray for SketchUp*, Maggioli Editore, 2019.

Deriu Luca, *V-Ray e progettazione 3D*, EPC Editore, 2013.

Motta Corrado, *Perché SketchUp???*, Youcanprint, 2020.

Sannino Ciro, *Chiaroscuro con V-Ray*, GC Edizioni, 2019.

Sannino Ciro, *Fotografia e render con V-Ray*, GC Edizioni, 2013.

Sansonna Antonio, *SketchUp e V-Ray 5 per i progettisti 3D*, Grafill, 2021.

Schreyer Alexander, *SketchUp Applicazioni per architettura e design*, Tecniche Nuove, 2016.

Linkografia

Le risorse online ormai sono tantissime e di ogni tipo: video, blog, forum, social... Ho cercato di elencare i link che reputo realmente interessanti, e che personalmente utilizzo. I link sono disponibili anche nel sito: *Scuola 3D > Area Download > Contenuti manuale SketchUp 2ª ed. > Link utili*

Sito italiano SketchUp Italia, *www.sketchupitalia.it*

Sito internazionale SketchUp, *www.sketchup.com*

Guida ufficiale online, *help.sketchup.com/it/sketchup/sketchup*

Blog italiano con articoli e interviste a professionisti e docenti, *blog.sketchupitalia.it*

Forum italiano con domande e risposte, attivo dal 2013, *forum.sketchupitalia.it*

Pagina Facebook SketchUp Italia, *www.facebook.com/sketchupit*

Gruppo Facebook SketchUp Italia (circa 4'000 membri), *www.facebook.com/groups/SketchUpItalia*

Gruppo Facebook Impariamo SketchUp??? (circa 7'000 membri), *www.facebook.com/groups/464261480281825*

Gruppo Facebook SketchUp nella progettazione strutturale (circa 1.500 membri), *www.facebook.com/groups/408892646478854*

Sito dedicato a textures e altre risorse per SketchUp, *www.sketchuptextureclub.com*

Sito che elenca molte estensioni e altre risorse per SketchUp, *sketchucation.com*

Sito italiano dedicato a V-Ray, *www.vrayitalia.it*

Sito italiano dedicato a Enscape, *www.enscapeitalia.it*

Il mio canale YouTube, *www.youtube.com/c/MarcoChiarelloArchitetto*

Indice analitico

Ammorbidisci bordi 118
Annidamento 93
App di SketchUp per smartphone 17
Booleane 73
Cambiare l'unità di misura 36
Campiture in sezione 217
Cartiglio 252
Colori in base a tag 106
Componenti dinamici 98
Computi 185
Coordinate assolute e relative 35
Copiare elementi lungo un percorso 219
Copie in serie 58
Demo-costruzioni 217
Dividere una linea 47
Dividi 47
Esplodi 85
Esportare in formato CAD 2D 179
Estrusioni lungo percorso 64
Foto-inserimento 191
Georeferenziare il modello 121
Google Earth 124; 182
Gruppi e *componenti* 81
IFC 114
Immagine su superficie curva 137
Impaginazione 223
Importare file CAD 109
Incolla sul posto 113
Logo in primo piano 149
Mappatura 216
Mesh 115
Mostra 39
Nascondi 39
Nord 216
Nuvole di punti 219
Oggetti parametrici 98; 99
PreDesign 18
Profili di un terreno 155
Prospettiva vs proiezione parallela 31
Pulizia del modello 215
Realtà Aumentata 93
Rendering 210
Rendi texture unica 138
Rendi Unico 87
Scalare con precisione una immagine 136
Scalatura con riferimento 70
Scene 156
Smussature 218
Specchiare 70
Spessore delle linee 226
Struttura ad albero 96
Superfici con illuminazione omogenea 141
Tag 101
Universal Importer 114
Usa il sole per l'ombra 141
Volumi di rotazione 64